100 Jahre

Tour de France

1903 – 2003

ARD Radio & TV

DELIUS KLASING VERLAG

Französische Originalausgabe
Philippe Bouvet, Philippe Brunel, Raoul Dufourcq, Serge Laget und Gérard Schaller unter der Leitung von Gérard Ejnès.

Zugrunde gelegt wurde die Berichterstattung der Journalisten, Fotografen und Zeichner von L'Auto und L'Equipe.

Bilder: Philippe Le Men und Christian Naitslimane

Künstlerische Leitung: Jacques Hennaut
Layout: Jeanne Pothier

Deutsche Ausgabe SR/ARD
Redaktionelle Bearbeitung von Hedwig Kröner und Andreas Ganz unter der Leitung von Rolf-Dieter Ganz.

INHALT

RENÉ POTTIER

JACQUES ANQUETIL

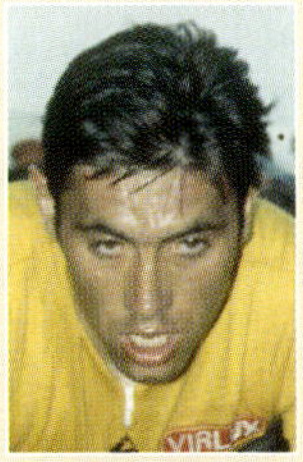
EDDY MERCKX

BERNARD HINAULT

GREG LEMOND

MIGUEL INDURAIN

LANCE ARMSTRONG

Bei der ersten Nachkriegstour 1947 auf der Etappe Grenoble-Briançon: Ronconi und Rossello am Col du Galibier wieder im Blickpunkt begeisterter Radsportfans.

Grußworte

Fritz Raff

INTENDANT

SAARLÄNDISCHER RUNDFUNK

Für den Saarländischen Rundfunk ist die Tour de France nicht erst seit dem grandiosen Sieg von Jan Ullrich im Jahre 1997 das Sportereignis des Jahres. Im Schallarchiv des Funkhauses Halberg existieren noch Tondokumente aus den frühen 50-er Jahren, mit der regelmäßigen TV-Berichterstattung begann der SR bereits 1960. Genau 40 Jahre alt ist der älteste im Fernseh-Archiv vorhandene Tour-Beitrag: die Reportage vom Start der 50. Tour de France in Paris. Autor war unser damaliger Sportchef, Jupp Hoppen, der Lehrmeister und Vorgänger von Werner Zimmer, der ein Jahr später zum SR-ARD-Tour-Team dazustieß und seit dieser Zeit der Tour die Treue gehalten hat.

Werner Zimmer, dem früheren SR-Programmdirektor und ARD-Sportkoordinator, ist es u. a. auch zu verdanken, dass die Senderechte für das alljährliche Radsportereignis in unserem Nachbarland selbst in aus deutscher Sicht weniger spannenden Jahren bei der ARD blieben, dass im Ersten oder im Dritten live, in Sondersendungen oder in Ausschnitten - auch als das ZDF sich zeitweise aus der gemeinsamen Nutzung der Übertragungsrechte verabschiedet hatte - berichtet wurde. So selbstverständlich wie seit 1998 die Tour auch im Internet eine Rolle spielt, ist inzwischen die hochgelobte Präsentation des Rennens sowie die Vorstellung von Land und Leuten in der ARD, im Ersten, in den ARD-Radioprogrammen sowie im Internet über tour.ard.de.

Dass neben dem Offiziellen Programmheft unser Haus jetzt auch mit der Redaktion des offiziellen Buches zur Jahrhundert-Tour beauftragt wurde, werte ich gerne als weiteren Beleg für die Radsportkompetenz des Saarländischen Rundfunks.

Werner Zimmer

ARD-TEAMCHEF TOUR DE FRANCE

Ein Ereignis wie die Tour de France, das seit vielen Jahrzehnten Millionen Menschen in seinen Bann zieht, Jahr für Jahr neue Fans gewinnt, einem solchen Ereignis sind Attribute wie „herausragend" oder gar „einmalig" zu Recht zuzuordnen. Wer die Tour einmal erlebt hat, als Zuschauer oder Berichterstatter, kann sich ihrer Faszination nicht mehr entziehen.

Seit 1964 bin ich für die ARD dabei. In Lisieux machte ich meine erste Hörfunk-Reportage vor dem Start der 51. „großen Schleife", die im Zeichen des fesselnden Duells zwischen Jacques Anquetil und „Poupou" Raymond Poulidor stand. Als Reporter, Moderator, Interviewer oder Redakteur, in den letzten sechs Jahren als Team-Chef der ARD, habe ich den größten mobilen Sport-Wettbewerb der Welt begleitet.

Hätte es noch eines Beweises bedurft, welcher Mythos mit der Tour verbunden ist, über eine Million begeisterte Menschen hätten ihn am 8. Juli 2002 im Saarland erbracht, auf den letzten 90 Kilometern der Etappe von Luxemburg über Perl nach Saarbrücken. Hautnah - erst recht als Koordinator des Saarland-Tour-Teams - habe ich erlebt, welch fesselnde Wirkung die Tour auf die Menschen ausübt.

Wen wundert es, dass ich begeistert war, als unsere französischen Partner uns die Herausgabe des offiziellen deutschen Buches zur Hundertjahrfeier der Tour angeboten haben. Die Original-Ausgabe der „L'Équipe" als eine tolle Vorlage - ergänzt mit Texten der ARD-Experten Jürgen Emig, Herbert Watterott und Hagen Boßdorf. So ist unter der redaktionellen Leitung meines Kollegen und langjährigen Tour-Begleiters Rolf-Dieter Ganz ein Buch entstanden, das nicht nur die Radsportfans begeistern wird.

Hagen Boßdorf

ARD-SPORTKOORDINATOR

Die Geburt der Tour de France war eigentlich ein verzweifelter Marketing-Gag. Der Chefredakteur der Sportzeitung „L'Auto", Henri Desgrange, musste Auflage und Aufmerksamkeit für sein Blatt erhöhen. Nichts erschien ihm dafür geeigneter als ein abenteuerliches Radrennen über mehrere Wochen quer durch Frankreich. 1903 begann vor dem Café „Le Reveil Matin" die erste Tour de France über etwas mehr als 2.400 Kilometer.

Die Berichte schafften damals Boten nach Paris, wo sie mit einer Verzögerung von drei Tagen die Redaktion erreichten. Die Reporter von „L'Auto" (seit 1946 „L'Équipe") waren immer dabei. Einer von ihnen - Alphonse Steines - erkundete 1909 die wilden Berge der Pyrenäen. Er suchte nach Forst- und Waldwegen, die auch mit Rennrädern befahrbar wären. Als Octave Lapize ein Jahr später als Erster die Gipfel der Gebirgspässe erreichte, fluchte er erschöpft: „Ihr verdammten Mörder!" Tourmalet und Galibier, später Mont Ventoux und L'Alpe d'Huez – diese Berge wurden zu Legenden durch die Geschichten, die über sie erzählt wurden.

Bewegte Live-Bilder im französischen Fernsehen gab es 1949 zum ersten Mal von den Zielankünften. Seit 1960 wagen sich die Kameraleute auf Motorräder, um die Fahrer zu begleiten. Heute werden die Rennfahrer von zwei Flugzeugen, vier Helikoptern und vier Moto-Kameras begleitet. 60 TV-Stationen berichten in 165 Länder. Sie erzählen von einem magischen Radrennen.

Das vorliegende Buch ist eine wahre Fundgrube für alle Tour-Fans. Und wenn es während der bis zu siebenstündigen Live-Übertragungen in der ARD, im Ersten, tatsächlich kurz langweilig werden sollte, darf in der Tour-Geschichte geblättert werden.

CHARLIE UND CRICRI. Charlie Chaplin klappert mit seinem mobilen Kino die Dörfer ab, und auch die „Giganten der Landstraße" sind unterwegs. Ob im Stummfilm oder im wahren Leben, sie erzählen dieselbe Geschichte: Eine Geschichte vom „Goldrausch", von glorreichen Zielen, bösen Überraschungen, strahlenden und tragischen Helden. Eine Sinfonie stummer Gesten, die Gewaltiges bewirken...

1903-2003

100 Jahre Tour de France

JEAN-MARIE LEBLANC
DIREKTOR DER TOUR DE FRANCE

100 Jahre – das muss gefeiert werden! Und es ist gleichzeitig eine willkommene Gelegenheit, einmal inne zu halten in dieser schnelllebigen und bisweilen so oberflächlichen Zeit und in die Vergangenheit zu blicken.

Waren Henri Desgrange, Jacques Goddet und Félix Lévitan nun eher Väter eines außergewöhnlichen menschlichen Abenteuers, Begründer eines unvergleichlichen Radrennens, oder vielmehr Initiatoren eines großen Volksfestes, das jedes Jahr im Juli gefeiert wird? Zweifelsohne haben sich alle drei Komponenten mit der Zeit überlagert und peu à peu miteinander vermischt, um nach dem Zweiten Weltkrieg zu einem Ganzen zu verschmelzen. Das „Baby" der Gründerväter, zerbrechlich und ungestüm zugleich, sollte eine unruhige Jugend haben. Kurz nach der Zielankunft der 2. Tour schrieb Desgrange am 25. Juli 1904 in L'Auto: „Die Tour de France ist zu Ende, und ich fürchte, diese zweite Auflage war auch zugleich die letzte. Sie wird an ihrem Erfolg zugrunde gegangen sein, an der zerreißenden blinden Leidenschaft, an Beleidigungen und Verdächtigungen ignoranter und böser Zungen." Seine düsteren Prophezeiungen haben sich jedoch Gott sei Dank nicht bewahrheitet. Doch welche Stürme standen dem ersten Chef der Tour de France noch bevor, diesem anspruchsvollen und strengen Mann, dem sportliche Aufrichtigkeit ebenso wie großartige Leistungen alles galten. Die jedoch drohten bereits – wer wüsste nicht um die Unverbesserlichkeit des Menschen – unlauteren Machenschaften zum Opfer zu fallen. Nur mit seiner eisernen Hand, seinem unwiderstehlichen Charisma und seinem unnachgiebigen Streben nach der bestmöglichen Durchführung seines Rennen – oder zumindest der am wenigsten schlechten – gelang es ihm, jene Klippen zu umschiffen.

Erstmals mit Nationalmannschaften

Nicht zuletzt dank der Aufstellung von Nationalmannschaften im Jahr 1930 konnte Desgrange nahezu all seine Ziele erreichen: Die Auflage von L'Auto explodierte förmlich, seine Werbeauftraggeber kamen in Scharen zu ihm als unangefochtenem Chef der Presse; dem französischen Publikum konnte er mit dem erlesensten Potpourri von Stars, wie Leducq, Magne, Speicher und Lapébie – auch Vietto mag man hier noch einreihen – aufwarten, das man sich nur vorzustellen vermochte. Das entzückte natürlich den Tour-Veranstalter, der stets um maximale Publikumswirksamkeit seines Rennens bemüht war.

Doch die Wachablösung durch Jacques Goddet und Félix Lévitan 1947 verlief nicht ohne Schwierigkeiten. Goddet, der unmittelbare Erbe von Desgrange, hatte in der unruhigen Nachkriegszeit mit so großen Widrigkeiten zu kämpfen, dass er die Tour beinahe hätte aufgeben müssen. Erneut musste man nach der idealen Organisationsform suchen und sich um Ausgewogenheit der finanziellen Mittel bemühen, was unweigerlich zur Rückkehr der Firmenmannschaften führte, zur Entstehung des Prologs, des Grünen und des Gepunkteten Trikots sowie zum Start in einer ausländischen Stadt. Jacques Goddet, der Untätigkeit nicht ertragen konnte, suchte unermüdlich nach neuen Anreizen für sein Rennen: Zeitgutschriften, Bergankünfte, Sprintwertungen... Nach Anquetil, nach Merckx, nach Hinault hatte die Tour ihr volles Gleichgewicht gefunden, zumindest in sportlicher Hinsicht.

Jacques Goddet und Félix Lévitan hatten ihr ebenso wie Henri Desgrange ein solides Fundament verschafft, was jedoch nicht heißt, dass sie auf verwegene Experimente verzichteten. So hatte Goddet 1982 ob der Popularität der französischen Fußballer bei der Weltmeisterschaft etwa den Einfall, alle vier Jahre eine Art „Weltmeisterschafts-Tour" mit Nationalmannschaften zu veranstalten. Eine verführerische Idee, nur leider nicht umsetzbar. Goddet war ein Visionär wie Desgrange, wusste seine Leser und Zuhörer mitzureißen, aber...

Hinault letzter französischer Sieger

Die bei der „Großen Schleife" der Neuzeit erbrachten Leistungen geben sicher keinen Anlass für Pessimismus: Rekordzuschauerzahlen (in Frankreich wie bei unseren Nachbarn), Rekordquoten in Radio und Fernsehen. Und dennoch hat seit unserem geschätzten Bernard Hinault im Jahre 1985 kein französischer Fahrer mehr die Tour gewonnen. Wie ist diese Begeisterung des Publikums also zu erklären? Zunächst durch die Tiefe und Festigkeit der oben beschriebenen Wurzeln. Eine hundertjährige heroische und ruhmreiche Geschichte, einhundert Jahre Heldentaten und Dramatik, einhundert Jahre Traditionen und Leidenschaften rund um den zweitbeliebtesten Sport in den westeuropäischen Ländern, wo die berühmtesten Rennen der Welt ersonnen wurden. Dann durch die treibenden Kräfte des Ereignisses selbst: Dass so viele Franzosen die Tour aufmerksam verfolgen können, ist unter anderem Henri Desgrange zu verdanken, der sie in den Monat Juli gelegt hat, in Verbindung mit der Einführung des bezahlten Urlaubs im Jahr 1936. Weiter durch ihren ureigenen typischen Charakter, der mit der Geografie unseres Landes verschmolzen ist, und der mit den Alpen und den Pyrenäen ein prädestiniertes Terrain bietet, in dem sich echte Champions so richtig austoben können. Und nicht zuletzt, darauf weise ich ausdrücklich hin, auch durch die Aufmerksamkeit, die der Gestaltung des Rennens und dem Status der Fahrer gewidmet wird: ein Strecken- und Anforderungsprofil, das sowohl einem Kletterer als auch einem Rouleur und einem Mann der Flachetappen die gleichen Siegchancen einräumt, so dass nicht der eine oder andere Favorit bevorzugt wird. Dabei bietet der Veranstalter den hochklassigen Athleten materiellen wie moralischen Komfort, Regenerationsmöglichkeiten und Regeln, durch die man die Chancengleichheit und die sportliche Ethik so gut wie möglich zu wahren sucht. Nach Desgrange, nach Goddet erscheint auch mir dieses strenge Bemühen um Aufrichtigkeit, von der das Rennen (trotz der Festina-Affäre 1998) weitgehend bestimmt ist, als conditio sine qua non für die Glaubwürdigkeit der Tour.

Die Rolle des Fernsehens

Greifen wir von den zahllosen Faktoren, die für den Erfolg der Tour de France maßgeblich sind, auch einmal die inzwischen kardinale Rolle des Fernsehens auf. Das Fernsehen verhilft der Tour zu noch größerem Glanz. Zwar ist die Kulisse an sich schon unvergleichlich, sind die Hauptdarsteller erstklassig, immer couragiert, bisweilen gar heldenhaft. Aber die Arbeit der Männer, die die Bilder zusammenstellen, und die Ausgereiftheit ihrer technischen Möglichkeiten bringen die zahlreichen Facetten eines Meisterwerks und die täglichen Tour-Ereignisse bis ins kleinste Detail mit der Spannung eines Fortsetzungsromans in unsere Wohnzimmer. Die Tour und das Fernsehen scheinen wie füreinander gemacht, so wie einst die Erzählung auf Papier (Texte und Fotos) den Leser verzückte und irgendwann Direkt-Übertragungen im Radio den Hörer vor Spannung erzittern ließen. Und wir dürfen getrost davon ausgehen, dass auch die Internetnutzer in Australien und Nordamerika das alles „live" erleben, wie man heute sagt! Und schließlich ist die – nicht minder bedeutende – Rolle der Tour als Inbegriff der Bürgernähe nicht zu unterschätzen. Sie bietet eine Plattform für Volksfeste, Träume und Glücksgefühle (betrachten Sie einmal die Gesichter der Zuschauer, wenn das Feld vorbeirollt!), sie ist gewaltfrei und bringt Menschen aller Generationen und sozialen Schichten zusammen. Über den Bildschirm lässt sie uns die Flüsse und Brücken, Schlösser und Kirchtürme, Berge und Täler unseres Landes entdecken oder wiederentdecken, und ich kann mit Fug und Recht behaupten, dass sie die beste Botschafterin für den Tourismus in Frankreich ist. Diese Betrachtungen über den sportlichen Bezugsrahmen hinaus sollten vor allem Jugendlichen nahe gebracht werden, die sich entweder am praktischen Aspekt des Radsports orientieren oder als treue Fans am Straßenrand gewonnen werden sollen.

Natürlich hat jede Medaille zwei Seiten. Bei der Tour spielt sich so manches Drama ab, wenn auch glücklicherweise nur sporadisch: der Tod Simpsons 1967, der Tod Casartellis im Jahre 1995 zum Beispiel. Wie überall lauern auch hier Dämonen. Ich kenne sie, ich stecke mittendrin, es sind mindestens drei an der Zahl: Doping, Größenwahn und Geld. Diesbezüglich ist heute, zu Beginn des 21. Jahrhunderts, höchste Wachsamkeit geboten, denn manchmal vermischen sie sich auch noch. Was das Doping angeht – das musste man in den letzten Jahren schmerzlich erfahren – hat der Veranstalter wenig Einfluss. Kaum mehr kann er tun, als seiner Überwachungsaufgabe nachzukommen und die Mittel einzusetzen, die ihm im Rahmen des Bestrafungssystems der Sportgremien und des Staates zur Verfügung stehen.

Gegen unkontrollierbares Wachstum

Dennoch haben wir es in der Hand und sogar die Pflicht, ein unkontrollierbares Wachstum der Tour zu verhindern und auch mal Nein zu sagen. Nein zu noch mehr Medien, Nein zu noch mehr Beobachtern, Nein zu noch mehr Sponsoren, Begleitfahrzeugen, geladenen Gästen, die die Tour mit immer schwerfälligeren logistischen Sachzwängen letzten Endes so aufblähen würden, dass sie einem Fettleibigen ähnelte, den man dreiundzwanzig Tage in Folge von Stadt zu Stadt hetzt! Dann wäre es aus mit den Dorfankünften und aus mit der Gemütlichkeit. Das Trachten nach Gewinn und der Sicherheitswahn würden uns dahin raffen. Und die Tour verlöre schnell ihre Seele.

Da ich dies schreibe, träume ich von dem unglaublichen Paradoxon, dass die Tour endlich an dem Punkt angelangt wäre, sich selbst an die Kandare zu nehmen, während früher Desgrange, Goddet und Lévitan in dieser Beziehung oft mit dem Feuer spielten. Träume davon, dass die kurzlebige frenetische Begeisterung nicht zur Auflösung des Geflechtes führte, das die Väter der Tour bewusst und auf lange Sicht haben wachsen lassen. Wissend um diese Bürde, habe ich diese Gefahr oftmals beschworen, den Versuchungen widerstanden. Das Gleiche gilt für meine Mitarbeiter, allesamt Sportler. Wenn wir diesen Preis der beständigen Wachsamkeit zahlen, dann kann sich die Tour de France, dieses einzigartige Juwel des Sports, dem zweiten Jahrhundert ihres Bestehens gut gewappnet stellen. Muss ich noch sagen, dass ich ihr von ganzem Herzen und aus all meinen Kräften viel Glück wünsche?

Von 1967 bis 1971 ist Jean-Marie Leblanc Profi-Rennfahrer...

...von 1971 bis 1988 Journalist bei La Voix du Nord, anschließend bei L'Équipe...

...seit 1988 ist er Chef der Tour de France: Was für eine Laufbahn!

WANDERTAG. 1958 - General de Gaulle ist zurück an der Spitze Frankreichs, Brasilien gewinnt dank Pele in Schweden seine erste Fußball-Weltmeisterschaft. Die Schulkinder dürfen ihre Pulte an den Wegesrand mitnehmen, denn die Tour de France kommt durch den Ort! Trotz Regen ein spannender Freiluftunterricht...

1903

Die Geburtsstunde der Tour

VON SERGE LAGET
JOURNALIST BEI L'ÉQUIPE

Zeitungsmacher aus Leidenschaft und mit Visionen wollen und müssen den Lesern ihrer Blätter stets Spektakuläres bieten; also erfindet Richard Lesclide 1869 das Radrennen Paris-Rouen und Maurice Martin und Pierre Giffard 1891 Bordeaux-Paris und Paris-Brest-Paris. Zwar glauben sie an das Veloziped und später an das Fahrrad, denn ihnen ist bewusst, welche Freiheiten diese Geräte dem Willen und den Fähigkeiten der Menschen bieten, aber es geht auch ums Geschäft: Der eine will sein „Vélocipède illustré" an den Mann bringen, der andere sein „Véloce Sport" oder sein „Petit Journal" verkaufen. Das ist die scheinbar widersprüchliche Doppeldeutigkeit bei der Organisation von Radrennen, aber es ist nicht die Einzige.

Giffard zum Beispiel, der als Humanist technischen Errungenschaften wie dem Telefon oder dem Automobil, die sonst als Segen für die Menschheit gepriesen werden, eher skeptisch gegenübersteht, ist davon überzeugt, das Veloziped könne zur Wiedereroberung des 1871 verlorenen Elsass-Lothringens beitragen. Wenn sein Radrennen in Frankreich stattfindet, mobilisiert es nicht nur die französische Fahrradindustrie, sondern auch die Fahrer mit der Trikolore im Herzen! Bisher dominierten die Engländer Moore und Mills, Humber oder Dunlop die Rennen. Doch die französische Seele lebt, und morgen schon wird sie mit Hilfe von Terront, Clément oder Michelin und anderen im damals deutschen Straßburg die Marseillaise singen. Das Fahren auf dem Veloziped ist mehr als ein Sport, es ist eine Wohltat für die Gesellschaft, ein Instrument der Freiheit, das die Ketten der politischen Wirklichkeit nach der Niederlage von 1871 sprengen kann.

Von Grün...

Das Veloziped zieht Clemenceau, Zola und Vlaminck in seinen Bann, aber auch einen jungen Juristen, der die Extreme, die Anstrengung und die frische Luft liebt. Er hängt seine Robe an den Nagel und verschreibt sich der neuen Religion, dem Abenteuer Radsport. Eine Religion, die Ende 1892 mit der Gründung der auf grünem Papier gedruckten Tageszeitung „Le Vélo" von Giffard ihre Bibel findet. Mit der ansteckenden Aufbruchstimmung der Industrialisierung tauchen nun auch Siegertitel, Radrennen und Radrennbahnen auf. Giffard sprudelt über vor Ideen, und Desgrange, seit zwölf Jahren sein Assistent, versucht, wenigstens ein paar davon in die Tat umzusetzen. Er erfindet den Stundenweltrekord ohne Schrittmacher, besitzt als Redakteur eine spitze Feder und leitet Radrennbahnen. Da bricht die Dreyfus-Affäre über Frankreich herein. Alfred Dreyfus, französisch-jüdischer Offizier aus dem Elsass, wird in einem regelwidrigen Verfahren des Landesverrats gegenüber Deutschland verurteilt. Zwischen 1894 und der Revision des Prozesses im Jahr 1899 ist Frankreich in zwei Lager gespalten: Die Konservativen sind gegen Dreyfus, die Progressiven – wie Giffard – für ihn. Und Giffard ist nicht untätig: Auf den grünen Seiten seiner Zeitung ergreift er Partei für die Gerechtigkeit und für die Revision des Verfahrens. Dabei prangert er, obwohl sie seine Geldgeber sind, Großindustrielle wie De Dion, Michelin oder Clément an, die auf der anderen Seite stehen. De Dion & Co. beschließen daraufhin, ihre eigene Sportzeitung zu gründen, um ihre Werbeanzeigen in einer würdigen Umgebung zu wissen.

...bis Gelb

Am 16. Oktober 1900 laufen im Haus Nr. 10, Rue du Faubourg-Montmartre, die Maschinen für die erste Ausgabe von L'Auto-Vélo, gedruckt auf gelbem Papier. Die Leitung der Zeitung wird dem Gespann Henri Desgrange/Victor Goddet übertragen. Goddet ist ein strenger und peinlich genauer Schatzmeister, Desgrange hingegen ist fähig, Giffard die Stirn zu bieten und ihn zu schlagen. Er ist ein Siegertyp, und kein Spieler. Der Kampf Grün gegen Gelb beginnt, und eine der beiden Farben wird aus den Kiosken verschwinden...

Desgrange, der die Straßenrennen - nachdem er bisher immer ihr Ende angekündigt hat - nun gegenüber Kritikern verteidigt, erringt gleich zu Beginn einen entscheidenden Sieg über Giffard, als ihm 1901 vom „Petit Journal" die Organisation der zweiten Auflage von Paris-Brest übertragen wird. Das Rennen, ursprünglich von Giffard erfunden, wird Dank des Siegers Maurice Garin und seiner Fahrradmarke „La Française" ein großer Erfolg für Desgrange - und eine Backpfeife für Giffard...

Desgrange streut 1902 noch mehr Salz auf die Wunden Giffards, als er mit dem schwierigen Rennen Marseille-Paris Erfolg hat, und einige Wochen später Bordeaux-Paris II organisiert, das von Garin in einer besseren Zeit gefahren wird als vom Sieger der von „Le Vélo" ausgerichteten Version. Giffard erringt allerdings einen Ehrensieg vor Gericht, als dieses Desgrange verpflichtet, aus seinem Zeitungstitel das Wort „Vélo" zu streichen. Letztlich kommt dies einem „Selbstmord" von Giffard gleich: Er kennt Desgrange als Kämpfer und hegt keine Zweifel daran, dass seine Revanche schrecklich sein wird.

Die Idee gewinnt Gestalt...

Auf beiden Seiten ist die wirtschaftliche Lage angespannt, bei einer bescheidenen Verkaufszahl von durchschnittlich 25.000 Blättern... Ein weiteres Mal liegt der Unterschied der beiden Widersacher im Enthusiasmus. Dieser treibt Desgrange an, der ein kleines Redaktionsteam um sich scharen kann, das bedingungslos von seinem stahlharten Willen, seiner Arbeitskraft und seiner Vergangenheit als Radchampion begeistert ist. Ein Team, zu dem mehrere Überläufer des „Vélo" gehören, die Giffard mit seinen Utopien nicht halten konnte... Einer von ihnen, Géo Lefèvre, hat die geniale Idee, die seinem ehemaligen Arbeitgeber den Todesstoß versetzen wird. Angeregt durch seinen neuen Chef, kommt Géo bei einem Essen im Restaurant „Zimmer" in der Nähe des Montmartre eine geniale Idee. An diesem 20. November 1902 fragt er ganz unbefangen: „Und wenn wir eine Frankreich-Rundfahrt veranstalten? Mit mehreren Etappen und Ruhetagen?" Diesen damals überaus törichten Gedanken kann nur jemand äußern, der bereits zum Entrée eine halbe Karaffe Roten genossen hat... Victor Goddet, der Schatzmeister, ist leichter zu überzeugen als Desgrange. Dabei steht es um die Finanzen sehr schlecht, so schlecht, dass die Schwadron um Desgrange mit ihrer glühenden Leidenschaft durch die Organisation einer „Tour de France" nichts zu verlieren hat.

Am 16. Januar 1903 wird – wie es die Justiz verlangt – „L'Auto-Vélo" zu „L'Auto". Die Bombe platzt am 19. Januar auf der Titelseite: Veranstaltet wird die „Tour de France, das größte Radrennen der Welt". Eine Herausforderung ohne Gleichen, die von der gesamten Presse begrüßt wird, die aber die Jungs von Faubourg-Montmartre in Verlegenheit bringt, denn so etwas haben sie noch nicht gemacht...

„Die Fahrer sollen sich sechs Tage auf der Straße behaupten und aus Frankreich eine große Radrennbahn machen", sagt Tausendsassa Géo Lefèvre, der einfach die Klassiker, die bereits ausgetragen werden, aneinander reiht. Im Übrigen muss Géo vor Ort den Mann für alle Fälle spielen: Er gibt den Startschuss, misst die Zeit, kürt am Ziel den Sieger, überwacht die Organisation und fungiert als Korrespondent für „L'Auto". Und das alles mit dem Fahrrad oder dem Zug!

...und bleibt eine Tour ins Ungewisse

Desgrange muss einiges aushalten, was weder Baron de Coubertin 1896 mit der Wiederbelebung der olympischen Idee in Griechenland noch Jules Rimet 1930 mit der ersten Fußballweltmeisterschaft in Uruguay ertragen mussten... Beides sind öffentliche Veranstaltungen mit Eintrittsgeldern, die alle vier Jahre an anderen Orten ausgetragen werden. Die Tour hingegen wird einmal jährlich von einer Privatgesellschaft organisiert und fährt keine Eintrittsgelder ein, da sie als einzige Veranstaltung vor 15 Millionen Zuschauern im schönsten Stadion der Welt stattfindet: in Frankreich.

Kurzum, die Getreuen von Desgrange können bei der Organisation auf nichts Bewährtes zurückgreifen, und die Herausforderung, die er auf französischem Boden vor seinen Zuschauern und seinen Lesern aufnehmen muss, wiegt doppelt schwer. Während Giffard, von dem Desgrange genervt hoffte, dass er die Welt des Sports verlasse, China für sich entdeckt, rauft sich der Leiter und Chefredakteur von „L'Auto" die Haare, weil er nicht weiß, woher er die 50 Fahrer nehmen soll, die für ein Preisgeld von 20.000 Francs vom 31. Mai bis 5. Juli über Lyon, Marseille, Toulouse, Bordeaux und Nantes von Paris nach Paris fahren... Man könnte sie ebenso gut auf eine Tour ins Ungewisse schicken, auch wenn der umtriebige Abran als wichtigster Helfer von Lefèvre die Strecke abgefahren ist, die übrigens rund 2.200 km beträgt. Die hastig organisierte Tour droht zu scheitern, denn am 21. April haben sich nur fünfzehn Fahrer angemeldet, darunter mit der Nummer 1 unser Freund Garin.

Um sein Gesicht nicht zu verlieren, verschiebt Desgrange missmutig das Rennen: Es findet nun vom 1. bis 18. Juli statt, dauert nur halb so lang und kostet nur halb so viel (10 statt 20 Francs pro Fahrer). Das Preisgeld erhöht er: Nun erhält jeder Fahrer 5 Francs Zuschuss pro Tag für entstehende Kosten. Diese Änderungen, die am 6. Mai angekündigt werden, bringen das Rennen auf die Beine: Bis zum 30. Juni 1903 haben sich 78 Teilnehmer angemeldet! Zwar zeigt Filmpionier Méliès in den Lichtspielhäusern seine „Reise zum Mond", doch es sind Desgrange und Géo Lefèvre, Jacques May, François Mercier und Georges Abran, die tatsächlich in die Ewigkeit aufbrechen... Das Unternehmen kommt eher einem Kreuzzug oder einem verwegenen Abenteuer gleich als einem Rennen, aber alles hat seine Zeit.

Schließlich wird „Le Vélo" Ende des Jahres 1904 zur Zeitung für Automobilisten! Nachdem Desgrange sich mit Giffard heftige Scharmützel geliefert hat, bietet er seinem Widersacher nun eine Heimat bei „L'Auto" an, denn er weiß, was er Giffard letztlich verdankt. Und als Giffard 1923 stirbt, schreibt er einen ergreifenden Nachruf und setzt sich für ein Denkmal ein.

Die Tour geht derweil ihren Weg und zeugt noch heute von der Leidenschaft ihrer Erfinder.

Henri Desgrange und Victor Goddet, hier als Zeichnung von O'Galop, sind so gegensätzlich und unterschiedlich wie Feuer und Wasser. Doch erst durch ihren Zusammenhalt wird Géo Lefèvres Idee Wirklichkeit.

Desgrange war davon überzeugt, dass die Tour die Massen begeistern würde, aber er war in seiner Meinung nicht so gefestigt wie Lefèvre, dessen Begeisterung dafür sorgte, dass die erste Auflage der Tour nicht scheiterte.

Auf diesem Plakat von Noël Dorville aus dem Jahr 1902 preist die Traumgestalt der Fahrradmarke La Française die zukünftige Tour de France an. Géo hatte einfach die glänzende Idee, sechs Klassiker aneinander zu reihen.

DIE TOUR-DIREKTOREN

1903-1939 : Henri Desgrange.
1947-1961 : Jacques Goddet.
1962-1986 : Jacques Goddet und Félix Lévitan.
1987 : Jean-François Naquet-Radiguet und Xavier Louy.
1988 : Jean-Pierre Courcol und Xavier Louy.
1989-1993 : Jean-Pierre Carenso und Jean-Marie Leblanc.
1994-2000 : Jean-Claude Killy und Jean-Marie Leblanc.
2001 : Patrice Clerc und Jean-Marie Leblanc.

LEIDENSCHAFT. Stundenlang sind sie hinaufmarschiert. Sie haben die Nacht unter den Sternen verbracht. Jetzt stehen sie an den Serpentinen und warten auf ihre Helden. Die Tour de France ist ein flüchtiges Spektakel - das gespannte Warten ein Teil von ihr.

1903

Maurice GARIN

Es war einmal... Maurice Garin

1. Juli 1903, 15.16 Uhr: Das Abenteuer beginnt! Alphonse Steinès hatte die sechzig Fahrer vor dem „Réveil-Matin" kontrolliert, aufgrund von Bauarbeiten startete Georges Abran das Rennen 500 Meter entfernt. (Foto rechte Seite)

Die Mannschaft La Française mit ihrem Champion Maurice Garin, der als Erster für die Tour de France verpflichtet wurde und somit auch die Startnummer 1 erhielt, ist nach ihren Erfolgen bei Paris-Brest 1901 und Bordeaux-Paris 1902 haushoher Favorit bei dieser ersten Frankreich-Rundfahrt. Unter Erfolgsdruck steht allerdings auch der Ausrichter des Rennens, die täglich erscheinende Sportzeitung L'Auto. Vordergründig geht es in diesen von Nationalismus geprägten Zeiten zwar darum, den Verkauf einer blau-weiß-roten Marke anzukurbeln und mit der Tour einen journalistischen Imageerfolg zu verbuchen, den man in steigende Auflagen umsetzen kann. Doch das eigentliche Ziel ist es, den alten Rivalen, die Zeitung Le Vélo, auszustechen, gegen den man vor Gericht eine schmerzhafte Niederlage hinnehmen musste.

Die Tour gilt zur damaligen Zeit als ein wahnwitziges Unterfangen. Abgesehen von den Fahrern der Sechstagerennen hatte noch niemand eine Distanz von 2.500 Kilometern zurückgelegt. Ein gigantisches Abenteuer in sechs Etappen, jede für sich ein höchst anspruchsvoller Klassiker! Die Organisatoren müssen bei Preisen und Prämien deutlich nachlegen, um neben dem Zugpferd Garin noch 59 weitere Hasardeure zur Teilnahme zu bewegen. Fast alle sind „Profis", allerdings mit Zweitberuf, denn die dürftigen Siegprämien sind zum Leben zu wenig. Vor ihnen liegen zwölf Renntage, sieben Ruhetage, Staub, Sonne, Mistral, Rückschläge, Reifenpannen, Stürze und Orientierungsprobleme - und nur ein Drittel des Feldes sollte am 19. Juli das Ziel im Pariser Prinzenpark erreichen. Ellinamour und Pernette, die Ersten, die sich an jenem Mittwoch, dem 1. Juli vor der Herberge Réveil-Matin in die Startliste eintragen, bleiben ebenso schnell auf der Strecke wie der Mann mit dem schönen Namen Deballade. Andere werden von Géo Lefèvre nach Täuschungsversuchen aus dem Rennen genommen. Der eigentliche Erfinder des Rennens hat alle Hände voll zu tun: Er gewährleistet vor Ort den reibungslosen Ablauf, überwacht die Einhaltung der Regeln und gibt jeden Abend einen telefonischen Tagesbericht nach Paris durch. In immer auflagenstärkeren Sonderausgaben berichtet L'Auto über Garins beeindruckende Erfolge in Lyon und Nantes, von der Aufgabe Aucouturiers in La Pallice und seinen für das Gesamtklassement wertlosen Siegen in Marseille und Toulouse. Die Franzosen treten vor ihre Häuser, um diese Helden vorbeirollen zu sehen. Sie erleben das erste Kapitel der größten Erfolgsgeschichte des 20. Jahrhunderts, den Beginn des Siegeszuges der sportlichen Höchstleistung - ganz so, wie Henri Desgrange es sich gewünscht hatte.

GESAMTKLASSEMENT

1. **Maurice GARIN** (FRA), 94 Std. 33'14" Stundenmittel: 25,679 Km/h
2. **Lucien POTHIER** (FRA), 2 Std. 59'21"
3. **Fernand AUGEREAU** (FRA), 4 Std. 29'24"
4. Rodolphe MULLER (ITA), 4 Std. 39'30"
5. Jean FISCHER (FRA), 4 Std. 58'44"
6. Marcel KERFF (BEL), 5 Std. 52'24"
7. Julien „Samson" LOOTENS (BEL), 8 Std. 31'8"
8. Georges PASQUIER (FRA), 10 Std. 24'4"
9. François BEAUGENDRE (FRA), 10 Std. 52'14"
10. Aloïs CATTEAU (BEL), 12 Std. 44'57"
11. Jean DARGASSIES (FRA), 13 Std. 49'10"
12. Ferdinand PAYAN (FRA), 19 Std. 9'2"
13. Julien GIRBE (FRA), 23 Std. 16'52"
14. Isidore LECHARTIER (FRA), 24 Std. 5'13"
15. Joseph FISCHER (GER), 25 Std. 14'26" ;
16. Alexandre FOUREAUX (FRA), 31 Std. 50'52"
17. René SALAIS (FRA), 32 Std. 34'43"
18. Émile MOULIN (FRA), 49 Std. 43'15"
19. Georges BOROT (FRA), 51 Std. 37'38"
20. Pierre DESVAGES (FRA), 62 Std. 53'54"

1. TOUR DE FRANCE: 6 ETAPPEN – 2.428 KILOMETER

			Etappen	Etappensieger	Führender
1. Etappe	Mittwoch 1. Juli	**467 km**	Paris – Lyon	M. Garin (FRA)	M. Garin
2. Etappe	Sonntag 5. Juli	**374 km**	Lyon – Marseille	H. Aucouturier (FRA)	M. Garin
3. Etappe	Mittwoch 8. Juli	**423 km**	Marseille – Toulouse	H. Aucouturier (FRA)	M. Garin
4. Etappe	Sonntag 12. Juli	**268 km**	Toulouse – Bordeaux	C. Laeser (SUI)	M. Garin
5. Etappe	Montag 13. Juli	**425 km**	Bordeaux – Nantes	M. Garin (FRA)	M. Garin
6. Etappe	Samstag 18. Juli	**471 km**	Nantes – Paris	M. Garin (FRA)	M. Garin

Marcel Kerff

Julien Lootens

Lucien Pothier

Garin ist der „Patron“ der Tour

PARIS-LYON Erste Etappe - Die Ereignisse auf der Strecke - Glänzender Sieg von Garin, Champion von La Française - Pagie Zweiter - Aufgabe von Aucouturier - Alle Erwartungen übertroffen - Einzigartiger Erfolg - Die Ankömmlinge - Das Gesamtklassement.

Diese Tour ist international: Auch Schweizer, Belgier und Deutsche nehmen teil, wie der 38-jährige Joseph Fischer, der hier noch eine exotische Stärkung zu sich nimmt.

LYON (2. Juli) - Die Zielankunft? Ach, die hab’ ich glatt verpasst! Garin und Pagie, die ich nach ihrer kurzen Verpflegungspause bei Moulins in die Nacht entschwinden sah, waren auf ihren einfachen Fahrrädern schneller in Lyon als ich im Expresszug! Als ich mich mit eigenen Augen von der unglaublichen Frische dieser beiden Dämonen der Landstraße überzeugt hatte und ihren Vorsprung auf den sehr optimistischen Zeitplan berechnete, da beschlich mich die Vorahnung, dass ich ihre Ankunft in Lyon verpassen würde. Gleich nach dem Einlaufen meines Zuges um 8.50 Uhr sprang ich in ein Auto, und als ich zum Quai de Vaise kam, sah ich schon von weitem vielleicht tausend Leute, die winkend, schreiend und applaudierend zwei Männer umgaben, die weiß von Staub waren.

Das waren sie! Leider stiegen sie gleich darauf in ein Auto und fuhren davon. Doch zum Glück konnten mir die beiden Herren Kontrolleure, unser Korrespondent Lassagne und Generalinspektor Abran den Zieleinlauf schildern: „Um 7.20 Uhr wurde uns telefonisch gemeldet, dass Garin und Pagie die letzte Kontrolle passiert hatten. Wir bereiteten hastig alles vor und vernahmen dann gegen 9 Uhr aus der Ferne den Klang der Signalhörner. Eine Fahne wurde geschwenkt, und Garin, der wie eine Katze über die groben Pflastersteine des Quai de Vaise sprang, beendete siegreich diese erste Etappe der Tour de France.“

Garin ist ja dafür bekannt, dass er „seiner Zeit immer voraus ist“, wie bei Paris-Brest, als er schon morgens in den Prinzenpark einfuhr, wo ihn die Zuschauer erst am Nachmittag erwarteten. Und auch bei Bordeaux-Paris 1902 erreichte er zu einer Zeit das Velodrom, als dieses noch völlig verwaist war. Heute nun durfte sich der Triumphator dieses ersten Rennabschnitts hier in Lyon wenigstens einiger hundert, wenn auch eher zufällig anwesender Anhänger erfreuen, die sich zu dieser frühen Stunde eigentlich nur über den Verlauf des Rennens informieren wollten.

Pagie wird hervorragender Zweiter, mit weniger als einer Minute Rückstand auf seinen berühmten Rivalen. Damit landet er die größtmögliche Überraschung, die dieser neue Wettstreit für uns bereithalten kann, der allen Konkurrenten gleiche Waffen in die Hand gibt. Eine halbe Stunde später erreicht Léon Georget das Ziel. Der Mann aus Châtellerault unterzeichnet mit zorniger Miene die Ankunftsliste und entschwindet wortlos in das nahe gelegene Badehaus, wo sich Garin und Pagie bereits eingefunden haben.

Die Zuschauermenge wächst nun minütlich in diesem so exzentrischen Vorstadtviertel Vaise: Sportfreunde, Halbwüchsige, junge Damen mit frischem Sommerduft und lautstark palavernde Hausfrauen - wie wird es wohl aussehen, wenn das große Rennen in Paris ankommt, im noblen Belleville oder in La Villette?

Nun folgen in großen Abständen weitere Ankömmlinge: Zunächst Augereau, dann Jean Fischer, der dieses Mal ruhig und ohne tragische Gesten seine Missgeschicke schildert. Nach einer ziemlich kompakten Serie von Zielankünften stellt sich nun eine Pause ein, die die Offiziellen prompt zum Mittagessen in der Brasserie Comte nutzen, die - welch vortreffliche Wahl! - auch als Zielkontrolle fungiert. Alle Delegierten des Radsportverbands Lyon und Südost betätigen sich nun ebenso eifrig beim traditionellen Lachsessen, wie sie bereits von Anfang an unseren Mitarbeiter Mercier und unseren Korrespondenten Lassagne tatkräftig unterstützt haben. Dieser wird mit bewundernswerter Aufopferung den ganzen Tag und die ganze Nacht am Kontrolltisch verbringen... Doch auch auf unseren „automobilen“ Korrespondenten Dumont ist Verlass, der

Nach 17 Stunden im Sattel, zwei mobilen und drei festen Kontrollstellen, fährt Garin in Lyon als Erster über die Ziellinie.

Nach mehreren Reifenpannen wird Léon Georget mit einem Rückstand von 35 Minuten Dritter.

Schrittmacher sind zwar verboten, doch wer will die begeisterten Begleiter aufhalten? Als Garin, die „weiße Bulldogge", den unerwartet starken Pagie abhängt, kann aber keiner mehr mithalten... Einige Cracks leisten sich gar den Luxus von „Spähern".

uns seinen De Dietrich mit 16 Pferdestärken zur Verfügung gestellt hat, und natürlich auf unseren wackeren Generalinspektor Georges Abran, allgegenwärtig an allen Stationen dieses Rennens, der im Bedarfsfall genauso streng sein kann wie der Präfekt höchstpersönlich!

Während immer mehr Fahrer eintrudeln, besuche ich Garin, Pagie und die anderen Erstklassierten, die sich nach der Zielankunft zur Pflege ins Badehaus begeben haben. Der große Sieger liegt unbekleidet auf einem Feldbett, bedeckt nur von einem dünnen Leintuch. So aufgewühlt ich ihn in dieser Nacht in Moulins erlebte, so ruhig, entspannt und erhaben finde ich ihn nun vor. Dieser Mann ist fabelhaft, der harte Rennsattel hat an seinem Hinterteil so gut wie keine Spuren hinterlassen, nur am Knie und am Ellenbogen finden sich kleinere Schürfwunden von einem Sturz hinter Moulins. Mit Bedacht und mit viel Liebe zum Detail, was nach einer solchen Anstrengung ein exzellentes Gedächtnis und einen wachen Geist vermuten lässt, berichtet er seine Erlebnisse: „Der Start war konfus, ein einziger Tumult! Ich bin dem Getümmel schnell davongefahren, als ich es hinter mir scheppern hörte. Jemand schrie: ‚Joseph Fischer ist gestürzt!' Armer Kerl! Wir haben also gemacht, dass wir wegkommen, denn uns war klar: Das hier war Krieg! Bis nach Fontainebleau haben Chapperon, Trippier, Georget und Aucouturier unentwegt attackiert. Wollten mich auf dem falschen Fuß erwischen, doch das ist ihnen nicht gelungen! Zwei Kilometer vor der Kontrolle von Fontainebleau haben Georget und Aucouturier erneut angegriffen.

Chapperon und Trippier blieben zurück, doch Pagie und ich holten schnell auf. Später sagte Aucouturier zu mir: ‚Lass uns beide abhauen!', und ich antwortete ihm: ‚Warte noch ein bisschen, jetzt ist noch nicht der richtige Zeitpunkt!' Es war nämlich eine Hundehitze.

Hinter Briare hat sich dann die ganze Spitzengruppe darauf geeinigt, im nächsten Dorf anzuhalten und sich mit kaltem Wasser etwas zu erfrischen. Doch meinen Sie, jemand wäre abgestiegen? Von wegen! Mir hat das ja nichts ausgemacht, aber ich habe gesehen, wie dieser Teufel von Aucouturier immer schwerer trat, Muller immer schwächer wurde, Pasquier schwer atmete, sogar röchelte! Aber immer wenn's schwer wird, kommt meine große Stunde! Wir kamen nach Cosne. Die anderen waren ziemlich im Eimer, bis auf Georget und Pagie. Ich hörte, wie sie einen Halt vereinbarten. Also sagte ich zu Pagie, den ich ein bisschen unter meine Fittiche genommen hatte: ‚Hörst du, ich verbiete dir, vor einem Gasthaus anzuhalten!'

Die anderen hielten an und stiegen ab, doch Pagie und ich, wir fuhren weiter! Georget trank nur ein paar Schluck Wasser und machte sich gleich daran, uns hinterherzufahren. Er holte uns auch tatsächlich ein, doch die anderen blieben zurück, auch Aucouturier, und damit hatte er verloren! Hinter Pouilly sagte Georget zu mir: ‚Mist, ich glaube, ich habe hinten einen Platten.' Er musste anhalten, um seinen Reifen zu reparieren. Tja, und das war's! Danach hielt ich mich zurück und half Pagie, damit ich nicht alleine fahren musste. Und dann kam auch schon Lyon mit seinem holprigen Pflaster. Die erste Etappe war geschafft, jetzt heißt's ran an die zweite!"

Maurice Garin lächelt vergnügt. Sein unermüdlicher Manager und Freund Delattre, mit dem ich die ganze Nacht in Moulins und im Zug verbracht habe, frohlockt bereits. Der Mann schwebt im siebten Himmel! Sein Schützling hat gewonnen, und neun von zwölf Männern seiner Equipe La Française sind noch im Rennen: Garin, Pagie, Augereau, Muller, Pothier, Jaeck, Catteau, Pasquier und Joseph Fischer. Was für ein hervorragendes Ergebnis. Bravo Delattre! Bravo La Française!

SONDERAUSGABE

Die 93.000 Exemplare mit dem Bericht zum großen Sieg von Garin in Lyon waren im Nu vergriffen. Die Zielkontrolle wurde auf Film festgehalten, die Zeiten der Fahrer wurden von Abran, Mercier und Géo Lefèvre mit einem Chronometer der Marke Lépine gemessen.

Der Favorit holt sich den Sieg

NANTES-PARIS 100.000 Zuschauer an der Strecke, 20.000 im Prinzenpark! Das Finale der Tour war ein voller Erfolg für den Organisator und für den Favoriten Garin. Dieser gewann seine dritte Etappe und errang somit den Gesamtsieg, der in Ville-d'Avray und im Park mit großer Freude gefeiert wurde.

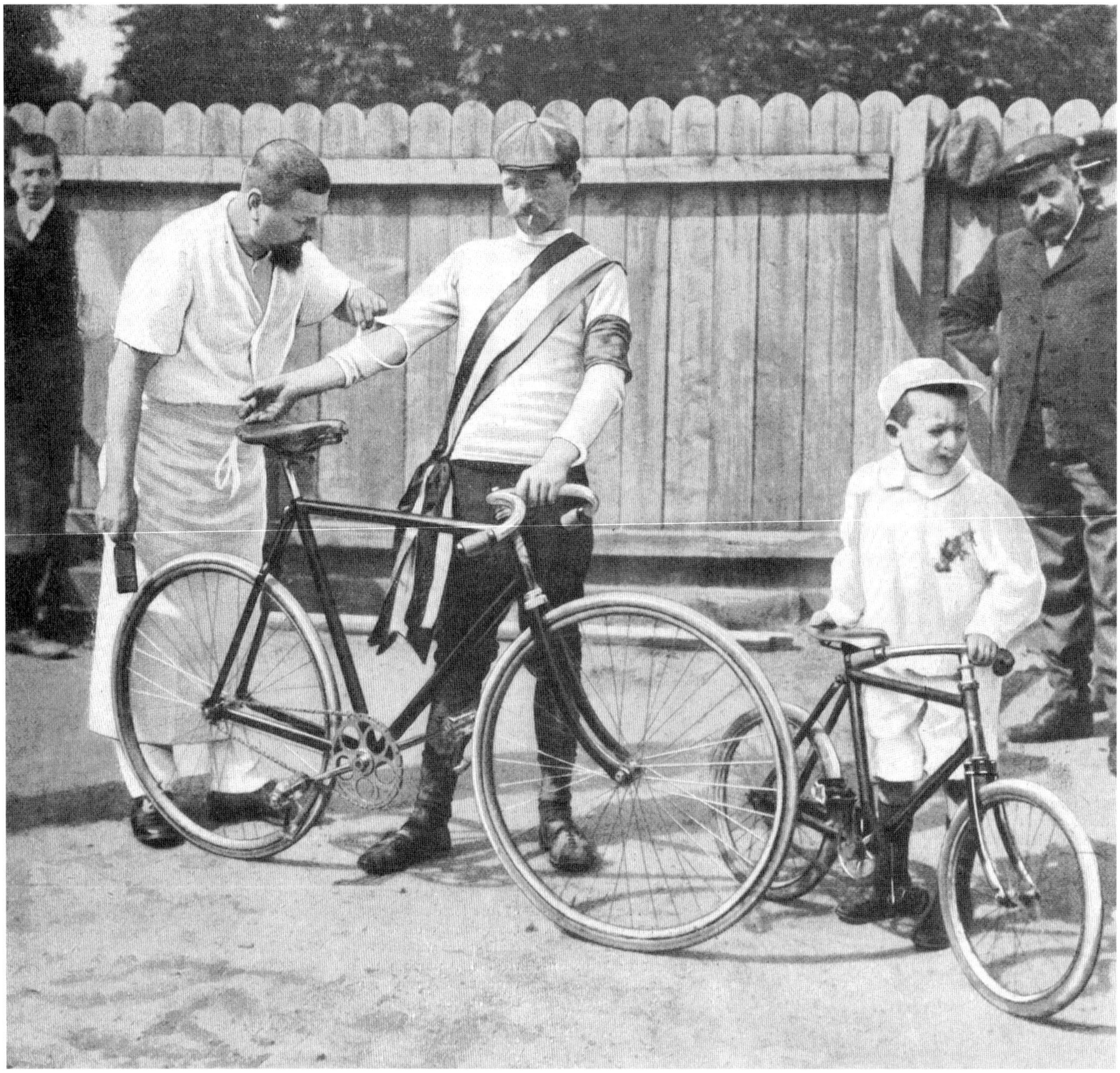

Oben: Garin genießt seinen Triumph mit seinem Filius im Prinzenpark. Um den lädierten Ellenbogen wird sich Brillouet schon kümmern.

EINE Flut von Menschen säumte gestern gegen 14 Uhr die Straße nach Ville-d'Avray. Eine handvoll Kontrolleure versuchte verzweifelt, sie zu bändigen und den für die Zielankunft benötigten Platz zu schaffen. Sie waren immer noch dabei, diesen ausweglosen Kampf zu führen, als kurz vor 14 Uhr die aktuelle Nachricht verbreitet wurde, dass die Rennfahrer nur noch wenige Pedalumdrehungen vom Ziel entfernt seien.

Um die Protagonisten besser sehen zu können, wogte die Menge nun noch näher an die Straße heran, doch irgendwie gelang es, eine schmale Gasse von ungefähr 60 Zentimetern für die Zielankunft frei zu lassen. Wir wussten dank der Depeschen der vorgelagerten Kontrollstellen, dass die Spitzengruppe aus zehn Fahrern bestand und auch alle zehn in den verbissenen Kampf um den letzten Etappensieg dieser kolossalen Rundfahrt involviert waren. Wer würde den Sieg davontragen? Es herrschte atemlose Spannung.

Und mit jeder Sekunde wuchs die Menschenmasse, rückte immer enger zusammen. Überall Menschen - an den Fenstern, auf den Dächern, in den Bäumen, auf Fahrrädern, in Autos, auf Pferden, zu Fuß... einen solchen Enthusiasmus hat man noch nicht gesehen!

Am schlimmsten waren die Fotografen der Illustrierten, einer von ihnen verursachte gar den Sturz von Augereau bei der Zielankunft. Jean Fischer hingegen wurde von einem allzu begeisterten Zuschauer zu Fall gebracht, gerade als er sich bei der Abfahrt

ZUSAMMENFASSUNG

Die erste „Tour de France" ist vorbei! Meine Mitarbeiter sind erschöpft, ich selbst bin begeistert. Ich wünschte, die erfüllten Stunden der Arbeit und die enorme Genugtuung, die das Rennen uns beschert hat, würden niemals enden! Was für eine großartige Bestätigung für unser Werk! Ich habe in meinem Leben viele sportliche Träume geträumt, doch nie ist einer so wunderbare Realität geworden.

von Picardie kurz vor dem Ziel davongemacht hatte. Fischer hätte durchaus die Etappe Nantes-Paris gewinnen können...

Während sich dieses letzte Drama abspielte, stürmte ein beherzter Garin durch die Menge und passierte die Zielbanderole, genau um 14 Uhr und neun Minuten! Hinter ihm kämpften Augereau und Samson um den zweiten Platz. Die Begeisterung erreichte ihren Höhepunkt: Zunächst brandete Beifall auf, und dann wurde mit einem frenetischen Jubel das Ende dieses Rennens zelebriert. Die Frauen schwenkten ihre Sonnenschirme, die Männer ihre Hüte. Mit eigenen Augen habe ich Zuschauer gar weinen sehen! Das ist wahre Sportbegeisterung!

In der Hitze des Gefechts konnte Augereau auf dem schmalen Seitenstreifen der Straße einem Fotografen nicht mehr ausweichen und stieß mit seinem Kopf gegen das Kameraobjektiv. Eine Verletzung an der Stirn war die Folge.

Nach ihrer Ankunft wurden die beherzten Helden der Landstraße in die Gärten des „Père Auto“ gebracht, wo sie sich nicht nur mit kühlem Champagner stärken, sondern auch für den Einzug in das Velodrom im Prinzenpark etwas frisch machen konnten. Diese kurze Strecke wuchs sich zu einem echten Triumphzug aus, was jedoch nicht bei allen „Kilometerfressern“ auf Gegenliebe stieß. Insbesondere Garin mochte den Weg ins Velodrom lieber mit dem Automobil zurücklegen, weil er „nicht von einer vor Begeisterung rasenden Menge zu Tode gedrückt werden“ wollte.

Wir wiesen ihn darauf hin, dass das Fahrrad obligatorisch sei. Unter dem ohrenbetäubenden Jubel abertausender Kehlen machte er sich auf den Weg. Für Garin war es nun an der Zeit, seinen Heldenruhm im Velodrom des Prinzenparks zu genießen.

Nach einer konfusen Zielankunft wird am Stadtrand von Bordeaux der Schweizer Charles Laeser zum Sieger der vierten Etappe erklärt. Der erste Sieg eines Ausländers bei der Tour de France!

Oben: Nach seinem Meisterstück gönnt sich Maurice Garin eine Ehrenrunde auf dem heißen Asphalt des Prinzenparks.

Der Zweite, Pothier, darf endlich absteigen und die Glückwünsche seines Vaters entgegennehmen.

Links: Augereau wird Dritter, noch sichtlich verstimmt über seine Reifenpanne.

1904

Henri CORNET

Cornet gewinnt am grünen Tisch

Die Tour des Jahres 1904 ist sicherlich eine der merkwürdigsten der Geschichte. Am Tag nach der Zielankunft blickt Henri Desgrange niedergeschlagen und angewidert auf ein Skandalrennen zurück: Zahllose Betrügereien, lokaler Chauvinismus und offene Einflussnahme durch Maurice Garin und seine Mannschaft La Française. Seine Tour ist offensichtlich Opfer ihres Erfolges und ihrer Leidenschaften geworden. Er hat genug, fühlt sich im Stich gelassen. Doch die Mühlen der Gerechtigkeit mahlen bereits: Während bei großen Rennen normalerweise das offizielle Endergebnis spätestens 14 Tage nach dem Ende vorliegt, so nimmt sich in diesem Jahr die Französische Veloziped-Union UVF, Vorläufer des Französischen Radsportverbandes, verdächtig viel Zeit. Und auch L'Auto und Henri Desgrange halten sich merkwürdig bedeckt. Bis dann am 2. Dezember die Bombe platzt: Neben zahlreichen anderen Fahrern werden auch die vier Ersten des Gesamtklassements - Maurice Garin, César Garin, Pothier und Aucouturier - nach Verstößen gegen diverse Vorschriften des Reglements disqualifiziert. Cornet, Fünfter des Gesamtklassements, wird zum Sieger erklärt - im zarten Alter von 20 Jahren. Er hat noch eine große Karriere vor sich, während der 33-jährige Garin nach seinem Triumph vom Vorjahr unsanft vom Thron gestoßen wird. Ein Generationenwechsel am grünen Tisch!
Was der Organisator selbst bei bestem Willen nicht hatte leisten können, übernimmt jetzt die Radfahr-Union, so wie sie es bereits exemplarisch bei Bordeaux-Paris getan hatte - nur nicht mit dem nötigen Ernst. Dabei nehmen die Sanktionen der UVF keinerlei Rücksicht auf die „sehr unterschiedlichen und ernsthaften Interessen" der beiden Rennen, wie auch Desgrange ungewohnt leidenschaftslos betont. Das Urteil und die Maßnahmen wiegen schwer für seine Zeitung und für seine Selbstachtung. Doch in ihm erwacht der Kämpfer, der ihn schon als Rad-Champion ausgezeichnet hatte, nun sieht er wieder eine Zukunft für „seine" Tour de France. Zunächst gilt es aber, dieses Fiasko zu verarbeiten - die Nägel auf der Straße, die erneute Schmach Aucouturiers, die unerlaubte Benutzung der Eisenbahn, den Chauvinismus. Außerdem musste der schier unstillbare Siegeshunger der Mannschaft La Française eingedämmt werden. Um diese Aufgaben zu bewältigen, erhält der überlastete Géo Lefèvre personelle Unterstützung.

GESAMTKLASSEMENT AM 24. JULI

1. **Maurice GARIN** (FRA, La Française), 93 Std. 6'24" ; Stundenmittel: 26,081 km/h
2. **Lucien POTHIER** (FRA), 3'28"
3. **César GARIN** (FRA), 1 Std. 51'13"
4. Hippolyte AUCOUTURIER (FRA), 2 Std. 52'26"
5. Henri CORNET (FRA), 2 Std. 59'31"
6. Jean-Baptiste DORTIGNACQ (FRA), 5 Std. 15'45"
7. Philippe JOUSSELIN (FRA), 8 Std. 34'24"
8. Aloïs CATTEAU (BEL), 12 Std. 0'56"
9. Camille FILY (FRA), 15 Std. 38'42"
10. Jean DARGASSIES (FRA), 16 Std. 4'1"

GESAMTKLASSEMENT AM 2. DEZEMBER

1. **Henri CORNET** (FRA), 96 Std. 5'55"3/5
2. **Jean-Baptiste DORTIGNACQ** (FRA), 2 Std. 16'14"
3. **Aloïs CATTEAU** (BEL), 9 Std. 1'25"
4. Jean DARGASSIES (FRA), 13 Std. 4'30"
5. Julien MAITRON (FRA), 19 Std. 6'15"
6. Auguste DAUMAIN (FRA), 22 Std. 44'36"
7. Louis COOLSAET (BEL), 23 Std. 44'20"
8. Achille COLAS (FRA), 25 Std. 9'50"
9. René SAGET (FRA), 25 Std. 55'16"
10. Gustave DRIOUL (BEL), 30 Std. 54'49"

2. TOUR DE FRANCE: 6 ETAPPEN – 2.428 KILOMETER

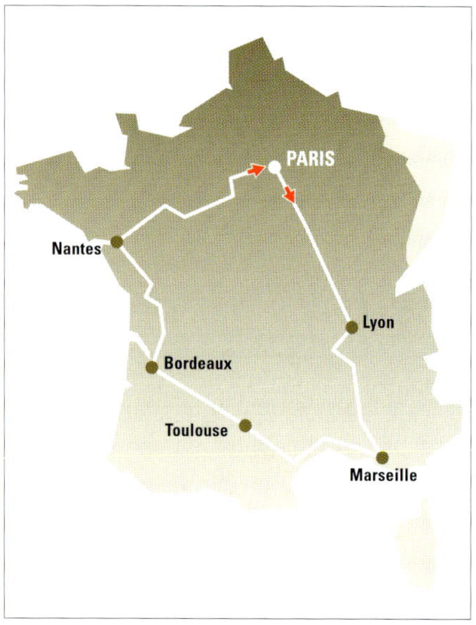

			Etappen	Etappensieger	Führender
1. Etappe	Samstag 2. Juli	**467 km**	Paris – Lyon	M. Garin (FRA)	M. Garin
2. Etappe	Samstag 9. Juli	**374 km**	Lyon – Marseille	H. Aucouturier (FRA)	M. Garin
3. Etappe	Mittwoch 13. Juli	**424 km**	Marseille – Toulouse	H. Aucouturier (FRA)	M. Garin
4. Etappe	Sonntag 17. Juli	**268 km**	Toulouse – Bordeaux	L. Pothier (FRA)	M. Garin
5. Etappe	Mittwoch 20. Juli	**425 km**	Bordeaux – Nantes	H. Aucouturier (FRA)	M. Garin
6. Etappe	Samstag 23. Juli	**471 km**	Nantes – Paris (Ville-d'Avray)	H. Aucouturier (FRA)	M. Garin

			Etappen	Etappensieger	Führende
1. Etappe	Samstag 2. Juli	**467 km**	Paris – Lyon	M. Frederick (SUI)	M. Frederick
2. Etappe	Samstag 9. Juli	**374 km**	Lyon – Marseille	A. Faure (FRA)	E. Lombard
3. Etappe	Mittwoch 13. Juli	**424 km**	Marseille – Toulouse	H. Cornet (FRA)	H. Cornet
4. Etappe	Sonntag 17. Juli	**268 km**	Toulouse – Bordeaux	F. Beaugendre (FRA)	F. Beaugendre
5. Etappe	Mittwoch 20. Juli	**425 km**	Bordeaux – Nantes	J.-B. Dortignacq (FRA)	H. Cornet
6. Etappe	Samstag 23. Juli	**471 km**	Nantes – Paris (Ville-d'Avray)	J.-B. Dortignacq (FRA)	H. Cornet

Oben: In Paris, im Hof der ausrichtenden Zeitung, werden Räder, Rahmen und Lager der Maschinen markiert. 2.428 km – auch für das Material ein echter Härtetest!

Unten: In Lyon werden die Champions am Ziel vor dem Restaurant Délices à la Demi-Lune von einer Blaskapelle empfangen.

PARIS-LYON Erste Nachtetappe - Sieg von Maurice Garin - Pothier Zweiter mit 50 Metern Abstand - Aucouturier: Sturz und Panne, aber keine Aufgabe - Nach der Hölle Ankunft im Délices - Grandioser Empfang durch den Radsportverband Lyon und Südost.

Garin, Mann der ersten Stunde, wie schon 1903

DA stehe ich nun wieder, irgendwo in der Nacht und erwarte mit Ungeduld die Männer, die bald geisterhaft aus der Dunkelheit auftauchen werden, mit einer dicken Staubschicht bedeckt, die sie alle gleich aussehen lässt.

Ich befinde mich in den Feldern, zwei Kilometer vor der Ortschaft Briare, wo wir die berühmt-berüchtigte geheime Kontrollstelle eingerichtet haben. Hier müssen alle Fahrer absteigen und eine Unterschrift leisten. Dieser Ort wirkt heute Nacht schon etwas seltsam, fast grotesk: Laternen versperren die Straße, wie leuchtende Kugeln heben sie sich vom düsteren Nachthimmel ab. Darüber Transparente, auf denen in riesigen Buchstaben geschrieben steht: „Halt! Kontrolle." Im Schein der Gaslampen warten vor einem Tisch Kontrolleure, Dorfbewohner, Radfahrer und Automobilisten - versammelt wie zu einem idyllischen Nachtpicknick!

Ein Lichtschweif nähert sich uns, zwei staubige Automobilisten halten an. Es sind Ouzou und Miral, mit denen ich später nach Lyon weiterfahre. Sie rufen mir die neuesten Nachrichten von der Stecke zu: Ein Dutzend Fahrer führt das Rennen an, mit einer irrwitzigen Geschwindigkeit streben sie dem Ziel entgegen. Pothier ist nach einer Reifenpanne zurückgefallen, und Aucouturier scheint - leider, leider! - nach drei Stürzen und mit einem Rückstand von 45 Minuten nicht mehr in den Kampf um den Sieg eingreifen zu können.

Und da! Am Horizont das verabredete Signal: ein bengalisches Feuer in Grün! Dichte Rauchschwaden ziehen über unsere Köpfe, ein bleiches, zuckendes Licht erhellt jetzt eine gespenstische Szenerie: gekrümmte Körper, schimmerndes Metall, unermüdlich kurbelnde Beine. Ein Ruf durchbricht die Stille: „Anhalten! Kontrolle!" Zunächst folgen die Athleten nur zögernd den Anweisungen, doch dann stürzen sie sich auf Stifte und Listen, hasten zurück zu ihren Maschinen und rasen wieder davon! Wir folgen ihnen nun im Automobil. Immer wieder schüttelt das Feld langsamere Fahrer ab, während die weiße Jacke von Garin ständig an der Spitze leuchtet. Die Nacht wird nun heller, die Sterne werden blasser, der Himmel färbt sich blau, die Sonne kündigt sich mit einem rosafarbenen Schein an. Wir lassen Pougues hinter uns und erreichen Nevers.

An einer weiteren Kontrollstelle entbrennt erneut ein erbitterter Kampf um die Schreibgeräte. Garin schreit nach Suppe, und da ist Pothier, der nach Stürzen den Anschluss verloren hatte! Nach einer großartigen Einzelleistung ist er tatsächlich wieder herangekommen! In hohem Bogen wirft er das unterwegs geliehene Fahrrad zur Seite und heult mit hoher Stimme: „Ein Fahrrad! Gebt mir ein Fahrrad in meiner Größe!" In Moulins sind sie nur noch zu sechst, und als kurz darauf Chevalier die Waffen streckt, sind Garin, Pothier, der Italiener Gerbi und Frédérick alleine in Front. Doch dann erhebt sich vor ihnen, wie eine Mauer, ein fürchterlicher Anstieg! Gerbi schlägt vor, ihn schiebend zu bewältigen, Frédérick stimmt zu. Doch Garin senkt wie ein Stier seinen Kopf und stampft den Berg hinauf, gefolgt vom leichtgewichtigen Pothier. Gerbi fletscht die Zähne und beugt sich tiefer über seine Maschine, Frédérick hingegen richtet sich auf und kapituliert vor der gewaltigen Anstrengung!

Die Entscheidung

Garin spürt, dass sich das Blatt zu seinen Gunsten wendet, und erhöht nochmals seine Kraftanstrengung. Was für eine großartige Leistung! Wir erleben eine der größten Taten, die sich jemals auf Frankreichs Straßen zugetragen haben! Gerbi kann sich dem nur geschlagen geben! Einzig Pothier hält sich am Hinterrad des Königs der Landstraße. Hinter Roanne bietet sich uns ein wunderschönes Panorama, doch die beiden Männer, die nun schon zehn Kilometer bergan geklettert sind, haben dafür keine Augen. Garin und Pothier schlagen den Kragen hoch und stürzen sich mit Schwindel erregendem Tempo die Serpentinen nach Tarare hinunter.

Im Ziel wartet eine dicht gedrängte Menge, Fahnen flattern im Wind, auf den Tribünen herrscht atemlose Spannung. Die Straße ist für das spannende Finale mit einer Banderole abgesperrt. Garin zieht an, umkurvt die störenden Radfahrer auf der Straße, Pothier zögert, und das kostet ihn die entscheidenden 50 Meter! Garin gewinnt wie ihm Jahr 1903 die erste Etappe, kann er auch die Tour de France wieder gewinnen? Die Chancen stehen gut, zumal Aucouturier Lyon nur unter großen Schwierigkeiten erreicht.

Der 33-jährige Maurice Garin gewinnt seine zweite Tour mit einem höheren Schnitt als 1903. Allerdings holt er nur einen Etappensieg, weil er mit einer kleineren Mannschaft antritt. Das wirkt sich auch auf die Siegprämie aus: 5.950 Francs (Vorjahr: 6.025 Francs).

EIN EINZELKÄMPFER PAR EXCELLENCE

Maurice Garin ist ohne Zweifel ein herausragender Kämpfer, der alle erforderlichen Qualitäten mitbringt, um seine Gegner niederzuringen und den Sieg zu erzwingen.

Sein Sieg bei dieser ersten Etappe schien ihm jedoch viel schwerer zu fallen als im Vorjahr. Damals war er ab Briare, 150 Kilometer hinter Paris, Herr der Lage, zog Pagie mit ins Ziel, um nicht alleine auf der Landstraße zu sein. Doch in diesem Jahr war es eine ganze Meute, die ihn in der Nacht auf Trab hielt, ihm auf den Zahn fühlte, auf seine Schwäche lauerte. In Montargis passierten noch über 50 Fahrer die Kontrolle, in Cosne immer noch mehr als 15, doch in Nevers zeichnete sich deutlich ab: Die Muskeln des Mannes hatten bereits einen Teil des Werks verrichtet, nur noch sechs Konkurrenten hingen an seinen Fersen, und die unerbittliche Jagd ging weiter, mit größtmöglicher Intensität. In Moulins blieb ein weiterer Rivale auf der Strecke.

In Roanne strebte das Drama seinem Höhepunkt entgegen: Nur einer klammerte sich verzweifelt an den Führenden, es war Pothier, der Zweite der Tour de France 1903. Die anderen spürten neben endloser Erschöpfung und brennenden Muskeln die ebenso schmerzliche Erkenntnis, mit jedem zurückgelegten Kilometer weiter zurückzufallen. Chevalier hatte in Roanne drei Minuten Rückstand, 40 Kilometer weiter, in Tarare, bereits 23 Minuten.

Nur Pothier konnte das Tempo mitgehen, und so deutet bereits nach dem Ende dieser ersten Etappe vieles darauf hin, dass das Endklassement genauso aussehen wird wie im letzten Jahr.

Zu viele Skandale: Das Maß ist voll

WENN wir zu denen gehörten, die sich an Skandalen erfreuten, dann könnten wir angesichts des kriminellen Anschlags von Saint-Etienne und der Vorfälle der letzten Nacht in der Nähe von Alès wahrlich zufrieden sein.

Doch dem ist nicht so. Nach dem Erfolg der Tour 1903 erwarteten wir, diesen im Jahr 1904 noch steigern zu können. Nicht im Traum hätten wir gedacht, dass es zu solchen Ereignissen kommen würde. Dass lokale Fanatiker versuchen würden, ihren „Schützling“ durch die Behinderung oder gar Verletzung seiner Konkurrenten zu zweifelhafter Ehre kommen zu lassen oder sich bei seinen Sportkameraden wegen einer gerechtfertigten Disqualifikation zu revanchieren. Und doch gibt es zwischen den beiden Anschlägen von Saint-Etienne und Nîmes einen beträchtlichen Unterschied.

In Saint-Etienne wurde der Coup im Verborgenen durchgeführt. Die feigen Attentäter vom Col de la République wollten einfach nur „mit dem Messer zwischen den Zähnen“ dafür sorgen, dass Faure vor seinen Gegnern im Ziel ankommt. Da es nun einmal Fälle gibt, in denen ein Rückzug die klügere Lösung ist, haben wir beschlossen, die Tour de France des nächsten Jahres nicht mehr durch das Département Loire zu führen.

Doch in Nîmes liegt der Fall anders. Zunächst einmal ist den Bürgern der Stadt jegliche Streitsucht fremd. Außerdem haben sie nach Kräften versucht, die Übeltäter von Alès von der Ausführung ihrer schmählichen Tat abzuhalten. In Saint-Etienne war es der Dolchstoß in den Rücken, in Nîmes der brutale und stumpfsinnige Angriff, der unsere Antwort herausfordert.
Wir werden sie im nächsten Jahr geben. Die Tour de France 1905 verläuft über Nîmes, allerdings ohne den Fahrer Payan, sofern er uns nicht einen unwiderlegbaren Beweis für seine Unschuld vorlegt.

RENNÜBERWACHUNG PER AUTOMOBIL

Die beiden Fahrzeuge von L'Auto gewährleisten bei der Überwachung des Rennens ein Höchstmaß an Wachsamkeit und Sorgfalt. Den Fahrern konnte nicht die geringste Verfehlung vorgeworfen werden, alle haben ein absolut regelgetreues Rennen geführt. Der phantastische Dreizylinder von Ouzou wird klaglos diese auch für ihn schwere Tour de France überstehen. Immerhin ist es erforderlich, den Rennfahrern bei 15 bis 25 km/h zu folgen und darüber hinaus ein hohes Tempo zu halten, um von einer Fahrergruppe zur nächsten zu springen oder dem Peloton vorauszufahren und den Kontrollstellen die Ankunft der Fahrer zu vermelden. Das Cottereau-Automobil von Ouzou leistet der Organisation also wertvolle Dienste, ebenso wie der Motobloc-Wagen unseres Direktors Henri Desgrange, der sich bei der langen fünften Etappe bestens bewährt hat. Ein weiteres Hoch auf das Motorrad, mit dem sich Gaston Rivierre immer auf der Höhe der Spitzengruppe aufhielt. Fast wie in alten Zeiten, als er Bordeaux-Paris gewann...

An ihren weißen Jacken leicht zu erkennen, überholen Maurice Garin, sein Bruder César und Lucien Pothier unter den wachsamen Blicken der Organisatoren einen Pferdewagen.

Garin siegt auf der Straße, Cornet auf dem Papier

NANTES-PARIS Garin triumphiert in Paris - Im Dezember Disqualifikation am grünen Tisch - Der 20-jährige Debütant Cornet trotz Verwarnung zum Sieger erklärt - Wird das Rennen Opfer seines Erfolgs?

Trotz zahlreicher Kontrollen wie hier in Versailles ist diese zweite Tour von Betrug und wirren Diskussionen geprägt. Schließlich werden die vier führenden Fahrer disqualifiziert. (Foto rechts)

DIE Tour de France ist zu Ende, und ich fürchte, dass die zweite Auflage des Rennens auch gleichzeitig seine letzte war. Es ist Opfer seines Erfolges geworden, Opfer blinder Leidenschaften, die es entfesselt hat, Opfer von Beleidigungen und üblen Verdächtigungen von Ignoranten und Übeltätern. Und dennoch: Es schien, und es scheint noch immer so, als hätten wir mit diesem großen Wettkampf das dauerhafteste und eindrucksvollste Monument des Radsports errichtet. Wir hatten die Hoffnung, in jedem Jahr weite Teile Frankreichs in eine Stätte hochklassigen Sports verwandeln zu können. Die ersten Ergebnisse des vergangenen Jahres haben gezeigt, dass unsere Gedanken richtig waren. Doch jetzt, nach der zweiten Tour de France, blicken wir angewidert und entmutigt auf drei Wochen schändlichster Verleumdungen und schlimmster Beleidigungen zurück.

Zu den wichtigsten sportlichen Ergebnissen des Rennens: Maurice Garin gewinnt zum zweiten Mal die Tour de France, nur wenige Sekunden vor Pothier, der bereits im letzten Jahr Zweiter war. Der dritte Platz geht an den jüngeren Bruder von Maurice Garin. Schon seit langem wissen wir, mit welcher Leidenschaft die Firma La Française, für die die drei Fahrer auf die Maschinen steigen, insbesondere die großen Straßenrennen bestreitet. Doch neben den Glückwünschen zu dem großen Erfolg der drei wackeren Champions muss ich den Verantwortlichen bei aller Freundschaft auch einen Vorwurf machen: Sie haben die Organisation ihrer Etappen der Tour de France jemandem anvertraut, der vorher in dunkle, für Straßenrennen leider typische Machenschaften verwickelt war. Diese Person hatte nicht die erforderliche Ruhe, charakterliche Unabhängigkeit und Weitsicht, um zu erfassen, dass aus der Abscheu über die Betrügereien bei den Straßenrennen eine völlig neue Situation entstanden war.

Doch wie könnte ich alle Unauffälligen, alle Kleinen vergessen, die im Schatten der Großen so Gewaltiges geleistet haben: Angesichts der mageren Silhouette eines Dortignacq, eines Cornet, eines Fily oder eines Maitron muss man sich verblüfft fragen, was die Willenskraft eines Menschen noch alles zu leisten vermag. Sobald sich die Wogen etwas geglättet haben, wird man ihren entscheidenden Anteil am Erfolg unseres Rennes zu würdigen wissen.

Zielankünfte außerhalb der Städte, eine umfassende Zeitmessung, mehr Umsicht bei begleitenden Automobilisten und Radfahrern, die Streichung der Nachtetappen: Das sind die Verbesserungen, die wir bei einer möglichen dritten Auflage der Tour de France ins Auge fassen.

Das Urteil vom Dezember 1904

„Es ist sehr schwierig, unter den gegebenen Umständen zu beurteilen, ob die schweren Strafen, mit denen die vier erstplatzierten Fahrer belegt wurden, glaubhaft begründet sind. Dies gilt umso mehr, als uns nur die Entscheidungen bekannt gegeben wurden, ohne Nennung der Dokumente, auf deren Grundlage die Beschlussfassung erfolgte."
Mit Unverständnis reagierte L'Auto auf die Disqualifikation zahlreicher Fahrer, unter ihnen die ersten Vier des Gesamtklassements, durch die Französische Veloziped Union (UVF). „Ich selbst hätte anders entschieden", schrieb Desgrange, „zwar respektiere ich die Disqualifikation von Chevalier und Payan, da beide auf frischer Tat bei ihren Delikten ertappt wurden, das gleiche gilt für Pothier. Aber bei den anderen betroffenen Fahrern wären Geldstrafen völlig ausreichend gewesen."
Was also führte zur Disqualifikation von Fahrern wie Maurice Garin, Pothier und Aucouturier, die so sehr Desgranges Wunsch nach Heldentum, Abenteuergeist und großer sportlicher Auseinandersetzung bei der Tour de France symbolisierten?
César Garin und Pothier schienen einen „Nichtangriffspakt" mit Maurice Garin geschlossen zu haben, und das in einem Jahr, in dem das Reglement explizit die Bildung von Gruppen untersagte und stattdessen einen reinen Kampf der Einzelfahrer vorschrieb. Aucouturier und Pothier stürzten bereits drei Kilometer nach dem Start der Tour in Paris. Während Mitfavorit Acouturier nach der Hälfte der ersten Etappe dadurch bereits anderthalb Stunden Rückstand auf Garin aufwies, schaffte Pothier unter rätselhaften Umständen die Rückkehr an die Spitze des Rennens. Garin gewann die Etappe und kontrollierte ab sofort, unbehelligt von Pothier, den Rest der Tour de France. Mehr zu kämpfen hatten Garin und andere dagegen mit den Anfeindungen eines Teils des Publikums. Kiloweise Nägel wurden den Kontrahenten des eigenen Favoriten unter die Reifen gestreut, es flogen Steine und Fäuste, und bei all dem war nicht auszuschließen, dass einige der Zuschauer auf Geheiß der Fahrer handelten. Letztlich wurde Garin wohl zum Verhängnis, dass er unerlaubterweise während einer Etappe Essen angenommen hatte - und das von einem der Offiziellen! Zahlreiche Fahrer, unter ihnen Pothier, benutzten Auto oder Eisenbahn; dem Franzosen Payan zum Beispiel wurde insgesamt fünfmaliges Zugfahren angelastet.

BRASSERIE MULLER
CONTROLE
28

1905

Louis TROUSSELIER

Trousselier dominiert

Louis Trousselier ist ein ungewöhnlich ernst dreinblickender Toursieger. Vielleicht, weil ihn die Armee zu den Fahnen ruft? Die Siegprämie beträgt 6.950 Francs, und vor dem Einrücken in die Kaserne bleibt höchstens Zeit für ein kurzes Würfelspiel... (Foto rechte Seite)

Die dritte Auflage der Tour de France unterscheidet sich wesentlich von den vorhergehenden. Sie ist 500 Kilometer länger, hat nun elf Etappen statt sechs und wird nach einem Punkteprinzip auf der Basis von Zeitabständen gewertet. Doch vor allem ist diese Tour von einem reibungslosen Ablauf und ausgesprochener Fairness geprägt. Einziger Wermutstropfen sind die Nägel, die immer noch auf die Straße geworfen werden. Doch nach dem Fiasko des letzten Jahres macht das Rennen Henri Desgrange wieder so viel Freude, dass er schon direkt nach der Zielankunft an die Vorbereitung der Tour 1906 denkt. Und noch vor einem Jahr wollte er aufgeben... Sportlich wird das Rennen vom 24-jährigen Louis Trousselier dominiert. „Trou-Trou", Mitglied des Radsportvereins seiner Heimatstadt Levallois, hat das Zeug zum großen Champion, was er mit fünf Etappensiegen unterstreicht. Bei der Tour 1905 fährt er als Kronprinz von Hippolyte Aucouturier in den Farben von Peugeot. Der „Herkules von Commentry" gewinnt immerhin drei Etappen - dies lässt ahnen, mit welch starker Phalanx Teammanager Léopold Alibert angetreten ist.

Und die Überlegenheit könnte noch deutlicher sein, wenn nicht der bärenstarke Leader René Pottier, der den Ballon d'Alsace mit einem 20-er Schnitt genommen hatte, das Rennen nach der zweiten Etappe hätte aufgeben müssen. Zum Verhängnis wird ihm ein Sturz im Finale der ersten Etappe nach Nancy, die Louis Trousselier für sich entscheiden kann. Dieser sollte eigentlich in Saint-Cloud seinen Wehrdienst ableisten, statt dessen übernimmt er in Grenoble die Führung der Tour de France...

Bei den Bergetappen herrscht brütende Hitze. Aucouturier lässt sich davon nicht beeindrucken und stampft die ersten Alpenpässe der Tour-Geschichte mit einem Schnitt von 25 km/h hinauf. Auch in diesem Jahr erleben wieder Tausende von Zuschauern ein furioses Spektakel, denn Dortignacq, Émile Georget und Petit-Breton erweisen sich als beherzte und ausdauernde Angreifer. Dortignacq holt sich drei Etappensiege und wird am Ende Dritter, während der Mann aus Buenos Aires, Petit-Breton*, auf den fünften Platz fährt. Er sorgt ein ums andere Mal für sorgenvolle Mienen bei Peugeot, unter anderem, als er gegen deren Radwechsel in den Bergen protestiert. Sein ausgesprochenes Pech verhindert eine bessere Platzierung, wie viele andere ist auch Petit-Breton Leidtragender unsportlicher Saboteure, die insgesamt 125 Kilo Nägel auf der Strecke verteilen. Diese lassen zwar zahlreiche Reifen platzen, doch zum Glück nicht das Rennen.

GESAMTKLASSEMENT

1. **Louis TROUSSELIER** (FRA), 35 Punkte
2. **HIppolyte AUCOUTURIER** (FRA), 61
3. **Jean-Baptiste DORTIGNACQ** (FRA), 64
4. Émile GEORGET (FRA), 123
5. Lucien PETIT-BRETON (FRA), 155
6. Augustin RINGEVAL (FRA), 202
7. Paul CHAUVET (FRA), 231
8. Philippe PAUTRAT (FRA), 248
9. Julien GABORY (FRA), 255
10. Julien MAITRON (FRA), 304
11. Alois CATTEAU (BEL), 355
12. Martin SOULIE (FRA), 358
13. Léon LEYGOUTE (FRA), 394
14. Camille FILY (FRA), 415
15. Antony WATTELIER (FRA), 441
16. Henri LIGNON (FRA), 488
17. Maurice DECAUP (FRA), 490
18. Maurice CARRERE (FRA), 497
19. Gustave GUILLARME (FRA), 509
20. Julien „Samson" LOOTENS (BEL), 515

* Der gebürtige Franzose Lucien Marzan war mit seiner Familie nach Argentinien ausgewandert und nach dem Gewinn der dortigen Bahnrad-Meisterschaft als Lucien Petit-Breton, „der elegante Argentinier", 1902 als 20-jähriger nach Frankreich zurückgekehrt.

3. TOUR DE FRANCE: 11 ETAPPEN – 2.994 KILOMETER

			Etappen	Etappensieger	Führende
1. Etappe	Sonntag 9. Juli	**340 km**	Paris – Nancy	L. Trousselier (FRA)	L. Trousselier
2. Etappe	Dienstag 11. Juli	**299 km**	Nancy – Besançon	H. Aucouturier (FRA)	R. Pottier
3. Etappe	Samstag 15. Juli	**327 km**	Besançon – Grenoble	L. Trousselier (FRA)	L. Trousselier
4. Etappe	Sonntag 16. Juli	**348 km**	Grenoble – Toulon	H. Aucouturier (FRA)	L. Trousselier
5. Etappe	Dienstag 18. Juli	**192 km**	Toulon – Nîmes	L. Trousselier (FRA)	L. Trousselier
6. Etappe	Donnerstag 20. Juli	**307 km**	Nîmes – Toulouse	J.-B. Dortignacq (FRA)	L. Trousselier
7. Etappe	Sonntag 23. Juli	**268 km**	Toulouse – Bordeaux	L. Trousselier (FRA)	L. Trousselier
8. Etappe	Dienstag 25. Juli	**257 km**	Bordeaux – La Rochelle	H. Aucouturier (FRA)	L. Trousselier
9. Etappe	Donnerstag 27. Juli	**263 km**	La Rochelle – Rennes	L. Trousselier (FRA)	L. Trousselier
10. Etappe	Samstag 29. Juli	**167 km**	Rennes – Caen	J.-B. Dortignacq (FRA)	L. Trousselier
11. Etappe	Sonntag 30. Juli	**253 km**	Caen – Paris	J.-B. Dortignacq (FRA)	L. Trousselier

Triumphaler Empfang für „Trou-Trou“

CAEN – PARIS Die letzte Schlacht - Von Caen nach Paris - Ganz Paris an der Strecke und im Prinzenpark - Geheime Ankunft vor Saint-Germain - Dortignacq Erster, Petit-Breton Zweiter - Guter Schnitt dank Wind und Schrittmachern - Pautrat „Pechvogel“ der Tour - Interview mit dem Sieger.

Louis Trousselier, Mitglied des Radsportclubs Levallois, meistert nicht nur mit Bravour das Kopfsteinpflaster von Paris-Roubaix, sondern auch die Tücken seiner ersten Tour.

Dank einer fahrradbegeisterten Familie wird „Trou-Trou“ sehr schnell zum Akrobaten auf zwei Rädern. Später macht sein großes Talent aus ihm einen Star...

PARIS (30. Juli). - Welch ein schönes Finale! Gestern ist die Tour de France mit einem unbestreitbaren Erfolg zu Ende gegangen. Nach einem hochinteressanten Rennverlauf, nach drei Wochen sportlicher Heldentaten, nach fesselndem Spektakel und kühnem Kampf bis auf die Ziellinie.

Doch wie es keine Rosen ohne Dornen gibt, gibt es auch keinen Erfolg ohne Schatten. Die dritte Tour de France hätte beinahe schon nach der ersten Etappe ein jähes Ende gefunden, und genau das war, wie ich mir vorstelle, die Intention der Finsterlinge, die haufenweise Nägel auf die Strecke gestreut haben. Doch abgesehen von diesem frevelhaften Verhalten - was für eine Freude bereitete uns das Rennen in diesem Jahr! Sahen wir noch im letzten Jahr bösartige Konkurrenten, die nicht zögerten, handgreiflich zu werden; aufgeregte Bürger, die die Fahrer bedrohten und den sportlichen Wettstreit behinderten; Tugendhaftigkeit, die mit Füßen getreten wurde, wodurch dieses Radrennen ein höchst unrühmliches Ansehen erhielt. Derartige Rüpeleien blieben uns dieses Jahr erspart, alle Teilnehmer bemühten sich, ihre sportlichen Gegner nicht zu schädigen, sondern sich mit ihnen zu messen, wie es sich gehört. Alle, die dem Erfolg der Tour de France zuträglich waren, haben der Öffentlichkeit den sichtbaren Beweis erbracht, dass ein Rennen dieser Größe sehr wohl bestritten werden kann, ohne dass die niedrigsten Instinkte im Menschen erweckt werden. Und wenn wir unsere eigene Geisteshaltung am Ende dieser dritten Tour de France betrachten, und dann die des letzten Jahres, stellen wir einen großen Unterschied fest. Während wir 1904 unseren festen Entschluss kundtaten, das, was uns zu oft an ein grausiges Schauspiel erinnerte, nie wieder aufleben zu lassen, so blicken wir doch jetzt mit großer Vorfreude in das Jahr 1906, welches uns wieder eine Tour de France bescheren wird. Und so hat alles sein Gutes, denn ein menschliches Werk, das von seinen Unzulänglichkeiten geläutert wird, erfährt eine glückliche Zukunft.

Welche Lehren aber lassen sich aus einer solchen Sportveranstaltung ziehen? Zunächst einmal: dass man den Fahrern getrost alles zumuten kann. Und: dass nichts mehr unmöglich ist, wenn alle eingebrachten Interessen nach Erfolg streben. Wird die Tour de France 1906 die gleiche sein wie diese? Die Ergebnisse dieses Jahres werden uns sehr wahrscheinlich eher zu einem Reglement führen, das dem des Jahres 1904 entspricht. Der Kampf war in diesem Jahr lebhaft genug, so dass es nicht mehr erforderlich sein wird, die Fahrer mit Hilfe von Schrittmachern zu distanzieren.

Es steht außerdem fest, dass wir für das Klassement ein anderes Prinzip verwenden werden, nämlich das nach Punkten, ohne die komplizierte Addition von Zeiten. Wie bereits angekündigt wurde, kann die Strecke durchaus noch verlängert werden, um neue Schwierigkeiten einzubringen und den Fahrern die Gelegenheit zu geben, neue Hindernisse zu überwinden.

Doch würdigen wir nun die unglaublichen Glanztaten derer, die uns drei Wochen lang, bei jeder Etappe auf's Neue, in ungläubiges Staunen versetzt haben. Ihre Mission ist nun erfüllt, und es ist nur gerecht, ihnen auszudrücken, wie sehr wir sie alle für ihren Mut und für ihre Kühnheit bewundern, mit welch großem Interesse wir auch nur die geringste ihrer Anstrengungen verfolgt haben und wie sehr wir uns glücklich schätzen, dass ihre Bemühungen von Erfolg gekrönt wurden! Jawohl, gestern haben sie alle triumphiert! Welchen Platz sie auch immer beim Zieleinlauf oder im Endklassement belegten -

sie alle sind Triumphatoren, und sowohl die Massen an der Strecke als auch die im Velodrom haben ihrer Begeisterung würdigen Ausdruck verliehen.

Der Sieg Trousseliers übersteigt jede Lobpreisung. Noch niemals zuvor hat ein Mann in einer Saison eine solche Anzahl großer Siege errungen. Zunächst der Erfolg bei Paris-Roubaix, dann ein Rückschlag mit der bitteren Aufgabe bei Bordeaux-Paris, unter den ersten Drei liegend, und dann die glanzvolle Wiederkehr bei der Tour de France: stärker als je zuvor erreichte er mit unbändiger Kraft fünf Etappensiege und führte zu fast jeder Zeit das Gesamtklassement an. Auf allen Straßen Frankreichs, unter der unerbittlichen Sonne wie an den steilsten Anstiegen, behielt er immer die unverwechselbare gute Laune eines Pariser Jungen. In den Annalen unseres Sports findet sich kein Sieg, der seinem Triumph ebenbürtig wäre, so leichtfüßig, so meisterhaft wurde er errungen, geprägt von Klasse und Qualität. Wir haben mit Louis Trousselier einen großen Sportler in unseren Reihen, einen Athleten, dem ein herausragender Platz in der Geschichte des Sports zusteht.

INTERVIEW MIT DEM SIEGER

Einem Trousselier, frisch gewaschen, schick gekleidet, gewinnender Blick, respekteinflößender Schnauzbart, kann man nur gespannt zuhören: „Ich bin nicht traurig, dass es vorbei ist. Jetzt kann ich wenigstens wieder bis Mittag schlafen. Und Albert, der Schleifer, wird nicht mehr um zwei Uhr in der Früh' an meine Tür klopfen und sagen: ‚Komm, Louis, es ist Zeit.' Ich habe mich nie gesorgt. Ich wusste: Wenn ich keinen Unfall habe, werde ich Erster. Meine Beine sind stark, mein Appetit ist groß, meine Augen sind scharf. Es lief wunderbar. Ich schulde allen Dank, die zu meinem Sieg beigetragen haben: Monsieur Sicot, Direktor von Peugeot; Albert, meinem treuen Begleiter; Lesna, der mich wie ein Vater gepflegt hat; meinen Konkurrenten, die mir einen schönen Kampf geliefert haben; meinen Schrittmachern und den Leuten von der Zeitung L'Auto, die mir ein hübsches Sümmchen in die Hand gedrückt haben."

Unter den Augen des Generalinspektors Abran (links) genießt Trou-Trou, gewappnet gegen alle unliebsamen Überraschungen, in Rouen als Führender seinen Kaffee.

Endlich ist die Piste frei für einen mit beeindruckender Leichtigkeit pedalierenden Trousselier, der in Nancy, Grenoble, Nîmes, Bordeaux und Rennes gewinnt. (Foto oben)

1906

René POTTIER

Pottier, der erste Bergspezialist

Selbstbewusst mit eigenwilliger Kopfbedeckung: Der 27-jährige Champion von V. C. Levallois krönt insgesamt 650 km Einzelkampf mit fünf Etappenerfolgen. Das hat noch niemand geschafft! (Foto rechte Seite)

Eine echte Revolution, diese vierte Tour de France. Nicht nur, was die Menschen, sondern auch, was die Strecke angeht: Desgrange erhöht die Zahl der Etappen von elf auf 13, steigert mit Abstechern über Deutschland, Spanien und Italien die Kilometerzahl von 3.000 auf 4.500 und macht damit aus „seiner" Tour de France endlich die „Große Schleife". Nach feierlichem Auftakt im Vélodrome Buffalo gehen bei diesem gigantischen Rennen 76 Champions an den Start - darunter Vorjahressieger Trousselier, René Pottier, der nach einem Sturz hatte aufgeben müssen, die Georget-Brüder, der alte Aucouturier und der junge Petit-Breton. Ein ansehnlicher Schwarm, den die Berge alsbald aber zum ersten Mal auseinander reißen.

René Pottier, König des Ballon d'Alsace, kann dort seinen Etappensieg von 1905 wiederholen und den Vorsprung von 48 Minuten, die ihm eine Flucht über 220 Kilometer in Dijon eingebracht hat, ausbauen. Sein zweiter Etappensieg in Folge, den er durch meisterhafte Vorstellungen in den Bergen und weitere Triumphe in Grenoble, Nizza und Paris vergoldet. Kletterer sind an sich schon keine gewöhnlichen Leute, doch die Leistung von Pottier ist umso höher einzuschätzen, als er nicht nur die wütenden Angriffe von Louis Trousselier abwehren muss, der in Toulouse, Bordeaux, Nantes und Brest gewinnt, sondern auch seinen eigenen Schützling, den vielversprechenden Georges Passerieu im Zaum halten muss. Entsprechend überschäumend fällt auch der Empfang in Paris aus! Sein Protégé ist es auch, der René Pottier mit seinen Siegen in Marseille und Caen aus der Reserve lockt und dazu bringt, wie entfesselt nach Paris zu jagen, um sich dort seinen fünften Blumenstrauß abzuholen. Und Petit-Breton? Der „Argentinier" bleibt als einziger im Feld von einer Reifenpanne verschont und wird Bester in der Kategorie „Plattfüße"!

Nur vierzehn Fahrer kommen ins Ziel. Aber obwohl zahllose Reifenpannen durch auf die Straße geworfene Nägel das Rennen auseinander reißen, bekommt es durch den Sieg Dortignacqs bei dessen Heimspiel in Bayonne besonderen Glanz. Eine Berg- und Talfahrt im wahrsten Sinne, diese Tour 1906: und mit einem Schnitt von 24,460 km/h logischerweise bisher auch die langsamste!

GESAMTKLASSEMENT

1. **René POTTIER** (FRA), 31 Punkte
2. **Georges PASSERIEU** (FRA,) 39
3. **Louis TROUSSELIER** (FRA), 59
4. Lucien PETIT-BRETON (FRA), 65
5. Émile GEORGET (FRA), 80
6. Aloïs CATTEAU (BEL), 129
7. Édouard WATTELIER (FRA), 137
8. Léon GEORGET (FRA), 152
9. Eugène CHRISTOPHE (FRA), 156
10. Antony WATTELIER (FRA), 168
11. Georges FLEURY (FRA), 201
12. Ferdinand PAYAN (FRA), 222
13. Léon WINANT (FRA), 241
14. Georges BRONCHARD (FRA), 256

4. TOUR DE FRANCE: 13 ETAPPEN – 4.545 KILOMETER

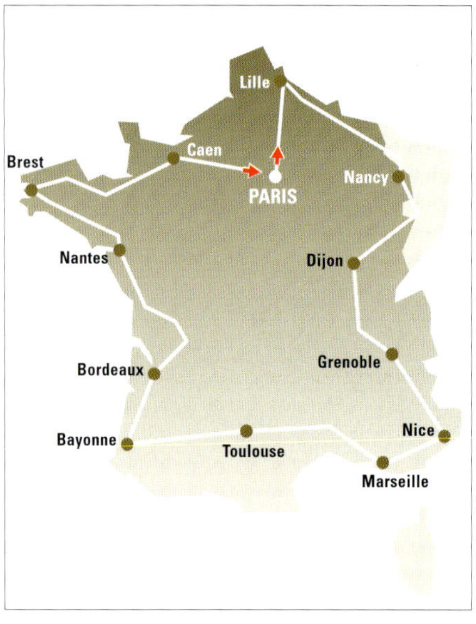

			Etappen	Etappensieger	Führende
1. Etappe	Mittwoch 4. Juli	**275 km**	Paris – Lille	É. Georget (FRA)	É. Georget
2. Etappe	Freitag 6. Juli	**400 km**	Douai – Nancy	R. Pottier (FRA)	R. Pottier
3. Etappe	Sonntag 8. Juli	**416 km**	Nancy – Dijon	R. Pottier (FRA)	R. Pottier
4. Etappe	Dienstag 10. Juli	**311 km**	Dijon – Grenoble	R. Pottier (FRA)	R. Pottier
5. Etappe	Donnerstag 12. Juli	**345 km**	Grenoble – Nizza	R. Pottier (FRA)	R. Pottier
6. Etappe	Samstag 14. Juli	**292 km**	Nizza – Marseille	G. Passerieu (FRA)	R. Pottier
7. Etappe	Montag 16. Juli	**480 km**	Marseille – Toulouse	L. Trousselier (FRA)	R. Pottier
8. Etappe	Mittwoch 18. Juli	**300 km**	Toulouse – Bayonne	J.-B. Dortignacq (FRA)	R. Pottier
9. Etappe	Freitag 20. Juli	**338 km**	Bayonne – Bordeaux	L. Trousselier (FRA)	R. Pottier
10. Etappe	Sonntag 22. Juli	**391 km**	Bordeaux – Nantes	L. Trousselier (FRA)	R. Pottier
11. Etappe	Dienstag 24. Juli	**321 km**	Nantes – Brest	L. Trousselier (FRA)	R. Pottier
12. Etappe	Donnerstag 26. Juli	**415 km**	Brest – Caen	G. Passerieu (FRA)	R. Pottier
13. Etappe	Sonntag 29. Juli	**259 km**	Caen – Paris	R. Pottier (FRA)	R. Pottier

NANCY-DIJON Herausragende Leistung von Pottier - Den Ballon mit 20 km/h bezwungen - Der bestechende Kletterer hängt alle ab und gewinnt nach einer Alleinfahrt von 220 km - Sieg in Dijon mit mehr als 47 Minuten Vorsprung auf Passerieu, ebenfalls von Peugeot.

König René am Ballon d'Alsace gekrönt

Kaum geht es bergan, attackiert Pottier - ob in Pont-l'Évêque oder am Ballon. Die steilen neun Kilometer, an denen er schon 1905 brillierte, sorgen in diesem Jahr für die Vorentscheidung.

DIJON (8. Juli). - Eine Staubwolke kündigt die Fahrer an, und da kommen sie auch schon! Nach einer scharfen Rechtskurve nehmen sie den Berg in Angriff. Schnell die Startkurbel gedreht, der Motor kommt stotternd in Schwung, und schon heften wir uns an ihre Fersen. Was jetzt geschieht, ist leicht zu beschreiben: An der Steigung ist Pottier nach vorne gestürmt, als ob eben eine Glocke die letzte Runde eines Bahnrennens eingeläutet hätte. Mit irrwitzigem Tempo zieht er die anderen Fahrer mit! Noch vor der ersten Kurve sind alle wie an einer Perlenschnur hinter ihm aufgereiht, und jetzt bietet sich uns ein atemberaubendes Spektakel: Wie ein wilder Keiler die Hundemeute schüttelt der Mann aus Levallois die Verfolger an seinem Hinterrad ab. Zunächst hissen Catteau und Fleury die weiße Fahne, dann Trousselier, Decaup und Privat. Sie fallen zurück, sie kapitulieren vor der beängstigenden Geschwindigkeit der Lokomotive, die da vor ihnen den Berg hinaufstampft. Unbeirrt, ohne auch nur ein einziges Mal den Blick nach hinten zu wenden. Auf dem zweiten Kilometer dieser entfesselten Jagd muss Winand abreißen lassen, der kurz vor dem Quartett Georget, Tuvache, Aucouturier und einem der Wattelier-Brüder fährt. 500 Meter weiter erleiden De Cadolle, Émile Georget, Gabory, Beaugendre und der andere Wattelier das gleiche Schicksal. Donnerwetter, Pottier, denen hast du es aber gezeigt! Jetzt ist der dritte Kilometer geschafft, und nacheinander sehen auch Petit-Breton und Dortignacq mit müden Augen das sich unaufhörlich drehende Hinterrad des Führenden entschwinden. Nur zwei Männer halten dem Kampf noch Stand: Ringeval und Passerieu. Und gerade, als wir für einen Augenblick der Illusion erliegen, dass diese bis zum Gipfel folgen könnten, werden wir enttäuscht. Die von schwarzweißen Streifen gezierte Brust hebt und senkt sich noch immer in kraftvollem Rhythmus, und nun fällt auch Passerieu zurück. Ein kurzes, aber schreckliches Duell entbrennt nun zwischen Pottier und Ringeval, dem letzten „Überlebenden" dieses Ausscheidungsfahrens. Erneut legt der Führende einen Zahn zu, mitten am Berg! Ringeval verliert fünf Meter, kommt mit einem gewaltigen Kraftakt noch einmal heran, fällt dann aber endgültig zurück. Das war's!

Mit 18 Konkurrenten ist er gestartet, und nun ist Pottier alleine, und ebenso alleine erreicht er nach diesen grausigen neun Kilometern mit enormem Vorsprung den Gipfel, wo rund 100 Sportfreunde warten, die - wie auch wir - begeistert in die Hände klatschen! Obwohl er die letzten vier Kilometer alleine fuhr, hat der Kletterkönig seine Geschwindigkeit um nicht eine einzige Pedalumdrehung verlangsamt. Am Gipfel hat er exakt viereinhalb Minuten Vorsprung vor dem Zweiten, Passerieu, direkt gefolgt von Ringeval. Pottier ist fest entschlossen, sich nicht mehr einholen zu lassen, und fährt die Rückseite dieses gewaltigen Anstiegs mit halsbrecherischer Geschwindigkeit nach Belfort hinab.

Doch kann er alleine die noch vor ihm liegende, enorme Distanz von 250 Kilometern bis nach Dijon bewältigen? Sie wissen bereits, dass er diesen unglaublichen Parforceritt mit einem Erfolg gekrönt hat. Wir waren Zeuge eines nicht enden wollenden Einzelkampfes, der bei einer Geschwindigkeit von 30 km/h geführt wurde, wir haben die ebenso monotone wie herausragende Mission dieses Mannes mit dem Herz einer Bulldogge einen ganzen Tag lang begleitet. Doch haben wir das wirklich erlebt, oder waren wir nur die Statisten in einem Traum? Welche mysteriöse Kraft erlaubt es dem menschlichen Organismus, die Grenzen des Möglichen so weit zu verschieben?

Pottier, Stolz der Tour de France

CAEN-PARIS Pottier und Passerieu erreichen gemeinsam den Prinzenpark - Nach schönem Kampf gewinnt Pottier seine fünfte Etappe - Nur 14 Fahrer erreichen Paris - Petit-Breton wird Vierter und gewinnt die Kategorie „Plattfüße" - Der glorreiche Sieger erzählt:

ALSO, eins kann ich Ihnen versichern: Noch bei keinem Rennen bin ich so streng kontrolliert worden wie bei diesem. Selbst wenn ich hätte betrügen wollen, ich hätte keine Chance gehabt. Ich will Ihnen nur ein Beispiel nennen: Bei der Etappe von Nancy nach Dijon hatte ich schon am Ballon d'Alsace das gesamte Peloton abgehängt und bin danach noch über 200 Kilometer alleine bis zum Ziel gefahren. Ich war völlig auf mich gestellt, hatte keine Hilfe, außer bei den Kontrollstellen. Das offizielle Begleitauto war mir lange gefolgt, blieb jedoch irgendwann zurück, während ich alleine auf dieser endlosen Ebene vor mich hin pedalierte, gefolgt von einer ganzen Schwadron Radfahrer, das Ziel war ja nicht mehr weit.

Plötzlich macht es neben mir „Töfftöfftöff" - ein Automobil! Als ich neben mich blicke, sehe ich in die gestrengen Augen von Monsieur Breyer, der mich wie ein Inquisitor anblickt, so als wolle er sagen: „Mein lieber Junge, was machen denn all diese Radfahrer hier? Die werden dir doch wohl nicht als heimliche Schrittmacher dienen?" Naja, ich hab' kein Wort gesagt, aber ich fühlte mich unschuldig ertappt, und so hab' ich nochmal wie ein Verrückter Gas gegeben. Zwei Kilometer weiter war kein einziger Radfahrer mehr an meinem Hinterrad.

Der von Magenschmerzen geplagte Acouturier muss auf dem Ballon d'Alsace sein Rad reparieren – und zwar alleine, wie es das Reglement verlangt.

Madame Pottier empfängt „ihren" Toursieger. Ob sie wohl ihre Sonntagsgarderobe trägt?

Aber ich will den Kontrolleuren auch kein Unrecht tun, denn sie haben mir auch oft sehr geholfen, indem sie mir gesagt haben, wie weit meine Konkurrenten entfernt waren. Es mag Ihnen komisch vorkommen, doch vor dem Rennen war mein alter Rivale Marcel Cadolle der, den ich am meisten fürchtete. Der Kerl hat mich einfach zu oft bei Straßen-Amateurrennen geschlagen, um ihn auf die leichte Schulter zu nehmen. Das erklärt auch, warum ich auf den ersten fünf Etappen immer weiter Dampf gemacht habe, obwohl ich schon einen ansehnlichen Vorsprung hatte. Mein selbstloser Manager Alibert hatte mich optimal vorbereitet und mir zwei Ziele eingeimpft: mich nach getaner Arbeit zwischen Paris und Nizza ein bisschen zurückzunehmen, schließlich musste ich immer noch mit einem Einbruch rechnen; und dann sollte ich noch diejenigen im Auge behalten, die eine Gegenoffensive starten konnten, wie Cadolle. Als der aufgegeben hat, habe ich gespürt, dass alles in trockenen Tüchern war, wenn nicht Passerieu wider Erwarten noch einen Überraschungscoup landete. Für alle Fälle habe ich ihn die ganze Zeit beschattet, auch wenn wir für die gleiche Mannschaft fuhren.

Das Schlimmste war die Etappe von Brest nach Caen. Wir sind in eiskalter Nacht gestartet, am Tag herrschte dann bleierne Hitze. Und wir mussten über 400 Kilometer Bergstraßen fahren! Eine Rampe nach der anderen! Ich dachte, wir würden niemals ankommen... Die letzte Etappe hingegen fand ich ziemlich leicht und sehr angenehm: Feuerwerk, Beifallsbekundungen, viele Bravos und dann der Blumenstrauß im Prinzenpark... Aber meine Gegner sind nicht zu unterschätzen! Passerieu steht gerade erst am Anfang, und Louis Trousselier tut mir ein bisschen leid, aber im letzten Jahr hat er von meinem Pech bei der zweiten Etappe profitiert. Es stimmt, in den Bergen bin ich ihm gegenüber auf jeden Fall im Vorteil: Es ist für mich viel leichter, den Ballon d'Alsace zu bezwingen, als einen Zeitungsartikel zu schreiben...

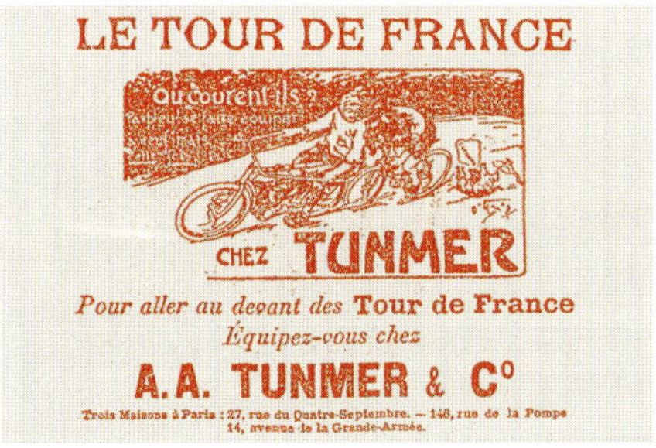

1907

Lucien PETIT-BRETON

Petit-Breton, der schlaue Fuchs

Émile Georget wechselt die Rennmaschine, verstößt damit gegen das Reglement und muss Petit-Breton die Führung überlassen. (Foto rechte Seite)

Für den Kletterer René Pottier, Held der Tour 1906, wäre der Parcours von 1907 durch das Chartreuse-Massiv über den Col de Porte und den Sappey ein Klacks gewesen. Aber das Schicksal hat es anders gewollt: Weil sich der Bergkönig vergangener Jahre im Januar mit nicht einmal 28 Jahren das Leben nahm, können nun seine Nachfolger ihre Ansprüche auf einen Tour-Sieg anmelden. Nein, nicht etwa Marcel Cadolle, dessen Karriere an einem Unfall in Nîmes zerbrach, sondern Émile Georget und François Faber nähren die Legende in Porte, während Lucien Petit-Breton zunächst nur mit exzentrischen Auftritten für Gesprächsstoff sorgt. Louis Trousselier triumphiert in Roubaix und im deutsch besetzten Metz, wo er - ein Ereignis mit Seltenheitswert - den Sieg mit Émile Georget teilt. Ebendieser Herr aus der Peugeot-Mannschaft, inspiriert von François Faber vom Team Labor und gewappnet mit einem ebenso revolutionären wie segensreichen Freilauf, liegt nicht schlecht im Rennen um diese fünfte Tour de France. Er entscheidet fünf schwere Etappen für sich, doch dann stufen ihn die Kommissare in Bayonne im Klassement zurück, weil er sich verbotenerweise ein Rad geliehen hatte. Später werden auch die Mannen des Alcyon-Teams, darunter der sehr gut platzierte Trousselier, aus dem Rennen genommen, und somit wird der Weg frei für einen anderen Peugeot-Fahrer: Lucien Marzan, alias Petit-Breton, alias „der schreckliche Argentinier". Fairerweise muss gesagt werden, dass sich Petit-Breton nach einer heldenhaften Alleinfahrt über 250 km ausgerechnet in Bayonne den Weg auch selbst ebnet, und das mit einem Plattfuß! Um noch einen draufzulegen, feiert der „Argentinier" einen weiteren Triumph zu Hause in Nantes. Sein Toursieg schließlich mit einem Rekordschnitt von mehr als 28 km/h ist aber alles andere als ein Zufall: Seit er 1904 Léon Georget, den älteren der beiden Brüder Georget, bei der Bol d'Or in Grund und Boden fuhr, hat er sich kontinuierlich gesteigert. Bei seiner ersten Tour 1905 wurde er schon Fünfter, und holte sich sogar den Stundenrekord (41,110 km). Auch 1906 blieb er auf der Erfolgsspur, als Pottier siegte und er selbst Vierter wurde - und Erster in der Kategorie „Plattfüße"! Schließlich konnte er zu seinen Triumphen auch Paris-Tours zählen, bevor er das Jahr 1907 mit einem Sieg bei der Primavera vorzüglich begann. Ausgerüstet von der Löwenmarke Peugeot - ebenso wie seine illustren Vorgänger Trousselier und Pottier - hat er nun mit fast 25 Jahren seinen Leistungszenit erreicht.

Sogar Claude Lenoir, allzeit gut informierter Autor, zeigt sich beeindruckt von seiner „intelligenten und ruhigen Art, sich zu regenerieren und zu pflegen", ganz zu schweigen von seiner Fähigkeit, „immer wieder zurückzukommen" und seiner „Willensstärke". Sein Fazit: Er ist „einfach der beste Rennfahrer, den wir haben".

GESAMTKLASSEMENT

1. **Lucien PETIT-BRETON** (FRA, Peugeot)
   Stundenmittel: 28,470 km/h; 47 Punkte
2. **Gustave GARRIGOU** (FRA), 66
3. **Émile GEORGET** (FRA), 74
4. Georges PASSERIEU (FRA, Peugeot), 85
5. François BEAUGENDRE (FRA), 123
6. Eberardo PAVESI (ITA), 150
7. François FABER (LUX), 156
8. Augustin RINGEVAL (FRA), 184
9. Alois CATTEAU (BEL), 196
10. Ferdinand PAYAN (FRA), 227
11. Pierre-Gonzague PRIVAT (FRA), 251
12. Georges FLEURY (FRA), 274
13. François LAFOURCADE (FRA), 299
14. Marius VILETTE (FRA), 333
15. Alzir VIVIER (FRA), 340
16. Gaston TUVACHE (FRA), 348
17. Eugène DELHAYE (BEL) 378
18. Baptiste ROUX (FRA), 389
19. Philippe PAUTRAT (FRA), 393
20. Henri TIMMERMANN (FRA), 411

5. TOUR DE FRANCE: 14 ETAPPEN – 4.488 KILOMETER

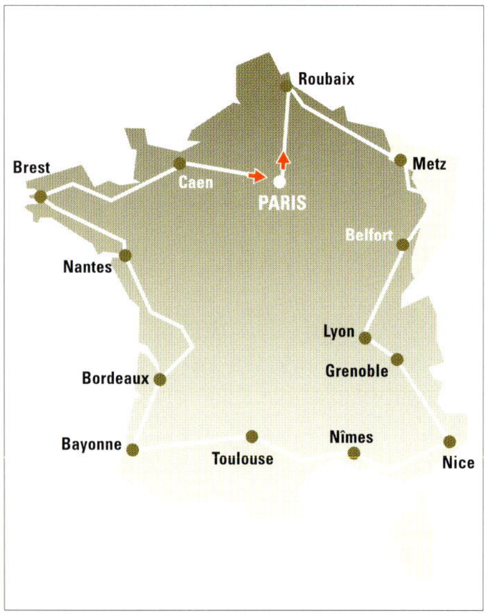

			Etappen	Etappensieger	Führende
1. Etappe	Montag 8. Juli	**272 km**	Paris – Roubaix	L. Trousselier (FRA)	L. Trousselier
2. Etappe	Mittwoch 10. Juli	**398 km**	Roubaix – Metz (D)	É. Georget (FRA), L. Trousselier (FRA)	L. Trousselier
3. Etappe	Freitag 12. Juli	**259 km**	Metz (D) – Belfort	É. Georget (FRA)	É. Georget
4. Etappe	Sonntag 14. Juli	**309 km**	Belfort – Lyon	M. Cadolle (FRA)	É. Georget
5. Etappe	Dienstag 16. Juli	**311 km**	Lyon – Grenoble	É. Georget (FRA)	É. Georget
6. Etappe	Donnerstag 18. Juli	**345 km**	Grenoble – Nizza	G. Passerieu (FRA)	É. Georget
7. Etappe	Samstag 20. Juli	**345 km**	Nizza – Nîmes	É. Georget (FRA)	É. Georget
8. Etappe	Montag 22. Juli	**303 km**	Nîmes – Toulouse	É. Georget (FRA)	É. Georget
9. Etappe	Mittwoch 24. Juli	**299 km**	Toulouse – Bayonne	L. Petit-Breton (FRA)	É. Georget
10. Etappe	Freitag 26. Juli	**269 km**	Bayonne – Bordeaux	G. Garrigou (FRA)	L. Petit-Breton
11. Etappe	Sonntag 28. Juli	**391 km**	Bordeaux – Nantes	L. Petit-Breton (FRA)	L. Petit-Breton
12. Etappe	Dienstag 30. Juli	**321 km**	Nantes – Brest	G. Garrigou (FRA)	L. Petit-Breton
13. Etappe	Donnerstag 1. Aug.	**415 km**	Brest – Caen	É. Georget (FRA)	L. Petit-Breton
14. Etappe	Sonntag 4. Aug.	**251 km**	Caen – Paris	G. Passerieu (FRA)	L. Petit-Breton

1908

Lucien PETIT-BRETON

Petit-Breton zum Zweiten

Die zwei Männer, die das Rennen beherrscht haben, sind bei der letzten Etappe ausgerissen. Im Endklassement belegen sie die gleiche Reihenfolge wie beim Passieren dieser Kontrollstelle in Rouen: Petit-Breton Erster, Faber Zweiter. (Foto rechte Seite)

Am 13. Juli nimmt die stolze Zahl von 110 Fahrern den Kampf um diese sechste Tour de France mit ihren 14 Etappen und 4.488 Kilometern auf. 110 Fahrer, die, so schreibt Desgrange auf der Titelseite von L'Auto, „mit ihren Beinen und ihrem Mut das Schöne an der Anstrengung und die erhabene Würde der Willensstärke besser zum Ausdruck bringen als andere mit Worten."

110 Fahrer, darunter das Peugeot-Team um Lucien Petit-Breton, der eine Neuauflage seines Sieges von 1907 fest im Visier hat. Und wenn man weiß, dass zu der von Léopold Alibert geführten Armada Émile Georget, Faber, Passerieu, Aucouturier, Cornet, Dortignacq und Paulmier zählen und dass sie es nur mit Alcyon und Labor aufnehmen muss, den schlecht organisierten Mannschaften um Trousselier (ehemals bei Peugeot), Van Hauwaert, Ganna, Privat oder Baugé, dem späteren Team-Direktor, dann kann man nur ein sehr einseitiges Rennen erwarten. Doch die Tour bleibt trotzdem spannend: Man fragt sich, ob der vierfache Etappensieger Faber, Passerieu mit seinen drei Triumphen und Garrigou mit seinem Bergerfolg auf dem „Ballon" im Elsass nicht an der einen oder anderen Stelle von einem Sturz oder einer Schwäche des energischen Petit-Breton werden profitieren können. Doch Petit-Breton ist ebenso gewissenhaft wie intelligent und außerdem auch noch ein guter Mechaniker, und daher bei allen Zielankünften dieser immer noch nach Punkten bewerteten Tour vorne mit dabei, unter anderem auch in seiner Heimatstadt Nantes. Dort holt er sich den Etappensieg, obwohl er von einem Radfahrer zu Fall gebracht wird. Er nutzt jede Gelegenheit zur Flucht und hat selbst nach Reifenpannen noch genug Kraft, um wieder aufzuholen und den Sprint für sich zu entscheiden. So wie in Bordeaux, wo er jedoch als Zehnter von elf durchs Ziel geht - seine schlechteste Platzierung! Immerhin beendet er die dreizehn anderen Etappen fünfmal als Sieger, dreimal als Zweiter und fünfmal als Dritter. Er ist der Star, aber was wäre er ohne die Rennintelligenz und physische Stärke seines Teams? Peugeot holt sich alle vierzehn Etappen und die ersten vier Plätze des Endklassements! Ein überwältigender Sieg, eingefahren durch die Überlegenheit Fabers im Regen, Dortignacqs bei Hitze, Garrigous in den Bergen. Und natürlich durch das Allroundtalent Petit-Breton, der ganz nebenbei auch noch den ersten Bergpreis einheimst und seinen Schnitt der Tour 1907 nochmals verbessert.

Der „kleine Bretone" gewinnt als erster Champion die Tour de France nicht nur zweimal, sondern zweimal in Folge.

GESAMTKLASSEMENT

1. Lucien PETIT-BRETON (FRA, Peugeot)
Stundenmittel 28,740 km/h ; 36 Punkte
2. François FABER (LUX), 68
3. Georges PASSERIEU (FRA), 75
4. Gustave GARRIGOU (FRA), 91
5. Luigi GANNA (ITA), 120
6. Georges PAULMIER (FRA), 125
7. Georges FLEURY (FRA), 134
8. Henri CORNET (FRA), 142
9. Marcel GODIVIER (FRA), 153
10. Giovanni ROSSIGNOLI (ITA), 160
11. Paul DUBOC (FRA), 163
12. Clemente CANEPARI (ITA), 183
13. François BEAUGENDRE (FRA), 195
14. Paul CHAUVET (FRA), 209
15. Eugène FORESTIER (FRA), 231
16. Achille GERMAIN (FRA), 236
17. André POTTIER (FRA), 237
18. Ernest PAUL (FRA), 243
19. Aldo BETTINI (ITA), 243
20. Giovanni GERBI (ITA), 246

6. TOUR DE FRANCE: 14 ETAPPEN – 4.488 KILOMETER

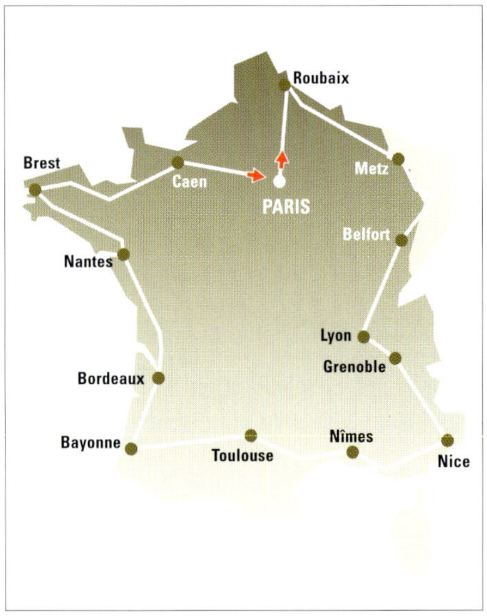

			Etappen	Etappensieger	Führende
1. Etappe	Montag 13. Juli	**272 km**	Paris – Roubaix	G. Passerieu (FRA)	G. Passerieu
2. Etappe	Mittwoch 15. Juli	**398 km**	Roubaix – Metz (D)	L. Petit-Breton (FRA)	G. Passerieu
3. Etappe	Freitag 17. Juli	**259 km**	Metz (D) – Belfort	F. Faber (LUX)	L. Petit-Breton
4. Etappe	Sonntag 19. Juli	**309 km**	Belfort – Lyon	F. Faber (LUX)	L. Petit-Breton
5. Etappe	Dienstag 21. Juli	**311 km**	Lyon – Grenoble	G. Passerieu (FRA)	L. Petit-Breton
6. Etappe	Donnerstag 23. Juli	**345 km**	Grenoble – Nizza	J.-B. Dortignacq (FRA)	L. Petit-Breton
7. Etappe	Samstag 25. Juli	**354 km**	Nizza – Nîmes	L. Petit-Breton (FRA)	L. Petit-Breton
8. Etappe	Montag 27. Juli	**303 km**	Nîmes – Toulouse	F. Faber (LUX)	L. Petit-Breton
9. Etappe	Mittwoch 29. Juli	**299 km**	Toulouse – Bayonne	L. Petit-Breton (FRA)	L. Petit-Breton
10. Etappe	Freitag 31. Juli	**269 km**	Bayonne – Bordeaux	G. Paulmier (FRA)	L. Petit-Breton
11. Etappe	Sonntag 2. August	**391 km**	Bordeaux – Nantes	L. Petit-Breton (FRA)	L. Petit-Breton
12. Etappe	Dienstag 4. August	**321 km**	Nantes – Brest	F. Faber (LUX)	L. Petit-Breton
13. Etappe	Donnerstag 6. Aug.	**415 km**	Brest – Caen	G. Passerieu (FRA)	L. Petit-Breton
14. Etappe	Sonntag 9. August	**251 km**	Caen – Paris	L. Petit-Breton (FRA)	L. Petit-Breton

François FABER

Faber - ein Schrank von einem Mann

Das Kraftpaket Faber scheint diese schwierige Tour mit einer Leichtigkeit zu gewinnen, die an einen Spaziergang erinnert. Mit sechs Litern Lungenkapazität geht ihm die Puste so schnell nicht aus! (Foto rechte Seite)

Petit-Breton hat 1908 den Siegeszug des Luxemburgers François Faber vorhergesagt, und er sollte sich nicht täuschen. Nicht genug, dass der „Riese von Colombes“ Petit-Breton selbst übertrumpft - er eifert gar René Pottier nach, dem Tour-Helden, der 1906 einen spektakulären Sieg landete. So stark ist Faber dieses Jahr, dass er in jedem Fall auch alleine gewinnen könnte, aber dass er Peugeot verlassen hat und jetzt dem wieder erstarkten Alcyon-Team des großen Taktikers Alphonse Baugé (um Trousselier, Christophe, Garrigou und Duboc) angehört, ist ihm alles andere als unrecht. Nicht einmal die ausgesprochen unwirtlichen Wetterbedingungen, mit denen die diesjährige Tour aufwartet, können ihm etwas anhaben. Schließlich ist er an harte Arbeit am eisigen Seine-Ufer gewöhnt und wurde von der Natur obendrein wesentlich robuster ausgestattet als seine Gegner (1,78 m und 91 Kilo).

Sein gutes Abschneiden bei der knochenharten Etappe nach Roubaix läutet eine sensationelle Rekordserie von fünf Etappenerfolgen hintereinander auf dem schweren Weg von Metz bis nach Nizza ein: Der wetterfeste Hüne nimmt es spielerisch mit Schlamm, Schnee und Regen auf, die bei diesen fünf Etappen immerhin 69 Fahrer in die Knie zwingen, und holt sich seine Siege nach langen Alleinfahrten und absoluten Glanzleistungen auf den Pässen. Selbst eine durch Schlamm blockierte Kette kann seinen Sieg in Lyon nicht verhindern! Nur unter der Hitze der südlichen Sonne und wegen eines großen Holzstücks muss er in Toulouse und in Bayonne etwas zurückstecken, wo er Fünfter bzw. Zehnter wird. Bei der Etappe nach Bordeaux jedoch fängt er sich wieder und schnappt sich dort mit einem Schnitt von 33 km/h (!) seinen sechsten Etappensieg. Und obwohl er in diesem Jahr beim Start fünf Kilo zuviel auf den Rippen hatte, kommt er mühelos in Topform und mit bestem Kampfgewicht am Ziel an. Auch die letzten Etappen gehen an seine neue Marke Alcyon, die damit 13 von 14 Etappen gewonnen hat, und im Prinzenpark fährt mit Faber, Garrigou, Alavoine, Van Hauwaert, Trousselier und Duboc ein sensationelles Sextett ein. Dass der Riese von Colombes eine einsame 255-Kilometer-Flucht in Belfort erfolgreich beendet, wo er Garrigou mit 33 Minuten auf den zweiten Platz drängt - so wie bereits in Metz Lapize - lässt ihn zur Legende werden.

Da die Tour wie in den vergangenen vier Jahren, der so genannten „Peugeot-Ära“, noch nach Punkten gewertet wird, feiert Faber mit nur 37 Punkten einen überlegenen Sieg. Sein Halbbruder Ernest Paul gewinnt deutlich in der Kategorie der Einzelfahrer ohne Teams.

GESAMTKLASSEMENT

1. **François FABER** (LUX, Alcyon)
   Stundenmittel: 28,658 km/Std. ; 37 Pkt.
2. **Gustave GARRIGOU** (FRA, Alcyon), 57
3. **Jean ALAVOINE** (FRA, Alcyon), 66
4. Paul DUBOC (FRA, Alcyon), 70
5. Cyrille VAN HOUWAERT (BEL, Alcyon), 92
6. Ernest PAUL (FRA, Einzelfahrer), 95
7. Constant MÉNAGER (FRA, Le Globe), 102
8. Louis TROUSSELIER (FRA, Alcyon), 114
9. Eugène CHRISTOPHE (FRA, Einzelfahrer), 139
10. Aldo BETTINI (ITA, Einzelfahrer), 142
11. Julien MAITRON (FRA, Le Globe), 148
12. Georges FLEURY (FRA, Le Globe), 152
13. Alfred FAURE (FRA, Einzelfahrer), 205
14. Mario GAJONI (ITA, Legnano) 210
15. Attilio ZAVATTI (ITA, Legnano), 241
16. Jules DELOFFRE (FRA, Nil Supra) 252
17. Joseph HABIERRE (FRA, Einzelfahrer), 296
18. Ildebrando GAMBERINI (ITA, Felsina), 305
19. Alfred LE BARS (FRA, Einzelfahrer), 317
20. Émile LACHAISE (FRA, Einzelfahrer), 327

7. TOUR DE FRANCE: 14 ETAPPEN – 4.488 KILOMETER

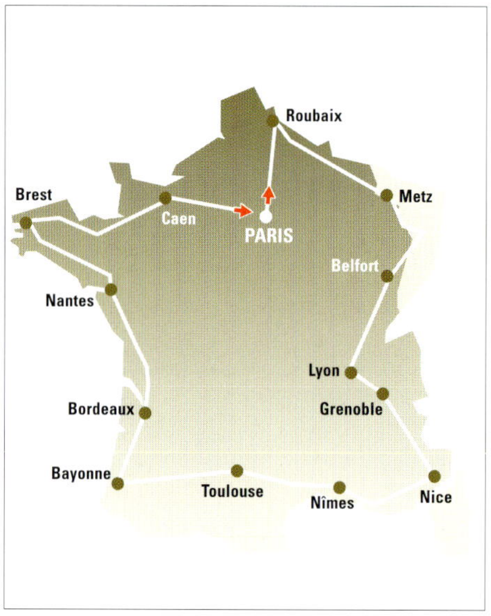

			Etappen	Etappensieger	Führende
1. Etappe	Montag 5. Juli	**272 km**	Paris – Roubaix	C. Van Houwaert (BEL)	C. Van Houwaert
2. Etappe	Mittwoch 7. Juli	**398 km**	Roubaix – Metz (D)	F. Faber (LUX)	F. Faber
3. Etappe	Freitag 9. Juli	**259 km**	Metz (D) – Belfort	F. Faber (LUX)	F. Faber
4. Etappe	Sonntag 11. Juli	**309 km**	Belfort – Lyon	F. Faber (LUX)	F. Faber
5. Etappe	Dienstag 13. Juli	**311 km**	Lyon – Grenoble	F. Faber (LUX)	F. Faber
6. Etappe	Donnerstag 15. Juli	**345 km**	Grenoble – Nizza	F. Faber (LUX)	F. Faber
7. Etappe	Samstag 17. Juli	**345 km**	Nizza – Nîmes	E. Paul (FRA)	F. Faber
8. Etappe	Montag 19. Juli	**303 km**	Nîmes – Toulouse	J. Alavoine (FRA)	F. Faber
9. Etappe	Mittwoch 21. Juli	**299 km**	Toulouse – Bayonne	C. Ménager (FRA)	F. Faber
10. Etappe	Freitag 23. Juli	**269 km**	Bayonne – Bordeaux	F. Faber (LUX)	F. Faber
11. Etappe	Sonntag 25. Juli	**391 km**	Bordeaux – Nantes	L. Trousselier (FRA)	F. Faber
12. Etappe	Dienstag 27. Juli	**321 km**	Nantes – Brest	G. Garrigou (FRA)	F. Faber
13. Etappe	Donnerstag 29. Juli	**415 km**	Brest – Caen	P. Duboc (FRA)	F. Faber
14. Etappe	Sonntag 1. August	**251 km**	Caen – Paris	J. Alavoine (FRA)	F. Faber

CAEN – PARIS Jean Alavoine gewinnt die 14. und letzte Etappe, kann jedoch den überragenden François Faber nicht mehr vom ersten Platz im Gesamtklassement verdrängen - 100.000 Menschen erwarten die Helden dieser großen Tour - Überwältigender Höhepunkt im Prinzenpark.

Triumph des Riesen von Colombes

PARIS (1. August) - Faber übertrumpft sogar Petit-Breton! Er führte nicht nur unter schwierigsten klimatischen Bedingungen über dreizehn der vierzehn Etappen das Gesamtklassement an, wie vor ihm bereits Petit-Breton, sondern er vollbrachte darüber hinaus die Heldentat, die dem „Argentinier" nicht geglückt war, fünf aufeinanderfolgende Etappen zu gewinnen, und noch dazu die fünf gefürchtetsten. Faber zeigte sich selbst seinem Vorgänger überlegen, denn er zog mit dem großen Pottier gleich und übertraf ihn sogar noch. Sein Verdienst bei dieser siebten Rundfahrt ist um so beachtlicher, als er, was seine Leistung als Langstreckenfahrer betrifft, eine bemerkenswerte Ausnahme darstellt. Und in der Tat lässt sich nur schwer nachvollziehen, wie dieses Mannsbild mit seinen 1,78 m und den 91 Kilo, die er zu Beginn des Rennens auf die Waage brachte, zu solchen Leistungen fähig ist.

Bei François Faber lässt schon der Körperbau einen großen Sprinter erahnen, nichts dagegen deutet auf einen Langstreckenfahrer hin, doch die Tatsachen sprechen für sich, und wir können über dieses Phänomen nur staunen.

Fabers Tour de France bleibt unvergessen. An seine heldenhafte Leistung wird für lange Zeit niemand herankommen. Er wurde der König der Landstraße, so wie vor ihm Zimmerman unangefochten der König des Sprints war, Michael der König der Mittelstrecke und Huret der Langstrecke. Verneigen wir uns vor dem Riesen von Colombes, denn er meisterte im Verlauf unseres großen Rennens jede Situation. Er gab sich nicht eine Blöße, blieb während der 5000 Kilometer unbesiegt und wich keinem Kampf aus. Mit seinen 22 Jahren ist er ein ganzer Mann und hat den triumphalen Empfang, den man ihm überall bereitete, wahrlich verdient.

Diese siebte Tour ist der glanzvolle Höhepunkt seiner Karriere. Auch wenn das schon traditionelle Radrennen der Zeitschrift L'Auto bislang immer genau den richtigen Mann hervorbrachte, der dieser Tour besondere Aufmerksamkeit sicherte, so müssen wir doch neidlos anerkennen, dass Faber ein besonders würdiger Vertreter ist. Mehr noch als Petit-Breton wurde er zum Mann der Tour de France. Bravo!

Doch vergessen wir an diesem Tag des Jubels nicht den begabten Baugé, der die Mannschaft unserer großen Marke Alcyon als sportlicher Leiter betreut. Ihm verdanken wir es, dass wir heute einen Ausnahmeathleten feiern können, den bislang größten Champion der Landstraße. Soviel sei zu den Personen gesagt, doch nun wollen wir uns dem Ende des Rennens zuwenden.

Die Etappe Caen-Paris stand den vorangegangenen in nichts nach. Es ereignete sich kein einziger bedauerlicher Zwischenfall. Vom ersten bis zum letzten Kilometer erwies sie sich als Triumphzug, und für all die beherzten Fahrer, die bis zum Ende durchhielten, war sie der Weg zum Ruhm, der Trost für achtundzwanzig Tage übermenschlicher Anstrengungen. Entlang der Strecke, die von Caen über Pont-Audemer, Rouen, Vernon, Mantes und Versailles nach Paris führte, eilten Tausende Sportfreunde herbei, um die lange Reihe der Helden vorüberziehen zu sehen.

Überall Stürme der Begeisterung. Beifall und aufmunternde Worte verliehen den Rennfahrern wahre Flügel. Nicht nur der Prinzenpark, auch der herrliche Parcours kurz vor dem Ziel war von Menschenmassen gesäumt. So hatten wir es uns hier in Paris erhofft, denn nun können wir all die beachtlichen Rekorde brechen, die unsere Korrespondenten bereits mit ihrem selbstlosen und unverzagten Einsatz entlang der Strecke vermeldet haben. Ein jeder von ihnen, mag er auch aus der kleinsten Ortschaft berichten, trägt Jahr für Jahr zu dem einzigartigen Erfolg unseres Rennens bei.

Die diesjährige Tour de France fand ein glanzvolles Ende. Strahlender Sonnenschein begleitete diese letzte wunderschöne Etappe, und wenn die Anhänger des Riesen von Colombes, dieses einfachen Mannes aus dem Volke, zwar nicht seinen Etappensieg bejubeln konnten, so fanden sie doch Trost in dem tosenden Beifall, mit dem ihr Held in der gewaltigen Arena des Prinzenparks empfangen wurde.

Unser großes Radrennen hat nichts von seiner außergewöhnlichen Bedeutung eingebüßt. Dies dürfen wir nicht ohne Hochmut feststellen. Denn mit solchen Männern, wie sie die Tour de France hervorbringt, brauchen wir uns nicht hinter falscher Bescheidenheit zu verstecken.

Hinter dem Riesen der Landstraße errang Garrigou den zweiten Platz im Gesamtklassement, ein Ehrenplatz, den dieser tapfere Held der Alcyon-Mannschaft zu Recht einnahm. Denn der ehemalige Meister Frankreichs hat zweifelsohne gewaltige Fortschritte gemacht und in diesem Jahr eine beeindruckende Ausdauer unter Beweis gestellt, die seine brillanten Leistungen als Sprinter in keinster Weise geschmälert haben. Dieser sympathische und treue kleine Rennfahrer wird noch einmal bei der Tour de France ganz oben stehen.

Mit seinen 22 Jahren beherrscht François Faber diese höllische Tour und zieht damit die bewundernden Blicke der Zuschauer auf sich... (Foto rechts)

Octave LAPIZE

Lapize, seines Zeichens Kletterer

Großartig in den Alpen und – auch zu Fuß – unschlagbar in den Pyrenäen: Octave Lapize gewinnt das Duell gegen seinen Teamkollegen Faber - und damit die Tour. (Foto rechte Seite)

Obwohl einige Übeltäter das Nägelstreuen immer noch nicht lassen können und diese achte Tour de France für Desgrange sicher immer noch keine „richtige" Frankreich-Rundfahrt im wahrsten Sinne des Wortes darstellt, wird sie ein mitreißender sportlicher Erfolg.

Im Wettstreit mit den Champions von Globe (Cornet, Crupelandt), Legnano (Petit-Breton, Dortignacq, Émile Georget) und den besten Einzelfahrern (z.B. Cruchon), ist Alcyon mit seinen vier Assen Lapize (22 Jahre), Faber, Garrigou und Van Hauwaert einmal mehr unschlagbar und gewinnt neun der fünfzehn Etappen. Und einmal mehr zieht das Rennen seine Spannung im Wesentlichen aus dem Kampf zweier Alcyon-Giganten. Vorjahressieger Faber führt zunächst durchgehend von Metz bis Nantes, aber ab Perpignan fordert ihn der von Teamchef Baugé verhätschelte Lapize trotz eines unglücklichen Starts mit Fußproblemen zu einem erbitterten Duell. „Locke" Lapize erweist sich als äußerst zäh, bezwingt die ersten elf Pyrenäenpässe der Tour-Geschichte, die so mancher für unüberwindbar hielt, und übernimmt in Brest das Kommando. Zwar kein richtiger Befreiungsschlag, aber eine faire Entschädigung für einen Champion, der in den Alpen schon Beeindruckendes leistete und sich jetzt überraschend als ausgezeichneter Langstreckenfahrer und überragender Kletterer entpuppt. Seine Leistung bei Paris-Roubaix versprach zwar viel, aber nicht so viel... Dieses Duell hält die Leserschaft von L'Auto und die Sportfans in Frankreich nicht zuletzt deshalb in Atem, weil Faber genau wie Lapize völlig anders zu ticken scheint als sonst: Obwohl er 1909 noch vorgab, die Kälte vorzuziehen, gewinnt er nun in der sengenden Hitze von Nîmes die Etappe. Faber, der „Riese von Colombes", hat zwar mit zahlreichen Stürzen ganz gewiss wesentlich mehr Pech als der angehende Tour-Sieger, aber immerhin ein bisschen mehr Glück als die Mitfavoriten Émile Georget und Petit-Breton, die nach Stürzen gar aufgeben müssen. Apropos Aufgeben: Bemerkenswerterweise fährt Lapize nur die Touren zu Ende, bei denen er eine echte Chance auf den Sieg hat, und nur deshalb bekommen ihn die Zuschauer im Prinzenpark in diesem Jahr überhaupt zu Gesicht. Henri und Francis Pélissier machen es kaum anders.

Zwei Einzelfahrer dieser Tour verdienen jedoch besondere Erwähnung: Lafourcade aus den Pyrenäen, weil er auf der mörderischen Etappe Luchon-Bayonne das Feld anführte, und Fabers Halbbruder Ernest Paul, der in Bordeaux den Sieg holte, nachdem Crupelandt wegen Behinderung von Louis Azzini im Klassement zurückgestuft worden war.

GESAMTKLASSEMENT

1. **Octave LAPIZE** (FRA, Alcyon)
   Stundenmittel: 28,680 km/h ; 63 Punkte
2. **François FABER** (LUX, Alcyon), 67
3. **Gustave GARRIGOU** (FRA, Alcyon), 86
4. Cyrille VAN HAUWAERT (BEL, Alcyon), 97
5. Charles CRUCHON (FRA, Einzelfahrer), 119
6. Charles CRUPELANDT (FRA, Le Globe), 148
7. Ernest PAUL (FRA, Einzelfahrer), 154
8. André BLAISE (BEL, Alcyon), 166
9. Julien MAITRON (FRA, Le Globe), 171
10. Aldo BETTINI (ITA, Alcyon), 175
11. Pierino ALBINI (ITA, Legnano), 176
12. Georges PAULMIER (FRA, Le Globe), 182
13. Ernesto AZZINI (ITA, Legnano), 194
14. François LAFOURCADE (FRA, Einzelfahrer), 205
15. Jules DELOFFRE (FRA, Le Globe), 213
16. Henri CORNET (FRA, Le Globe), 214
17. Luigi AZZINI (ITA, Legnano), 220
18. Constant MENAGER (FRA, Legnano), 222
19. Augustin RINGEVAL (FRA, Einzelfahrer), 241
20. Frédéric SAILLOT (FRA, Le Globe), 258

8. TOUR DE FRANCE: 14 ETAPPEN – 4.488 KILOMETER

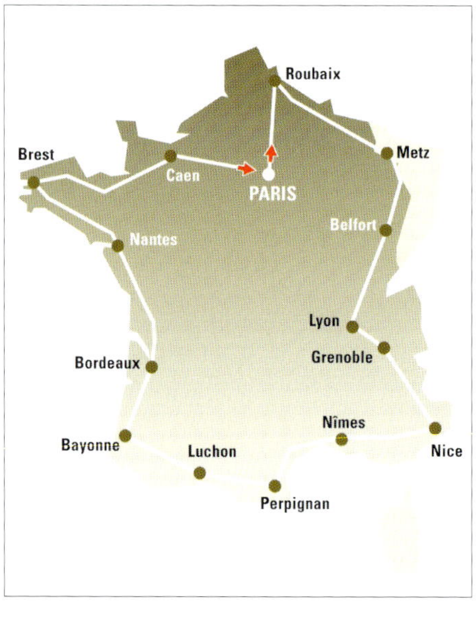

			Etappen	Etappensieger	Führende
1. Etappe	Sonntag 3. Juli	**272 km**	Paris – Roubaix	C. Crupelandt (FRA)	C. Crupelandt
2. Etappe	Dienstag 5. Juli	**398 km**	Roubaix – Metz (D)	F. Faber (LUX)	F. Faber
3. Etappe	Donnerstag 7. Juli	**259 km**	Metz (D) – Belfort	E. Georget (FRA)	F. Faber
4. Etappe	Samstag 9. Juli	**309 km**	Belfort – Lyon	F. Faber (LUX)	F. Faber
5. Etappe	Montag 11. Juli	**311 km**	Lyon – Grenoble	O. Lapize (FRA)	F. Faber
6. Etappe	Mittwoch 13. Juli	**345 km**	Grenoble – Nizza	J. Maitron (FRA)	F. Faber
7. Etappe	Freitag 15. Juli	**345 km**	Nizza – Nîmes	F. Faber (LUX)	F. Faber
8. Etappe	Sonntag 17 juillet	**216 km**	Nîmes – Perpignan	G. Paulmier (FRA)	F. Faber
9. Etappe	Dienstag 19. Juli	**289 km**	Perpignan – Luchon	O. Lapize (FRA)	F. Faber
10. Etappe	Donnerstag 21. Juli	**326 km**	Luchon – Bayonne	O. Lapize (FRA)	F. Faber
11. Etappe	Samstag 23. Juli	**269 km**	Bayonne – Bordeaux	E. Paul (FRA)	F. Faber
12. Etappe	Montag 25. Juli	**391 km**	Bordeaux – Nantes	L. Trousselier (FRA)	F. Faber
13. Etappe	Mittwoch 27. Juli	**321 km**	Nantes – Brest	G. Garrigou (FRA)	O. Lapize
14. Etappe	Freitag 29. Juli	**424 km**	Brest – Caen	O. Lapize (FRA)	O. Lapize
15. Etappe	Sonntag 31. Juli	**262 km**	Caen – Paris	E. Azzini (ITA)	O. Lapize

LYON-GRENOBLE Wie erwartet durften wir bei der fünften Etappe der Tour de France, von Lyon über Genf nach Grenoble, Zeugen eines fabelhaften Duells zwischen den derzeit Besten des Rennens werden.

Ein fabelhafter Kampf!

SICHERLICH überrascht werden unsere Leser es aufnehmen, dass die heiß ersehnte Schlacht zwischen François Faber und Émile Georget, den beiden ehemaligen Helden des Col de Porte, so gut wie nicht stattgefunden hat. Der erkältete Faber ließ sich vor Nantua zurückfallen und kam nur dank seines übermenschlichen Mutes als Sechster ins Ziel. Émile Georget, immer noch mit Bauchschmerzen, musste sich seine Chance durch die Lappen gehen lassen und platzierte sich nur als Neunzehnter. Sie sind also nicht verantwortlich für ihre Zurückhaltung bei der finalen Schlacht in der Chartreuse, deren Protagonisten Lapize, Crupelandt und Van Houwaert waren.

Dieser Kampf war vortrefflich und bescherte Crupelandt, dem Crack der Marke Le Globe, den Ruf eines Kletterers, den er bis in alle Ewigkeit behalten wird. Denn nachdem er von Lapize und Van Houwaert, die auf dem schönen Anstieg einander wie Dämonen bekämpften, abgehängt worden war, holte er diese nicht nur ein, sondern überholte sie sogar! Ich komme nicht umhin, das Ergebnis von Lyon-Grenoble bekannt zu geben, ohne ihm als Erstes zu gratulieren, noch vor all den anderen, die es gleichermaßen verdienen, dafür, dass es ihm gelungen ist, den Col de Porte an der Spitze des Rennens zu erreichen.

Bei der Abfahrt fuhr Lapize sich wieder nach vorne und siegte über den mutigen Mann aus Roubaix. Der große Champion von Alcyon-Dunlop, der für das berühmte französische Unternehmen schon Paris-Roubaix und Paris-Brüssel gewann, erbrachte gestern eine atemberaubende Leistung, die von bewundernswertem Mut und unbeschreiblicher Energie zeugt. Obwohl er fürchterliche Qualen an den Füßen zu erleiden hatte, hielt er tapfer bis zum Schluss durch. Beim Anstieg in der Chartreuse fiel er nicht zu weit zurück und gewann die Oberhand bei der Abfahrt und auf den letzten Flachkilometern. Viel zu oft haben wir Lapize zu verstehen gegeben, dass er weniger kämpferisch sei als viele seiner Kameraden, umso mehr müssen wir ihm heute aufrichtig für seine gestrige Glanzleistung gratulieren.

Oben: Der Italiener Ernest Azzini gewinnt die letzte Etappe, aber großer Sieger ist und bleibt Octave Lapize, der als Sechster eintrifft und damit nur zwei Punkte auf François Faber verliert. Dieser war Opfer einer Reifenpanne in Saint-Nom-la-Bretèche und kommt als Vierter ins Ziel.

Linke Seite: Bei der Kontrolle in Rouen hat Octave Lapize 11'30'' Rückstand auf die sechs Fahrer um Faber und Garrigou. Sollte also der „Riese von Colombes" im Prinzenpark gewinnen, würde Octave die Tour verlieren. Aber er nutzt die Schwächen von Crupelandt, Bettini und Garrigou, von der Reifenpanne Fabers ganz zu schweigen, begrenzt den Schaden und fährt als Sechster über die Ziellinie.

Unten: Den Kampf um die 345 Kilometer lange Etappe von Nizza nach Nîmes, der in einer brütenden Hitze ausgetragen wird, gewinnt François Faber, nachdem er 40 Kilometer vor dem Ziel ausgerissen war. Bereits hier bei der Kontrolle in Cannes liegt der kräftige Luxemburger zusammen mit Petit-Breton an der Spitze, der später wegen einer Panne aufgibt.

GESPRÄCH MIT DEM SIEGER

Ehre, wem Ehre gebührt! Zu allererst frage ich den großen Sieger der Tour de France nach dessen Gesamteindruck des Rennens. Natürlich strahlt Octave...
Und er ist gesprächig. „Na gut, Herr Journalist, was glauben Sie, was ich denke!?" ruft Lapize, als er auf mich zukommt.
„Genau das wollte ich eigentlich wissen!"
„Ganz einfach. Am Anfang dieser Tour de France, dachte ich, das sei kein Rennen für mich; aber dann habe ich gemerkt, dass ich doch gar nicht so schlecht war. Schließlich, nachdem ich mehrere Etappen gewonnen hatte, habe ich mir gesagt, dass ich letzten Endes doch eine kleine Chance habe; gestern, als ich zu Bett ging, dachte ich mir, ich könnte sogar gewinnen, und heute, na, stellen Sie sich vor, heute habe ich gewonnen! Von den Eindrücken unterwegs will ich Ihnen nur einen erzählen, aber den einprägsamsten natürlich: Die Pyrenäen sind verdammt hügelig, und ich bewege mich lieber in den Steilkurven des Prinzenparks als auf der Abfahrt vom Col d'Aubisque!
Und wie Sie sehen, habe ich nicht zu sehr abgenommen, meine Kragen sind nicht zu groß geworden. Das war meine größte Angst, ich müsste mir kleinere kaufen, aber das hat sich ja jetzt erledigt."
„Hatten Sie keine Probleme mit den Augen?"
„Puh, genau wie meine Kameraden auch! Aber alles in allem kann ich von dieser Warte her nicht klagen."
„Und die Reifenpannen?"
„Donnerwetter, ja! In dieser Hinsicht war ich bei der letzten Etappe nicht gerade gesegnet. Drei Kilometer nach dem Start bin ich durch Glas gefahren und verlor etwa zehn Minuten, die ich nicht mehr aufholen konnte. In Aubergenville lag mir zufällig ein Nagel im Weg, und was für einer! Aber nichts konnte mich aufhalten, ich habe alles gegeben, und es ging nur noch darum, nicht zu viele Plätze nach hinten zu rutschen. Sie haben jetzt nichts mehr, was Sie mich fragen möchten? Nein? Schönen Abend noch, der Herr!"
Lapize deutet seinen Rückzug an, und im Weggehen ruft ihm ein Anhänger hinterher: „Denen hast du's aber gezeigt, Octave!" Es war zwar ganz schön knapp, aber Lapize hat es geschafft. Der erste König der Pyrenäen!

1911

Gustave GARRIGOU

Garrigou ist am Zug

Auf den verschneiten Pässen des Galibier, wo Georget fast wie ein Außerirdischer fährt, kann Garrigou seine Übersetzung von 22 x 11 (4,20 Meter pro Umdrehung) nicht halten und muss schieben. (Foto rechte Seite)

Die Tour 1911 hat wieder 15 Etappen, aber satte 600 Kilometer mehr als die letzte. Die Rekorddistanz von 5 344 Kilometern muss bewältigt werden, an 14 Tagen ruhen die Fahrer. Zum ersten Mal geht es in die Hochalpen, wo François Faber sich erneut von seiner besten Seite zeigt. In den Pyrenäen spielt sich jedoch ein Drama ab: Duboc, der Mann aus Rouen, wird vergiftet! Und das gerade, als er dem Alcyon-Team gefährlich wird...

Dessen Vormachtstellung dauert nun schon zwei Jahre und ist hauptsächlich mit einem Namen verbunden: Alphonse Baugé. Er ist der große Stratege, unter seiner Ägide entwickelt sich der fleißige Gustave Garrigou nach beachtlichen Platzierungen in den Jahren zuvor - 1907 und 1909 Zweiter, 1910 Dritter, 1908 Vierter - zum Siegfahrer. Seine Ambitionen erhalten durch den Triumph bei der ersten Etappe nach Dünkirchen weiteren Aufwind. An den folgenden Tagen ist er immer vorne dabei, und in Chamonix übernimmt er schließlich die Führung im Gesamtklassement, die er nicht mehr abgibt. Sie gerät auch vorerst nicht ernsthaft in Gefahr, da der Held vom Galibier, Émile Georget, nach einem Sturz am Ballon d'Alsace viele Plätze verliert und Crupelandt die Erwartungen nicht erfüllen kann. Für Garrigou hätte es also eine Spazierfahrt werden können, wenn nicht Paul Duboc auf den Etappen von Nizza nach Marseille und von Perpignan nach Luchon attackiert hätte. Zwischen Luchon und Bayonne gerät Garrigou ernsthaft in Bedrängnis, bis Duboc in der Nähe von Argelès Opfer einer mysteriösen Vergiftung wird. Für seine Gegner natürlich ein unverhoffter Glücksfall, insbesondere für Garrigou, der an diesem Tag von der schlechten Platzierung seines Rivalen profitiert und seine Führung festigt. Doch der Normanne lässt nicht locker und macht in La Rochelle und in seiner Heimatregion wieder wertvollen Boden gut. Dort wollen die Anhänger von Duboc dem Nutznießer Garrigou sogar an den Kragen, so dass dieser mit einem falschen Trikot „getarnt" werden muss. Die Wogen glätten sich bis nach Paris nicht mehr, wo Duboc hinter Godivier Zweiter wird. Diesen Platz belegt er auch im Endklassement, hinter dem letztlich unantastbaren Garrigou und vor dem unglücklichen Émile Georget, der wie 1907 Dritter wird.

Eine spannende Tour voller Höhepunkte inspiriert Desgrange zu glanzvollen Berichten über die Heldentaten: Erstmals wird der Galibier bezwungen, Faber stürmt als Erster den Ballon d'Alsace hinauf und gewinnt nach einer legendären Alleinfahrt von 206 Kilometern in Belfort. Er, Georget und Passerieu sind würdige Nachfolger des betrauerten René Pottier. Maurice Brocco jedoch wird nach seinem Triumph in Bayonne disqualifiziert, weil er an den vorhergehenden Tagen nicht für sich selbst, sondern für andere gefahren war.

GESAMTKLASSEMENT

1. **Gustave GARRIGOU** (FRA, Alcyon), 43 Punkte
2. **Paul DUBOC** (FRA, La Française), 61
3. **Émile GEORGET** (FRA, La Française), 84
4. Charles CRUPELANDT (FRA, La Française), 119
5. Louis HEUSGHEM (BEL, Alcyon), 135
6. Marcel GODIVIER (FRA, La Française), 141
7. Charles CRUCHON (FRA, La Française), 145
8. Ernest PAUL (FRA, Alcyon), 153
9. Albert DUPONT (FRA, Le Globe), 157
10. Henri DEVROYE (BEL, Le Globe), 171
11. Firmin LAMBOT (BEL, Le Globe), 178
12. Henri CORNET (FRA, Le Globe), 178
13. Paul DEMAN (BEL, Einzelfahrer), 198
14. Julien MAITRON (FRA, La Française), 216
15. Jules DELOFFRE (FRA, Einzelfahrer), 217
16. Georges PAULMIER (FRA, Automoto), 226
17. Ottavio PRATESI (ITA, Einzelfahrer), 251
18. Alfred FAURE (FRA, Automoto), 255
19. Vincent DHULST (FRA, Einzelfahrer), 265
20. Lucien POTHIER (FRA, Le Globe), 284

9. TOUR DE FRANCE: 15 ETAPPEN – 5.344 KILOMETER

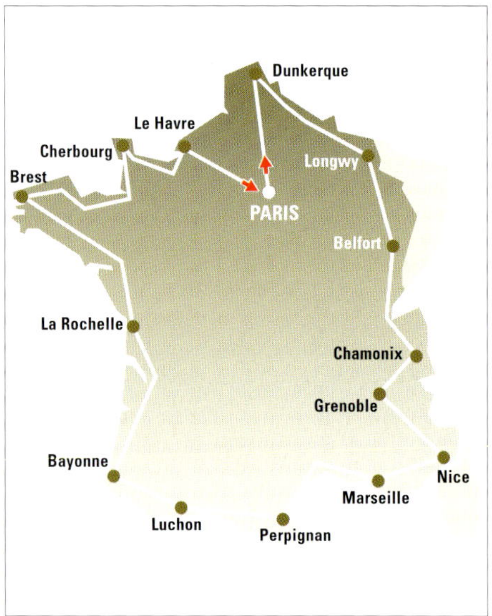

				Etappen	Etappensieger	Führende
1.	Etappe	Sonntag 2. Juli	**351 km**	Paris – Dünkirchen	G. Garrigou (FRA)	G. Garrigou
2.	Etappe	Dienstag 4. Juli	**388 km**	Dünkirchen – Longwy	J. Masselis (BEL)	J. Masselis
3.	Etappe	Donnerstag 6. Juli	**331 km**	Longwy – Belfort	F. Faber (LUX)	F. Faber
4.	Etappe	Samstag 8. Juli	**344 km**	Belfort – Chamonix	C. Crupelandt (FRA)	G. Garrigou
5.	Etappe	Montag 10. Juli	**366 km**	Chamonix – Grenoble	É. Georget (FRA)	G. Garrigou
6.	Etappe	Mittwoch 12. Juli	**348 km**	Grenoble – Nizza	F. Faber (LUX)	G. Garrigou
7.	Etappe	Freitag 14. Juli	**334 km**	Nizza – Marseille	C. Crupelandt (FRA)	G. Garrigou
8.	Etappe	Sonntag 16. Juli	**335 km**	Marseille – Perpignan	P. Duboc (FRA)	G. Garrigou
9.	Etappe	Dienstag 18. Juli	**289 km**	Perpignan – Luchon	P. Duboc (FRA)	G. Garrigou
10.	Etappe	Donnerstag 20. Juli	**326 km**	Luchon – Bayonne	M. Brocco (FRA)	G. Garrigou
11.	Etappe	Samstag 22. Juli	**379 km**	Bayonne – La Rochelle	P. Duboc (FRA)	G. Garrigou
12.	Etappe	Sonntag 23. Juli	**470 km**	La Rochelle – Brest	M. Godivier (FRA)	G. Garrigou
13.	Etappe	Mittwoch 26. Juli	**405 km**	Brest – Cherbourg	G. Garrigou (FRA)	G. Garrigou
14.	Etappe	Freitag 28. Juli	**361 km**	Cherbourg – Le Havre	P. Duboc (FRA)	G. Garrigou
15.	Etappe	Sonntag 30. Juli	**317 km**	Le Havre – Paris	M. Godivier (FRA)	G. Garrigou

Verdienter Triumph für Garrigou

LE HAVRE – PARIS Nach zwei zweiten Plätzen verewigt sich nun nach Garin, Cornet, Trousselier, Pottier, Petit-Breton, Faber und Lapize auch der beständige Gustave Garrigou, das Alcyon-As, in der Siegerliste unserer gigantischen Rundfahrt. Hier beschreibt er „seine" Tour de France.

Nach 11.737 Minuten Bangen und Leiden wird Gustave endlich im Prinzenpark erlöst. Der Wechsel zu Alcyon war die richtige Entscheidung.

PARIS (30. Juli). - „Sie bitten mich, meine Eindrücke niederzuschreiben, was eigentlich einer zusätzlichen Etappe für mich gleichkommt. Aber was ist schon eine Etappe mehr, wenn ich damit Ihren Lesern eine Freude machen kann, die sich mir gegenüber so charmant gezeigt haben. Also steige ich wieder auf meinen Drahtesel, um Ihrem Gesuch nachzukommen, wenn auch nicht freudestrahlend, dann doch zumindest mit meinem besten Willen.

Zunächst einmal muss ich sagen, dass ich schon am Start sehr zuversichtlich war. Ich erinnere mich noch, dass Lapize mehrere Reifenpannen hatte und Petit-Breton in Boulogne-sur-Mer gestürzt ist. Es gab noch mehr solcher Vorfälle, und plötzlich bin ich zusammen mit Masselis alleine in Dünkirchen eingefahren. Es war also eher eine glückliche Fügung, dass ich dort gewonnen habe.

Aber deshalb freue ich mich nicht weniger, und warum auch: Das Gemüt eines Rennfahrers ist eben anders! Des einen Leid, des anderen Freud, ja, irgendwann wird man zum Philosophen, besonders, wenn einem sonst kein Unglück erspart bleibt.

Nun denn, jedenfalls ließ sich das Rennen günstig für mich an und ich ging noch optimistischer in die zweite Etappe, die ich dann auch genauso leichtfüßig absolvierte, obgleich es zahlreiche Schwierigkeiten zu überwinden gab. Leider bin ich dann im Sprint gefahren wie ein Landbriefträger. Masselis hat vor meiner Nase mit meisterhafter Bravour angezogen. Faber hing an meinem Hinterrad und zog mit seiner gewohnten Eleganz noch auf der Ziellinie an mir vorbei, den jungen Belgier konnte er jedoch nicht mehr überholen. Ein wenig demoralisiert ging ich in die vierte Etappe, von Belfort nach Chamonix. Völlig zu Unrecht, denn Gott ist gerecht! Die Etappe begünstigte mich außerordentlich, obwohl, wie Alavoine sagen würde, zwischendurch ‚der Mann mit dem Hammer kam'. Das geschah wenige Kilometer vor dem Ziel, als ich gerade mit meinem Freund François erbittert um den Sieg kämpfte. Plötzlich schoss Heusghem an uns vorbei. Dann tauchte Crupelandt auf, wie ein Geist aus der Flasche. Offen gesagt waren wir beide am Boden zerstört, völlig entkräftet, von Hunger geschüttelt. Aber zum Glück war Faber noch mehr mitgenommen als meine Wenigkeit. Er brach total zusammen, und so konnte ich ihn am Anstieg zum Fayet abhängen. Ich fasste wieder Mut. Massetts war schon lange nicht mehr da, und ich musste nur Faber hinter mir lassen, um die Führung im Gesamtklassement zu übernehmen. Ich zögerte nicht und trat auf meine Pedale ein wie ein Irrer, und gelangte so - mehr oder weniger auf allen Vieren - ins Ziel.

Am übernächsten Tag gelang mir, so wie ich meine, mein schönstes Rennen. Wir mussten den Galibier überwinden, und dies begann sehr angenehm, nämlich mit einer lang andauernden Bergabfahrt! Aber dann fing der Spaß an, und ich meine Spaß sehr ironisch, denn er bestand darin, den armen Rennfahrern auf den schönen Straßen unseres Landes schreckliche Hügel in den Weg zu stellen. Die mögen einem Georget und einem Duboc ja noch gelegen kommen, aber einem Burschen wie mir, der eine gemütliche Tour de France fahren, sich ein bisschen schonen will, für den ist das kein Vergnügen, das kann ich Ihnen sagen! Ich konnte noch nicht mal ‚Uff!' sagen, so schnell waren Georget und Duboc verschwunden. Nachdem ich mich ein wenig gefangen hatte, bin ich hinterher. In Annecy waren es nur vier Minuten Rückstand auf die beiden. In Aix-les-Bains hatte ich wieder ein bisschen vom Vorsprung abgeknabbert und alle anderen weit hinter mir gelassen, darunter auch Faber. In Chambéry waren es nur noch zwei Minuten. Obwohl ich mir das Herz aus dem Leib fuhr, genoss ich trotzdem die Schönheit der Natur, bis ich endlich in Saint-Michel-de-Maurienne die beiden Spitzbuben vor mir sah, wie sie gerade bei der Kontrolle losfuhren. Kurz darauf war ich bei ihnen.

Wenn Sie jetzt allerdings glauben, die beiden hätten sich über meine Gesellschaft gefreut, dann täuschen Sie sich gewaltig. Georget murmelte etwas von einer Depesche, die er möglichst bald einer Freundin in Châtellerault schicken wolle, und suchte das Weite. Wenig später folgte ihm Duboc, unter dem Vorwand, Georget würde bestimmt Kleingeld brauchen... Schon war ich wieder allein mit meinen Pedalen, die mit Macht getreten werden wollten. Ich verfluchte die Welt und vor allem den Schuft Desgrange, der uns zumutet, unsere Ferien so zu verbringen! Zweieinhalb Stunden, unendliche Mühen und einige Kilometer Fußmarsch später erreichte ich den Tunnel, der den Gipfel des Galibier umgibt. Was für eine komische Idee, auf 2.600 Metern Höhe einen Tunnel zu bauen!

Bei der Etappe von Grenoble nach Nizza entschloss sich Faber zur Flucht. Ich ließ ihn fahren, zusammen mit Nempon und Dupont. Die beiden Letzteren habe ich später wieder eingeholt, doch François sah ich erst im Hotel in Nizza wieder. Ich frage Sie: Geht man so mit Freunden um? Ich wurde bei dieser Etappe zwar immerhin Zweiter, war aber geschlagen und unzufrieden, und nur mit einigem Unbehagen erinnere ich mich an den Col de Valgelaye.

In Marseille saßen Crupelandt, Georget und Nempon schon beim Kartenspiel, als ich ankam. Auf der Etappe nach Perpignan waren Duboc und Heusghem schon mal vorausgefahren, um meine Ankunft kundzutun. Und in Luchon bestellten der gleiche Duboc, Georget und Godivier direkt nach ihrer Ankunft ein schönes heißes Bad für meine Wenigkeit, die drei Minuten später eintreffen sollte. Aber so langsam begann ich mir über so viel vorauseilenden Gehorsam Sorgen zu machen, denn insbesondere Duboc erwies sich als sehr eifrig. Auf dem Weg von Luchon nach Bayonne war ich entschlossen, mich von meiner besten Seite zu zeigen, was allerdings nicht verhinderte, dass ich wegen zu großer Obacht auf der Abfahrt vom Peyresourde überrumpelt wurde. Duboc, Georget und Brocco waren mir weggefahren, und zwar soweit, dass ich sie vollkommen aus den Augen verlor!

Aber das Schicksal wollte es anders. Duboc sah ich später im Graben liegen, leidend wie ein Hund. In Bayonne wurde ich Zweiter, noch vor Georget. Wenn ich jetzt keinen Unfall mehr hatte, war mir der Sieg sicher. Auf der Etappe von Bayonne nach La Rochelle hatte ich Pech, aber davon will ich nicht mehr reden, als Vierter und Letzter der Favoriten bin ich ins Ziel gerollt. Nach Brest habe ich dann die Taktik der Vorsicht gewählt und mich damit zufrieden gegeben, Duboc im Auge zu behalten. Der siebte Platz reichte mir daher. Von Brest nach Cherbourg war dann wieder Duboc mit Plattfüßen an der Reihe, und ich konnte meinen zweiten Sieg feiern. In Richtung Le Havre musste ich mich wieder so richtig anstrengen. Und was die letzte Etappe angeht, so werden Sie mir sicher nachsehen, dass ich nur noch irgendwie den Prinzenpark erreichen wollte: Hauptsache kein Sturz, wie er 1908 für Petit-Breton hätte fatal ausgehen können. Tja, das war meine Tour!"

Weil er nicht so schnell den Freilauf wechseln kann und weil er manchmal bei den Abfahrten die Bremsen zuschanden fährt, verlässt sich Garrigou auf die Organisation von Baugé, Mädchen für alles bei Alcyon. Nach seinem Sieg bedankt sich ein bewegter Gustave ausdrücklich bei allen seinen Helfern. (Foto rechte Seite)

1912

Odile DEFRAYE

Defraye dank Freilauf

Der revolutionäre Freilauf muss sich in Alpen und Pyrenäen bei Kälte und Regen bewähren. Die Kommissare an Bord der sechs offiziellen Begleitfahrzeuge verfolgen aufmerksam das Rennen. Nur ein Drittel der gestarteten Fahrer erreicht das Ziel. (Foto rechte Seite)

Keine großen Veränderungen bei dieser zehnten Auflage der Tour de France: 15 Etappen, 5.319 Kilometer, 14 Ruhetage, Punktewertung - diese allerdings zum letzten Mal. Gestartet wird im Luna Park an der Porte Maillot in Paris, wo vier Wochen später erstmals ein Belgier dieses Rennen gewinnt: Odile Defraye vom scheinbar unbesiegbaren Alcyon-Team.

Am 30. Juni 1912 drängen sich 131 Fahrer am Start. Die großen Formationen Alcyon, Peugeot, La Française, Griffon, J.-B. Louvet, Automoto, Armor und Thomann haben alles mobilisiert, was Rang und Namen hat: Tour-Sieger wie Petit-Breton, Lapize, Garrigou oder Faber, Beinahe-Sieger wie Émile Georget und Paul Duboc sowie zahlreiche Aspiranten. Es verspricht also, ein dramatischer Kampf zu werden, und die Erwartungen werden nicht enttäuscht. Crupelandt gewinnt im heimischen Dünkirchen die Auftakt-Etappe, wie bereits 1910 in Roubaix. Damit sind die Weichen gestellt, für Petit-Breton allerdings führen sie direkt aufs Abstellgleis: Bei der zweiten Etappe wird er in Armentières von einer Kuh zu Fall gebracht und muss aufgeben, während der belgische Meister Defraye mit einem Sieg seine Ambitionen unterstreicht. Eugène Christophe startet für die Fahrradmarke Armor und gewinnt drei schwere Etappen hintereinander, zwei davon in den Alpen. Doch den besten Eindruck bei Henri Desgrange hinterlässt Defraye. Am Ballon d'Alsace ist der Rennleiter überrascht, wie virtuos der Belgier den innovativen Freilauf nutzt. Während Armor sich auf Etappensiege zu konzentrieren scheint, hat Defraye offenbar Größeres im Sinn. In den Alpen teilt er seine Kräfte klug ein und entscheidet damit die Etappe nach Marseille ebenso für sich wie die erste Pyrenäenetappe. Er bezwingt den heldenhaft kämpfenden Christophe derart souverän, dass Lapize daraufhin entmutigt das Rennen aufgibt. Die zweite Pyrenäenetappe gewinnt bei strömendem Regen Louis Mottiat, ohne jedoch seinen Landsmann Defraye ernsthaft zu beunruhigen. Mit Ausnahme der langen Flucht von Jean Alavoine, der mit Schaltung fährt, stehen jetzt nur noch Massenankünfte an, die von Defraye kontrolliert werden.

Christophe, ebenso wie Lapize zeitweise punktgleich mit dem Führenden, beklagt, dass der Freilauf für die letzten drei Etappen nicht verboten wird. Am Ende wird er Zweiter hinter dem letzten Schützling von Alphonse Baugé. Ein würdiger Champion, der auf 5.000 Kilometern nur drei Kilo verliert und sich die 5.000 Francs Siegprämie redlich verdient hat.

GESAMTKLASSEMENT

1. **Odile DEFRAYE** (BEL, Alcyon), 190 Std. 34', Stundenmittel: 27,894 km/h ; 49 Punkte
2. **Eugène CHRISTOPHE** (FRA, Armor), 108
3. **Gustave GARRIGOU** (FRA, Alcyon), 140
4. Marcel BUYSSE (BEL, Peugeot), 147
5. Jean ALAVOINE (FRA, Armor), 148
6. Philippe THYS (BEL, Peugeot), 148
7. Hector TIBERGHIEN (BEL, Griffon), 149
8. Henri DEVROYE (BEL, Le Globe), 163
9. Félicien SALMON (BEL, Peugeot), 166
10. Alfons SPIESSENS (BEL, J.B. Louvet), 167
11. Louis HEUSGHEM (BEL, Alcyon), 167
12. René VANDENBERGHE (BEL, Thomann), 194
13. Vincenzo BORGARELLO (ITA, J.B. Louvet), 212
14. François FABER (LUX, Automoto), 229
15. Louis ENGEL (FRA, Aiglon), 241
16. Charles DERUYTER (BEL, Peugeot), 255
17. Jacques COOMANS (BEL, Thomann), 260
18. Firmin LAMBOT (BEL, Le Globe), 265
19. Ottavio PRATESI (ITA, Einzelfahrer), 304
20. Charles GUYOT (SUI, Aiglon), 309

10. TOUR DE FRANCE: 15 ETAPPEN – 5.319 KILOMETER

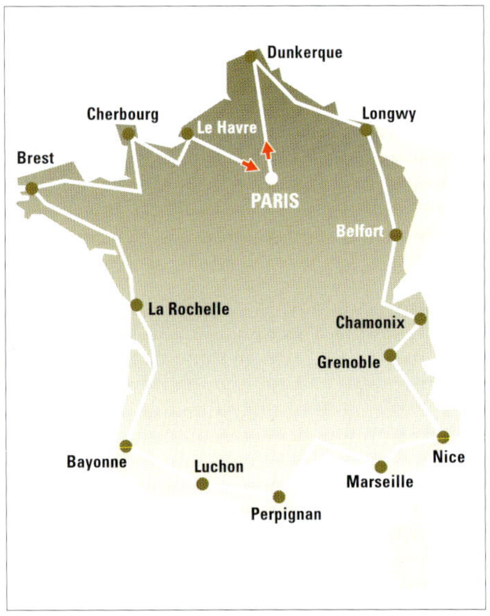

			Etappen	Etappensieger	Führende
1. Etappe	Sonntag 30. Juni	**351 km**	Paris – Dünkirchen	C. Crupelandt (FRA)	C. Crupelandt
2. Etappe	Dienstag 2. Juli	**388 km**	Dünkirchen – Longwy	O. Defraye (BEL)	V. Borgarello
3. Etappe	Donnerstag 4. Juli	**331 km**	Longwy – Belfort	E. Christophe (FRA)	O. Defraye
4. Etappe	Samstag 6. Juli	**344 km**	Belfort – Chamonix	E. Christophe (FRA)	O. Defraye
5. Etappe	Montag 8. Juli	**366 km**	Chamonix – Grenoble	E. Christophe (FRA)	O. Defraye
6. Etappe	Mittwoch 10. Juli	**323 km**	Grenoble – Nizza	O. Lapize (FRA)	O. Defraye
7. Etappe	Freitag 12. Juli	**334 km**	Nizza – Marseille	O. Defraye (BEL)	O. Defraye
8. Etappe	Sonntag 14. Juli	**335 km**	Marseille – Perpignan	V. Borgarello (ITA)	O. Defraye
9. Etappe	Dienstag 16. Juli	**289 km**	Perpignan – Luchon	O. Defraye (BEL)	O. Defraye
10. Etappe	Donnerstag 18. Juli	**326 km**	Luchon – Bayonne	L. Mottiat (BEL)	O. Defraye
11. Etappe	Samstag 20. Juli	**379 km**	Bayonne – La Rochelle	J. Alavoine (FRA)	O. Defraye
12. Etappe	Dienstag 22. Juli	**470 km**	La Rochelle – Brest	L. Heusghem (BEL)	O. Defraye
13. Etappe	Mittwoch 24. Juli	**405 km**	Brest – Cherbourg	J. Alavoine (FRA)	O. Defraye
14. Etappe	Freitag 26. Juli	**361 km**	Cherbourg – Le Havre	V. Borgarello (ITA)	O. Defraye
15. Etappe	Sonntag 28. Juli	**317 km**	Le Havre – Paris	J. Alavoine (FRA)	O. Defraye

1913

Philippe THYS

Thys mit Glück und Talent

Die Tour ändert Fahrtrichtung und Wertung. Der 30-jährige Petit-Breton kann Philippe Thys lange nachsetzen, doch ein Sturz beendet seine Hoffnungen. (Foto rechte Seite)

Die Tour des Jahres 1913 ist eine der schönsten und spannendsten der Geschichte. Die Organisatoren kehren wieder zum Zeitklassement zurück, was jedoch nichts daran ändert, dass der Sieg einmal mehr dem besten Allrounder mit dem meisten Glück zufällt. Im Vorfeld erlebt die Szene ein geschäftiges Kommen und Gehen: Trousselier, Petit-Breton und Trainer Alibert verlassen Peugeot in Richtung J.B. Louvet bzw. Automoto, während die Löwenmarke ihrerseits bei Alcyon „wildert" und den genialen Strategen Baugé sowie die beiden Tour-Sieger Faber und Garrigou abwirbt! Ein gewaltiger Verlust für ein Team, das ein Jahr zuvor bereits den Weggang von Lapize verkraften musste, der zu La Française wechselte. Somit bleibt als Leistungsträger nur noch Defraye.

Wenigstens scheinen nun die Kräfte gleichmäßiger verteilt - zumindest bis zu den Pyrenäen. Griffon (Micheletto), Alcyon (Masselis, H. Pélissier, Defraye) und Liberator (mit dem Einzelfahrer Vanlerberghe) teilen sich fast brüderlich die ersten Etappensiege - bis auf La Rochelle, wo nach 470 km Peugeot mit Marcel Buysse ein erstes Zeichen setzt. Zu diesem Zeitpunkt bröckelt die Anti-Peugeot-Koalition bereits: Lapize, von der mangelnden Unterstützung seiner Mannschaft enttäuscht, gibt auf. Auf der Etappe von Bayonne nach Luchon macht Peugeot endgültig Ernst. Zwar stürzt Christophe, am Gipfel des Aubisque noch „virtueller" Spitzenreiter, und muss in einer ebenso legendären wie zeitraubenden Aktion seine Gabel in Sainte-Marie-de-Campan reparieren, doch am Ende siegen drei Peugeot-Fahrer, wobei der Belgier Thys sogar die Gesamtführung übernimmt. Und zwar von Defraye, der bei der schweren Etappe nach La Rochelle (Freilauf nicht erlaubt!) zu viel Kraft gelassen hat und aufgibt.

Die Überlegenheit von Peugeot wird bei der zweiten Pyrenäen-Etappe noch deutlicher: Buysse gewinnt in Perpignan und setzt sich an die Spitze des Gesamtklassements. Dort bleibt er bis zur Etappe nach Nizza, bei der er nach einem Unfall und einer Reparatur mit Zeitstrafe viel an Boden verliert. Die Führung geht wieder an seinen Landsmann und Teamkollegen Thys, der bereits als Unabhängiger bei drei großen Etappenrennen erfolgreich war. Der 24-Jährige ist jederzeit Herr der Lage, auch als er von Petit-Breton, mit Schaltung und psychologischer Unterstützung Aliberts unterwegs, heftig attackiert wird. Doch der „kleine Bretone" büßt wenig später, ebenso wie Christophe und Buysse, alle Siegchancen bei einem Sturz ein. Peugeot belegt schließlich die drei ersten Plätze im Gesamtklassement, gewinnt zehn von 15 Etappen, davon alleine Buysse sechs.

Kein Wunder: Die Trikotfarbe der „Löwen" ist Gelb...

GESAMTKLASSEMENT

1. **Philippe THYS** (BEL, Peugeot) 197 Std. 54' ; Stundenmittel: 26,715 km/h
2. **Gustave GARRIGOU** (FRA, Peugeot), 8'37''
3. **Marcel BUYSSE** (BEL, Peugeot), 3 Std. 30'55''
4. Firmin LAMBOT (BEL, Griffon), 4 Std. 12'45''
5. François FABER (LUX, Peugeot), 6 Std. 26'4''
6. Alfons SPIESSENS (BEL, J.B. Louvet), 7 Std. 57'52''
7. Eugène CHRISTOPHE (FRA, Peugeot), 14 Std. 6'35''
8. Camillo BERTARELLI (ITA, Einzelfahrer), 16 Std. 21'38''
9. Joseph VAN DAELE (BEL, J.B. Louvet), 16 Std. 39'53''
10. Émile ENGEL (FRA, Peugeot), 16 Std. 52'34''
11. Louis TROUSSELIER (FRA, J.B. Louvet), 18 Std. 11'30''
12. Jules DELOFFRE (FRA, Einzelfahrer), 18 Std. 31'31''
13. Clemente CANEPARI (ITA, J.B. Louvet), 19 Std. 11'13''
14. Paul DEMAN (BEL, Automoto), 19 Std. 27'2''
15. Vincent DHULST (FRA, Einzelfahrer), 20 Std. 10'12''
16. Louis PETITJEAN (BEL, Einzelfahrer), 22 Std. 0'27''
17. Paul HOSTEIN (FRA, Peugeot), 25 Std. 41'6''
18. Maurice LELIAERT (BEL, Einzelfahrer), 26 Std. 18'25''
19. Jean ALAVOINE (FRA, Peugeot), 27 Std. 43'47''
20. Giuseppe CONTESINI (ITA, Einzelfahrer), 30 Std. 37'34''

11. TOUR DE FRANCE: 15 ETAPPEN – 5.388 KILOMETER

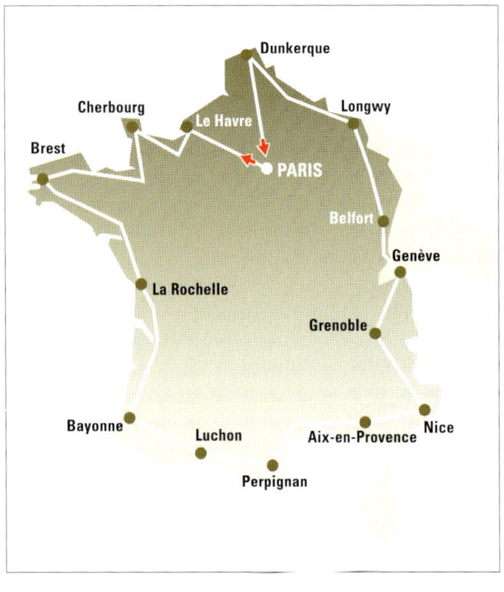

			Etappen	Etappensieger	Führende
1. Etappe	Sonntag 29. Juni	**388 km**	Paris – Le Havre	G. Micheletto (ITA)	G. Micheletto
2. Etappe	Dienstag 1. Juli	**364 km**	Le Havre – Cherbourg	J. Masselis (BEL)	J. Masselis
3. Etappe	Donnerstag 3. Juli	**405 km**	Cherbourg – Brest	H. Pélissier (FRA)	O. Defraye
4. Etappe	Samstag 5. Juli	**470 km**	Brest – La Rochelle	M. Buysse (BEL)	O. Defraye
5. Etappe	Montag 7. Juli	**379 km**	La Rochelle – Bayonne	H. Vanlerberghe (BEL)	O. Defraye
6. Etappe	Mittwoch 9. Juli	**326 km**	Bayonne – Luchon	P. Thys (BEL)	P. Thys
7. Etappe	Freitag 11. Juli	**324 km**	Luchon – Perpignan	M. Buysse (BEL)	M. Buysse
8. Etappe	Sonntag 13. Juli	**325 km**	Perpignan – Aix-en-Provence	G. Garrigou (FRA)	M. Buysse
9. Etappe	Dienstag 15. Juli	**356 km**	Aix-en-Provence – Nizza	F. Lambot (BEL)	P. Thys
10. Etappe	Donnerstag 17. Juli	**333 km**	Nizza – Grenoble	F. Faber (LUX)	P. Thys
11. Etappe	Samstag 19. Juli	**325 km**	Grenoble – Genf (SUI)	M. Buysse (BEL)	P. Thys
12. Etappe	Montag 21. Juli	**335 km**	Genf (SUI) – Belfort	M. Buysse (BEL)	P. Thys
13. Etappe	Mittwoch 23. Juli	**325 km**	Belfort – Longwy	F. Faber (LUX)	P. Thys
14. Etappe	Freitag 25. Juli	**393 km**	Longwy – Dünkirchen	M. Buysse (BEL)	P. Thys
15. Etappe	Sonntag 27. Juli	**340 km**	Dünkirchen – Paris	M. Buysse (BEL)	P. Thys

FRANCAI

EUGÈNE CHRISTOPHE – DER „SCHMIED DER TOUR“

Des einen Leid, des anderen Freud…

BAYONNE – LUCHON Die sechste Etappe der Tour de France erlebt eine außergewöhnliche Schlacht der Bergkönige – Unsere große französische Marke Peugeot belegt die ersten drei Plätze der Etappe und des Gesamtklassements.

LUCHON (9. Juli, per Depesche) – Ich werde mich heute kurz fassen. Erstens, weil ich Defraye persönlich nach den Gründen für seine Aufgabe befragt und dadurch zwei Stunden verloren habe, zweitens, weil ich hier zur Unzeit angekommen bin, und drittens, weil der normalerweise sehr langsame Telegraf von Luchon heute scheinbar gar nicht funktioniert. Wenn also überhaupt etwas zu Ihnen durchkommt, dann eine kurze Depesche!

Defraye gibt mit über zwei Stunden Rückstand auf

Am Col d'Oschquis, hinter Saint-Jean-Pied-de-Port, haben sich vier Männer vom Feld abgesetzt: Christophe, Buysse, Alavoine und Rossius. Alavoine hat oben auf dem Pass eine Reifenpanne, seinen Platz nimmt Thys ein. Garrigou schließt zusammen mit Spiessens und Engel zu dieser Gruppe auf. In Oloron haben unsere sieben Männer einen Vorsprung von 11 Minuten auf Defraye, in Eaux-Bonnes kommen weitere 11 dazu, Argelès passiert Defraye schon mehr als eine Stunde später, schließlich gibt der Champion von Alcyon in Barèges mit über zwei Stunden Rückstand auf.

Am Col d'Aubisque

Wir folgen der Spitzengruppe über die Pyrenäenpässe und werden zu gegebenem Anlass die Aufgabe von Defraye erörtern. Bei der Kontrolle von Eaux-Bonnes hat Engel den Kontakt zur Spitzengruppe verloren. Keinen Kilometer später werden auch Garrigou und Spiessens abgeschüttelt, wobei Garrigou einen stärkeren Eindruck hinterlässt als Spiessens.

In Führung liegt nun also Christophe, der bis zum Gipfel vorneweg fährt; Buysse, der an seinem Hinterrad fürchterlich leidet, aber nicht locker lässt; der schmächtige Rossius, der noch ohne sichtbare Zeichen von Erschöpfung mithält; und Thys, der etwas zurückfällt, wieder herankommt, dann sogar die Führung übernimmt, schließlich aber auf halber Höhe doch abgehängt wird.

So ergeht es wenig später auch Rossius, der von Thys kraftvoll ein- und dann überholt wird. Wir folgen Christophe und Buysse. „Cricri“ tritt ruhig und kraftvoll, genauso wie im letzten Jahr am Galibier. An der steilsten Stelle nimmt er sogar eine Hand vom Lenker und gibt Handzeichen an Baugé, der sich 100 Meter weiter unten befindet. Thys ist abgestiegen, will aber den Kontakt nicht verlieren, läuft hinterher, springt wieder auf seine Maschine, fährt bis auf 10 Meter an die beiden Führenden heran, steigt wieder ab.

Doch der vorher schon schwierige Untergrund ist nun vollständig unbefahrbar, und Buysse wie auch Christophe steigen nun ebenfalls ab und überwinden die letzten 100 Meter der Steigung schiebend. Beide machen noch einen sehr frischen Eindruck, Christophe sagt zu mir: „Schade, dass der Weg so schlecht ist, mit dem Rad wäre das ein Kinderspiel gewesen!“

Kein Fotograf war in der Schmiede von Sainte-Marie-de-Campan dabei, und so gibt nur die Zeichnung von Paul Ordner das Geschehen wieder. Christophe verliert Stunden, und dann brummen ihm die Kommissare noch eine Zeitstrafe von drei Minuten wegen unerlaubter Hilfe auf. Ein Junge aus dem Dorf hatte den Blasebalg getreten...

In Argelès hat Thys die beiden Führenden Christophe und Buysse eingeholt und passiert den Ort um 11.21 Uhr, Rossius zehn Minuten später. Garrigou folgt drei Minuten nach dem Unfall von Christophe. In Barèges, am Fuße des Tourmalet, unterschreiben Christophe und Thys um 12.46 Uhr, Buysse um 12.50 Uhr; Garrigou um 12.59 Uhr und Rossius um 13.01 Uhr. Die beiden Führenden, Christophe und Thys haben, so wird mir berichtet, den Tourmalet in großartiger Manier bezwungen. Thys, dessen Tritt am Aubisque nicht so rund war wie der von Christophe, hat diesem aber immerhin fünf Minuten abgenommen. Doch dann beschädigt Christophe bei einer Kollision die Gabel seiner Maschine und muss die 14 Kilometer bergab bis nach Sainte-Marie-de-Campan zu Fuß bewältigen.

Zum Zeitpunkt dieser Telegrafie hat er bereits zwei Stunden Rückstand, und ich habe keine neuen Informationen von ihm. Defraye hat das Rennen aufgegeben, also übernimmt Christophe den ersten Platz im Gesamtklassement. Doch nach seinem Missgeschick ist es nun Buysse, der die Führung übernimmt, doch nur vorläufig, denn Thys beendet diese Etappe wohl mit einem so großen Vorsprung, dass er nun Erster der Tour de France ist. Garrigou erreicht Luchon als Dritter, und auch Faber ist gar nicht schlecht platziert. Und wenn Alavoine am Col d'Oschquis von weiteren Reifenpannen verschont bleibt, wird er viele Plätze gutmachen.

Was wird Alcyon tun?

Zur Stunde weiß ich nicht, welche Entscheidung die Mannschaft Alcyon treffen wird, aber ich an ihrer Stelle, und so sah das auch Ludovic bei der Kontrolle in Barèges, würde weiterhin meine Chance suchen.

Nehmen wir mal an, Lapize hätte nicht aufgegeben, denken Sie nicht, er hätte nun hervorragende Chancen? Christophes Unfall von heute belegt doch, dass alles möglich ist. Thys war heute morgen beim Start in Bayonne Fünfter des Gesamtklassements, und jetzt ist er Erster!

Und wer lag direkt hinter ihm? Mottiat, mit nur zwei Minuten Rückstand. Er hat hier zwar seine Position nicht verbessert, aber er ist noch sehr frisch. Im letzten Jahr gewann er Bordeaux-Paris sowie die Etappe von Luchon nach Bayonne, und wir haben die Pyrenäen noch nicht verlassen und die Alpen noch nicht erreicht. Rossius ist heute ein phantastisches und viel versprechendes Rennen gefahren, und Coomans sollte trotz seiner Koliken nicht zu viele Plätze verlieren.

Es sind noch neun Etappen zu bestreiten, und die siegreiche Schlacht von Marengo hatte für Bonaparte am Morgen auch mit einer Niederlage begonnen...

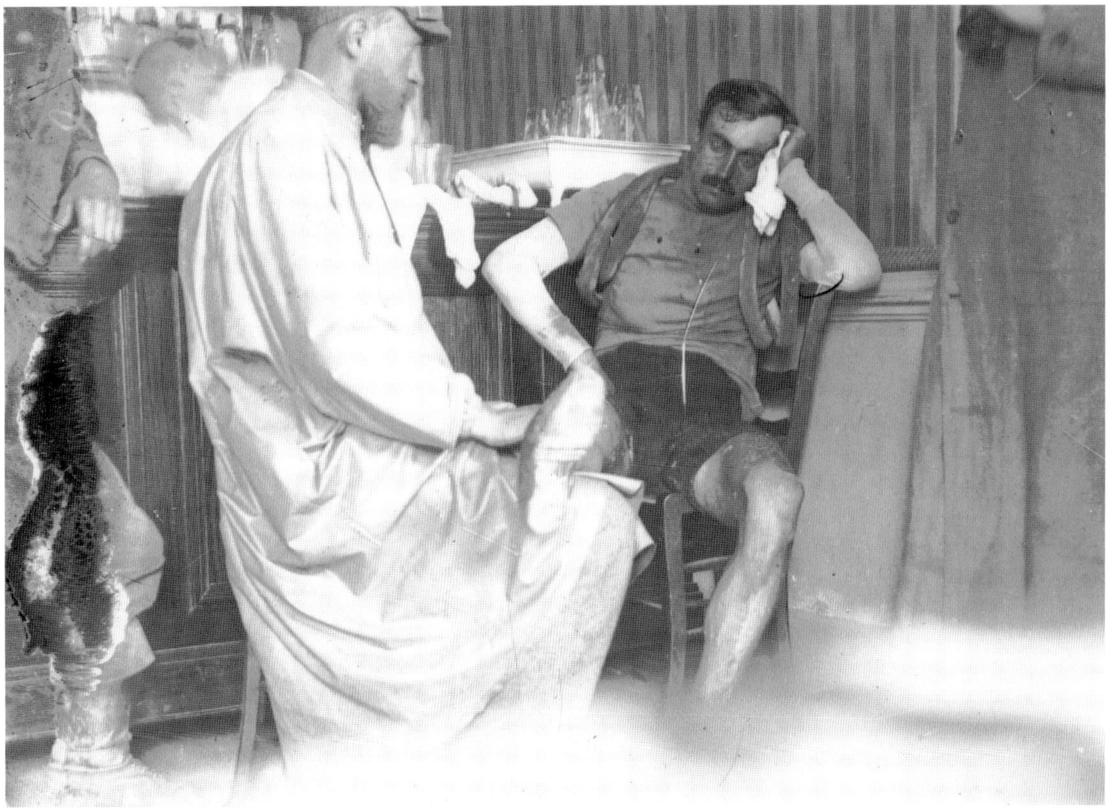

Petit-Breton, der Einzelkämpfer bei Automoto, ist nach seinem Sturz am Boden zerstört. Vor den Pyrenäen war er noch Achter, zwei Etappen vor Paris schon auf dem zweiten Platz, doch dann muss er zusehen, wie Thys ohne ihn seinem Sieg entgegen radelt. (Foto oben)

EIN TRAUM ZERBRICHT

LUCHON (von unserem Sonderkorrespondenten) – Nach einem Fußmarsch von 14 Kilometern, bergab vom Tourmalet, erreicht eine traurige Gestalt mit einer defekten Rennmaschine ein verlorenes Nest mitten in den Pyrenäen und fragt nach einer Schmiede. Der Mann weiß, dass er die Tour hätte gewinnen können, doch nun ist sie für ihn verloren. Er hat nur noch einen Wunsch: Zusammen mit seinen sieben Kameraden von der Peugeot-Mannschaft Paris erreichen. Dieser Mann ist Eugène Christophe! Niemand kennt die Tour de France so gut wie er. Noch am Col d'Aubisque strahlte er vor Zuversicht, der Sieg war ihm fast sicher, und nun steht er hier mit gebrochener Gabel in der winzigen Dorfschmiede von Sainte-Marie-de-Campan. Zum Glück ist er selber ein guter Handwerker, und so weiß er genau, wonach er fragen muss: „Habt ihr ein 22er Rohr?" Christophe macht sich an die Arbeit, kann jedoch kaum den Hammer heben, so erschöpft ist er von der Anstrengung. Unter lautem Hämmern und anfeuernden Rufen nimmt das glühende Werkstück mehr und mehr die gewünschte Form an. Endlich ist die Gabel fertig, doch es gelingt Christophe nicht, sie in das Lenkrohr einzuführen. Und Hilfe darf er keine in Anspruch nehmen. Nach endlosen Mühen dann doch der Erfolg: Die Gabel sitzt! Jetzt muss sie nur noch gesichert werden, aber dazu ist ein Loch zu bohren. Der Schmied will helfend Hand anlegen, doch Christophe lehnt ab. „Nein, das ist nicht erlaubt!", sagt er. Nach verrichteter Arbeit stopft er sich noch Brot in seine Trikottaschen, denn nach diesem gewaltigen Zeitverlust muss er während der Aufholjagd essen. Bevor er losfährt, fragt er nach der Uhrzeit, denn er weiß exakt, wann die Kontrollstelle schließt. Mehr zu sich selbst spricht er: „Ich habe noch vier Stunden Zeit, das Ziel zu erreichen." Wie ein Besessener erklimmt er den Peyresourde und erreicht schließlich im Wolkenbruch Luchon. Auf dem Gipfel des Aubisque war er noch der Spitzenreiter, und jetzt hat er nur noch ein Ziel: dass seine Equipe vollzählig Paris erreicht.

1914

Philippe THYS

Thys auf der ganzen Linie

Saint-Cloud, 3 Uhr morgens: Abran schickt 145 Fahrer ins Rennen. Ausgestattet mit Freilauf und Trinkflaschen aus Weißblech nehmen auch Petit-Breton, Defraye und Faber die 388 Kilometer bis nach Le Havre in Angriff. (Foto rechte Seite)

Die Dominanz von Peugeot ist dank des strategischen Weitblicks von Alphonse Baugé auch in diesem Jahr ungebrochen. Er führte den Belgier Thys bereits 1913 zum Sieg, und der Siegeshunger des Erfolgsduos ist noch keineswegs gestillt! Am Morgen des 28. Juni starten in Saint-Cloud 145 Fahrer im Scheinwerferlicht der Begleitfahrzeuge zu dieser 12. Tour de France. Fast alle Räder sind mittlerweile mit dem Eadie-Freilauf ausgerüstet. Nur 54 Glückliche erreichen am 26. Juli den Prinzenpark. Doch der Erste Weltkrieg wirft seinen dunklen Schatten bereits auf das Land, und einige der Champions werden schon wenige Tage später zu den Fahnen gerufen. Sogar Desgrange - über 50 Jahre alt - meldet sich zur Verteidigung seines Vaterlandes. Der Krieg fordert Millionen Opfer, darunter auch Tour-Helden wie Petit-Breton und Lapize, der in diesem Jahr noch in Marseille als Etappensieger gefeiert wird. Faber triumphiert in seiner unnachahmlichen Art in Longwy und Dünkirchen, als er alleine mit über 30 km/h unaufhaltsam dem Ziel entgegenstampft. Auch er kehrt nicht aus dem Krieg zurück...

Thys drückt dem Rennen von Anfang an seinen Stempel auf. Er gewinnt in Le Havre die erste Etappe, übernimmt die Führung und gibt sie nicht mehr ab. Die Erfolge seiner jungen Teamkollegen Émile Engel und Oscar Egg verbessern sogar seine Position, und in den Pyrenäen hängt er sich auf dem Weg nach Luchon ans Hinterrad des exzellenten Kletterers Lambot, wodurch er seinen Vorsprung weiter ausbauen kann. Der italienische Campionissimo Constante Girardengo gibt auf, der belgische Allrounder Rossius ist nur im ersten Drittel des Rennens ebenbürtig und gewinnt in Cherbourg sowie in Nizza. Mit ihm teilt sich Thys von der zweiten bis zur fünften Etappe die Führung, danach kommen nur noch Garrigou und Henri Pélissier aus seinem Team nach Glanzleistungen am Galibier, Aravis, Col d'Allos und in Belfort in seine Nähe. Doch das auch nur, weil ihnen der stets tief über den Lenker gebeugte „Basset", der taktisch äußerst umsichtig agiert, diese Gunst gewährt.

Nur durch eine Zeitstrafe von 30 Minuten, die sich der Schüler von Baugé für einen unerlaubten Radwechsel auf der vorletzten Etappe einfängt, wird das Rennen wieder spannend. Henri Pélissier kommt auf 1'50'' heran, doch Thys lässt nichts mehr anbrennen. Er weicht beim Schlussabschnitt nicht von Pélissiers Seite, überlässt ihm die Etappe und holt sich seinen zweiten Tour-Sieg in Folge. In den kommenden vier Jahren, in denen Europa in den Abgrund blickt, wird keine Tour de France bestritten. Viele der Fahrer, die 1919 an den Start gehen, sehen sich ihrer besten Jahre beraubt. Doch sie sind wenigstens davongekommen...

GESAMTKLASSEMENT

1. **Philippe THYS** (BEL, Peugeot), 200 Std. 28'48''
   Stundenmittel: 27,028 km/h
2. **Henri PÉLISSIER** (FRA, Peugeot), 1'50''
3. **Jean ALAVOINE** (FRA, Peugeot), 36'53''
4. Jean ROSSIUS (BEL, Alcyon), 1 Std. 57'5''
5. Gustave GARRIGOU (FRA, Peugeot), 3 Std. 0'21''
6. Émile GEORGET (FRA, Peugeot), 3 Std. 20'59''
7. Alfons SPIESSENS (BEL, J.B. Louvet), 3 Std. 53'55''
8. Firmin LAMBOT (BEL, Peugeot), 5 Std. 8'54''
9. François FABER (LUX, Peugeot), 6 Std. 15'53''
10. Louis HEUSGHEM (BEL, Peugeot), 7 Std. 49'2''
11. Eugène CHRISTOPHE (FRA, Peugeot), 8 Std. 31'58''
12. Ernest PAUL (FRA, Delage), 9 Std. 42'51''
13. Oscar EGG (SUI, Peugeot), 10 Std. 0'40''
14. Léon SCIEUR (BEL, Thomann), 10 Std. 2'30''
15. Camille BOTTE (BEL, Einzelfahrer), 10 Std. 14'33''
16. Angelo ERBA (ITA, Alleluia), 11 Std. 21'22''
17. Donald KIRKHAM (AUS, Phebus), 11 Std. 53'39''
18. Hector TIBERGHIEN (BEL, Delage), 12 Std. 23'21''
19. Jacques COOMANS (BEL, Thomann), 12 Std. 24'15''
20. Ivor MUNRO (AUT, Phebus), 12 Std. 34'57''

12. TOUR DE FRANCE: 15 ETAPPEN – 5.405 KILOMETER

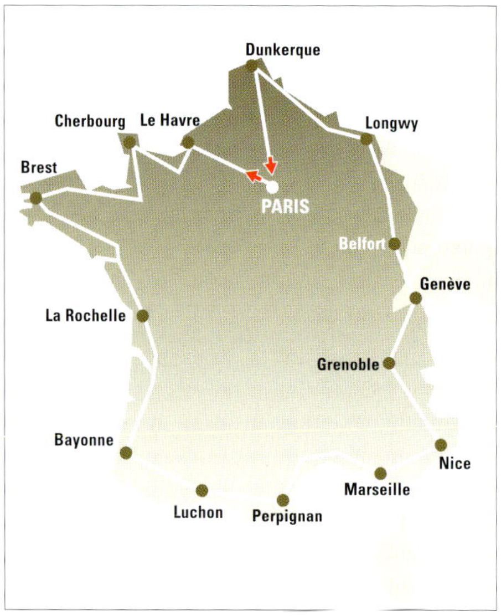

			Etappen	Etappensieger	Führende
1. Etappe	Sonntag 28. Juni	**388 km**	Paris – Le Havre	P. Thys (BEL)	P. Thys
2. Etappe	Dienstag 30. Juni	**364 km**	Le Havre – Cherbourg	J. Rossius (BEL)	J. Rossius, P. Thys
3. Etappe	Donnerstag 2. Juli	**405 km**	Cherbourg – Brest	E. Engel (FRA)	J. Rossius, P. Thys
4. Etappe	Samstag 4. Juli	**470 km**	Brest – La Rochelle	O. Egg (SUI)	J. Rossius, P. Thys
5. Etappe	Montag 6. Juli	**379 km**	La Rochelle – Bayonne	O. Egg (SUI)	J. Rossius, P. Thys
6. Etappe	Mittwoch 8. Juli	**326 km**	Bayonne – Luchon	F. Lambot (BEL)	P. Thys
7. Etappe	Freitag 10. Juli	**323 km**	Luchon – Perpignan	J. Alavoine (FRA)	P. Thys
8. Etappe	Sonntag 12. Juli	**370 km**	Perpignan – Marseille	O. Lapize (FRA)	P. Thys
9. Etappe	Dienstag 14. Juli	**338 km**	Marseille – Nizza	J. Rossius (BEL)	P. Thys
10. Etappe	Donnerstag 16. Juli	**333 km**	Nizza – Grenoble	H. Pélissier (FRA)	P. Thys
11. Etappe	Samstag 18. Juli	**325 km**	Grenoble – Genf (SUI)	G. Garrigou (FRA)	P. Thys
12. Etappe	Montag 20. Juli	**335 km**	Genf (SUI) – Belfort	H. Pélissier (FRA)	P. Thys
13. Etappe	Mittwoch 22. Juli	**325 km**	Belfort – Longwy	F. Faber (LUX)	P. Thys
14. Etappe	Freitag 24. Juli	**390 km**	Longwy – Dünkirchen	F. Faber (LUX)	P. Thys
15. Etappe	Sonntag 26. Juli	**340 km**	Dünkirchen – Paris	H. Pélissier (FRA)	P. Thys

Firmin LAMBOT

Lambot - die Tour bleibt belgisch

Der Krieg ist vorbei! Nach ihrem Ritt durch die Hölle verkörpern diese Champions die Hoffnung des Neuanfangs. Madame Lambot belohnt ihren Mann auf ihre Weise... (Foto rechte Seite)

Schrecklich ist diese 13. Tour, die erste nach dem Krieg: Im Norden und Osten des Landes führt sie die Fahrer durch kriegsgeschädigte Regionen, und die organisatorischen Bedingungen sind äußerst schwierig. Es fehlt an Schläuchen und an Werkzeug, die Lebensmittel sind knapp. Daher müssen sich die Radhersteller zu dem Bündnis La Sportive zusammenschließen, das nahezu die Hälfte der 68 Fahrer ausstattet.

5.560 Kilometer müssen die Champions in schlechter physischer Verfassung, bei Regen und Kälte zurücklegen, und nur elf „Helden" stehen das Rennen überhaupt durch. Schon bei der steinigen ersten Etappe von Paris nach Le Havre wird das Feld um 26 Fahrer dezimiert, darunter auch der zweifache Toursieger Thys mit Magenproblemen. Eine Schlüsseletappe übrigens, denn der Etappensieger - Rossius, ein Belgier - kassiert gleich am ersten Tag dreißig Minuten Zeitstrafe, weil er seinem Landsmann Thys eine Trinkflasche gereicht hat, und ist nun völlig demotiviert. Entmutigt auch Jean Alavoine, der ob der unaufhörlichen Reifenpannen eine halbe Stunde im Graben liegen bleibt, bevor er sich wieder aufrappelt! Wenn man bedenkt, dass er mit rund 100 Minuten Rückstand auf Lambot Zweiter dieser Tour wird, leuchtet ein, was diese Auflage prägt: Erstens die Überheblichkeit der Pélissier-Brüder, die nach ihrem Sieg bei der zweiten bzw. dritten Etappe das Feld so gegen sich aufbringen, dass sie zu Beginn der fünften Etappe aufgeben müssen. Später, 1924, werden sie den Begriff „Sträflinge der Landstraße" prägen. Zweitens die Tatsache, dass dem Helden und Pechvogel Christophe, erster offizieller Träger des neu eingeführten Gelben Trikots, abermals die Gabel bricht, die bei einem Sturz in Nizza in Mitleidenschaft gezogen wurde und der hohen Belastung der 468 Kilometer langen Kopfsteinpflasterstrecke von Metz nach Dünkirchen nicht mehr standhält. Von seinem Vorsprung von rund 30 Minuten auf Lambot zu Beginn dieser 14. Etappe verliert der „alte Gallier" Christophe 70 Minuten durch die Reparatur und weitere durch einen Sturz. „Cricri" geht zwar nur als Dritter, dafür aber als großer moralischer Sieger ins Ziel und kann sich mit einer gewaltigen Spendenaktion trösten, die L'Auto für ihn organisiert.

Nach der Aufgabe von Thys und Favorit Masson bleibt von der belgischen Überlegenheit jetzt nur noch Lambot, ein 33-jähriger Starrkopf, während für die Franzosen elf von 15 Etappensiegen ein kleiner Trost sind. Das sei eine Tour für „Ackergäule" gewesen, so später die Pélissier-Brüder, für grobschlächtige Arbeitstiere, die sich nur verschleißen würden. Sogar Christophe lassen sie nicht verschont. Wirklich eine schreckliche Tour, mit dem schlechtesten Schnitt der Geschichte - und doch symbolisiert sie mit der Einführung des sonnenfarbenen Trikots des Führenden den Aufbruch. Das richtige Zeichen zur rechten Zeit!

GESAMTKLASSEMENT

1. **Firmin LAMBOT** (BEL, La Sportive) 231 Std. 7'15" ; Stundenmittel: 24,054 km/h
2. **Jean ALAVOINE** (FRA, La Sportive), 1 Std. 42'54"
3. **Eugène CHRISTOPHE** (FRA, La Sportive), 2 Std. 26'31"
4. Léon SCIEUR (BEL, La Sportive), 2 Std. 52'15"
5. Honoré BARTHÉLEMY (FRA, La Sportive), 4 Std. 14'22"
6. Jacques COOMANS (BEL, La Sportive), 15 Std. 21'34"
7. Luigi LUCOTTI (ITA, Bianchi), 16 Std. 1'12"
8. Joseph VANDAELE (BEL, La Sportive), 18 Std. 23'2"
9. Alfred STEUX (BEL, La Sportive), 20 Std. 29'1" ;
10. Jules NEMPON (FRA, Louvet), 21 Std. 44'12"

(Am 12. August wird Paul Duboc (Nr. 44), 8. im Gesamtklassement, nachträglich disqualifiziert. Er hatte auf der letzten Etappe ein Auto benutzt, um seine gebrochene Pedalachse zu reparieren.)

13. TOUR DE FRANCE: 15 ETAPPEN – 5.560 KILOMETER

			Etappen	Etappensieger	Gelbes Trikot
1. Etappe	Sonntag 29. Juni	**388 km**	Paris – Le Havre	J. Rossius (BEL)	J. Rossius
2. Etappe	Dienstag 1. Juli	**364 km**	Le Havre – Cherbourg	H. Pélissier (FRA)	H. Pélissier
3. Etappe	Donnerstag 3. Juli	**405 km**	Cherbourg – Brest	F. Pélissier (FRA)	H. Pélissier
4. Etappe	Samstag 5. Juli	**412 km**	Brest – Les Sables-d'Olonne	J. Alavoine (FRA)	E. Christophe
5. Etappe	Montag 7. Juli	**482 km**	Les Sables-d'Olonne – Bayonne	J. Alavoine (FRA)	E. Christophe
6. Etappe	Mittwoch 9. Juli	**326 km**	Bayonne – Luchon	H. Barthélemy (FRA)	E. Christophe
7. Etappe	Freitag 11. Juli	**323 km**	Luchon – Perpignan	J. Alavoine (FRA)	E. Christophe
8. Etappe	Sonntag 13. Juli	**370 km**	Perpignan – Marseille	J. Alavoine (FRA)	E. Christophe
9. Etappe	Dienstag 15. Juli	**338 km**	Marseille – Nizza	H. Barthélemy (FRA)	E. Christophe
10. Etappe	Donnerstag 17. Juli	**333 km**	Nizza – Grenoble	H. Barthélemy (FRA)	E. Christophe
11. Etappe	Samstag 19. Juli	**325 km**	Grenoble – Genf (SUI)	H. Barthélemy (FRA)	E. Christophe
12. Etappe	Montag 21. Juli	**371 km**	Genf (SUI) – Straßburg	L. Lucotti (ITA)	E. Christophe
13. Etappe	Mittwoch 23. Juli	**315 km**	Straßburg – Metz	L. Lucotti (ITA)	E. Christophe
14. Etappe	Freitag 25. Juli	**468 km**	Metz – Dünkirchen	F. Lambot (BEL)	F. Lambot
15. Etappe	Sonntag 27. Juli	**340 km**	Dünkirchen – Paris	J. Alavoine (FRA)	F. Lambot

Der Sonne entgegen

GRENOBLE–GENF Die Tour lebt wieder auf und mit ihr ein ganzes Land! Ein neues Symbol der Wiedergeburt, das sich zunächst nur diskret ankündigt, wird nicht nur das Rennen erhellen! Als erstes liegt es auf den treuen Schultern von Christophe, „dem alten Gallier".

EIN schöneres Peloton hätte man sich nicht träumen lassen. Gehen Sie hin, morgen, wenn sie an den Start gehen, und sagen Sie mir, welche Meisterstücke dieses Peloton vollbringen wird, schauen Sie sich die Energiebündel an, wie sie dreißig Tage lang durchhalten und den widrigsten Hindernissen trotzen werden. Ist es nicht herrlich, sie so zu sehen, unsere schöne Jugend mit ihrem charmanten Lächeln, ihren strahlend weißen Zähnen, die an hungrige Wölfe erinnern, mit ihren vortrefflichen Rennmaschinen, mit denen sie bald den Tourmalet und den Galibier bezwingen werden, mit ihren harmonisch gerundeten Rücken und ihrem unerschütterlichen Willen...?

Das Frankreich von morgen, kräftig, energisch, entschlossen und vor Gesundheit strotzend, zieht in den ehrbarsten Kreuzzug aller Zeiten und wird mit mächtigen, aber milden Gesten den Sportgeist auf unsere Straßen säen. Ich werde einen ganzen Monat damit zubringen, sie zu bewundern. Sie werden mich aus meinem alltäglichen Trott herausreißen, mir das Gehirn lüften, mich von den Belanglosigkeiten des Lebens befreien, mich die gleichgültigen und ungehobelten Individuen vergessen lassen, die mich bisweilen umgeben; ich werde mich ganz unseren Fahrern widmen und die Freude aufsaugen, die sie mir mit ihrem Kreuzzug durch dieses vom Krieg so gebeutelte Land bereiten.

Und ich möchte, dass die Massen, die von allen Seiten herbeieilen, um ihre Durchfahrt zu bestaunen, ihnen auch die warmherzigen Ovationen mit auf den weiten Weg geben, die sie verdienen. Ich möchte, dass sie eher als Pilgerer kommen denn als sensationslustige Zuschauer; ich möchte, dass sie all diese wackeren Mannen respektvoll grüßen und sie in ihrem Herzen an den Platz ihrer Lieben lassen, die uns von den deutschen Boches gewaltsam entrissen wurden. Straßburg! Metz! Und das ist nicht nur ein Traum! Wenn wir dort sind, dann sind wir wieder bei uns zu Hause. Von Belfort bis Haguenau werden wir endlich wieder die blaue Linie der Vogesen sehen können, die wir vor dem Krieg nur rechts von uns sehen durften. Werden dem Verlauf des Rheins folgen können... Die Tour de France ist wieder das, was sie einst war.

Zum Patois der Normandie, zum bretonischen Dialekt, zum zikadenhaften Gesang der Südfranzosen und zur derben Rauheit des Flämischen, zur Vollendung unseres Glücks fehlte uns nur noch die Fröhlichkeit der elsässischen Ausdrucksweise: Wie haben wir den triumphalen Einzug der Fahrer in Straßburg vermisst, wo uns die Störche mit ihrem harmonischen Flügelschlag und unsere hübschen elsässischen Mädchen mit ihren Häubchen freudig empfangen werden!

Ja, unsere Wünsche sind in Erfüllung gegangen! Los, los, ab auf die Straße, der Sonne entgegen! Seid umschlungen, Ihr Erschwernisse, die wir gestern noch fürchteten. Ohne Fleiß kein Preis - so ist es nun mal beim Sport!

Samstag, 19. Juli, elfte Etappe von Grenoble nach Genf. Eugène Christophe (rechts), gerade Führender des Rennens, hat das graue Trikot von La Sportive gegen ein gelbes eingetauscht, um besser erkannt zu werden. Scieur, Alavoine und Lambot (von links nach rechts) ahnen nicht, welch historischem Moment sie da beiwohnen.

EIN WAHRHAFT GLANZVOLLER ABSCHLUSS

Lambot - ein würdiger Sieger

DÜNKIRCHEN – PARIS Der belgische Champion Firmin Lambot reiht sich in die Siegerliste der Tour de France ein. Eine überwältigende Ankunft im Prinzenpark, wo eine gewaltige Zuschauermenge den kleinen tapferen Rest der gestarteten Fahrer begeistert bejubelt.

PARIS (27. Juli) Ganz Paris war in diesen Tagen sportbegeistert und drängte sich in der riesigen Arena des Prinzenparkstadions, um unsere elf tapferen „Überlebenden" der Tour de France 1919 gebührend zu feiern. Das grandiose Radrennen von L'Auto, eine echte Weltmeisterschaft der Straße, zählt jetzt eine Ausgabe mehr. Und Firmin Lambot, der glorreiche belgische Champion, hat gewonnen und kann seinen Namen in die Siegerliste der Unsterblichen eintragen! Eine runde Sache!

Zwar müssen wir anstandshalber den Sturz und das damit verbundene Materialversagen beklagen, das unseren tapferen Christophe den ersten Platz im Gesamtklassement kostete. Dabei müssen wir jedoch gerechterweise anerkennen, dass der Name Firmin Lambot nach all dem, was dieser beherzte Junge bei der 13. Auflage der Tour de France vollbracht hat, der Schönheit dieser Liste keinerlei Abbruch tut. Die erste unserer Huldigungsgesten an diesem Tag nach dem phänomenalen Triumph, dieser unvergesslichen Ehrerbietung im prall gefüllten Prinzenpark, besteht darin, vor dem Sieger den Hut zu ziehen und aus tiefstem Herzen einen Gruß in das kleine, aber sportliche Belgien zu entsenden, das seit 1912 bei unserer Tour de France einen bahnbrechenden Erfolg nach dem anderen hervorgebracht hat.

Der diesjährige Erfolg ist sicher weniger makellos als die vorhergehenden, und ganz gewiss hätten alle Sportfreunde, ungeachtet ihrer Herkunft, sich eher einen leichteren, deutlicheren Sieg gewünscht, und ganz gewiss ist Firmin Lambot von dem außerordentlichen Triumph, den er gerade nach Hause geholt hat, nicht überwältigt. Aber er war dessen würdig! Er hat bei dieser 13. Tour de France seine in der Tat außergewöhnlichen Fähigkeiten entfaltet. Er war schnell, wann immer es darauf ankam, ausdauernd, zeigte sich als exzellenter Kletterer, und auch bei jener 14. Etappe, die ihm allein gehörte und die für Christophe so fatal ausging, zeigte sich Lambot unendlich überlegen. Ehre sei daher Firmin Lambot, und dies ohne Einschränkung, dem Sieger der Tour de France 1919! Der Mann war einer der besten Athleten dieser ach so schwierigen und unerquicklichen Tour de France, die den Fahrern so viel Tapferkeit und Energie abverlangte. Lobpreisen wir daher aber auch unseren unglückseligen Christophe, bedauern wir ihn, lasst uns alles tun, um ihn ob seines Pechs zu trösten, das wäre nur gerecht - dabei dürfen wir jedoch den Sieg von Lambot nicht entweihen, der vollkommen rechtmäßig war und durch kein noch so winziges Detail des Reglements angefochten werden kann.

Bravo, Lambot! Zusammen mit Eugène Christophe und Jean Alavoine waren Sie der Beste bei einer Tour de France, die bereits beim Start fünf Sechstel ihrer Teilnehmer abschüttelte; Sie sind einer der Helden einer Tour de France, die keiner mit Leichtigkeit bestritten hätte, mit ihren schlechten Straßen, ihren spärlichen Versorgungsstationen, ihren altbekannten Schwierigkeiten, die durch den offenkundigen Mangel an Ersatzschläuchen um ein Vielfaches verschärft wurden und Übermenschliches von Ihnen forderten. Alle französischen Sportfreunde sind glücklich, Sie als Nachfolger von Garin, Cornet, Trousselier, Pottier, Petit-Breton, Faber, Lapize, Garrigou, Defraye und Philippe Thys begrüßen zu dürfen.

Wir freuen uns darüber, so wie wir uns auch gefreut haben zu sehen, dass entgegen dem, was einige dachten, die Bevölkerung sich wieder so sehr für unser einzigartiges Rennen interessiert hat.

Aus allen Ecken rauschte der Applaus im Prinzenparkstadion. Unaufhörliche „Hurra"-Rufe ertönten, als der Fahrertross endlich auftauchte, schon früh angekündigt von der großen Masse, die auf der Auteuil-Tribüne keinen Platz mehr gefunden hatte und sich dicht davor drängte; und dann das glanzvolle Eintreffen von Jean Alavoine, fünffacher Etappensieger, des kleinen Lucotti, dieser Bulldogge Barthélemy, des großen Scieur und des feinen Coomans, dem ein ganzer Sturm von Begeisterungsrufen galt; der rührende Empfang, der dem mutigen kleinen Nempon bereitet wurde, einziger „Überlebender" der Kategorie B. Dann, nach dem Eintreffen von Lambot, Vandaele, Steux und Duboc endlich die unvergessliche Ankunft unseres Christophe,

Trotz der Ovationen der Zuschauer und dem Trost seiner Gattin plant der entmutigte Pechvogel „Cricri", die Stelle als Vorarbeiter anzunehmen, die der Chef der Werkstatt, in der er seine Gabel reparierte, ihm offeriert hat.

dem unglücklichsten Fahrer aller Zeiten. Jetzt entfesselte sich ein unglaublicher Freudensturm! Ein absoluter Rausch! Phantastisch! Christophe wurde wie ein Gott gefeiert, was unseren „alten Gallier", sonst so kühl und ruhig, zu Tränen rührte.

Ja, dieses fulminante Ende der 13. Tour de France war ein Triumph ohnegleichen, der kategorisch gezeigt hat, dass die Sportfreunde begriffen hatten, welch unbeschreibliche Leistung jeder einzelne unserer tapferen Helden vollbracht hat. L'Auto bedankt sich aufrichtig bei allen, die diese Tour unterstützt haben. L'Auto ist heute auch stolz auf diejenigen, welche den elf Fahrern, die überhaupt bis ans Ende gekommen sind, so stürmisch applaudierten, und L'Auto wird immer stolz auf diese mutigen Helden sein, die es verstanden haben, diese unsichere Gegenwart mit der strahlenden Vergangenheit so meisterlich in Einklang zu bringen! Jetzt hat L'Auto keine Zweifel mehr: Die Tour de France ist ganz die alte geblieben - der tollste und leidenschaftlichste Wettkampf weit und breit!

1920

Philippe THYS

Thys: Aller guten Dinge sind drei

Ankunft in Aix. Unter den neugierigen Blicken der Soldaten der 55. Infanterie geht der Kampf zwischen den überlegenen Belgiern weiter. Hinter Louis Heusghem kämpfen sieben Verfolger um den zweiten Platz. Thys zieht vorbei, Mottiat behindert Van Daele. (Foto rechte Seite)

1913 und 1914 lief es richtig gut für Philippe Thys. 1919 jedoch musste der belgische Champion aus Anderlecht gleich bei der ersten Etappe mit Magenproblemen aufgeben. Inzwischen fährt er für die Hersteller-Allianz La Sportive und ist top in Form - zumal Alphonse Baugé, Chef der unschlagbaren Armada, voll auf ihn setzt. Baugé, der ihn schon bei Peugeot unter seinen Fittichen hatte, weiß nämlich, dass ein gut trainierter Thys unantastbar sein kann, in den Bergen dominant und durchaus in der Lage, mit dem Besten mitzuhalten... Daher hält er auch dieses Mal - genau wie 1914 - in den Bergen einfach nur die Abstände gering und schlägt erst dann richtig zu, als ihm der Zeitpunkt ideal scheint. Eine Renntaktik, die ihm bei dieser Tour vier Etappensiege einbringt. Ab Cherbourg, nach der zweiten Etappe, übernimmt er die Führung, die er zunächst bis Brest mit Goethals, Masson, Rossius und Mottiat teilt und dann ab Les Sables nur noch mit Masson. Dort kommt zwar Favorit Henri Pélissier als Erster an; mit seiner Aufgabe auf der Mammutstrecke nach Bayonne (482 Kilometer) klärt sich die Situation jedoch von selbst. Zunächst am Hinterrad von Lambot und danach von Rossius bewältigt Thys, seit Luchon alleiniger Spitzenreiter, locker die Pyrenäen, die dem wunderbaren Christophe wieder mal zum Verhängnis werden - Nierenschmerzen. Nach einem Zwischensprint nach Nizza wirft „Flip“ sich endlich das Gelbe Trikot über, dessen Übergabe der überlastete Veranstalter bisher vergessen hatte, und sichert sich dann fast eine ganze Stunde Vorsprung auf seinen Verfolger Hector Heusghem. In den Alpen kann er sich auf diesem Vorsprung um so mehr ausruhen, als der arme Honoré Barthélemy gleich eine Serie von Stürzen erleidet und sich nach einem Husarenritt auf dem Galibier sogar das Schlüsselbein bricht... Am Ende wird Barthélemy immerhin Achter und Erster nicht-belgischer Fahrer! Der lädierte Held wird sogar regelrecht gefeiert, und Thys wird ein weiteres Mal - und zwar zu Recht! - mit dem Toursieg gekrönt. Baugé hat ihn ja ausgewählt, er konnte gar nicht verlieren, auch mit noch so vielen Plattfüßen nicht. Ein Beleg für den Schwierigkeitsgrad der diesjährigen Tour: „Flips“ Schnitt ist nach der Nachkriegstour von 1919 der zweitschlechteste der Geschichte. Und auch der Aderlass bei den Fahrern ist nicht weniger dramatisch als im Vorjahr - von 113 Startern kommen nur 22 „Überlebende“ im Prinzenparkstadion an...

Hut ab: Thys, der „Basset“, ist das Aushängeschild und die Galionsfigur der Gruppe La Sportive, die das Rennen vollständig dominiert. Kurz vor seinem 30. Lebensjahr bringt er es als Erster in der Geschichte auf drei Tour-Siege.

GESAMTKLASSEMENT

1. **Philippe THYS** (BEL, La Sportive), 228 Std. 36'13" ; Stundenmittel: 24,132 km/h
2. **Hector HEUSGHEM** (BEL, La Sportive), 57'21"
3. **Firmin LAMBOT** (BEL, La Sportive), 1 Std. 39'35"
4. L. SCIEUR (BEL, La Sportive), 1 Std. 44'58"
5. É. MASSON „senior" (BEL, La Sportive), 2 Std. 56'52"
6. L. HEUSGHEM (BEL, La Sportive), 3 Std. 40'47"
7. J. ROSSIUS (BEL, La Sportive), 3 Std. 49'55"
8. H. BARTHÉLEMY (FRA, La Sportive), 5 Std. 35'19"
9. F. GOETHALS (FRA, La Sportive), 9 Std. 23'7"
10. J. VAN DAELE (BEL, La Sportive), 10 Std. 45'41"
11. E. DHERS (FRA, La Sportive), 11 Std. 15'9"
12. J. PELLETIER (FRA, Delage), 20 Std. 4'32"
13. T. WYNSDAU (BEL, J. B. Louvet), 25 Std. 14'2"
14. N. AMENC (FRA, Devaux), 33 Std. 25'47"
15. J. MULLER (FRA, J. B. Louvet), 33 Std. 48'53"
16. H. FERRARA (FRA, Devaux), 34 Std. 32'27"
17. G. CECCHERELLI (ITA, Radior), 48 Std. 40'35"
18. M. MATHERON (FRA, Martin), 51 Std. 11'4"
19. É. DORFEUILLE (FRA, Delage), 53 Std. 10'
20. P. HUDSYN (BEL, Automoto), 55 Std. 36'42"

14. TOUR DE FRANCE: 15 ETAPPEN – 5.519 KILOMETER

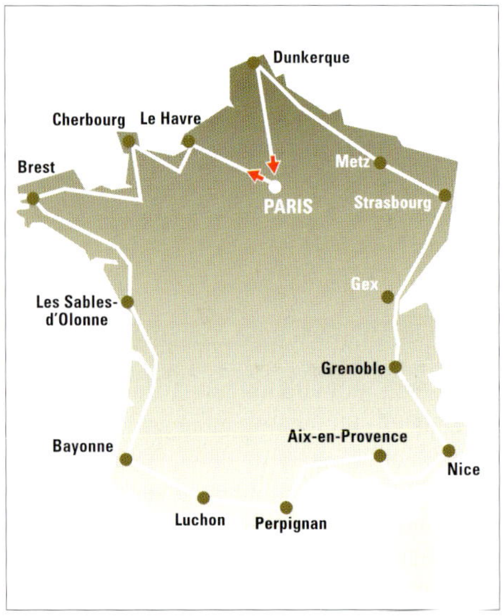

			Etappen	Etappensieger	Gelbes Trikot
1. Etappe	Sonntag 27. Juni	**388 km**	Paris – Le Havre	L. Mottiat (BEL)	L. Mottiat (BEL)
2. Etappe	Dienstag 29. Juni	**364 km**	Le Havre – Cherbourg	P. Thys (BEL)	P. Thys (BEL)
3. Etappe	Donnerstag 1. Juli	**405 km**	Cherbourg – Brest	H. Pélissier (FRA)	P. Thys (BEL)
4. Etappe	Samstag 3. Juli	**412 km**	Brest – Les Sables-d'Olonne	H. Pélissier (FRA)	P. Thys (BEL)
5. Etappe	Montag 5. Juli	**482 km**	Les Sables-d'Olonne – Bayonne	P. Lambot (BEL)	P. Thys (BEL)
6. Etappe	Mittwoch 7. Juli	**326 km**	Bayonne – Luchon	P. Lambot (BEL)	P. Thys (BEL)
7. Etappe	Freitag 9. Juli	**323 km**	Luchon – Perpignan	J. Rossius (BEL)	P. Thys (BEL)
8. Etappe	Sonntag 11. Juli	**325 km**	Perpignan – Aix-en-Provence	L. Heusghem (BEL)	P. Thys (BEL)
9. Etappe	Dienstag 13. Juli	**356 km**	Aix-en-Provence – Nizza	P. Thys (BEL)	P. Thys (BEL)
10. Etappe	Donnerstag 15. Juli	**333 km**	Nizza – Grenoble	H. Heusghem (BEL)	P. Thys (BEL)
11. Etappe	Samstag 17. Juli	**362 km**	Grenoble – Gex	L. Scieur (BEL)	P. Thys (BEL)
12. Etappe	Montag 19. Juli	**354 km**	Gex – Straßburg	P. Thys (BEL)	P. Thys (BEL)
13. Etappe	Mittwoch 21. Juli	**300 km**	Straßburg – Metz	P. Thys (BEL)	P. Thys (BEL)
14. Etappe	Freitag 23. Juli	**433 km**	Metz – Dünkirchen	F. Goethals (FRA)	P. Thys (BEL)
15. Etappe	Sonntag 25. Juli	**340 km**	Dünkirchen – Paris	J. Rossius (BEL)	P. Thys (BEL)

DÜNKIRCHEN – PARIS Unter großem Jubel endete gestern die Tour de France im Prinzenpark - Thys zum dritten Mal Sieger des großen Rennens - Sensationelle Ankunft in Auteuil - Hector Heusghem, Firmin Lambot und Léon Scieur auf den ehrenvollen zweiten, dritten und vierten Plätzen.

Thys ist der große Champion

PARIS (25. Juli). - Das goldene Buch der Tour de France zählt nun einige ruhmvolle Seiten mehr. Unter frenetischem Jubel endete gestern Nachmittag im Beisein einer gewaltigen und geradezu verzückten Menschenmenge die 14. Tour de France in einem Prinzenparkstadion, das all die Bewunderer unserer Champions der Straße längst nicht mehr fassen kann.

Zum dritten Mal trägt Philippe Thys seinen Namen in die wunderbare Siegerliste ein und schlägt so den Rekord von Petit-Breton. Das erstaunt uns keineswegs. Wenn man den Mann kennt, wenn man seine Leistung gesehen hat, wenn man weiß, wie souverän und virtuos er die Tour de France 1913 und 1914 gewonnen hat, so kann sein gestriger Sieg in der Tat nicht überraschen. In Frankreich weiß man sehr wohl, dass der Crack aus Anderlecht heute nicht seinen dritten Sieg, sondern mindestens seinen fünften oder gar sechsten feiern würde - hätte es diesen Krieg nicht gegeben. Es ist nämlich offenkundig, dass der Radsport seit Garrigou keinen so mutigen und kompletten Rennfahrer wie Philippe Thys mehr gesehen hat. Der belgische Champion vereint alles in sich, was man braucht: einen glasklaren Verstand, eine unbezahlbare Erfahrung mit Etappenrennen, rennfahrerische Klasse, eine vorteilhafte Statur - kurz: eine Leistungsfähigkeit, mit der er für die verschiedensten Anforderungen tauglich ist und alle Hindernisse bewältigen kann. Er ist so schnell wie der Schnellste, er ist ein guter Kletterer und außergewöhnlich dynamisch, mit einem guten Gespür für den richtigen Zeitpunkt einer Attacke. Thys hat sich als der Beste erwiesen - und das mit Abstand.

Dank seines Freundes Baugé, dessen Rat er stets zu schätzen wusste und auch befolgte, ist Thys wieder zu dem Champion geworden, der er einmal war. Die sechs Plätze hinter dem Crack von Anderlecht belegen ebenfalls Belgier, ein phänomenaler Triumph für unsere Freunde in Schwarz-Gelb-Rot: Hector Heusghem - den man wirklich nicht so gut eingeschätzt hatte - wurde Zweiter. Er ist sein Rennen mit einer wundervollen Beständigkeit gefahren und gewann die harte Etappe Nizza-Grenoble, die bekanntlich den Anstieg nach Saint-Michel und zum Col d'Allos enthält. Lambot, Held des Vorjahres, König der Berge und bester bekannter Kletterer, nahm den dritten Platz ein. Er konnte die Etappe von Les Sables nach Bayonne für sich verbuchen, die längste der diesjährigen Tour de France, und gleich anschließend die erste Pyrenäenetappe, die Höllenetappe von Bayonne nach Luchon. Lambot geht aus dieser Tour mit einem herrlichen Glorienschein hervor. Er war der Mann der Berge im wahrsten Sinne des Wortes. Als Erster auf dem Aubisque, als Erster auf dem Tourmalet, als Erster auf dem Aspin, Portet-d'Aspet, Col de Braus und Col d'Allos, als Erster auf dem Gipfel des gewaltigen Galibier ... als Erster überall! Er hat sich seine unanfechtbare Regentschaft als Kletterer zementiert, und hätte er keinen so schlechten Start und so starken Konkurrenten wie Thys gehabt, ebenfalls ein unstrittiger Bergspezialist, so hätte er sein Meisterstück vom letzten Jahr leichten Fußes wiederholen können.

Wir Franzosen waren bei dieser Tour nicht gerade glücklich. Nachdem er zwei Etappen gewonnen hatte, verschwand Henri Pélissier freiwillig - die Etappe war ihm wohl zu mühselig... Dann war Christophe mit Aufgeben an der Reihe, überstrapaziert von einer zu erfolgreichen Saison und überdies Opfer einer Unterkühlung. Barthélemy, Goethals und Dhers haben die Ehre unserer Trikolore jedoch gerettet, und wir wären undankbar, würden wir ihnen heute, am Tage nach ihrem triumphalen Empfang im Prinzenpark, nicht mitteilen, wie überzeugt wir von ihnen sind. Alle drei haben sich als wackere Helden geschlagen.

1

2

3

4

1 Von Nizza nach Grenoble zeigen die Belgier, was sie können, vor allem auf dem Col d'Allos (2.230 m).

2 Aix-en-Provence: Louis Mottiat kommt nach seinem selbst verschuldeten Sturz zwar wieder auf die Beine, muss aber trotzdem das Rennen beenden und 50 Francs Strafe zahlen.

3 Am Col de Braus (Aix-Nizza): José Pelletier, Louis Heusghem und der „Regionale" Henri Ferrara fahren einem Begleitfahrzeug voraus in Richtung Nizza.

4 Fabio Orlandini von der Gazzetta dello Sport hat einfach kein Glück. Nachdem er gleich zu Beginn die beim Giro so erfolgreichen Bianchi-Asse Belloni, Gremo und Jean Alavoine verloren hat, bleibt er zwischen Gex und Straßburg auch noch mit seinem Wagen liegen.

5 Auf dem Galibier (2.658 m): Auch unbekanntere Fahrer wie der aus Lyon stammende Guillaume Cecherelli müssen über den Berg. Später, bei der Ankunft in Gex, hat er 2 Std. 40 Min. Rückstand auf Scieur.

6 Ruhetag in Nizza. Alphonse Baugé, Direktor von La Sportive, erholt sich zusammen mit seinen Schützlingen Thys und Lambot. Thys hat gut lachen: Endlich hat er offiziell sein Gelbes Trikot bekommen, er führt mit einer ganzen Stunde Vorsprung.

7 Auf der Etappe nach Straßburg, wo er sich feiern lassen wird, hat Joseph Van Daele einen Wegbegleiter gefunden. Und das in einer sonst recht menschenleeren Region!

8 Versorgungsstation in Gap - nach dieser Stärkung mit Bananen, belegten Broten und gar einem Omelett (Lambot) werden die Fünf an der Spitze die noch verbleibenden 103 Kilometer bis Grenoble in vier Stunden abreißen.

5

6

7

8

1921

Léon SCIEUR

Scieur, die Lokomotive

Favorit der diesjährigen Tour ist - wie kann es anders sein - Honoré Barthélemy, der gefeierte Held, der bei der Vorjahres-Tour trotz eines gebrochenen Schlüsselbeins und einem ausgekugelten Handgelenk als Achter in der Gesamtwertung und als bester Franzose ins Ziel kam. Dicht hinter ihm gelten Romain Bellenger und Eugène Christophe als potenzielle Sieger, ebenfalls Franzosen... Der Veranstalter baut fest darauf, dass Barthélemy das seit 1912 belgisch „besetzte" Trikot für Frankreich zurück erobert... Und das sollte nicht allzu schwierig sein: Der bereits dreifache Toursieger Thys ist nämlich krank geworden, nachdem er die „Sechs Tage von Brüssel" gewonnen hat, und auch Lambot geht es nicht besonders gut.

Aber wie das mit Luftschlössern eben so ist: Sie lösen sich bereits bei den ersten Etappen auf. Schon auf dem ersten Abschnitt von Paris nach Le Havre hat der Favorit elf Reifenpannen! Und da auch Thys und Rossius bei der Ankunft weit zurückliegen und schließlich aufgeben, nutzt ein anderer Belgier die Gunst der Stunde: Léon Scieur. Zugegebenermaßen ein bisschen unerwartet - auch wenn er 1920 der Held des Galibier war. Schon ab Cherbourg übernimmt er das Gelbe Trikot und gibt es nicht mehr ab... Der magenkranke Bellenger und der 36-jährige Christophe, der mit seinen ewigen Nierenproblemen in den Pyrenäen nicht besser zurecht kommt als im Jahr zuvor, geben sich nach der Hälfte der Tour geschlagen, und Hector Heusghem lässt seinem Landsmann den Vortritt. Und der baut seinen Vorsprung in Toulon, Nizza und Grenoble, wo er sogar die Etappe gewinnt, kontinuierlich aus. Immerhin enttäuscht Barthélemy die Hoffnungen, die Desgrange in ihn gesetzt hat, nicht völlig: Trotz seiner Pechsträhne wird er Dritter, nachdem er insbesondere die Etappe nach Straßburg nach einer langen gemeinsamen Flucht mit Scieur und Heusghem im Sprint für sich entscheidet... Lambot und Mottiat dagegen werden im Tagesklassement auf die letzten Plätze zurückgestuft, weil sie nicht genug gekämpft haben...

Desgrange mit seinem außergewöhnlichen Scharfsinn beglückt derweil die Leser mit leidenschaftlichen Leitartikeln und mit packenden Reportagen, nicht ohne sich ganz nebenbei über die Invasion der Begleitfahrzeuge zu beklagen. Natürlich brütet er auch weiterhin unaufhörlich die für seine Tour so notwendigen Weiterentwicklungen aus. Und träumt davon, dass das Herz ganz Frankreichs für die Tour schlagen möge: dieses Frankreich, das tapfer die Spuren des Krieges zu beseitigen versucht; und diese Tour, die in diesem Jahr Lucien Pothier verabschiedet, der schon 1903 dabei war.

GESAMTKLASSEMENT

1. **Léon SCIEUR** (BEL, La Sportive), 221 Std. 50'26"; Stundenmittel: 24,720 km/h
2. **Hector HEUSGHEM** (BEL, La Sportive), 18'36"
3. **Honoré BARTHÉLEMY** (FRA, La Sportive), 2 Std. 1'
4. Luigi LUCOTTI (ITA, Ancora), 2 Std. 39'18"
5. Hector TIBERGHIEN (BEL, La Sportive), 4 Std. 33'19"
6. Victor LENAERS (BEL, Delage), 4 Std. 53'23"
7. Léon DESPONTIN (BEL, La Sportive), 5 Std. 1'54"
8. Camille LEROY 1 (BEL, Delage), 7 Std. 56'27"
9. Firmin LAMBOT (BEL, La Sportive), 8 Std. 26'25"
10. Félix GOETHALS (FRA, La Sportive), 8 Std. 42'26"
11. Louis MOTTIAT (BEL, La Sportive), 8 Std. 51'24"
12. Eugène DHERS (FRA, La Sportive), 9 Std. 44'36"
13. Henri FERRARA (FRA, La Sportive), 11 Std. 58'34"
14. Noël AMENC (FRA, La Sportive), 12 Std. 37'23"
15. Joseph MULLER (FRA, Delage), 12 Std. 59'8"
16. Félix SELLIER (BEL, Delage), 13 Std. 56'45"
17. Henri COLLE (SUI, J. B. Louvet), 15 Std. 2'22"
18. Enrico SALA (ITA, Ancora), 19 Std. 9'18"
19. Guillaume CECCHERELLI (ITA, Chimene), 22 Std. 49'12"
20. Auguste MEYER (FRA, J. B. Louvet), 22 Std. 53'44"

15. TOUR DE FRANCE: 15 ETAPPEN – 5.484 KILOMETER

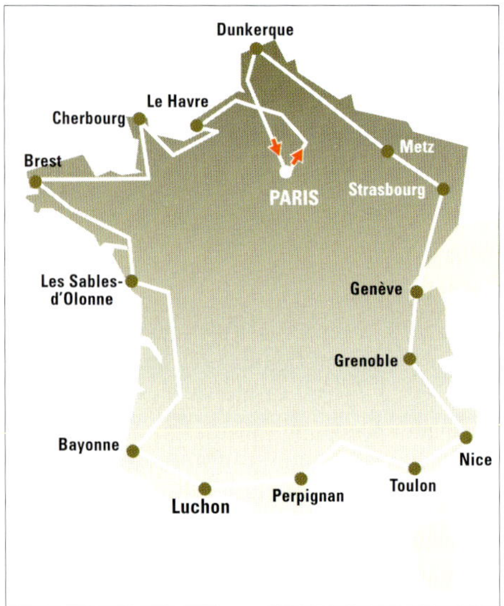

		Etappen	Etappensieger	Gelbes Trikot
1. Etappe Sonntag 26. Juni	**388 km**	Paris – Le Havre	L. Mottiat (BEL)	L. Mottiat (BEL)
2. Etappe Dienstag 28. Juni	**364 km**	Le Havre – Cherbourg	R. Bellenger (FRA)	L. Scieur (BEL)
3. Etappe Donnerstag 30. Juni	**405 km**	Cherbourg – Brest	L. Scieur (BEL)	L. Scieur (BEL)
4. Etappe Samstag 2. Juli	**412 km**	Brest – Les Sables-d'Olonne	L. Mottiat (BEL)	L. Scieur (BEL)
5. Etappe Montag 4. Juli	**482 km**	Les Sables-d'Olonne – Bayonne	L. Mottiat (BEL)	L. Scieur (BEL)
6. Etappe Mittwoch 6. Juli	**326 km**	Bayonne – Luchon	H. Heusghem (BEL)	L. Scieur (BEL)
7. Etappe Freitag 8. Juli	**323 km**	Luchon – Perpignan	L. Mottiat (BEL)	L. Scieur (BEL)
8. Etappe Sonntag 10. Juli	**411 km**	Perpignan – Toulon	L. Lucotti (ITA)	L. Scieur (BEL)
9. Etappe Dienstag 12. Juli	**272 km**	Toulon – Nizza	F. Lambot (BEL)	L. Scieur (BEL)
10. Etappe Donnerstag 14. Juli	**333 km**	Nizza – Grenoble	L. Scieur (BEL)	L. Scieur (BEL)
11. Etappe Samstag 16. Juli	**325 km**	Grenoble – Genf (SUI)	F. Goethals (FRA)	L. Scieur (BEL)
12. Etappe Montag 18. Juli	**371 km**	Genf (SUI) – Straßburg	H. Barthélemy (FRA)	L. Scieur (BEL)
13. Etappe Mittwoch 20. Juli	**300 km**	Straßburg – Metz	F. Sellier (BEL)	L. Scieur (BEL)
14. Etappe Freitag 22. Juli	**433 km**	Metz – Dünkirchen	F. Goethals (FRA)	L. Scieur (BEL)
15. Etappe Sonntag 24. Juli	**340 km**	Dünkirchen – Paris	F. Goethals (FRA)	L. Scieur (BEL)

Das große Duelll zwischen Hector Heusghem (links) und Léon Scieur fällt schließlich zugunsten des Letzteren aus. Hector greift an, Léon ist aber stärker.

„Mein Fahrrad von La Sportive, mein Masseur Varnier und mein sportlicher Direktor Baugé haben mir geholfen, die Tour zu gewinnen."

Nach 400 km und mehr als 16 Std. im Sattel macht Antony Wattelier in Straßburg eine Kerze, als sei nichts gewesen…

1922

Firmin LAMBOT

Lambot im Glück

Bei der Tour des Jahres 1922 geht es dermaßen heiß her, dass gleich vier potenzielle Sieger auf der Strecke bleiben müssen, bevor endlich der wahre Meister feststeht: mit Firmin Lambot schon wieder ein Belgier! Zwar kann man auf ihn aufgrund seiner 36 Jahre nicht mehr vorbehaltlos setzen, aber seine gleichbleibende Form und sein Glück zahlen sich aus. Denn Glück, das hat der Champion von Alphonse Baugé im Gegensatz zu seinen Gegnern. Peugeot nimmt diese Tour mit links, gewinnt zwölf von 15 Etappen und bringt mit Lambot und Jean Alavoine gleich zwei Fahrer auf die ersten Plätze. Ja, Firmin hat ein Mordsglück, denn obwohl er sich keinen einzigen Etappensieg holt, nimmt er seinem Landsmann Hector Heusghem kurz vor Schluss - nach der dreizehnten Etappe! - das frisch ergatterte Gelbe Trikot ab, weil der sich wegen eines unerlaubten Rädertauschs nach einem Sturz eine Stunde Zeitstrafe eingefangen hat. Später werden Stimmen laut, dass alles anders gekommen wäre, hätte Hector einer renommierteren Mannschaft angehört als dem Thomann-Team. Lambot hat jedenfalls ungemeines Glück und seine Gegner wie Teamkollegen ein derartiges Pech, dass Heusghem wahrscheinlich auch verloren hätte, wenn er das Gelbe Trikot nicht am grünen Tisch hätte abgeben müssen...

Desgrange hat seine Rechnung ohne Lambot gemacht. Er sieht Dejonghe als Sieger, höchstens noch Christophe oder Barthélemy, aber auf keinen Fall schon wieder „diese belgischen Ackergäule". Dennoch sind sie es, die das Rennen anheizen, zusammen mit dem drei Etappen lang führenden Christophe und mit Jean Alavoine. Der Träger des Gelben Trikots von Perpignan bis zur 12. Etappe und Tour-Favorit muss jetzt wegen seiner vielen Reifenpannen aufgeben, während Eugène Christophe mit einem erneuten Gabelbruch bei der Abfahrt vom Galibier ein ähnliches Schicksal wie 1919 widerfährt, als er bei der 14. Etappe, dem Sieg verdammt nahe, das Gelbe Trikot an Glückspilz Lambot abtreten musste.

Auch Thys, ein weiterer Peugeot-Belgier, hätte ohne seinen Felgenbruch in den Pyrenäen gewinnen und sich seinen vierten Toursieg holen können. Jedenfalls gibt er im Gegensatz zu Scieur nicht auf, so dass er auf fünf Etappensiege kommt und als Führender den Col de l'Izoard einweihen darf, der dieses Jahr zum ersten Mal überquert wird. Lambots Glück ist also eng mit dem Pech von Heusghem, Alavoine, Thys und Christophe verbunden. Aber Hand aufs Herz: Ohne eine gehörige Portion Talent hätte der bislang älteste Toursieger das vielleicht schönste aller Rennen nie gewinnen können.

GESAMTKLASSEMENT

1. **Firmin LAMBOT** (BEL, Peugeot), 222 Std. 8'6"
   Stundenmittel: 24,202 km/h
2. **Jean ALAVOINE** (FRA, Peugeot), 41'15"
3. **Felix SELLIER** (BEL, Alcyon), 42'2"
4. Hector HEUSGHEM (BEL, Thomann), 43'56"
5. Victor LENAERS (BEL, Automoto), 45'32"
6. Hector TIBERGHIEN (BEL, Peugeot), 1 Std. 21'35"
7. Léon DESPONTIN (BEL, Peugeot), 2 Std. 24'29"
8. Eugène CHRISTOPHE (FRA, Automoto), 3 Std. 25'39"
9. Jean ROSSIUS (BEL, La Française), 3 Std. 26'6"
10. Federico GAY (ITA, Automoto), 3 Std. 51'59"
11. Émile MASSON (FRA, Alcyon), 4 Std. 0'21"
12. Gaston DEGY (BEL, Peugeot), 4 Std. 49'13"
13. Arsène ALANCOURT (FRA, Armor), 5 Std. 20'56"
14. Philippe THYS (BEL, Peugeot), 5 Std. 48'58"
15. José PELLETIER (FRA, Austral), 5 Std. 53'29"
16. Joseph MULLER (FRA, Peugeot), 7 Std. 51'23"
17. Giuseppe SANTHIA (ITA, Devaux), 8 Std. 57'35"
18. Théophille BEECKMAN (BEL, Delage), 9 Std. 40'32"
19. Louis HEUSGHEM (BEL, Peugeot), 9 Std. 50'34"
20. Jules NEMPON (FRA, Nempon), 12 Std. 11'56"

16. TOUR DE FRANCE: 15 ETAPPEN – 5.372 KILOMETER

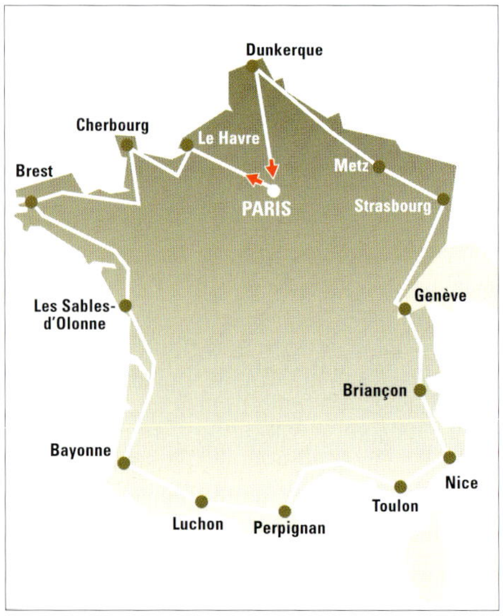

			Etappen	Etappensieger	Gelbes Trikot
1. Etappe	Sonntag 25. Juni	**388 km**	Paris – Le Havre	R. Jacquinot (FRA)	R. Jacquinot
2. Etappe	Dienstag 27. Juni	**364 km**	Le Havre – Cherbourg	R. Bellenger (FRA)	R. Jacquinot
3. Etappe	Donnerstag 29. Juni	**405 km**	Cherbourg – Brest	R. Jacquinot (FRA)	R. Jacquinot
4. Etappe	Samstag 1. Juli	**412 km**	Brest – Les Sables-d'Olonne	P. Thys (BEL)	E. Christophe
5. Etappe	Montag 3. Juli	**482 km**	Les Sables-d'Olonne – Bayonne	J. Alavoine (FRA)	E. Christophe
6. Etappe	Mittwoch 5. Juli	**326 km**	Bayonne – Luchon	J. Alavoine (FRA)	E. Christophe
7. Etappe	Freitag 7. Juli	**323 km**	Luchon – Perpignan	J. Alavoine (FRA)	J. Alavoine
8. Etappe	Sonntag 9. Juli	**411 km**	Perpignan – Toulon	P. Thys (BEL)	J. Alavoine
9. Etappe	Dienstag 11. Juli	**284 km**	Toulon – Nizza	P. Thys (BEL)	J. Alavoine
10. Etappe	Donnerstag 13. Juli	**274 km**	Nizza – Briançon	P. Thys (BEL)	J. Alavoine
11. Etappe	Samstag 15. Juli	**260 km**	Briançon – Genf (SUI)	É. Masson „senior" (BEL)	J. Alavoine
12. Etappe	Montag 17. Juli	**371 km**	Genf (SUI) – Straßburg	É. Masson „senior" (BEL)	H. Heusghem
13. Etappe	Mittwoch 19. Juli	**300 km**	Straßburg – Metz	F. Gay (ITA)	F. Lambot
14. Etappe	Freitag 21. Juli	**432 km**	Metz – Dünkirchen	F. Sellier (BEL)	F. Lambot
15. Etappe	Sonntag 23. Juli	**325 km**	Dünkirchen – Paris	P. Thys (BEL)	F. Lambot

Oben: Firmin Lambot scheinen im Prinzenpark seine Ankunft und sein Sieg noch nicht bewusst zu sein. José Pelletier (Mitte) wird 15. im Gesamtklassement, Thys (rechts) hat 5 Etappen gewonnen und ergänzt damit den erneuten Erfolg der Belgier.

Unten: Les Sables-d'Olonne nach Bayonne, mit 482 Kilometern die längste Tour-Etappe seit 1919. Die Hitze fordert ihren Tribut: Lambot und Muller beim Auffüllen ihrer Trinkflaschen.

1923

Henri PÉLISSIER

Endlich ein Sieg für Frankreich

Drei Versorgungsstationen auf 370 Kilometern, an denen es Schläuche und Proviant gibt: Eine persönliche Ration für jeden und massenweise Vollmilchschokolade. Mehr als zwei Kilo nehmen die Pélissiers dabei nicht ab! (Foto rechte Seite)

Seit 1912 hat kein Franzose mehr einen Tour-Sieg nach Hause gebracht. Sicher - es war Krieg, und zweimal verpasste Christophe den Sieg um Haaresbreite, aber das letzte Wort hatten immer die Flamen. Schließlich redet man sich ein, dass gar zu zögerliche Fahrer, wie etwa die Pélissiers, niemals gewinnen können. Bei einer solchen Dauerbeanspruchung sind eben keine Vollblüter, sondern robuste Arbeitspferde gefragt. Zwar setzt man in Barthélemy und Alavoine große Hoffnungen, aber ganz Frankreich träumt davon, dass die Pélissiers, die beliebtesten der französischen Champions, es den Belgiern endlich mal zeigen und für einen Triumph im Zeichen der Trikolore sorgen.

Und tatsächlich: Mit dieser Tour darf man wieder an Wunder glauben! Für die Belgier läuft es dieses Mal nicht gut: Thys gibt auf, Scieur und Lambot brechen die Tour ab, der eine krank, der andere sabotiert, wovon Jacquinot, Bellenger und vor allem die Pélissier-Brüder profitieren! Zusammen sind Francis und Henri den Konkurrenten Lucien Buysse und Ottavio Bottecchia, dem dynamischen und noch unbekannten italienischen Domestiken, den Baugé für die Mannschaft Automoto in letzter Minute aufgetrieben hat, dicht auf den Fersen. Dieses Mal wollen sie die Lästermäuler Lügen strafen... Dass Francis trotz Knieschmerzen weiter für seinen Bruder fährt, ist ein gutes Omen. Bis zum Fuße der Alpen bemühen sie sich nur um Schadensbegrenzung, aber nachdem Bottecchia in Nizza mit fast 30 Minuten vor Henri Pélissier führt, drehen die zwei Brüder den Spieß um: Henri glänzt am Izoard, am Galibier und am Aravis und gewinnt in Briançon und Genf gleich beide Alpenetappen. Ein Meisterwerk ganz „à la française"! Desgrange ist aus dem Häuschen: Henri Pélissier verlässt die Berge mit einer halben Stunde Vorsprung! Das Rennen ist gewonnen, Frankreich endlich rehabilitiert!

Auch die Etappensiege von Muller und Goethals in Straßburg und Dünkirchen haben hohen symbolischen Stellenwert für die malträtierte französische Ehre, ein Seufzer der Erleichterung geht durchs ganze Land. Die Auflage von L'Auto explodiert förmlich, scharenweise kommen die Zuschauer nach Faubourg Montmartre, um die Ergebnisse zu erfahren, ganz zu schweigen von den Massen, die sich am Straßenrand drängen, um ihren Champions dankbar zuzujubeln. Kategorisch stellt Schriftsteller André Reuze fest: „Die Vollblüter haben es den Ackergäulen gezeigt."

Desgrange, der Henri Pélissier niemals einen Tour-Sieg zugetraut hätte, muss sich öffentlich korrigieren und ist des Lobes voll. In diesem Jahr will das Fest im überfüllten Prinzenpark nicht enden...

GESAMTKLASSEMENT

1. **Henri PÉLISSIER** (FRA, Automoto), 5 386 km in 222 Std. 15'30" ; Stundenmittel : 24,428 km/h
2. **Ottavio BOTTECCHIA** (ITA, Automoto), 30'41"
3. **Romain BELLENGER** (FRA, Peugeot), 1 Std. 4'43"
4. Hector TIBERGHIEN (BEL, Peugeot), 1 Std. 29'16"
5. Arsène ALANCOURT (FRA, Armor), 2 Std. 6'40"
6. Henri COLLÉ (SUI, Griffon), 2 Std. 28'43"
7. Léon DESPONTIN (BEL, Peugeot), 2 Std. 39'49"
8. Lucien BUYSSE (BEL, Automoto), 2 Std. 40'11"
9. Eugène DHERS (FRA, Armor), 2 Std. 59'9"
10. Marcel HUOT (FRA, Griffon), 3 Std. 16'56"
11. Joseph MULLER (FRA, Peugeot), 3 Std. 26'46"
12. Ottavio PRATESI (ITA, Liggi), 3 Std. 35'6"
13. Félix GOETHALS (FRA, Thomann), 4 Std. 21'38"
14. Théophille BEECKMAN (BEL, Griffon), 5 Std. 0'4"
15. Joseph NORMAND (FRA, Davy), 5 Std. 9'59"
16. Gaston DEGY (FRA, Peugeot), 5 Std. 35'57"
17. Lucien RICH (FRA, Christophe), 6 Std. 35'6"
18. Paul DUBOC (FRA, Alleluia), 6 Std. 56'41"
19. Camille BOTTE (BEL, Delage), 7 Std. 13'56"
20. Georges CUVELIER (FRA, Lapize), 7 Std. 30'47"

17. TOUR DE FRANCE: 15 ETAPPEN – 5.386 KILOMETER

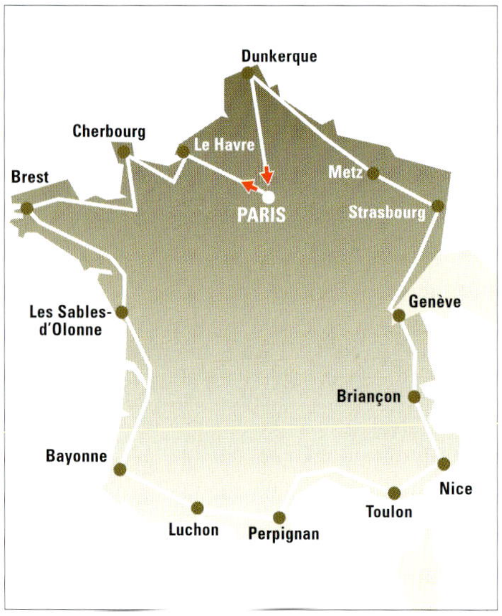

			Etappen	Etappensieger	Gelbes Trikot
1. Etappe	Sonntag 24. Juni	**381 km**	Paris – Le Havre	R. Jacquinot (FRA)	R. Jacquinot (FRA)
2. Etappe	Dienstag 26. Juni	**371 km**	Le Havre – Cherbourg	O. Bottecchia (ITA)	O. Bottecchia (ITA)
3. Etappe	Donnerstag 28. Juni	**405 km**	Cherbourg – Brest	H. Pélissier (FRA)	O. Bottecchia (ITA)
4. Etappe	Samstag 30. Juni	**412 km**	Brest – Les Sables-d'Olonne	A. Dejonghe (BEL)	R. Bellenger (FRA)
5. Etappe	Montag 2. Juli	**482 km**	Les Sables-d'Olonne – Bayonne	R. Jacquinot (FRA)	R. Bellenger (FRA)
6. Etappe	Mittwoch 4. Juli	**326 km**	Bayonne – Luchon	J. Alavoine (FRA)	O. Bottecchia (ITA)
7. Etappe	Freitag 6. Juli	**323 km**	Luchon – Perpignan	J. Alavoine (FRA)	O. Bottecchia (ITA)
8. Etappe	Sonntag 8. Juli	**427 km**	Perpignan – Toulon	L. Buysse (BEL)	O. Bottecchia (ITA)
9. Etappe	Dienstag 10. Juli	**281 km**	Toulon – Nizza	J. Alavoine (FRA)	O. Bottecchia (ITA)
10. Etappe	Donnerstag 12. Juli	**275 km**	Nizza – Briançon	H. Pélissier (FRA)	H. Pélissier (FRA)
11. Etappe	Samstag 14. Juli	**260 km**	Briançon – Genf (SUI)	H. Pélissier (FRA)	H. Pélissier (FRA)
12. Etappe	Montag 16. Juli	**377 km**	Genf (SUI) – Straßburg	J. Muller (FRA)	H. Pélissier (FRA)
13. Etappe	Mittwoch 18. Juli	**300 km**	Straßburg – Metz	R. Bellenger (FRA)	H. Pélissier (FRA)
14. Etappe	Freitag 20. Juli	**433 km**	Metz – Dünkirchen	F. Goethals (FRA)	H. Pélissier (FRA)
15. Etappe	Sonntag 22. Juli	**343 km**	Dünkirchen – Paris	F. Goethals (FRA)	H. Pélissier (FRA)

DÜNKIRCHEN – PARIS Zum ersten Mal seit 1912 gewinnt ein Franzose die Tour: Henri Pélissier. Das harmonische Zusammenspiel des brüderlichen Duos ist Balsam für die geschundene Seele Frankreichs. Im Prinzenpark wird die unvergleichliche Siegerehrung von sechs Fanfaren begleitet.

Henri, König von Frankreich

Henri und Francis Pélissier halten zusammen. Der Aufstieg der brüderlichen Allianz wird mit dem Etappensieg in Brest eingeläutet.

Der Elsässer Joseph Muller gewinnt in seiner Heimat Straßburg. General Reibel beglückwünscht ihn.

In der Hitze der achten Etappe nach Toulon interpretiert Lucien Buysse die Regeln („jeder Fahrer muss sich selbst versorgen") auf seine Weise.

DIE 17. Tour de France ist vorbei. Sie endete gestern Nachmittag im Prinzenpark mit einer wahren Krönungszeremonie, wie es einem so großartigen Rennen gebührt, das man getrost zu einem der leidenschaftlichsten zählen kann, die man je gesehen hat. Ich für meinen Teil glaube wirklich, dass nur die Tour de France 1910 mit ihrem phantastischen Duell zwischen François Faber und Octave Lapize so atemberaubend war wie das diesjährige Rennen mit seinen wundervollen Überraschungen. Dennoch gebe ich dieser Tour eindeutig meinen Vorzug, bei der sich die Radsportgrößen an der Spitze des Gesamtklassements die Siegerbuketts geradezu durchgereicht haben: Jacquinot, Bottecchia, Bellenger und Henri Pélissier. Letzten Endes einziger Schatten über allem: der dumme Sturz des sympathischen Jean Alavoine zwischen Nizza und Briançon, ein Sturz, der einen der bemerkenswertesten und beliebtesten Spezialisten zur Aufgabe zwingt.

Möchte man diese 17. Tour de France in allen Einzelheiten analysieren, so kommt man nicht umhin anzuerkennen, dass es keiner einzigen ihrer 15 Etappen an Besonderheit mangelte. Eine echte Tour, wie wir sie aus der Vorkriegszeit kennen, eine prachtvolle Revanche, mit der die „Windhunde der Straße" ihre alljährlichen Niederlagen gegenüber ihren harten und widerstandsfähigen Konkurrenten wieder wettmachten und die uns auf einen erstrangigen Helden aufmerksam werden ließ, von dem wir noch viel erwarten dürfen: Ich spreche jetzt von dem Italiener Ottavio Bottecchia.

Aber zum großen Glück unserer Nation haben wir Henri Pélissier, und wir sind hocherfreut, seinen Namen auf einer Siegerliste zu sehen, von der wir seit 1912 vollkommen ausgeschlossen waren. Sogar im Ausland zeigt man sich glücklich über seinen Sieg: Weit und breit wird mit Einmütigkeit anerkannt, dass Henri Pélissier der unangefochtene König der Radrennfahrer ist.

Sein erstes Gelbes Trikot gewinnt Henri erst beim sechsten Anlauf: Auch Francis kennt seinen Preis. Und er ist bereit, es zu verteidigen!

Alles, was man sagen kann, ist, dass wir mit der 17. Tour de France einen Pélissier kennenlernen durften, wie wir ihn seit den Vorkriegsjahren nicht mehr gesehen haben, denn die Zuversicht eines treuen Verfechters, eines Eiferers dieses großen Rennereignisses, hatte er offenbar eingebüßt. Dies schien so deutlich, dass beim Start ein jeder glaubte, er würde die Tour nicht einmal mehr zu Ende fahren, nicht einmal die Pyrenäen überstehen.

Aber Henri Pélissier hat uns eines Besseren belehrt. In den Pyrenäen, in Bayonne, Luchon und Perpignan mussten wir ihn zwar noch unterlegen sehen, und in Nizza hatte er nach all dem Pech immer noch eine knappe halbe Stunde Rückstand. Aber er fiel nicht mehr der moralischen Entkräftung anheim, die sich 1919 und 1920 seiner bemächtigt hatte, und in den Alpen, in Briançon, endlich durften wir nach einem unvergesslichen Kraftakt am Izoard Zeugen werden, wie das Super-As ohne zu zaudern die Führung im Gesamtklassement übernahm.

RÜCKBLICK EINES SIEGERS

VON HENRI PÉLISSIER

Wenn einem das Glück vergönnt ist, ein Rennen wie die Tour de France zu gewinnen, ist es nicht angebracht, sich zu beklagen und sich an sein Martyrium zu erinnern. Ausschließlich Freude sollte man empfinden! Ich bin glücklich - das ist meine ganze Geschichte in drei Worten. Vor allem sollten Sie jedoch wissen, wie sehr ich von der Virtuosität meines Kameraden Bottecchia begeistert und wie verblüfft ich von seiner exzellenten Leistung war. Vergessen Sie aber auch nicht, dass ich die Tour de France nicht alleine gewonnen habe, dass ich durch die ständige Nähe meines Bruders Francis unterstützt wurde, der seit der zweiten Etappe durch eine Knieverletzung schwer beeinträchtigt war, trotz seiner Qualen weitergefahren ist und mir so gezeigt hat, was Wille und Energie bewirken können.

Henri bedankt sich bei Francis für seinen zweiten Alpen-Etappensieg in Genf mit einem Kuss. Zusammen haben die beiden Bottecchia mehr als 16 Minuten zurückgeworfen. Und das am Nationalfeiertag! (Foto oben)

1924

Ottavio BOTTECCHIA

Forza Bottecchia!

In den Pyrenäen zeigt sich die stilistische Meisterschaft Bottecchias: „Er tritt leicht und regelmäßig wie das Pendel einer Standuhr. Er ist der Einzige, dem man seine Belastung nicht ansieht!" (Zitat von Albert Londres) (Foto rechte Seite)

Nach seinem bahnbrechenden Sieg im Vorjahr ist Henri Pélissier natürlich Favorit der diesjährigen Tour. Doch er verrät nach der zweiten Etappe in Cherbourg: „Bottecchia ist so gut in Form, der steckt uns alle in die Tasche." In der Tat ist der italienische Maurer noch überzeugender als bei seinem „Testlauf" im Vorjahr, als der damals noch Unbekannte Zweiter wurde. Dabei nützt es ihm nicht viel, dass er zum leistungsstarken Team Automoto gehört; denn die Pélissiers geben in „weiser" Voraussicht lieber auf, als bei dieser Tour die Lakaien für Bottecchia zu mimen.

Daher wärmt Henri, inzwischen 35 Jahre alt und eher „gesetzt" als feurig, lieber noch einmal die abgedroschene Nummer über die Ausbeutung der Fahrer durch eine diktatorische Veranstaltungsleitung auf, als seinen Ruhm in einem Kampf mit dem Italiener aufs Spiel zu setzen. Der Niedergang der Pélissiers ist nicht mehr aufzuhalten, und das kommt nicht von ungefähr. Ihr einziges Glück ist, dass ihnen endlich jemand eine Plattform für ihre Allüren bietet: der Starreporter des „Petit Parisien" Albert Londres mit seinem berühmten Artikel „Sträflinge der Landstraße", in dem sie pikante Details über die Tricks und Leiden enthüllen, die der harte Konkurrenzkampf beim Radsport so mit sich bringt. Durch Londres wird der Aufstand der Pélissiers, der zunächst weniger einschlägt als von diesen erhofft, zu einer Riesenschlagzeile! Aber nachdem sie mit ihren Protest-Enthüllungen im Café de la Gare in Coutances eine Bombe zum Platzen gebracht und ihren Abgang publikumswirksam gestaltet haben, ist der Weg zum Tour-Sieg für einen anderen frei: Weg mit den „Sträflingen", Manege frei für Bottecchia! Ottavio beherrscht ab jetzt das Geschehen. Von Le Havre bis Paris trägt er das Gelbe Trikot ununterbrochen, auch wenn er es sich von Brest bis Bayonne mit Beeckman teilen muss. Die Pyrenäen nimmt er mit Bravour, immer die große Nase vorn... Desgrange vergleicht den italienischen Kletterer gar mit der Stärke eines Faber. Selbst als ihn ein Hund auf der drittletzten Etappe zu Fall bringt und er dadurch drei Minuten verliert, ist sein Vorsprung nicht in Gefahr. Und so erobert ein singender Ottavio den Prinzenpark im Sprint...

Doch nicht allen geht diese Tour so leicht von der Hand wie ihm oder dem Luxemburger Nicolas Frantz, bester Fahrer der zweiten Tour-Hälfte, der auch Zweiter im Gesamtklassement wird. Noch besser als die Pélissiers trifft Jean Alavoine den Nagel auf den Kopf: „Bin ich in Form, hab' ich dauernd Löcher im Schlauch; habe ich keine Löcher im Schlauch, bin ich derjenige, dem die Luft ausgeht." Nicht so Bottecchia. Der erste italienische Tour-Sieger versteht sein Handwerk.

GESAMTKLASSEMENT

1. **Ottavio BOTTECCHIA** (ITA, Automoto), 226 Std 18'21" Stundenmittel : 24,250 km/h
2. **Nicolas FRANTZ** (LUX, Alcyon), 35'36"
3. **Lucien BUYSSE** (BEL, Automoto), 1 Std. 32'13"
4. Bartolomeo AIMO (ITA, Legnano), 1 Std. 32'47"
5. Théophile BEECKMAN (BEL, Griffon), 2 Std. 11'12"
6. Joseph MULLER (FRA, Peugeot), 2 Std. 35'33"
7. Arsène ALANCOURT (FRA, Armor), 2 Std. 41'31"
8. Romain BELLENGER (FRA, Peugeot), 2 Std. 51'9"
9. Omer HUYSE (BEL, Lapize), 2 Std. 58'13"
10. Hector TIBERGHIEN (BEL, Peugeot), 3 Std. 5'4"
11. Philippe THYS (BEL, Peugeot), 3 Std. 15'24"
12. Georges CUVELIER (FRA, Peugeot), 3 Std. 21'45"
13. Ermano VALLAZZA (ITA, Legnano), 3 Std. 48'24"
14. Jean ALAVOINE (FRA, Peugeot), 3 Std. 55'45"
15. Gaston DEGY (FRA, Aiglon), 5 Std. 11'48"
16. Raymond ENGLEBERT (BEL, Alcyon), 5 Std. 20'11"
17. Alfons STANDAERT (BEL, Armor), 5 Std. 41'48"
18. Louis MOTTIAT (BEL, Alcyon), 5 Std. 54'19"
19. Ottavio PRATESI (ITA, Ostende), 6 Std. 0'4"
20. Lucien RICH (FRA, Automoto), 6 Std. 26'21"

18. TOUR DE FRANCE: 15 ETAPPEN – 5.425 KILOMETER

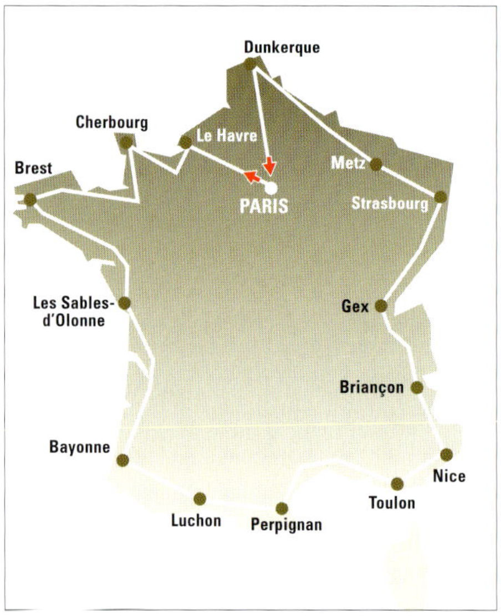

		Etappen	Etappensieger	Gelbes Trikot
1. Etappe Sonntag 22. Juni	**381 km**	Paris – Le Havre	O. Bottecchia (ITA)	O. Bottecchia
2. Etappe Dienstag 24. Juni	**371 km**	Le Havre – Cherbourg	R. Bellenger (FRA)	O. Bottecchia
3. Etappe Donnerstag 26. Juni	**405 km**	Cherbourg – Brest	P. Thys (BEL), T. Beckman (BEL)	O. Bottecchia
4. Etappe Samstag 28. Juni	**412 km**	Brest – Les Sables-d'Olonne	F. Goethals (FRA)	O. Bottecchia
5. Etappe Montag 30. Juni	**482 km**	Les Sables-d'Olonne – Bayonne	O. Huyse (BEL)	O. Bottecchia
6. Etappe Mittwoch 2. Juli	**326 km**	Bayonne – Luchon	O. Bottecchia (ITA)	O. Bottecchia
7. Etappe Freitag 4. Juli	**323 km**	Luchon – Perpignan	O. Bottecchia (ITA)	O. Bottecchia
8. Etappe Sonntag 6. Juli	**427 km**	Perpignan – Toulon	L. Mottiat (BEL)	O. Bottecchia
9. Etappe Dienstag 8. Juli	**280 km**	Toulon – Nizza	P. Thys (BEL)	O. Bottecchia
10. Etappe Donnerstag 10. Juli	**275 km**	Nizza – Briançon	G. Brunero (ITA)	O. Bottecchia
11. Etappe Samstag 12. Juli	**307 km**	Briançon – Gex	N. Frantz (LUX)	O. Bottecchia
12. Etappe Montag 14. Juli	**360 km**	Gex – Straßburg	N. Frantz (LUX)	O. Bottecchia
13. Etappe Mittwoch 16. Juli	**300 km**	Straßburg – Metz	A. Alancourt (FRA)	O. Bottecchia
14. Etappe Freitag 18. Juli	**433 km**	Metz – Dünkirchen	R. Bellenger (FRA)	O. Bottecchia
15. Etappe Sonntag 20. Juli	**343 km**	Dünkirchen – Paris	O. Bottecchia (ITA)	O. Bottecchia

1925

Ottavio BOTTECCHIA

Ottavio im Schongang

Die Tour des Jahres 1925 ist eine klassische, die exakt das Sechseck Frankreichs nachzeichnet. 130 Fahrer nehmen entweder als Mitglied einer Herstellermannschaft oder als Touren-Fernfahrer 18 Etappen in Angriff. So mancher spricht von einer Tour für Handwerker, und tatsächlich ist es der ehemalige Maurer Ottavio Bottecchia, der gewinnt. Und zwar, so vermelden die Beobachter, im Schongang. Er lässt sich nie aus der Ruhe bringen, wirkt nie angestrengt, manchmal singt er sogar. Der Champion von Automoto ist jetzt fast 31, er bestreitet seine dritte Tour und weiß ganz genau, worauf es ankommt. Vergessen sind seine „Jugendsünden" aus dem Jahr 1923. Heute trinkt er zum richtigen Zeitpunkt, lässt die Etappen laufen und stützt sich voll und ganz auf seine Mannschaft - natürlich im Rahmen des Erlaubten. Er wirkt auch wesentlich entspannter, seit er mit seinem Landsmann Alfonso Piccin das Zimmer teilt. Und so gewinnt der schüchterne Mann seine zweite Tour hintereinander, nachdem er vier entscheidende Attacken genau zum richtigen Zeitpunkt setzt: Bei der ersten und der letzten Etappe sowie in Bordeaux, wo er seine Schnelligkeit ausspielt, und in Bayonne, wo er Adelin Benoît zum ersten Mal das Gelbe Trikot abnimmt. Ansonsten - insbesondere ab Perpignan, wo er sich endgültig das Führungstrikot überstreift - delegiert Ottavio die Arbeit und hält sich klug am Hinterrad seines Teamkameraden Lucien Buysse, der sich in bestechender Form präsentiert. Der belgische Champion ist weit mehr als nur ein „Helfer", wie das Magazin Miroir des Sports schreibt, er entwickelt sich mehr und mehr zum Alter Ego seines Leaders, der eine ähnliche Entwicklung vom Domestiken zum König durchlaufen hat. Wie eine Lokomotive zieht er Bottecchia zunächst nach Toulon, und dann den Col de Braus, das Aravis-Massiv und den Galibier hinauf, stets darauf bedacht, dass die Asse von Alcyon um Ludovic Feuillet nicht völlig leer ausgehen: Der Italiener Bartolomeo Aimo wird zum König der Alpen, der Luxemburger Nicolas Frantz mit vier Etappensiegen zum Prinz der Finisseure. Aber gegen den Italiener mit der Adlernase haben sie keine Chance, und selbst sein Edelhelfer hat im Finale noch genügend Reserven, um sich den zweiten Platz zu sichern. Automoto landet unter der Führung von Pierrard einen Doppelerfolg, der die Homogenität und die Stärke des Teams eindrucksvoll unterstreicht. Eine wahrhaft klassische Tour de France: Die Pélissier-Brüder geben mal wieder auf, Nägel liegen auf der Straße, Alavoine und Christophe sind die Stars, in Toulon hat der Sieger eine Stunde Vorsprung, und es regnet ohne Unterlass. Im Anschluss sagen der „alte Gallier" Christophe ebenso wie die Tour-Sieger Henri Pélissier und Philippe Thys „Adieu" zur Tour de France.

GESAMTKLASSEMENT

1. **Ottavio BOTTECCHIA** (ITA, Automoto), 219 Std. 10'18", Stundenmittel: 24, 820 km
2. **Lucien BUYSSE** (BEL, Automoto), 54'20"
3. **Bartolomeo AIMO** (ITA, Alcyon), 56'37"
4. Nicolas FRANTZ (LUX, Alcyon), 1 Std. 11'24"
5. Albert DEJONGHE (BEL, J.B. Louvet), 1 Std. 27'42"
6. Théophile BEECKMAN (BEL, Thomann), 2 Std. 24'43"
7. Omer HUYSE (BEL, Armor), 2 Std. 33'38"
8. Auguste VERDIJCK (BEL, Christophe), 2 Std. 44'36"
9. Felix SELLIER (BEL, Alcyon), 2 Std. 45'59"
10. Federico GAY (ITA, Meteore), 4 Std. 6'3"
11. Romain BELLENGER (FRA, Alcyon), 4 Std. 26'10"
12. Adelin BENOÎT (BEL, Thomann), 4Std. 37'14"
13. Jean ALAVOINE (FRA, J. Alavoine), 4 Std. 39'48"
14. Hector MARTIN (BEL, J.B. Louvet), 4 Std. 48'44"
15. Jules BUYSSE (BEL, Automoto), 5 Std. 7'33"
16. Léon DESPONTIN (BEL, Touren-Fernfahrer), 5 Std. 28'7"
17. Émile HARDY (BEL, Christophe), 6 Std. 39'1"
18. Eugène CHRISTOPHE (FRA, J.B. Louvet), 6 Std. 55'31"
19. Giovanni ROSSIGNOLI (ITA, Touren-Fernfahrer), 7 Std. 18'13"
20. Raymond ENGLEBERT (BEL, Labor), 7 Std. 30'6"

19. TOUR DE FRANCE: 18 ETAPPEN – 5.430 KILOMETER

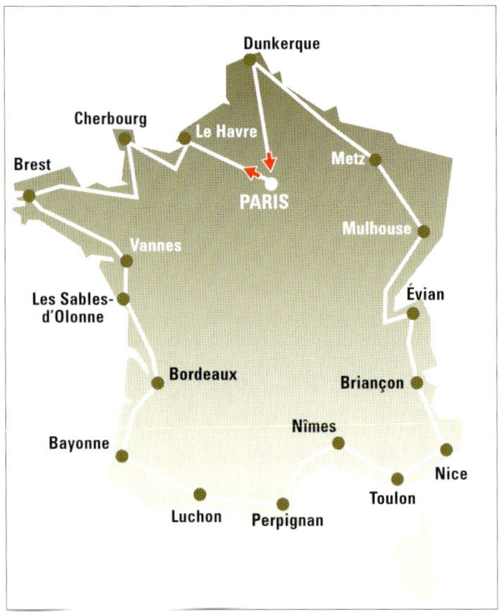

			Etappen	Etappensieger	Gelbes Trikot
1. Etappe	Sonntag 21. Juni	**340 km**	Paris – Le Havre	O. Bottecchia (ITA)	O. Bottecchia
2. Etappe	Dienstag 23. Juni	**371 km**	Le Havre – Cherbourg	R. Bellenger (FRA)	O. Bottecchia
3. Etappe	Donnerstag 25. Juni	**405 km**	Cherbourg – Brest	L. Mottiat (BEL)	A. Benoît
4. Etappe	Freitag 26. Juni	**208 km**	Brest – Vannes	N. Frantz (LUX)	A. Benoît
5. Etappe	Samstag 27. Juni	**204 km**	Vannes – Les Sables-d'Olonne	N. Frantz (LUX)	A. Benoît
6. Etappe	Sonntag 28. Juni	**293 km**	Les Sables-d'Olonne – Bordeaux	O. Bottecchia (ITA)	A. Benoît
7. Etappe	Montag 29. Juni	**189 km**	Bordeaux – Bayonne	O. Bottecchia (ITA)	O. Bottecchia
8. Etappe	Mittwoch 1. Juli	**326 km**	Bayonne – Luchon	A. Benoît (BEL)	A. Benoît
9. Etappe	Freitag 3. Juli	**323 km**	Luchon – Perpignan	N. Frantz (LUX)	O. Bottecchia
10. Etappe	Samstag 4. Juli	**215 km**	Perpignan – Nîmes	T. Beeckman (BEL)	O. Bottecchia
11. Etappe	Sonntag 5. Juli	**215 km**	Nîmes – Toulon	L. Buysse (BEL)	O. Bottecchia
12. Etappe	Dienstag 7. Juli	**280 km**	Toulon – Nizza	L. Buysse (BEL)	O. Bottecchia
13. Etappe	Donnerstag 9. Juli	**275 km**	Nizza – Briançon	B. Aimo (ITA)	O. Bottecchia
14. Etappe	Samstag 11. Juli	**303 km**	Briançon – Évian	H. Martin (BEL)	O. Bottecchia
15. Etappe	Montag 13. Juli	**373 km**	Évian – Mulhouse	N. Frantz (LUX)	O. Bottecchia
16. Etappe	Mittwoch 15. Juli	**334 km**	Mulhouse – Metz	H. Martin (BEL)	O. Bottecchia
17. Etappe	Freitag 17. Juli	**433 km**	Metz – Dünkirchen	H. Martin (BEL)	O. Bottecchia
18. Etappe	Sonntag 19. Juli	**343 km**	Dünkirchen – Paris	O. Bottecchia (ITA)	O. Bottecchia

Oben: Bottecchia nutzt eine dreiminütige Unterbrechung des Rennens in Abbéville, um sich zu erfrischen. Eine Abkühlung, die sich auszahlt, denn er gewinnt später in Paris.

Unten: Mit einem Sieg im Prinzenpark krönt Bottecchia seine Tour. Der sonst so zurückhaltende Italiener ist außer sich vor Freude. Rechts neben ihm Lucien Buysse, ein treuer Helfer, dessen Chance schon bald kommen wird.

1926

Lucien BUYSSE

Endlich Buysse...

1924 Dritter, 1925 Zweiter und für manchen moralischer Sieger. Der Erfolg 1926 ist nur die logische Konsequenz. Lucien Buysse hat ganz einfach die nötige „Tour-Intelligenz“, so Karel Steyaert, dem er das Siegerbukett schenkt. (Foto rechte Seite)

Der Belgier Lucien Buysse feiert in diesem Jahr den Triumph, den sein Bruder Marcel schon 1913 verdient gehabt hätte. Ein gebrochener Lenker verhinderte dies damals. Doch der Erfolg 1926 hat mit ausgleichender Gerechtigkeit nichts zu tun, sondern eher mit der kontinuierlichen Entwicklung, die Lucien in der von Pierrard geführten Mannschaft Automoto durchläuft. In den Jahren 1924 und 1925 hat er maßgeblichen Anteil an den Triumphen seines Kapitäns Bottecchia. Er selbst wird erst Dritter, dann Zweiter, und dann... hat er in diesem Jahr in seinem zweiten Bruder Jules selbst einen treuen Helfer. Trotz allem ist der 33-Jährige nicht der Favorit von Henri Desgrange, der eher auf Adelin Benoît setzt, ebenfalls Belgier. Buysse reagiert ihm zu langsam... Doch diese Tour, die zum ersten Mal in der Provinz gestartet wird (in Evian), ist mit einer Rekorddistanz von 5.745 Kilometern wahrlich lang genug für unvorhergesehene Ereignisse. Vor den 126 Startern liegen immerhin 17 Etappen bei nur 13 Ruhetagen. Diese Zahlen scheinen die „Giganten der Landstraße“ im Sonderzug auf dem Weg nach Evian nachdenklich gemacht zu haben, denn zum Leidwesen von Desgrange gehen sie das Rennen äußerst verhalten an und sparen ihre Kräfte. Was dazu führt, dass 10 Etappen im Sprint entschieden werden! So bleibt es den Fahrern aus der zweiten Reihe vorbehalten, für Paukenschläge zu sorgen: Jules Buysse, der Bruder-Helfer, gewinnt den ersten Abschnitt, die Marathon-Etappe nach Dünkirchen über 433 Kilometer holt sich Gustave Van Slembrouck. Damit zieht er auch das Gelbe Trikot über, das er bis in die Pyrenäen tragen darf. Bei der 10. Etappe von Bayonne nach Luchon beweist dann der erfahrene Lucien Buysse unter unsäglichen Wetterbedingungen seine Klasse und seine sprichwörtliche Ausdauer. Der Brieftaubenzüchter aus Wontergem, der schon 1914 seine erste Tour bestritt, darf bei seiner sechsten endlich zeigen, was in ihm steckt. Das Wetter wird auch auf der 11. Etappe von Luchon nach Perpignan nicht besser, doch er baut seinen Vorsprung weiter aus, und nur sein Bruder kann mithalten...

Im Roussillon steht schließlich fest, dass er diese Tour nicht mehr verlieren kann, erst dann gönnt er sich einen Cinzano. Das Alcyon-Team von Ludovic Feuillet versucht zwar ständig, den Belgier mit Sticheleien aus dem Konzept zu bringen, doch Frantz ist krank und Aimo nicht stark genug - so sind diese Versuche von vornherein zum Scheitern verurteilt. Lucien Buysse behält jederzeit Ruhe und Überblick und hält sich aus den Sprintentscheidungen raus. Der unverbesserliche Raucher Van Slembrouck steigt in den Alpen aus, und so genießt Buysse einen Triumphzug nach Paris, wo seine Glanztaten erstmals mit einem Lautsprecherwagen verkündet werden.

GESAMTKLASSEMENT

1. **Lucien BUYSSE** (BEL, Automoto), 238 Std. 44'25"
   Stundenmittel: 24,063 km/h
2. **Nicolas FRANTZ** (LUX, Alcyon), 1 Std. 22'25"
3. **Bartolomeo AIMO** (ITA, Alcyon), 1 Std. 22'51"
4. Théophile BEECKMAN (BEL, Armor), 1 Std. 43'54"
5. Felix SELLIER (BEL, Alcyon), 1 Std. 49'13"
6. Albert DEJONGHE (BEL, J.B. Louvet), 1 Std. 56'15"
7. Léon PARMENTIER (BEL, J.B. Louvet), 2 Std. 9'20"
8. Georges CUVELIER (FRA, Météore), 2 Std. 28'32"
9. Jules BUYSSE (BEL, Automoto), 2 Std. 37'3"
10. Marcel BIDOT (FRA, Thomann), 2 Std. 53'54"
11. Odile TAILLIEU (BEL, J.B. Louvet), 3 Std. 9'8"
12. Joseph VAN DAM (BEL, Automoto), 4 Std. 0'35"
13. Omer HUYSE (BEL, Automoto), 4 Std. 7'24"
14. Camille VAN DE CASTEELE (BEL, J.B. Louvet), 4 Std. 28'19"
15. Aimé DOSSCHE (BEL, Christophe), 5 Std. 23'19"
16. Émile HARDY (BEL, Christophe), 6 Std. 2'20"
17. Raimond ENGLEBERT (BEL, Alcyon), 6 Std. 3'10"
18. Henri COLLE (SUI, J. B. Louvet), 7 Std. 10'35"
19. Georges DETREILLE (FRA, Météore), 7 Std. 48'17"
20. Omer VERMEULEN (BEL, Météore), 7 Std. 49'44"

20. TOUR DE FRANCE: 17 ETAPPEN – 5.745 KM (DIE LÄNGSTE TOUR ALLER ZEITEN)

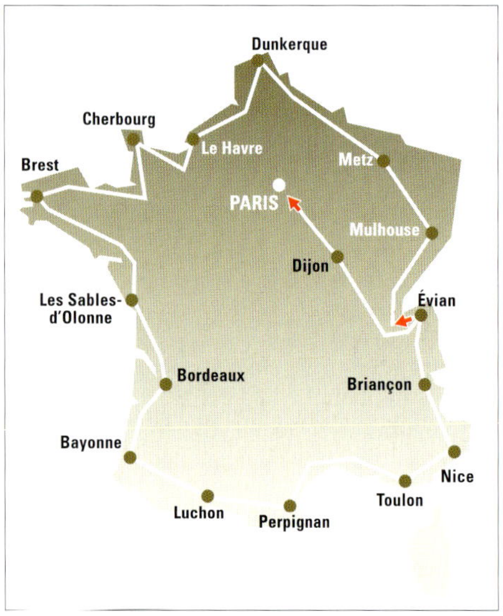

		Etappen	Etappensieger	Gelbes Trikot
1. Etappe Sonntag 20. Juni	**373 km**	Évian – Mulhouse	J. Buysse (BEL)	J. Buysse
2. Etappe Dienstag 22. Juni	**334 km**	Mulhouse – Metz	A. Dossche (BEL)	J. Buysse
3. Etappe Donnerstag 24. Juni	**433 km**	Metz – Dünkirchen	G. Van Slembrouck (BEL)	G. Van Slembrouck
4. Etappe Freitag 26. Juni	**361 km**	Dünkirchen – Le Havre	F. Sellier (BEL)	G. Van Slembrouck
5. Etappe Sonntag 28. Juni	**357 km**	Le Havre – Cherbourg	A. Benoît (BEL)	G. Van Slembrouck
6. Etappe Dienstag 30. Juni	**405 km**	Cherbourg – Brest	J. Van Dam (BEL)	G. Van Slembrouck
7. Etappe Donnerstag 2. Juli	**412 km**	Brest – Les Sables-d'Olonne	N. Frantz (LUX)	G. Van Slembrouck
8. Etappe Freitag 3. Juli	**285 km**	Les Sables-d'Olonne – Bordeaux	J. Van Dam (BEL)	G. Van Slembrouck
9. Etappe Sonntag 4. Juli	**189 km**	Bordeaux – Bayonne	N. Frantz (LUX)	G. Van Slembrouck
10. Etappe Dienstag 6. Juli	**326 km**	Bayonne – Luchon	L. Buysse (BEL)	L. Buysse
11. Etappe Donnerstag 8. Juli	**323 km**	Luchon – Perpignan	L. Buysse (BEL)	L. Buysse
12. Etappe Samstag 10. Juli	**427 km**	Perpignan – Toulon	N. Frantz (LUX)	L. Buysse
13. Etappe Montag 12. Juli	**280 km**	Toulon – Nizza	N. Frantz (LUX)	L. Buysse
14. Etappe Mittwoch 14. Juli	**275 km**	Nizza – Briançon	B. Aimo (ITA)	L. Buysse
15. Etappe Freitag 16. Juli	**303 km**	Briançon – Évian	J. Van Dam (BEL)	L. Buysse
16. Etappe Samstag 17. Juli	**321 km**	Évian – Dijon	C. Van de Casteele (BEL)	L. Buysse
17. Etappe Sonntag 18. Juli	**341 km**	Dijon – Paris	A. Dossche (BEL)	L. Buysse

BAYONNE – LUCHON Durch die Wetterhölle: 76 waren gestartet, nur 54 kamen an! Schlammverkrustet und mit Zubehör bepackt wiegen die Maschinen über 16 Kilo.

Lucien erringt Gelb nach Glanztat

Sellier, einer der Leader bei Alcyon, hat eine Reifenpanne. Teamkollege Debusschere hilft bei der Reparatur, das Reglement lässt dies zu.

LUCHON (Dienstag, 6. Juli) - Die härteste Etappe unserer großen Rundfahrt, die von Bayonne nach Luchon führte, ist bestritten. Der fabelhafte Kampf der Equipe Automoto begann am Fuße des Col d'Aubisque und währte bis zum Ziel, bei schrecklichen Wetterbedingungen und auf zerfurchten Holperpisten. Wie leicht vorauszusehen war, hat das heutige Gesamtklassement nichts mehr mit dem von vorgestern gemein. Van Slembrouck hat sein Gelbes Trikot verloren, und es ist wenig wahrscheinlich, dass er es wieder anlegen wird. Doch immerhin ist es für den jungen Wolf ein großer Achtungserfolg, das Führungstrikot von Dünkirchen bis nach Luchon getragen zu haben. Als Lucien Buysse das Signal zum Angriff gab, war aber der für einen guten Bergfahrer zu schwere Mann einer der Ersten, die sich geschlagen geben mussten. Am Aubisque zogen drei Fahrer dem Feld davon und dominierten die Situation: Lucien Buysse, Dejonghe und Huyse. Bottecchia, der an Nierenschmerzen litt, verlor den Anschluss und wollte schon aufgeben, setzte das Rennen dann aber tapfer fort. Adelin Benoît hingegen, der mit großen Ambitionen gestartet war, stürzte und sah sich gezwungen aufzugeben.

Am Tourmalet wurde dann Huyse abgehängt, Lucien Buysse und Dejonghe lagen somit alleine an der Spitze. Hinter den beiden Führenden versuchten Taillieu, Devos und Aimo verbissen, die Lücke zu schließen. Für alle anderen Fahrer ging es nur noch ums Ankommen... Schließlich konnte der beeindruckend starke Lucien Buysse seinen Rivalen Dejonghe abschütteln und sein hohes Tempo bis ins Ziel in Luchon beibehalten, wo er mit einem Vorsprung von sage und schreibe 25 Minuten triumphierend die Ziellinie überquerte. Aimo wurde Zweiter, Devos Dritter. Mit einem einzigen Schlag machte die „Bulldogge aus Flandern" ihren gesamten Rückstand wett und eroberte das Maillot Jaune der Tour de France. Und das Trikot befindet sich nun in guten Händen! Offensichtlich scheint der Erfolg von Lucien Buysse niemanden zu überraschen. Aber mit welcher Willensstärke und welcher Brillanz er den Sieg errang, das ist schon sehr beeindruckend. Eine herausragende Leistung, sicherlich die schönste seiner Karriere!

Wir möchten ihm somit unsere Anerkennung aussprechen und ihn beglückwünschen, dass er seine kühne Attacke mit einem solchen Elan, einer solchen Leidenschaft ausgeführt hat. Nun braucht es schon einen ganz außergewöhnlichen Mann, um Lucien seine gerade errungene Trophäe wieder zu entreißen. Abschließend möchte ich noch ausdrücklich darauf hinweisen, wie sehr auch die beiden geschätzten Marken der Tour de France, Automoto und Hutchinson, zum gestrigen Erfolg beigetragen haben. Sie haben diese gewaltige Rundfahrt bereits drei Mal gewonnen, doch noch niemals zuvor haben sie einem Athleten einen solch kolossalen Kraftakt ermöglicht, wie ihn am gestrigen Tag Lucien Buysse vollzogen hat. Selbst ein Klasse-Champion wie Lucien braucht zwei Marken wie Automoto und Hutchinson an seiner Seite, um mit nur einem Angriff einen Rückstand von über 22 Minuten aufzuholen und seine Gegner in derart beeindruckender Manier auf die Plätze zu verweisen. Automoto und Hutchinson haben dieses Bravourstück erst möglich gemacht, und daher gebührt ihnen die gleiche Ehre wie Lucien Buysse. Doch wir sollten die unglücklichen Touren-Fernfahrer nicht vergessen, die in diesem Unwetter ohne die Unterstützung von Mannschaften bestehen mussten. Wie könnten wir mit diesem Bericht enden, ohne die glänzende Leistung des Ersten und Zweiten dieser Kategorie zu würdigen? Bravo Rossignoli, Bravo Touzard!

Geben wir unseren wackeren Kämpen noch einen letzten Wunsch mit auf den Weg: Möge Euch das Schicksal gnädig gestimmt sein und Euch von Unheil verschonen!

Links: Schon in Dünkirchen hat er geschworen, in Luchon zu siegen – Buysse trotzt dem Unwetter, dem Aubisque und dem Peyresourde und bezwingt seine Gegner Aimo und Parmentier.

Rechts: Nebel, Kälte und klamme Finger - da geht ein Schlauchwechsel nur mit vereinten Kräften: Van Dam, Huyse und Jules Buysse helfen Lucien bei der Reparatur.

In seiner Heimatstadt Toulon sollte es eigentlich Tesis großer Tag werden, doch an einer Kreuzung stürzt er.

Jules Buysse (vorne), Bruder und Helfer von Lucien, startet den siegreichen Angriff, bei dem Bottecchia (hinten) den Anschluss verliert.

Nach seinem Sieg über die entfesselten Naturgewalten in Luchon hält Lucien Buysse Aimo und Frantz auf Distanz, die hier in den Puymorens an seinem Hinterrad hängen.

1927

Nicolas FRANTZ

Die „Tour de Frantz“

Der Start der Frankreich-Rundfahrt des Jahres 1927 wird vom tragischen Tod Ottavio Bottecchias und der Absage des Titelverteidigers Lucien Buysse überschattet. Außerdem sorgen diverse Veränderungen für Diskussionen: Desgrange will das Rennen attraktiver gestalten, es soll nicht immer nur in den Pyrenäen zwischen Bayonne und Luchon entschieden werden. Er verkürzt die Etappen, erhöht dafür ihre Anzahl auf 24 und führt für die 16 Flachetappen den zeitversetzten Start ein - praktisch ein Mannschaftszeitfahren mit Einzelwertung! Gewiss eine Revolution, aber auch ein Riesenvorteil für die großen Mannschaften. Doch nur Alcyon weiß die Gunst der Stunde zu nutzen, während die Formationen J.B. Louvet, Dilecta und Alleluia völlig unerwartet schwächeln. Dabei erwischen die Männer von Dilecta einen Start nach Maß und erteilen Alcyon mit zwei Etappensiegen und der Übernahme des Gelben Trikots durch Francis Pélissier und Ferdinand Le Drogo erst einmal eine Lektion. Aber das ist leider nur ein Strohfeuer, bald darauf geht die rein französische Mannschaft kläglich ein. Francis krank, Ferdinand desolat, der Rest der Mannschaft entmutigt... Zum Glück hält die belgische Equipe J.B. Louvet das Rennen noch einigermaßen offen, gewinnt einige Etappen und verteidigt tapfer das Führungstrikot von Hector Martin. Doch nur bis zu den Pyrenäenetappen - armer Henri Desgrange!

Dort macht Nicolas Frantz bei seiner vierten Tour-Teilnahme ernst. In Bayonne startet Hector Martin noch mit 17 Minuten Vorsprung, doch bis nach Luchon verliert er zwei Stunden und alle Illusionen. Das erste Gelbe Trikot für den Luxemburger aus der Mannschaft Alcyon, und er legt es nicht mehr ab. Zwar gewinnt in Perpignan Van Slembrouck, doch die Lorbeeren erntet „Nick“ zusammen mit drei Teamkollegen. Frantz gewinnt auch in Nizza und kontrolliert anschließend das Rennen bis nach Metz, wo er nach einem Fehler im Streckenverlauf ebenfalls siegt. Faber hat einen würdigen Nachfolger gefunden! Ludovic Feuillet, der neue Alcyon-Stratege, feiert nach einer überzeugenden Teamleistung einen erfolgreichen Einstand. Die Zuschauer hingegen verlieren den Überblick und murren, denn die erste Mannschaft, die vorüberfährt, ist nicht unbedingt auch die beste... Von nun an verfolgt man die Tour wie ein Lebensmittelhändler - mit einem Notizblock in der Hand und einem Bleistift hinter dem Ohr. Sportliche Leidenschaft will da nicht so recht aufkommen, doch die tollen Alleinfahrten zweier „Touren-Fernfahrer“, nämlich des Italieners Gordini in den Pyrenäen und des Schweizers Martinet in den Alpen, sorgen dann doch für Begeisterung. Ein Lichtblick ist auch das erfolgreiche Tour-Debüt zweier junger Franzosen, von denen noch zu reden sein wird: André Leducq und Antonin Magne.

GESAMTKLASSEMENT

1. **Nicolas FRANTZ** (LUX, Alcyon), 198 Std. 16'42" Stundenmittel: 27,224 km
2. **Maurice DE WAELE** (BEL, Labor), 1 Std. 48'21"
3. **Julien VERVAECKE** (BEL, Armor), 2 Std. 25'6"
4. André LEDUCQ (FRA, Thomann), 3 Std. 2'5"
5. Adelin BENOIT (BEL, Alcyon), 4 Std. 45'1"
6. Antonin MAGNE (FRA, Alleluia), 4 Std. 48'23"
7. Pé VERHAEGEN (BEL, J.B. Louvet), 6 Std. 18'36"
8. Julien MOINEAU (FRA, Alleluia), 6 Std. 36'17"
9. Hector MARTIN (BEL, J.B. Louvet), 7 Std. 7'34"
10. Maurice GELDHOF (BEL, J.B. Louvet), 7 Std. 16'2"
11. Raymond DECORTE (BEL, J.B. Louvet), 8 Std. 17'12"
12. Louis MULLER (BEL, Armor), 8 Std. 27'49"
13. Jan DEBUSSCHERE (BEL, Alcyon), 10 Std. 51'56"
14. Gustaaf VAN SLEMBROUCK (BEL, J.B. Louvet), 11 Std. 1'54"
15. Pierre MAGNE (FRA, Alleluia), 12 Std. 12'37"
16. Louis DELANNOY (BEL, Labor), 13 Std. 28' 2"
17. Jos HEMELSOET (BEL, J.B. Louvet), 14 Std. 8'18"
18. Secundo MARTINETTO (ITA, 1. Touren-Fernfahrer), 14 Std. 37'12"

21. TOUR DE FRANCE: 24 ETAPPEN – 5.321 KILOMETER

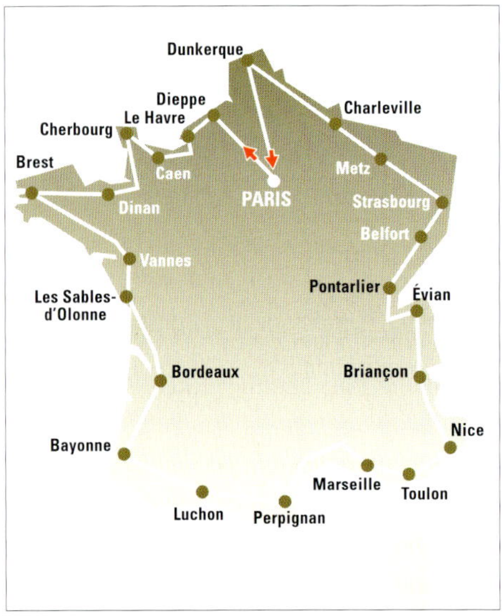

			Etappen	Etappensieger	Gelbes Trikot
1. Etappe	Sonntag 19. Juni	**180 km**	Paris – Dieppe	F. Pélissier (FRA)	F. Pélissier
2. Etappe	Montag 20. Juni	**103 km**	Dieppe – Le Havre	M. De Waele (BEL)	F. Pélissier
3. Etappe	Dienstag 21. Juni	**225 km**	Le Havre – Caen	H. Martin (BEL)	F. Pélissier
4. Etappe	Mittwoch 22. Juni	**140 km**	Caen – Cherbourg	C. Van de Casteele (BEL)	F. Pélissier
5. Etappe	Donnerstag 23. Juni	**199 km**	Cherbourg – Dinan	F. Le Drogo (FRA)	F. Pélissier
6. Etappe	Freitag 24. Juni	**206 km**	Dinan -Brest	A. Leducq (FRA)	F. Le Drogo
7. Etappe	Samstag 25. Juni	**207 km**	Brest – Vannes	G. Van Slembrouck (BEL)	H. Martin
8. Etappe	Sonntag 26. Juni	**204 km**	Vannes – Les-Sables-d'Olonne	R. Decorte (BEL)	H. Martin
9. Etappe	Montag 27. Juni	**285 km**	Les-Sables-d'Olonne – Bordeaux	A. Benoît (BEL)	H. Martin
10. Etappe	Dienstag 28. Juni	**189 km**	Bordeaux – Bayonne	P. Verhaegen (BEL)	H. Martin
11. Etappe	Donnerstag 30. Juni	**326 km**	Bayonne – Luchon	N. Frantz (LUX)	N. Frantz
12. Etappe	Samstag 2. Juli	**323 km**	Luchon – Perpignan	G. Van Slembrouck (BEL)	N. Frantz
13. Etappe	Montag 4. Juli	**360 km**	Perpignan – Marseille	M. De Waele (BEL)	N. Frantz
14. Etappe	Dienstag 5. Juli	**120 km**	Marseille – Toulon	A. Magne (FRA)	N. Frantz
15. Etappe	Mittwoch 6. Juli	**280 km**	Toulon – Nizza	N. Frantz (LUX)	N. Frantz
16. Etappe	Freitag 8. Juli	**275 km**	Nizza – Briançon	J. Vervaecke (BEL)	N. Frantz
17. Etappe	Samstag 9. Juli	**283 km**	Briançon – Évian	P. Verhaegen (BEL)	N. Frantz
18. Etappe	Montag 11. Juli	**213 km**	Évian – Pontarlier	A. Benoît (BEL)	N. Frantz
19. Etappe	Dienstag 12. Juli	**119 km**	Pontarlier – Belfort	M. Geldhof (BEL)	N. Frantz
20. Etappe	Mittwoch 13. Juli	**145 km**	Belfort – Straßburg	R. Decorte (BEL)	N. Frantz
21. Etappe	Donnerstag 14. Juli	**165 km**	Straßburg – Metz	N. Frantz (LUX)	N. Frantz
22. Etappe	Freitag 15. Juli	**159 km**	Metz – Charleville	H. Martin (BEL)	N. Frantz
23. Etappe	Samstag 16. Juli	**270 km**	Charleville – Dünkirchen	A. Leducq (FRA)	N. Frantz
24. Etappe	Sonntag 17. Juli	**344 km**	Dünkirchen – Paris	A. Leducq (FRA)	N. Frantz

Im Aravis-Massiv organisiert Alcyon mit J. Vervaecke, Benoît, Leducq und Frantz in Gelb die Verfolgung der ausgerissenen Magne, De Waele, Verhaegen und Martinet.

Obwohl Frantz nicht das Feingefühl eines wirklich herausragenden Kletterers hat, wächst er auf dem Weg nach Luchon über sich hinaus, passiert Tourmalet und Aspin als Erster und holt sich das Gelbe Trikot von Martin.

Der Einzelfahrer Michele Gordini ist dem Feld noch in der Nacht ausgerissen. Trotzdem wird er in Luchon „nur" Fünfter, hinter den Fahrern der Alcyon-Mannschaft.

1928

Nicolas FRANTZ

Frantz zieht das Gelbe Trikot nicht aus

Die Geschichte der Tour de France hat neben heldenhaften Fahrern auch brillante Strategen hervorgebracht. Alphonse Baugé gilt als der Magier der „heroischen Epoche", von ihm übernimmt Ludovic Feuillet das Zepter und dominiert die „verrückten Jahre". Und so steht auch die Tour 1928 ganz im Zeichen seiner himmelblauen Equipe Alcyon, die nicht nur 13 von 22 Etappen gewinnt, sondern auch den Luxemburger Nicolas Frantz zum zweiten Tour-Sieg in Folge führt. Den Mannschaften Alleluia, Elvish, Thomann oder J.B. Louvet bleiben mit ihren Assen Antonin Magne, den Bidot-Brüdern, Julien Moineau, Marcel Huot oder Victor Fontan vorerst nur Statistenrollen. Die Überlegenheit von Alcyon ist so erdrückend, dass Frantz nach dem Gewinn der ersten Etappe das gesamte Rennen in Gelb bestreitet - seine treuen Adjutanten Maurice De Waele und André Leducq stets an seiner Seite. Henri Desgrange ist gar gezwungen, seine Leser mit einem virtuellen Kampf der französischen gegen die ausländischen Fahrer bei Laune zu halten, womit er praktisch die Aufteilung des Feldes in Nationalmannschaften vorwegnimmt. Doch er verdreht die Realität, denn obwohl 13 von 22 Etappen an Franzosen gehen, ist ein Nachfolger von Henri Pélissier freilich noch nicht auszumachen. Wegen der Olympischen Sommerspiele in Amsterdam wird der Beginn der Tour vorverlegt: Schon am 17. Juni gibt Desgrange den Start frei für ein Rekord-Peloton von 162 Fahrern, unterteilt in drei Kategorien: Gruppenfahrer, Elitefahrer und Touren-Fernfahrer (wiederum unterteilt in Regionalmannschaften und Einzelstarter). Er träumt von einem Sieger mit den Muskeln eines Frantz und dem Schneid eines Leducq... Wenigstens zum Teil geht sein Traum in Erfüllung, denn Frantz gewinnt diese schwere Tour. Und er hat sich verändert: er ist allzeit durchorganisiert, trägt zu jeder Etappe frische Radhosen und Schuhe und gewinnt endlich nach dem Sieg bei fünf Schlüsseletappen auch die Anerkennung seines Teamchefs. Nach einem Defekt an seiner Maschine zeigt er sich ungewohnt entschlossen und fährt auf einem Damenrad ins Ziel, denn sonst hätte er diese von ihm so souverän beherrschte Tour de France noch verloren. Gegner wie Fontan oder Mertens, aber auch Teamkollegen wie Leducq oder Rebry hätten sich bestimmt nicht zweimal bitten lassen. Magne allerdings verspielt seine Chancen zur Überraschung Desgranges schon in den Pyrenäen, wo er nicht mehr zulegen kann. Alles in allem erleben die Radsportfans eine gelungene Auflage der „Großen Schleife", die allerdings mit ihrem Mannschafts-Charakter den Touren-Fernfahrern, die nicht für Regionalmannschaften fahren, das Leben sehr schwer macht. Überraschend wacker schlagen sich die ersten Australier der Tour-Geschichte im Team Ravat-Wonder.

GESAMTKLASSEMENT

1. **Nicolas FRANTZ** (LUX, Alcyon), 192 Std. 48'58" ; Stundenmittel: 27,876 km/h
2. **André LEDUCQ** (FRA, Alcyon), 50'7"
3. **Maurice DE WAELE** (BEL, Alcyon), 56'16"
4. Jan MERTENS (BEL, Thomann), 1 Std. 19'18"
5. Julien VERVAECKE (BEL, Armor), 1 Std. 53'32"
6. Antonin MAGNE (FRA, Alleluia), 2 Std. 14'2"
7. Victor FONTAN (FRA, Elvish), 5 Std. 7'47"
8. Marcel BIDOT (FRA, Alleluia), 5 Std. 18'28"
9. Marcel HUOT (FRA, Alleluia), 5 Std. 37'33"
10. Pierre MAGNE (FRA, Alleluia), 5 Std. 41'20"
11. Joseph MAUCLAIR (FRA, Armor), 5 Std. 44'1"
12. Gaston REBRY (BEL, Alcyon), 5 Std. 53'44"
13. Louis DELANNOY (BEL, Armor), 6 Std. 11'35"
14. Camille VAN DE CASTEELE (BEL, J.B. Louvet), 7 Std. 3'2"
15. Salvador CARDONA (ESP, Elvish), 7 Std. 33'47"
16. Pé VERHAEGEN (BEL, J.B. Louvet), 7 Std. 39'56"
17. Julien MOINEAU (FRA, Alleluia), 8 Std. 3'23"
18. Hubert OPPERMAN (AUS, Ravat-Wonder), 8 Std. 34'25"
19. Désiré LOUESSE (BEL, Alcyon), 9 Std. 27'21"
20. Odile TAILLIEU (BEL, J.B. Louvet), 10 Std. 23'18"

22. TOUR DE FRANCE: 22 ETAPPEN – 5.375 KILOMETER

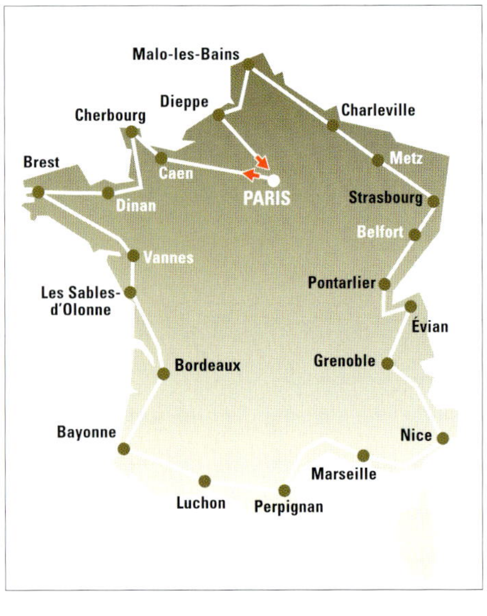

				Etappen	Etappensieger	Gelbes Trikot
1. Etappe	Sonntag 17. Juni		**207 km**	Paris – Caen	N. Frantz (LUX)	N. Frantz
2. Etappe	Montag 18. Juni		**140 km**	Caen – Cherbourg	A. Leducq (FRA)	N. Frantz
3. Etappe	Dienstag 19. Juni		**199 km**	Cherbourg – Dinan	G. Rebry (BEL)	N. Frantz
4. Etappe	Mittwoch 20. Juni		**206 km**	Dinan – Brest	P. Verhaegen (BEL)	N. Frantz
5. Etappe	Donnerstag 21. Juni		**208 km**	Brest – Vannes	M. Bidot (FRA)	N. Frantz
6. Etappe	Freitag 22. Juni		**204 km**	Vannes – Les Sables-d'Olonne	N. Frantz (LUX)	N. Frantz
7. Etappe	Samstag 23. Juni		**285 km**	Les Sables-d'Olonne – Bordeaux	V. Fontan (FRA)	N. Frantz
8. Etappe	Sonntag 24. Juni		**225 km**	Bordeaux – Hendaye	M. De Waele (BEL)	N. Frantz
9. Etappe	Dienstag 26. Juni		**387 km**	Hendaye – Luchon	V. Fontan (FRA)	N. Frantz
10. Etappe	Donnerstag 28. Juni		**323 km**	Luchon – Perpignan	A. Leducq (FRA)	N. Frantz
11. Etappe	Samstag 30. Juni		**363 km**	Perpignan – Marseille	A. Leducq (FRA)	N. Frantz
12. Etappe	Montag 2. Juli		**330 km**	Marseille – Nizza	N. Frantz (LUX)	N. Frantz
13. Etappe	Mittwoch 4. Juli		**333 km**	Nizza – Grenoble	A. Magne (FRA)	N. Frantz
14. Etappe	Freitag 6. Juli		**329 km**	Grenoble – Évian	J. Moineau (FRA)	N. Frantz
15. Etappe	Sonntag 8. Juli		**213 km**	Evian – Pontarlier	P. Magne (FRA)	N. Frantz
16. Etappe	Montag 9. Juli		**119 km**	Pontarlier – Belfort	A. Leducq (FRA)	N. Frantz
17. Etappe	Dienstag 10. Juli		**145 km**	Belfort – Straßburg	J. Mauclair (FRA)	N. Frantz
18. Etappe	Mittwoch 11. Juli		**165 km**	Straßburg – Metz	N. Frantz (LUX)	N. Frantz
19. Etappe	Donnerstag 12. Juli		**139 km**	Metz – Charleville	M. Huot (FRA)	N. Frantz
20. Etappe	Freitag 13. Juli		**271 km**	Charleville – Malo-les-Bains	M. De Waele (BEL)	N. Frantz
21. Etappe	Samstag 14. Juli		**234 km**	Malo-les-Bains – Dieppe	A. Magne (FRA)	N. Frantz
22. Etappe	Sonntag 15. Juli		**330 km**	Dieppe – Paris	N. Frantz (LUX)	N. Frantz

Oben: Unter der Ägide Ludovic Feuillets lassen die "himmelblauen Teufel" von Alcyon die goldenen Zeiten von Alphonse Baugé, Faber, Lapize, Garrigou und Defraye wieder aufleben.

Unten: Gemeinsam - aber auch einzeln - sind sie stark: De Waele, Vervaecke, Frantz, Rebry und Mertens (von vorne nach hinten).

1929

Maurice DE WAELE

De Waele beißt sich durch

Krönung für Alcyon im Prinzenpark. Von Ludovic Feuillet (weißes Hemd) meisterlich geführt, dominieren die „Himmelblauen" erneut. V.l.n.r.: Frantz (zwei Etappen), Leducq (fünf Etappen) und De Waele (eine Etappe). (Foto rechte Seite)

Zwei Neuheiten: Es gibt keine zeitversetzten Starts mehr, außer wenn der Schnitt unter 30 km/h fällt; außerdem erhält das Rennen seinen individuellen Charakter zurück. Das heißt, dass das Alcyon-Ass Frantz seine Reifenschäden selbst reparieren muss, genauso wie Lucien Buysse von Lucifer, ebenfalls Tour-Sieger und Mitfavorit. Zwischen dem Luxemburger und dem Belgier erwartet man das große Duell, das 1927 und 1928 nicht stattfand. Doch Frantz ist nicht in Form und hat obendrein zwischen Luchon und Perpignan fünf Plattfüße, Buysse stimmt bereits den Schwanengesang an, und Fontan, mit starken Leistungen ins Gelbe Trikot gefahren, hat mit einem Gabelbruch großes Pech. Und so ergreift ein anderer seine Chance: der robuste Maurice De Waele, der blonde Flame, ebenfalls aus dem Team Alcyon, schon 1927 Zweiter und 1928 Dritter. Dabei bleibt auch Maurice, der nach langer Flucht mit seinem Landsmann Delannoy in Brest Gelb überstreift, nicht vom Pech verschont: Auf dem Weg nach Bordeaux plagen ihn zwei platte Reifen, bei der ersten Pyrenäenetappe hält er mit Fontan mit und verliert nur wegen einer weiteren Reifenpanne. Und bei der Etappe von Luchon nach Perpignan, bei der Fontan aufgibt, unterliegt er knapp Demuysère, weil er über einen Hund stürzt... Immerhin holt er sich das Gelbe Trikot zurück. Auf den restlichen Etappen profitiert er von der Stärke seiner Mannschaft Alcyon, wird jedoch auch vom Wohlwollen seines Landsmanns Demuysère und der auffälligen Zurückhaltung der Equipe Alleluia begünstigt. Mit einem beruhigenden Zeitpolster wehrt der tapfere Maurice bequem alle Angriffe ab. Und belehrt diejenigen eines Besseren, die ihn als ewigen Zweiten abschreiben, sein Talent vergessen, seinen Mut unterschätzen. Von wegen „nur ein Arbeitspferd"! Doch in diesem Jahr bleibt ihm wirklich nichts erspart: In Grenoble erkrankt er und ernährt sich nur noch von 300 Gramm Zucker, in einer Trinkflasche mit Wasser aufgelöst. Maurice De Waele fährt auf dem Zahnfleisch, doch seine Mannschaft bringt ihn ins Ziel. Und ein kranker Sieger - das wurmt alle. Zumal er keine Heldentaten vollbringt wie Charles Pélissier mit seiner Flucht über 185 Kilometer und die Herzen nicht so sehr anrührt wie Fontan, dessen Aufgabe von Jean Antoine pathetisch mit einer rauschenden und knackenden Funktelegrafie bekannt gegeben wird. Raymond Huttier kommentiert im Miroir des Sports den Triumph von De Waele ganz lapidar: „Der Vernünftigste hat gewonnen." Eine Vernunft, die allerdings zumindest teilweise von der Taktik der Marken vorgegeben wird. Und das will Desgrange ändern, da ihm sonst die Kontrolle über „sein" Rennen entgleitet. Die umjubelten Erfolge der beiden Touren-Fernfahrer Omer Taverne in Dinan und Benoît Faure in Nizza bekräftigen letztendlich Desgrange in seiner Entscheidung. Ohne es zu wissen, leitet De Waele, der unerwartete Sieger, eine Revolution ein.

GESAMTKLASSEMENT

1. **Maurice DE WAELE** (BEL, Alcyon), 186 Std. 39'15''
2. **Giuseppe PANCERA** (ITA, LA Rafale), 44'23''
3. **Joseph DEMUYSÈRE** (BEL, Lucifer), 57'10''
4. Salvador CARDONA (ESP, Fontan), 57'46''
5. Nicolas FRANTZ (LUX, Alcyon), 58'
6. Louis DELANNOY (BEL, La Française), 1 Std. 6'9''
7. Antonin MAGNE (FRA, Alleluia), 1 Std. 8'
8. Julien VERVAECKE (BEL, Alcyon, 2 Std. 1'37''
9. Pierre MAGNE (FRA, Alleluia), 2 Std. 3'
10. Gaston REBRY (BEL, Alcyon), 2 Std. 17'49''
11. André LEDUCQ (FRA, Alcyon), 2 Std. 24'51''
12. Frans BONDUEL (BEL, Dilecta), 2 Std. 52'35''
13. Désiré LOUESSE (BEL, Fontan), 3 Std. 3'
14. Bernard VAN RYSSELBERGHE (BEL, Dilecta), 3 Std. 6'23''
15. Benoît FAURE (FRA, Sud-Est), 3 Std. 33'29''
16. Marcel BIDOT (FRA, La Française), 3 Std. 40'49''
17. Armand VAN BRUAENE (BEL, De Dion), 4 Std. 11'54''
18. Charles GOVAERTS (BEL, Elvish), 4 Std. 14'24''
19. Francis BOUILLET (FRA, Lucifer), 5 Std. 7'51''
20. Ernest NEUHARD (FRA, De Dion), 5 Std. 45'12''

23. TOUR DE FRANCE: 22 ETAPPEN – 5.276 KILOMETER

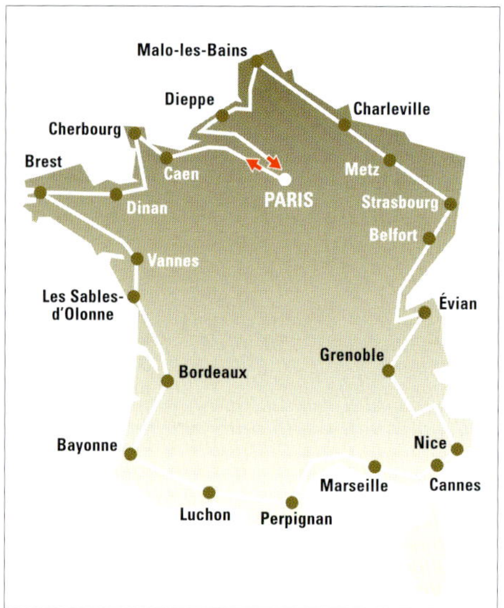

			Etappen	Etappensieger	Gelbes Trikot
1. Etappe	Sonntag 30. Juni	**203 km**	Paris – Caen	A. Dossche (BEL)	A. Dossche
2. Etappe	Montag 1. Juli	**140 km**	Caen – Cherbourg	A. Leducq (FRA)	A. Dossche
3. Etappe	Dienstag 2. Juli	**199 km**	Cherbourg – Dinan	O. Taverne (BEL, Touren-Fernfahrer)	A. Dossche
4. Etappe	Mittwoch 3. Juli	**206 km**	Dinan – Brest	L. Delannoy (BEL)	M. De Waele
5. Etappe	Donnerstag 4. Juli	**208 km**	Brest – Vannes	G. Van Slembrouck (BEL)	M. De Waele
6. Etappe	Freitag 5. Juli	**204 km**	Vannes – Les Sables-d'Olonne	P. Le Drogo (FRA)	M. De Waele
7. Etappe	Samstag 6. Juli	**285 km**	Les Sables-d'Olonne – Bordeaux	N. Frantz (LUX)	N. Frantz
8. Etappe	Sonntag 7. Juli	**182 km**	Bordeaux – Bayonne	J. Moineau (FRA)	G. Rebry
9. Etappe	Dienstag 9. Juli	**363 km**	Bayonne – Luchon	S. Cardona (ESP)	V. Fontan
10. Etappe	Donnerstag 11. Juli	**323 km**	Luchon – Perpignan	J. Demuysère (BEL)	M. De Waele
11. Etappe	Samstag 13. Juli	**366 km**	Perpignan – Marseille	A. Leducq (FRA)	M. De Waele
12. Etappe	Montag 15. Juli	**207 km**	Marseille – Cannes	M. Bidot (FRA)	M. De Waele
13. Etappe	Dienstag 16. Juli	**133 km**	Cannes – Nizza	B. Faure (FRA, Touren-Fernfahrer)	M. De Waele
14. Etappe	Donnerstag 18. Juli	**333 km**	Nizza – Grenoble	G. Rebry (BEL)	M. De Waele
15. Etappe	Samstag 20. Juli	**329 km**	Grenoble – Évian	J. Vervaecke (BEL)	M. De Waele
16. Etappe	Montag 22. Juli	**283 km**	Évian – Belfort	C. Pélissier (FRA)	M. De Waele
17. Etappe	Dienstag 23. Juli	**152 km**	Belfort – Straßburg	A. Leducq (FRA)	M. De Waele
18. Etappe	Mittwoch 24. Juli	**165 km**	Straßburg – Metz	A. Leducq (FRA)	M. De Waele
19. Etappe	Donnerstag 25. Juli	**159 km**	Metz – Charleville	B. Van Rysselberghe (BEL)	M. De Waele
20. Etappe	Freitag 26. Juli	**270 km**	Charleville – Malo-les-Bains	M. De Waele (BEL))	M. De Waele
21. Etappe	Samstag 27. Juli	**234 km**	Malo-les-Bains – Dieppe	A. Leducq (FRA)	M. De Waele
22. Etappe	Sonntag 28. Juli	**332 km**	Dieppe – Paris	N. Frantz (LUX)	M. De Waele

1930

André LEDUCQ

Leducq in Blau, Weiß, ...Gelb!

Der entscheidende Moment: Am Télégraphe ist André Leducq im Gelben Trikot zum zweiten Mal gestürzt. Angeschoben von Antonin Magne nimmt er das Rennen wieder auf. Er will zunächst aufgeben, kämpft sich jedoch nach einem Pedalwechsel ins Ziel. (Foto rechte Seite)

Henri Desgranges Beziehungen zu den Herstellermannschaften kann man getrost als konfliktbeladen bezeichnen, da sie mit ihren Übertreibungen regelmäßig sein Rennen verfälschen. Immer wieder erklärt er, dass die Tour doch ein „Rennen für die Fahrer" sei. Die Scharmützel zwischen Alcyon, Automoto, Peugeot oder La Française, angeheizt durch die Wechselspiele der Champions, ärgern Desgrange so sehr, dass er die Problematik in L'Auto zum Teil in französisch-belgische oder französisch-italienische Duelle umschreibt. Das kann natürlich nicht lange gut gehen, und er erkennt die Gefahr. Seine Organisation ist eingespielt, seine Zeitung etabliert, die Tour hat ihren Rhythmus gefunden. Nun grassiert in Frankreich eine geradezu überschäumende Begeisterung für die Tennis-Nationalmannschaft, die natürlich auch bei dem alten Champion und Nationalisten Desgrange ihre Wirkung nicht verfehlt. Die Franzosen hatten den USA 1927 den Davis-Cup entrissen und seitdem - verschworenen Musketieren gleich - auf dem heiligen Sand von Roland-Garros erfolgreich verteidigt. Dem Vater der Tour de France kommt eine verwegene, ja geniale Idee: Man könnte Nationalmannschaften aufstellen, sie in Frankreich gegeneinander antreten lassen und alle anfallenden Kosten über eine attraktive Werbekarawane finanzieren! Und tatsächlich: Die 40 Asse, verteilt auf fünf Länderteams mit 8 Fahrern (Belgien, Italien, Spanien, Deutschland, Frankreich) und die 60 Touren-Fernfahrer der Regionalmannschaften erfüllen mit Bravour ihre Aufgabe, die auf simplen Grundregeln der Dramatik beruht - ein Ort (Frankreich), ein Zeitpunkt (Juli), eine Vorgabe (die Blauen gegen den Rest!). Alles mündet in einem Finale furioso: Die drei Favoriten, der Belgier Demuysère, der Italiener Binda und der Franzose Fontan, eliminieren sich gegenseitig. Lachender Vierter ist Dédé Leducq! Die Zuschauer reiben sich verwundert die Augen: Traten Dédé, Charlot, Antonin oder Pierre Magne vor Jahresfrist bei J.B. Louvet, Alleluia oder Alcyon noch antriebslos vor sich hin, so scheint ihnen das Nationaltrikot plötzlich Flügel zu verleihen! Die Mannschaft zerreißt sich förmlich für den Führenden, und als er schwer stürzt, ist es ein Riesenvorteil, dass alle Fahrer des Feldes mit dem gleichen, gelben Rad unterwegs sind...

Goddet schreibt, dass „ein Pélissier jederzeit den Sieger machen kann". Wie wahr, denn „Charlot" beglückt mit acht Etappensiegen nicht nur seine vorwiegend weiblichen Anhänger, sondern er geleitet Dédé auch noch zum Sieg. Die Franzosen feiern einen gewaltigen Erfolg - sechs Fahrer sind unter den ersten zehn, der Italiener Guerra wird Zweiter. Bemerkenswert aus deutscher Sicht ist das gute Ergebnis von Adolf Schön, der auf den zehnten Platz fährt. Desgrange ist zufrieden: Die Vormachtstellung der Industrieteams ist gebrochen, über seinem Rennen weht ein frischer Wind!

GESAMTKLASSEMENT

1. **André LEDUCQ** (FRA, Frankreich), 4818 km in 172 Std. 12'16" ; Stundenmittel: 27,978 km/h
2. **Learco GUERRA** (ITA, Italien), 14'13"
3. **Antonin MAGNE** (FRA, Frankreich), 16'3"
4. Joseph DEMUYSÈRE (BEL, Belgien), 21'34"
5. Marcel BIDOT (FRA, Frankreich), 41'18"
6. Pierre MAGNE (FRA, Frankreich), 45'42"
7. Frans BONDUEL (BEL, Belgien), 56'19"
8. Benoît FAURE (FRA, Touren-Fernfahrer), 58'34"
9. Charles PÉLISSIER (FRA, Frankreich), 1 Std. 4'37"
10. Adolf SCHÖN (GER, Deutschland), 1 Std. 21'39"
11. Louis DELANNOY (BEL, Belgien), 1 Std. 27'23"
12. Aimé DOSSCHE (BEL, Belgien), 1 Std. 28'14"
13. Oskar THIERBACH (GER, Deutschland), 1 Std. 35'34"
14. Louis PÉGLION (FRA, Touren-Fernfahrer), 1 Std. 44'14"
15. Jan MERTENS (BEL, Belgien), 1 Std. 49'24"
16. Salvador CARDONA (ESP, Spanien), 1 Std. 59'43"
17. Valeriano RIERA (ESP, Spanien), 2 Std. 23'9"
18. Marcel MAZEYRAT (FRA, Touren-Fernfahrer), 2 Std. 25'23"
19. Georges LALOUP (BEL, Belgien), 2 Std. 31'37"
20. Giuseppe PANCERA (ITA, Italien), 2 Std. 33'51"

24. TOUR DE FRANCE: 21 ETAPPEN – 4.818 KILOMETER

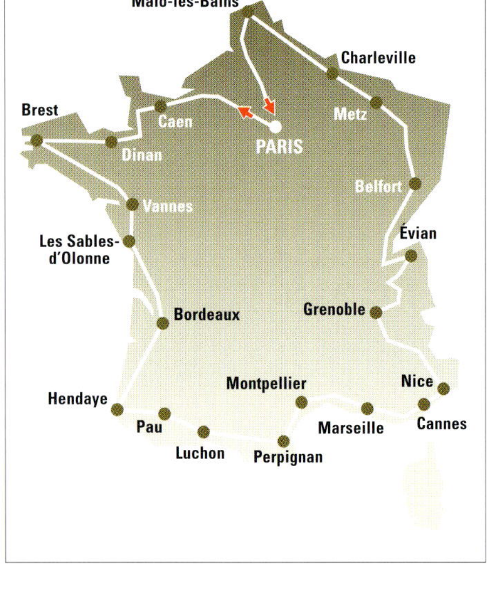

			Etappen	Etappensieger	Gelbes Trikot
1. Etappe	Mittwoch 2. Juli	**206 km**	Paris – Caen	C. Pélissier (FRA)	C. Pélissier
2. Etappe	Donnerstag 3. Juli	**203 km**	Caen – Dinan	L. Guerra (ITA)	L. Guerra
3. Etappe	Freitag 4. Juli	**206 km**	Dinan – Brest	C. Pélissier (FRA)	L. Guerra
4. Etappe	Samstag 5. Juli	**210 km**	Brest – Vannes	O. Taverne (BEL)	L. Guerra
5. Etappe	Sonntag 6. Juli	**202 km**	Vannes – Les-Sables-d'Olonne	A. Leducq (FRA)	L. Guerra
6. Etappe	Montag 7. Juli	**285 km**	Les-Sables-d'Olonne – Bordeaux	J. Aerts (BEL)	L. Guerra
7. Etappe	Dienstag 8. Juli	**222 km**	Bordeaux – Hendaye	J. Merviel (FRA)	L. Guerra
8. Etappe	Mittwoch 9. Juli	**146 km**	Hendaye – Pau	A. Binda (ITA)	L. Guerra
9. Etappe	Donnerstag 10. Juli	**231 km**	Pau – Luchon	A. Binda (ITA)	A. Leducq
10. Etappe	Samstag 12. Juli	**322 km**	Luchon – Perpignan	C. Pélissier (FRA)	A. Leducq
11. Etappe	Montag 14. Juli	**164 km**	Perpignan – Montpellier	C. Pélissier (FRA)	A. Leducq
12. Etappe	Dienstag 15. Juli	**209 km**	Montpellier – Marseille	A. Magne (FRA)	A. Leducq
13. Etappe	Mittwoch 16. Juli	**181 km**	Marseille – Cannes	L. Guerra (ITA)	A. Leducq
14. Etappe	Donnerstag 17. Juli	**132 km**	Cannes – Nizza	L. Péglion (FRA, Touren-Fernfahrer)	A. Leducq
15. Etappe	Samstag 19. Juli	**333 km**	Nizza – Grenoble	L. Guerra (ITA)	A. Leducq
16. Etappe	Montag 21. Juli	**331 km**	Grenoble – Évian	A. Leducq (FRA)	A. Leducq
17. Etappe	Mittwoch 23. Juli	**282 km**	Évian – Belfort	F. Bonduel (BEL)	A. Leducq
18. Etappe	Donnerstag 24. Juli	**223 km**	Belfort – Metz	C. Pélissier (FRA)	A. Leducq
19. Etappe	Freitag 25. Juli	**159 km**	Metz – Charleville	C. Pélissier (FRA)	A. Leducq
20. Etappe	Samstag 26. Juli	**271 km**	Charleville – Malo-les-Bains	C. Pélissier (FRA)	A. Leducq
21. Etappe	Sonntag 27. Juli	**300 km**	Malo-les-Bains – Paris	C. Pélissier (FRA)	A. Leducq

SIX
524-E 55

MALO-LES-BAINS – PARIS In einem überfüllten Prinzenpark applaudiert die Pariser Sportwelt dem Toursieger André Leducq und dem achtfachen Etappensieger Charles Pélissier, der damit einen Rekord aufstellt. Dédé und Charlot tragen die französische Mannschaft zum Sieg. Portrait eines großen Siegers.

André Leducq – das Ass der Franzosen

Dank seiner allzeit guten Laune, seines blendenden Aussehens und seines großen Talents war Leducq schon lange der beliebteste Rennfahrer Frankreichs. Rückschläge überwand er mit Mut und der Kameradschaft seiner Equipe. Dédé ist einfach unwiderstehlich, nicht wahr, Madame Leducq?

PARIS (27. Juli). - André Leducq, brillanter Triumphator der 24. Tour de France, ist unbestreitbar der Mann des Tages. Sein Name ist in aller Munde, und in unserer Redaktion steht das Telefon nicht mehr still, weil uns zahllose Anrufer um Auskünfte zu seiner Person bitten. Deshalb möchten wir unseren interessierten Lesern eine Freude bereiten und ihnen den „Strahlemann" Dédé etwas näher vorstellen.

André Leducq wurde am 27. Februar 1904 in Saint-Ouen geboren. Seine Eltern waren überzeugte Anhänger der Leibesertüchtigung - Vater Leducq bestritt im Jahre 1899 selbst Radrennen - und so bekam der junge André im Alter von 5 Jahren ein zukunftsweisendes Geschenk: ein Fahrrad! Schon bald entwickelte er auf dem Gerät eine bemerkenswerte Geschicklichkeit, und jeden Sonntag nahm Papa Leducq seinen Sprössling mit, auf zwei Rädern die Umgebung von Paris zu erkunden.

Aber manchmal gingen Vater und Sohn auch zur Radrennbahn. Unaufhaltsam nahm die Leidenschaft, Rennen zu fahren, von dem jungen André Besitz. Mit 15 bestritt er seinen ersten Wettkampf, ausgerichtet von der Société des Courses, natürlich mit einem 32er Rad mit Schlauchreifen. Er belegte den 86. Platz - ein hervorragendes Ergebnis für einen Debütanten!

Nach diesem ermutigenden Auftakt trat er 1919 in den Verein Montmartre Sportif ein, wo er behutsam aufgebaut wurde und sich schon bald bei Klassementrennen und Clubvergleichen hervortat. Auch ohne einen Sieg zu erringen hinterließ er einen so guten Eindruck, dass Monsieur Souchard vom Vélo Club de Levallois ihn in der berühmten „Schule" von Paul Ruinart unterbrachte.

Hier konnte André Leducq seine brillanten Fähigkeiten weiter entwickeln, und so war es nur eine Frage der Zeit, bis er sein erstes Rennen gewann: Nanterre-Mantes-Nanterre - sehr zur Freude seines Vaters, der für André auch zu einem selbstlosen Manager geworden war.

Nun folgte Sieg auf Sieg, und im Jahr 1922 gewann André Leducq die Trophäen des Petit Journal und die Französische Juniorenmeisterschaft... Ein Jahr später setzte er seine Erfolgsserie fort und triumphierte bei Étoiles de Paris, ein Rennen in fünf Etappen. Doch sein erfolgreichstes Jahr war zunächst 1924. Erneut errang er die Trophäen des Petit Journal, aber - viel wertvoller! - auch zwei Meistertitel: den des Französischen Meisters und des Amateurweltmeisters!

Im Jahr 1925 wurde er zum Militär einberufen, doch auch dort konnte man Radrennen gewinnen, nämlich die Französischen Straßen-Militärmeisterschaften. André ließ sich natürlich nicht zweimal bitten. Ende 1926 wurde André Leducq wieder ins Zivilleben entlassen und wechselte An-

DAS VOLKSFEST DES FAHRRADS

Seit einem Monat verfolgen Millionen von Schaulustigen, die einen mit stummer Neugier, die anderen mit leidenschaftlicher Begeisterung, entlang Frankreichs Straßen die Männer auf ihren rasenden Fahrrädern. 100 Kilometer vor Paris mussten die Rennfahrer gar zwischen zwei Menschenmengen hindurchmanövrieren, die die Straße belagerten. Im Velodrom wurden sie dann von 40.000 Zuschauern mit Bravos und Freudenschreien begrüßt. Unbestreitbar hat ein neues Fest in unseren Kalender Einzug gehalten: das Volksfest des Fahrrads. Wir werden es ab jetzt in jedem Jahr zu den gleichen Bedingungen zelebrieren, zur großen Ehre dieses göttlichen Geräts und zur Ehre unserer großen Fahrradindustrie, die in der Gesamtheit aller Hersteller in hohem Maße von diesem hervorragenden Werbefeldzug profitiert. Nun gibt es Menschen, die uns vorwerfen, jedes Jahr unser Reglement auf den Kopf zu stellen. Ob es diesen Kritikern gefällt oder nicht - dieses Reglement wird auch im nächsten Jahr Bestand haben. Wir werden lediglich den Fahrern größere Freiheiten einräumen, da sie sich dieses Mal als ehrenvolle Sportler erwiesen haben. Die Tour de France wird nunmehr ein großer und friedlicher internationaler Wettbewerb sein, bei dem die Radsportnationen jedes Jahr aufs Neue die Stärke ihrer Champions messen können. Freuen wir uns auf die Tour de France 1931, die 25. ihres Zeichens!

Ortsdurchfahrt Mainville: Die französische Mannschaft hat das Rennen im Griff, Leducq und Pélissier verrichten die Führungsarbeit. Mit vereinten Kräften hält man die Italiener um Guerra in Schach. (Foto oben)

fang 1927 ins Profilager. Dort konnte er nahtlos an seine Erfolge als Amateur anknüpfen

Seit drei Jahren zeigt sich Leducq als einer der besten französischen Straßenfahrer. Bei der Tour de France 1927 war er bester Franzose und gewann drei Etappen. Im Jahr 1928 trug er sich bei Paris-Le-Havre und Paris-Roubaix als Sieger ein und wurde Tour-Zweiter. Im letzten Jahr errang er fünf Etappensiege, und in diesem Jahr gelang ihm endlich der ganz große Triumph vor 40.000 Zuschauern im vollen Prinzenpark. Dieser wird im nächsten Jahr zwar umgebaut, doch wir hoffen, dass Dédé ganz der Alte bleibt!

Rechts: Leducqs zweiter Sturz - der erste am Galibier verlief glimpflich, doch dieser am Télégraphe ist schlimm! Verletzt und niedergeschlagen will er aufgeben, doch die Rettung naht...

Ganz rechts: Die Tour de France wird erstmals mit Nationalmannschaften bestritten. Prominenter Glücksbringer ist der Boxer Georges Carpentier. Und tatsächlich: Das erste Gelbe Trikot dieser Tour trägt Charles Pélissier! Desgrange kann aufatmen, die Franzosen haben den richtigen „Punch“.

1931

Antonin MAGNE

Magne, der Vulkan aus der Auvergne

Desgrange, der Perfektionist, hat sich in diesem Jahr eine echte Innovation einfallen lassen, um in seinem Rennen für Spannung zu sorgen: Eine Zeitgutschrift von drei Minuten für den Etappensieger, sofern sein Vorsprung auf den Zweiten mindestens drei Minuten beträgt! Ansonsten gibt es auch in diesem Jahr 24 Etappen, zum Teil zeitversetzt gestartet, um den Mannschaftsgeist weiter zu stärken. Und wie so oft bleiben auch dieses Mal die Favoriten auf der Strecke, und es wachsen diejenigen über sich hinaus, von denen man es am wenigsten erwartet. Zum Beispiel der österreichische Touren-Fernfahrer Max Bulla, der sogar eine Etappe in Gelb fährt. Und Antonin Magne: Nach überstandener Krankheit und dem Verlust seines Sponsors fährt er den Giro (19.) und verbringt zwölf Tage bei seinem Freund Fontan in den Pyrenäen, um wieder in Form zu kommen. Bei seiner fünften Tour-Teilnahme stuft man ihn als bewährten Veteranen ein, aber keinesfalls als Favoriten. Im Team wird er zunächst belächelt, doch er ist es, der die Führung übernimmt, bei der Abfahrt vom Tourmalet angreift, Ausreißer einfängt, sich ans Hinterrad von Demuysère heftet. Als Fontan ihm zu verstehen gibt, dass er alleine vorne liegt, gibt es kein Halten mehr. „Tonin", der Vulkan aus der Auvergne, bricht aus... Die Fahrt nach Luchon wird zum Triumphzug: Etappensieg, Gelbes Trikot, Zeitgutschrift. Pesenti ist 9'32'' zurück! Zum Glück, denn die Italiener bleiben gefährlich und haben ihren großen Tag zwischen Cannes und Nizza, wo sie einen Dreifach-Erfolg landen. Zunächst noch unterstützt von Péglion, später alleine, kontert Tonin jedoch die Attacke und rettet immerhin 5'31'' seines Vorsprungs. Nur gut, dass er sich auf seine treuen Mannschaftskameraden verlassen kann: Beim Anstieg nach Gap bringen ihn Pesenti und Di Paco ernsthaft in Bedrängnis, doch als rettender Engel an seiner Seite erweist sich Charlot Pélissier. Er ist die Lokomotive, die Tonin zweimal aus seinen Schwächephasen herauszieht. Das Glück des Tüchtigen bleibt ihm auch am Galibier hold, wo Benoît Faure ihn wieder zurück ins Rennen bringt. Und bei der eisigen Etappe von Evian nach Belfort stellt sich gar der Tour-Sieger des letzten Jahres, Dédé Leducq, in den Dienst seines Freundes und bringt ihm eine Trinkflasche mit heißem Kaffee. Der Rest ist dann ein Kinderspiel, nur in der Hölle des Nordens muss er noch die Schlussoffensive der Belgier Rebry und Demuysère abwehren. Mit einem rauschenden Fest empfängt der Prinzenpark den stolzen Sieger. Der Schriftsteller Henry Kistemaekers schreibt: „Die Tour de France ist der unglaublichste aller sportlichen Wettkämpfe. Sie veranschaulicht, was die Willenskraft des Tieres Mensch zu leisten vermag."

GESAMTKLASSEMENT

1. **Antonin MAGNE** (FRA, Frankreich), 177 Std. 10'3'' ; Stundenmittel: 28,758 km/h
2. **Joseph DEMUYSÈRE** (BEL, Belgien), 12'56''
3. **Antonio PESENTI** (ITA, Italien), 22'51''
4. Gaston REBRY (BEL, Belgien), 46'40''
5. Maurice DE WAELE (BEL, Belgien), 49'46''
6. Julien VERVAECKE (BEL, Belgien), 1 Std. 10'11''
7. Louis PÉGLION (FRA, Frankreich), 1 Std. 18'33''
8. Erich METZE (GER, Deutschland), 1 Std. 20'59''
9. Albert BUCHI (SUI, Österr./Schweiz), 1 Std. 29'29''
10. André LEDUCQ (FRA, Frankreich), 1 Std. 30'8''
11. Oskar THIERBACH (GER, Deutschland), 1 Std. 34'3''
12. Hubert OPPERMAN (AUT, Österr./Schweiz), 1 Std. 36'43''
13. Benoît FAURE (FRA, Frankreich), 1 Std. 40'38''
14. Charles PÉLISSIER (FRA, Frankreich), 1 Std. 45'11''
15. Max BULLA (AUT, Touren-Fernfahrer), 1 Std. 51'32''
16. Kurt STÖPEL (GER, Deutschland), 2 Std. 5'58''
17. Raffaele DI PACO (ITA, Italien), 2 Std. 11'11''
18. Alfons SCHEPERS (BEL, Belgien), 2 Std. 15'27''
19. Ludwig GEYER (GER, Deutschland), 2 Std. 16'22''

25. TOUR DE FRANCE: 24 ETAPPEN – 5.095 KILOMETER

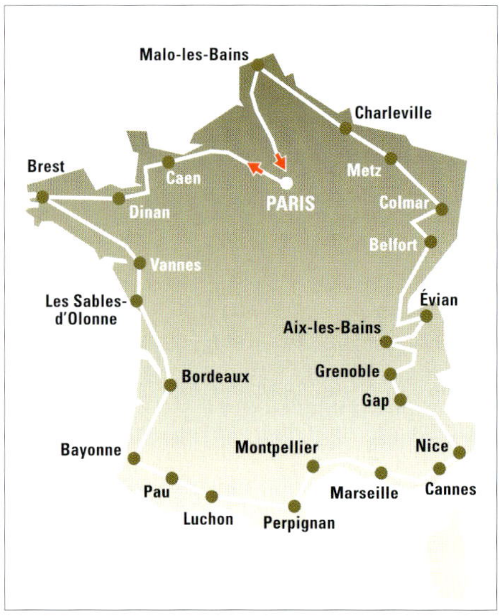

			Etappen	Etappensieger	Gelbes Trikot
1. Etappe	Dienstag 30. Juni	**208 km**	Paris – Caen	A. Hamerlinck (BEL)	A. Hamerlinck
2. Etappe	Mittwoch 1. Juli	**212 km**	Caen – Dinan	M. Bulla (AUT, Touren-Fernfahrer)	M. Bulla (Touren-Fernfahre
3. Etappe	Donnerstag 2. Juli	**206 km**	Dinan – Brest	F. Battesini (ITA)	L. Le Calvez
4. Etappe	Freitag 3. Juli	**211 km**	Brest – Vannes	A. Godinat (FRA, Touren-Fernfahrer)	R. Di Paco
5. Etappe	Samstag 4. Juli	**202 km**	Vannes – Les Sables-d'Olonne	C. Pélissier (FRA)	R. Di Paco, C. Pélissier
6. Etappe	Sonntag 5. Juli	**338 km**	Les Sables-d'Olonne – Bordeaux	A. Hamerlinck (BEL)	R. Di Paco
7. Etappe	Montag 6. Juli	**180 km**	Bordeaux – Bayonne	G. Loncke (BEL,Touren-Fernfahrer)	R. Di Paco
8. Etappe	Dienstag 7. Juli	**106 km**	Bayonne – Pau	C. Pélissier (FRA)	C. Pélissier
9. Etappe	Mittwoch 8. Juli	**231 km**	Pau – Luchon	A. Magne (FRA)	A. Magne
10. Etappe	Freitag 10. Juli	**322 km**	Luchon – Perpignan	R. Di Paco (ITA)	A. Magne
11. Etappe	Sonntag 12. Juli	**164 km**	Perpignan – Montpellier	R. Di Paco (ITA)	A. Magne
12. Etappe	Montag 13. Juli	**207 km**	Montpellier – Marseille	M. Bulla (AUT, Touren-Fernfahrer)	A. Magne
13. Etappe	Dienstag 14. Juli	**181 km**	Marseille – Cannes	C. Pélissier (FRA)	A. Magne
14. Etappe	Mittwoch 15. Juli	**132 km**	Cannes – Nizza	E. Gestri (ITA)	A. Magne
15. Etappe	Freitag 17. Juli	**233 km**	Nizza – Gap	J. Demuysère (BEL)	A. Magne
16. Etappe	Samstag 18. Juli	**102 km**	Gap – Grenoble	C. Pélissier (FRA)	A. Magne
17. Etappe	Sonntag 19. Juli	**230 km**	Grenoble – Aix-les-Bains	M. Bulla (AUT, Touren-Fernfahrer)	A. Magne
18. Etappe	Montag 20. Juli	**204 km**	Aix-les-Bains – Évian	J. Demuysère (BEL)	A. Magne
19. Etappe	Dienstag 21. Juli	**282 km**	Évian – Belfort	R. Di Paco (ITA)	A. Magne
20. Etappe	Mittwoch 22. Juli	**209 km**	Belfort – Colmar	A. Leducq (FRA)	A. Magne
21. Etappe	Donnerstag 23. Juli	**192 km**	Colmar – Metz	R. Di Paco (ITA)	A. Magne
22. Etappe	Freitag 24. Juli	**159 km**	Metz – Charleville	R. Di Paco (ITA)	A. Magne
23. Etappe	Samstag 25. Juli	**271 km**	Charleville – Malo-les-Bains	G. Rebry (BEL)	A. Magne
24. Etappe	Sonntag 26. Juli	**313 km**	Malo-les-Bains – Paris	C. Pélissier (FRA)	A. Magne

Von Soldaten angefeuert, verhindert Magne beim Anstieg zum Braus, dass die Italiener ihren Vorsprung ausbauen können.

Luchon-Perpignan: Antonin Magne im Gelben Trikot muss am Aspet sein Rad reparieren. Der Zuschauer im Vordergrund trägt Holzschuhe - wie auch „Tonin", wenn er auf seinem Hof arbeitet!

Völlig ausgepumpt verschnaufen Pélissier und Magne in Gap. Dank der begeisternden Aufholjagd, die Charlot entfesselte, hat „Tonin" sein Trikot gerettet.

Tour-Fieber am Tourmalet! Desgrange und Goddet versuchen, für Magne (33) und Pesenti (mit Flasche) den Weg freizumachen. Der Franzose hat den Italiener eingeholt, gleich werden beide für die Abfahrt die Übersetzung ändern, indem sie das Hinterrad umdrehen.

MALO-LES-BAINS – PARIS Alleine oder mit seinen Kameraden - „Tonin" hat allen Angriffen, seiner Furcht, der Kälte, dem Sturzpech und der Furunkulose widerstanden! Eine großartige Leistung in einem großartigen Rennen. Ein Erlebnisbericht des Siegers und seiner wichtigsten Domestiken Pélissier und Leducq.

Magne für Frankreich

ANTONIN Magne: „Wenn ich Ihnen jetzt sage, dass ich mich schlicht und einfach freue, gewonnen zu haben, dann werden sich Ihre Leser mit einer solchen Banalität wohl kaum zufrieden geben. Und doch meine ich das ernst, sehr ernst sogar. Schreiben Sie, dass ich für kein Geld der Welt noch einmal an den Start gehen würde, wenn ich die gleiche bedrückende Furcht des letzten Monats noch einmal durchleben müsste. Die Erschöpfung ist nichts, und der Schmerz ist nur sehr wenig gegen die Furcht - die Furcht, meine Position nicht zu halten, nicht zu gewinnen... Was für eine schreckliche Erfahrung für mich! Ich weiß nicht, wie Sie das Ihren Lesern mitteilen werden, Sie werden schon einen geeigneten Weg finden, ich weiß nur eins: Wenn ich Journalist wäre, hätte ich lange zu schreiben. Wussten Sie, dass ich viele Etappen lang furchtbar gelitten habe? Doch ich habe niemandem etwas erzählt, selbst meinen treuen Kameraden nicht, denn in ihrem Glauben an mich wurzelte ihre ganze Stärke, ihr ganzer Willen, mir zum Sieg zu verhelfen. Das erklärt vielleicht, warum ich mich bei der Verteidigung meines Gelben Trikots so schwer getan habe. Es war wirklich schrecklich. Das soll das Publikum, das mir so zugejubelt hat, ruhig erfahren."

Charles Pélissier: „Ich bin die Tour de France nur gefahren, weil alle Welt mir gesagt hat, dass die Nationalmannschaft mich braucht. Ich habe mein Bestes gegeben, habe Etappen gewonnen und Tonin in Gap gerettet. Ich habe das getan, was man von mir erwartet hat, und ich bin froh, dass es geklappt hat. Aber ich glaube nicht, dass ich die Tour noch einmal fahren werde."

André Leducq: „In diesem Jahr gab es verdammt gute Kletterer, aber zum Schluss war ich genauso stark wie Demuysère. Doch wir hatten nicht das Recht, an etwas anderes zu denken als an Tonins Sieg."

Auf dem Kopfsteinpflaster des Nordens erwartet Magne die letzte Offensive von Demuysère, der an seinem Hinterrad klebt. Der Belgier war auch in den Pyrenäen und den Alpen der gefährlichste Gegner und fuhr gar eine Zeit lang „virtuell" im Gelben Trikot. (Foto rechts)

1932

André LEDUCQ

Dédé, Champion der Herzen

Mit dem gutaussehenden Charmeur Dédé Leducq erweitert die Tour ihre Zielgruppe. In den Etappenstädten und an der Strecke jubeln Tausende junger Frauen ihren Helden zu. (Foto rechte Seite)

Das Prinzip der Zeitgutschriften wurde für diese Tour 1932 weiter verfeinert: Die drei Ersten im Ziel erhalten eine Bonifikation von 4', 2' bzw. 1'. Und zur Freude von Patron Henri Desgrange ist es André Leducq, der davon am meisten profitiert. Er ist gegenüber 1930 nicht wiederzuerkennen, und das liegt nicht daran, dass er mit Schirmmütze fährt: Er gewinnt in Bestform fünf Etappen und feiert seinen zweiten Tour-Sieg! Kurt Stöpel, Kapitän einer überraschend starken deutschen Mannschaft, wird mit einem Rückstand von 24' Zweiter. Ohne Zeitgutschriften (Leducq 31', Stöpel 7') wäre das ein sehr knappes Rennen geworden... Doch so endet eine schöne Frankreich-Rundfahrt mit einem blau-weiß-roten Happy End. Da Sonderberichterstatter Jacques Goddet für L'Auto bei den Olympischen Spielen in Los Angeles weilt, wird er bei der Tour von hochkarätigen Ersatzleuten vertreten, darunter Charles Pélissier, der mit dem Segen der Französischen Veloziped-Union das Rennen ausnahmsweise aus der Perspektive eines rasenden Reporters betrachten darf. Er sieht einmal mehr enttäuschende Favoriten - die Belgier Schepers, Demuysère und Aerts, den Franzosen Marcel Bidot und die Italiener, die lediglich auf dem ein oder anderen Gipfel ihre Stärken ausspielen. Zwar holt sich der couragierte Di Paco vier Etappensiege, doch zu richtig großen Taten lässt sich keiner hinreißen, also springt der schöne Dédé in die Bresche. Auf den beiden ersten Etappen verhält er sich noch abwartend und lässt Aerts und Stöpel den Vortritt, dann aber setzt er sich mit Macht an die Spitze. Dort lässt er sich nicht mehr verdrängen, auch wenn er noch den ein oder anderen kritischen Moment zu überstehen hat... Zum Beispiel in den Pyrenäen und auf der Etappe zwischen Cannes und Nizza, als es über den Braus und den Castillon geht. Aber seine Helfer Moineau und Speicher erweisen sich als wichtige Stützen, mit deren Hilfe er auch seinen schlechten Tag ohne größeren Schaden übersteht. Auf der Schnee- und Nebeletappe von Grenoble nach Aix-les-Bains macht er schließlich sein Meisterstück, als er seine perfekten Streckenkenntnisse ausspielt und Stöpel und Camusso um über 13' distanziert. In seiner Mannschaft und natürlich bei den Fans ist Leducq außerordentlich beliebt: Er sieht gut aus, ist immer gut gelaunt, summt oft die Melodien von Fredo Gardoni und Jean Cyrano, macht Werbung für Pedalriemen und Uhren und verschmäht keinen guten Wein, selbst wenn es kurz danach den Col Bayard hinaufgeht...

Ganz anders die Belgier. Hier herrscht täglicher Kleinkrieg zwischen Flamen und Wallonen, Teamgeist ist ein Fremdwort. Als Aerts Hilfe braucht, wird er schmählich im Stich gelassen. Kein Wunder, dass bei der ersten Siegerehrung im neuen Prinzenparkstadion, frenetisch gefeiert von 50.000 Zuschauern, kein Belgier auf dem Podest steht. Aber Dédé Leducq stiehlt sowieso allen die Schau.

GESAMTKLASSEMENT

1. **André LEDUCQ** (FRA, Frankreich), 154 Std. 11'49''; Stundenmittel: 29,313 km/h
2. **Kurt STÖPEL** (GER, Deutschland), 24'3''
3. **Francesco CAMUSSO** (ITA, Italien), 26'21''
4. Antonio PESENTI (ITA, Italien), 37'8''
5. Georges RONSSE (BEL, Belgien), 41'4''
6. Frans BONDUEL (BEL, Belgien), 45'13''
7. Oskar THIERBACH (GER, Deutschland), 58'44''
8. Joseph DEMUYSERE (BEL, Belgien), 1 Std. 3'24''
9. Luigi BARRAL (ITA, Touren-Fernfahrer), 1 Std. 6'57''
10. Georges SPEICHER (FRA, Frankreich), 1 Std. 8'37''
11. Albert BUCHI (SUI, Schweiz), 1 Std. 13'33''
12. Benoît FAURE (FRA, Touren-Fernfahrer), 1 Std. 14'12''
13. Jean AERTS (BEL, Belgien), 1 Std. 16'24''
14. Michele ORECCHIA (ITA, Italien), 1 Std. 18'45''
15. Georges LEMAIRE (BEL, Belgien), 1 Std. 19'18''
16. Maurice ARCHAMBAUD (FRA, Frankreich), 1 Std. 25'27''
17. Jan WAUTERS (BEL, Belgien), 1 Std. 29'21''
18. René BERNARD (FRA, Touren-Fernfahrer), 1 Std. 35'28''
19. Max BULLA (AUT, Deutschland-Österreich), 1 Std. 38'23''
20. Gaston REBRY (BEL, Belgien), 1 Std. 39'1''

26. TOUR DE FRANCE: 21 ETAPPEN – 4.520 KILOMETER

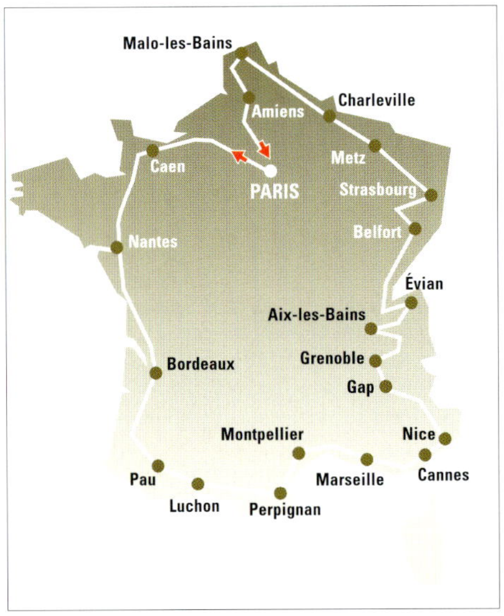

			Etappen	Etappensieger	Gelbes Trikot
1. Etappe	Mittwoch 6. Juli	**208 km**	Paris – Caen	J. Aerts (BEL)	J. Aerts
2. Etappe	Donnerstag 7. Juli	**300 km**	Caen – Nantes	K. Stöpel (GER)	K. Stoepel
3. Etappe	Samstag 9. Juli	**387 km**	Nantes – Bordeaux	A. Leducq (FRA)	A. Leducq
4. Etappe	Montag 11. Juli	**206 km**	Bordeaux – Pau	G. Ronsse (BEL)	A. Leducq
5. Etappe	Dienstag 12. Juli	**229 km**	Pau – Luchon	A. Pesenti (ITA)	A. Leducq
6. Etappe	Donnerstag 14. Juli	**322 km**	Luchon – Perpignan	F. Bonduel (BEL)	A. Leducq
7. Etappe	Samstag 16. Juli	**168 km**	Perpignan – Montpellier	F. Bonduel (BEL)	A. Leducq
8. Etappe	Sonntag 17. Juli	**206 km**	Montpellier – Marseille	M. Orecchia (ITA)	A. Leducq
9. Etappe	Montag 18. Juli	**191 km**	Marseille – Cannes	R. Di Paco (ITA)	A. Leducq
10. Etappe	Dienstag 19. Juli	**132 km**	Cannes – Nizza	F. Camusso (ITA)	A. Leducq
11. Etappe	Donnerstag 21. Juli	**233 km**	Nizza – Gap	A. Leducq (FRA)	A. Leducq
12. Etappe	Freitag 22. Juli	**102 km**	Gap – Grenoble	R. Lapebie (FRA)	A. Leducq
13. Etappe	Samstag 23. Juli	**230 km**	Grenoble – Aix-les-Bains	A. Leducq (FRA)	A. Leducq
14. Etappe	Sonntag 24. Juli	**204 km**	Aix-les-Bains – Évian	R. Di Paco (ITA)	A. Leducq
15. Etappe	Montag 25. Juli	**291 km**	Évian – Belfort	A. Leducq (FRA)	A. Leducq
16. Etappe	Dienstag 26. Juli	**145 km**	Belfort – Straßburg	G. Loncke (BEL)	A. Leducq
17. Etappe	Mittwoch 27. Juli	**165 km**	Straßburg – Metz	R. Di Paco (ITA)	A. Leducq
18. Etappe	Donnerstag 28. Juli	**159 km**	Metz – Charleville	R. Di Paco (ITA)	A. Leducq
19. Etappe	Freitag 29. Juli	**271 km**	Charleville – Malo-les-Bains	G. Rebry (BEL)	A. Leducq
20. Etappe	Samstag 30. Juli	**212 km**	Malo-les-Bains – Amiens	A. Leducq (FRA)	A. Leducq
21. Etappe	Sonntag 31. Juli	**159 km**	Amiens – Paris	A. Leducq (FRA)	A. Leducq

NIZZA – GAP Nach einer knallharten Schlacht am Col d'Allos bricht das Peloton auseinander. Benoît Faure kommt als Erster auf dem Gipfel an. Bei der Abfahrt finden sich 27 Männer zusammen, Leducq gewinnt die Etappe in Gap im Sprint und stärkt so seine Führungsposition. Stöpel, Zweiter im Gesamtklassement, wird zurückgestuft, weil er sich von Max Bulla hat anschieben lassen.

André Leducq festigt seine Position

Desgrange ist von diesem neuen Leducq fasziniert, der „zugleich Rouleur, Sprinter und Kletterer ist, wann immer es darauf ankommt, der aber auch einen gut strukturierten Verstand hat: ein Teamkapitän, der mitdenkt."

GAP (21. Juli) - Bei der Kontrolle in Barcelonnette unterzeichnet Camusso, Dritter im Gesamtklassement und eigentlich gefährlichster Konkurrent von Leducq, mit 2'15" Vorsprung auf „Dédé" die Ankunftsliste. Genau gesagt kommt dieser Leducq in Begleitung von Pesenti an, Vierter im Gesamtklassement, und Stöpel unterzeichnet weitere 30 Sekunden nach Leducq, dem Mann im Gelben Trikot. Leducq muss also - und zwar um jeden Preis - Camusso auf den Fersen bleiben, will er vermeiden, dass dieser ihm gefährlich wird.

Wie verteilen sich also die Männer auf der Strecke zwischen Barcelonnette und Gap? Da haben wir zunächst Benoît Faure, Erster auf dem Col d'Allos, der auch mit 35 Sekunden Vorsprung auf Camusso die Kontrolle in Barcelonnette als Erster passiert. Hegt Faure die leise Hoffnung, einen Parcours von mehr als 60 Kilometern bei stürmischem Gegenwind allein zu beenden? Eigentlich könnte man erwarten, dass Camusso - Leducq mit Rückstand hinter sich wissend - alle Kräfte zusammennimmt, um „die Maus" einzuholen.

Doch lassen Sie uns besser, bei unseren tapferen Schlusslichtern beginnend, das ganze Peloton von hinten aufrollen, damit Sie sehen, was da vor sich geht. Da passieren wir zuerst Moineau, der sich alleine vorankämpft. Sehr viel weiter - etwa einen Kilometer - fahren wir an Kutzbach und Haas vorbei; 500 Meter davor Muller, Erne und Altenburger; 300 Meter weiter oben ein ganzes Feld, zu dem nicht nur Aerts, Loncke, Schepers, Demuysère und Rebry zählen, das heißt fast die gesamte belgische Equipe, sondern auch Goulême, Vanzenried, Alfred Buchi, Simoni, Venot, Albert Bula, Barthélemy, Buttafocchi und Bernard. Mindestens einen guten Kilometer weiter oben passieren wir ein weiteres großes Peloton, in dem sich Speicher, Neuhard, Lapébie, Péglion, Frantz und Guiramand befinden. Hier also eine erste Kohorte von Franzosen, deren schlichte Obliegenheit es ist, alles zu geben, um Charles Pélissier nachzueifern, der sich 1931 an gleicher Stelle als Lokomotive betätigte. Bleibt keiner mehr einzuholen, scheint uns, als die Fahrer an der Spitze, und Sie werden unsere Aufregung verstehen, als wir uns ausmalen, was wir da vorne wohl entdecken werden.

Nichts beschäftigt uns mehr als die Frage, ob dieser junge Frechdachs Camusso sich des Gelben Trikots von Leducq inzwischen bemächtigen konnte und ob das Glück endlich mit unseren italienischen Freunden ist? Hat Stöpel, der in Barcelonnette noch Rückstand hatte, Leducq vielleicht eingeholt? Und ist Leducq immer noch in Begleitung von Pesenti? Fahren wir noch etwas näher heran: Von weitem machen wir Leducqs Gelbes Trikot aus. Das beruhigt schon etwas, aber wo stecken Camusso und Benoît Faure? Sind sie nach ihrem Zusammenschluss alleine bis Gap vorgedrungen? Alsbald können wir erleichtert aufatmen, denn als wir etwas näher kommen, erkennen wir die Silhouette von Camusso, und, kein Zweifel, dieser Schmächtige da vorne, das muss Benoît Faure sein. Sie sind eingeholt worden und sparen nun ihre Kräfte, vor allem Camusso, um sich nicht allzu sehr für die kommenden Etappen zu schwächen. Auch Stöpel ist dabei - die vier Bestplatzierten fahren also Kopf an Kopf!

Das letzte Stück

Trotz der Gefahr einer Massenankunft, bei der - wie ich glaube - die Führenden immer einen folgenschweren Sturz riskieren, reduziert der Zug sein Tempo. Auch der Wind hat offenbar aufgefrischt. Es kommt, wie es kommen muss: Zunächst finden Thierbach und Orecchia wieder den Anschluss, und jetzt kommt das Geschwader um Archambaud, das schließlich das Gelbe Trikot am Horizont erblickt hat und dank seiner Ausdauer wieder dazustößt. Zu Ihrer Information möchte ich noch hinzufügen, dass dem anderen Feld, in dem wir Speicher, Péglion und Lapébie wissen, nicht soviel Glück beschieden sein wird wie der Archambaud-Truppe: Es wird nicht mehr aufholen. Jetzt setzt sich die Spitzengruppe also wie folgt zusammen: Ronsse, Lemaire, Bonduel, Pesenti, Morelli, Camusso, Orecchia, Marchisio, Albert Bula - der Star der Schweizer Equipe - Umbenhauer, Max Bulla, Thierbach, Geyer, Stöpel, Leducq und Marcel Bidot leibhaftig, dann Archambaud, dann die Einzelfahrer Benoît Faure, Fayolle, Mazeyrat, Buysse, Wauters, Decroix, Zanzi, Barral, Vierengo und Trueba. Sie, verehrte Leser, wissen bereits, dass Leducq die Etappe gewinnen wird und seine Führung im Klassement um vier Minuten Zeitgutschrift ausbauen kann. Aber was für eine Kraftanstrengung ist vonnöten, um aus einem Feld mit 27 Fahrern als Bester hervorzugehen, um sich als Erster loszueisen und sich dann nicht abhängen zu lassen - und vor allem, um als Erster anzukommen! Aus der Ferne, von unserem Hotchkiss aus, schien es uns einfach, als ob Leducq sich just zum richtigen Zeitpunkt abgesetzt hat und dort ausgerissen ist, wo es am sinnvollsten war. Sicher erkennen konnten wir allerdings auch, wie eine kräftige Hand ein deutsches Trikot anschob, zweifelsohne, um Stöpel auf die Sprünge zu hel-

fen! Zum Glück haben die Kommissare in dem Moment nicht gerade an ihre Verlobten gedacht!
Unbestreitbar hat Leducq seine Position gefestigt: Ist er heute Morgen noch mit einem bescheidenen Vorsprung von 3'13" in Nizza gestartet, so wird er morgen früh den Weg nach Grenoble schon mit einem Polster von 7'13" aufnehmen. Aber die Erinnerung an sein Pech bei der vorhergehenden Etappe ist noch zu frisch, um sich in Sicherheit zu wiegen. Schließlich soll man den Tag nicht vor dem Abend loben...

Der überglückliche Sieger Dédé Leducq im Prinzenpark mit seinem Verfolger Kurt Stöpel, dem ein Lächeln nicht so recht gelingen will.

GAP: STÖPEL TAPFER

Stöpel ist ein tapferer Junge, ganz einfach. Grobes Gesicht, dünne Beine: ein geborener Langstreckenfahrer. Wenn ich ihn so kommen sehe, so unermüdlich und stets in Obhut des Spitzenfeldes, stets bei Leducq, dann denke ich an jene Nächte im Krieg, in denen ich - in irgendeinem unsicheren Schützengraben liegend - die disziplinierten Angriffe der feindlichen Truppen über mich ergehen lassen musste. Wenn man bedenkt, was für ein Krieg das war! Hätten wir ein wenig mehr Sport zusammen getrieben - zweifelsohne hätten wir einander besser verstanden, uns bewundert, gar geliebt.
Mit eiserner Disziplin und ohne Murren trägt Stöpel seine Zurückstufung. Im Übrigen, so sagt uns Charles Pélissier, sei Stöpel sich des Verstoßes bewusst gewesen, von dem er profitierte. Und bis Paris wird es an guten Gelegenheiten für eine Revanche nicht mangeln...

Auf dem Galibier wütet ein Schneesturm, doch Leducq lässt nicht locker. Der Preis für seinen Etappensieg in Aix-les-Bains ist hoch: An einem Finger erleidet er Erfrierungen.

1933

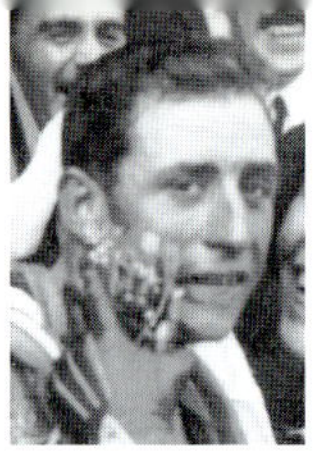

Georges SPEICHER

Speicher und seine Musketiere

Um die Übersetzung zu ändern, müssen die Fahrer die Hinterräder wechseln, wie hier Speicher. Der exzellente Abfahrer ist bestens vorbereitet, den alten Hasen hingegen fehlen die Orientierungspunkte, da die Tour die Richtung geändert hat.
(Foto rechte Seite)

Die 27. Auflage der „Großen Schleife" startet am 27. Juni und dauert stolze 27 Tage. Es ist eine denkwürdige Tour, und das gleich in vielerlei Hinsicht. Die 80 Fahrer werden von 80 Fahrrad-Polizisten zum Start geleitet, wo Josephine Baker das Rennen freigibt. Die ausrichtende Sportzeitung liegt zwar mit ihren Prognosen (Guerra vor Leducq oder Magne) wie üblich ziemlich daneben, erreicht aber trotzdem mit einer Auflage von 854.000 eine Rekordmarke. Eine wichtige Neuerung ist die Einführung des offiziellen Bergpreises unter der Schirmherrschaft von Martini-Rossi, der von dem Spanier Trueba gewonnen wird. Die französischen Aspiranten Pélissier und Archambaud glänzen in diesem Jahr auch durch ihre Pomadenmarke, der Italiener Learco Guerra, der als „neue Lokomotive" nach dem Belgier Léon Scieur (Tour-Sieger 1921) gehandelt wird, durch seine Werbung für den Aperitif Rossi. Sportlich hält er sich weitgehend am Hinterrad seines Teamkollegen Giacobbe. So holt er sich zwar fünf Etappensiege und 10' Zeitgutschrift, am Ende wird er mit dieser Taktik jedoch „nur" Zweiter. Völlig überraschend ist Martano der gefährlichste Italiener und derjenige, der Speicher in den Pyrenäen am heftigsten bedrängt. Belohnt wird er mit dem dritten Platz. Speichers Sieg ist im Übrigen kein Zufall. Er wird tatkräftig von Magne und „Riesenbaby" Archambaud unterstützt, seit diese ihre eigenen Siegchancen eingebüßt haben. Archambaud trägt immerhin von Lille bis Gap und dann von Cannes bis Marseille Gelb... In diesem Jahr verläuft die Tour ja in die andere Richtung, was Jacques Goddet zur Wortschöpfung Ecnar-fedruot (Tour de France von hinten gelesen) inspiriert. Der ehemalige Schwimmer Speicher sieht hier seine Chance: Er studiert genau den Streckenverlauf und verlässt sich ganz auf seine Klasse und die Unterstützung seiner Gefährten Lapébie, Le Calvez, Le Grevès, Leducq und vor allem Archambaud. Sie halten zusammen wie Pech und Schwefel, stecken auch die frühzeitige Aufgabe von Charles Pélissier weg. Auch das macht diese Tour so denkwürdig: Sie wird entschieden durch die tolle Mannschaftsleistung der französischen Musketiere! Sicher hat das Team nicht die Brillanz, die sich ein Desgrange wünscht, aber ein Blick zu den Belgiern, die sich mal wieder als hoffnungslos zerstrittener Haufen präsentieren, rückt seine Vorstellungen zurecht. Aerts scheint sich für das letzte Jahr revanchieren zu wollen und überlässt seinen Landsmann Lemaire am Fuße der Pyrenäen in aussichtsreicher Position mit einem durchlöcherten Reifen seinem Schicksal. Doch auch solche Ereignisse machen den besonderen Charakter dieses Rennens aus: Nach seiner Façon gibt jeder alles, und so erleben die Zuschauer einen verbissenen und fesselnden Kampf zwischen Belgiern, Italienern und Franzosen.

GESAMTKLASSEMENT

1. **Georges SPEICHER** (FRA, Frankreich), 147 Std. 51'37" ; Stundenmittel: 29,730 km/h
2. **Learco GUERRA** (ITA, Italien), 4'1"
3. **Giuseppe MARTANO** (ITA, Touren-Fernfahrer), 5'8"
4. Georges LEMAIRE (BEL, Belgien), 15'45"
5. Maurice ARCHAMBAUD (FRA, Frankreich, 21'22"
6. Vicente TRUEBA (ESP, Touren-Fernfahrer), 27'27"
7. Léon LEVEL (FRA, Touren-Fernfahrer), 35'23"
8. Antonin MAGNE (FRA, Frankreich), 36'37"
9. Jean AERTS (BEL, Belgien), 42'53"
10. Kurt STÖPEL (GER, Deutschland/Österreich), 45'28"
11. Fernand FAYOLLE (FRA, Touren-Fernfahrer), 56'11"
12. Ludwig GEYER (GER, Deutschland/Österreich), 57'4"
13. Albert BUCHI (SUI, Schweiz), 1 Std. 7'59"
14. Gaston REBRY (BEL, Belgien), 1 Std. 20'16"
15. Gaspard RINALDI (FRA, Touren-Fernfahrer), 1 Std. 28'12"
16. Eugène LE GOFF (FRA, Touren-Fernfahrer), 1 Std. 24'59"
17. Léon LE CALVEZ (FRA, Frankreich), 1 Std. 38'44"
18. Alfons SCHEPERS (BEL, Belgien), 1 Std. 39'49"
19. René LE GREVÈS (FRA, Frankreich), 1 Std. 48'31"
20. Alfred BUCHI (SUI, Schweiz), 1 Std. 49'59"

27. TOUR DE FRANCE: 23 ETAPPEN – 4.396 KILOMETER

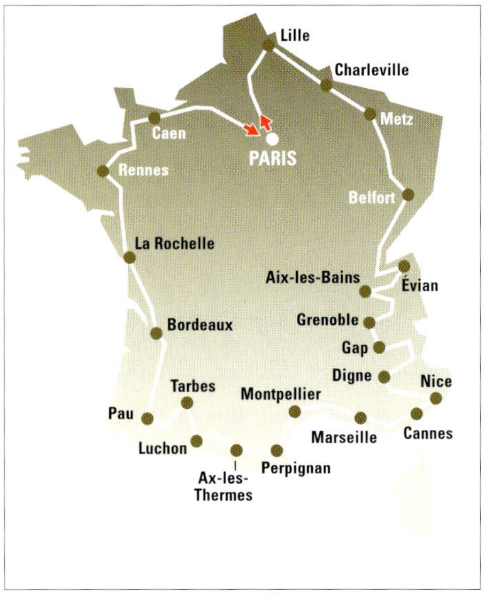

			Etappen	Etappensieger	Gelbes Trikot
1. Etappe	Dienstag 27. Juni	**262 km**	Paris – Lille	M. Archambaud (FRA)	M. Archambaud
2. Etappe	Mittwoch 28. Juni	**192 km**	Lille – Charleville	L. Guerra (ITA)	M. Archambaud
3. Etappe	Donnerstag 29. Juni	**166 km**	Charleville – Metz	A. Schepers (BEL)	M. Archambaud
4. Etappe	Freitag 30. Juni	**220 km**	Metz – Belfort	J. Aerts (BEL)	M. Archambaud
5. Etappe	Samstag 1. Juli	**293 km**	Belfort – Évian	L. Louyet (BEL)	M. Archambaud
6. Etappe	Montag 3. Juli	**207 km**	Évian – Aix-les-Bains	L. Guerra (ITA)	M. Archambaud
7. Etappe	Dienstag 4. Juli	**229 km**	Aix-les-Bains – Grenoble	L. Guerra (ITA)	M. Archambaud
8. Etappe	Mittwoch 5. Juli	**102 km**	Grenoble – Gap	G. Speicher (FRA)	M. Archambaud
9. Etappe	Donnerstag 6. Juli	**227 km**	Gap – Digne	G. Speicher (FRA)	G. Lemaire
10. Etappe	Freitag 7. Juli	**156 km**	Digne – Nizza	F. Cornez (FRA)	G. Lemaire
11. Etappe	Sonntag 9. Juli	**128 km**	Nizza – Cannes	M. Archambaud (FRA)	M. Archambaud
12. Etappe	Montag 10. Juli	**208 km**	Cannes – Marseille	G. Speicher (FRA)	G. Speicher
13. Etappe	Dienstag 11. Juli	**168 km**	Marseille – Montpellier	A. Leducq (FRA)	G. Speicher
14. Etappe	Mittwoch 12. Juli	**166 km**	Montpellier – Perpignan	A. Leducq (FRA)	G. Speicher
15. Etappe	Freitag 14. Juli	**158 km**	Perpignan – Ax-les-Thermes	J. Aerts (BEL)	G. Speicher
16. Etappe	Samstag 15. Juli	**165 km**	Ax-les-Thermes – Luchon	L. Louyet (BEL)	G. Speicher
17. Etappe	Sonntag 16. Juli	**91 km**	Luchon – Tarbes	J. Aerts (BEL)	G. Speicher
18. Etappe	Montag 17. Juli	**185 km**	Tarbes – Pau	L. Guerra (ITA)	G. Speicher
19. Etappe	Mittwoch 19. Juli	**233 km**	Pau – Bordeaux	J. Aerts (BEL)	G. Speicher
20. Etappe	Donnerstag 20. Juli	**183 km**	Bordeaux – La Rochelle	J. Aerts (BEL)	G. Speicher
21. Etappe	Freitag 21. Juli	**266 km**	La Rochelle – Rennes	J. Aerts (BEL)	G. Speicher
22. Etappe	Samstag 22. Juli	**169 km**	Rennes – Caen	R. Le Grevès (FRA)	G. Speicher
23. Etappe	Sonntag 23. Juli	**222 km**	Caen – Paris	L. Guerra (ITA)	G. Speicher

56 46

 „Die Tour de France ist ein Kreuzzug; sie ist eine Wallfahrt; sie ist ein gutes Beispiel; eine Lektion; eine Lehre. Sie ist die Gelegenheit für das Land, sich in der herrlichen Religion des Sports einig zu fühlen; die Gelegenheit, eine einheitliche Sprache zu sprechen, die von der ganzen Welt verstanden wird."

Das ist die Tour!

DER Enkel von Monsieur Homais, dem Apotheker von Madame Bovary und Gustave Flaubert, hat mich gefragt: „Was ist denn nun diese Tour de France, von der alle Welt ständig redet?" Ich habe ihm geantwortet: „Die Tour de France ist ein „Ding", das den Apothekern einmal im Jahr die Gelegenheit bietet, ihre Tiegel stehen zu lassen und zuzuschauen, wie die gesunde und schöne Jugend gleich einer Schwalbe an ihnen vorüberflitzt.

Die Tour de France ist ein Stück Leben, wunderbares Leben, das sich den Sesshaften bietet, damit sie den Kopf freibekommen, das sie von ihrer alltäglichen Arbeit ablenkt, bei ihnen Freude an der Bewegung auslöst, das Bedürfnis zu reisen, Lust auf andere Gegenden, den Wunsch, nicht zu sterben, ohne jemals etwas anderes gemacht zu haben, als Kaliumpermanganat und Glaubersalz zu verkaufen.

Die Tour de France ist, um genauer zu sein, das mit jedem Tag dringlichere Bedürfnis des Volkes, durch sportliche Betätigung die Gesundheit zu stärken; sie ist der Traum von einer besseren gesellschaftlichen Lage, in der ein jeder, gemäß eines Barometers aus Willen und Kraft, selbst über seine Situation bestimmt.

Die Tour de France ist für die Menschen eine Art Raunen, das wie ein Beben um die Welt geht und dessen Signale überall von Antennen empfangen werden.

Die Tour de France ist jede einzelne unserer schönen Regionen, in Aufruhr versetzt und in der fiebrigen Erwartung, dass Dutzende von Reifen, angetrieben von ebenso vielen starken Tretkurbeln, auf dem Boden knirschen; sie ist wie ein Sternmarsch riesiger Volksmassen, die ein Meeresrauschen erzeugen, als sei ein großes Volk unterwegs.

Die Tour de France ist ein Kreuzzug; sie ist eine Wallfahrt; sie ist ein gutes Beispiel; eine Lektion; eine Lehre. Sie ist die Gelegenheit für das Land, sich in der herrlichen Religion des Sports einig zu fühlen; die Gelegenheit, eine einheitliche Sprache zu sprechen, die von der ganzen Welt verstanden wird, und die Hymne der Welt auf Mut und Willenskraft zu singen.

Die Tour de France ist Frankreich, das seine ausländischen Freunde willkommen heißt.

Die Tour de France ist ein kleines Vermögen, das den jungen Burschen von 20 Jahren erwartet, wenn er das Rennen beendet.

Die Tour de France ist Lärm, Bewegung, unvorstellbare Menschenströme, der Ausdruck unseres Bedürfnisses, aus uns herauszugehen und kurzlebige Idole zu schaffen.

Die Tour de France ist ein Wettstreit von einem Monat, aber elf Monate des Wartens auf dieses unglaubliche Rennen, dessen Höhepunkte Millionen Sportbegeisterte verfolgen.

Das ist die Tour de France.", habe ich zu Monsieur Homais' Enkel gesagt. Natürlich habe ich ihm nicht gesagt, dass sie für die Organisatoren auch richtige „Maloche" ist.

1

WIE ICH SIEGTE...

VON GEORGES SPEICHER

„Schon seit einigen Etappen spürte ich langsam aber sicher, dass ich wieder in Form kam. Seit dem Start in Grenoble hatte ich das Gefühl, dass es klappen würde. Und ich habe diese einfache Überlegung angestellt: ‚Georges, wenn du fährst, wirst du Maurice dabei helfen, loszuspurten und Guerra ein paar Minuten abzunehmen.' Ich bin gefahren, und sogar sehr gut. Nicht einen Moment lang habe ich Müdigkeit verspürt, weder im Flachen noch am Berg. Und als wir dann sahen, dass Guerra zurückfiel und wir Sekunde um Sekunde aufholten, hat uns das gewaltig beflügelt. Ich bin ausgerissen, weil ich wusste, dass Maurice mühelos gewinnen konnte. Außerdem hatte er mir geraten, davonzufahren, weil er nicht das Risiko eingehen wollte, auf der Abfahrt von Gap zu stürzen. Ich dagegen dachte nie daran, dass ich auf die Nase fallen könnte, und so bin ich in einem Wahnsinnstempo hinabgerast. Das war eine schöne Abkühlung...
Zwei- oder dreimal glaubte ich, wegen der Hitze gleich umzukippen. Doch nach ein paar Sekunden konnte ich mich jedes Mal wieder fangen."

2

1 Das Rennen steht unter der Schirmherrschaft des von den Fahrern sehr geschätzten Bananenkonzerns Fyffes. Josephine Baker, die berühmte Nackttänzerin im Bananenröckchen, überreicht am Start in Vésinet dem beliebten Champion Charles Pélissier Blumen. Das ist Balsam auf die Wunden von „Charlot“, den die Presse allzu heftig kritisiert hat.

2 Am Galibier spürt Speicher, der Windhund, dem Gelben Trikot Archambaud nach. Er reißt am Col Bayard nur aus, um dem Belgier Lemaire die zwei Minuten Zeitgutschrift wegzuschnappen.

3 Während des Ruhetages in Perpignan speist Jacques Goddet mit der französischen Mannschaft. Zu sehen sind Leducq (von hinten), Speicher (links) und Lapébie (rechts).

4 Archambaud, „das Riesenbaby“, wie er von Desgrange liebevoll genannt wird, ist ein verdammt hübscher Rennfahrer, der mehrmals das Gelbe Trikot überstreift. Da er es jedoch nicht verteidigen kann, hilft er seinem Freund Speicher. Hier hat er, noch im Gelben Trikot, einer glühenden Verehrerin ein Autogramm gegeben, und diese bedankt sich mit einem Küsschen.

5 Vicente Trueba ist mit dem Tourmalet leichter fertiggeworden als mit der Schrankenwärterin in Bielle. Diese Belastungsprobe beweist, dass die Felgen des „Flohs von Torrelavega“ tatsächlich aus Duraluminium sind.

6 Die Frauen mögen den Jungen aus Pantin mit der traurigen Stimme. Als er, schlank wie nie, mit 25 Jahren bei seinem zweiten Versuch den Sieg davonträgt, strömen sie seinetwegen in den Prinzenpark. Dort empfängt er die Schärpe des Radclubs von Levallois, dem er ebenso wie Trousselier, Pottier, Thys und Leducq angehört.

3

4

5

6

1934

Antonin MAGNE

Magne und das Opfer von Vietto

Der Akkordeonist Fredo Gardoni spielt bei einem Fest am Rande der Tour auf. Magne liebt das „Klavier des armen Mannes", es erinnert ihn an seine Heimat, die Auvergne. (Foto rechte Seite)

Der Teamgeist, der sich mit der Aufstellung von Nationalmannschaften entwickelt und der Leducq, Magne und Speicher zwischen 1930 und 1933 zum Sieg getragen hat, erhält in Verbindung mit dem Namen Vietto eine neue Dimension. Werden bisher die Hilfsdienste von Charlot Pélissier, Pierrot, Antonin Magne und Maurice Archambaud als normaler Beitrag für den nationalen Erfolg eingestuft, so geht das gewaltige Opfer, das der 20-jährige Debütant Vietto für Magne bringt, ganz Frankreich unter die Haut. Der ehemalige Hotelpage fliegt geradezu über die Berge und erobert die Herzen seiner Landsleute im Sturm. Doch in den Pyrenäen lernt er, was es heißt, sich einer großen Sache unterzuordnen... Zunächst fordert ihn auf der Etappe von Perpignan nach Ax-les-Thermes sein in Gelb fahrender Kapitän nach einem Sturz auf, ihm sein Vorderrad zu überlassen. Und es kommt noch schlimmer, denn am nächsten Tag auf dem Weg nach Luchon muss er sogar umkehren und Magne seine ganze Maschine abtreten! Wie ein Häufchen Elend sitzt er an der Strecke und wartet auf den Pannenwagen. Ganz Frankreich leidet mit ihm, doch man tröstet sich damit, dass er zehn Jahre jünger ist als Magne und dass seine große Zeit gewiss noch kommt. Andererseits: Magne hätte ohne diese Opfer mit Sicherheit das Gelbe Trikot verloren, und ob Vietto es wirklich hätte zurückholen können, ist mehr als fraglich. Zwar schafft er es, seinen Rückstand von 54' auf 29' zu reduzieren, doch die Italiener greifen unentwegt mit Martano an. Nur gut, dass „Tonin" Magne sich auf dem Höhepunkt seiner Leistungsfähigkeit befindet. Er beweist in den Alpen und am Col de Braus eindrucksvoll, dass er nicht zufällig schon auf der zweiten Etappe das Gelbe Trikot von seinem Freund Speicher übernommen hatte. Allerdings erweisen sich die Zeitgutschriften, die in den Etappenzielen und auf den 14 Gipfeln des Bergpreises vergeben werden, wieder mal als Zünglein an der Waage. „Tonin" nutzt das schlau, sammelt fleißig zwischen Marseille und Perpignan und kann so Martano auf 3'42'' distanzieren, der allerdings auch Opfer eines Rahmenbruchs wird. Und da Lapébie die Kunst des Etappensiegs im Flachen ebenso gut beherrscht wie Vietto in den Bergen, erwartet Magne gelassen - vielleicht sogar mit Vorfreude - die beiden Tage, an denen er das Rennen entscheidet: Luchon-Tarbes und das erste Zeitfahren der Tour-Geschichte nach Nantes. Martano verliert zuerst 17' und dann 11', und Vietto ergeht es nicht viel besser. Lapébie verdrängt ihn sogar noch vom Podium.

Leducq, der sich nicht für die Tour qualifizieren konnte, verfolgt das Rennen als Journalist und prognostiziert für das nächste Jahr einen Sieg von Vietto. Ein Irrtum, Vietto sollte die Tour nie gewinnen...

GESAMTKLASSEMENT

1. **Antonin MAGNE** (FRA, Frankreich), 147 Std. 13'58'' ; Stundenmittel: 31,233 km/h
2. **Giuseppe MARTANO** (ITA, Italien), 27'31''
3. **Roger LAPÉBIE** (FRA, Frankreich), 52'15'
4. Félicien VERVAECKE (BEL, Touren-Fernfahrer), 57'40''
5. René VIETTO (FRA, Frankreich), 59'2''
6. Ambrogio MORELLI (ITA, Touren-Fernfahrer), 1 Std. 12'2''
7. Ludwig GEYER (GER, Deutschland), 1 Std. 12'51''
8. Sylvère MAES (BEL, Touren-Fernfahrer), 1 Std. 20'56''
9. Mariano CANARDO (ESP, Schweiz/Spanien), 1 Std. 29'2''
10. Vicente TRUEBA (ESP, Schweiz/Spanien), 1 Std. 40'39''
11. Georges SPEICHER (FRA, Frankreich), 1 Std. 52'21''
12. Raymond LOUVIOT (FRA, Frankreich), 2 Std. 3'21''
13. Edoardo MOLINAR (ITA, Touren-Fernfahrer), 2 Std. 16'52''
14. Eugenio GESTRI (ITA, Italien), 2 Std. 21'9''
15. Adriano VIGNOLI (ITA, Italien), 2 Std. 21'58''
16. Giovanni CAZZULANI (ITA, Italien), 2 Std. 32'38''
17. Albert BUCHI (SUI, Schweiz/Spanien), 2 Std. 35'17''
18. Frans BONDUEL (BEL, Belgien), 2 Std. 44'47''
19. Federico EZQUERRA (ESP, Schweiz/Spanien), 2 Std. 53'3''

28. TOUR DE FRANCE: 23 ETAPPEN – 4.363 KILOMETER

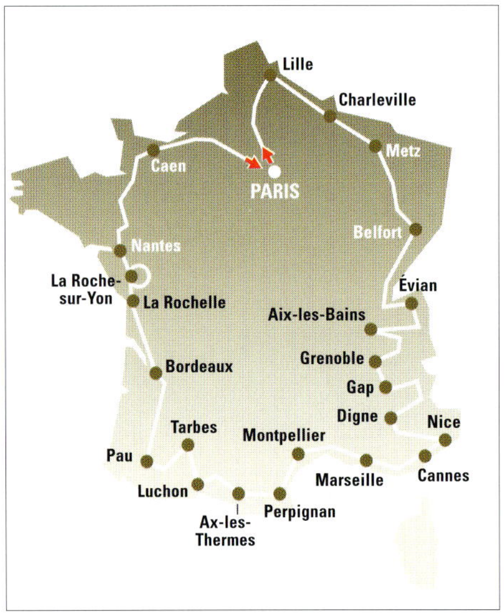

			Etappen	Etappensieger	Gelbes Trikot
1. Etappe	Dienstag 3. Juli	**262 km**	Paris – Lille	G. Speicher (FRA)	G. Speicher
2. Etappe	Mittwoch 4. Juli	**192 km**	Lille – Charleville	R. Le Grevès (FRA)	A. Magne
3. Etappe	Donnerstag 5. Juli	**161 km**	Charleville – Metz	R. Lapébie (FRA)	A. Magne
4. Etappe	Freitag 6. Juli	**220 km**	Metz – Belfort	R. Lapébie (FRA)	A. Magne
5. Etappe	Samstag 7. Juli	**293 km**	Belfort – Évian	G. Speicher, R. Le Grevès (FRA)	A. Magne
6. Etappe	Montag 9. Juli	**207 km**	Évian – Aix-les-Bains	G. Speicher (FRA)	A. Magne
7. Etappe	Dienstag 10. Juli	**229 km**	Aix-les-Bains – Grenoble	R. Vietto (FRA)	A. Magne
8. Etappe	Mittwoch 11. Juli	**102 km**	Grenoble – Gap	G. Martano (ITA)	A. Magne
9. Etappe	Donnerstag 12. Juli	**227 km**	Gap – Digne	R. Vietto (FRA)	A. Magne
10. Etappe	Freitag 13. Juli	**156 km**	Digne – Nizza	R. Le Grevès (FRA)	A. Magne
11. Etappe	Sonntag 15. Juli	**126 km**	Nizza – Cannes	R. Vietto (FRA)	A. Magne
12. Etappe	Montag 16. Juli	**195 km**	Cannes – Marseille	R. Lapébie (FRA)	A. Magne
13. Etappe	Dienstag 17. Juli	**172 km**	Marseille – Montpellier	G. Speicher (FRA)	A. Magne
14. Etappe	Mittwoch 18. Juli	**177 km**	Montpellier – Perpignan	R. Lapébie (FRA)	A. Magne
15. Etappe	Freitag 20. Juli	**158 km**	Perpignan – Ax-les-Thermes	R. Lapébie (FRA)	A. Magne
16. Etappe	Samstag 21. Juli	**165 km**	Ax-les-Thermes – Luchon	A. Vignoli (ITA)	A. Magne
17. Etappe	Sonntag 22. Juli	**91 km**	Luchon – Tarbes	A. Magne (FRA)	A. Magne
18. Etappe	Montag 23. Juli	**172 km**	Tarbes – Pau	R. Vietto (FRA)	A. Magne
19. Etappe	Mittwoch 25. Juli	**215 km**	Pau – Bordeaux	E. Meini (ITA)	A. Magne
20. Etappe	Donnerstag 26. Juli	**183 km**	Bordeaux – La Rochelle	G. Speicher (FRA)	A. Magne
21. Etappe (1)	Freitag 27. Juli	**81 km**	La Rochelle – La Roche-sur-Yon	R. Le Grevès (FRA)	A. Magne
21. Etappe (2)	Freitag 27. Juli	**83 km**	La Roche-sur-Yon – Nantes (EZF)	A. Magne (FRA)	A. Magne
22. Etappe	Samstag 28. Juli	**275 km**	Nantes – Caen	R. Louviot (FRA)	A. Magne
23. Etappe	Sonntag 29. Juli	**221 km**	Caen – Paris	S. Maes (BEL)	A. Magne

FREDO GARDONI
PAUL BEUSCHER
27 Bd BEAUMARCHAIS PARIS
FREDO GARDONI
PAUL BEUSCHER

Magne schafft das Double

CAEN-PARIS Dank einer französischen Mannschaft, die bei Pannen und Zeitgutschriften stets zur Stelle war, holt sich Tonin seinen zweiten Tour-Erfolg: Kontrolliert in den Alpen, zurückhaltend am Mittelmeer, überwältigend in Tarbes und beim Zeitfahren in Nantes. Ein rundum zufriedener Champion berichtet:

PARIS (29. Juli) - „Ich bin alle Klassiker der Saison und ein paar Sechstagerennen gefahren, hatte also viele harte Brocken zu bewältigen. Zu Beginn der Tour de France fürchtete ich schon, die ganzen Rennen und Ausreißversuche in den Beinen zu spüren, die ich seit Februar bestritten habe. Aber ich wollte unbedingt ein gutes Ergebnis bei dieser großen Rundfahrt erreichen!

Mir war natürlich klar, dass das sehr schwer werden würde und dass ich in erster Linie Martano schlagen musste. Ich wusste, dass er sich ganz gezielt auf die „Große Schleife" vorbereitet hatte und ich kannte seine Stärken genau. Beim Start in Paris war ich ganz schön angespannt, das kann ich Ihnen sagen! Ich hatte vor der ersten Etappe nach Lille ein ganz schlechtes Gefühl. Ich weiß nicht, warum, aber vielleicht liegt es ja daran, dass ich im letzten Jahr genau bei dieser Etappe einen üblen Einbruch hatte.

Aber als ich dann Lille mit der Spitzengruppe erreichte, habe ich mir gesagt: ‚Tonin, du hast gut angefangen. Jetzt musst du es auch gut beenden!' Und plötzlich trug ich nach der zweiten Etappe das Gelbe Trikot! Ich muss gestehen: Mir wäre es lieber gewesen, Speicher hätte dieses schöne Trikot behalten. Ich war nicht gerade hoch erfreut, schon nach der zweiten Etappe als Spitzenreiter der Gejagte zu sein. Ich hab mir hoch und heilig geschworen, dass ich mich nicht ins Bockshorn jagen lasse und lieber das Gelbe wieder abgebe, als meine Kraft zu verschwenden. Aber ein Rennen ist ein Rennen, und wenn man erst mal vorne liegt, dann tut man auch alles, um vorne zu bleiben.

Als es dann ins Aravis-Massiv ging, da hab' ich gemerkt, dass ich genauso stark war wie Martano, und das hat mir Auftrieb gegeben. Ich wusste: Die Stunde der Wahrheit würde in den Alpen kommen, da würde er angreifen! Das war sein Heimspiel, sie würden ihn zu Tausenden anfeuern, und ich zweifelte nicht eine Sekunde, dass er sich die Lunge aus dem Leib fahren würde, um dort als Erster anzukommen. Aber ich wusste auch, dass es sehr riskant war, bei jedem seiner Angriffe um jeden Preis mitzugehen. Da kann man böse einbrechen, aber das galt ja auch für ihn... Also hab' ich alles auf eine Karte gesetzt und bin in die Offensive gegangen, bin einfach mein Rennen gefahren, hab' mich nicht um ihn gekümmert. Das war übrigens das erste Mal, dass ich diese Taktik angewendet habe.

Das hätte mich zwar beinahe das Gelbe Trikot gekostet, doch ich spürte, wie ich immer besser in Form kam und lauerte auf eine Schwäche von Martano. Unglücklicherweise fing es in den Pyrenäen schlecht für mich an. Am Fuße des Puymorens, kurz

Le Numéro : 75 Centimes — Mardi 31 Juillet 1934. - N° 783

LE MIROIR DES SPORTS

LES DEUX TRIOMPHATEURS

du Tour de France 1934 : les Français Antonin Magne (à gauche) et René Vietto terminent, côte à côte, sous les applaudissements de 50.000 spectateurs, leur tour d'honneur au Parc des Princes, bouquet au guidon, joie aux yeux et dans le cœur. Comme en 1931, Magne s'est classé 1er du Tour ; mais l'âme populaire est reconnaissante à Vietto, roi de la montagne, qui a renoncé à ses chances pour porter secours à son chef d'équipe, victime d'accidents de machine dans les étapes Perpignan-Ax-les Thermes et Ax-Luchon.

vor der Ankunft in Ax-les-Thermes, hatte ich einen Sturz. Am nächsten Tag hab' ich mein Fahrrad in Sichtweite von Luchon kaputtgefahren. Eigentlich zum Verzweifeln! Aber bei der Etappe nach Tarbes sah ich am Peyresourde, dass Martano in ziemlichen Schwierigkeiten war. Ich zögerte keine Sekunde, das war die Gelegenheit zum Angriff! Zum ersten Mal seit dem Start

Bei der spektakulären Solofahrt über den Aspin nimmt Magne seinem Rivalen Martano 17 Minuten ab. Diesen entscheidenden Sieg hat Tonin auch Vietto zu verdanken.

15. Etappe, von Perpignan nach Ax-les-Thermes: Am Puymorens befindet sich Vietto mit Magne auf der Abfahrt, als dieser stürzt und sein Vorderrad beschädigt...

...Vietto gibt ihm sein Vorderrad und wartet fünf lange Minuten auf den Materialwagen. Doch die Gabel ist verzogen, Magne muss mit der Maschine von Speicher weiterfahren.

Am Soulor präsentiert sich Vietto in bestechender Form. Für mehr als zum besten Kletterer hätte es jedoch kaum gereicht, in Evian hatte er wegen eines Fremdkörpers im Auge 54 Minuten verloren.

in Paris bin ich bis zum Anschlag gegangen, um einen möglichst großen Abstand zwischen mich und meinen Rivalen zu bringen. Tja, und das Ergebnis konnte sich wirklich sehen lassen! Ab da begann ich, an einen möglichen Sieg zu glauben.

In den nächsten Tagen wollte ich eigentlich nur so wenig Zeit wie möglich verlieren. Mit Unbehagen erwartete ich das Zeitfahren, denn da war das Gelbe Trikot noch einmal in Gefahr. Ich war mir zwar einigermaßen sicher, eine gute Zeit hinlegen zu können, aber man weiß ja nie! Ein paar Reifenpannen oder ein Radbruch - mit einer kaputten Maschine auf sich alleine gestellt kann man schnell wertvolle Minuten verlieren. Und schon ist man das Gelbe los! Körperlich fühlte ich mich so stark wie bei keiner anderen Tour de France. Ich meine, das Pensum war bestimmt schon immer gewaltig, aber ich regenerierte mich schneller als je zuvor! Bei dieser Etappe habe ich dann zum zweiten Mal wirklich alles gegeben.

Und dann kam die Ankunft in Paris. Mir fiel ein Stein vom Herzen, als ich über die Ziellinie rollte. Bis zum Schluss hatte ich Angst vor einem Unfall, einem Sturz - Angst davor, liegen zu bleiben. Aber nun habe ich es ja geschafft. Ich habe meine zweite Tour gewonnen, und ich muss mich bei allen Mannschaftskameraden bedanken, von Louviot bis Vietto. Heute Abend ist die Welt um einen glücklichen Mann reicher, das kann ich Ihnen versichern."

MAGNE ERNEUT VON VIETTO GERETTET

Bei der 16. Etappe, von Ax-les-Thermes nach Luchon (21. Juli), geriet das Gelbe Trikot erneut wegen technischer Probleme in Bedrängnis und wurde, wie schon am Vortag, von Vietto gerettet. Zwei Beteiligte berichten. - Antonin Magne: „Es passierte bei einer kurzen Abfahrt hinter dem Portet d'Aspet. Ich wollte antreten und zu Gissels und Martano aufschließen, die vorne waren, als plötzlich mein Hinterrad blockierte. Die Kette hatte sich verklemmt! Irreparabel! Alle meine Mannschaftskameraden waren vorne, der Materialwagen weit hinten und ich dachte schon: ‚Das war's dann wohl!' Ich war verzweifelt, als plötzlich in einer Kurve weiter unten René Vietto auftauchte, der bergauf fuhr, was das Zeug hielt. Er hatte umgedreht und kam zurück, um mir seine Maschine zu geben. Ich bin natürlich gleich aufgesprungen, und schon nach wenigen Metern erreichte ich Roger Lapébie, der gewartet hatte. Er ist dann bis zum Gipfel des Col des Ares vorgefahren. Sogar bei der Abfahrt hat er Tempo gemacht! Ich weiß gar nicht, wem ich heute mehr verdanke, Vietto oder Lapébie..." - Jacques Goddet erzählt uns, wie es weiterging: „Vietto saß völlig niedergeschlagen am Wegesrand. Doch er fand schnell wieder Worte: „Also wirklich! Antonin weiß nicht mal, wie man aufsteigt. Lapébie fährt jetzt sein Rennen. Und ich bleibe hier. Aber ich werde nicht immer den Sklaven machen! Du siehst, dass man mit diesem Rad nicht mehr weiterfahren kann. Und der Materialwagen kommt einfach nicht, das kostet mich mindestens zehn Minuten!" Lapébie hatte sich im Ziel die Zeitgutschriften geholt, Vietto die Punkte bei den Bergwertungen. Ist das nicht logisch? Immerhin kann Vietto mit Recht behaupten, dass er den entscheidenden Beitrag zum Sieg Magnes geleistet hat, sofern der das Trikot nach Paris bringt."

1935

Romain MAES

Maes, der Nobody

Romain Maes kommt genauso frisch und dynamisch im Prinzenpark an, wie er gestartet war. Wie schon Bottecchia und Frantz, trägt er das Gelbe Trikot vom Anfang bis zum Ende. (Foto rechte Seite)

Irgendwie scheint die Favoritenrolle die Beine der Tour-Helden zu lähmen. In diesem Jahr erwartet man den Angriff der spanischen Gipfelstürmer, doch sie geben noch vor den Alpen auf. Auch der französische Meister Speicher enttäuscht, wie die gesamte französische Equipe. Magne ist angeschlagen, Pélissier Einzelstarter, der Rest der „Blauen" hat nicht die Moral, um den Sieg zu kämpfen. Schon die erste Etappe von Paris nach Lille ist ein echter Prüfstein, die Fachpresse bewertet sie als „mörderisch und vorentscheidend". Wer sich hier durchsetzt, wäre durchaus ein Kandidat für den Sieg in Paris...

Und das ist jemand, den Henri Desgrange als „reines Muskelpaket" bezeichnet und der gewieft genug ist, an einem Bahnübergang den entscheidenden Vorsprung von 53" gegenüber den düpierten Ex-Favoriten herauszufahren: Romain Maes. Der große Unbekannte ist 22 Jahre alt, belgischer Meister und - aufgepasst! - eine Entdeckung von Ludovic Feuillet, früherer Sportdirektor der unbesiegbaren Alcyon-Mannschaft. Und nur wer den alten Ludovic nicht kennt, glaubt jetzt noch an die Niederlage von Maes. „Die Alpen wird er nicht überstehen!" Von wegen: Romain klettert wie der Teufel und genau so fährt er auch ab. „Am Braus und am Castillon werden sie's ihm schon zeigen!" Mitnichten: Maes gewinnt in Cannes. „Das Einzelzeitfahren ist zu schwer für ihn!" Denkste. In Perpignan wird er nur von einem entfesselten Archambaud bezwungen. Also müssen schon die Pyrenäen in der klassischen, bereits legendären Streckenfolge herhalten, um den Funken Hoffnung auf einen französischen Sieg noch am Glimmen zu halten. Doch Romain hält den Schaden in Luchon in Grenzen, und nun sind es keine Franzosen mehr, sondern Italiener, die ihm gefährlich werden: Morelli und Teani. Bei der Etappe nach Pau kommt Morelli bis auf 2' heran. Doch im Sog seines Landsmanns und Kletterspezialisten Vervaecke kann Maes diesen Vorsprung erst halten, später mit Hilfe von Jean Aerts in Rochefort sogar wieder leicht ausbauen und in La Rochelle schließlich alles klar machen. In Belgien ist natürlich der Teufel los, doch auch im Prinzenpark freut man sich. Denn der gefahrene Rekordschnitt belegt eindrucksvoll, dass da ein beherzter und kompletter Rennfahrer völlig verdient eine Tour gewinnt, die nun wirklich nicht ohne war.

Doch es gibt auch Grund zu trauern: In den Alpen erlischt für immer der Stern des Spaniers Cepeda, der bei der Abfahrt vom Galibier tödlich stürzt.

GESAMTKLASSEMENT

1. **Romain MAES** (BEL, Belgien), 141 Std. 32'
   Stundenmittel: 30,650 km/h
2. **Ambrogio MORELLI** (ITA, Einzelstarter), 17'52"
3. **Félicien VERVAECKE** (BEL, Belgien), 24'6"
4. Sylvère MAES (BEL, Einzelstarter), 35'24"
5. Jules LOWIE (BEL, Einzelstarter), 51'26"
6. Georges SPEICHER (FRA, Frankreich), 54'29"
7. Maurice ARCHAMBAUD (FRA, Frankreich), 1 Std. 9'28"
8. René VIETTO (FRA, Frankreich), 1 Std. 21'3"
9. Gabriel RUOZZI (FRA, Touren-Fernfahrer), 1 Std. 34'2"
10. Oskar THIERBACH (GER, Deutschland), 2 Std. 0'4"
11. Pierre COGAN (FRA, Touren-Fernfahrer), 2 Std. 11'56"
12. Benoît FAURE (FRA, Touren-Fernfahrer), 2 Std. 21'1'
13. Charles PELISSIER (FRA, Einzelstarter), 2 Std. 29'21"
14. René BERNARD (FRA, Touren-Fernfahrer), 2 Std. 30'47"
15. René LE GREVÈS (FRA, Frankreich), 2 Std. 40'5"
16. Fernand FAYOLLE (FRA, Touren-Fernfahrer), 2 Std. 48'7"
17. André LEDUCQ (FRA, Frankreich), 2 Std. 56'14"
18. Pierre CLOAREC (FRA, Touren-Fernfahrer), 3 Std. 19'55"
19. Joseph MAUCLAIR (FRA, Touren-Fernfahrer), 3 Std. 20'36"
20. Antoine DIGNEF (BEL, Einzelstarter), 3 Std. 24'52"

29. TOUR DE FRANCE: 21 ETAPPEN – 4.338 KILOMETER

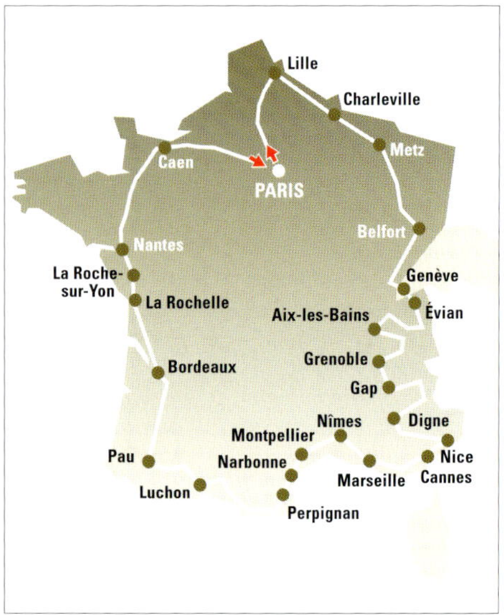

			Etappen	Etappensieger	Gelbes Trikot
1. Etappe	Donnerstag 4. Juli	**262 km**	Paris – Lille	R. Maes (BEL)	R. Maes
2. Etappe	Freitag 5. Juli	**192 km**	Lille – Charleville	C. Pélissier (FRA, Einzelstarter)	R. Maes
3. Etappe	Samstag 6. Juli	**161 km**	Charleville – Metz	R. Di Paco (ITA)	R. Maes
4. Etappe	Sonntag 7. Juli	**220 km**	Metz – Belfort	J. Aerts (BEL)	R. Maes
5. Etappe (1)	Montag 8. Juli	**262 km**	Belfort – Genf (SUI)	M. Archambaud (FRA)	R. Maes
6. Etappe (2)	Montag 8. Juli	**58 km**	Genf (SUI) – Évian (EZF)	R. Di Paco (ITA)	R. Maes
6. Etappe	Mittwoch 10. Juli	**207 km**	Évian – Aix-les-Bains	R. Vietto (FRA)	R. Maes
7. Etappe	Donnerstag 11. Juli	**229 km**	Aix-les-Bains – Grenoble	R. Camusso (ITA)	R. Maes
8. Etappe	Freitag 12. Juli	**102 km**	Grenoble – Gap	J. Aerts (BEL)	R. Maes
9. Etappe	Samstag 13. Juli	**227 km**	Gap – Digne	R. Vietto (FRA)	R. Maes
10. Etappe	Sonntag 14. Juli	**156 km**	Digne – Nizza	J. Aerts (BEL)	R. Maes
11. Etappe	Dienstag 16. Juli	**126 km**	Nizza – Cannes	R. Maes (BEL)	R. Maes
12. Etappe	Mittwoch 17. Juli	**195 km**	Cannes – Marseille	C. Pélissier (FRA, Einzelstarter)	R. Maes
13. Etappe (1)	Donnerstag 18. Juli	**112 km**	Marseille – Nîmes	V. Bergamaschi (ITA)	R. Maes
13. Etappe (2)	Donnerstag 18. Juli	**56 km**	Nîmes – Montpellier (MZF)	G. Speicher (FRA)	R. Maes
14. Etappe (1)	Freitag 19. Juli	**103 km**	Montpellier – Narbonne	R. Le Grevès (FRA)	R. Maes
14. Etappe (2)	Freitag 19. Juli	**63 km**	Narbonne – Perpignan (EZF)	M. Archambaud (FRA)	R. Maes
15. Etappe	Samstag 20. Juli	**325 km**	Perpignan – Luchon	S. Maes (BEL)	R. Maes
16. Etappe	Montag 22. Juli	**194 km**	Luchon – Pau	A. Morelli (ITA)	R. Maes
17. Etappe	Mittwoch 24. Juli	**224 km**	Pau – Bordeaux	J. Moineau (FRA)	R. Maes
18. Etappe (1)	Donnerstag 25. Juli	**159 km**	Bordeaux – Rochefort	R. Le Grevès (FRA)	R. Maes
18. Etappe (2)	Donnerstag 25. Juli	**33 km**	Rochefort – La Rochelle (EZF)	A. Leducq (FRA)	R. Maes
19. Etappe (1)	Freitag 26. Juli	**81 km**	La Rochelle – La Roche-sur-Yon	R. Le Grevès (FRA)	R. Maes
19. Etappe (2)	Freitag 26. Juli	**95 km**	La Roche-sur-Yon – Nantes (MZF)	J. Aerts (BEL)	R. Maes
20. Etappe (1)	Samstag 27. Juli	**220 km**	Nantes – Vire	R. Le Grevès (FRA)	R. Maes
20. Etappe (2)	Samstag 27. Juli	**55 km**	Vire – Caen (MZF)	A. Morelli (ITA)	R. Maes
21. Etappe	Sonntag 28. Juli	**221 km**	Caen – Paris	R. Maes (BEL)	R. Maes

AUTO

1936

Sylvère MAES

Und noch ein Maes

Desgrange setzt alle Hebel in Bewegung, um einen reibungslosen Tour-Ablauf zu gewährleisten: Weniger Begleitfahrzeuge, sechs Ruhetage statt vier, fünf Zeitfahren statt sechs, Rückkehr zum seit 1927 vernachlässigten Izoard, zwei Motorradpolizisten und nur 90 Fahrer.

Das Peloton wird neu strukturiert: drei A-Nationalmannschaften (Deutschland, Belgien, Frankreich), sieben B-Nationalmannschaften (Spanien, Luxemburg, Schweiz, Holland, Jugoslawien, Rumänien und Österreich) sowie 30 französische Touren-Fernfahrer, darunter René Vietto. Italien verzichtet aus politischen Gründen an der Teilnahme. Der „Patron" hat an alles gedacht, nur nicht daran, dass die Einführung des ersten bezahlten Urlaubs der französischen Geschichte der Tour einen völlig neuen Publikumszuspruch beschert! Doch Desgrange wird krank und muss seine Tour in Charleville verlassen. Ein schwerer Schlag für die Organisation und die französische Mannschaft, zumal das Rennen anfangs auch noch verregnet ist und sich erst entwickelt, als kurz vor den Alpen die Schweizer und Luxemburger einige Ausreißversuche starten. Leider erweisen sich die Berge dann für einige hoch gehandelte Champions als unüberwindbar: Vorjahressieger Romain Maes gibt nach einer mehr als kläglichen Leistung auf, Vietto nach zwei Kettenrissen, Speicher nach Sturz bei der Abfahrt vom Galibier. Die gute Stimmung ist dahin und Magne fährt auf eigene Faust. Die Belgier hingegen setzen unter der Führung des erfahrenen Steyaert ihren Höhenflug von 1935 fort und spielen konsequent die Karte Sylvère Maes (nicht verwandt mit Romain), der sich endlich seiner Stärke bewusst wird. In Briançon übernimmt er von Archambaud das Gelbe Trikot und festigt seine Führung, indem er am Izoard den Angriff von Magne abwehrt und ihn dann in Sospel endgültig distanziert. Die Dominanz der „schwarzen Schwadron" wird nur gelegentlich von den Luxemburgern, den spanischen Kletterern und einigen herausragenden Touren-Fernfahrern durchbrochen, die mit Goasmat, Level oder Ducazeaux die schweren Etappen unter sich ausmachen. Die „Blauen" hingegen enttäuschen auf der ganzen Linie, auch wenn Le Grevès sechs Etappen gewinnen kann. „Tonin" Magne bricht ausgerechnet in den Pyrenäen ein, auf der Etappe von Luchon nach Pau, wo er wieder Boden gutmachen will. So schenkt er Sylvère an seinem 27. Geburtstag 27' - die Entscheidung! Magne zeigt sich jedoch als fairer Verlierer und erweist Maes auf dem Triumphzug nach Paris seinen Respekt.

GESAMTKLASSEMENT

1. **Sylvère MAES** (BEL, Belgien), 142 Std. 47'32" ; Stundenmittel: 30,912 km/h
2. **Antonin MAGNE** (FRA, Frankreich), 26'55"
3. **Félicien VERVAECKE** (BEL, Belgien), 27'53"
4. Pierre CLEMENS (LUX, Spanien-Luxemburg), 42'42"
5. Arsène MERSCH (LUX, Spanien-Luxemburg), 53'24"
6. Mariano CANARDO (ESP, Spanien-Luxemb.), 1 Std. 3'4"
7. Mathias CLEMENS (LUX, Spanien-Luxemburg), 1 Std. 10'44"
8. Léo AMBERG (SUI, Schweiz), 1 Std. 19'13"
9. Marcel KINT (BEL, Belgien), 1 Std. 22'25"
10. Léon LEVEL (FRA, Touren-Fernfahrer), 1 Std. 27'57"
11. Julian BERRENDERO (ESP, Spanien-Luxemburg), 1 Std. 34'37"
12. Sylvain MARCAILLOU (FRA, Touren-Fernfahrer), 1 Std. 38'6"
13. Louis THIETARD (FRA, Touren-Fernfahrer), 1 Std. 47'47"
14. Raoul LESUEUR (FRA, Frankreich), 1 Std. 50'15"
15. Albert VAN SCHENDEL (HOL, Holland), 1 Std. 52'23"
16. Pierre COGAN (FRA, Frankreich), 1 Std. 52'48"
17. Federico EZQUERRA (ESP, Spanien-Lux.), 1 Std. 54'39'
18. Robert TANNEVEAU (FRA, Frankreich), 1 Std. 57'9"
19. François NEUVILLE (BEL, Belgien), 2 Std. 1'16'
20. René LE GREVÈS (FRA, Frankreich), 2 Std. 7'45"

30. TOUR DE FRANCE: 21 ETAPPEN – 4.414 KILOMETER

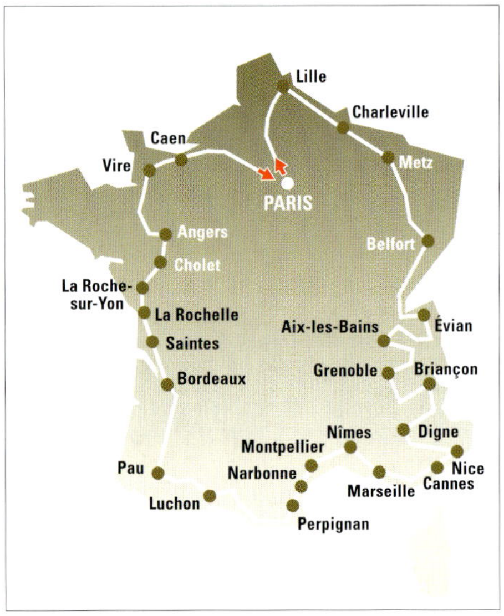

			Etappen	Etappensieger	Gelbes Trikot
1. Etappe	Dienstag 7. Juli	**258 km**	Paris – Lille	P. Egli (SUI)	P. Egli
2. Etappe	Mittwoch 8. Juli	**192 km**	Lille – Charleville	R. Wierinckx (BEL)	M. Archambaud
3. Etappe	Donnerstag 9. Juli	**161 km**	Charleville – Metz	M. Clemens (LUX)	A. Mersch
4. Etappe	Freitag 10. Juli	**220 km**	Metz – Belfort	M. Archambaud (FRA)	M. Archambaud
5. Etappe	Samstag 11. Juli	**298 km**	Belfort – Évian	R. Le Grevès (FRA)	M. Archambaud
6. Etappe	Montag 13. Juli	**212 km**	Évian – Aix-les-Bains	E. Meulenberg (BEL)	M. Archambaud
7. Etappe	Dienstag 14. Juli	**224 km**	Aix-les-Bains – Grenoble	T. Middelkamp (HOL)	M. Archambaud
8. Etappe	Mittwoch 15. Juli	**194 km**	Grenoble – Briançon	J.-M. Goasmat (FRA)	S. Maes
9. Etappe	Donnerstag 16. Juli	**202 km**	Briançon – Digne	L. Level (FRA)	S. Maes
10. Etappe	Samstag 18. Juli	**156 km**	Digne – Nizza	P. Maye (FRA)	S. Maes
11. Etappe	Sonntag 19. Juli	**126 km**	Nizza – Cannes	F. Ezquerra (ESP)	S. Maes
12. Etappe	Dienstag 21. Juli	**195 km**	Cannes – Marseille	R. Le Grevès (FRA)	S. Maes
13. Etappe (1)	Mittwoch 22. Juli	**112 km**	Marseille – Nîmes	R. Le Grevès (FRA)	S. Maes
13. Etappe (2)	Mittwoch 22. Juli	**52 km**	Nîmes – Montpellier (MZF)	S. Maes (BEL)	S. Maes
14. Etappe (1)	Donnerstag 23. Juli	**103 km**	Montpellier – Narbonne	R. Le Grevès (FRA)	S. Maes
14. Etappe (2)	Donnerstag 23. Juli	**63 km**	Narbonne – Perpignan (MZF)	S. Maes (BEL)	S. Maes
15. Etappe	Samstag 25. Juli	**325 km**	Perpignan – Luchon	S. Ducazeaux (FRA)	S. Maes
16. Etappe	Montag 27. Juli	**194 km**	Luchon – Pau	S. Maes (BEL)	S. Maes
17. Etappe	Mittwoch 29. Juli	**229 km**	Pau – Bordeaux	R. Le Grevès (FRA)	S. Maes
18. Etappe (1)	Donnerstag 30. Juli	**117 km**	Bordeaux – Saintes	E. Meulenberg (BEL)	S. Maes
18. Etappe (2)	Donnerstag 30. Juli	**75 km**	Saintes – La Rochelle (MZF)	S. Maes (BEL)	S. Maes
19. Etappe (1)	Freitag 31. Juli	**81 km**	La Rochelle – La Roche-sur-Yon	M. Kint (BEL)	S. Maes
19. Etappe (2)	Freitag 31. Juli	**65 km**	La Roche-sur-Yon – Cholet (MZF)	F. Vervaecke (BEL)	S. Maes
19. Etappe (3)	Freitag 31. Juli	**67 km**	Cholet – Angers	P. Maye (FRA)	S. Maes
20. Etappe (1)	Samstag 1. August	**204 km**	Angers – Vire	R. Le Grevès (FRA)	S. Maes
20. Etappe (2)	Samstag 1. August	**55 km**	Vire – Caen (MZF)	A. Magne (FRA)	S. Maes
21. Etappe	Sonntag 2. August	**234 km**	Caen – Paris	A. Mersch (LUX)	S. Maes

Oben: Dank der „Volksfront" können Tausende Arbeiter und Angestellte ihren ersten bezahlten Urlaub genießen. Und viele möchten ihre Helden einmal ganz nah vorbeifliegen sehen.

Unten: Auf der neunten Etappe fährt Sylvère Maes als Erster über den Izoard – Magne kann nicht lange mithalten.

1937

Roger LAPÉBIE

Lapébie schaltet am besten

Happy End mit Familie für Roger Lapébie: Seine Tochter feuert ihn in Nizza an, sein Bruder in den Pyrenäen, seine Frau beglückwünscht ihn im Prinzenpark. (Foto rechte Seite)

Die Tour 1937 wird durch einige seltsame Entscheidungen der Rennleitung bestimmt. Zunächst teilt Desgrange in Marseille völlig überraschend mit, dass die eindeutig von den Belgiern dominierte Disziplin Mannschaftszeitfahren ab sofort gestrichen wird. Diese Maßnahme benachteiligt Sylvère Maes, der das Gelbe Trikot seit Digne trägt, und bewegt auch den verletzten Bartali zur Aufgabe. Die Tour ist nun ein belgisch-französisches Duell zwischen Maes und Lapébie... Doch damit nicht genug: Der Kommissar Adant, ein Belgier, brummt dem Franzosen Lapébie auf der Etappe von Luchon nach Pau eine Zeitstrafe von 1'30'' auf, weil dieser sich wiederholt hat anschieben lassen - angesichts des Vergehens eine eher milde Strafe. Doch sie lässt den durch eine große Leistung erkämpften Vorsprung Lapébies erheblich schrumpfen; er hatte Maes am Aubisque klar dominiert, was später sogar der belgische Mannschaftskapitän Steyaert zugibt. Entmutigt denkt Lapébie in Pau ans Aufgeben. Die Folgen: ein Proteststurm der französischen Presse, erhitzte Gemüter im Publikum und beleidigte belgische Journalisten, die ihre Landsleute zu Unrecht angegriffen sehen. Zum Eklat kommt es schließlich in Bordeaux, wo Maes eine Zeitstrafe von 15'' erhält, weil er sich nach einer Reifenpanne von zwei belgischen Einzelfahrern hat helfen lassen. Mit der Zeitgutschrift, die Lapébie als Zweiter erhält, schrumpft Maes' Vorsprung auf winzige 25''. Noch am gleichen Abend werfen die entnervten belgischen Fahrer das Handtuch. Auf diese Art und Weise das Gelbe Trikot zu übernehmen, ist nicht im Sinne Lapébies, und so bedauert er öffentlich den Ausstieg von Maes. Abgesehen von einem dramatischen Einbruch beim Einzelzeitfahren von Vire nach Caen bringt er die Tour sicher nach Hause - auch dank der innovativen Kettenschaltung, die in diesem Jahr zum ersten Mal offiziell zugelassen ist. Die Belgier hatten übrigens darauf verzichtet...

Nur schade, dass in diesem Tohuwabohu die gute Leistung des Westfalen Erich Bautz völlig untergeht, der nach seinem Etappensieg in Belfort sogar bis nach Grenoble in Gelb fährt! Am Ende wird er mit viel Pech Neunter.

GESAMTKLASSEMENT

1. **Roger LAPÉBIE** (FRA, Frankreich), 138 Std. 58'31'' ; Stundenmittel: 31,768 km/h
2. **Mario VICINI** (ITA, Einzelstarter), 7'17''
3. **Léo AMBERG** (SUI, Schweiz), 26'13''
4. Francesco CAMUSSO (ITA, Italien), 26'53''
5. Sylvain MARCAILLOU (FRA, Frankreich), 35'36''
6. Édouard VISSERS (BEL, Einzelstarter), 38'13''
7. Paul CHOCQUE (FRA, Frankreich), 1 Std. 5'19''
8. Pierre GALLIEN (FRA, Einzelstarter), 1 Std. 6'33''
9. Erich BAUTZ (GER, Deutschland), 1 Std. 6'41''
10. Fabien FRÉCHAUT (FRA, Einzelstarter), 1 Std. 24'34''
11. Herbert MULLER (BEL, Einzelstarter), 1 Std. 26'51''
12. Raymond PASSAT (FRA, Einzelstarter), 1 Std. 27'58''
13. Marcel LAURENT (FRA, Einzelstarter), 1 Std. 31'57''
14. Oskar THIERBACH (GER, Deutschland), 1 Std. 34'27''
15. Julian BERRENDERO (ESP, Spanien), 1 Std. 34'48''
16. Gustaaf DELOOR (BEL, Einzelstarter), 1 Std. 36'3''
17. Victor COSSON (FRA, Einzelstarter, 1 Std. 38'55''
18. Jean-Marie GOASMAT (FRA, Einzelstarter), 1 Std. 39'36''
19. Sauveur DUCAZEAUX (FRA, Einzelstarter), 1 Std. 41'21''
20. Robert OUBRON (FRA, Einzelstarter), 1 Std. 46'9''

31. TOUR DE FRANCE: 20 ETAPPEN – 4.415 KILOMETER

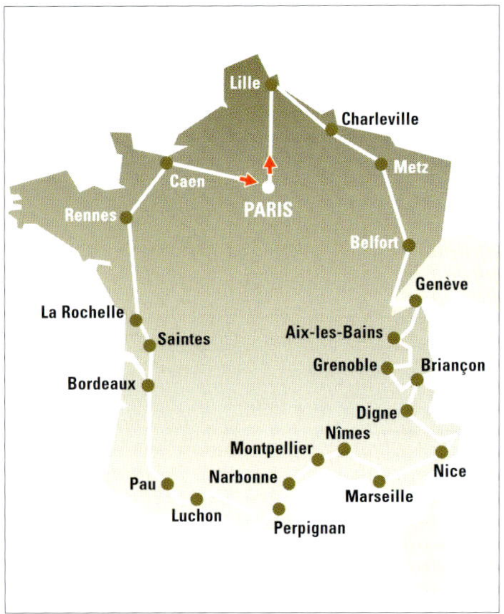

			Etappen	Etappensieger	Gelbes Trikot
1. Etappe	Mittwoch 30. Juni	**263 km**	Paris – Lille	J. Majerus (LUX)	J. Majerus
2. Etappe	Donnerstag 1. Juli	**192 km**	Lille – Charleville	M. Archambaud (FRA)	J. Majerus
3. Etappe	Freitag 2. Juli	**161 km**	Charleville – Metz	W. Generati (ITA)	M. Kint
4. Etappe	Samstag 3. Juli	**220 km**	Metz – Belfort	E. Bautz (GER)	E. Bautz
5. Etappe (1)	Sonntag 4. Juli	**175 km**	Belfort – Lons-le-Saunier	H. Puppo (FRA)	E. Bautz
5. Etappe (2)	Sonntag 4. Juli	**34 km**	Lons-le-Saunier – Champagnole (MZF)	S. Maes (BEL)	E. Bautz
5. Etappe (3)	Sonntag 4. Juli	**93 km**	Champagnole – Genf (SUI)	L. Amberg (SUI)	E. Bautz
6. Etappe	Dienstag 6. Juli	**180 km**	Genf (SUI) – Aix-les-Bains	G. Deloor (BEL)	E. Bautz
7. Etappe	Mittwoch 7. Juli	**228 km**	Aix-les-Bains – Grenoble	G. Bartali (ITA)	G. Bartali
8. Etappe	Donnerstag 8. Juli	**194 km**	Grenoble – Briançon	O. Weckerling (GER)	G. Bartali
9. Etappe	Freitag 9. Juli	**220 km**	Briançon – Digne	R. Lapébie (FRA)	S. Maes
10. Etappe	Sonntag 11. Juli	**251 km**	Digne – Nizza	F. Vervaecke (BEL)	S. Maes
11. Etappe (1)	Dienstag 13. Juli	**169 km**	Nizza – Toulon	E. Meulenberg (BEL)	S. Maes
11. Etappe (2)	Dienstag 13. Juli	**65 km**	Toulon – Marseille (EZF)	G. Danneels (BEL)	S. Maes
12. Etappe (1)	Mittwoch 14. Juli	**112 km**	Marseille – Nîmes	A. Antoine (FRA)	S. Maes
12. Etappe (2)	Mittwoch 14. Juli	**51 km**	Nîmes – Montpellier	R. Pedroli (SUI)	S. Maes
13. Etappe (1)	Donnerstag 15. Juli	**103 km**	Montpellier – Narbonne	F. Camusso (ITA)	S. Maes
13. Etappe (2)	Donnerstag 15. Juli	**63 km**	Narbonne – Perpignan	E. Meulenberg (BEL)	S. Maes
14. Etappe (1)	Samstag 17. Juli	**99 km**	Perpignan – Bourg-Madame	E. Meulenberg (BEL)	S. Maes
14. Etappe (2)	Samstag 17. Juli	**59 km**	Bourg-Madame – Ax-les-Thermes	M. Canardo (ESP)	S. Maes
14. Etappe (3)	Samstag 17. Juli	**167 km**	Ax-les-Thermes – Luchon	E. Meulenberg (BEL)	S. Maes
15. Etappe	Montag 19. Juli	**194 km**	Luchon – Pau	J. Berrendero (ESP)	S. Maes
16. Etappe	Mittwoch 21. Juli	**235 km**	Pau – Bordeaux	P. Chocque (FRA)	S. Maes
17. Etappe (1)	Donnerstag 22. Juli	**123 km**	Bordeaux – Royan	E. Bautz (GER)	R. Lapébie
17. Etappe (2)	Donnerstag 22. Juli	**37 km**	Royan – Saintes	A. Braeckeveldt (BEL) H. Wengler(GER), ex aequo	R. Lapébie
17. Etappe (3)	Donnerstag 22. Juli	**67 km**	Saintes – La Rochelle	R. Lapébie (FRA)	R. Lapébie
18. Etappe (1)	Freitag 23. Juli	**81 km**	La Rochelle – La Roche-sur-Yon (EZF)	R. Lapébie (FRA)	R. Lapébie
18. Etappe (2)	Freitag 23. Juli	**172 km**	La Roche-sur-Yon – Rennes	P. Chocque (FRA)	R. Lapébie
19. Etappe (1)	Samstag 24. Juli	**114 km**	Rennes – Vire	R. Passat (FRA)	R. Lapébie
19. Etappe (2)	Samstag 24. Juli	**59 km**	Vire – Caen (EZF)	L. Amberg (SUI)	R. Lapébie
20. Etappe	Sonntag 25. Juli	**234 km**	Caen – Paris	E. Vissers (BEL)	R. Lapébie

Mit 26 Jahren siegt der Baske Roger Lapébie bei seinem fünften Versuch. Diesen Erfolg verdankt er neben seinem Können der Unterstützung des französischen Teams, dem Sturz Bartalis, der Aufgabe von Maes, der Stärke Vicinis sowie seinem sportlichen Leiter Leulliot, der die Vorzüge der Kettenschaltung beschreibt.

Lapébie nutzt die Kettenschaltung und gewinnt

BEI dieser Tour de France hat die Kettenschaltung eine wichtige Rolle gespielt und entscheidend zum Sieg Roger Lapébies beigetragen, da dieser immer genau im richtigen Moment mit der gewünschten Übersetzung fahren konnte. Zudem erlaubte ihm sein athletischer Körperbau, stets in großen Gängen zu fahren, sobald dies erforderlich wurde. So hatte er bei seinem Antritt vor Digne noch die Kraft, mehr als sieben Meter pro Umdrehung zu treten, und in den ersten Serpentinen des Soulor waren es noch 5,76 m. Aufgrund dieser enormen Übersetzung gelang es Roger, den Anschluss wiederzugewinnen.

Jean Leulliot: „Im Gegensatz zu Marcaillou hat Lapébie immer auf mich gehört, wenn es ums Schalten ging. So hatte ich ihm für den Anstieg zum Izoard gute Orientierungspunkte genannt, und während viele belgische Fahrer erst schalteten, wenn sie in Schwierigkeiten gerieten und dann brutal die Schaltung bedienten, zog Roger an ihnen vorüber, nachdem er genau an der richtigen Stelle den Gang gewechselt hatte. Ich bin davon überzeugt, dass er Vicini bei der Etappe Vire-Caen niemals hätte schlagen können, wenn er nicht über vierzig Mal die Gangschaltung betätigt hätte. Roger ließ sich also blind leiten, und ich rief ihm vom Begleitfahrzeug aus zu: „15, 17, 16, 18“. Sein Rhythmus blieb dabei konstant. Vicini dagegen musste immer rückwärts treten, um die Kette springen zu lassen, und konnte deshalb nicht so häufig schalten...“

Sylvère Maes, der Träger des Gelben Trikots, und sein Team wollen in Bordeaux nicht mehr an den Start gehen, da sie ihrer Meinung nach zu Unrecht bestraft wurden. Das Feld wartet auf ihre Entscheidung.

Bei unerträglicher Hitze muss die Region Landes durchquert werden - Lapébie verabreicht Maes eine Erfrischung. Nach einer Reifenpanne und dem Angriff der Franzosen folgt dann die nächste kalte Dusche.

Nachdem die Belgier Lapébie bereits in Digne geschont haben, greifen sie ihn auch nicht an, als er einen Defekt hat. Liegt es an seiner Stärke, sind sie nicht gut genug oder handeln sie einfach nur fair?

1938

Gino BARTALI

Bartali mit himmlischer Unterstützung

Das Gelbe Trikot bereits seit dem Col de Vars in der Tasche, klopft Gino Bartali an die Pforte der Legenden, indem er mit einer großartigen Leistung über sich hinauswächst. In Briançon, wo er 1937 aufgeben musste, schlägt er Vervaecke mit 20 Minuten Vorsprung. (Foto rechte Seite)

Die Tour de France 1938 findet ohne Mannschaftszeitfahren statt. Es gibt keine Einzelstarter mehr, dafür acht Nationalmannschaften, wobei die französische durch zwei Nachwuchsteams verstärkt wird. Und doch wird diese Frankreich-Rundfahrt von hoch motivierten Italienern und Belgiern dominiert. Die offenen Rechnungen aus dem Vorjahr machen aus der Tour 1938 eher eine Fortsetzung als eine Neuauflage. Gino Bartali will sein schmerzhaftes Ausscheiden vergessen machen und der Kletterspezialist Félicien Vervaecke in diesem Jahr endlich seine Chance ergreifen, nachdem er 1935 und 1936 schwächeren Mannschaftskameraden den Vortritt lassen musste. Und die Franzosen? Die müssen nach der Disqualifikation von Speicher, der in den Pyrenäen im Schlepptau eines Autos erwischt wird, ihre Hoffnungen schnell begraben. Vorjahressieger Roger Lapébie ist dieses Jahr nur im Journalistentross zu finden. Doch das Team schlägt sich wacker, insbesondere der junge Victor Cosson, die alten Haudegen Magne und Leducq sowieso. Dédé trägt ein letztes Mal das Gelbe Trikot, Arm in Arm mit seinem Freund Tonin fährt er in den Prinzenpark ein. Die Kommissare werten beide als Etappensieger - ein würdiger Abschied von der Tour! Zu diesem Zeitpunkt ist das verbissene Duell zwischen den Berggiganten Vervaecke und Bartali längst entschieden. Félicien ist in den Pyrenäen vorerst der Stärkere und übernimmt die Führung, doch ab Marseille schlägt der tief religiöse Gino unerbittlich zurück. Der „Engel der Berge" weiß ganz Italien hinter sich, Gott in seinem Herzen und eine treu ergebene Mannschaft an seiner Seite. Mit seiner Leistung bei der schweren Alpenetappe wird er unsterblich, und nach dem Izoard wird er von der euphorischen Teamleitung der Italiener prompt vom Engel zum Gott befördert. Angesichts dieser Stärke verpuffen die Erfahrung und die wütende Entschlossenheit Féliciens wirkungslos, vor allem, weil sein italienischer Rivale am Vars und am Iseran auch noch überirdisch gut abfährt... Der Belgier, in Cannes noch mit 2'45'' vorne, sieht sich in Aix-les-Bains plötzlich um rund 20 Minuten distanziert!

Die Zeitgutschriften (14'37''), sein virtuoser Umgang mit der Schaltung und seine gewaltige Übersetzung machen Bartali zum ruhmreichen Sieger.

GESAMTKLASSEMENT

1. **Gino BARTALI** (ITA, Italien), 148 Std. 29'12'' ; Stundenmittel: 31,565 km/h
2. **Félicien VERVAECKE** (BEL, Belgien), 18'27'
3. **Victor COSSON** (FRA, Frankreich), 29'26''
4. Edward VISSERS (BEL, Belgien), 35'8''
5. Mathias CLEMENS (LUX, Luxemburg), 42'8''
6. Mario VICINI (ITA, Italien), 44'59''
7. Jules LOWIE (BEL, Belgien), 48'56''
8. Antonin MAGNE (FRA, Frankreich), 49'
9. Marcel KINT (BEL, Belgien), 59'49''
10. Dante GIANELLO (FRA, Bleuets), 1 Std. 6'47''
11. Jean-Marie GOASMAT (FRA, Frankreich) 1 Std. 7'34''
12. Albertin DISSEAUX (BEL, Belgien), 1 Std. 12'16''
13. Robert TANNEVEAU (FRA, Cadets), 1 Std. 13'54''
14. Sylvère MAES (BEL, Belgien), 1 Std. 21'11''
15. Pierre GALLIEN (FRA, Frankreich), 1 Std. 24'34''
16. Mariano CANARDO (ESP, Spanien), 1 Std. 26'48''
17. François NEUVILLE (BEL, Belgien), 1 Std. 35'43''
18. Jean FRÉCHAUT (FRA, Frankreich), 1 Std. 37'24''
19. Rafael RAMOS (ESP, Spanien), 1 Std. 37'40''
20. Glauco SERVADEI (ITA, Italien), 1 Std. 41'38''

32. TOUR DE FRANCE: 21 ETAPPEN – 4.680 KILOMETER

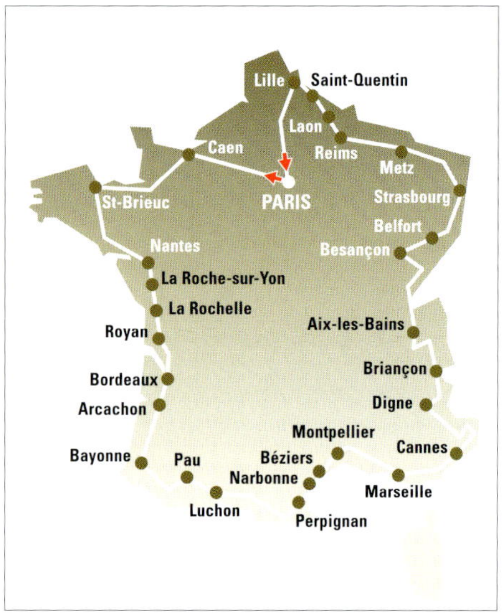

			Etappen	Etappensieger	Gelbes Trikot
1. Etappe	Dienstag 5. Juli	**215 km**	Paris – Caen	W. Oberbeck (GER)	W. Oberbeck
2. Etappe	Mittwoch 6. Juli	**237 km**	Caen – Saint-Brieuc	J. Majerus (LUX)	J. Majerus
3. Etappe	Donnerstag 7. Juli	**238 km**	Saint-Brieuc – Nantes	G. Schulte (HOL)	J. Majerus
4. Etappe (1)	Freitag 8. Juli	**62 km**	Nantes – La Roche-sur-Yon	E. Meulenberg (BEL)	J. Majerus
4. Etappe (2)	Freitag 8. Juli	**83 km**	La Roche-sur-Yon – La Rochelle	E. Meulenberg (BEL)	J. Majerus
4. Etappe (3)	Freitag 8. Juli	**83 km**	La Rochelle – Royan	F. Vervaecke (BEL)	J. Majerus
5. Etappe	Sonntag 10. Juli	**198 km**	Royan – Bordeaux	E. Meulenberg (BEL)	J. Majerus
6. Etappe (1)	Montag 11. Juli	**52 km**	Bordeaux – Arcachon	G.J. Rossi (ITA)	J. Majerus
6. Etappe (2)	Montag 11. Juli	**171 km**	Arcachon – Bayonne	G. Servadei (ITA)	A. Leducq
7. Etappe	Dienstag 12. Juli	**115 km**	Bayonne – Pau	T. Middelkamp (HOL)	A. Leducq
8. Etappe	Donnerstag 14. Juli	**193 km**	Pau – Luchon	F. Vervaecke (BEL)	F. Vervaecke
9. Etappe	Samstag 16. Juli	**260 km**	Luchon – Perpignan	J. Fréchaut (FRA)	F. Vervaecke
10. Etappe (1)	Sonntag 17. Juli	**63 km**	Perpignan – Narbonne	A. Van Schendel (HOL)	F. Vervaecke
10. Etappe (2)	Sonntag 17. Juli	**27 km**	Narbonne – Béziers (EZF)	F. Vervaecke (BEL)	F. Vervaecke
10. Etappe (3)	Sonntag 17. Juli	**73 km**	Béziers – Montpellier	A. Magne (FRA)	F. Vervaecke
11. Etappe	Montag 18. Juli	**223 km**	Montpellier – Marseille	G. Bartali (ITA)	F. Vervaecke
12. Etappe	Dienstag 19. Juli	**199 km**	Marseille – Cannes	J. Fréchaut (FRA)	F. Vervaecke
13. Etappe	Donnerstag 21. Juli	**284 km**	Cannes – Digne	D. Gianello (FRA)	F. Vervaecke
14. Etappe	Freitag 22. Juli	**219 km**	Digne – Briançon	G. Bartali (ITA)	G. Bartali
15. Etappe	Samstag 23. Juli	**311 km**	Briançon – Aix-les-Bains	M. Kint (BEL)	G. Bartali
16. Etappe	Montag 25. Juli	**284 km**	Aix-les-Bains – Besançon	M. Kint (BEL)	G. Bartali
17. Etappe (1)	Dienstag 26. Juli	**89,5 km**	Besançon – Belfort	E. „Junior" Masson (BEL)	G. Bartali
17. Etappe (2)	Dienstag 26. Juli	**143 km**	Belfort – Straßburg	J. Fréchaut (FRA)	G. Bartali
18. Etappe	Mittwoch 27. Juli	**186 km**	Straßburg – Metz	M. Kint (BEL)	G. Bartali
19. Etappe	Donnerstag 28. Juli	**196 km**	Metz – Reims	F. Galateau (FRA)	G. Bartali
20. Etappe (1)	Samstag 30. Juli	**48 km**	Reims – Laon	G. Servadei (ITA)	G. Bartali
20. Etappe (2)	Samstag 30. Juli	**42 km**	Laon – Saint-Quentin (EZF)	F. Vervaecke (BEL)	G. Bartali
20. Etappe (3)	Samstag 30. Juli	**107 km**	Saint-Quentin – Lille	F. Neuville (BEL)	G. Bartali
21. Etappe	Sonntag 31. Juli	**279 km**	Lille – Paris	A. Leducq (FRA), A. Magne (FRA)	G. Bartali

Gino, der Campionissimo!

13 Jahre nach Bottecchia triumphiert ein zweiter Italiener, Gino Bartali. Es ist nicht nur der Sieg eines Fahrers mit Klasse, sondern auch und vor allem der Sieg eines begnadeten Kletterers. Sein Erlebnisbericht:

VOR der Abreise nach Frankreich rief uns unser technischer Leiter, Costante Girardengo, zusammen und gab uns seine Anweisungen. Je nach Ergebnisstand sollte das Team Vicini, Cottur oder Bartali unterstützen. Ich werde nicht die Sünde begehen, so hochmütig zu sein zu behaupten, dass ich mir sicher war, man würde auf mich setzen. Aber Girardengo selbst nahm kein Blatt vor den Mund und wiederholte ständig, dass Italien die Tour mit Bartali gewinnen würde. Die Zeitgutschriften, die das Reglement den ersten Fahrern auf den Gipfeln gewährte, bestimmten unser Rennverhalten.

Getreu den Anweisungen

Bis Pau war ich somit bestrebt, das Hinterrad von Sylvère Maes zu halten. Dort angekommen war ich 18. des Gesamtklassements, 7' hinter Leducq, in dem ich nicht ernsthaft einen möglichen Sieger sehen konnte, 4' hinter Lowie und 3' hinter Vervaecke und Cosson. Ich war auf gleicher Höhe mit Vissers und hatte 5' Vorsprung vor Silvère Maes. Den französischen Nationalfeiertag am 14. Juli feierten wir auf unsere Weise: Die Etappe Pau-Luchon lag vor uns, mit vier Pässen. Meiner Meinung nach die mühseligste Etappe, weil die ersten Berge der Tour gefahren werden müssen. Plötzlich ragen sie vor einem empor, ohne Übergang...

Entsprechend der Taktik der Squadra Azzurra griff ich nicht an. Aber einen Kilometer vor dem Gipfel des Aubisque überlegte ich, dass Gianello einen Satz machen und mich im Sprint überholen könnte. Ich trat stärker in die Pedale. Meine Gegner kamen nicht nach. So hatte ich auf dem Gipfel eine Zeitgutschrift von 1' 40" eingefahren und meine Aufgabe buchstabengetreu erfüllt.

Ich nahm die Abfahrt gemächlicher und nacheinander fuhren Vissers, Berrendero, Vervaecke, Carini, Gallien und Gianello an mich heran. Es war niemand aus meinem Team dabei. Ich wollte warten. In Luz-Saint-Sauveur schloss Mollo zu mir auf, leider ohne Neuigkeiten von Vicini, auf den ich wartete. Dann der Aufstieg zum Tourmalet. Auf halber Höhe waren wir nur noch zu viert; einen Kilometer vor dem Gipfel attackierte ich: Erst blieb Gianello zurück, dann Vissers. Vervaecke klebte an meinem Hinterrad und ich spüre noch immer seinen starken und rhythmischen Atem in meinem Rücken.

Ich zog das Tempo an und endlich blieb er zurück. Ich erreichte den Gipfel allein und jagte die Abfahrt nach Sainte-Marie-de-Campan herunter, immer noch darauf bedacht, meine Kräfte nicht unnötig zu vergeuden.

In Sainte-Marie-de-Campan waren meine drei Konkurrenten wieder da. Ich blieb bei ihnen und wartete den Aspin ab. Endlich sah ich die rote Flagge, die den letzten Kilometer vor dem Gipfel der Pässe markiert. Ich schaltete in einen höheren Gang, setzte zum Sprint an - und lag allein in Führung. Ich jagte mit gesenktem Kopf die Abfahrt herunter, machte 16 Sekunden auf Vervaecke gut und erhielt eine Zeitgutschrift von 1' 16". Rechnen wir nach: 1'40" Zeitgutschrift am Aubisque, 1'15" am Tourmalet, 1'16" am Aspin, insgesamt 4'11". Das Gelbe Trikot hatte ich bereits in der Tasche. Auf der Abfahrt rechnete ich weiter: 1' am Gipfel vom Peyresourde, mindestens 1' beim Zieleinlauf: Ich würde in Luchon mit einem hübschen Vorsprung starten. Tja, es tut mir ja leid, liebe Mitstreiter, aber so spielt nun mal das Leben!

Man sagt mir nach, auf den Abfahrten nicht vorsichtig zu sein. Und so passierte es dann auch: In einer zu eng genommenen Kurve rutschte ich weg! Reifen und Gesicht, beide sahen erbärmlich aus... Ich rappelte mich hoch und dankte dem Himmel, nicht verletzt zu sein. Aber das Rad musste gewechselt werden. Ich würde also einige Minuten verlieren. Doch ich blieb ruhig, zumal der Wagen von Jacques Goddet um die Kurve bog. Jean Leulliot reichte mir schnell ein Ersatzrad. Durch die Reparatur verlor ich nur 1'40". Natürlich waren Vervaecke und Vissers in der Zwischenzeit an mir vorbeigezogen. Mein Plan? Nur noch Makulatur. Es würde genügen, dass sich einer von ihnen die Minute am Peyresourde und die Minute am Ziel schnappt, und mein Vorsprung würde auf Null schrumpfen.

In Luchon hatte ich 55 Sekunden Rückstand auf Vervaecke und Vissers. Auf der Abfahrt vom Aspin und beim Aufstieg zum Peyresourde hatte ich also 45 Sekunden auf meine Gegner wieder gutgemacht. Aber das Gelbe Trikot zog sich an meiner Stelle mein alter Freund Félicien über. Beim Start in Pau hatte ich 3'57" Rückstand auf Vervaecke. In Luchon lag ich mit 2'18" Rückstand auf den Führenden an zweiter Stelle des Gesamtklassements, obwohl ich insgesamt eine Zeitgutschrift von 4'11" erhalten hatte. In gewisser Hinsicht war diese Etappe also eine Nullrunde.Am nächsten Tag wurde ich beim Einzelzeitfahren nach allen Regeln der Kunst von Vervaecke geschlagen. Ich hoffe inständig, niemand meint, meine Niederlage sei der Grund, weshalb ich dafür bin, dass das Reglement für das Einzelzeitfahren geändert werden sollte. Wir erreichten Cannes. Es folgte ein schöner Ruhetag, an dem ich meinen Vater in die Arme schließen konnte. Er war von Florenz herüber gekommen, um mir Neuigkeiten von zu Hause zu berichten.

Die Alpen, die nicht enden wollen...

Am Morgen des 22. Juli - einem Tag, an den ich mich lange erinnern werde - brach ich also auf, um das Gelbe Trikot zu erobern, das mir in den Pyrenäen vorenthalten blieb. Oder vielmehr, von dem die Hei-

Unten: Bartalis Ankunft am Gipfel des ersten Iseran (2.769 m, 10 % Steigung auf 13 km) wird mit einer Funktelegrafie direkt übertragen. Bartali (auf dem Bild vor Kint, Magne und Cosson in Führung) holt den Rückstand auf Vervaecke auf und rückt wieder an die Spitze, nachdem er von der ganzen „schwarzen Schwadron" aus Belgien heftig bedrängt wurde.

lige Theresia nicht wollte, dass ich es bereits zu diesem Zeitpunkt in Besitz nahm. Ich wünschte, Sie könnten meine seelische Verfassung nachvollziehen. Der Aubisque und der Tourmalet hatten mir bestätigt, dass ich der beste Kletterer des Pelotons war. Ich wusste auch, dass nur ein Unfall verhindern könnte, dass ich die Tour gewinne.

Allos, Vars und Izoard waren die drei Trümpfe, die ich spielen musste. Niemand konnte vor mir den Gipfel erreichen, sofern mein Rad mitspielte, das war mir klar. Aber vor Reifenpannen ist man ja nie gefeit... Ich habe jedoch die Angewohnheit, mich nicht gegen mein Schicksal aufzulehnen. So hatte ich nichts zu verlieren und konnte nur gewinnen. Und die Partitur, die mir meine Dirigenten Girardengo und General Antonelli geschrieben hatten, spielte ich taktgemäß und ohne jeglichen Misston.

Bereits ab den ersten Metern des Allos gehörte ich zu einer kleinen Gruppe, die das Rennen bestimmte. Auf den letzten 800 Metern setzte ich zum Sprint an, um Vissers abzuhängen, der als einziger an meinem Hinterrad hing, und holte mir die erste Zeitgutschrift plus neun Sekunden Vorsprung. Am Col de Vars legte ich einen Zahn zu. Nicht, um den Vorsprung zu vergrößern, sondern um deutlich vorne zu liegen, wenn ich die Abfahrt erreichte, auf der ich meinen Joker setzen müsste. Denn dort, auf der Abfahrt vom Vars, habe ich die Tour de France gewonnen.

Wenn ich mir den Verlauf meines Rennens durch den Kopf gehen lasse, stelle ich fest, dass ich am Gipfel des Vars 19 Sekunden Vorsprung auf Cosson hatte, 31 auf Vicini, 46 auf Mollo und 1'18" auf Vervaecke. In Guillestre, am Ende der Abfahrt vom Vars, lag ich bereits 7' vor Vervaecke und 9' vor Cosson. Wie ist das möglich? Man würde auf Reifenpannen tippen. Das ist zwar richtig, aber vergessen Sie nicht, dass auch ich einen Platten hatte und mir niemand ein Ersatzrad reichte. Ich habe den Reifen selbst repariert und mich dann daran gemacht, Vicini einzuholen, der mich überholt hatte. Ich glaube also richtig zu liegen, wenn ich sage, dass ich mir das Gelbe Trikot auf der Abfahrt vom Vars sicherte. Man wird dem entgegensetzen, dass ich ja den Vorteil hatte, am Gipfel in Führung zu liegen und so die Abfahrt nehmen konnte, ohne dass mir der Staub zu schaffen machte, der von den Begleitfahrzeugen vor den Fahrern aufgewirbelt wird. Auch das ist richtig. Am Izoard hatte ich mich von Mathias Clemens - einem hervorragenden Sportler, dem ich gerne die Ehre erweise, ihn lobend zu erwähnen - und meinen Landsleuten Mollo und Vicini abgesetzt. Girardengo hatte mir gesagt, dass das Gelbe Trikot mir gehört. Es ist seltsam, aber es

„Wir haben zu zweit gewonnen", sagt Gino seinem Sportdirektor Girardengo, der ihn küsst. „Ich gab meine Muskeln und meine Leidensfähigkeit, du dein Wissen und deine Erfahrung."

löste keine Freude in mir aus. Das süße Gefühl der Freude hatte ich bereits in den Pyrenäen gespürt und dann eine Lektion erteilt bekommen. Ich wartete lieber bis Briançon, um mich zu freuen.

Auf der Abfahrt vom Izoard hätte ich nervös werden können, mir sagen können, dass ich dabei bin, die Tour zu gewinnen und dass mir das Schicksal mit einem kleinen Sturz einen bösen Streich spielen könnte. Ich hätte an den sturzbachähnlichen Regenguss von Digne oder an mein defektes Rad am Aspin denken können - aber ich machte mir keine Gedanken. Ich jagte auf das Tal zu, nur von dem Wunsch beseelt, ein Glas frischer Milch trinken zu können, das vorzubereiten ich Villa gebeten hatte und das ich nach meiner Ankunft in meinem Hotelzimmer vorfinden sollte. Genau daran dachte ich in der Stunde, da sich mein Lebenstraum der Erfüllung näherte. Aber ich werde mich nicht weiter darüber auslassen. Sie werden sicherlich erfahren haben, dass es nach der ersten Freude im italienischen Lager einige Gefühlsausbrüche gab: Fünf Italiener unter den ersten sechs Ankömmlingen und dann noch das Gelbe Trikot!

Zu Tausenden waren die Radsportfans aus Turin nach Briançon gekommen: Die Begeisterung war grenzenlos. General Antonelli drückte mich an seine Brust und weinte vor Stolz, Girardengo sprang fast an die Decke, Villa telegrafierte bereits in alle Ecken Italiens...

Der Coup vom Iseran

Sollte mich diese überschwängliche Freude nicht anspornen? Im Gegenteil. Ich schlief schlecht. Ich war aufgeregt. In den Schlaf sank ich erst drei Stunden vor dem Start. Ich war in schlechter körperlicher Verfassung. Ich vertraute mich Girardengo an, der mir den Rat gab, nichts mit Gewalt erzwingen zu wollen, wenn ich mal abgehängt werden sollte. Es gäbe genügend Abfahrten sowie die Ebene auf dem Gipfel des Iseran in Aix-les-Bains, um wieder aufzuholen. Aber tatsächlich fühlte ich mich beim Start in Digne völlig unterlegen. Jetzt dürften Sie verstehen, warum ich Herrn Desgrange inständig darum bat, einen Ruhetag in den Alpen einzulegen.

Darüber hinaus hatte ich mich bei meinem Aufstieg zum Galibier leicht verkühlt. Als der Iseran kam, spürte ich die Folgen: Ich konnte mit meinen Gegnern nicht mehr mithalten. Doch ich erinnerte mich an die Ratschläge von Girardengo und blieb gelassen. Auf der Abfahrt vom Iseran legte ich den großen Gang auf und erreichte meine Gegner noch vor dem Tal. Sie hatten es vergeblich versucht: Man kann niemanden abhängen, der sich aufgemacht hat, das Gelbe Trikot zu erobern und der weiß, dass die Vorstellung in acht Tagen vorüber sein würde. Man kommt also zu folgendem Schluss: Gewonnen habe ich mein Gelbes Trikot auf der Abfahrt vom Vars, verteidigt auf der Abfahrt vom Iseran.

Sylvère Maes: wie aus dem Bilderbuch

Ex-Champion Leducq wird im Begleitfahrzeug Zeuge, wie Sylvère Maes am Izoard einen angekündigten Triumph feiert und Vietto vernichtend schlägt. Damit ist ihm ein Platz im Olymp der Tour de France sicher!
(Foto rechte Seite)

Deutsche und Italiener (unter ihnen Kurt Stöpel und Vorjahressieger Bartali) sind 1939 aus politischen Gründen „verhindert", der Toursieger von 1937 Lapébie fällt nach einem Unfall aus, und so bleibt die Favoritenrolle in diesem Jahr an den Belgiern Edward Vissers und Félicien Vervaecke hängen. Das hohe Niveau des belgischen Radsports wird vom Ausrichter gewürdigt, indem er zwei belgische Mannschaften zum Rennen zulässt. Ihnen stehen unter anderem vier französische Regionalmannschaften entgegen. In diesem Jahr gibt es einige Neuerungen, die die Fahrer beunruhigen: Bei bestimmten Etappen wird der Letzte des Gesamtklassements automatisch vom Rennen ausgeschlossen, zwei Etappen sind in drei Abschnitte unterteilt, der Iseran muss im Rahmen eines Zeitfahrens bezwungen werden. Vom Streckenverlauf her ist diese „Große Schleife" klassisch, und so holen sich eher unbekannte Franzosen die ersten Siegerbuketts und das Gelbe Trikot. Auch Toursieger Romain Maes kann sich beim ersten Zeitfahren in Szene setzen, muss diesem Kraftakt jedoch später Tribut zollen und am Fuße der Pyrenäen aufgeben. Dort wartet man auf den Auftritt von René Vietto, dessen Tour-Erfolg im Jahr 1934 so tragisch verhindert wurde. Der Mann aus der regionalen Sud-Est-Mannschaft fährt zwar in Gelb, kann jedoch aufgrund einer Erkältung nicht seine volle Leistungsfähigkeit abrufen. Zunächst hält er den Schaden noch in Grenzen und fährt dank eines günstigen Rennverlaufs zwischen Pau und Toulouse sogar zusammen mit dem Flamen Sylvère Maes, was Kraft spart. Auf dieser Etappe trennt sich bei den Belgiern die Spreu vom Weizen: Vissers landet mit einer Flucht über 200 Kilometer einen tollen Coup, während der 32-jährige Vervaecke mit hartnäckigen Nierenschmerzen das Rennen aufgibt. In Toulouse lichten sich schließlich die Schleier über der belgischen Taktik: Maes darf gewinnen, Vissers muss sich in seinen Dienst stellen. Man lässt Vietto kontrolliert arbeiten und wartet bis zum Izoard, wo Sylvère dann loslegt. Er straft alle Fachleute Lügen, die auf Vietto gesetzt haben und brilliert in der Mondlandschaft des Hochgebirges. Das i-Tüpfelchen auf seine Leistung setzt Maes auf der schwersten Etappe, dem Bergzeitfahren am Iseran, wo er mit 31,994 km/h einen neuen Rekordschnitt fährt. Natürlich wird er damit auch bester Kletterer! Die belgische B-Mannschaft rundet diesen Erfolg ab und gewinnt die Mannschaftswertung.

GESAMTKLASSEMENT

1. **Sylvère MAES** (BEL, Belgien), 132 Std. 3'17'' ; Stundenmittel: 31,994 km/h
2. **René VIETTO** (FRA, Sud-Est), 30'38''
3. **Lucien VLAEMYNCK** (BEL, Belgien B), 32'8''
4. Mathias CLEMENS (LUX, Luxemburg), 36'9''
5. Edward VISSERS (BEL, Belgien), 38'5''
6. Sylvain MARCAILLOU (FRA, Frankreich), 45'16''
7. Albertin DISSEAUX (BEL, Belgien B), 46'54''
8. Jan LAMBRICHS (HOL, Holland), 48'1''
9. Albert RITSERVELDT (BEL, Belgien B), 48'27''
10. Cyriel VANOVERBERGHE (BEL, Belgien B) 49'44''
11. Dante GIANELLO (FRA, Frankreich), 55'55''
12. Raymond PASSAT (FRA, Sud-Ouest), 57'23''
13. Auguste MALLET (FRA, Frankreich), 1 Std. 2'5''
14. Maurice ARCHAMBAUD (FRA, Nord-Est-Île-de-France), 1 Std. 6'24''
15. Albert VAN SCHENDEL (HOL, Holland), 1 Std. 10'1''
16. Pierre GALLIEN (FRA, Nord-Est-Île-de-France),, 1 Std. 10'22''
17. Louis THIETARD (FRA, Nord-Est-Île-de-France),, 1 Std. 13'33''
18. Christophe DIDIER (LUX, Luxemburg), 1 Std. 19'7''
19. Georges NAISSE (FRA, Frankreich), 1 Std. 23'53''

32. TOUR DE FRANCE: 18 ETAPPEN – 4.680 KILOMETER

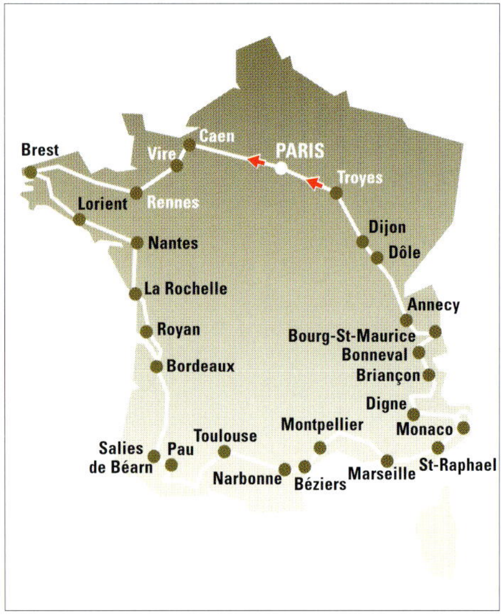

			Etappen	Etappensieger	Gelbes Trikot
1. Etappe	Montag 10. Juli	**215 km**	Paris – Caen	A. Fournier (FRA)	A. Fournier
2. Etappe (1)	Dienstag 11. Juli	**63,5 km**	Caen –Vire (EZF)	R. Maes (BEL)	R. Maes
2. Etappe (2)	Dienstag 11. Juli	**119,5 km**	Vire –Rennes	E. Tassin (FRA)	J. Fontenay
3. Etappe	Mittwoch 12. Juli	**244 km**	Rennes –Brest	P. Cloarec (FRA)	J. Fontenay
4. Etappe	Donnerstag 13. Juli	**174 km**	Brest –Lorient	R. Louviot (FRA)	R. Vietto
5. Etappe	Freitag 14. Juli	**207 km**	Lorient –Nantes	A. Fournier (FRA)	R. Vietto
6. Etappe (1)	Samstag 15. Juli	**144 km**	Nantes –La Rochelle	L. Storme (BEL)	R. Vietto
6. Etappe (2)	Samstag 15. Juli	**107 km**	La Rochelle –Royan	E. Pages (FRA)	R. Vietto
7. Etappe	Montag 17. Juli	**198 km**	Royan –Bordeaux	R. Passat (FRA)	R. Vietto
8. Etappe (1)	Dienstag 18. Juli	**210,5 km**	Bordeaux –Salies-de-Béarn	M. Kint (BEL)	R. Vietto
8. Etappe (2)	Dienstag 18. Juli	**68,5 km**	Salies-de-Béarn –Pau (EZF)	K. Litschi (SUI)	R. Vietto
9. Etappe	Mittwoch 19. Juli	**311 km**	Pau –Toulouse	E. Vissers (BEL)	R. Vietto
10. Etappe (1)	Freitag 21. Juli	**148,5 km**	Toulouse –Narbonne	P. Jaminet (FRA)	R. Vietto
10. Etappe (2)	Freitag 21. Juli	**27 km**	Narbonne –Béziers (EZF)	M. Archambaud (FRA)	R. Vietto
10. Etappe (3)	Freitag 21. Juli	**70,5 km**	Béziers –Montpellier	M. Archambaud (FRA)	R. Vietto
11. Etappe	Samstag 22. Juli	**212 km**	Montpellier –Marseille	F. Galateau (FRA)	R. Vietto
12. Etappe (1)	Sonntag 23. Juli	**157 km**	Marseille –Saint-Raphaël	F. Neuens (LUX)	R. Vietto
12. Etappe (2)	Sonntag 23. Juli	**121,5 km**	Saint-Raphaël –Monaco	M. Archambaud (FRA)	R. Vietto
13. Etappe	Montag 24. Juli	**101,5 km**	Monaco –Monaco	P. Gallien (FRA)	R. Vietto
14. Etappe	Dienstag 25. Juli	**175 km**	Monaco –Digne	P. Cloarec (FRA)	R. Vietto
15. Etappe	Mittwoch 26. Juli	**219 km**	Digne –Briançon	S. Maes (BEL)	S. Maes
16. Etappe (1)	Donnerstag 27. Juli	**126 km**	Briançon –Bonneval-sur-Arc	P. Jaminet (FRA)	S. Maes
16. Etappe (2)	Donnerstag 27. Juli	**64,5 km**	Bonneval-sur-Arc –Bourg-St-Maurice (EZF)	S. Maes (BEL)	S. Maes
16. Etappe (3)	Donnerstag 27. Juli	**103,5 km**	Bourg-Saint-Maurice –Annecy	A. Van Schendel (HOL)	S. Maes
17. Etappe (1)	Samstag 29. Juli	**226 km**	Annecy –Dole	F. Neuens (LUX)	S. Maes
17. Etappe (2)	Samstag 29. Juli	**59 km**	Dole –Dijon (EZF)	M. Archambaud (FRA)	S. Maes
18. Etappe (1)	Sonntag 30. Juli	**151 km**	Dijon –Troyes	R. Le Grevès (FRA)	S. Maes
18. Etappe (2)	Sonntag 30. Juli	**201 km**	Troyes –Paris	M. Kint (BEL)	S. Maes

ANDRÉ
LEDUCQ
9241-RM

TROYE-PARIS Mit dem Triumph Sylvères siegen ein System und der Mann, der dieses zu nutzen weiß, denn nur wer sich die Tour verdient, kann sie gewinnen. Die Franzosen, die mit ihrer mangelhaften Disziplin alles verpatzt haben, trösten sich mit René Vietto, der seinen zweiten Platz verteidigt.

Maes triumphiert - und mit ihm die Tour

SYLVÈRE hat gewonnen. Das wissen wir seit fünf Tagen. Seit dieser scharfen Kurve, hinter der urplötzlich der Abhang des Izoard auftaucht. Dort hat der bleiche, vom Gefühl der Ohnmacht erfüllte Vietto in einem einzigen Augenblick dafür gezahlt, dass er den Gesetzen der Natur so leichtfertig getrotzt hat. Uns erschien dies nur gerecht, auch wenn wir mit ihm gelitten haben. Heute wird hier, wie bereits gestern, Sylvère Maes gefeiert. Und gefeiert wird nicht nur dieser gesunde, kräftig gebaute Mann mit den massigen Schultern, dessen Waden so dick sind wie mancher Oberschenkel. Sondern auch die Tugenden, die er verkörpert, Tugenden, ohne die die Tour ihr Ziel verfehlte.

Das Ziel, sein Rennen möglichst gut zu fahren, ist normal. Doch sich darauf vorzubereiten, die Freuden des Alltags zu opfern, die Bequemlichkeit, den Komfort, das bedeutet für diese kleinen flämischen Bauern, die so streng erzogen wurden, weitaus mehr. Über Monate hinweg sein Leben zu hinterfragen, so wie man später drei Wochen lang sein Rennen hinterfragt, darin liegt die ganze Wahrheit der Tour. Und dann gilt es auch noch Gehorsam zu zeigen. Denn in diesem gewaltigen Kampf treffen nicht nur die Athleten aufeinander, sondern auch die verschiedenen Methoden und Systeme. Wenn eine Autorität auftritt, sei sie offizieller Natur wie Monsieur Fernand Adant, oder geistiger wie Karel Steyaert, und die Rollen festlegt, so heißt es für den Athleten, sich damit abzufinden, im einen Jahr zu dienen, um im folgenden Dienste zu empfangen. 1938 streifte Sylvère die Livree des Lakaien über und polierte die Stiefel der „schwarzen Schwadron“. In diesem Jahr trug Maes, wie schon 1936, den Rock des Gebieters.

Doch viel bemerkenswerter nach Abschluss dieser schönen Tour erscheint uns die Tatsache, dass der Schützling von Monsieur Gentil und Ludovic Feuillet ohne die Unterstützung seiner Mannschaft gewinnen konnte. Nicht, dass sie nicht ihre Schuldigkeit getan hätte, nein, aber Vissers, der den Spitzenreiter als einziger begleitete und ihm hätte helfen können, hatte aufgrund seiner großartigen Leistung in den Pyrenäen eine gewisse Freiheit erlangt.

Der sonst eher schweigsame Sylvère Maes nutzt die Fragen eines belgischen Rundfunkreporters, um seine Frau auf flämisch zu grüßen. Sie führt daheim in Ghistelle die Gaststätte „Am Tourmalet“.

DAS ERSTE BERGZEITFAHREN DER TOUR-GESCHICHTE

BONNEVAL (27. Juli) - Zum ersten Mal stand in diesem Jahr ein Zeitfahren im Hochgebirge auf dem Programm. Was ist davon zu halten? Im Prinzip eine ausgezeichnete Idee, doch sind wie bei jeder Neuerung ein paar Verbesserungen nötig, damit diese Disziplin ihre ganze Bedeutung und Tragweite entfalten kann. Vielleicht sollte man die Ankunft besser nach höchstens 15 oder 20 Kilometern einrichten. Auf Abfahrten. So könnten Gruppenbildungen vermieden werden, die sich auf einem flachen Teilstück oder einem leichten Gefälle zwangsläufig ergeben. So weit so gut. Doch wie lassen sich die Qualen der Fahrer bei einem Zeitfahren im Gebirge ermessen? Wie kann man sie denen begreiflich machen, die noch nie einen Gebirgspass erklommen haben? Der Kraftaufwand am Berg an sich ist unermesslich. Das Herz pocht so gewaltig, dass man glaubt, es würde zerspringen. Die Luft wird knapp, der Atem geht immer schneller und lauter. In den Schläfen hämmert das Blut, die Beine zittern. Und es gilt, immer weiter zu treten, ohne auch nur eine Sekunde zu ruhen. Stellen Sie sich dann noch die eisigen Gebirgswinde vor, die mit heißen Luftströmen abwechseln und Sie wie im Fieber erschauern lassen. Ein unglaublicher Gewaltakt, mit nichts zu vergleichen. Der Beweis: S. Maes, Vissers, Marcaillou, Mallet, Vanoverberghe und noch viele andere sind die dreizehn Kilometer hinauf auf den Iseran im Wiegetritt gefahren. Nachdem die Männer dieses Etappendrittel bewältigt hatten, waren sie so ausgelaugt, dass sie weder die Kraft noch den Willen besaßen, auf dem Pass von Tamié einen Angriff zu starten, obwohl sich dort gewöhnlich immer Lücken auftun.

Am angekündigten Tag, zur gegebenen Stunde erscheint Sylvère Maes (ohne Mütze) zum Stelldichein. Die Franzosen sind im Feld zerstreut, er selbst wird noch von zwei Landsleuten unterstützt: dem Favoriten Vissers, der in Führung liegt, und Ritserveld als Schlussfahrer. (Foto oben)

Die drei anderen Fahrer, die das Ziel erreichten, unterstützten Sylvère nur in einigen wenigen Situationen, die eine glückliche Wendung nahmen. Sonst hätten Kints Elan, Neuvilles Gesundheit und Hendrickx' Treue ein wirkliches Schutzschild dargestellt. Lyautey drückte dies so aus: Es ist wichtig, Stärke zu zeigen, um sie nicht gebrauchen zu müssen. Nicht einmal das nutzten die Belgier aus.

Sylvères Rennen gestaltete sich durch die zahlreichen Zeitfahren noch individueller. Aber auch durch die Tatsache, dass die Gebirgsetappen in diesem Jahr die Hauptakteure völlig von ihren Mannschaften abschnitten. Dabei kam es sogar zum Duell der zwei Maes-Brüder und Vissers, die ihren Kampf vom Tourmalet bis nach Toulouse austrugen!

Der Mann aus Ghistelle hat „seine“ Tour gewonnen, das ist gewiss. Die Einkünfte wird er mit den anderen Männern im schwarzen Trikot teilen.

Und so stellt sich am Morgen nach der Tour, die unter ähnlichen Bedingungen und am gleichen Ort wie im Vorjahr gewonnen wurde, vor allem eine Frage: „Gibt es tatsächlich nur ein Mittel und ein System, um die Tour zu gewinnen?“

Solange Belgien über solch zähe Kletterer verfügt, wird das Land die Methode, die ihm gestern zum Sieg verholfen hat, beibehalten. Doch unser wunderbarer Freund Karel Steyaert erklärte mir die Schwierigkeiten bei der Entscheidung: „Dieses Jahr haben wir Viettos Chancen nicht falsch eingeschätzt. Doch letztes Jahr dachten wir bis zum letzten Berg, diesem schrecklichen Izoard, dass Bartali einbrechen würde...“

Mit den Menschen ändert sich die Wahrheit. Doch die Tour hat uns gelehrt, dass die folgende Wahrheit gilt: Man muss sein Werk wirklich lieben, um es ganz zu akzeptieren, mit all den Veränderungen, Rückschlägen, der Schmach, sowie den Freuden, den Küssen und Blumen...

Radrennen in Kriegszeiten – „les ersatz“

Aufgrund des Zweiten Weltkrieges wurde die Tour de France zwischen 1939 und 1946 nicht ausgetragen. Stattdessen mussten viele Fahrer zu den Waffen. Unter ihnen der Franzose Robert Oubron, zweifacher Tour-Teilnehmer und nun in Diensten der Kavallerie; Anfang Dezember `39 nahm er Kurt Stöpel gefangen, den Zweiten von 1932 und damit für viele Jahre bestplatzierten Deutschen bei der Tour de France. Zum gleichen Zeitpunkt gab die UCI in Brüssel die Strecke der Tour 1940 bekannt; das Rennen erhielt jedoch Konkurrenz von der Deutschland-Rundfahrt, die Hitler wieder ins Leben gerufen hatte! Diese Anmaßung kränkte Tour-Patron Henri Desgrange so sehr, dass er sogar von der 33. anstelle der 34. Ausgabe sprach... Währenddessen liefen Rennen wie die Tour de Suisse oder der Giro d'Italia weiter. Auch in Frankreich wurde gefahren, doch nur kleine Rundfahrten und Kriterien, eben nur „des ersatz“, keine „Tour de France“. Jacques Goddet, der Nachfolger von Henri Desgrange als Tourchef, hatte während des Krieges unbedingt verhindern wollen, dass die deutschen Besatzer, allen voran der „Anstreicher“ Hitler, das Symbol des „Friedens im Juli“ für ihre Zwecke missbrauchten. Umso glücklicher waren die Franzosen, als mit Jean Robic 1947 einer der Ihren den ersten Sieg nach dem Krieg einfuhr, indem er dem Italiener Brambilla auf der letzten Etappe zwischen Caen und Paris in beeindruckender Manier das Gelbe Trikot auszog. Da die Zeitung L'Auto auch während der Kriegsjahre in Paris erschienen war, musste sie kurzzeitig bangen, ob auch in Zukunft die Organisation in ihrer Hand liegen würde. Der Präsident des neugegründeten französischen Radsportverbandes hatte die Tour de Suisse erfolgreich mitorganisiert und sich Hoffnungen gemacht, nach dem Krieg als Chef der Tour de France auftreten zu dürfen. Doch obwohl zunächst noch in Ungnade, blieb L'Auto, die nach dem Krieg den noch heute gültigen Namen L'Equipe angenommen hatte, am Ruder.
An ihrer Vormachtstellung bei der Ausrichtung und Organisation der Tour de France hat sich bis heute nichts geändert.

1947

Jean ROBIC

Robic auf der letzten Etappe

Nach 78 Rennkilometern erreicht Jean Robic als Erster den Gipfel des Tourmalet. Er hat 4'28" Vorsprung vor Brambilla und mehr als 12' vor Vietto - diese Leistung kündigt den Gesamtsieg an. (Foto rechte Seite)

Nach seinem Schädelbruch bei Paris-Roubaix wird die Schutzkappe aus Leder das Markenzeichen von Jean Robic. Eine Kappe, aus der seine Ohren wie zwei große Löffel hervorlugen. Er ist alles andere als ein Adonis und obendrein ein „Grantler", wie er auch öfter genannt wird. Der Spitzname passt zu diesem kämpferischen, störrischen, stämmigen Bretonen, der sich einen Spaß daraus macht, die Großen des Pelotons herauszufordern. „In jedem meiner Beine steckt ein Bobet und ein Bartali", lässt er großspurig hinter den Kulissen verlauten. 1947 wagen seine Kollegen aus der Ouest-Mannschaft, den Gesamtsieg von René Vietto vorauszusagen, der ab Brüssel das Gelbe Trikot übernimmt. Das bringt den „Grantler" dermaßen auf die Palme, dass er in der Chartreuse attackiert und in Grenoble fünf Minuten auf Pierre Brambilla rausfährt.

Am nächsten Tag revanchiert sich Vietto auf dem Izoard. Durch eine Reifenpanne auf der Abfahrt vom Vars in Rückstand geraten, lässt sich Robic nicht entmutigen. „Ich fühle mich unwiderstehlich!", posaunt er herum. Durch seine Arroganz verscherzt er sich die Unterstützung seiner Teamkollegen. „Wenn er so toll ist, soll er doch sehen, wo er bleibt!", ärgert sich Eloi Tassin am Abend, bevor es in die Pyrenäen geht. Im Alleingang hängt Robic am Peyresourde Vietto und Brambilla ab und rast die restlichen 190 Kilometer bis zum Etappenziel. In Pau hat der Bretone bereits fünfzehn Minuten (einschließlich Zeitgutschriften) auf Vietto gut gemacht, der am Ende seiner Kräfte ist und letztlich das „kleine Gelbe" beim Einzelzeitfahren von Vannes nach Saint-Brieuc an Brambilla abgibt.

Die Spannung steigt!

Nur noch die Etappe von Caen nach Paris: Robic eröffnet hinter Rouen den Kampf am Anstieg von Bonsecours. Edouard Fachleitner aus dem Team der Franzosen schließt zu ihm auf, Brambilla schaut ihnen kraftlos hinterher und gibt schließlich auf. „Fach" erhöht sein Tempo, aber der „Grantler" hält mit Leichtigkeit dagegen. Und dann macht er ihm einen Vorschlag: „Du kannst die Tour eh nicht mehr gewinnen, Fach. Ich lasse dich nicht davonziehen. Komm', wir fahren zusammen und ich gebe dir 100.000 Francs..."

So steht Robic in Paris auf dem Siegerpodest. Von diesem Sieg - nach einer der spannendsten Etappen, die es je gab - wird das Volk noch lange Zeit schwärmen. Denn diese Tour, die erstmals von Jacques Goddet, dem Nachfolger von Henri Desgrange, geleitet wird, ist eine Tour der Befreiung, und wer außer einem Franzosen hätte diese Tour gewinnen können, ohne im Rennen je das Gelbe Trikot getragen zu haben?

GESAMTKLASSEMENT

1. **Jean ROBIC** (Fra, Ouest) 148 Std.11'25'
2. **Édouard FACHLEITNER** (FRA, Frankreich) 3'58''
3. **Pierre BRAMBILLA** (ITA, Italien) 10'07''
4. Aldo RONCONI (ITA, Italien) 11'00''
5. René VIETTO (FRA, Frankreich) 15'23''
6. Raymond IMPANIS (BEL, Belgien) 18'14''
7. Fermo CAMELLINI (ITA, Holland-Nichtfranzosen) 24'08''
8. Giordano COTTUR (ITA, Italien) 1 Std. 06'03''
9. Jean-Marie GOASMAT (FRA, Ouest) 1 Std. 16'03''
10. Jean-Apôtre „Apo" LAZARIDÈS (FRA, Sud-Est) 1 Std. 18'44''
11. Lucien TEISSEIRE (FRA, Frankreich) 1 Std. 32'16''
12. Pierre COGAN (FRA, Ouest) 1 Std. 44'55''
13. Albéric „Brik" SCHOTTE (BEL, Belgien) 1 Std. 56'45''
14. Giuseppe TACCA (ITA, Italien) 2 Std. 05'07''
15. Jean „Bim" DIEDERICH (LUX, Schweiz-Luxemburg) 2 Std. 10'43'
16. Daniel THUAYRE (FRA, île-de-France) 2 Std. 13'04'' ;
17. Gottfried WEILENMANN (SUI, Schweiz-Luxemburg) 2 Std. 18'23''

34. TOUR DE FRANCE: 21 ETAPPEN – 4.642 KILOMETER

			Etappen	Etappensieger	Gelbes Trikot
1. Etappe	Mittwoch 25. Juni	**236 km**	Paris-Lille	F. Kübler (SUI)	F. Kübler
2. Etappe	Donnerstag 26. Juni	**182 km**	Lille-Brüssel (BEL)	R. Vietto (FRA)	R. Vietto
3. Etappe	Freitag 27. Juni	**314 km**	Brüssel (BEL)-Luxemburg (LUX)	A. Ronconi (ITA)	R. Vietto
4. Etappe	Samstag 28. Juni	**223 km**	Luxemburg (LUX)-Straßburg	J. Robic (FRA)	R. Vietto
5. Etappe	Sonntag 29. Juni	**248 km**	Straßburg-Besançon	F. Kubler (SUI)	R. Vietto
6. Etappe	Dienstag 1. Juli	**249 km**	Besançon-Lyon	L. Teisseire (FRA)	R. Vietto
7. Etappe	Mittwoch 2. Juli	**172 km**	Lyon-Grenoble	J. Robic (FRA)	A. Ronconi
8. Etappe	Donnerstag 3. Juli	**185 km**	Grenoble-Briançon	F. Camellini (ITA)	A. Ronconi
9. Etappe	Samstag 5. Juli	**217 km**	Briançon-Digne	R. Vietto (FRA)	R. Vietto
10. Etappe	Sonntag 6. Juli	**255 km**	Digne-Nizza	F. Camellini (ITA)	R. Vietto
11. Etappe	Dienstag 8. Juli	**230 km**	Nizza-Marseille	E. Fachleitner (FRA)	R. Vietto
12. Etappe	Mittwoch 9. Juli	**165 km**	Marseille-Montpellier	H. Massal (FRA)	R. Vietto
13. Etappe	Donnerstag 10. Juli	**172 km**	Montpellier-Carcassonne	L.Teisseire (FRA)	R. Vietto
13. Etappe	Freitag 11. Juli	**253 km**	Carcassonne-Luchon	A. Bourlon (FRA)	R. Vietto
14. Etappe	Sonntag 13. Juli	**195 km.**	Luchon-Pau	J. Robic (FRA)	R. Vietto
16. Etappe	Montag 14. Juli	**195 km**	Pau-Bordeaux	G. Tacca (FRA)	R. Vietto
17. Etappe	Dienstag 15. Juli	**272 km**	Bordeaux-Les Sables-d'Olonne	E. Tassin (FRA)	R. Vietto
18. Etappe	Mittwoch 16. Juli	**236 km**	Les Sables-d'Olonne-Vannes	P. Tarchini (FRA)	R. Vietto
19. Etappe	Freitag 18. Juli	**139 km**	Vannes-Saint-Brieuc (EZF)	R. Impanis (BEL)	P. Brambilla
20. Etappe	Samstag 19. Juli	**235 km**	Saint-Brieuc-Caen	M. Diot (FRA)	P. Brambilla
21. Etappe	Sonntag 20. Juli	**257 km**	Caen-Paris	A. Schotte (BEL)	J. Robic

CAEN – PARIS Nach einer heftigen Attacke am Anstieg von Bonsecours rast der kühne Bretone 140 km vor Paris gemeinsam mit einem herausragenden Fachleitner davon, während Brambilla es noch nicht einmal schafft, mit seinen Mannschaftskollegen mitzuhalten.

Jean Robic nimmt Brambilla nach 30 Kilometern das Gelbe Trikot ab

WER soll das ertragen können! Diese außerordentliche Tour hatte bereits unseren Vorrat an Emotionen und Superlativen aufgebraucht, und nun, am letzten Tag, stößt sie an die Grenzen des Vorstellbaren. Wir wussten, dass es eine Schlacht geben würde, dass das Gelbe Trikot tatsächlich seinen Besitzer wechseln könnte, dass die allerletzten Kilometer ebenso entscheidend sein würden wie eine ganze Bergetappe. Selbstverständlich glaubten wir auch daran, aber wir hielten es auch für möglich, dass die Tradition siegen würde, dass die Kräfte unter den Zurufen schwinden würden, oder dass Pierre Brambilla lieber an Ort und Stelle sterben würde, als sich von irgendjemandem abhängen zu lassen...

Aber ein ganz kleiner Bretone, eigensinnig und bärbeißig, der an nichts zweifelte, am wenigsten an sich selbst, wollte die Tour gewinnen, und gab die Hoffnung nicht auf. Es gab zwar einen Plan, aber er kümmerte sich nicht weiter darum, nahm die erstbeste Gelegenheit wahr, hörte auf seinen starken inneren Drang und riss innerhalb von nur 30 Kilometern das Gelbe Trikot von Brambilla an sich! Ab da bestimmte er die Tour. Eine einzigartige, unvergessliche Leistung!

„Mein Hals brannte. Es kam mir vor, als würde es mir das Herz auseinanderreißen. Aber ich habe alles ertragen, ich kämpfte um den Sieg!" Im Vexin, wo er vor Fachleitner liegt, zeigt Robic eisernen Willen.

Es passiert am Ortausgang von Rouen. Kaum ist der Anstieg von Bonsecours erreicht, da prescht Robic davon. Um seiner Aufgabe gerecht zu werden, schafft Brambilla es zwar, sich im Gelben Trikot vom Hauptfeld abzusetzen, aber er ist bereits geschlagen. Sein verzerrter Mund stößt die Luft aus, er holt seinen Gegner nur mit größter Anstrengung ein. Aber da taucht ein dritter Fahrer auf. Dort, wo die Steigung am steilsten ist, überholt er blitzschnell seine beiden Rivalen. Es ist Fachleitner, der verblüffende und außergewöhnliche „Fach", locker und kraftvoll. Er erklimmt diese gnadenlose Steigung im Sprint. Wie soll Robic noch genügend Kraft haben, um sich an ihn ranzuhängen? Doch „der Grantler" schafft das eigentlich hoffnungslose Unterfangen und das Schicksal wendet sich ein weiteres Mal: Er wird die Tour gewinnen!

Während der Franzose und der Bretone mit einer Geschwindigkeit von fast 50 km/h, die wir auf der Straße noch nie gesehen haben, davonsausen und die Kilometer fressen, muss Brambilla für seine bisherige Kühnheit zahlen. Sein Zusammenbruch ist tragisch und bedauernswert. „La Brambille", dieses ungehobelte und grobe Wesen, wird hart dafür bestraft, dass er den Sieg erzwingen wollte. Doch in seiner Niederlage, die er in seiner ehrlichen Einfachheit gar nicht erst zu entschuldigen versucht, schwingt auch mit, dass er weitgehend zur größten und besten aller Auflagen der Tour beigetragen hat.

Die Tour dankt auch Vietto. Aber seit Brüssel war René Vietto dazu verdammt, für seine Teamkollegen den Wasserträger zu geben. Die jämmerliche Haltung von Fachleitner auf der sengend heißen Etappe von Brüssel nach Luxemburg rechtfertigte danach, dass man die Chancen eines Fahrers ohne große Ambitionen zugunsten derer eines strahlenden Champions aufgibt, der die Tour abgöttisch liebt.

Neben diesen Fahrern, welche die Fallstricke und Qualen der Straße überstanden haben, neben Robic, dem Sieger, der größten körperlichen Einsatz bis kurz vor der Erschöpfung gezeigt hat, gibt es noch einen wunderbaren Gewinner: die Tour de France. Dieser grandiose Empfang, den das französische Volk der Tour bereitet hat, lässt sich nicht in Worte fassen. Desgrange hatte die Absicht, durch einen ehrlichen Wettkampf, bei dem der Mensch zeigt, was er für ein gesetztes Ziel aushalten kann, für Zerstreuung und Gesprächsstoff zu sorgen. Das ist ihm gelungen!

Es ist sehr heiß und die Fahrer reißen sich um die Trinkflaschen. Die Organisation versucht, Ordnung in die Verteilung zu bringen.

Luchon-Pau: Kurz bevor die Fahrer die Stelle passieren (im Vordergrund Vietto), stürzt das Flugzeug von L'Equipe und But et Club auf die Straße. Nur der Pilot wird verletzt.

JEAN ROBIC, KÖNIG DER PYRENÄEN

PAU - In einem kühlen, alten Haus gehen wir in ein Zimmer, in dem der Masseur Julien den Fahrer Fermo Camellini seine Fingerfertigkeit spüren lässt. Alle Führenden des Gesamtklassements sind gemeinsam in Pau angekommen, obwohl der Kampf, der in den Bergen zwischen ihnen entbrannte, gnadenlos war. Alle, außer Camellini, der heute weitere 12 Minuten auf Vietto verloren hat. Er hat abgespannte Gesichtszüge und einen leeren Blick. Wir sehen ihn noch vor uns, auf der Straße zum Soulor, hartnäckig seine Aufgabe verfolgend, mit schwerem Tritt, jeden Schluck Wasser gierig aufsaugend. Er atmet schwer, zeigt auf seine trockene Kehle und klagt: „Ich kann nicht mehr richtig sehen und wurde schon zweimal von zu nah auffahrenden Begleitfahrzeugen zu Fall gebracht."

Er deutet auf seinen Bauch: „Höllische Schmerzen." Er hat schrecklich gelitten. Und trotzdem sagt er mit schmerzverzerrtem Gesicht: „Wie schade, dass die Pyrenäen vorüber sind!" Alle, die auf das Urteil des Berges gewartet haben, kennen nun das Ergebnis.

Die Tour wendet den Pyrenäen den Rücken zu und zieht weiter nach Bordeaux. Es kommen keine entscheidenden Berge mehr. Camellini hat allen Grund zur Niedergeschlagenheit: Er ist der Verlierer des Tages. Für Vietto, Brambilla, Ronconi, Fachleitner und Robic, die etwas über acht Minuten auseinander liegen, ist das Rennen noch längst nicht gelaufen: „Ich wünschte mir einen Tourverlauf aus früheren Zeiten," sagt uns René Vietto. „Mit langen Etappen. Es dauert, bis ich auf Touren komme. Die Kurzetappen fürchte ich besonders."

Trotzdem kann René Vietto, der sein Gelbes Trikot am Tourmalet verteidigte, obwohl er selbst daran zweifelte, von nun an mit der Unterstützung des gesamten französischen Teams rechnen.

Die Chancen für einen blau-weiß-roten Sieg stehen gut!

Auf der Etappe Lille-Brüssel: Nach seiner Flucht über 180 Kilometer erlaubt sich Vietto den Luxus, die letzten zehn Kilometer mit durchschnittlich 47 km/h zu fahren! Das bringt die Begleitmotorräder völlig durcheinander!

1948

Gino BARTALI

Bartali, der „eiskalte" Sieger

20 km vor dem Gipfel des Croix-de-Fer attackiert Bartali. Nur Bobet (hinter ihm) und Brulé konnten bis jetzt mithalten. Bartali gewinnt in Aix-les-Bains, obwohl er auf der Abfahrt noch eine Reifenpanne hat. (Foto rechte Seite)

Gino Bartali ist in diesem Jahr 34 Jahre alt geworden. Bereits zehn Jahre sind vergangen, seit er die Tour de France gewonnen hat. Das Haar lichtet sich, er ist wortkarger geworden, der Krieg hat ihn seiner schönsten Jahre beraubt. Und dennoch: Sein Tritt auf den Bergetappen ist erbarmungslos wie immer, trotz der schweren Niederlage beim Giro, den Fiorenzo Magni gewonnen hat. Ihm ist bewusst, dass sein Körper nun mehr Zeit zur Erholung braucht, und so beginnt Bartali das Rennen abwartend. In Cannes kommt er bis auf 20' an den Träger des Gelben Trikots, Louison Bobet, heran. Abends erhält er in seinem Hotel einen Anruf, am anderen Ende ist der italienische Premierminister, Alcide De Gasperi, mit einer traurigen Nachricht: Der Kommunistenführer Palmiro Togliatti sei Opfer eines Attentats geworden, Italien befinde sich am Rande eines Aufruhrs.

„Wir brauchen dich!" sagt er.

„Was kann ich schon tun? Ich bin bei der Tour," antwortet Bartali.

„Hilf uns, indem du Etappen gewinnst."

Der Toskaner gehorcht und gewinnt die drei Alpenetappen. Der Eisregen am Izoard kümmert ihn nicht - dort, wo Jean Robic eine brutale Niederlage erleidet, die ihm mehr zu schaffen macht als der Schneefall in der Chartreuse. Viele geben auf, denn nun geht's über die Berge und Pässe: Galibier, Croix-de-Fer, Col de Porte, Cucheron und Granier, 263 Kilometer in sibirischer Kälte. Reif legt sich auf die Lippen der Fahrer. Bei der Abfahrt vom Galibier wächst Apo Lazaridès ein Eiszapfen ans Kinn... In Aix-les-Bains dann die Ernüchterung für das französische Team: Bartali ist nicht mehr zu schlagen, der Zweite Ockers ist schon 5'53" entfernt, weiter hinten folgen Lapébie, Schotte und Bobet mit mehr als sieben Minuten Abstand, Vietto und Lazaridès liegen mehr als zwölf Minuten hinter dem Campionissimo. Bartali gewinnt die Tour, vor Brik Schotte und Guy Lapébie, der trotz einer Sehnenentzündung einen guten dritten Platz erkämpft. Jean Robic hingegen ist - zum Entsetzen der Zuschauer - im Morast des Galibier stecken geblieben. Nur Louison Bobet gibt Frankreich Anlass zur Hoffnung, als er in Cannes, jenseits des Turini, eine Etappe gewinnt: 24 Stunden, nachdem er am Ziel in San Remo wegen eines Furunkels am Fuß ohnmächtig zusammensinkt. „Wäre ich sein Sportlicher Leiter gewesen, hätte Bobet die Tour gewonnen," kommentiert Alfredo Binda, der Technische Direktor des italienischen Teams. Das ist zwar übertrieben, aber dennoch: Man ahnt, dass Bobet noch ein großer Champion werden würde.

GESAMTKLASSEMENT

1. **Gino BARTALI** (ITA, Italien), 147 Std. 10'36"
2. **Albéric „Brik" SCHOTTE** (BEL, Belgien), 26'16"
3. **Guy LAPÉBIE** (FRA, Centre-Sud-Ouest), 28'48"
4. Louison BOBET (FRA, Frankreich), 32'59"
5. Jean KIRCHEN (LUX, Holland-Luxemburg), 37'53"
6. Lucien TEISSEIRE (FRA, Frankreich), 39'57"
7. Roger LAMBRECHT (BEL, International), 49'56"
8. Fermo CAMELLINI (ITA, International), 51'36"
9. Louis THIÉTARD (FRA, Paris), 55'23"
10. Raymond IMPANIS (BEL, Belgien), 1 Std. 0'3"
11. Constant „Stan" OCKERS (BEL, Belgien), 1 Std. 0'13"
12. André BRULÉ (FRA, Paris), 1 Std. 2'30"
13. Kléber PIOT (FRA, Paris), 1 Std. 24'28"
14. Edward VAN DYCK (BEL, Belgien), 1 Std. 32'13"
15. Raphaël GÉMINIANI (FRA, Centre-Sud-Ouest), 1 Std. 39'49"
16. Jean ROBIC (FRA, Frankreich), 1 Std. 41'26"
17. René VIETTO (FRA, Frankreich), 1 Std. 42'48"
18. Édouard KLABINSKY (FRA, International), 1 Std. 45'30"
19. Bruno PASQUINI (ITA, Italien), 1 Std. 48'50"
20. Marcel DUPONT (BEL, Aiglons Belges), 1 Std. 59'47"

35. TOUR DE FRANCE: 21 ETAPPEN – 4.922 KILOMETER

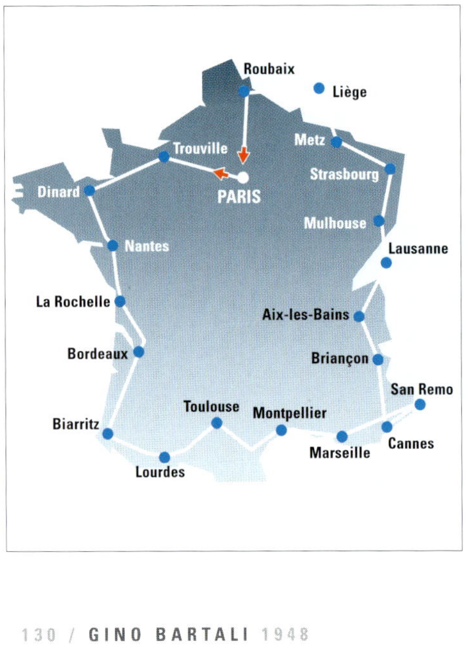

			Etappen	Etappensieger	Gelbes Trikot
1. Etappe	Mittwoch 30. Juni	**237 km**	Paris – Trouville	G. Bartali (ITA)	G. Bartali
2. Etappe	Donnerstag 1. Juli	**259 km**	Trouville – Dinard	V. Rossello (ITA)	J. Engels
3. Etappe	Freitag 2. Juli	**251 km**	Dinard – Nantes	G. Lapébie (FRA)	L. Bobet
4. Etappe	Samstag 3. Juli	**166 km**	Nantes – La Rochelle	J. Pras (FRA)	R. Lambrecht
5. Etappe	Sonntag 4. Juli	**262 km**	La Rochelle – Bordeaux	R. Rémy (FRA)	R. Lambrecht
6. Etappe	Montag 5. Juli	**244 km**	Bordeaux – Biarritz	L. Bobet (FRA)	L. Bobet
7. Etappe	Mittwoch 7. Juli	**219 km**	Biarritz – Lourdes	G. Bartali (ITA)	L. Bobet
8. Etappe	Donnerstag 8. Juli	**261 km**	Lourdes – Toulouse	G. Bartali (ITA)	L. Bobet
9. Etappe	Samstag 10. Juli	**246 km**	Toulouse – Montpellier	R. Impanis (BEL)	L. Bobet
10. Etappe	Sonntag 11. Juli	**248 km**	Montpellier – Marseille	R. Impanis (BEL)	L. Bobet
11. Etappe	Montag 12. Juli	**245 km**	Marseille – San Remo (ITA)	G. Sciardis (ITA)	L. Bobet
12. Etappe	Dienstag 13. Juli	**170 km**	San Remo (ITA) – Cannes	L. Bobet (FRA)	L. Bobet
13. Etappe	Donnerstag 15. Juli	**274 km**	Cannes – Briançon	G. Bartali (ITA)	L. Bobet
14. Etappe	Freitag 16. Juli	**263 km**	Briançon – Aix-les-Bains	G. Bartali (ITA)	G. Bartali
15. Etappe	Sonntag 18. Juli	**256 km**	Aix-les-Bains – Lausanne (SUI)	G. Bartali (ITA)	G. Bartali
16. Etappe	Montag 19. Juli	**243 km**	Lausanne (SUI) – Mulhouse	E. Van Dyck (BEL)	G. Bartali
17. Etappe	Mittwoch 21. Juli	**120 km**	Mulhouse – Straßburg (EZF)	R. Lambrecht (BEL)	G. Bartali
18. Etappe	Donnerstag 22. Juli	**195 km**	Straßburg – Metz	G. Corrieri (ITA)	G. Bartali
19. Etappe	Freitag 23. Juli	**249 km**	Metz – Lüttich (BEL)	G. Bartali (ITA)	G. Bartali
20. Etappe	Samstag 24. Juli	**228 km**	Lüttich (BEL) – Roubaix	B. Gauthier (FRA)	G. Bartali
21. Etappe	Sonntag 25. Juli	**286 km**	Roubaix – Paris	G. Corrieri (ITA)	G. Bartali

Mit 34 Jahren hat es Gino Bartali geschafft, seinen Erfolg von 1938 zu wiederholen: Er gewinnt sieben Etappen und dominiert seine Gegner in allen Disziplinen.

Bartalis Glanz-Tour

„Ich hoffe, Herr Desgrange schaut vom Himmel auf mich herunter." Gino, „der Fromme", hat im Freudentaumel nicht den ersten Rennleiter der Tour vergessen, der ihm ein Freund geworden war.

Zehn Jahre nach seinem ersten Erfolg gewinnt Bartali seine zweite Tour. Ein Sieg für die gesamte italienische Equipe, die mit meisterlicher Hand von Binda zum Erfolg geführt wurde.

ZEHN Jahre nach seinem ersten Sieg hat Gino Bartali zum zweiten Mal die Tour de France gewonnen. Und das mit einer Bestimmtheit, einer Überlegenheit, die keinen Platz für Kritik oder Einwände lässt. Mancher meint, Bobet hätte das Gelbe Trikot ins Ziel getragen, wäre da nicht das technische Problem im Vallée du Guil vor der Steigung zum Izoard gewesen. Aber die Art, wie sich Gino danach durchsetzte, überzeugt uns vom Gegenteil.

Andererseits haben wir wiederholt auf Ockers' Chancen hingewiesen, und als er beim Etappenstart in Toulouse von einem schlechten Essen niedergestreckt wurde und aufgeben musste, waren wir versucht zu schreiben, dass „Stan" gerade eine Tour de France verliert, die eigentlich ihm zustehen müsste.

Auf diese Art von Gedanken jedoch gab Gino eine einfache Antwort: Auch wenn der Belgier sich mehrere Male abgesetzt hatte, sein Gegner aus dem Land jenseits der Alpen ließ niemals locker. Schotte, der einen guten zweiten Platz erreichte, konnte nur auf einen Ehrenplatz hoffen. In gewisser Weise hatte er das Glück, dass die Sehne von Guy Lapébie diesen von Höherem abhielt. Guy war gestartet, um bei der Tour bis zum Ende dabei zu sein und, wenn möglich, einen guten Platz zu erreichen; aber nicht, um die Tour zu gewinnen: Mit einer solchen Prämisse konnte er Gino nicht gefährlich werden.

Das Bewundernswerte an dem Champion von Legnano ist, dass er die Tour diesmal als kompletter Fahrer gewann, während er sie vor dem Krieg als Kletterer, also als Spezialist, für sich entschieden hatte. Selbstverständlich waren die Berge Bartalis größter Trumpf, aber seine Siege im Sprint nach teilweise sehr schweren Ausreißversuchen halfen, dieses Endergebnis einzufahren, vor dem sich jeder verbeugt. Noch nie lagen zehn Jahre zwischen zwei Toursiegen; Philippe Thys war bisher mit sieben Jahren der Rekordhalter - eine außergewöhnliche Leistung! Mit seinen erst 34 Jahren kann Gino, wenn er will, noch eine Tour gewinnen.

Aber sein Ziel wird schwerer zu erreichen, da wir in Bobet einen der kommenden Fahrer haben; außerdem wird im nächsten Jahr aller Wahrscheinlichkeit nach Signore Fausto Coppi wieder mit von der Partie sein! Nachdem er dessen Kapitänsposten übernommen hatte und es sich mit Vorsprüngen zwischen 25 und 50 Minuten gut gehen ließ, hätte sich Bartali mit einem Defensivrennen begnügen können. Doch im Gegenteil, er wollte allen zeigen, dass es völlig unsinnig ist, ihn zu attackieren. Vor

Bobet hängt auf der Etappe Cannes - Briançon wie eine Klette an Bartali, aber er muss alle Reserven anzapfen, um nicht vom Rad zu fallen. 18 Minuten nach dem späteren Toursieger Gino Bartali geht er durchs Ziel.

Lausanne nutzte er einen leichten, langgestreckten Anstieg als Sprungbrett, um ganz allein auf die Stadt am Genfer See zuzufahren. Kurze Zeit später ragten die „Berge" der Ardennen empor. Wiederum zog er davon, den ersten Platz in Lüttich fest im Visier. Nach unserer Ansicht waren diese beiden Schachzüge wichtig, um am Izoard und am Col de la Croix-de-Fer, dem einsamen Pass in der Chartreuse, bestehen zu können. Sie waren wichtig, weil sie zu den Taten gehören, die man eher als schön empfindet denn als sinnlos: Die Etappen von Briançon und von Aix-les-Bains dienten dazu, Minuten gutzumachen, die Etappen von Lausanne und von Lüttich sorgten nur noch dafür, sein Ansehen zu festigen und seine Überlegenheit gegenüber einem gelähmten Peloton zu stärken. Man bedenke: Gino war der einzige, der in drei Ländern Siege errungen hatte, indem er die Auslandsetappen an sich riss. Nur in San Remo knickte er ein.

WARUM GINO BARTALI SO SOUVERÄN GEWANN

DER ITALIENISCHE STANDPUNKT VON GUIDO GIARDINI, GAZZETTA DELLO SPORT

Nach zehn Jahren hat Bartali also seine zweite Tour de France gewonnen. Schauen wir uns die beiden Daten an: 1938, 1948. Wie kann ein Mensch die Naturgesetze so außer Kraft setzen und nach zehn Jahren als der mit Abstand Stärkste aller Fahrer zur Tour de France zurückkehren?

Um dies zu verstehen, muss man einige Schlüsse aus diesem herausragenden Ereignis ziehen. Die Sportler dürften sich fragen, ob Bartali ein Phänomen ist. Nein, Bartali ist kein Phänomen. Er hat gewonnen, weil er noch immer der Stärkste am Berg ist, er hat gewonnen, weil er eindeutig der Beste war. Aber wie lässt sich diese Überlegenheit erklären?

Mit der Feststellung, dass zu dieser Tour kaum Klassefahrer angetreten sind. Die Tour 1947 hat Illusionen aufkommen lassen, die Tour 1948 hat die Dinge wieder gerade gerückt und gezeigt, dass der gesamte, weltweite Radsport noch auf der Suche nach neuen Namen ist. Den Beweis lieferte Lapébie, sicherlich ein Klassefahrer, der sich aber auf der Bahn wohler fühlt als auf der Straße. Immerhin hat er einen ehrbaren Platz erreichen können.

Aus italienischer Sicht war die Tour ein Triumph, vor allem für Bartali, denn die anderen hatten eine Aufgabe zu erfüllen. Man weiß, dass die Italiener fähig sind, ihre persönlichen Ziele zu opfern, wenn der Teamgeist es erfordert. Alfredo Binda, der große Siege gewöhnt ist, konnte diesen italienischen Sieg zu seiner Erfolgsbilanz als technischer Leiter hinzufügen. In dieser Funktion hat er sich als echter Meister erwiesen.

Oben: Auf der Etappe von Briançon nach Aix-les-Bains: Beim Aufstieg zum Col de la Croix-de-Fer, der einem Querfeldeinkurs alle Ehre macht, versucht Energiebündel Louison Bobet vergebens, Gino Bartali abzuhängen.

1949

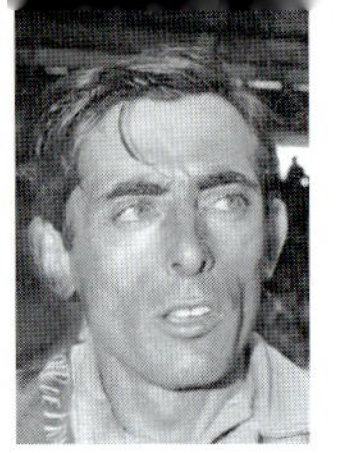

Fausto COPPI

Coppi und der Pakt mit Bartali

Die italienische Doppelspitze Coppi (rechts) und Bartali (links) wird vom Sportlichen Leiter Alfredo Binda meisterlich in Zaum gehalten. Keine einfache Leistung! (Foto rechte Seite)

Der Sportliche Leiter der Italiener, Alfredo Binda, muss all seine diplomatische Kunst aufbieten, um die Auseinandersetzungen und den Groll zwischen Fausto Coppi und Gino Bartali in einen Pakt münden zu lassen, der Regeln für das Nebeneinander der beiden auf der Tour festlegt. Doch der Pakt bringt Coppi nur Unheil: Er stürzt zwischen Rouen und Saint-Malo. Und der mit Abstand folgende Binda kommt nicht schnell genug durch, um zu helfen. Mutlos und von der Hitze der Hundstage erschlagen befindet sich der Campionissimo am Rande des Zusammenbruchs. „Unter diesen Umständen fahre ich lieber nach Hause!", poltert es aus ihm heraus. Nach vielem Hin und Her schafft Binda es, ihn zur Vernunft zu bringen. Coppi fährt weiter, unterstützt von Bartali, der ihm seine Trinkflasche reicht, und von seinen Teamkollegen, die im Fahren abwechselnd Orangen für ihn schälen. In Saint-Malo liegt er im Gesamtklassement mehr als eine halbe Stunde hinter dem vorzüglich fahrenden Jacques Marinelli! Aber er übersteht seine Krise und schlägt Ferdi Kübler im Einzelzeitfahren, bevor er am Izoard erstmals attackiert und sich mit Bartali an die Spitze absetzt. Und jetzt ist es Coppi, der mit hervorquellenden Augen und offenem Mund Bartali mitzieht. Sobald Bartali zurückzufallen droht, verlangsamt Coppi das Tempo und wartet - wie im Pakt vereinbart.

„Lass uns gemeinsam durchs Ziel fahren," bittet Bartali. „Heute feiere ich meinen 35. Geburtstag und morgen wirst du die Tour gewinnen!"

In Briançon überlässt Coppi den Etappensieg und das Gelbe Trikot Bartali. Am nächsten Tag fahren die beiden Italiener gemeinsam vom Kleinen Sankt Bernhard ab, als Bartali eine Reifenpanne hat. Coppi rollt im Leerlauf weiter, als ihm ein Begleitfahrer mitteilt, dass Gino von der Straße abgekommen ist. Damit ist der Weg für den Campionissimo frei, und er erreicht Aosta mit mehr als fünf Minuten Vorsprung vor Ockers, Robic und Marinelli. Der Ort steht übrigens kurz vor einem Aufstand, weil kleine neofaschistische Gruppen mit Gewalttaten versuchen, die Beziehungen zwischen Frankreich und Italien zu trüben. Coppi debütiert bei der Tour mit einem Triumph und schreibt dabei Sportgeschichte, weil er als Erster den Giro und die Tour gewinnt. Bei den Franzosen fällt die Bilanz schlecht aus: Louison Bobet muss verletzt aufgeben, genauso wie Lapébie, Diot und Gauthier. Somit konzentriert sich die Zuschauergunst auf die Entdeckung dieser Tour: Jacques Marinelli.

GESAMTKLASSEMENT

1. **Fausto COPPI** (ITA, Italien), 149 Std. 40'49"
2. **Gino BARTALI** (ITA, Italien), 10'55"
3. **Jacques MARINELLI** (FRA, Île-de-France), 25'13"
4. Jean ROBIC (FRA, Ouest-Nord), 34'28"
5. Marcel DUPONT (BEL, Aiglons Belges), 38'59"
6. Fiorenzo MAGNI (ITA, Cadetti Italiani), 42'10"
7. Constant „Stan" OCKERS (BEL, Belgien), 44'35"
8. Jean GOLDSCHMITT (LUX, Luxemburg), 47'24"
9. Jean-Apôtre „Apo" LAZARIDÈS (FRA, Frankreich), 52'28"
10. Pierre COGAN (FRA, Ouest-Nord), 1 Std. 8'55"
11. Roger LAMBRECHT (BEL, Belgien), 1 Std. 17'21"
12. Gino SCIARDIS (ITA, Italien), 1 Std. 22'1"
13. Jean KIRCHEN (LUX, Luxemburg), 1 Std. 28'14"
14. Lucien TEISSEIRE (FRA, Frankreich), 1 Std. 34'56"
15. Jean „Bim" DIEDERICH (LUX, Luxemburg), 1 Std. 35'54"
16. Robert CHAPATTE (FRA, Frankreich), 1 Std. 38'40"
17. Serafino BIAGIONI (ITA, Italien), 1 Std. 38'47"
18. Nello LAUREDI (FRA, Sud-Est), 1 Std. 43'22"
19. Georges AESCHLIMANN (SUI, Schweiz), 1 Std. 47'52"
20. Pierre TACCA (FRA, Île-de-France), 1 Std. 48'1"

36. TOUR DE FRANCE: 21 ETAPPEN – 4.808 KILOMETER

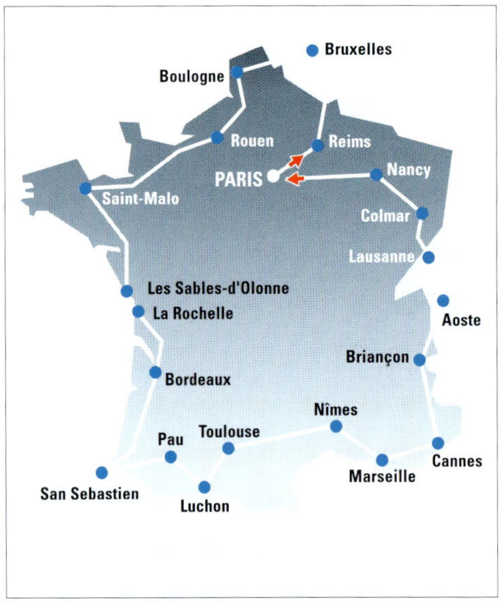

			Etappen	Etappensieger	Gelbes Trikot
1. Etappe	Donnerstag 30. Juni	**182 km**	Paris – Reims	M. Dussault (FRA)	M. Dussault
2. Etappe	Freitag 1. Juli	**273 km**	Reims – Brüssel (BEL)	R. Lambrecht (BEL)	R. Lambrecht
3. Etappe	Samstag 2. Juli	**211 km**	Brüssel (BEL) – Boulogne-sur-Mer	N. Callens (BEL)	N. Callens
4. Etappe	Sonntag 3. Juli	**185 km**	Boulogne-sur-Mer – Rouen	L. Teisseire (FRA)	J. Marinelli
5. Etappe	Montag 4. Juli	**293 km**	Rouen – Saint-Malo	F. Kübler (SUI)	J. Marinelli
6. Etappe	Dienstag 5. Juli	**305 km**	Saint-Malo – Les Sables-d'Olonne	A. Deledda (FRA)	J. Marinelli
7. Etappe	Donnerstag 7. Juli	**92 km**	Les Sables-d'Olonne – La Rochelle (EZF)	F. Coppi (ITA)	J. Marinelli
8. Etappe	Freitag 8. Juli	**262 km**	La Rochelle – Bordeaux	G. Lapébie (FRA)	J. Marinelli
9. Etappe	Samstag 9. Juli	**228 km**	Bordeaux – San Sebastián (ESP)	L. Caput (FRA)	J. Marinelli
10. Etappe	Sonntag 10. Juli	**192 km**	San Sebastián (ESP) – Pau	F. Magni (ITA)	F. Magni
11. Etappe	Dienstag 12. Juli	**193 km**	Pau – Luchon	J. Robic (FRA)	F. Magni
12. Etappe	Mittwoch 13. Juli	**134 km**	Luchon – Toulouse	R. Van Steenbergen (BEL)	F. Magni
13. Etappe	Donnerstag 14. Juli	**289 km**	Toulouse – Nîmes	E. Idée (FRA)	F. Magni
14. Etappe	Freitag 15. Juli	**199 km**	Nîmes – Marseille	J. Goldschmitt (LUX)	F. Magni
15. Etappe	Samstag 16. Juli	**215 km**	Marseille – Cannes	D. Keteleer (BEL)	F. Magni
16. Etappe	Montag 18. Juli	**275 km**	Cannes – Briançon	G. Bartali (ITA)	G. Bartali
17. Etappe	Dienstag 19. Juli	**257 km**	Briançon – Aoste (ITA)	F. Coppi (ITA)	F. Coppi
18. Etappe	Donnerstag 21. Juli	**265 km**	Saint-Vincent-d'Aoste (ITA) – Lausanne (SUI)	V. Rossello (ITA)	F. Coppi
19. Etappe	Freitag 22. Juli	**283 km**	Lausanne (SUI) – Colmar	R. Géminiani (FRA)	F. Coppi
20. Etappe	Samstag 23. Juli	**137 km**	Colmar – Nancy	F. Coppi (ITA)	F. Coppi
21. Etappe	Sonntag 24. Juli	**340 km**	Nancy – Paris	R. Van Steenbergen (BEL)	F. Coppi

BIANCHI

NANCY-PARIS Diese Etappe war lang, doch letztlich setzt sich Van Steenbergen beim Sprint vor einem großen, anfeuernden Publikum im Parc des Princes durch. Die Entdeckung dieser Tour: Marinelli! Der beste Franzose wird es weit bringen! Und Coppi? Erst der Triumph beim Giro d'Italia, dann die Tour de France...

Coppi hat eine Großtat vollbracht!

Alfredo Binda (rechts) verstand es, den „bartalischen" Zement mit den eleganten Mosaiksteinchen eines Fausto Coppi zu vereinen, wie es Jacques Goddet ausdrückte.

GEWINNER ist der Sport. Coppi und Bartali wurde ein triumphaler Empfang im Parc des Princes bereitet, ganz zum Missfallen einiger Besserwisser, die sie gerne für die Zwischenfälle auf der Abfahrt vom Kleinen Sankt Bernhard verantwortlich gemacht hätten und die sich dadurch genau auf dasselbe Niveau begeben wie die schafsköpfigen Störenfriede dort. Coppi hat seine Gegner weitestgehend dominiert, einschließlich seines direkten Rivalen, gegenüber dem er sich wie ein Edelmann auf dem Fahrrad verhalten hat. „Warum dieser Sanftmut?" könnte man sich fragen.

Es steht außer Frage, dass der Champion aus der Bianchi-Mannschaft in diesem Fall mehreren Gefühlen gefolgt ist. Zunächst: Warum sollte man einen Gegner, der bereits unrettbar geschlagen ist, zermalmen, zumal, wenn es sich bei ihm um einen Mannschaftskollegen und Landsmann handelt? Und weiter: Warum sollte man sich zu früh des Gelben Trikots bemächtigen, um dann auf den langen Etappen dessen furchterregende Last spüren zu müssen? Schließlich: Wie sollte man nicht eine gewisse Hochachtung vor dem großen Champion haben, unter dessen Obhut man seine ersten unsicheren Schritte als Profifahrer gemacht hat, vor dem As, das einem immer Vorbild war? Man erinnere sich daran, dass Fausto 1940 die große Bühne des Profiradsports als einer der Wasserträger von Gino betrat...

Man darf nicht vergessen, dass Coppi im selben Jahr seinen ersten Giro d'Italia mit

der Zustimmung von Bartali gewann, der beim Rennen ernsthaft verunglückte. Bevor sie hartnäckige Gegner wurden - dies sind sie erst seit 1946 -, waren sie sehr enge Freunde. Der Jüngere von beiden profitierte unbestreitbar von der Erfahrung des Älteren. Es stellt sich jedoch eine ganz andere Frage: Nachdem er die höchsten Gipfel erklommen hat, nachdem er die einzigartige Leistung vollbracht hat, innerhalb weniger Wochen den Giro und die Tour de France zu gewinnen, nachdem er zudem Mailand-San Remo für sich entschieden und den Wunsch geäußert hat, seine Saison mit dem Weltmeistertitel im Verfolgungs- oder Straßenrennen zu vollenden, wird Coppi es da nicht als sinnlos erachten, sich weiterhin einer solch enormen Anstrengung auszusetzen? Um es klar zu fragen: Wird er erneut an der Tour de France teilnehmen wollen? Zumindest 1950? Man kann natürlich antworten, dass sich die Tour wie ein Virus in den Fahrern festsetzt und es für einen Champion, hat er sich erst einmal mit dem Tourfieber angesteckt, kein Heilmittel mehr gibt...

Aber was werden wir von dieser letzten Etappe erzählen, außer dass sie viel zu lang war? 340 Kilometer, das ist eine so lange Strecke, dass über mehr als 150 Kilometer selbst die verwegensten Fahrer zögern, ihren letzten Ausreißversuch zu starten. Aber der Organisator kann nicht immer genau das machen, was er eigentlich will, und man muss anerkennen, dass es bereits ein verwegenes Unterfangen ist, den letzten Pass nur einen Tag vor Paris zu platzieren! Van Steenbergen hat die Etappe gewonnen. Ein hohes Verdienst. Zunächst, weil es sich um eine Wiederholungstat handelt, und weiterhin, weil es unübersehbar war, dass Bartali das Unmögliche möglich machen wollte, um den Sieg an sich zu reißen.

Auch der französische Publikumsliebling Jacques Marinelli hat sein Ziel erreicht: Er wurde bester Franzose und hinter dem Sieger des letzten Jahres und vor dem Sieger aus 1947 Dritter. Vor allem auf der Etappe Colmar-Nancy machten wir seinetwegen große Augen. Jedoch müssen wir eine kleine kritische Bemerkung anbringen. Oder eher einer Befürchtung Ausdruck verleihen, die wir bereits nach der Etappe von Les Sables d'Olonne nach La Rochelle äußerten: Der junge Champion der Thomann-Mannschaft scheint große Übersetzungen zu lieben. Es sei erlaubt zu bemerken, dass diese Vorliebe schlecht zum Kaliber und zu den körperlichen Fähigkeiten des Burschen passt. Sollte er in dieser Richtung weitermachen, könnte seine Karriere von kurzer Dauer sein.

Oben: Die Großunternehmen haben schnell entdeckt, dass es den Absatz beflügelt, wenn sie an der Werbekarawane der Tour de France teilnehmen. Die Freude des Volkes an den Straßenrändern bezeugt es täglich aufs Neue.

Unten: Bereits Inhaber des Gelben Trikots, führt Marinelli (an der Spitze) 240 Kilometer lang zwischen Rouen und Saint-Malo eine Ausreißergruppe, zu der Dupont, Tacca, Gauthier und Kübler gehören. Kübler gewinnt schließlich den Sprint.

Ferdi KÜBLER

Ferdi Kübler schlägt zu

Wäre es für diese „Kindsköpfe" von Fahrern nicht ratsamer, sich auf ihr hartes Metier zu besinnen, als sich gemeinsam in die Fluten des Golfs von St. Tropez zu stürzen? Das halbe Peloton schrieb sich mit diesem Foto in die Annalen der Tour ein. Jacques Goddet würde das nasse Treiben lieber vergessen machen! (Foto rechte Seite)

Nachdem Coppi und Bartali die Tour `49 zur Monotonie verdammten, kürzt der enttäuschte Jacques Goddet die Zeitgutschriften auf den Pässen und die Zeitvorgaben für Ausschlüsse. Er will beständige Leistungen von den Fahrern. Doch die Regeln werden umgangen: Die Presse verdächtigt die Squadra von Gino Bartali, gemeinsame Sache mit den „Cadetti" von Fiorenzo Magni zu machen. Und es kommt noch schlimmer: Französische Zuschauer beschimpfen - als Antwort auf die letztjährigen Feindseligkeiten im Aostatal - die Italiener. Beim Aufstieg zum Aspin passiert es dann: Vom Schwanken eines Pressemotorrads überrascht, verkeilen sich Bartali, Bobet und Robic ineinander und landen auf der Straße. In Saint-Gaudens, wo Fiorenzo Magni das Gelbe Trikot übernimmt, kündigen die Italiener noch am selben Abend an, die Tour zu verlassen! Jacques Goddet begibt sich zum Hotelzimmer von Bartali und versucht, den Toskaner zur Vernunft zu bringen. Das Gespräch lässt den Aschenbecher überquellen. Ein Zuschauer habe sich auf ihn gestürzt, mit einem Messer in der Hand - dass der Mann in der anderen Hand eine frisch angeschnittene Wurst hielt, sagt Gino nicht. „Wir müssen frei für unser Land fahren können, wir sind Sportler und keine Soldaten. Morgen nehmen wir alle den Zug nach Italien!" Anstatt machtlos im Siegeszug seines Landsmanns und Rivalen Fiorenzo Magni mitzufahren, steckt Gino Bartali die Italiener lieber mit seiner Neurose an.

Schließlich bestimmen die Organisatoren, dass die Tour nicht - wie vorgesehen - nach San Remo gehen wird, sondern nur bis Menton. Das Gelbe Trikot geht an Ferdi Kübler, der zusammen mit Stan Ockers eine große Attacke zwischen Perpignan und Nîmes startet. Louison Bobet liegt zehn Minuten zurück, nachdem er in der Hitze einen üblen Schwächeanfall erlitten hat, aber der Bretone kommt wieder zu Kräften, gewinnt in Briançon und versucht am nächsten Tag auf der Straße nach Saint-Etienne, Kübler zu überrumpeln. 180 Kilometer vor dem Ziel saust er einfach am Versorgungs- und Kontrollpunkt bei Pont de Claix vorbei! Mit Hilfe von Geminiani und Lazaridès setzt er alles auf eine Karte, während Kübler, vor Wut schreiend, alleine die Verfolgung aufnimmt. Jenseits der Rhône knickt Bobet im Gegenwind ein und Kübler zieht an ihm vorbei, ohne ihn eines Blickes zu würdigen.

Ein zweites Mal demütigt er Bobet, als er ihn beim Einzelzeitfahren zwischen Saint-Etienne und Lyon überholt, mit seiner Lederkappe auf dem Kopf und Schaum vor dem Mund. Bobet ist geschlagen, aber es war ein schöner Kampf mit offenem Visier.

GESAMTKLASSEMENT

1. **Ferdi KÜBLER** (SUI, Schweiz), 145 Std. 36'56''
2. **Constant „Stan" OCKERS** (BEL, Belgien), 9'30''
3. **Louison BOBET** (FRA, Frankreich), 22'19''
4. Raphaël GÉMINIANI (FRA, Frankreich), 31'14''
5. Jean KIRCHEN (LUX, Luxemburg), 34'21''
6. Kléber PIOT (FRA, Nord-Est-Île-de-France), 41'35''
7. Pierre COGAN (FRA, Sud-Ouest), 52'22''
8. Raymond IMPANIS (BEL, Belgien), 53'34''
9. Georges MEUNIER (FRA, Centre-Sud-Ouest), 54'29''
10. Jean GOLDSCHMIT (LUX, Luxemburg), 55'21''
11. Pierre BRAMBILLA (FRA, Sud-Est), 57'14''
12. Jean ROBIC (FRA, Ouest), 59'45''
13. Roger LAMBRECHT (BEL, Belgien), 1 Std. 0'29''
14. André BRULE (FRA, Nord-Est-Île-de-France), 1 Std. 5'29''
15. Marcel VERSCHUEREN (BEL, Aiglons Belges), 1 Std. 5'50''
16. Marcel DE MULDER (BEL, Aiglons Belges), 1 Std. 11'38''
17. Bernard GAUTHIER (FRA, Sud-Est), 1 Std. 13'29''
18. Jean „Bim" DIEDERICH (LUX, Luxemburg), 1 Std. 14'56''
19. Robert CASTELIN (FRA, Sud-Est), 1 Std. 25'12''

37. TOUR DE FRANCE: 22 ETAPPEN – 4.775 KILOMETER

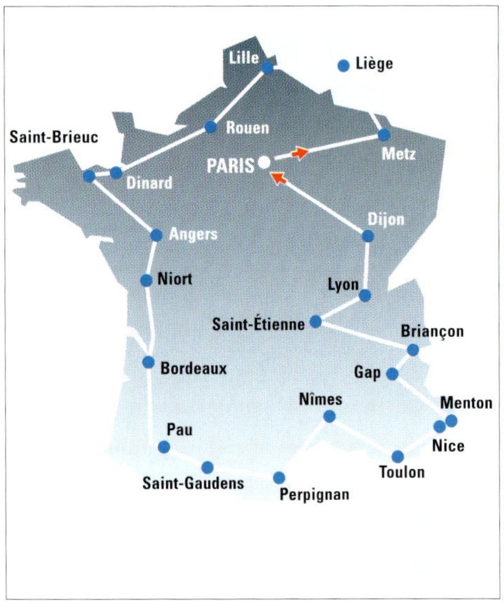

			Etappen	Etappensieger	Gelbes Trikot
1. Etappe	Donnerstag 13. Juli	**307 km**	Paris – Metz	J. Goldschmit (LUX)	J. Goldschmit
2. Etappe	Freitag 14. Juli	**241 km**	Metz – Lüttich (BEL)	A. Leoni (ITA)	J. Goldschmit
3. Etappe	Samstag 15. Juli	**232,5 km**	Lüttich (BEL) – Lille	A. Pasotti (ITA)	B. Gauthier
4. Etappe	Sonntag 16. Juli	**231 km**	Lille – Rouen	C. Ockers (BEL)	B. Gauthier
5. Etappe	Montag 17. Juli	**316 km**	Rouen – Dinard	G. Corrieri (ITA)	B. Gauthier
6. Etappe	Mittwoch 19. Juli	**78 km**	Dinard-Saint-Brieuc (EZF)	F. Kübler (SUI)	J. Goldschmit
7. Etappe	Donnerstag 20. Juli	**248 km**	Saint-Brieuc – Angers	N. Lauredi (FRA)	B. Gauthier
8. Etappe	Freitag 21. Juli	**181 km**	Angers – Niort	F. Magni (ITA)	B. Gauthier
9. Etappe	Samstag 22. Juli	**206 km**	Niort – Bordeaux	A. Pasotti (ITA)	B. Gauthier
10. Etappe	Sonntag 23. Juli	**202 km**	Bordeaux – Pau	M. Dussault (FRA)	B. Gauthier
11. Etappe	Dienstag 25. Juli	**230 km**	Pau – Saint-Gaudens	G. Bartali (ITA)	F. Magni
12. Etappe	Mittwoch 26. Juli	**233 km**	Saint-Gaudens – Perpignan	M. Blomme (BEL)	F. Kübler
13. Etappe	Donnerstag 27 juillet	**215 km**	Perpignan – Nîmes	M. Molines (FRA)	F. Kübler
14. Etappe	Freitag 28. Juli	**222 km**	Nîmes – Toulon	C. Dos Reis (FRA)	F. Kübler
15. Etappe	Samstag 29. Juli	**205,5 km**	Toulon – Menton	J. Diederich (LUX)	F. Kübler
16. Etappe	Sonntag 30. Juli	**98 km**	Menton – Nizza	F. Kübler (SUI)	F. Kübler
17. Etappe	Dienstag 1. August	**239 km**	Nizza – Gap	R. Geminiani (FRA)	F. Kübler
18. Etappe	Mittwoch 2. August	**165 km**	Gap – Briançon	L. Bobet (FRA)	F. Kübler
19. Etappe	Donnerstag 3. August	**291 km**	Briançon – Saint-Étienne	R. Geminiani (FRA)	F. Kübler
20. Etappe	Samstag 5. August	**98 km**	Saint-Étienne – Lyon (EZF)	F. Kübler (SUI)	F. Kübler
21. Etappe	Sonntag 6. August	**233 km**	Lyon – Dijon	G. Sciardis (ITA)	F. Kübler
22. Etappe	Montag 7. August	**314 km**	Dijon – Paris	E. Baffert (FRA)	F. Kübler

36
84
37

PAU-SAINT-ÉTIENNE Unfassbar! Bartali gewinnt in Saint-Gaudens und verleitet dennoch das italienische Team dazu, gemeinsam die Tour zu verlassen. Wie konnte es dazu kommen?

Die Italiener geben zusammen mit Bartali auf

PERPIGNAN. Heute Morgen, nur eine Stunde vor dem Start der Etappe von Saint-Gaudens nach Perpignan, verkündete Magni sein endgültiges Nein, das die Tour-Karawane, ob Fahrer oder Begleitmannschaften, um alle Tourstrecken jenseits der Alpen brachte. Bis zur letzten Minute gab es im Hotel und später im Hotelpark des kleinen Luftkurortes Loures heiße Diskussionen. Man hoffte, dass trotz des freiwilligen Rückzugs von Gino Bartali einige Italiener den Kampf ums Gelbe Trikot weiterführen würden. Die Entscheidung fiel dann um Punkt Acht. Gino erklärte gegenüber Alfredo Binda: „Ich möchte nicht als Opfer von Gewalttaten nach Italien zurückkehren, die mit echtem Sport nicht zu vereinbaren sind. Ich lege keinen Wert darauf, weiterzufahren. Der Sport, den ich betreibe, ist bereits gefährlich genug. Und er wird immer gefährlicher werden, wie ich nach diesen Feindseligkeiten, die uns von einem Teil der Zuschauer in den Pyrenäen entgegengebracht wurden, feststellen muss."

Der Skandal war da! Binda versuchte, Gino zu beruhigen, ihm begreiflich zu machen, dass die Vorfälle in den Pyrenäen vielleicht nur von einer Minderheit getragen wurden, dass die in Alarm versetzten, echten Sportliebhaber die paar Besessenen in Zukunft in die Schranken weisen würden. „Ich habe die ganze Nacht bis drei Uhr morgens mit Gino und seinen Teamkollegen gesprochen," sagte uns Binda. „Sie haben sich alle mit ihrem Teamkapitän solidarisch erklärt. Ich weiß nicht mehr, was ich noch tun soll."

Der ehemalige Campionissimo sprach in der Nacht aber auch davon, es könnte sich die Möglichkeit bieten, mit Magni weiterzumachen. Die Organisatoren begaben sich in der Absicht zu den Italienern, die Wogen im Interesse aller zu glätten. Heute Morgen in aller Frühe waren die meisten Fahrer aus dem stiefelförmigen Land bereits auf den Beinen. Die „Cadetti" erklärten sich bereit, das Rennen gegebenenfalls weiter zu fahren. Magni selbst zeigte sich jedoch noch sehr zögerlich.

Es folgte der Vorschlag, Alfredo Binda solle ein neues, inoffizielles Team mit neuen Farben zusammenstellen. Schließlich wurde Binda als einziger kompetenter Ansprechpartner von den Organisatoren gebeten, sowohl die „Cadetti" als auch die internationalen Fahrer der Mannschaft freizugeben, damit sie als offizielle Teilnehmer eingeladen und verpflichtet werden konnten. Magni zögerte und zögerte. Leoni war am ehesten bereit, sich von der Bevormundung durch Bartali befreien zu lassen. Er würde genauso wie die „Cadetti" und ein oder zwei Fahrer des Nationalteams, Magni folgen, wenn dieser den Kapitänsposten von Gino übernehmen würde. „Du bist in Form, Fiorenzo", bekräftigte ihn Leoni, „du kannst die Tour gewinnen. Sag' ja, fahre weiter und bitte Binda um deine Freistellung...". „Die gebe ich dir", sagte der technische Direktor der Grün-Weiß-Roten.

Der sich in seiner Rolle unwohl fühlende Magni musste somit eine schwere Entscheidung fällen: „Ich bedaure zutiefst, dass ich nicht annehmen kann", sagte er, „obwohl ich das Gelbe Trikot trage, aber ich kann das Versprechen nicht brechen, dass ich vor dem Tourstart Bartali gegeben habe. Ich fahre im Team, um Bartali zu unterstützen und nicht, um die Tour zu gewinnen. Jetzt, wo sich Bartali ungeschlagen von der Tour verabschiedet hat, kann ich nicht bleiben. Für wen hielte man mich? Für einen Thronräuber!" Und so trat er um acht Uhr vor seine gespannt wartenden Teamkameraden, vor die Journalisten aus Italien, vor die Mechaniker und Betreuer. Er hielt sein Versprechen und sagte entschlossen „Nein". Dies führte dazu, dass seine Mannschaftskollegen und Begleiter voller Bestürzung ebenfalls aufgaben.

Als wir Bartali verließen, erklärte er uns traurig: „Ich glaube, jetzt werde ich nie mehr in Frankreich Rennen fahren."

In Saint-Gaudens bietet Bartali (Bildmitte, im Mantel) nicht das Bild eines Etappensiegers. Er fühlt sich von den französischen Zuschauern bedroht und gibt deshalb bei der Tour de France auf. Ihm folgen alle Italiener!

Oben: In Kübler fließt das Blut großer Champions. Jacques Goddet hatte ihn bereits als „Teufel der Pedale" bezeichnet, aber Kübler blieb bislang die Siege schuldig. Doch nun ist es vollbracht!

Rechts: Um die Tour de France 1950 für sich zu entscheiden, muss „Ferdi" Kübler beim Einzelzeitfahren zwischen Saint-Etienne und Lyon sein Temperament zügeln. Er gewinnt nach einer glänzenden Leistung.

MEIN GELBES TRIKOT

VON „FERDI" KÜBLER

Ich muss zugeben, dass am Start zur Tour de France ein ängstliches Gefühl in mir hochstieg. Ich hatte nie besonders viel Erfolg bei großen Rennen. Ziemlich tief einschneidende Erinnerungen kamen mir in den Sinn und ich fragte mich besorgt, wie ich die 22 Etappen überstehen sollte, die mit Furcht einflößenden Schwierigkeiten gespickt waren. In Frankreich hatte ich den Ruf eines gefährlichen, aber unbeständigen, labilen Fahrers, der manchmal noch Flausen im Kopf hat. In der Hierarchie der Favoriten kam ich nach Bartali, Robic, Bobet, Ockers und Magni. Man fragte sich, ob ich tatsächlich im Stande wäre, eine so schwierige Rundfahrt bis zum Schluss durchzustehen, und in diesem Fall stellte ich mir die selbe Frage. Ich stürzte mich also in ein Abenteuer mit sehr ungewissem Ausgang. Aber das Spiel, das ich spielte, war wichtig für mich. In meinem Herzen setzte sich der heiße Wunsch fest, das Spiel gut zu beenden. Die Schweiz hatte gerade mit Hugo Koblet Triumphe bei der Tour de Suisse und beim Giro gefeiert. Für mich bot sich die einzigartige Gelegenheit, einen wunderschönen schweizerischen Dreifacherfolg zu sichern. Das hatte unser Land noch nie geschafft.
Drei Wochen lang durchlebte ich die Höhen der Hoffnung und die Tiefen der Tristesse. Der immer gefährliche Bartali, der bedrohliche Magni, Goldschmit, dessen gute Verfassung ich bei der Tour de Suisse zu spüren bekam, und Bobet, der seit diesem Rennen wie ausgewechselt erschien, waren sehr starke Gegner, gegen die zu kämpfen eine große Herausforderung war.
Am Ende des ersten Einzelzeitfahrens kam mir erstmals ernsthaft in den Sinn, gewinnen zu können. Die großartige Etappe Perpignan-Nîmes bestätigte meine Hoffnungen, je mehr ich mich im Vorbeifliegen der Kilometer verbesserte. Das zweite Einzelzeitfahren wurde für mich zum absoluten Höhepunkt. Ich war durch den Jubel der Zuschauer völlig losgelöst und berauscht: Die sehr sportlich denkenden Zuschauer feuerten mich ebenso an wie ihre Favoriten Bobet oder Robic. Ich meinte zu träumen. Dieser herzliche Empfang der sympathischen Menschen entlang der schönsten Straßen Frankreichs ist mir ebenso in Erinnerung wie der schönste meiner Siege.
Und der Freudentaumel bei der Zieleinfahrt! Das werde ich nie vergessen. Es ist mir also eine große Freude, den französischen Sportliebhabern und den Lesern von L'Équipe meine Eindrücke der Tour wiederzugeben. Sie sind mir Freunde geworden.

1951

Hugo KOBLET

Der schöne Hugo

Mit Hugo Koblet hat die Schweiz eine Galionsfigur gefunden, die in die Fußstapfen des Vorjahressiegers Ferdi Kübler treten kann. Mit seinem gewinnenden Wesen hat der Klasse-Champion die Herzen der Fans im Sturm erobert.
(Foto rechte Seite)

Beim Start in Metz setzen die Franzosen große Hoffnungen in Louison Bobet, der seit seinem Sieg bei Mailand-San Remo im Frühjahr hoch im Kurs steht. Gute Chancen werden auch Bartali, Magni und Coppi eingeräumt, obwohl Coppi um seinen bei der Piémont-Rundfahrt tödlich verunglückten Bruder Serse trauert. Er hat sich schließlich durchgerungen, diese Tour trotzdem mitzufahren, in der Hoffnung, sie würde seinen Schmerz lindern. Aber ebenso wie Bobet ist auch Coppi nicht in der Lage, dem charmanten Hugo Koblet Paroli zu bieten, neben Ferdi Kübler das zweite „große K" des Schweizer Radsports. Mit seiner frühen Flucht zwischen Brive und Agen zeigt Koblet, was er kann. Dem Schweizer gelingt es, eine Gruppe von Verfolgern über 140 Kilometer in Schach zu halten, in der sich Coppi, Bobet, Bartali, Magni, Géminiani, Ockers und Robic unaufhörlich ablösen, ohne Koblet auch nur einen Meter abzuluchsen. Schlimmer noch: Koblet baut seinen Vorsprung beständig aus, seine Rennfahrer-Sonnenbrille cool in die Stirn geschoben oder auf seinen linken Unterarm geklemmt. Obendrein findet er noch Zeit, sich mit einem Schwamm, den er im Trikot stets bei sich trägt, den Schweiß von der Stirn zu tupfen! Sein graziöser und eleganter Stil leidet darunter kein bisschen, und wenn man in Koblets Gesicht Grimassen der Anstrengung sucht, so sucht man vergebens! Auf der Ziellinie in Agen, wo er satte zweieinhalb Minuten auf seine schnellsten Verfolger wartet, zückt der „Pédaleur de charme" nicht nur seine Stoppuhr, sondern auch seinen Kamm.

Bei Bobet dagegen macht sich just an dem Tag eine erste Schwächephase bemerkbar, die er einem kräftezehrenden Frühjahr zuzuschreiben hat. Magni laboriert an einem gebrochenen Ellenbogen, Coppi ist nur ein Schatten seiner selbst, und an Bartalis Leistung nagt der Zahn seines Alters. Über Koblets großartige Dominanz gerät alles andere in Vergessenheit: dass Gilbert Bauvin aufgrund eines Zeitnahmefehlers das Gelbe Trikot in Brive zu Unrecht abgeben musste; der Sturz des Holländers Wim Van Est, den man am Aubisque gottseidank nur leicht verletzt mit Hilfe eines Geflechts aus Fahrradschläuchen aus einer tiefen Schlucht zieht; das Martyrium von Fausto Coppi, der mit seinem Etappensieg in Briançon wieder auferstanden zu sein scheint. Immerhin gehen die Franzosen nicht ganz leer aus: Géminiani wird Zweiter im Gesamtklassement und Lucien Lazaridès Dritter. Den vierten Platz belegt der beständigste Italiener: Gino Bartali.

GESAMTKLASSEMENT

1. **Hugo KOBLET** (SUI, Schweiz), 142 Std. 20'14''
2. **Raphaël GÉMINIANI** (FRA, Frankreich), 22'
3. **Lucien LAZARIDÈS** (FRA, Frankreich), 24'16''
4. Gino BARTALI (ITA, Italien), 29'9''
5. Constant „Stan" OCKERS (BEL, Belgien), 32'53''
6. Pierre BARBOTIN (FRA, Frankreich), 36'40''
7. Fiorenzo MAGNI (ITA, Italien), 39'14''
8. Gilbert BAUVIN (FRA, Est Sud-Est, 45'53''
9. Bernardo RUIZ (ESP, Spanien), 45'55''
10. Fausto COPPI (ITA, Italien), 46'51''
11. Nello LAUREDI (FRA, Frankreich), 57'19''
12. Jean „Bim" DIEDERICH (LUX, Luxemburg) 59'29''
13. Marcel DE MULDER (BEL, Belgien), 1 Std. 4'18''
14. Édouard VAN ENDE (BEL, Belgien), 1 Std. 7'18''
15. Serafino BIAGIONI (ITA, Italien), 1 Std. 8'52''
16. Georges MEUNIER (FRA, Ouest Sud-Ouest), 1 Std. 13'36''
17. Roger DECOCK (BEL, Belgien), 1 Std. 13'57''
18. Marcel VERSCHUEREN (BEL, Belgien), 1 Std. 14'36''
19. Pierre COGAN (FRA, Ouest Sud-Ouest), 1 Std. 15'30''
20. Louison BOBET (FRA, Frankreich), 1 Std. 24'9''

38. TOUR DE FRANCE: 24 ETAPPEN – 4.697 KILOMETER

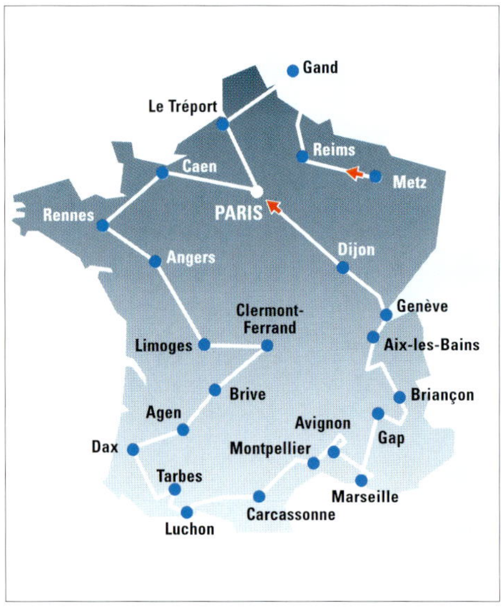

			Etappen	Etappensieger	Gelbes Trikot
1. Etappe	Mittwoch 4. Juli	**185 km**	Metz – Reims	G. Rossi (SUI)	G. Rossi
2. Etappe	Donnerstag 5. Juli	**228 km**	Reims – Gent (BEL)	J. Diederich (LUX)	J. Diederich
3. Etappe	Freitag 6. Juli	**219 km**	Gent (BEL) – Le Tréport	G. Meunier (FRA)	J. Diederich
4. Etappe	Samstag 7. Juli	**188 km**	Le Tréport – Paris	R. Lévêque (FRA)	J. Diederich
5. Etappe	Sonntag 8. Juli	**215 km**	Paris – Caen	S. Biagioni (ITA)	S. Biagioni
6. Etappe	Montag 9. Juli	**182 km**	Caen – Rennes	E. Muller (FRA)	R. Lévêque
7. Etappe	Dienstag 10. Juli	**85 km**	La Guerche – Angers (EZF)	H. Koblet (SUI)	R. Lévêque
8. Etappe	Mittwoch 11. Juli	**241 km**	Angers – Limoges	A. Rosseel (BEL)	R. Lévêque
9. Etappe	Freitag 13. Juli	**236 km**	Limoges – Clermont-Ferrand	R. Géminiani (FRA)	R. Lévêque
10. Etappe	Samstag 14. Juli	**216 km**	Clermont-Ferrand – Brive-la-Gaillarde	B. Ruiz (ESP)	R. Lévêque
11. Etappe	Sonntag 15. Juli	**177 km**	Brive-la-Gaillarde – Agen	H. Koblet (SUI)	R. Lévêque
12. Etappe	Montag 16. Juli	**185 km**	Agen – Dax	W. Van Est (HOL)	W. Van Est
13. Etappe	Dienstag 17. Juli	**201 km**	Dax – Tarbes	S. Biagioni (ITA)	G. Bauvin
14. Etappe	Mittwoch 18. Juli	**142 km**	Tarbes – Luchon	H. Koblet (SUI)	H. Koblet
15. Etappe	Donnerstag 19. Juli	**213 km**	Luchon – Carcassonne	A. Rosseel (BEL)	H. Koblet
16. Etappe	Freitag 20. Juli	**192 km**	Carcassonne – Montpellier	H. Koblet (SUI)	H. Koblet
17. Etappe	Sonntag 22. Juli	**224 km**	Montpellier – Avignon	L. Bobet (FRA)	H. Koblet
18. Etappe	Montag 23. Juli	**173 km**	Avignon – Marseille	F. Magni (ITA)	H. Koblet
19. Etappe	Dienstag 24. Juli	**208 km**	Marseille – Gap	A. Baeyens (BEL)	H. Koblet
20. Etappe	Mittwoch 25. Juli	**165 km**	Gap – Briançon	F. Coppi (ITA)	H. Koblet
21. Etappe	Donnerstag 26. Juli	**201 km**	Briançon – Aix-les-Bains	B. Ruiz (ESP)	H. Koblet
22. Etappe	Freitag 27. Juli	**97 km**	Aix-les-Bains – Genf (SUI) (EZF)	H. Koblet (SUI)	H. Koblet
23. Etappe	Samstag 28. Juli	**197 km**	Genf (SUI) – Dijon	G. Derycke (BEL)	H. Koblet
24. Etappe	Sonntag 29. Juli	**322 km**	Dijon – Paris	A. Deledda (FRA)	H. Koblet

LA PERLE
3
MARTI

BRIVE – AGEN Bei der Flachetappe Brive-Agen ist Hugo Koblet eine Flucht gelungen, wie sie die großen Favoriten sonst nur in den Bergen zu starten pflegen. Während Bobet durch eine Reifenpanne Zeit verlor, wurden Coppi und Bartali durch einen Sturz ausgebremst und mussten abdanken.

Koblet brennt durch!

„Pédaleur de charme" oder „Appolo des Fahrrads" - Hugo Koblet bekommt viele schmeichelnde Spitznamen. Zu Recht, wie sich spätestens bei der Etappe Brive-Agen herausstellt.

FREUDENTAUMEL IM ALPENLAND

GENF - Die Nachricht vom Toursieg ihres Landsmanns Hugo Koblet bei der 38. Tour de France wurde in der Schweiz mit großen Freudendemonstrationen vernommen, die übrigens bereits am Freitag einsetzten, als Koblet nach dem Zeitfahren bei der drittletzten Etappe als strahlender Sieger in Genf ankam. Ein Kompliment machten die Presse und das Radio in der Schweiz auch der perfekten Organisation der diesjährigen Tour sowie dem beispielhaften Sportgeist, den die französischen Zuschauer an den Tag gelegt hatten, insbesondere die Menschenmassen in Paris. Dieser Sieg in direkter Folge auf den von Kübler im letzten Jahr hievt den Schweizer Radsport auf ein ehrenvolles internationales Niveau und gibt den Funktionären, die Koblet am Montag in Genf und am Dienstag in Zürich empfangen werden, guten Grund, den Straßenweltmeisterschaften am 2. September in Varese (Italien) mit Optimismus entgegenzublicken. In beiden Großstädten werden Koblet und die Führung des Schweizer Radsports in Autokonvois durch die Straßen ziehen, um dem jungen Züricher Rennfahrer die Gelegenheit zu geben, die Ovationen der Öffentlichkeit für seine wundervolle Glanztat genießen zu können.

AGEN. Na, wenn das nicht die herausragendste Leistung der Tour 1951 überhaupt war, was wir da auf der Etappe Brive-Agen mit ansehen durften! In jedem Fall aber stand dieses zweite Tour-Wochenende ganz im Zeichen einer athletischen Leistung erster Klasse und einer einmaligen Darbietung von Hugo Koblet.

Stellen Sie sich einen großen Champion vor, dem es gelungen ist, etwa 135 Kilometer vor der Zielankunft alleine auszureißen, und der sich bis zum Schluss einfach nicht mehr einfangen lässt! All die Asse hinter ihm waren zunächst skeptisch und ratlos, entfachten dann aber entschlossen eine wilde Hetzjagd... Zwischen Koblet und seinen Verfolgern lagen stellenweise bis zu vier Minuten und mächtig viel Staub! Bei der Ankunft hatte er immer noch stolze 2'35" Vorsprung, was ihm zusammen mit der Zeitgutschrift für den Etappensieger den dritten Platz im Gesamtklassement bescherte, mit 2'27" Rückstand auf Lévêque. Dass der Crack von La Perle-Hutchinson dem Führenden immer näher rückt, ist dabei weniger von Bedeutung als der offenkundige Mangel an Berechnung in Koblets Unterfangen. Was da aus ihm gesprochen hat, ist das bewundernswerte Temperament eines Kämpfers. Was ihm außerdem zugute gehalten werden muss, ist die Rolle, in die er einen Coppi, einen Magni, einen Bobet und einen Géminiani gedrängt hat, die angesichts der Demonstration einer so starken Leistung und Dominanz recht kleinlaut wurden.

Was das für Hugos nahe Zukunft bedeuten mag? Wenn man die Klasse eines Koblet und seine Regenerationsfähigkeiten besitzt, dazu noch ein Tour-Debütant ist, dann kann man nur gewinnen und versuchen, mit der Tradition zu brechen, anstatt ein Regelwerk beachten zu müssen, dass den eingefleischten Stars lieb und teuer geworden und bei dem die langjährige Erfahrung

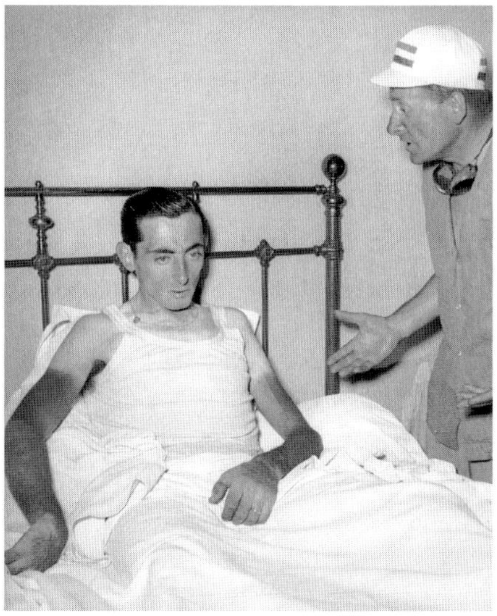

Montpellier: Vier Tage vor seinem Etappensieg in Briançon möchte Coppi aufgrund eines Schwächeanfalls aufgeben. Alfredo Binda hält ihn glücklicherweise davon ab.

Das Saarland im Tour-Fieber und im Griff der Medien: Die Ankunft in der Saarbrücker Heuduckstraße am 8. Juli 2002 wird mittels Radio und TV in alle Welt übertragen. Die Zuschauer an der Strecke können auf der Großbild-Leinwand mit verfolgen, wer den Sprint gewinnt – Oscar Freire, hier noch hinter dem Telekom-Express.

Deutsche Fahrer bei der Tour

1903-1970

VON HERBERT WATTEROTT

Die heroische Epoche bis zum 2. Weltkrieg

Oben: Joseph Fischer, bis heute einziger deutscher Sieger bei Paris-Roubaix. 1896 gewann er die erste Ausgabe des Klassikers. 1903 ist er auch bei der ersten Tour de France am Start.

1903
Die ersten Abenteurer aus Deutschland

Unter den 60 wagemutigen Männern, die sich am 1. Juli 1903 im Pariser Vorort Montgeron-Villeneuve St. Georges zum Start der ersten Tour de France versammeln, sind auch zwei Deutsche: Ludwig Barthelmann aus München und Joseph Fischer aus Cham. Schon auf der ersten Etappe über 467 Kilometer nach Lyon verliert Barthelmann rund elf Stunden auf den Etappengewinner und späteren Gesamtsieger Maurice Garin aus Frankreich und gibt das Rennen am nächsten Tag auf dem Weg nach Marseille entkräftet auf. Joseph Fischer dagegen erreicht nach 2.428 km als 15. das Ziel in Paris mit 25 Stunden, 14 Minuten und 26 Sekunden Rückstand und kassiert eine Prämie von 25 Francs. Zum Vergleich: Ein Brot kostete damals 40 Centimes.

Fischer gehörte Ende des 19. Jahrhunderts zu den besten Rennfahrern der Welt, gewann u. a. Wien - Berlin, Bordeaux - Paris, Mailand – München und das 700 km lange Rennen Moskau – St. Petersburg. Berühmt wurde er bereits 1896 als Gewinner des berüchtigten Kopfsteinpflaster-Rennens Paris - Roubaix, übrigens bis heute als einziger Deutscher. Doch als die Tour de France 1903 entsteht, ist seine beste Zeit leider schon vorbei. Der inzwischen 38-jährige Bayer hat nicht mehr die Kraft und Kondition früherer Jahre. Zehn Jahre zuvor wäre er ein heißer Siegesanwärter gewesen.

In den nächsten Jahren spielen deutsche Fahrer bis zum Ersten Weltkrieg bei der Tour de France keine Rolle. Nur fünf nehmen die „Tortur de France" in Angriff. Keiner erreicht das Ziel in Paris. Auch nach dem Krieg hält sich in Deutschland das Interesse an der Tour in Grenzen. Zwischen 1919 und 1929 starten überhaupt keine Rennfahrer bei der Großen Schleife durch Frankreich.

1930
Die große Revolution

Tour-Vater Desgrange hat keinen Spaß mehr an Firmenteams. Er entschließt sich zur Verpflichtung von Nationalmannschaften und führt zugleich die Teamwertung ein. Die Organisation übernimmt dafür die Kosten und zwecks Ausgleich wird die „caravane publicitaire", die Werbekolonne, eingeführt. So kehren nach 16 Jahren erstmals acht deutsche Radrennfahrer an den Start der Tour de France zurück; Gesamtdistanz 4.818 Kilometer.

1930: Am Abend der siebten Etappe bekommen die Fahrer der Deutschen Nationalmannschaft Oskar Tietz, Adolf Schön und Hermann Buse (v.l.n.r.) Blumen geschenkt.

Die deutsche Mannschaft muss hartes Lehrgeld zahlen. Der Franzose Charles Pélissier gewinnt acht Etappen, André Leducq wird Tour-Sieger, obwohl er in der Abfahrt vom Galibier schwer stürzt und dabei 14 Minuten verliert. Von den acht Deutschen halten vier bis Paris durch und belegen achtbare Plätze. Adolf Schön wird Zehnter, Oskar Thierbach 13. Felix Manthey 22. und Alfred Siegel 33. Dass die Deutschen keine dominierende Rolle spielen würden, war von vorneherein klar gewesen, aber sie hinterlassen einen guten Eindruck und bekommen keinerlei Ressentiments zu spüren. Auch ein Jahr später halten sich die deutschen Rennfahrer sehr gut: 8. Erich Metze, 11. Oskar Thierbach, 16. Kurt Stöpel, 19. Ludwig Geyer, 20. Herbert Sieronski, 22. Hermann Buse und 23. Alfred Siegel.

1932
Kurt Stöpel: Erster Deutscher in Gelb und auf dem Podium

Das große Duell, welches sich Kurt Stöpel aus Berlin mit dem Franzosen André Leducq liefert, versetzt die Fachwelt in Erstaunen und gewinnt das

Kurt Stöpel mit seiner Frau am Abend der 19. Etappe in Malo-les-

deutsche Publikum für die Tour de France. Zum ersten Mal erobert ein Deutscher das begehrte „Maillot Jaune“, das Gelbe Trikot des Spitzenreiters.
Veranlagung und Zähigkeit hatten Kurt Stöpel zu einem erfolgreichen Straßenfahrer heranwachsen lassen. Er hatte sich schon zu diesem harten Metier berufen gefühlt, als er noch Redaktionsbote bei der United Press of America in Berlin war. Aber die lange Arbeitszeit erlaubte ihm kein geregeltes Training, bis er den ungewöhnlichen Entschluss fasste, jeden Morgen um drei Uhr aufzustehen, um in den Havelbergen scharf zu trainieren.
Wie ein Besessener steuert Stöpel sein hochgestecktes Ziel an: die Tour de France. Erst in allerletzter Minute kommt er in das deutsche Team für 1932. Nach seinem fünften Platz beim Giro d'Italia im Frühjahr holt er sich schon auf der zweiten Etappe den Tagessieg nach 300 Kilometern zwischen Caen und Nantes. Das ist zugleich der erste deutsche Etappensieg bei der Tour de France. Der Berliner ist außer sich vor Freude, als ihm Tour-Chef Hernri Desgrange das Gelbe Trikot überstreift.
Tags darauf verliert er bei großer Hitze zwischen Nantes und Bordeaux die Gesamtführung nach sechs Reifendefekten, als er immer auf den neutralen Materialwagen warten muss, weil die Deutschen keinen eigenen Mechaniker dabei haben. Aber am 31. Juli 1932 jubeln ihm die 70.000 Zuschauer im Pariser Parc des Princes zu. Als Zweiten der Tour de France empfangen sie ihn genauso begeistert wie ihren Landsmann André „Dédé“ Leducq, der zum zweiten Mal Tour-Gesamtsieger wird.
„Trotz aller Rivalität ist Dédé einer der besten Kameraden, denen ich im Sport begegnet bin“, sagt Stöpel nach der Tour. Bei der Siegerehrung in der französischen Hauptstadt umarmt Leducq seinen Gegner Stöpel herzlich, schenkt dessen Frau seinen Siegesstrauß roter Rosen und sagt: „Madame Stöpel, wir beide, Kurt und ich, haben die Tour de France gewonnen!“
Ein phantastisches Ergebnis, das 64 Jahre lang bis zu Jan Ullrich 1996 unerreicht blieb. Dessen zweiten Platz hinter dem ersten dänischen Toursieger und Teamgefährten bei Team Telekom, Bjarne Riis, erlebt Kurt Stöpel in einem Altenheim in Berlin-Spandau. Er stirbt im Juni 1997, einen Monat vor dem ersten Tour de France-Sieg eines Deutschen durch Jan Ullrich.

Bains: Er wird 1932 Zweiter und kann stolz darauf sein.

Willi Oberbeck gewinnt 1938 in Caen. Leider kann er das Gelbe Trikot nicht lange behalten...

1937
Bautz Neunter

Es ist das Jahr, in dem die Veranstalter auch für die Asse erstmalig die Gangschaltung zulassen. Der Dortmunder Erich Bautz, der gerade seine erste deutsche Straßenmeisterschaft gewonnen hat, demonstriert mit einem Überraschungs-Coup auf der vierten Etappe von Metz nach Belfort an der neun Kilometer langen Steigung des Ballon d`Alsace, des höchsten Berggipfels der Vogesen (1.250 Meter), seine Klasse. Er kommt mit großem Vorsprung ins Ziel und trägt drei Tage lang das Gelbe Trikot. Wie fünf Jahre vor ihm Kurt Stöpel büßt auch Bautz durch Pech und Pannen alle Chancen ein. Am Galibier hat er drei Reifenpannen und auf der zweiten Alpenetappe von Briançon nach Digne muss er mit einem defekten Zahnkranz eine geschlagene Viertelstunde auf den Materialwagen warten. Erich Bautz erreicht Paris als Neunter! Eine hervorragende Leistung - Hut ab!

1938
Oberbeck wird nicht unterstützt

Bereits auf der ersten Etappe von Paris nach Caen greift der Hagener Willi Oberbeck ebenso unbekümmert wie ungestüm an. Lohn seiner Anstrengungen in einem furchtbaren Unwetter sind der Etappensieg und das begehrte Gelbe Trikot, das er schon am nächsten Tag in Richtung Saint Brieuc verliert. Rivalität und Missgunst in der deutschen Mannschaft, die selbst bei ausländischen Beobachtern Kopfschütteln auslösen, führen dazu, dass Oberbeck nach mehreren Defekten im Gelben Trikot am Strassenrand von seinen „Kameraden“ stehengelassen wird. Kampflos muss er das Maillot Jaune an den Luxemburger Jean Majerus preisgeben.
In der Nationenwertung landet die völlig desolate deutsche Equipe nur auf dem achten Platz (es gab noch einen Tageserfolg durch Otto Weckerling in Straßburg) und wird für das nächste Jahr nicht mehr eingeladen. Hitlers Kriegspolitik hätte den Start eines deutschen Teams 1939 ohnehin verhindert.

Günther Pankoke beim Einzelzeitfahren nach Tours, einen Tag vor Paris. Als einziger Deutscher hält er bei der Tour 1955 tapfer durch.

Rückkehr zur Tour nach 17 Jahren

1955

Deutsche Fahrer treten wieder an

Seit 17 Jahren fehlen deutsche Rennfahrer nun schon bei der Tour de France.

Deutsche Sportler sind nach dem Zweiten Weltkrieg bei den Olympischen Spielen 1952 in Helsinki wieder dabei, gewinnen in Bern 1954 den Fussball-Weltmeistertitel beim 3:2 Endspielsieg über Ungarn, werden aber erst 1955 von Tour-Direktor Jacques Goddet wieder zum wichtigsten Radrennen der Welt eingeladen.

Heinz Müller aus Schwenningen (Straßenweltmeister 1952 in Luxemburg) und Günther Pankoke aus Bielefeld sind die einzigen Deutschen in einer gemischten Luxemburger Mannschaft. Während Sprinter Heinz Müller nach vier Etappen entkräftet und enttäuscht aufgibt, bleibt Günther Pankoke als einziger Deutscher einsam im Rennen zurück. Er hilft dem Luxemburger Kapitän Charly Gaul so gut er kann. Pankoke hält tapfer bis Paris durch - ohne Betreuer, immer auf sich alleine gestellt!

Als 37. in der Gesamtwertung lässt Pankoke in Paris immerhin internationale Spitzenfahrer wie André Darrigade und Rik van Steenbergen hinter sich. Sein Chef Charly Gaul beendet die Tour als Dritter und bester Bergfahrer.

1957

Lothar Friedrichs bittere Enttäuschung

Während sich ein junger Franzose aus der Normandie, Jacques Anquetil, anschickt, den ersten von fünf Tour de France-Siegen zu realisieren, freut sich ein Deutscher aus dem Saarland schon über einen zweiten Etappenplatz: Lothar Friedrich aus Völklingen muss sich auf der zwölften Etappe in Marseille nur dem Franzosen Jean Stablinski geschlagen geben, aber er ist der erste Deutsche, der nach dem Krieg eine Ehrenrunde fährt. Eines der schönsten Mädchen der südfranzösischen Hafenstadt drückt ihm einen Kuss auf die dreckverkrustete Wange. Nur einen Tag später wird er nach einem schlimmen Sturz auf der 13. Etappe mit einer klaffenden Oberschenkelwunde von Tour-Arzt Dr. Dumas ins Krankenhaus transportiert. Aus der Traum von den Champs-Élysées.

Aber schon ein Jahr später ist Lothar Friedrich als einer von sechs Deutschen wieder dabei und belegt am Ende den hervorragenden zwölften Platz. Er ist der Einzige im Feld, der seine Leistungen von den Pyrenäen bis Paris mit jedem Tag verbessert. Franz Reitz als 36. und Horst Tüller als 58. kämpfen sich ebenfalls bis zur französischen Metropole durch.

Auch 1959 ist Lothar Friedrich als 18. in der Gesamtwertung nach 4.358 Kilometern bester Deutscher und der tapfere Franz Reitz aus Wiesbaden wird als 49. genauso begeistert im Pariser Prinzenparkstadion empfangen wie der Gesamtsieger Federico Bahamontes aus Spanien, der „Adler von Toledo".

1960-1970

Die goldenen Jahre

1960
Junkermann fährt knapp am Toursieg vorbei

Zum ersten Mal nach 22 Jahren ist Deutschland 1960 mit einer vollständigen Mannschaft vertreten, allerdings nur mit einer sogenannten „kleinen" National-Equipe, die sich - im Gegensatz zu den 14-köpfigen „großen" Nationalmannschaften - aus acht Fahrern zusammensetzt. Mit dabei in diesem Team ist der beste Profi Hans Junkermann aus St. Tönis bei Krefeld. Sein beeindruckender Sieg bei der Tour de Suisse lässt ihn in den Favoritenkreis der Frankreichrundfahrt aufsteigen. Er war in der Form seines Lebens und hätte mit ein wenig mehr Entschlossenheit und Risikobereitschaft durchaus die Tour gewinnen können. Auf der siebten Etappe von St. Malo nach Lorient hat „Hennes" das richtige Näschen. Er fährt in einer kleinen, illustren Spitzengruppe mit Roger Rivière (Frankreich), Gastone Nencini (Italien) und dem Belgier Jean Adriaenssens einen Vorsprung von sage und schreibe vierzehn Minuten heraus und verbessert sich vom 33. auf den 4. Platz der Gesamtwertung.

1960, sechste Etappe nach Lorient: Hans Junkermann vor Roger Rivière und Gastone Nencini.

Lothar Friedrich – zusammen mit Günther Debusmann einzige saarländische Tour-Teilnehmer.

„Hätt' isch misch doch dä Fisch nitt jejesse"

Aber Junkermann kam, sah und zögerte. Nach dem furchtbaren Sturz des französischen Stundenweltrekordhalters Roger Rivière in den Cévennen am Col de Perjuret zögert und zaudert Hans Junkermann, beschränkt sich darauf, am Hinterrad des späteren Siegers Nencini defensiv mitzufahren anstatt alles auf eine Karte zu setzen und erzielt somit sein bestes Ergebnis als Vierter - trotz allem ein Riesenerfolg für Junkermann. 1961 wird er Fünfter, nur noch begleitet vom Berliner Dieter Puschel. 1962 geht er als Kapitän des belgischen Wiels-Groene-Leeuw-Teams ins Rennen. Doch in Luchon in den Pyrenäen müssen vierzehn Fahrer aufgeben, unter ihnen Junkermann. Sie hatten alle im selben Hotel gewohnt und sich dort eine Fisch-Vergiftung zugezogen. Hiernach tut Junkermann seinen berühmten Ausspruch: „Hätt' isch misch doch dä Fisch nitt jejesse" - in Hochdeutsch: „Hätte ich doch den Fisch nicht gegessen." Vielleicht hätte er sonst in diesem Jahr als erster Deutscher die Tour de France gewonnen.

Hennes Junkermann wird 1963 und 1964 jeweils Neunter, er hat nie das Gelbe Trikot getragen und auch nie eine Etappe gewonnen, aber er ist populär und vital geblieben bis heute. Schlank und rank wie früher, kein Gramm Fett auf den Rippen. Durch Ausfahrten mit seiner Rennmaschine hält er sich fit und fährt im Winter schon traditionell mit den Eltern von Telekom-Kapitän Erik Zabel zum Skifahren nach Colfosco in die Dolomiten.

Rudi Altig gewinnt in Spa vor Darrigade und Van Looy (oben) - und erobert die Herzen des Publikums im Sturm (unten)

1962
Rudi Altig: Der erste Deutsche in Grün

1962 sorgt der blonde Mannheimer Rudi Altig bei der Tour de France für Furore. Inzwischen dreimal Verfolgungs-Weltmeister auf der Bahn und aktueller Sieger der Spanienrundfahrt, löst er eine wahre Radsport-Euphorie in seiner Heimat aus. In Frankreich ist Rudi Altig, als Typ und stilistisch der Widerpart zu Hans Junkermann, bis heute ähnlich populär wie in Deutschland. Seine Markenzeichen sind Antrittsschnelligkeit, Spurtstärke und Lust an einer aggressiven Renngestaltung. Bei seiner Tour-Premiere 1962 besiegt er im belgischen Badeort Spa nach einem packenden Sprint die Koryphäen Rik van Looy und André Darrigade und erobert so sein erstes Gelbes Trikot, das er insgesamt 14 Etappen lang trägt.

Höhen und Tiefen erlebt der Tour-Neuling Altig bei seiner ersten Tour de France: Kurz vor Bordeaux bemerkt er plötzlich einen Riss in seiner Vordergabel. Am nächsten Tag lösen sich vor Bayonne, drei Kilometer vor dem Ziel, Speichen seines Hinterrades. Entschädigt wird er im Stadion von Antibes an der Côte d`Azur durch seinen dritten Etappensieg nach Spa und Amiens. Er klettert tapfer über alle Berge, selbst über den Col de la Bonnette, mit 2.802 Metern der höchste je überfahrene Punkt der Tour-Geschichte. Paris erreicht er zwar nur als 31., aber er trägt als erster Deutscher das Grüne Trikot. Sein beachtliches Debüt bringt ihm nicht weniger als vierzig lukrative Verträge für Bahnrennen ein.

In acht Jahren zwischen 1962 und 1969 erzielt der Straßenweltmeister von 1966 auf dem Nürburgring und Gewinner von Mailand - San Remo und der Flandernrundfahrt insgesamt acht Etappensiege bei der Tour und fährt achtzehn Tage im Gelben Trikot.

Noch zweimal beendet Rudi Altig die Tour de France in Paris: 1964 wird er 15. und 1966 erreicht er mit dem 13. Rang seine beste Endplatzierung. Sein Bruder Willi fährt ebenfalls die Tour, scheidet aber 1960 und 1966 vorzeitig aus.

Der Tour-Journalist Hans Blickensdörfer aus Stuttgart beschrieb diese Zeit so: „Tour-Fieber in Deutschland: Junkermann hat Achtung erweckt, Rudi Altig erweckt Begeisterung".

1966
Bergfloh Karl-Heinz Kunde

Der nur 1,59 Meter große und 49,5 Kilogramm schwere Kölner Karl-Heinz Kunde fährt 1966 eine beeindruckende Tour de France. Ein exzellenter Kletterer, der zum dritten Mal dabei ist und in den beiden vorangegangenen Jahren schon den 16. und 11. Gesamtrang als Referenz aufzuweisen hat.

Am 3. Juli 1966 benötigt die Tour-Organisation in Windeseile ein Gelbes Trikot in der kleinsten Konfektionsgrösse, denn es muss Karl-Heinz Kunde passen. Am Ende der 12. Etappe von Luchon nach Revel im Süden Frankreichs gewinnt Rudi Altig die Etappe, aber der Kölner Kunde streift sich erstmals das Gelbe Trikot über, das er vier Tage lang verteidigen kann.

Tour-Direktor Jacques Goddet schreibt in seinem täglichen Leitartikel in Frankreichs grösster Tagessportzeitung „L'Équipe" bewundernd: „Karl der Kurze hat sich prima geschlagen!" Das Ende der Tour 1966 erreicht er als Neunter - seine beste Platzierung in Paris - und gleichzeitig bester Deutscher. Der fünfmalige Tour-Sieger Jacques Anquetil steigt auf der 19. Etappe nach St. Étienne aus und verabschiedet sich für immer von der Tour de France.
Am Schluss seiner Karriere packt „Karl den Kurzen" noch einmal die große Wut: Eskortiert von Journalisten und Fotoreportern, schiebt er seine Rennmaschine an den nächsten Müllplatz. Dort wirft er sie auf den Schrott. Ähnlich wie Junkermann zählt er lange nach Beendigung seiner Karriere noch heute zu den Eifrigsten. Fast täglich kann man Kunde beim Training im Bergischen Land rund um Bensberg antreffen.

1968
Ein Jahr ohne Stars, aber mit Rolf Wolfshohl

Die 55. Tour de France hätte zur Triumphfahrt für Rolf Wolfshohl werden können. Der fünfmalige Sieger Jacques Anquetil ist nicht mehr dabei und Eddy Merckx aus Belgien (fünf Mal Tour de France-Gewinner und mit 555 Siegen der erfolgreichste Radrennfahrer aller Zeiten) fühlt sich noch nicht stark genug für das schwerste und längste Radrennen der Welt. So gewinnt ein unauffällig fahrender Holländer mit Brille, Jan Janssen, mit dem bis dahin knappsten Vorsprung von nur 38 Sekunden die Tour vor dem Belgier Hermann van Springel.
Rolf Wolfshohl, entdeckt vom Chef der Dortmunder Westfallenhallen-Rennbahn Otto Weckerling, der selbst 1937 eine Etappe gewonnen hatte, war inzwischen dreimal Weltmeister im Radcross geworden und hatte gerade zwei Monate zuvor die Vuelta a España, die Spanienrundfahrt, gewonnen.
Er nimmt 1968 an seiner sechsten Tour de France teil, wird auf der 16. Etappe im Zentralmassiv zwischen Albi und Aurillac Zweiter hinter dem Italiener Franco Bitossi, freut sich aber vor allem über das Gelbe Trikot des Spitzenreiters. Wäre Wolfshohl ein Stratege gewesen, hätte er noch auf das Gelbe Trikot verzichtet. Denn nun wird aus dem Jäger Wolfshohl der Gejagte. In den Alpen attackieren Belgier, Holländer, Franzosen und Spanier pausenlos und am Ende bringen sie „le loup", den Wolf, zur Strecke.
Dazu kommt ein Sturz auf einer kurvenreichen Abfahrt; erst nach minutenlangem quälendem Warten erreicht ihn der Materialwagen. Auf diese Art das Gelbe Trikot zu verlieren, tut natürlich besonders weh.
In Paris wird Rolf Wolfshohl aus Köln, wo er heute ein Fahrradgeschäft betreibt, Sechster. Es fehlen ihm drei Minuten und 46 Sekunden zum Tour-Sieg. Mit zwei Etappensiegen 1967 in Toulouse und 1970 auf der berühmten roten Zementpiste von Bordeaux steht Wolfshohl jedoch in allen Radsportarchiven vermerkt!

Oben: In Revel darf sich Karl-Keinz Kunde 1966 zum ersten Mal das Gelbe Trikot überstreifen - und er genießt es! Unten: Bei seiner sechsten Tour dem Sieg so nah wie nie: Rolf Wolfshohl.

1970 - 2003

VON HAGEN BOSSDORF

Die 70er Jahre
Thurau, Thaler, Tour-Fieber

Zwei Jahre ohne deutsche Beteiligung

Deutsche Rennfahrer spielen zu Beginn der 70er Jahre nur eine Nebenrolle bei der Tour de France. Sie sind nicht mehr als Statisten. Der Hauptdarsteller heißt zweifellos Eddy Merckx und kommt aus dem Nachbarland Belgien. Rolf Wolfshohl lässt seine großartige Karriere noch mit den Plätzen 37 (1970), 71 (1971) und 24 (1972) ausklingen. Nur eine Episode bleiben auch die beiden Starts der deutschen Rokado-Mannschaft mit dem alternden Tour-Sieger von 1966 Lucien Aimar an der Spitze. Von 1974 bis 1976 fehlten deutsche Profis dann völlig im Starterfeld. Dies sollte sich jedoch bald ändern.

1977: Didi Thurau weiß beim Prolog genau, was er will und holt es sich auch: das Gelbe Trikot.

1977
15 Tage in Gelb: „Didi Türoo"

Denn 1977 schiebt ein junger 22-jähriger Tour-Neuling sein Rad an den Start. Teamchef Peter Post hat ihn mutig für die Ti-Raleigh-Equipe nominiert. Sein Name ist Thurau, Dietrich Thurau, und stellt für die Franzosen ein echtes Sprachproblem dar. „Türoo" nennen sie ihn, und bald ist er in aller Munde.

Die Streckenplaner haben sich in diesem Jahr etwas Besonderes ausgedacht: Die Tour beginnt im kleinen Örtchen Fleurance am Fuße der Pyrenäen. Den Prolog gewinnt überraschend kein anderer als Dietrich Thurau. Aber schon die zweite Etappe führt über gewaltige Bergriesen, die der junge Frankfurter nur vom Hörensagen kennt. Auf dem Tourmalet hat er deshalb schnell 2:30 Minuten Rückstand auf eine prominent besetzte Spitzengruppe mit Kuiper, Zoetemelk und Thévenet. Eddy Merckx gehört nicht dazu, er hat Probleme. Von hinten kommt er angejagt, erreicht Thurau und ruft ihm zu: „Los, da fahren wir jetzt hin!" An der Seite des großen Belgiers will er sich nicht blamieren, schließt sich der Verfolgungsjagd an, und auf dem Aubisque haben sie die Spitzengruppe tatsächlich wieder erreicht. Im Ziel in Pau fliegt der „blonde Engel" sogar allen davon und gewinnt als erster Deutscher eine Pyrenäen-Etappe.

Erst vier Tage später jedoch ist sein Gelbes Trikot wieder in Gefahr. Vor dem Zeitfahren

Jubel in Paris für den stärksten Franzosen und den stärksten Deutschen: Bürgermeister Jacques Chirac (!) gratuliert dem Sieger Thévenet und dem besten Jungprofi Thurau.

in Bordeaux liegt Eddy Merckx nur acht Sekunden hinter dem Deutschen. Aber Thurau übertrifft sich selbst. Auf 30 Kilometern nimmt er Merckx 50 Sekunden ab. Andere Favoriten verlieren noch mehr Zeit, Thurau bleibt vorn. In Deutschland bricht das Tour-Fieber aus. Der Ruhetag in Freiburg ist für den Mann in Gelb anstrengender als das Rennen selbst. Tausende Fans belagern sein Hotel. Die Republik träumt vom „Tourau"-Sieg. Aber noch liegen die Alpen vor den Fahrern.

Von Morzine nach Avoriaz führt ein Bergzeitfahren, eigentlich nur 14 km lang, aber immer bergauf. 15 Tage in Gelb haben Thurau ausgezehrt, sein eleganter Stil weicht müden Tritten. Er wird nur 15., zwei Tage später gibt ihm der brutale Anstieg nach L'Alpe d'Huez den Rest. Thurau verliert zwölf Minuten. Er kann die Tour nicht mehr gewinnen, erreicht aber Paris immerhin im Weißen Trikot des besten Jungprofis. In der Gesamtwertung wird er schließ-

lich Fünfter, der Sieger heißt Bernard Thévenet. Nach Thuraus Sieg beim abschließenden Zeitfahren auf den Champs-Élysées glaubt Jacques Chirac, damals Bürgermeister von Paris, an historische Dimensionen: „Seit Konrad Adenauer hat keiner für die deutsch-französische Freundschaft mehr getan als Dietrich Thurau!"
Das begnadete Talent Dietrich Thurau erfüllt die in ihn gesetzten Hoffnungen nicht. Er zieht das schnelle Geld der Sechs-Tage-Rennen einer langfristig angelegten Karriere vor. 1978 ist Thurau gar nicht dabei. Ein Jahr später kommt er mit 45 Minuten Rückstand ins Ziel, gewinnt aber immerhin wieder eine Etappe.

1978: Klaus-Peter Thaler siegt in St. Germain en Laye. Am nächsten Tag holt er sich das Gelbe Trikot für zwei Etappen.

1978
Etappensieg und Gelb für Thaler

Ein Jahr später, im Sommer 1978, sorgt ein Sprinter dafür,

dass Deutschland schon wieder Tour-verrückt ist: Klaus-Peter Thaler gewinnt die dritte Etappe nach Saint-Germain-en-Laye und schiebt sich in der Gesamtwertung weit nach vorn. Als einen Tag später sein Ti-Raleigh-Team mit den Stars Kuiper, Raas und Knetemann im Mannschaftszeitfahren siegt, fällt für Thaler wie nebenbei das Gelbe Trikot ab. Die Hoffnung auf eine Wiederholung der „15 gelben Tage" von Dietrich Thurau aber erfüllt sich nicht. Am nächsten Tag kann Klaus-Peter Thaler zwar seine Führung verteidigen, aber seine Mannschaft verweigert ihm die Unterstützung. So ist es auf der sechsten Etappe nach Poitiers ausgerechnet sein Team-Kollege Gerrie Knetemann, der ihm das Gelbe Trikot wieder auszieht. Thaler wird am Ende respektabler 37.

Die 80er Jahre
Außer Spesen nichts gewesen

1980 - 1987
Viel Schmutz, wenig Glanz

1980 kann auch Teamleiter Rudi Altig seinen Schützling nicht zum Weiterfahren überreden, weil die Dopinggerüchte um Dietrich Thurau nicht verstummen wollen. 1985 verprügelt der „blonde Engel" dann wütend einen Kommissär und wird vom Rennen ausgeschlossen, bei seiner letzen Tour 1987 kapituliert er vor den Pyrenäen und steigt aus. Eine magere Bilanz für einen Mann mit seinen Möglichkeiten.
Klaus-Peter Thaler wird immerhin viermal Weltmeister im Radcross, je zweimal bei Profis und Amateuren. Aber der winterliche Kampf mit Schlamm und Schnee reicht ihm nicht, im Sommer fährt er bis 1982 die Tour noch dreimal. Er erreicht jedes Mal Paris. Damit ist der Gevelsberger bis Mitte der 80erJahre der zuverlässigste deutsche Radprofi beim schwersten Radrennen der Welt.
Raimund Dietzen aus Konz hat seine größten Erfolge bei der Spanien-Rundfahrt gefeiert, die er 1987 und 1988 als Zweiter beendete. Bei der Tour de France geht er fünfmal an den Start. Aber sein bestes Ergebnis bleibt 1984 ein 64. Platz.
Auch Hartmut Bölts, Andreas Kappes und Peter Hilse suchen vergeblich ihre Chancen bei der Tour de France. Der deutsche Radsport steckt wieder einmal in einer kräftigen Krise.

1987
Rolf Gölz, der „Rainman"

Einziger Lichtblick in den 80ern ist Rolf Gölz aus Bad Schussenried. Er ist insgesamt fünfmal dabei und erscheint 1987 zum ersten Mal am Start. Die Tour beginnt in Berlin, der Prolog soll zum Höhepunkt der 750-Jahr-Feier der Stadt werden. Aber die Vorfreude der Berliner hält sich in Grenzen. Die Polizei beklagt den größten Einsatz nach dem Krieg, die Verkehrsbetriebe jammern über massenhafte Fahrplanänderungen, und eine Bürgerinitiative versucht sogar, den Tour-Start zu verhindern. Auch im Senat der Stadt streiten die Parlamentarier erbittert, ob die Kosten von 4,5 Millionen Mark rausgeschmissenes Geld sind oder nicht. Aber als die bunte, schrille Karawane dann endlich da ist, sind doch fast alle froh. Eine Luftbrücke muss für Fahrer, Betreuer und Material eingerichtet werden. Auch Frankreichs Premierminister Jacques Chirac ist pünktlich angereist, um dem deutschen Außenminister Genscher und Berlins Regierendem Bürgermeister Diepgen beim Durchschneiden des Startbandes zu helfen. Den Prolog auf dem Kurfürstendamm gewinnt der Holländer Jelle Nijdam.

Zwei Wochen später führt die 15. Etappe über 164 km von Tarbes nach Blagnac. Nicht besonders lang, nicht besonders bergig und trotzdem besonders schwer. Denn das Wetter ist ein einziges Inferno: Dauerregen, gepeitscht von böigem Wind, prasselt auf die Fahrer herab. Drei Ausreißer scheint dieses Mistwetter überhaupt nicht zu stören, unter ihnen der junge Deutsche Rolf Gölz. Verfolgt werden sie nicht, weil das Gelbe Trikot des Franzosen Charly Mottet nie in Gefahr gerät. Im Finale haben LeClerc und Earley keine Chance gegen Rolf Gölz. In schwerem Unwetter erringt er seinen größten Sieg. Als die Verfolgergruppe 11'47" später ins Ziel kommt, steht der Sieger der Etappe noch frierend auf der Straße und gibt Interviews. Rolf Gölz beendet seine erste Tour de France als respektabler 49ster.

Auch ein Jahr später präsentiert sich Rolf Gölz wieder in Top-Form. Er gewinnt die achte Etappe von Reims nach Nancy vor Etienne de Wilde und Gianni Bugno. Noch höher einzuschätzen ist sein zweiter Platz hinter dem Dänen Johnny Weltz auf der schweren Bergetappe auf den Puy de Dôme. Fast fünf Minuten nach ihm erreicht der spätere Tour-Sieger Pedro Delgado aus Spanien das Ziel auf dem alten Vulkankegelberg. In Paris ist Rolf Gölz 91ster.

Rolf Gölz siegt bei schwerem Unwetter 1987 in Blagnac.

Auf dem Podium in Paris steht 1990 mit Olaf Ludwig erstmalig seit 28 Jahren wieder ein Deutscher im Grünen Trikot neben Toursieger Greg LeMond und Thierry Claveyrolat (Bergtrikot).

Die 90er Jahre

Von Ludwig bis Zabel und dazwischen ein Tour-Sieg

1990
Ludwig folgt Altig

1990 steht die halbe DDR-Nationalmannschaft am Start der Tour de France. Zum ersten und zum letzten Mal - denn nur wenige Monate später gibt es den ostdeutschen Staat nicht mehr. Uwe Ampler, Jan Schur, Mario Kummer, Uwe Raab und Olaf Ludwig sind zwar erfahrene und erfolgreiche Straßenradfahrer, aber auf dem harten Pflaster der Profis sind sie absolute Neulinge.

Vor allem Olaf Ludwig ist seit Jahren bekannt in der Szene: Er gewann zweimal das schwerste Amateurrennen der Welt, die Friedensfahrt, siegte 1983 bei der Tour de l'Avenir und wurde 1988 Olympiasieger in Seoul. Nun ist der sprintstarke Ludwig eine willkommene Verstärkung für das holländische Panasonic-Team. Wieder war es wie bei „Didi" Thurau der Holländer Peter Post, der sich den stärksten deutschen Profi ins Team holte.

Eigentlich sollte Olaf Ludwig einen Vertrag beim deutschen Team Stuttgart unterschreiben. Aber der Anrufbeantworter in Gera war defekt, so dass ihn die Nachricht von der bevorstehenden Vertragsunterzeichnung nicht erreichte. Es war ausgerechnet ein Gerät der Firma Panasonic, des Hauptsponsors seines ersten Profiteams.

So fährt Olaf Ludwig am 4. Juli 1990 nach Futuroscope, wo der Prolog seiner ersten Tour gestartet wird. Schnell erarbeitet er sich Respekt innerhalb der Mannschaft, vor allem durch seine aufopferungsvolle Arbeit beim

Mannschaftszeitfahren, das Ludwig mit seinem Panasonic-Team vor PDM mit Uwe Ampler und Uwe Raab gewinnt. Bei der Etappe nach Mont Saint Michel zahlt Ludwig dann aber Lehrgeld. Ein Angriff auf dem letzten Kilometer wird zur ungewollten Schützenhilfe für die Konkurrenten Museeuw und Bontempi. Ludwig wird Dritter und in der Mannschaft heftig kritisiert. Vier Tage später kann er sich rehabilitieren: In einer neunköpfigen Spitzengruppe biegt er in die Zielgerade von Besançon ein. Sein belgischer Teamkamerad Van Lancker zieht ihm den Spurt an, Ludwig schießt an allen vorbei. Es ist sein erster von insgesamt drei Etappensiegen bei der Tour de France. Ausruhen kann er sich auf seinem Erfolg nicht, denn jetzt geht es in die Alpen, und der Tour-Neuling hat das Grüne Trikot des besten Sprinters zu verteidigen. Teamchef Peter Post stellt ihm zwei Belgier als Helfer an die Seite, die ihn möglichst unbeschadet über die Berge bringen sollen.

Die elfte Etappe ist die Königsetappe mit den gefürchteten Alpengipfeln Col de la Madeleine, Col du Glandon und L'Alpe-d'Huez. Schon am ersten Anstieg fällt Ludwig hoffnungslos zurück. Er ist zwar ein exzellenter Sprinter, aber ein lausiger Bergfahrer. Ihm droht das Zeitlimit zum Verhängnis zu werden. Je nach Länge der Etappe dürfen die Letzten etwa zehn Prozent mehr Zeit benötigen als der Etappensieger. Wer später ankommt, kann seine Sachen packen. Am Ende hat sich Ludwig völlig verausgabt, aber 43 Sekunden vor dem Kontrollschluss fällt er seinem Pfleger in die Arme. Er schleppt sich ins Hotel, fällt aufs Bett und schläft ein. Die verdreckte Rennkleidung zieht er Stunden später aus.

So erreicht Olaf Ludwig Paris. Dort wird er noch einmal Etappendritter und verteidigt sein Grünes Trikot. 28 Jahre nach Rudi Altig ist wieder ein Deutscher der beste Sprinter der Tour.

Olaf Ludwig gewinnt noch zwei weitere Etappen bei der Tour de France. 1992 fliegt er am schnellsten über das Kopfsteinpflaster der Champs-Élysées. Ludwigs Weg führt ihn anschließend zum Team Telekom nach Bonn. Die einzige erstklassige Radsportgruppe Deutschlands feiert 1992 ihr Tour-Debüt. Es ist ein kleiner, bescheidener Einstand. Jens Heppner aus Gera überrascht als Zehnter, weil er auf der neunten Etappe nach Koblenz die richtige Gruppe erwischt hat und sich bis Paris tapfer gegen die besten Kletterer wehrt.

1993 - 1995
Team Telekom hat's schwer

Fast wäre der Wechsel zum Telekom-Team eine Sackgasse für Olaf Ludwig geworden. Immer wieder steht die Existenz des Teams auf der Kippe. Die Verträge werden jeweils nur Jahr für Jahr verlängert. Bei der Tour 1993 muss die Mannschaft besonders lange auf die Erlösung warten, nämlich bis zur 13.Etappe. Sie führt über 181 km von Marseille nach Montpellier. Endlich klappt einmal alles wie einstudiert: Mario Kummer treibt das Tempo auf dem letzten Kilometer in die Höhe, Uwe Raab beschleunigt nochmals bis 300 Meter vor dem Ziel, der Rest ist Ludwigs Sache. Diesmal schlägt er Abduschaparow und Museeuw im Sprint. Der ersehnte Tour-Etappensieg ist da. Und der Vertrag der Telekom mit dem Team von Walter Godefroot wird prompt um ein weiteres Jahr verlängert.

Aber die Erfolge bleiben bescheiden, obwohl die besten deutschen Rennfahrer nun in einem Team versammelt sind: Ludwig kommt von Panasonic, Bölts vom Team Stuttgart, Aldag von Helvetia und Raab von PDM. Der Teamgeist ist groß, aber das Potential bleibt begrenzt. 1994 wird Udo Bölts Neunter, er belegt außerdem Rang drei auf der Bergetappe nach L'Alpe d'Huez – das muss reichen, um Freude beim deutschen Radsport-Fan zu verbreiten.

Ein Jahr später scheint das Team am Ende. Die Tour-Direktion schickt keine Einladung für die Radtour im Juli. Erst Proteste bis in diplomatische Kreise sorgen für einen Kompromiss: Zusammen mit dem italienischen Team ZG Mobili dürfen sechs Telekom-Profis eine gemeinsame Mannschaft bilden. Ein Rumpfteam nur mit minimalen Chancen. Diese allerdings werden maximal genutzt. Olaf Ludwig hat seinen Meisterschüler gefunden; selbstlos wird der Kapitän zum Diener seines Nachfolgers. Der Junge heißt Erik Zabel und dankt es ihm. In Charleroi und Bordeaux gewinnt der Berliner zwei Etappen im Sprint, schlägt die alten Füchse Jalabert, Abduschaparov und Cipollini.

Udo Bölts wird 1994 Dritter in L'Alpe-d'Huez und Neunter im Gesamtklassement.

1995 ersprintet Erik Zabel mit Hilfe Olaf Ludwigs zwei Etappensiege und sorgt damit für den Fortbestand von Team Telekom.

1995 – ...?
Tour-Rekord durch Erik Zabel

Erik Zabel ist wahrscheinlich 1995 mit seinen beiden Etappensiegen der Retter des Teams Telekom gewesen. Er ist ein waschechter Berliner. Der kleine Erik sollte zunächst Ringer werden, später trainierte er Fußball beim BFC Dynamo, bevor er sich bei den Radsportlern der Betriebssportgemeinschaft Rotation anmeldete. Das war der Verein seines Vaters Detlef, der in den 50er Jahren ein treuer Helfer des Amateur-Weltmeisters Gustav-Adolf Schur gewesen war. Mit einem vierten Platz bei den Olympischen Spielen 1992 verabschiedet sich Erik Zabel von den Amateuren und unterschreibt einen Vertrag beim Team Telekom.

Zabels Situation im Team ist nicht unkompliziert. Mit Bjarne Riis und Jan Ullrich gibt es inzwischen zwei Fahrer, die um den Tour-Sieg kämpfen. Für die aufwändige Vorbereitung von Massensprints darf nicht zu viel Kraft in der Mannschaft vergeudet werden. Doch Ullrich und Riis ziehen abwechselnd höchstpersönlich die Sprints für Zabel an. Davon profitiert er 1996 mit zwei und 1997 sogar mit drei Sprinterfolgen. Auch in Marennes ist Zabel der Sieger – aber nur für eine Stunde. In einem der wildesten Sprints der Tour-Geschichte drängelt der Franzose Moncassin derart, dass er bei Tempo 70 von einem entnervten Tom Steels mit einer Trinkflasche beworfen wird. Erik Zabel wiederum wird für einen Kopfstoß gegen den Franzosen Nazon bestraft. Sein Sieg wird ihm aberkannt. Er selbst kennt die beste Antwort darauf: An den nächsten beiden Tagen gewinnt er die Etappen nach Bordeaux und Pau.

1998 und 1999 sprintet er vergeblich einem Sieg hinterher. Immer ist irgendeiner schneller. Die Zahl der zweiten und dritten Plätze wird rekordverdächtig. Das nervt. 2000 ist es endlich soweit. Wieder musste Erik Zabel bis zur vorletzten Etappe warten. In Troyes siegt er endlich. Ein Jahr später schlägt er gleich dreimal zu.

Zabel ist der „Evergreen" der 90er Jahre. Nicht weniger als sechsmal beendet er die Tour de France als bester Sprinter im Grünen Trikot – Tour-Rekord! Zwölf Etappensiege bis 2002 – kein deutscher Rennfahrer hat mehr gewonnen. Keiner gewann so viele Weltcup-Rennen in San Remo, Hamburg sowie bei Paris – Tours und beim Amstel Gold Race. Keiner war so zuverlässig und erfolgreich – und doch stahl ihm ein anderer die ganz große Show.

Ein vertrautes Bild für jeden Tour-Fan: Auch 1999 ist Zabels Sohn Rik wieder mit dabei auf dem Podium.

Der König der Tour 1996, Bjarne Riis, gefolgt von seinem Kronprinzen Jan Ullrich auf dem Weg nach Pamplona.

Jan Ullrich gewinnt das Zeitfahren nach St. Émilion und rückt bis auf 1' 41" an seinen Kapitän Riis heran.

1996

Der „Patron" betritt die Bühne

„Sonnenkönig", „Der Patron", „Der Sultan im Sattel" – die internationale Presse bemüht sich um Kreativität, als Jan Ullrich 1997 die Champs-Élysées erreicht. Er ist der erste Deutsche, der die Tour de France gewinnt. Das ist schon eine Schlagzeile wert. Neun Minuten und neun Sekunden hat er Vorsprung am Ende seines Weges.

Dieser Weg beginnt in Rostock an der Ostsee, wo Jan Ullrich am 2. Dezember 1973, dem ersten Advent, als Sonntagskind geboren wird. In Papendorf, wo er als Neunjähriger einen Crosslauf gewinnt, beginnt sein sportlicher Weg. 1983 startet er in Warnemünde in seinem ersten Schülerrennen – und gewinnt wieder. Sein Übungsleiter bei Dynamo Rostock-West, Peter Sager, empfiehlt schließlich den schmächtigen, 1,60 Meter großen „Ulle" für die Kinder- und Jugendsportschule.

In Berlin trifft er den Trainer Peter Becker, der ihn in einer Gruppe „sportlicher Spätentwickler" behutsam aufbaut. 1988 wird er in seinem ersten B-Jugend-Jahr überlegen DDR-Meister. Das Meistertrikot widmet er seinem Großvater, zu dem er eine besonders innige Beziehung hat. Sein erster Auslandsstart ist weniger erfolgreich: Beim Finale der „Kleinen Friedensfahrt" in Jevicko in Tschechien bekommt er Fieber. Er ist zu aufgeregt.

In Hamburg schließt er sich 1991 einem neuen Radteam an, das sein späterer Manager Wolfgang Strohband aufbaut. Zwei Jahre später nominiert ihn im letzten Moment der Bundestrainer für die Weltmeisterschaft. Auf einem schweren Rundkurs in Oslo wird er mit 19 Jahren der jüngste Amateur-Weltmeister aller Zeiten. Ein Jahr später wird er Profi beim Team Telekom. Er zieht nach Merdingen am Kaiserstuhl und findet im Schwarzwald ein ideales Trainingsgebiet. 1996 ist Jan Ullrich zum ersten Mal bei der Tour dabei. Er ist ein Lehrling, ein Helfer, am Ende doch fast ein Sieger. Am vorletzten Tag gewinnt er das schwere Zeitfahren von Bordeaux nach St.Émilion. 100 Sekunden Vorsprung rettet sein Teamkollege Bjarne Riis ins Ziel. Ullrich wird Tour-Zweiter, die beste Platzierung eines Deutschen seit Kurt Stöpel 1932.

Toursieger Bjarne Riis, umrahmt vom Dritten, Richard Virenque (im Bergtrikot) und dem Zweiten, Jan Ullrich.

Die Gewinner der drei Wertungstrikots 1997: Bergspezialist Virenque, Toursieger Ullrich und bester Sprinter Zabel.

1997
Der erste deutsche Sieg

Ein Jahr später hat das Team Telekom ein „Luxusproblem". Mit Bjarne Riis und Jan Ullrich könnten gleich zwei Fahrer die Tour 1997 gewinnen. Teamchef Walter Godefroot weicht allen Fragen nach dem Kapitän in seinem Team aus und wartet auf eine Antwort auf der Straße. Er bekommt sie auf der zehnten Etappe. Die 252 km lange Königsetappe führt in den Pyrenäen über die Berge Portet d'Aspet, Col de Port, Port d'Envalira und Col d'Ordino. Nach einer endlosen Berg-und-Tal-Fahrt wartet dann noch der mühsame Anstieg nach Andorra in eine Höhe von 2.271 Metern. Am Fuß dieses Berges ist Bjarne Riis noch Kapitän im Team Telekom. Doch der junge Ullrich strotzt vor Kraft. Souverän reagiert er auf jede Attacke der Bergfahrer Virenque und Pantani und kümmert sich wie nebenbei noch um Riis, der verzweifelt um den Anschluss kämpft. Elf Kilometer vor dem Ziel vollzieht sich der Generationswechsel. „Fahr los!", gibt Bjarne Riis seinem 23-jährigen Kronprinzen das Zeichen. Kurz danach greift Jan Ullrich an: kraftvoll und elegant, mit großem Gang und ohne aus dem Sattel zu gehen. Im Ziel in Andorra zieht sich 19 Jahre nach Klaus-Peter Thaler wieder ein Deutscher das Gelbe Trikot über.

Zwei Tage später offenbart Ullrich in St. Ètienne seine ganze Überlegenheit mit dem klarsten Zeitfahr-Sieg der Tour-Geschichte. Richard Virenque wird gedemütigt, als ihn der drei Minuten nach ihm gestartete Ullrich überholt. Was Boris Becker mit seinem ersten Wimbledon-Sieg gelang, erreicht auch Jan Ullrich. Er löst in Deutschland einen kollektiven Freudentaumel und einen Boom seiner Sportart aus.

Doch in den nächsten Jahren kann Jan Ullrich nicht halten, was er mit dem Tour-Sieg versprach. 1998 gewinnt er zwar drei Etappen, scheitert aber am Anstieg nach Les Deux Alpes. Auf dieser 15. Etappe fährt Ullrich bereits den fünften Tag in Gelb. Der Galibier steht auf dem Programm, mit 2.646 Metern der höchste Punkt der Tour. Für Jan Ullrich wird er zum Tiefpunkt. Angegriffen vom italienischen Kletterkünstler Marco Pantani, gerät er unter Druck, isst zu wenig, zieht seine Regenjacke zu früh aus, verliert den Kontakt zu seinen Helfern. Im Ziel hat er neun Minuten Rückstand auf Pantani und die Tour verloren. 1999 ist er gar nicht dabei, weil er sich bei einem Sturz bei der deutschland tour das Knie verletzt. Als „Trost" gewinnt er die Spanien-Rundfahrt und wird Zeitfahr-Weltmeister. 2000 quält er sich mit Übergewicht durch das Frühjahr, hat gegen Lance Armstrong keine Chance und wird Zweiter. Seine Form kommt zu spät, aber gerade rechtzeitig, um in Sydney Olympiasieger zu werden. 2001 kommt er wieder zu spät in Schwung. Greift an, so gut er kann. Stürzt bei der Abfahrt in den Pyrenäen über die Leitplanken, kämpft weiter. Im Ziel in Luz Ardiden reicht er Armstrong die Hand. Zum vierten Mal beendet Jan Ullrich die Tour de France als Zweiter. Er wird zum „Zoetemelk der Neuzeit", der neben seinem Tour-Sieg noch sechs Mal Zweiter wurde.

Der Tiefpunkt ist 2002 erreicht. Gewichtsprobleme, Knieverletzung, Alkohol am Steuer, Fahrerflucht - das ist das Vorspiel zum Absturz. Bei einer unangemeldeten Doping-Kontrolle in der Reha-Klinik in Bad Wiessee wird Jan Ullrich positiv getestet. Er sagt, er habe Party-Pillen in einer Diskothek genommen. Ausgerechnet am Starttag der Tour beherrscht Jan Ullrich fast allein die Schlagzeilen. Er wird für sechs Monate gesperrt. Dann verschwindet er nach Kanada, kommt Wochen später zurück, zieht um in die Schweiz, trennt sich von Team Telekom.

Er sucht einen Neuanfang, einen neuen Weg. Bei Team Coast, dem besten deutschen Team 2002, glaubt er ihn zu finden. Er unterschreibt im Dezember desselben Jahres einen Drei-Jahres-Vertrag.

Auf der zehnten Etappe von Luchon nach Andorra legt Jan Ullrich den Grundstein für seinen Toursieg.

Jens Voigt strahlt: Er hat sich am französischen Nationalfeiertag das Gelbe Trikot geholt – wenn auch nur für einen Tag.

2000
Er kam spät aber gewaltig: Marcel Wüst

Marcel Wüst aus Köln ist wohl der einzige Sprinter der Tour-Geschichte, der im Bergtrikot des besten Kletterers einen Massenspurt gewann. Und das kam so: Die erste Etappe im Futuroscope ist ein 16,5 km langes Zeitfahren mit einem kleinen Anstieg von 300 Metern Länge in der Mitte. Dort oben werden die Punkte fürs Bergtrikot verteilt. Marcel Wüst ist sein Ergebnis beim Prolog egal. So legt er alle Kraft in einen langen Sprint den Hügel hinauf. Im Ziel ist die Verblüffung groß: Wüst, der Sprinter, hat alle Bergfahrer ausgetrickst. Zur Belohnung erhält er das weiße Trikot mit den roten Punkten. Wenige Tage später führt die fünfte Etappe von Vannes nach Vitré. Es kommt zum Massensprint. Marcel Wüst demonstriert, was er in mehr als 100 Profisiegen gelernt hat. Er springt von Hinterrad zu Hinterrad. Zabel, Cippollini, Steels - alle bleiben chancenlos.

Endlich hat Marcel Wüst eine Etappe bei der Tour gewonnen. Nach vielen mehr oder weniger beachteten Berufsjahren im Ausland, in denen er stolze zwölf Etappen der Spanien-Rundfahrt gewann, erfährt er endlich die große Aufmerksamkeit, die er längst verdient hat. Lange genießen kann er diesen Rummel nicht. Bei einem kleinen Kriterium nach der Tour stürzt Marcel Wüst in ein Absperrgitter. Sein rechtes Auge ist schwer verletzt. Seine Karriere ist zu Ende.

Doch er bleibt dem Radsport treu: als Radsport-Experte der ARD und als Teammanager, derzeit bei Team Coast.

2001
Angriffslustig: Jens Voigt

„Für diesen Moment habe ich viele Jahre gearbeitet. Bei Wind und Wetter zu trainieren, immer wieder alleine auf der Straße. Jetzt weiß ich, dass sich das alles gelohnt hat", sprudeln die Worte aus Jens Voigt heraus. Soeben hat er in Sarran eine Etappe der Tour gewonnen. Wenige Meter hinter ihm wird sein Begleiter Bradley McGee total erschöpft in ein Sauerstoffzelt getragen. Keine Chance hat der Australier, als sich Jens Voigt seinen Traum erfüllt.

Voigt ist in Grevesmühlen geboren, wächst auf im kleinen Ostseedorf Dassow an der ehemaligen innerdeutschen Grenze. Er geht nach Berlin zum TSC, dem Klub von Erik Zabel. Jens Voigt ist ein erfolgreicher Amateur: Friedensfahrt-Sieger, Weltranglisten-Erster. Doch einen Profivertrag bekommt er nicht. Erst nach vielen vergeblichen Bewerbungen landet er schließlich bei einem kleinen, zweitklassigen australisch-tschechischen Team. Das reicht Jens Voigt als Eintrittskarte.

Mit seiner offensiven und angriffslustigen Fahrweise macht er schnell auf sich aufmerksam. Ein Vertrag beim französischen Team Crédit Agricole ist die Belohnung. Ein Tag in Gelb und der Etappensieg bei der Tour 2001 sind sein Dank dafür.

Marcel Wüst sorgt bei seinem Tour-Comeback 2000 für mächtigen Wirbel. Hier gewinnt er den Massensprint in Vitré im Bergtrikot vor Erik Zabel (links).

2003
Drei deutsche Teams bei der 100-Jahrfeier

Zahlreiche deutsche Profis sind inzwischen von internationalen Rennställen entdeckt worden: Grischa Niermann und Robert Bartko fahren bei Rabobank in Holland, Jörg Jaksche verdient sein Geld beim spanischen Once-Team und Jörg Ludewig fährt in Italien bei Saeco.

Das Ergebnis der Erfolge von Ullrich, Zabel & Co. seit Mitte der 90er Jahre: Drei deutsche Teams wurden von den Organisatoren zum 100. Geburtstag der Tour de France im Jahre 2003 eingeladen - so viele wie nie zuvor.

Roger WALKOWIAK

Walkowiak ganz unauffällig

In aller Bescheidenheit legt Roger Walkowiak den Grundstein für den Ausdruck „à la Walkowiak gewinnen": Tour-Sieger werden ohne einen einzigen Etappensieg! Enttäuschte Kritiker machen ihm dies gar zum Vorwurf. (Foto rechte Seite)

In Italien vollzieht sich eine für die Tour beunruhigende Entwicklung: Dort werden alle Rennen von Firmenmannschaften bestritten, die viel Geld in diesen Sport investieren. Die reichen Firmenbosse machen auch in Frankreich Druck, wo schon über die Abschaffung der Nationalmannschaften gesprochen wird. Doch zunächst einmal erlebt die Tour 1956 einen Generationswechsel: Louison Bobet hat sich noch nicht richtig von einer Operation erholt, Jean Robic fehlt wegen eines Unfalls, auch Koblet ist verletzt; Kübler, Bartali und Coppi gehören inzwischen zum alten Eisen und treten nicht mehr an. Zwar werden Charly Gaul gute Chancen ausgerechnet, aber der Luxemburger ist Gefangener seines Kampfes mit Stan Ockers und Federico Bahamontes um den Bergpreis. Bei der siebten Etappe von Lorient nach Angers reißen 31 Fahrer aus, darunter jedoch nur einer der französischen Mannschaft: Gilbert Bauvin. Das Peloton wird 18 Minuten zurückgeworfen, und das Gelbe Trikot geht an Roger Walkowiak, einen fleißigen Fahrer des Regionalteams Nord-Est-Centre, im Übrigen Teamkamerad von Bauvin und Géminiani in den Farben der renommierten Mannschaft Saint-Raphaël. Bei den zerstrittenen Franzosen herrscht eine tiefe Kluft zwischen den Anhängern von Bauvin und denen von Darrigade. Als dieser bei der 13. Etappe auf seinen erhofften Etappensieg in Toulouse verzichten muss, weil Marcel Bidot ihm bei einer Reifenpanne nicht rechtzeitig zu Hilfe kommen kann - und das ausgerechnet wegen des gestürzten Bauvin! - wirft er Bidot wutentbrannt seinen defekten Reifen in die Windschutzscheibe... In den Pyrenäen tritt „Walko" sein Trikot dem Belgier Adriaenssens ab, aber nur, um es sich in den Alpen von Wagtmans zurückzuholen, nachdem er einen Großangriff des kleinen Charly Gaul auf dem Croix-de-Fer gekonnt abgewehrt hat. Und während Adriaenssens stark schwächelt, ist Walkowiak, der schließlich sieben Minuten nach Etappensieger Gaul als Fünfter in Grenoble einfährt, wieder Führender des Gesamtklassements! Er gewinnt in Paris schließlich mit fast anderthalb Minuten Vorsprung auf Bauvin. Der unbekannte Italiener Gastone Nencini holt sich den Etappensieg im Prinzenpark, wo man für die französische Mannschaft nur Buhrufe übrig hat. Marcel Bidot kann seine Enttäuschung schwerlich verbergen. „Hätte Darrigade Bauvin unter die Arme gegriffen, anstatt nur seinen Sieg im Kopf zu haben, dann hätte Bauvin die Tour gewonnen." Es hat dieser Tour an Würze gefehlt, und Sieger „Walko" hat nicht eine einzige Etappe gewonnen. Mit dem Vorwurf, nur dank einer geschenkten Massenflucht gewonnen zu haben, tut man dem guten Bergfahrer allerdings Unrecht.

GESAMTKLASSEMENT

1. **Roger WALKOWIAK** (FRA, Nord-Est Centre) 124 Std. 1'16''
2. **Gilbert BAUVIN** (FRA, Frankreich), 1'25''
3. **Jan ADRIAENSSENS** (BEL, Belgien), 3'44''
4. Federico BAHAMONTES (ESP, Spanien), 10'14''
5. Nino DEFILIPPIS (ITA, Italien), 10'25''
6. Wout WAGTMANS (HOL, Holland), 10'59''
7. Nello LAURÉDI (FRA, Sud-Est), 14'1''
8. Constant „Stan" OCKERS (BEL, Belgien), 16'52''
9. René PRIVAT (FRA, Frankreich), 22'59''
10. Antonio BARBOSA ALVES (POR, Luxemburg-Mixte), 26'3''
11. Gerrit VOORTING (HOL, Holland), 27'16''
12. Jean FORESTIER (FRA, Frankreich), 30'15''
13. Charly GAUL (LUX, Luxemburg-Mixte), 32'14''
14. Brian ROBINSON (GBR, Luxemburg Mixte), 33'54''
15. Daan DE GROOT (HOL, Holland), 38'40''
16. André DARRIGADE (FRA, Frankreich), 39'51''
17. Alex CLOSE (BEL, Belgien), 41'47''
18. Fernand PICOT (FRA, Ouest), 42'28''
19. Jean-Baptiste „Jean" DOTTO (FRA, Sud-Est), 47'19''
20. Alfred DE BRUYNE (BEL, Belgien), 49'53''

43. TOUR DE FRANCE: 22 ETAPPEN – 4.527 KILOMETER

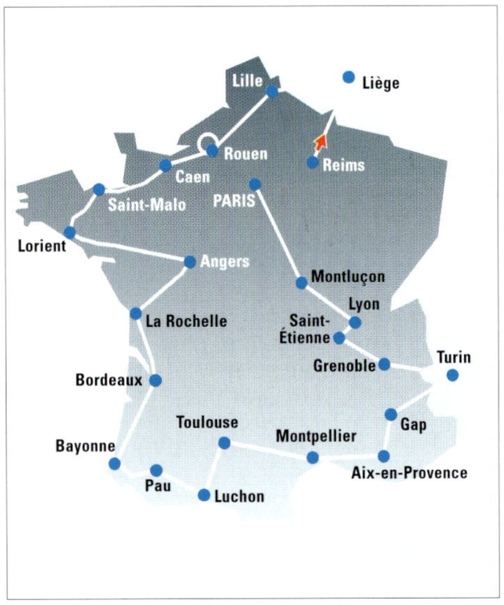

			Etappen	Etappensieger	Gelbes Trikot
1. Etappe	Donnerstag 5. Juli	223 km	Reims – Lüttich (BEL)	A. Darrigade (FRA)	A. Darrigade
2. Etappe	Freitag 6. Juli	217 km	Lüttich (BEL) – Lille	A. De Bruyne (BEL)	A. Darrigade
3. Etappe	Samstag 7. Juli	225 km	Lille – Rouen	A. Padovan (ITA)	G. Desmet
4. Etappe(1)	Sonntag 8. Juli	15,1 km	Les Essarts – Les Essarts (EZF)	C. Gaul (LUX)	G. Desmet
4. Etappe(2)	Sonntag 8. Juli	125 km	Rouen – Caen	R. Hassenforder (FRA)	A. Darrigade
5. Etappe	Montag 9. Juli	189 km	Caen – Saint-Malo	J. Morvan (FRA)	A. Darrigade
6. Etappe	Dienstag 10. Juli	192 km	Saint-Malo – Lorient	A. De Bruyne (BEL)	A. Darrigade
7. Etappe	Mittwoch 11. Juli	244 km	Lorient – Angers	A. Fantini (ITA)	R. Walkowiak
8. Etappe	Donnerstag 12. Juli	180 km	Angers – La Rochelle	M. Poblet (ESP)	R. Walkowiak
9. Etappe	Freitag 13. Juli	219 km	La Rochelle – Bordeaux	R. Hassenforder (FRA)	R. Walkowiak
10. Etappe	Sonntag 15. Juli	201 km	Bordeaux – Bayonne	A. De Bruyne (BEL)	G. Voorting
11. Etappe	Montag 16. Juli	255 km	Bayonne – Pau	N. Defilippis (ITA)	A. Darrigade
12. Etappe	Dienstag 17. Juli	130 km	Pau – Luchon	J.-P. Schmitz (LUX)	J. Adriaenssens
13. Etappe	Mittwoch 18. Juli	176 km	Luchon – Toulouse	N. Defilippis (ITA)	J. Adriaenssens
14. Etappe	Donnerstag 19. Juli	231km	Toulouse – Montpellier	R. Hassenforder (FRA)	J. Adriaenssens
15. Etappe	Freitag 20. Juli	204 km	Montpellier – Aix-en-Provence	J. Thomin (FRA)	W. Wagtmans
16. Etappe	Sonntag 22. Juli	203 km	Aix-en-Provence – Gap	J. Forestier (FRA)	W. Wagtmans
17. Etappe	Montag 23. Juli	234 km	Gap – Turin (ITA)	N. Defilippis (ITA)	W. Wagtmans
18. Etappe	Dienstag 24. Juli	250 km	Turin (ITA) – Grenoble	C. Gaul (LUX)	R. Walkowiak
19. Etappe	Mittwoch 25. Juli	173 km	Grenoble – Saint-Étienne	S. Ockers (BEL)	R. Walkowiak
20. Etappe	Donnerstag 26. Juli	73 km	Saint-Étienne – Lyon (EZF)	M. Bover (ESP)	R. Walkowiak
21. Etappe	Freitag 27. Juli	237 km	Lyon – Montluçon	R. Hassenforder (FRA)	R. Walkowiak
22. Etappe	Samstag 28. Juli	331 km	Montluçon – Paris	G. Nencini (ITA)	R. Walkowiak

GEMINIANI
ST RAPHAEL

Walkowiak bester Stratege

Für die belgische und französische Nationalmannschaft war diese Tour 1956 ein offensichtliches Fiasko. Regionalfahrer Walkowiak befand sich bei seinen Kameraden in besseren Händen als Bauvin oder Adriaenssens bei den ihren. Und besser beraten war er allemal.

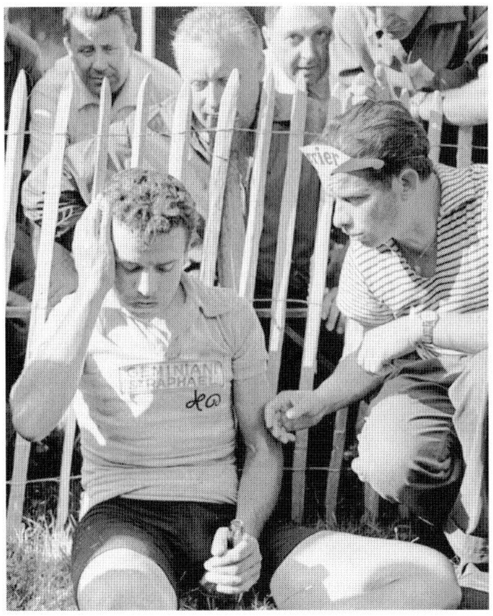

Das Gelbe Trikot kann auch eine schwere Bürde sein. Das muss „Walko" am Ende der Tour schmerzlich erfahren.

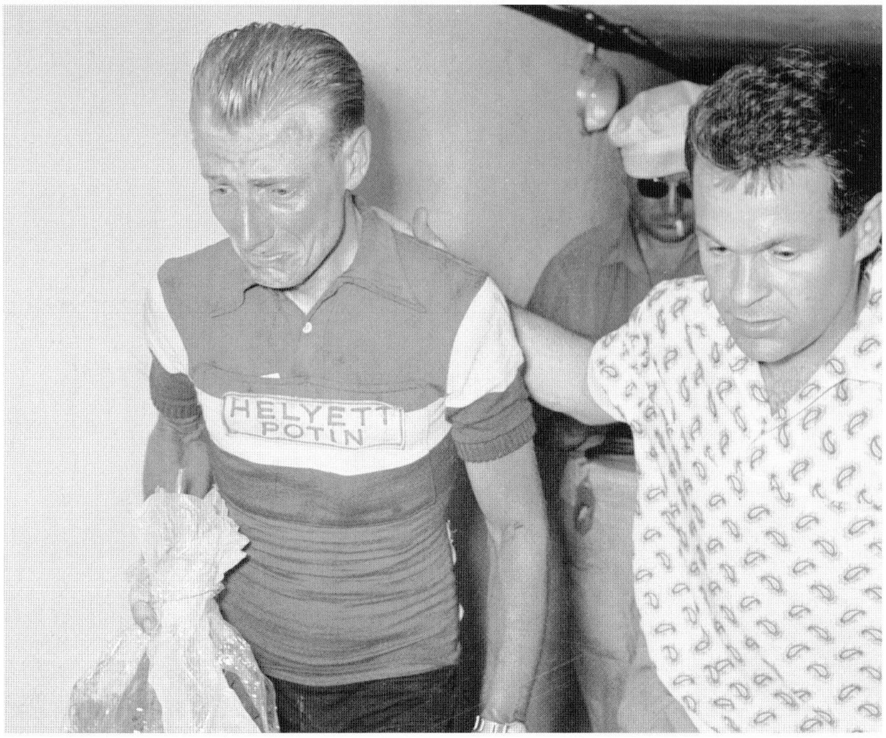

André Darrigade muss all seine Hoffnungen begraben. Auch er wollte diese Tour unbedingt gewinnen...

BEI dieser Tour 1956 ging es zu ehrlich zu, als dass wir umgekehrt nicht ehrlich mit ihr abrechnen könnten... Wir haben keinen Grund, mit der Wahrheit hinterm Berg zu halten und ihr die Leviten zu lesen. Nicht, dass wir sie im Nachhinein madig machen oder anzweifeln wollten, aber im Prinzenparkstadion hat uns der unerquickliche Eindruck beschlichen, dass wir um diesen letzten Tag betrogen wurden. Männer, die sich auf Etappen von 200 Kilometern bis aufs Messer bekämpften, sich einander Viertelstunden entrissen, haben nicht einmal den Hauch eines Versuchs gestartet, um 1'25" Zeitunterschied auf 300 Kilometern zu kämpfen.

Diese Tour hatte zwei Etappen zuviel, zwei drückende Etappen, die das gesamte Rennen ein wenig belastet haben - dieses aufgrund seines wettkämpferischen und revolutionären Geistes so attraktive Rennen. Nicht, dass Sie uns missverstehen: Wir fordern nicht den Kopf von „Walko", der seinen Erfolg redlich verdient hat. Aber er hätte wahrscheinlich besser dagestanden, wenn er sich bei der letzten Etappe eine erbitterte Schlacht mit den Fahrern der belgischen und der französischen Nationalmannschaft geliefert und diese mit Glanz und Gloria beendet hätte. Verzweifelt wird man nach Gründen suchen für diese Art von „Nichtangriffspakt", es wird sicher sogar die eine oder andere, mehr oder weniger verletzende Verdächtigung aufgeworfen werden...

Um diese Tour zu begreifen, müssen wir ganz unten ansetzen, und da kommt uns als einzige plausible Erklärung für dieses unvollendete Finale in den Sinn, dass die Führenden im Gesamtklassement Angst vor sich selbst hatten. Bauvin hatte man die Kühnheit und Bissigkeit eines Jean Robic bei dessen Attacke auf dem Anstieg von Bonsecours zugesprochen. Doch man muss der Wahrheit ins Auge sehen: Der Mann aus Nancy war nur ein Mann für den zweiten Platz. Und dorthin hat er sich selbst verfrachtet. Die Fahrer, die dieses böse Spiel bis zum Ende mitmachten, haben allerdings eine Entschuldigung, die wir aus freien Stücken anerkennen: die Erschöpfung. Sicher, die physische Kraftlosigkeit hat die Moral der französischen und belgischen Nationalmannschaft gedämpft. Aber nimmt man die Ereignisse und Gesten der Protagonisten heute, mit etwas Abstand, unter die Lupe, so wird einem gewahr, dass es den Männern schlichtweg an Selbstvertrauen mangelte... und dass wahrer Teamgeist letztendlich nur bei den Regionalmannschaften geherrscht hat, insbesondere bei Nord-Est-Centre, und bei Ouest, wenn auch aus anderen Gründen.

„Walko" war mit einer Handvoll treuer Kompagnons, wie Deledda und den couragierten Huyghe und Bertolo (beide verletzt!) oder Scribante und Chupin, einfach besser beraten als Bauvin mit seinen französischen oder Adriaenssens mit seinen belgischen Teamkameraden. Nein, der Mann aus Montluçon war einfach nicht von ambitionierten Fahrern umgeben, und seine Führungsposition rief nicht wirklich Neid und Eifersüchteleien hervor. Die Equipe Nord-Est-Centre war zu allen Opfern bereit, bei Bauvins Helfern hingegen hatte sich wegen dessen persönlicher Einstellung Zurückhaltung und Skepsis breit gemacht. Häufig hat man ihm mangelnde Teamfähigkeit vorgeworfen, und bevor man nehmen will, muss man geben gelernt haben. Darüber hinaus war seine Mannschaft nicht besonders motiviert, das Maximale zu seinen Gunsten herauszuholen, weil Bauvin sich mit der Rolle des Vize ja augenscheinlich zufrieden zu geben schien. Die französische Mannschaft war niemals wirklich zu innerer Einheit gelangt. Erst hat sie Darrigade hofiert, einen schlaffen und sentimentalen Kapitän, der niemals offiziell anerkannt war, und dann ist sie auf Bauvin umgeschwenkt, Kapitän nur aufgrund der zwingenden Umstände und im Gegensatz zu Darrigade niemals der „Chef der Herzen" der französischen Equipe.

Bauvin und sein Team haben sich durch Mangel an innerer Überzeugung schuldig gemacht. Sie hatten Angst, einer von ihnen ausgelösten finalen Offensive selbst zum Opfer zu fallen. Sie haben darauf verzichtet, „Sieger" zu spielen, um „zweite Geige" zu spielen. Zwar hat Walkowiak von diesen internen Rivalitäten der Nationalmannschaften vielleicht profitiert, aber dass er es zusammen mit Ducazeaux verstanden hat, sich dies zu Nutze zu machen, ehrt ihn nur um so mehr. Schlussendlich hat dieser „kleine Walko" den „Großen" Respekt eingeflößt, und das bedeutet, dass er selbst ein „Großer" ist. Vielleicht ist er Sieger einer Tour ohne Stars, aber er ist auf jeden Fall Sieger einer großen Tour - und das ist unserer Meinung nach sehr viel wertvoller!

Für seine Qualitäten als Kletterer ist er bekannt: Auf dem Croix-de-Fer wehrt „Walko" die Großoffensive des ungestümen Charly Gaul gekonnt ab. (Foto rechte Seite)

1957

Jacques ANQUETIL

Anquetil: ein Star wird geboren

Manager Daniel Dousset (rechts) gratuliert dem begnadeten Zeitfahrer Jacques Anquetil. Zum ersten Mal dabei und schon ein Tour-Sieg! Und das ist erst der Anfang... (Foto rechte Seite)

Die Nachricht, dass Louison Bobet und Raphaël Géminiani bei der diesjährigen Tour de France nicht antreten, schlägt ein wie eine Bombe. Die bewährte Doppelspitze wird durch das Tandem André Darrigade und Jacques Anquetil ersetzt. Dass der 23-jährige Anquetil aus der Normandie etwas drauf hat, weiß man spätestens seit dem Grand Prix des Nations, wo er Koblet geschlagen hat. Und tatsächlich: Er legt einen grandiosen Start hin, gewinnt bei sich zu Hause, in Rouen, und holt sich in Charleroi das Gelbe Trikot. Roger Walkowiak gibt sich nach seinem Sturz auf dem Weg dorthin damit zufrieden, ab jetzt im Schatten von Jacques Anquetil zu stehen. Charly Gaul wird bereits bei der zweiten Etappe Opfer der sengenden Hitze und muss aufgeben - zur großen Erleichterung der Franzosen, die damit einen gefährlichen Rivalen los sind und fortan das Rennen souverän dominieren. Anquetil stellt die Weichen für seinen Sieg an zwei Stellen: einmal in Thonon in einer Ausreißergruppe mit zehn Minuten Vorsprung auf das Feld, und dann beim Zeitfahren auf der drittletzten Etappe von Bordeaux nach Libourne, das ihm einen Vorsprung von mehr als vier Minuten auf seinen schärfsten Konkurrenten bringt, den Belgier Janssens. Bei den Flachetappen ist der Normanne nicht zu schlagen, nur einmal wird es für ihn kritisch: auf dem Aubisque in den Pyrenäen. Hier muss er anderthalb Kilometer vor dem Gipfel plötzlich Lorono, Adriaenssens, Nencini, Dotto und Janssens ziehen lassen. Aber schon bei der Abfahrt hat er die Situation wieder fest im Griff. Danach kontrolliert er das Rennen nach seiner ganz speziellen Methode, die ihm einige Kritik einbringt. „Paradoxerweise hat er ausgerechnet auf dem Aubisque die Tour gewonnen, wo er alles zu verlieren drohte", analysiert später Marcel Bidot. Der technische Leiter der Franzosen kann mehr als zufrieden sein: 13 Etappensiege, das Mannschaftszeitfahren gewonnen, und Jean Forestier im Grünen Trikot! In den Alpen beendet ein viel versprechender Kletterer mit einem theatralischen Abgang das Rennen: Entkräftet und frustriert steigt der „Adler von Toledo", Federico Bahamontes, vom Rad, zieht seine Schuhe aus, setzt sich in unmissverständlicher Protesthaltung darauf und weigert sich, weiter zu fahren. Vergeblich versucht Luis Puig, technischer Direktor der Spanier, ihn wieder zur Raison zu bringen:

„Federico, du musst weitermachen. Für deine Mutter!"

„Nein!"

„Dann halt für deine Frau!"

„Nein und noch mal nein!"

„Für Franco!" Und das zieht ja schon gar nicht...

Ganz schön störrisch, der Tour-Sieger von übermorgen!

GESAMTKLASSEMENT

1. **Jacques ANQUETIL** (FRA, Frankreich), 135 Std. 44'42''
2. **Marcel JANSSENS** (BEL, Belgien), 14'56''
3. **Adolf CHRISTIAN** (AUT, Schweiz), 17'20''
4. Jean FORESTIER (FRA, Frankreich), 18'2''
5. Jésus LORONO (ESP, Spanien), 20'17''
6. Gastone NENCINI (ITA, Italien), 26'3''
7. Nino DEFILIPPIS (ITA, Italien), 27'57''
8. Wihlem VAN EST (HOL, Holland), 28'10''
9. Jan ADRIAENSSENS (BEL, Belgien), 34'7''
10. Jean-Baptiste „Jean" DOTTO (FRA, Sud-Est), 36'31''
11. François MAHÉ (FRA, Frankreich), 39'34''
12. Marcel ROHRBACH (FRA, Nord-Est-Centre), 42'58''
13. Fernand PICOT (FRA, Ouest), 48'26''
14. Gilbert BAUVIN (FRA, Frankreich), 54'48''
15. Jean BOBET (FRA, Île-de-France), 57'48''
16. Joseph PLANCKAERT (BEL, Belgien), 58'52''
17. Désiré KETELEER (BEL, Belgien), 1 Std. 0'36''
18. Joseph THOMIN (FRA, Ouest), 1 Std. 14'38''
19. Raymond HOORELBEKE (FRA, Île-de-France), 1 Std. 16'18''
20. Arrigo PADOVAN (ITA, Italien), 1 Std. 23'17''
21. Mario TOSATO (ITA, Italien), 1 Std. 26'50''
22. Georges GAY (FRA, Sud-Ouest), 1 Std. 29'11''

44. TOUR DE FRANCE: 23 ETAPPEN – 4.664 KILOMETER

			Etappen	Etappensieger	Gelbes Trikot
1. Etappe	Donnerstag 27. Juni	**204 km**	Nantes – Granville	A. Darrigade (FRA)	A. Darrigade
2. Etappe	Freitag 28. Juni	**226 km**	Granville – Caen	R. Privat (FRA)	R. Privat
3. Etappe (1)	Samstag 29. Juni	**15 km**	Caen – Caen (MZF)	Frankreich	R. Privat
3. Etappe (2)	Samstag 29. Juni	**134 km**	Caen – Rouen	J. Anquetil (FRA)	R. Privat
4. Etappe	Sonntag 30. Juni	**232 km**	Rouen – Roubaix	M. Janssens (BEL)	R. Privat
5. Etappe	Montag 1. Juli	**170 km**	Roubaix – Charleroi (BEL)	G. Bauvin (FRA)	J. Anquetil
6. Etappe	Dienstag 2. Juli	**248 km**	Charleroi (BEL) – Metz	A. Trochut (FRA)	J. Anquetil
7. Etappe	Mittwoch 3. Juli	**223 km**	Metz – Colmar	R. Hassenforder (FRA)	N. Barone
8. Etappe	Donnerstag 4. Juli	**192 km**	Colmar – Besançon	P. Baffi (ITA)	J. Forestier
9. Etappe	Freitag 5. Juli	**188 km**	Besançon – Thonon-les-Bains	J. Anquetil (FRA)	J. Forestier
10. Etappe	Sonntag 7. Juli	**247 km**	Thonon-les-Bains – Briançon	G. Nencini (ITA)	J. Anquetil
11. Etappe	Montag 8. Juli	**267 km**	Briançon – Cannes	R. Privat (FRA)	J. Anquetil
12. Etappe	Dienstag 9. Juli	**239 km**	Cannes – Marseille	J. Stablinski (FRA)	J. Anquetil
13. Etappe	Mittwoch 10. Juli	**160 km**	Marseille – Alès	N.Defilippis (ITA)	J. Anquetil
14. Etappe	Donnerstag 11. Juli	**246 km**	Alès – Perpignan	R. Hassenforder (FRA)	J. Anquetil
15. Etappe	Freitag 12. Juli	**197 km**	Perpignan – Barcelona (ESP)	R. Privat (FRA)	J. Anquetil
16. Etappe	Samstag 13. Juli	**9,8 km**	Montjuich (ESP) – Montjuich (ESP) (EZF)	J. Anquetil (FRA)	J. Anquetil
17. Etappe	Sonntag 14. Juli	**220 km**	Barcelona (ESP) – Ax-les-Thermes	J. Bourles (FRA)	J. Anquetil
18. Etappe	Montag 15. Juli	**236 km**	Ax-les-Thermes – Saint-Gaudens	N.Defilippis (ITA)	J. Anquetil
19. Etappe	Dienstag 16. Juli	**207 km**	Saint-Gaudens – Pau	G. Nencini (ITA)	J. Anquetil
20. Etappe	Mittwoch 17. Juli	**194 km**	Pau – Bordeaux	P. Baffi (ITA)	J. Anquetil
21. Etappe	Donnerstag 18. Juli	**66 km**	Bordeaux – Libourne (EZF)	J. Anquetil (FRA)	J. Anquetil
22. Etappe	Freitag 19. Juli	**317 km**	Libourne – Tours	A. Darrigade (FRA)	J. Anquetil
23. Etappe	Samstag 20. Juli	**227 km**	Tours – Paris	A. Darrigade (FRA)	J. Anquetil

HELYETT
POTIN

Anquetils Handschrift

CAEN-ROUEN 25 Tage Radrennen mit nur einem Tag Pause haben aus einem Halbwüchsigen einen Mann gemacht.

Anquetil in Begleitung von Georges Gay. Mit dem jungen Normannen hat die Tour gerade einen neuen Fürsten gefunden. (Großes Foto rechte Seite)

JETZT, wo die Tour zu Ende ist, haben wir viele Bilder vor Augen, und es gleicht der Quadratur des Kreises, müsste man eines davon auswählen, um zu sagen: „Hier, hier hat Jacques Anquetil gezeigt, wer er ist, hier hat er gewonnen und ist unter die großen Champions gegangen.“ All diese Bilder ergeben ein untrennbares Ganzes. Legenden entstehen nicht aus einem Schnappschuss. Legenden bilden sich langsam heraus, aus einem Puzzle berühmter Taten, aus Teilen in den verschiedensten Farben, alle unterschiedlich beleuchtet. Erst wenn man sie alle zusammennimmt wie eine Garbe ergibt sich ein homogenes Bild.

Anquetils Repertoire an Glanzleistungen ist eine wahre Fundgrube. Die Erinnerung bringt uns einzeln alle Gesten und Handlungen zurück, die seinen Toursieg peu à peu angekündigt und aus ihm eine wunderschöne runde Sache gemacht haben. Es gab Schritte vor, Schritte zurück, große Hoffnungen und Gewissheiten, gefolgt wiederum von Zweifeln und der Lust, einfach Nein zu sagen. Echte Courage musste Anquetil weniger für die sportliche Leistung selbst aufbringen, als im täglichen Kampf und im unergründlichen Konflikt mit sich selbst.

Die Bestandsaufnahme der Höhepunkte dieses Rennens war schnell gemacht. Klar und deutlich erinnern wir uns an die markanten Ereignisse, die uns ins Auge sprangen und unsere Emotionen erweckten.

Jacques Anquetil hat der diesjährigen Tour seinen Stempel aufgedrückt. Hat ihr mit seinen blutjungen 23 Jahren, seinem Talent und seinem Realitätssinn eine neue Nuance verliehen. Der Normanne erwies sich auch im Geschäftlichen als kompromissloser Partner, der selbst seinen Manager Daniel Dousset im Griff hat. Schließlich war es Anquetil gelungen, seine Teamkameraden davon zu überzeugen, dass es sich für sie im wahrsten Sinne auszahlen würde, wenn sie für ihn führen und nicht für einen anderen. Sein Geschäftssinn und seine taktische Raffinesse äußern sich auch in ein paar Mietshäusern, die Jacques in Rouen erbauen ließ. Und all das schön überdeckt von einer entwaffnenden Liebenswürdigkeit und der Sanftheit eines unschuldigen Chorknaben.

Auch an seinen Rennstil wird man sich noch lange und gerne erinnern. Anquetil ist zum Radfahren nicht gekommen, sondern berufen worden. Als er die technische Fachschule Sotteville besuchte, war er noch Leichtathlet. Schon damals bevorzugte er aufgrund seines außergewöhnlichen Herz-Kreislauf-Systems Langstrecken.

Das Fahrrad entdeckte Jacques dann bei sonntäglichen Ausflügen mit seinen Freunden raus aufs normannische Land. Aus den Ausflügen wurden Rennen, und eine lokale Radsportgröße, der junge Dieullois, brachte Jacques zum Wettkampf. Damit fing er 1950 an, und der Direktor des Radsportclubs AC Sotteville, André Boucher, erkannte rasch, welch außerordentliches Talent er da eingefangen hatte. Damals war Jacques Anquetil 16 Jahre alt. Er war in dem Alter, in dem die Weichen für die Zukunft gestellt werden. Und er brauchte nur sieben Jahre, um nach ganz oben zu kommen...

Symbolträchtiger Augenblick: Jacques Anquetil gewinnt seine erste Etappe ausgerechnet in seiner Heimatstadt Rouen. Hinter ihm Georges Gay, Gastone Nencini und Federico Bahamontes.

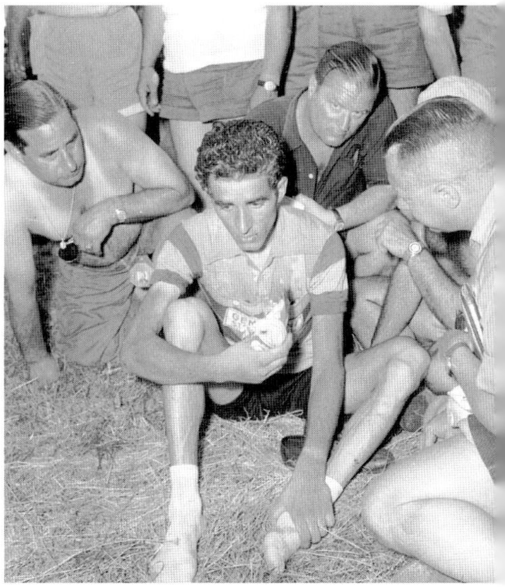

9. Etappe: Federico Bahamontes wirft das Handtuch. Er hat Schmerzen im Arm infolge eines Sturzes und steht kurz vor dem Nervenzusammenbruch.

Tödlicher Unfall

Die Tour de France trauert um einen ihrer aufmerksamsten Beobachter, den Journalisten Alex Virot. Auch der Fahrer seines Motorrads, René Wagner, kam ums Leben.

AX-LES-THERMES. „Achtung! Achtung! Wir brauchen sofort einen Rettungswagen vorne! Es hat sich ein schwerer Unfall ereignet.“ Radio-Tour ließ diesen kurzen Worten eine unheilvolle Stille folgen, die in den Begleitfahrzeugen Bestürzung auslöste. „Unser Kollege Alex Virot und sein Fahrer sind verunglückt...“ Wer diese Nachricht hörte, dachte noch nicht an das Schlimmste. Doch als wir den Unglücksort erreichten, mussten wir den Tatsachen ins Auge blicken: für Hilfe war es zu spät. Die beiden Körper lagen zerschmettert auf den Felsen. Alex Virot war bereits tot. René Wagner starb auf dem Weg ins Krankenhaus.

Der Rennfahrer Marcel Queheille war Augenzeuge des Unfalls. „Die Maschine beschleunigte“, berichtete er, „und kam plötzlich, etwa fünfzig Meter vor mir, ins Schleudern. Der Fahrer versuchte, sie unter Kontrolle zu bringen, doch sie prallte gegen einen Kilometerstein und stürzte dann in die Tiefe. Ich sah nur noch zwei Beine in der Luft und Schuhe, die umherflogen. Diesen Anblick werde ich mein Leben lang nicht vergessen... “

Wir können nicht glauben, dass wir die Stimme von Alex Virot nie mehr hören werden, dass wir ihn nie mehr auf seinem Soziussitz sehen werden. René Wagner und er waren ein herausragendes Team, und ihr Verhalten auf der Straße war stets von Vorsicht geprägt. Wagner fuhr jeden Tag, und noch nie hatte er einen Unfall.

Das schnelle Aus für Charly Gaul: Erschlagen von der unerbittlichen Hitze muss er nach nur zwei Renntagen kurz vor Coutances absteigen und das Feld räumen.

Seit die Tour im Fernsehen übertragen wird, ist der ehemalige Rennfahrer Robert Chapatte die Stimme und das Gesicht des Radsports, hier im Gespräch mit Darrigade (rechts).

Mit seinem Etappensieg in Pau bestätigt der Italiener Gastone Nencini seine Kletterqualitäten und sichert sich das eine oder andere Rendezvous...

1958

Charly GAUL

Die große Stunde des Charly Gaul

Charly Gaul auf dem Weg nach Aix-les-Bains: Trotz des eiskalten Regens übertrumpft er Favero auf dem Anstieg nach Porte und fährt allein - mit über sieben Minuten Vorsprung auf den Belgier Adriaenssens - über die Ziellinie. (Foto rechte Seite)

Ein Jahr nach seinem überwältigenden Tour-Debüt stellt Jacques Anquetil nun Ansprüche für seine Tour-Teilnahme in den Reihen der französischen Nationalmannschaft: „Ich fahre gerne mit Bobet oder mit Géminiani, aber keinesfalls mit beiden, denn dann könnten sie mich schön in die Zange nehmen!" Schweren Herzens entscheidet sich Marcel Bidot für Bobet und gegen Géminiani. Dieser fühlt sich verraten und entfacht eine gewaltige Pressekampagne, auf deren Höhepunkt er sich vor dem Start in Brüssel neben einem Esel mit dem Namen Marcel ablichten lässt. In den Farben der Mannschaft Centre-Midi und mit einer gehörigen Portion Wut im Bauch startet er auf dem Weg nach Saint-Brieuc eine erste große Offensive und fährt in Pau ins Gelbe Trikot. Die Equipe Tricolore reagiert nicht. Die Form des frisch vermählten Jacques Anquetil ist bedenklich, das Gleiche gilt für Louison Bobet, der an Darmbeschwerden leidet und bereits 17' zurückliegt. Und diese Tour hat keinen Ruhetag! Die schlechte Stimmung bei den Franzosen schlägt natürlich auf die Leistung, und das nutzt Charly Gaul: Ihm gelingen bei den beiden Zeitfahren im strömenden Regen von Châteaulin und an den steilen Hängen des Ventoux wahre Glanzleistungen, mit denen er seine Konkurrenten förmlich deklassiert. Am nächsten Tag verliert er allerdings wieder 15' auf der Straße nach Gap, als Géminiani eine Reifenpanne von Gaul zum Angriff nutzt. Der arme Charly scheint endgültig geschlagen und „Gem" im Alter von 33 Jahren vor seinem größten Triumph zu stehen. Doch dann folgt die Etappe von Briançon nach Aix-les-Bains, 219 Kilometer quer durch die Chartreuse. Zur Freude des kleinen Luxemburgers, der Kälte besser verträgt als Hitze, herrscht eisiges Hundewetter. Als er - mit Ansage - am Luitel antritt, glauben noch alle, er wolle lediglich Punkte für den Bergpreis gutmachen. Aber Gaul zieht durch, mit seinem charakteristischen Stil, tief über dem Lenker, ein leichtes Lächeln auf den Lippen - und baut seinen Vorsprung immer weiter aus: 5'30" im Nebel am Col de Porte, 7'50" am Cucheron, 12'20" am Granier, 14' in Aix-les-Bains. Als Géminiani seine Niederlage bewusst wird, stößt er unter Tränen hervor: „Verräter, Ihr seid alle Verräter!" Damit meint er seine „Kameraden", die ihm die Unterstützung verweigert haben - auch Bobet, der ihn am Luitel bei der Führungsarbeit nicht ablösen konnte oder wollte, als noch die Aussicht bestand, das Gelbe Trikot zu retten. Der an einer Lungenentzündung erkrankte Anquetil hat zu diesem Zeitpunkt schon aufgeben müssen, nachdem er Blut gespuckt hatte. Gaul beherrscht auch das letzte Zeitfahren in Dijon und gewinnt, 30 Jahre nach seinem Landsmann Frantz.

GESAMTKLASSEMENT

1. **Charly GAUL** (LUX, Holland-Luxemburg), 116 Std. 59'5"
2. **Vito FAVERO** (ITA, Italien), 3'10"
3. **Raphaël GÉMINIANI** (FRA, Centre-Midi), 3'41"
4. Jan ADRIAENSSENS (BEL, Belgien), 7'16"
5. Gastone NENCINI (ITA, Italien), 13'33"
6. Joseph PLANCKAERT (BEL, Belgien), 28'1"
7. Louison BOBET (FRA, Frankreich), 31'39"
8. Federico BAHAMONTES (ESP, Spanien), 40'44"
9. Louis BERGAUD (FRA, Frankreich), 48'33"
10. Jos HOEVENAERS (BEL, Belgien), 58'26"
11. Piet DAMEN (HOL, Holland-Luxemburg), 1 Std. 0'40"
12. Lothar FRIEDRICH (SUI, Schweiz-Deutschland), 1 Std. 2'13"
13. Édouard DELBERGHE (FRA, Paris Nord-Est), 1 Std. 2'18"
14. Jean GRACZYK (FRA, Centre-Midi), 1 Std. 4'39"
15. Gilbert BAUVIN (FRA, Frankreich), 1 Std. 12'51"
16. Marcel ERNZER (LUX, Holland-Luxemburg), 1 Std. 16'29"
17. Henry ANGLADE (FRA, Centre-Midi), 1 Std. 24'57"
18. Joseph THOMIN (FRA, Ouest Sud-Ouest), 1 Std 25'44"
19. Nino CATALANO (ITA, Italien), 1 Std 26'5"
20. Fernando MANZANEQUE (ESP, Spanien), 1 Std. 29'30"

45. TOUR DE FRANCE: 24 ETAPPEN – 4.319 KILOMETER

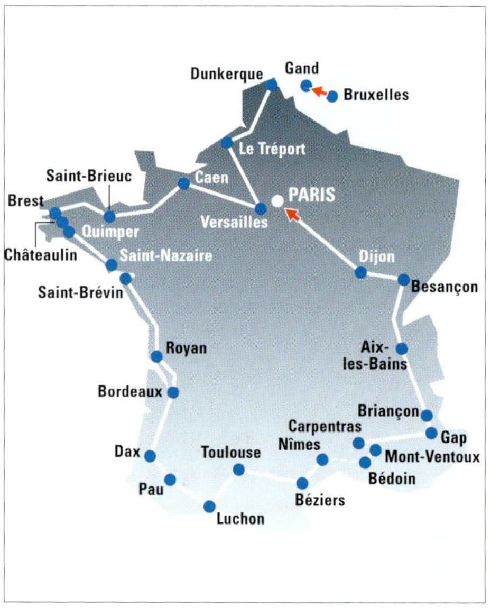

			Etappen	Etappensieger	Gelbes Trikot
1. Etappe	Donnerstag 26. Juni	**184 km**	Brüssel (BEL) – Gent (BEL)	A. Darrigade (FRA)	A. Darrigade
2. Etappe	Freitag 27. Juni	**198 km**	Gent (BEL)) – Dünkirchen	G. Voorting (HOL)	J. Hoevenaers
3. Etappe	Samstag 28. Juni	**177 km**	Dünkirchen – Le Tréport	G. Bauvin (FRA)	W. Van Est
4. Etappe	Sonntag 29. Juni	**205 km**	Le Tréport – Versailles	J. Gainche (FRA)	W. Van Est
5. Etappe	Montag 30. Juni	**232 km**	Versailles – Caen	T. Sabbadini (FRA)	G. Bauvin
6. Etappe	Dienstag 1. Juli	**223 km**	Caen – Saint-Brieuc	M. Van Geneugden (BEL)	G. Voorting
7. Etappe	Mittwoch 2. Juli	**170 km**	Saint-Brieuc – Brest	B. Robinson (GBR)	G. Voorting
8. Etappe	Donnerstag 3. Juli	**46 km**	Châteaulin – Châteaulin (EZF)	C. Gaul (LUX)	G. Voorting
9. Etappe	Freitag 4. Juli	**206 km**	Quimper – Saint-Nazaire	A. Darrigade (FRA)	A. Darrigade
10. Etappe	Samstag 5. Juli	**255 km**	Saint-Brévin – Royan	P. Baffi (ITA)	A. Darrigade
11. Etappe	Sonntag 6. Juli	**137 km**	Royan – Bordeaux	A. Padovan (ITA)	A. Darrigade
12. Etappe	Montag 7. Juli	**161 km**	Bordeaux – Dax	M. Van Geneugden (BEL)	A. Darrigade
13. Etappe	Dienstag 8. Juli	**230 km**	Dax – Pau	L. Bergaud (FRA)	R. Géminiani
14. Etappe	Mittwoch 9. Juli	**129 km**	Pau – Luchon	F. Bahamontes (ESP)	V. Favero
15. Etappe	Donnerstag 10. Juli	**176 km**	Luchon – Toulouse	A. Darrigade (FRA)	V. Favero
16. Etappe	Freitag 11. Juli	**187 km**	Toulouse – Béziers	P. Baffi (ITA)	V. Favero
17. Etappe	Samstag 12. Juli	**189 km**	Béziers – Nîmes	A. Darrigade (FRA)	V. Favero
18. Etappe	Sonntag 13. Juli	**21,5 km**	Bédouin – Mont Ventoux (EZF)	C. Gaul (LUX)	R. Géminiani
19. Etappe	Montag 14. Juli	**178 km**	Carpentras – Gap	G. Nencini (ITA)	R. Géminiani
20. Etappe	Dienstag 15. Juli	**165 km**	Gap – Briançon	F. Bahamontes (ESP)	R. Géminiani
21. Etappe	Mittwoch 16. Juli	**219 km**	Briançon – Aix-les-Bains	C. Gaul (LUX)	V. Favero
22. Etappe	Donnerstag 17. Juli	**237 km**	Aix-les-Bains – Besançon	A. Darrigade (FRA)	V. Favero
23. Etappe	Freitag 18. Juli	**74 km**	Besançon – Dijon (EZF)	C. Gaul (LUX)	C. Gaul
24. Etappe	Samstag 19. Juli	**320 km**	Dijon – Paris	P. Baffi (ITA)	C. Gaul

2964·CX 75
Tour de France 58
L'EQUIPE

Gaul, der große Kämpfer

Wie ein Boxer hat Charly Gaul die Tour de France mit seinem Punch gewonnen. Am Ventoux, im Zeitfahren in Dijon und auf der Bergetappe nach Aix-les-Bains war er seinen Gegnern weit überlegen. André Darrigade siegt im Punktklassement, muss jedoch am letzten Tag einen gewaltigen Schrecken erleben.

Zeitfahren auf der welligen Rennstrecke Châteaulin: Mit einem Schnitt von über 41 km/h schlägt Charly Gaul den Spezialisten Jacques Anquetil um 7 Sekunden. Die Heldentat eines großartigen Allrounders!

Es war eine unserer letzten Missionen: Auf dem langen Anstieg nach Bièvres ging der Regionalfahrer Tino Sabbadini zum Angriff über. Zweihundert Meter weiter hinten nahmen Charly Gaul und die Fahrer des Hauptfelds die Verfolgung auf.

Doch der Luxemburger wusste, dass er von seinen sichtlich resignierten Gegnern nichts zu befürchten hatte. In dieser Meinung hatten ihn die frühen Morgenstunden noch bestätigt. Der große Raphaël hatte den Glauben an sich verloren, der Italiener gab sich mit dem zweiten Platz zufrieden und Adriaenssens dachte einzig und allein an die drei Millionen des Challenge Martini für Mannschaften. Doch seit dem Giro d'Italia des Vorjahres war Charly misstrauisch geworden und mehr noch seit der Etappe Carpentras-Gap, wo Anquetil und Géminiani ihn mit einer Viertelstunde Rückstand zurückgelassen hatten. Und so nahm er auf dem Anstieg nach Bièvres die „andatura" auf, wie die Italiener sagen, mit dem kompletten Feld im Gefolge. Beim Zeitfahren hatte er seine bereits in Aix-les-Bains sichtbare Überlegenheit erneut unter Beweis stellen können, während Géminiani stark nachließ. Kurz vor dem Gipfel des Izoard tauchte der neue Mann im Gelben Trikot auf, und zwar auf derart strahlende Weise, als sei er der Frischeste von allen. Er ging siegreich aus diesem Kampf hervor, nachdem er zuvor in Gap einen schweren Schlag hatte einstecken müssen und sich auf der Strecke nach Briançon eine kurze Verschnaufpause gegönnt hatte, um am nächsten Tag seinen Punch besser zu platzieren!

Doch obwohl der Luxemburger viel von einem „Puncher" hat, so ist er doch auch weise genug, in schwierigen Momenten Ruhe zu bewahren. Bei dieser Tour gelang es Charly Gaul, die Nerven zu behalten. Seine Schläge saßen, weil er sie im richtigen Moment und unter besten Bedingungen austeilte: an den Hängen des Ventoux, bei der zweiten der beiden großen Alpenetappen und schließlich im Zeitfahren.

Der Luxemburger holte bei dieser Tour vier Etappensiege, darunter alle drei Zeitfahren. Diese Besonderheit unterscheidet ihn von Géminiani, Favero und Adriaenssens, den drei „strukturierten" Champions. Diese drei widerstandsfähigen und tapferen Fahrer gehörten zu denen, die das Rennen aufbauten. So wie der Boxer Jean Despeaux einst seinen Boxkampf aufbaute... bis zu dem Moment, als ihn der linke Haken von Marcel Cerdan traf.

So scheint die erste und letzte Lehre dieser Tour de France festzustehen: Traue niemals einem Puncher!

Tragödie am Schlusstag: André Darrigade, der sich für seinen sechsten Etappensieg in Paris gut platziert hatte und sich auf den letzten 200 Metern von Baffi und Graczyk absetzen konnte, stößt gegen den Generalsekretär des Prinzenparks, Constant Wouters, der sich zu weit auf die Rennbahn vorgewagt hatte. Wie durch ein Wunder übersteht André Darrigade den fürchterlichen Zusammenprall mit einer Platzwunde auf der Stirn und heftigen Kopfschmerzen und kann wenig später sogar Charly Gaul zum Toursieg beglückwünschen. Constant Wouters dagegen wird nach dem Unfall ins Krankenhaus gebracht, wo er elf Tage später stirbt.

1959

Federico BAHAMONTES

Bahamontes, der erste Spanier

Mit seinem schmächtigen Körper und seinem vom Leiden gezeichneten, finsteren Blick scheint Federico Bahamontes direkt einem Gemälde von Greco entsprungen zu sein. Aber seine Beine sind kräftig, und nach seinen einsamen Heldentaten in den Bergen verleihen ihm seine Anhänger Beinamen wie „Picador" oder „Adler von Toledo". In seiner Heimat Kastilien, wo Schatten rar ist, die Erde karg und die Oliven bitter schmecken, da träumt er davon, den Bergpreis zu gewinnen und dann wie ein einfacher Zuschauer am Gipfel zu warten, gemütlich ein Eis zu essen und den anderen Fahrern zuzusehen. Bahamontes ist viel zu sehr Bergspezialist und viel zu launenhaft, unkonventionell und exzentrisch, um ernsthaft an einen Triumph in Paris zu glauben. Doch im Jahr 1959 wird ihm der Toursieg förmlich auf dem Präsentierteller angeboten. Die französische Mannschaft ist zerrissen zwischen Jacques Anquetil und Roger Rivière. „Das ganze Jahr über sind Rivière und ich erbitterte Konkurrenten, und auf einmal sollen wir Händchen halten? Der Veranstalter zwingt uns seinen Willen auf, gut, aber ich sage euch eins: Ich werde trotzdem gegen ihn fahren!", tönt Jacques Anquetil vor dem Start. Marcel Bidot appelliert vergeblich an das Nationalgefühl seiner Dickköpfe. Lachender Dritter ist Bahamontes: Als er auf der Abfahrt von Val-d'Isère vier Minuten verliert, greifen Rivière und Anquetil nicht etwa an, nein, sie begnügen sich damit, den „Regionalen" Henry Anglade zu neutralisieren, wodurch der Spanier wieder herankommt. Später, auf der Straße nach Grenoble, sehen die beiden Franzosen zu, wie Gaul und Bahamontes davonziehen und auf der anderen Seite des Romeyère eine erfolgreiche Flucht feiern. An diesem Tag legt Bahamontes den Grundstein für seinen Toursieg, den ersten eines Spaniers. Anquetil ist in Paris trotzdem zufrieden. Mit seinem dritten Platz im Endklassement liegt er immer noch vor Rivière... Louison Bobet erreicht das Ziel nicht. Er weiß, das seine Zeit gekommen ist, erklimmt noch den Iseran, alleine und weit hinter der Spitze, und wählt für seinen Tour-Abschied auf 2.800 Metern Höhe einen Ort, der seiner Größe entspricht. Nicht ganz so würdevoll sagt Jean Robic der Tour „Adieu": Er wird in Chalon-sur-Saône aus dem Rennen genommen, nachdem er das Zeitlimit überschreitet. Das Reglement kennt eben keine Gnade, auch nicht für Toursieger...

Bahamontes hingegen wird in Madrid mit viel Pomp von Franco und seinen Getreuen im Alcazar empfangen. Für kurze Zeit vereint der Adler von Toledo hinter seinem Namen Militär, Bauern und Klerus seines Landes, die in der Diktatur ansonsten nicht zusammenfinden.

GESAMTKLASSEMENT

1. **Federico BAHAMONTES** (ESP, Spanien), 123 Std. 46'45''
2. **Henry ANGLADE** (FRA, Centre-Midi), 4'1''
3. **Jacques ANQUETIL** (FRA, Frankreich), 5'5''
4. Roger RIVIÈRE (FRA, Frankreich), 5'17''
5. François MAHÉ (FRA, Ouest-Sud-Ouest), 8'22''
6. Ercole BALDINI (ITA, Italien), 10'18''
7. Jan ADRIAENSSENS (BEL, Belgien), 10'18''
8. Jos HOEVENAARS (BEL, Belgien), 11'2''
9. Gérard SAINT (FRA, Ouest-Sud-Ouest), 17'40''
10. Jean BRANKART (BEL, Belgien), 20'38''
11. Eddy PAUWELS (BEL, Belgien), 22'20''
12. Charly GAUL (LUX, Holland- Luxemburg), 23'59''
13. Louis BERGAUD (FRA, Centre-Midi), 36'54''
14. Fernando MANZANEQUE (ESP, Spanien), 57'29''
15. Jean-Baptiste „Jean" DOTTO (FRA, Centre-Midi), 1 Std. 0'4''
16. André DARRIGADE (FRA, Frankreich), 1 Std. 3'1''
17. Joseph PLANCKAERT (BEL, Belgien), 1 Std. 5'
18. Lothar FRIEDRICH (GER, Schweiz-Deutschland), 1 Std. 11'51''
19. Brian ROBINSON (GBR, International), 1 Std. 12'11''
20. Michel VERMEULIN (FRA, Paris-Nord-Est), 1 Std. 16'10''

46. TOUR DE FRANCE: 22 ETAPPEN – 4.358 KILOMETER

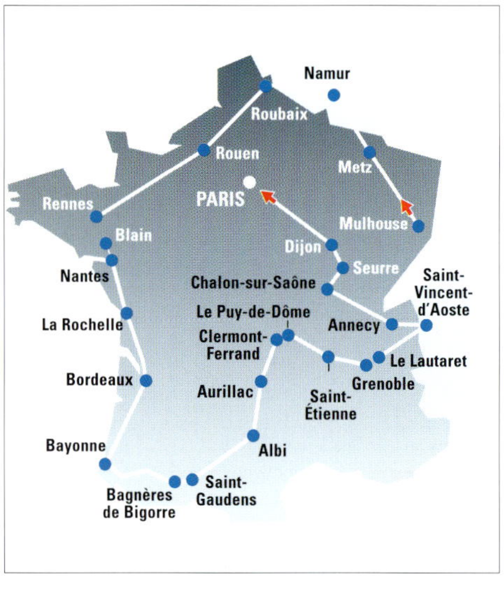

			Etappen	Etappensieger	Gelbes Trikot
1. Etappe	Donnerstag 25. Juni	**238 km**	Mulhouse – Metz	A. Darrigade (FRA)	A. Darrigade
2. Etappe	Freitag 26. Juni	**240 km**	Metz – Namur (BEL)	V. Favero (ITA)	A. Darrigade
3. Etappe	Samstag 27. Juni	**217 km**	Namur (BEL) – Roubaix	R. Cazala (FRA)	R. Cazala
4. Etappe	Sonntag 28. Juni	**230 km**	Roubaix – Rouen	D. Bruni (ITA)	R. Cazala
5. Etappe	Montag 29. Juni	**286 km**	Rouen – Rennes	J. Graczyk (FRA)	R. Cazala
6. Etappe	Dienstag 30. Juni	**45,3 km**	Blain – Nantes (EZF)	R. Rivière (FRA)	R. Cazala
7. Etappe	Mittwoch 1. Juli	**190 km**	Nantes – La Rochelle	R. Hassenforder (FRA)	R. Cazala
8. Etappe	Donnerstag 2. Juli	**201 km**	La Rochelle – Bordeaux	M. Dejouhannet (FRA)	R. Cazala
9. Etappe	Freitag 3. Juli	**207 km**	Bordeaux – Bayonne	M. Queheille (FRA)	E. Pauwels
10. Etappe	Sonntag 5. Juli	**235 km**	Bayonne – Bagnères-de-Bigorre	M. Janssens (BEL)	M. Vermeulin
11. Etappe	Montag 6. Juli	**119 km**	Bagnères-de-Bigorre – Saint-Gaudens	A. Darrigade (FRA)	M. Vermeulin
12. Etappe	Dienstag 7. Juli	**184 km**	Saint-Gaudens – Albi	R. Graf (SUI)	M. Vermeulin
13. Etappe	Mittwoch 8. Juli	**219 km**	Albi – Aurillac	H. Anglade (FRA)	J. Hoevenaers
14. Etappe	Donnerstag 9. Juli	**231 km**	Aurillac – Clermont-Ferrand	A. Le Dissez (FRA)	J. Hoevenaers
15. Etappe	Freitag 10. Juli	**12,5 km**	Clermont-Ferrand – Puy de Dôme (EZF)	F. Bahamontes (ESP)	J. Hoevenaers
16. Etappe	Samstag 11. Juli	**210 km**	Clermont-Ferrand – Saint-Étienne	D. Bruni (ITA)	E. Pauwels
17. Etappe	Montag 13. Juli	**197 km**	Saint-Étienne – Grenoble	C. Gaul (LUX)	F. Bahamontes
18. Etappe	Dienstag 14. Juli	**243 km**	Le Lautaret – Saint-Vincent d'Aoste (ITA)	E. Baldini (ITA)	F. Bahamontes
19. Etappe	Mittwoch 15. Juli	**251 km**	Saint-Vincent d'Aoste (ITA) – Annecy	R. Graf (SUI)	F. Bahamontes
20. Etappe	Donnerstag 16. Juli	**202 km**	Annecy – Chalon-sur-Saône	B. Robinson (GBR)	F. Bahamontes
21. Etappe	Freitag 17. Juli	**69,2 km**	Seurre – Dijon (EZF)	R. Rivière (FRA)	F. Bahamontes
22. Etappe	Samstag 18. Juli	**331 km**	Dijon – Paris	J. Groussard (FRA)	F. Bahamontes

In Roubaix holt sich Robert Cazala (rechts) vor Annaert den Sieg und das Gelbe Trikot.

Henry Anglade (rechts) überrascht beim Sprint in Aurillac Jaques Anquetil.

Robic kämpft allein über 160 km, aber in Chalon-sur-Saône fällt er durch das Zeitlimit.

Bobet erwischt es auf dem Iseran: Er bekommt keine Luft mehr und gibt auf.

Federico Bahamontes (rechts) hat gut lachen: Der Triumph fällt ihm quasi in den Schoß, weil Anquetil und Rivière nur den Sieg von Anglade verhindern wollen.

1960

Gastone NENCINI

Nencini siegt nach Rivières Sturz

Jacques Anquetil kehrt zwar siegreich, aber auch erschöpft vom Giro zurück und verzichtet auf die Tour de France. Damit wird der Weg frei für Roger Rivière, der auch prompt 112 Kilometer vor Lorient eine erste große Offensive startet. Allerdings schafft er es nicht, seinem Teamgefährten und großen Favoriten Henry Anglade das Gelbe Trikot abzunehmen. Aber er bringt ihn mit dieser Aktion so auf die Palme, dass der Mann aus Lyon den Technischen Direktor Marcel Bidot auffordert, Rivière unverzüglich zu stoppen. Doch auf diesem Ohr ist Roger taub. Mit einer Riesenübersetzung nimmt er direkten Kurs auf das glorreichste aller Ziele, skrupellos und ohne Rücksicht auf die Mannschaft, die ihn seiner Ansicht nach ein Jahr zuvor um den Sieg gebracht hat. Auf der Piste nach Lorient fährt er ständig an der Spitze der Fluchtgruppe, der auch Nencini, Andriaenssens und der Kölner Junkermann angehören. Anglade liegt über 14′ zurück und wagt eine düstere Prophezeiung: „Wir haben gerade die Tour verloren! Rivière wird Fehler machen. Er wird versuchen, bei den Abfahrten mit Nencini mitzuhalten, und das wird eines Tages schiefgehen. Schon im letzten Jahr wäre er am Aspin beinahe umgekommen..." Und tatsächlich, als Gastone Nencini sich halsbrecherisch in die Abfahrt vom Perjuret stürzt, will Rivière dranbleiben, und das Unvermeidliche geschieht: In einer Kurve fährt der Franzose gegen die niedrige Schutzmauer und wird 20 Meter in die Tiefe katapultiert! Sein Mannschaftskamerad Rostollan sieht den Sturz, stoppt und winkt aufgeregt. „Roger ist abgestürzt! Roger ist abgestürzt!", schreit er. Sein Freund liegt, kaum sichtbar hinter einem Felsvorsprung, seltsam verrenkt im wilden Gestrüpp. Er blutet aus einer Kopfwunde und ist schwer an der Wirbelsäule verletzt. An diesem schwarzen Sonntag, dem 10. Juli, interessiert sich niemand für den Belgier Martin Van Geneugden, der die Etappe in Avignon gewinnt. Alle fragen sich: Warum wollte Rivière einem der besten Abfahrer der Tour-Geschichte unbedingt folgen? Warum dieses unkalkulierbare Risiko? Um seinen italienischen Gegner zu beeindrucken? War Rivière im Gefühl seiner Stärke übermütig geworden? Manche munkeln etwas von Doping, von verbotenen Substanzen, die er in seiner Trikottasche mitführt und die das Reaktionsvermögen beeinträchtigen.

Nach dem Ausscheiden von Rivière gewinnt Gastone Nencini mühelos diese Tour. Gefährlich wird ihm in den Bergen nur noch Hennes Junkermann aus Köln. Doch immer, wenn es darauf ankommt, zögert dieser, und so wird er am Ende „nur" Vierter. Viele Experten sagen, er hätte diese Tour durchaus gewinnen können...

GESAMTKLASSEMENT

1. **Gastone NENCINI** (ITA, Italien), 112 Std. 8′42″
2. **Graziano BATTISTINI** (ITA, Italien), 5′2″
3. **Jan ADRIAENSSENS** (BEL, Belgien), 10′24″
4. Hans JUNKERMANN (GER, Deutschland), 11′21″
5. Joseph PLANCKAERT (BEL, Belgien), 13′2″
6. Raymond MASTROTTO (FRA, Frankreich), 16′12″
7. Arnaldo PAMBIANCO (ITA, Italien), 17′58″
8. Henry ANGLADE (FRA, Frankreich), 19′17″
9. Marcel ROHRBACH (FRA, Centre-Midi), 20′2″
10. Imerio MASSIGNAN (ITA, Italien), 23′28″
11. Fernando MANZANEQUE (ESP, Spanien), 25′59″
12. Albertus GELDERMANS (HOL, Holland), 26′33″
13. Jean GRACZYK (FRA, Frankreich), 26′55″
14. François MAHÉ (FRA, Frankreich), 32′36″
15. Louis ROSTOLLAN (FRA, Frankreich), 34′18″
16. André DARRIGADE (FRA, Frankreich), 34′23″
17. Antonio SUAREZ (ESP, Spanien), 39′15″
18. Edouard DELBERGHE (FRA, Frankreich), 44′25″
19. René PAVARD (FRA, Frankreich), 48′13″
20. Carmelo MORALES (ESP, Spanien), 50′44″

47. TOUR DE FRANCE: 21 ETAPPEN – 4.173 KILOMETER

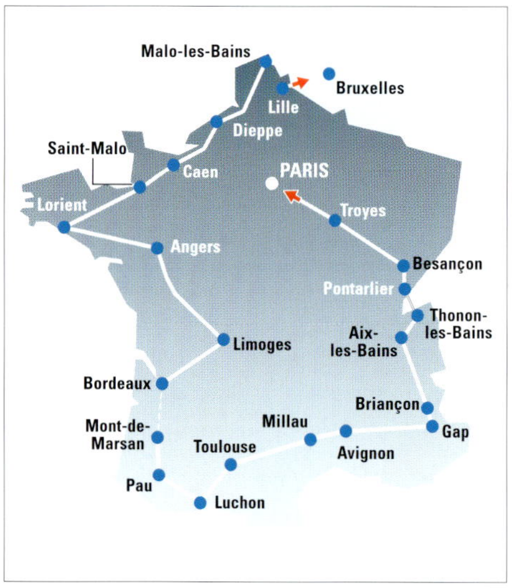

			Etappen	Etappensieger	Gelbes Trikot
1. Etappe(1)	Sonntag 26.. Juni	**108 km**	Lille – Brüssel (BEL)	J. Schepens (BEL)	J. Schepens
1. Etappe(2)	Sonntag 26. Juni	**27,8 km**	Brüssel – Brüssel (EZF)	R. Rivière (FRA)	G. Nencini
2. Etappe	Montag 27. Juni	**206 km**	Brüssel (BEL) – Malo-les-Bains	R. Privat (FRA)	G. Nencini
3. Etappe	Dienstag 28. Juni	**209 km**	Malo-les-Bains – Dieppe	N. Defilippis (ITA)	J. Groussard
4. Etappe	Mittwoch 29. Juni	**211 km**	Dieppe – Caen	J. Graczyk (FRA)	H. Anglade
5. Etappe	Donnerstag 30. Juni	**189 km**	Caen – Saint-Malo	A. Darrigade (FRA)	H. Anglade
6. Etappe	Freitag 1. Juli	**191 km**	Saint-Malo – Lorient	R. Riviere (FRA)	J. Adriaensens
7. Etappe	Samstag 2. Juli	**244 km**	Lorient – Angers	G. Battistini (ITA)	J. Adriaensens
8. Etappe	Sonntag 3. Juli	**240 km**	Angers – Limoges	N. Defilippis (ITA)	J. Adriaensens
9. Etappe	Montag 4. Juli	**225 km**	Limoges – Bordeaux	M. Van Geneugden (BEL)	J. Adriaensens
10. Etappe	Dienstag 5. Juli	**228 km**	Mont-de-Marsan – Pau	R. Riviere (FRA)	G. Nencini
11. Etappe	Mittwoch 6. Juli	**161 km**	Pau – Luchon	K. Gimmi (SUI)	G. Nencini
12. Etappe	Donnerstag 7. Juli	**176 km**	Luchon – Toulouse	J. Graczyk (FRA)	G. Nencini
13. Etappe	Freitag 8. Juli	**224 km**	Toulouse – Millau	L. Proost (BEL)	G. Nencini
14. Etappe	Sonntag 10. Juli	**217 km**	Millau – Avignon	M. Van Geneugden (BEL)	G. Nencini
15. Etappe	Montag 11. Juli	**187 km**	Avignon – Gap	M. Van Aerde (BEL)	G. Nencini
16. Etappe	Dienstag 12. Juli	**172 km**	Gap – Briançon	G. Battistini (ITA)	G. Nencini
17. Etappe	Mittwoch 13. Juli	**229 km**	Briançon – Aix-les-Bains	J. Graczyk (FRA)	G. Nencini
18. Etappe	Donnerstag 14. Juli	**215 km**	Aix-les-Bains – Thonon-les-Bains	F. Manzaneque (ESP)	G. Nencini
19. Etappe	Freitag 15. Juli	**83 km**	Pontarlier – Besançon (EZF)	R. Graf (SUI)	G. Nencini
20. Etappe	Samstag 16. Juli	**229 km**	Besançon – Troyes	P. Beuffeuil (FRA)	G. Nencini
21. Etappe	Sonntag 17. Juli	**200 km**	Troyes – Paris	J. Graczyk (FRA)	G. Nencini

Millau-Avignon, 14. Etappe. Bei der Abfahrt vom Perjuret ist Roger Rivière in die Tiefe gestürzt. Mit Wirbelsäulenverletzungen wird er ins Krankenhaus nach Montpellier gebracht. Nencini hat keinen Gegner mehr.

Nach Rivières Ausscheiden gehört die Tour dem Giro-Sieger Nencini, hier führend vor Massignan.

Auf den letzten Etappen hat Nencini in Gelb die verzweifelten Vorstöße von Adriaenssens fest im Griff.

Ein schlechtes Jahr für Bahamontes, der in Dünkirchen den Zug zurück nach Spanien nimmt. Der Abgang à la Chaplin steht ihm nicht.

1961

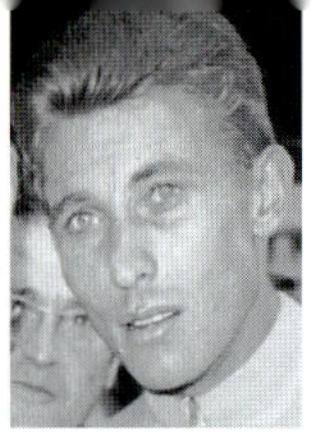

Jacques ANQUETIL

Anquetil startet die Serie

Zwölf Monate nach dem dramatischen Sturz von Roger Rivière bei der Abfahrt vom Perjuret kehrt Jacques Anquetil zurück. Gerade Zweiter beim Giro d'Italia geworden, will der Normanne seine letzten beiden Misserfolge wieder gut machen: seine Aufgabe 1958 in Aix-les-Bains und seinen wenig schmeichelhaften dritten Platz 1959, knapp vor seinem Erzfeind Rivière. Anquetil hat im Geiste alles durchgespielt: Die zweigeteilte erste Etappe und das zweite Zeitfahren in den Straßen von Versailles dürften ihm dazu verhelfen, seinen Plan gelingen lassen, seinen Plan, das Gelbe Trikot vom ersten bis zum letzten Tag zu tragen. Die Realität übertrifft seine Hoffnungen bei weitem... Am Morgen erwischt er die richtige Ausreißergruppe und gewinnt auf Gaul, Adriaenssens, Massignan und Planckaert mehr als 5' Vorsprung, bevor er seinem Teamkollegen André Darrigade in Versailles das Gelbe Trikot abnimmt, das jener gerade mal eine halbe Etappe tragen durfte. Diese unerbittliche Machtergreifung bringt Anquetils Gegner auf Trab, aber die Franzosen wehren alle Angriffe meisterlich ab, einschließlich die der „Regionalen". Marcel Bidots Fahrer machen sich dabei weder in der Öffentlichkeit noch bei den Veranstaltern beliebt, weil sie das Rennen blockieren. Bei einer von Jean Stablinski und Joseph Groussard kontrollierten Flucht von 17 Fahrern zwischen Belfort und Chalon wird ein so eklatanter Vorsprung herausgefahren, dass bei den Favoriten Alarmstufe eins herrscht. Aber als Marcel Bidot vorschlägt, Groussard und Stablinski gemeinsam zu stoppen, weigert sich Anquetil mitzumachen und setzt sich allein an die Spitze des Feldes, um sein Gelbes Trikot selbst zu verteidigen. Über 30 Kilometer fährt „Maître Jacques" allein, um den Abstand zu verringern, will sich nicht ablösen lassen, so als ob es nur ihn allein etwas anginge, es ganz allein seine Aufgabe wäre, das Gleichgewicht wieder herzustellen. Und tatsächlich: Er kann den Schaden begrenzen. In der Chartreuse dann - auf bevorzugtem Terrain - versucht Charly Gaul sein Glück. Aber unter der glühenden Bergsonne gelingt es ihm nicht, seinen legendären Angriff von 1958 zu wiederholen, mit dem er bei Regen und Kälte Géminiani niederrang. In Pau gewinnt der Belgier Eddy Pauwels die schwere Pyrenäenetappe, bei der die meisten Favoriten kneifen.

In seinem berühmten Artikel beschwert sich Jacques Goddet über all diejenigen, die sich nicht getraut haben, das Gelbe Trikot anzugreifen: „Hässliche Zwerge", so schreibt er, „unfähig, resigniert und selbstzufrieden". Dieser Artikel besiegelt den Bruch zwischen dem "Chef" der Tour und ihrem derzeitigen König Jacques Anquetil, der Robert Cazala als Belohnung für seine Treue bei dieser Tour im Prinzenpark den letzten Etappensieg schenkt.

GESAMTKLASSEMENT

1. **Jacques ANQUETIL** (FRA, Frankreich), 122 Std. 1'33"
2. **Guido CARLESI** (ITA, Italien), 12'14"
3. **Charly GAUL** (LUX, Schweiz-Luxemburg), 12'16"
4. Imerio MASSIGNAN (ITA, Italien), 15'59"
5. Hans JUNKERMANN (GER, Deutschland), 16'9"
6. Fernando MANZANEQUE (ESP, Spanien), 16'27"
7. José PEREZ FRANCES (ESP, Spanien), 20'41"
8. Jean-Baptiste „Jean"DOTTO (FRA, Centre- Midi), 21'44"
9. Eddy PAUWELS (BEL, Belgien), 26'57"
10. Jan ADRIAENSSENS (BEL, Belgien), 28'5"
11. Jos HOEVENAERS (BEL, Belgien), 28'27"
12. Alfred RUEGG (SUI, Schweiz - Luxemburg), 32'14"
13. Michel VAN AERDE (BEL, Belgien), 40'34"
14. Jean GAINCHE (FRA, Ouest-Sud-Ouest), 41'26"
15. Joseph PLANCKAERT (BEL, Belgien), 41'53"
16. Adriano ZAMBONI (ITA, Italien), 43'26"
17. Frans AERENHOUTS (BEL, Belgien), 45'52"
18. Henry ANGLADE (FRA, Frankreich), 47'38"
19. Raymond MASTROTTO (FRA, Frankreich), 53'19"
20. André FOUCHER (FRA, Ouest-Sud-Ouest), 58'8"

48. TOUR DE FRANCE: 21 ETAPPEN – 4.397 KILOMETER

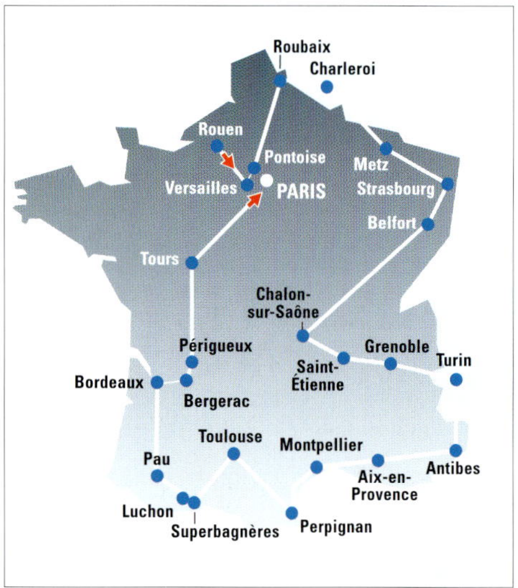

			Etappen	Etappensieger	Gelbes Trikot
1. Etappe(1)	Sonntag 25. Juni	**136,5 km**	Rouen – Versailles	A. Darrigade (FRA)	A. Darrigade
1. Etappe(2)	Sonntag 25. Juni	**28,5 km**	Versailles – Versailles (EZF)	J. Anquetil (FRA)	J. Anquetil
2. Etappe	Montag 26. Juni	**230,5 km**	Pontoise – Roubaix	A. Darrigade (FRA)	J. Anquetil
3. Etappe	Dienstag 27. Juni	**197,5 km**	Roubaix – Charleroi (BEL)	É. Daems (BEL)	J. Anquetil
4. Etappe	Mittwoch 28. Juni	**237,5 km**	Charleroi (BEL) – Metz	A. Novak (FRA)	J. Anquetil
5. Etappe	Donnerstag 29. Juni	**221 km**	Metz – Straßburg	L. Bergaud (FRA)	J. Anquetil
6. Etappe	Freitag 30. Juni	**180,5 km**	Straßburg -Belfort	J. Planckaert (BEL)	J. Anquetil
7. Etappe	Samstag 1. Juli	**214,5 km**	Belfort – Chalon-sur-Saône	J. Stablinski (FRA)	J. Anquetil
8. Etappe	Sonntag 2. Juli	**240,5 km**	Chalon-sur-Saône – Saint-Étienne	J. Forestier (FRA)	J. Anquetil
9. Etappe	Montag 3. Juli	**230 km**	Saint-Étienne – Grenoble	C. Gaul (LUX)	J. Anquetil
10. Etappe	Dienstag 4. Juli	**250,5 km**	Grenoble – Turin (ITA)	G. Ignolin (FRA)	J. Anquetil
11. Etappe	Mittwoch 5. Juli	**225 km**	Turin (ITA) – Antibes	G. Carlesi (ITA)	J. Anquetil
12. Etappe	Donnerstag 6. Juli	**199 km**	Antibes – Aix-en-Provence	M. Van Aerde (BEL)	J. Anquetil
13. Etappe	Freitag 7. Juli	**177,5 km**	Aix-en-Provence – Montpellier	A. Darrigade (FRA)	J. Anquetil
14. Etappe	Sonntag 9. Juli	**174 km**	Montpellier – Perpignan	E. Pauwels (BEL)	J. Anquetil
15. Etappe	Montag 10. Juli	**206 km**	Perpignan – Toulouse	G. Carlesi (ITA)	J. Anquetil
16. Etappe	Dienstag 11. Juli	**208 km**	Toulouse – Superbagnères	I. Massignan (ITA)	J. Anquetil
17. Etappe	Mittwoch 12. Juli	**197 km**	Luchon – Pau	E. Pauwels (BEL)	J. Anquetil
18. Etappe	Donnerstag 13. Juli	**207 km**	Pau – Bordeaux	M. Van Geneugden (BEL)	J. Anquetil
19. Etappe	Freitag 14. Juli	**74,5 km**	Bergerac – Périgueux (EZF)	J. Anquetil (FRA)	J. Anquetil
20. Etappe	Samstag 15. Juli	**309,5 km**	Périgueux – Tours	A. Darrigade (FRA)	J. Anquetil
21. Etappe	Sonntag 16. Juli	**252,5 km**	Tours – Paris	R. Cazala (FRA)	J. Anquetil

Nach zwei gescheiterten Anläufen und einem Jahr Pause gewinnt Anquetil seine zweite Tour. Wie einst Bottecchia, Frantz und Maes hat er das Gelbe Trikot von Anfang bis Ende nicht ausgezogen.

Anquetil erobert das Gelbe Trikot beim Einzelzeitfahren in Versailles sozusagen im Flug.

Imerio Massignan (neben Anquetil) holt sich den Bergpreis, ohne jemals Einfluss auf das Gesamtklassement genommen zu haben.

Anquetil (rechts) mit seinem treuen Helfer Cazala in der Pariser Vorstadt.

1962

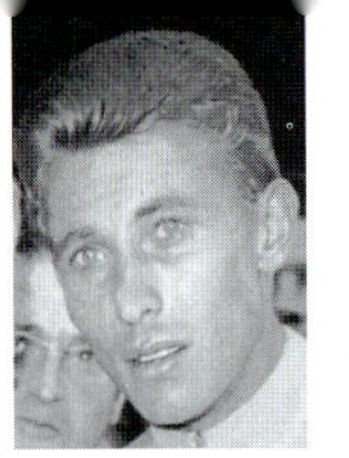

Jacques ANQUETIL

Anquetil gibt den Takt vor

Anquetil startete drei Minuten nach Poulidor beim Einzelzeitfahren von Bourgoin nach Lyon über 68 km. Auf der Hälfte der Strecke hat er seinen Rivalen eingeholt, überholt ihn und setzt seine sensationelle Alleinfahrt bis ins Ziel fort. Poulidors Blick spricht Bände... (Foto rechte Seite)

Nach sechs Jahren Verhandlungen haben die Veranstalter schweren Herzens den Entschluss gefasst, die Nationalmannschaften abzuschaffen und Firmenmannschaften zuzulassen, die aus dem werbeträchtigen Ereignis gehörig Profit ziehen wollen. Diese revolutionäre Veränderung entfacht hitzige Diskussionen. Wird das nicht zu verschwörerischen Bündnissen unter den Reichsten führen? Werden sich Jacques Anquetil und Rudi Altig im Team Saint-Raphaël vertragen? Jedes Kind weiß doch, dass der kranke Normanne im April die Vuelta lieber aufgegeben hat, als der Krönung seines deutschen Partners beizuwohnen. Und bei Mercier herrscht Aufregung, weil Raymond Poulidor kund gibt, er habe sich beim Training die linke Hand gebrochen! Er beginnt die Tour mit einem Gips am Handgelenk und sieht auch gleich alt aus, als Rik Van Looy einen fulminanten Start hinlegt. Der feurige Belgier bläst täglich zum Angriff, als handele es sich bei jeder einzelnen Etappe um einen Frühjahrsklassiker! Anquetil beäugt seinen schärfsten Gegner misstrauisch. Das Duell nimmt jedoch ein jähes Ende, als Van Looy gleich zu Beginn der Pyrenäen von einem Motorrad angefahren wird. Verletzt muss er aufgeben und den Weg für Anquetil frei machen. Der gewinnt das Zeitfahren in La Rochelle mit 22" auf Baldini und 46" auf Altig! In den Pyrenäen verlieren die beiden dann aber wertvolle Zeit, und in Luchon scheint das Rennen für den Leader von Saint-Raphaël nur noch reine Formsache. Beim Zeitfahren nach Superbagnères lässt er Gaul und Poulidor zurück. Außerdem sind ab dort Junkermann und Nencini nicht mehr dabei - wie so viele andere Opfer einer rätselhaften Lebensmittelvergiftung. In den Bergen sorgt Poulidor für eine Überraschung: Immer noch gehandicapt durch sein Handgelenk, unternimmt er eine lange Flucht im Chartreuse-Massiv, holt sich den Etappensieg in Aix-les-Bains und den Spitznamen „Poupou", der ihn bis ans Ende seiner Karriere begleiten wird. Davon abgesehen sind die Alpen für Anquetil aufgrund der Harmlosigkeit der Bergspezialisten nur noch eine Spazierfahrt: Gaul ist seine Stärke von 1958 nicht mehr beschieden, Bahamontes verbummelt seine beim Anstieg gutgemachte Zeit gleich wieder bei den Abfahrten, und alle anderen hat die Überlegenheit des Taktikers Anquetil so eingeschüchtert, dass dieser sich damit begnügen kann, in den Bergen lediglich auf Schadensbegrenzung zu fahren und seinen Erfolg beim Zeitfahren Bourgoin-Lyon in trockene Tücher zu bringen. Er gewinnt seine dritte Tour mit einem Rekordschnitt von 37,317 km/h. Der Mannheimer Rudi Altig gewinnt drei Etappen, das Grüne Trikot und mit einigen Husarenritten die Herzen der Franzosen!

GESAMTKLASSEMENT

1. **Jacques ANQUETIL** (FRA, St.Raphael- Helyett), 114 Std. 31'54"
2. **Joseph PLANCKAERT** (BEL, Faema-Flandria), 4'59"
3. **Raymond POULIDOR** (FRA, Mercier-BP), 10'24"
4. Gilbert DESMET (BEL, Carpano), 13'1"
5. Albertus GELDERMANS (HOL, St.-Raphael-Helyett), 14'4"
6. Tom SIMPSON (GBR, Leroux-Gitane), 17'9"
7. Imerio MASSIGNAN (ITA, Legnano Pirelli), 17'50"
8. Ercole BALDINI (ITA, Ignis), 19'
9. Charly GAUL (LUX, Gazzola), 19'11"
10. Eddy PAUWELS (BEL, Wiels-Groene-Leeuw), 23'4"
11. Jean-Claude LEBAUBE (FRA, Leroux- Gitane), 23'33"
12. Henry ANGLADE (FRA, Liberia-Grammont), 26'33"
13. Émile DAEMS (BEL, Philco), 27'17"
14. Federico BAHAMONTES (ESP, Margnat-Paloma), 34'16"
15. Rolf WOLFSHOHL (GER, Leroux-Gitane), 35'23"
16. Armand DESMET (BEL, Faema-Flandria), 39'10"
17. Victor VAN SCHIL (BEL, Mercier-BP), 42'1"
18. Jos HOEVENAARS (BEL, Philco), 42'28"
19. Guido CARLESI (ITA, Philco), 43'29"
20. François MAHÉ (FRA, Pelforth-Sauvage-Lejeune), 45'36"

49. TOUR DE FRANCE: 22 ETAPPEN – 4.274 KILOMETER

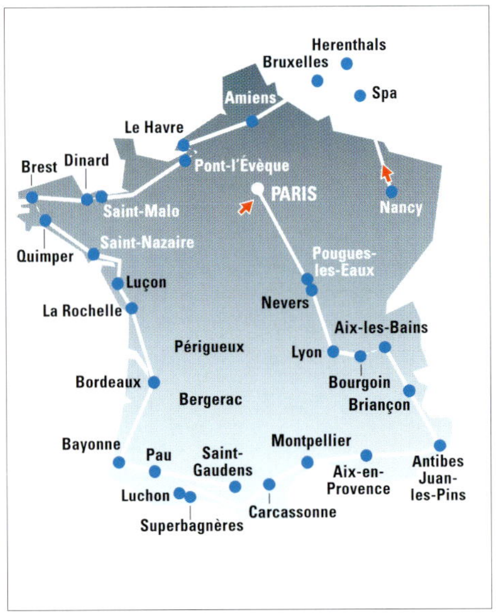

			Etappen	Etappensieger	Gelbes Trikot
1. Etappe	Sonntag 24. Juni	**253 km**	Nancy – Spa (BEL)	R. Altig (GER)	R. Altig
2. Etappe (1)	Montag 25. Juni	**147 km**	Spa – Herentals	A. Darrigade (FRA)	A. Darrigade
2. Etappe (2)	Montag 25. Juni	**23 km**	Herentals – Herentals (MZF)	Faema-Flandria	A. Darrigade
3. Etappe	Dienstag 26. Juni	**210 km**	Brüssel (BEL) – Amiens	R. Altig (GER)	R. Altig
4. Etappe	Mittwoch 27. Juni	**196,5 km**	Amiens – Le Havre	W. Van den Berghen (BEL)	R. Altig
5. Etappe	Donnerstag 28. Juni	**215 km**	Pont l'Evêque – Saint-Malo	E. Daems (BEL)	R. Altig
6. Etappe	Freitag 29. Juni	**235,5 km**	Dinard – Brest	R. Cazala (FRA)	A. Geldermans
7. Etappe	Samstag 30. Juni	**201 km**	Quimper – Saint-Nazaire	H. Zilverberg (HOL)	A. Geldermans
8. Etappe (1)	Sonntag 1. Juli	**155 km**	Saint-Nazaire – Luçon	M. Minieri (ITA)	A. Darrigade
8. Etappe (2)	Sonntag 1. Juli	**43 km**	Luçon – La Rochelle (EZF)	J. Anquetil (FRA)	A. Darrigade
9. Etappe	Montag 2 Juli	**214 km**	La Rochelle – Bordeaux	A. Bailetti (ITA)	W. Schroeders
10. Etappe	Dienstag 3 Juli	**184,5 km**	Bordeaux – Bayonne	W. Vannitsen (BE)	W. Schroeders
11. Etappe	Mittwoch 4 Juli	**155,5 km**	Bayonne – Pau	E. Pauwels (BEL)	W. Schroeders
12. Etappe	Donnerstag 5 Juli	**207,5 km**	Pau – Saint-Gaudens	R. Cazala (FRA)	T. Simpson
13. Etappe	Freitag 6 Juli	**18,5 km**	Luchon – Superbagnères (EZF)	F. Bahamontes (ESP)	J. Planckaert
14. Etappe	Samstag 7 Juli	**215 km**	Luchon – Carcassonne	J. Stablinski (FRA)	J. Planckaert
15. Etappe	Sonntag 8 Juli	**196,5 km**	Carcassonne – Montpellier	W. Vannitsen (BEL)	J. Planckaert
16. Etappe	Montag 9 Juli	**185 km**	Montpellier – Aix-en-Provence	E. Daems (BEL)	J. Planckaert
17. Etappe	Dienstag 10 Juli	**201 km**	Aix-en-Provence – Antibes	R. Altig (GER)	J. Planckaert
18. Etappe	Mittwoch 11 Juli	**241,5 km**	Antibes – Briançon	E. Daems (BEL)	J. Planckaert
19. Etappe	Donnerstag 12 Juli	**204,5 km**	Briançon – Aix-les-Bains	R. Poulidor (FRA)	J. Planckaert
20. Etappe	Freitag 13 Juli	**68 km**	Bourgoin – Lyon (EZF)	J. Anquetil (FRA)	J. Anquetil
21. Etappe	Samstag 14 Juli	**232 km**	Lyon – Nevers – Pougues-les-Eaux	D. Bruni (ITA)	J. Anquetil
22. Etappe	Sonntag 15 Juli	**271 km**	Pougues-les-Eaux – Paris	R. Benedetti (ITA)	J. Anquetil

POULIDOR
BP
PRESSE 133

ANQUETIL

Revierchef Anquetil

Am Sonntagnachmittag erklärte Joseph Planckaert im Prinzenpark: „Er war der Stärkste. Wenn ich in den Alpen nicht angegriffen habe, dann nur, weil mir die Kräfte fehlten.“

EINIGE hundert Zuschauer haben Jacques Anquetil am Sonntag bei seiner Ehrenrunde im Prinzenparkstadion ausgepfiffen, ähnlich wie schon im letzten Jahr. Da wir diesen Protestlern das Recht zuerkennen, den Verdienst und die Leistung des Siegers anzufechten, erwarten wir allerdings auch von ihnen, dass sie es akzeptieren, wenn man ihre Meinung nicht teilt. Wäre es Jacques Anquetils erster Tour-Erfolg gewesen und könnte man seinen Sieg für ein Zufallsprodukt glücklicher Umstände halten - gut. Aber er hat dieses Rennen zum dritten Mal gewonnen! 1957 von Marcel Bidot quasi über Nacht unter Vertrag genommen, glich er das Fehlen von Louison Bobet aus und gewann auf Anhieb vier Etappen. Im vergangenen Jahr wagte er die kühne Ankündigung, das ganze Rennen in Gelb zu bestreiten - und hielt Wort! Und was passierte? Man warf ihm vor, die Tour de France förmlich erstickt zu haben, die Arbeit von Marcel Bidots Fahrern ausschließlich zu seinem eigenen Vorteil ausgenutzt zu haben, und wer weiß, was sonst noch alles! Dieses Jahr hat Jacques Anquetil sich der Tour unter ganz anderen Umständen gestellt. Immerhin hatte er einen Misserfolg bei der Spanien-Rundfahrt und einen schwierigen Neuanfang bei der Dauphiné Libéré zu verkraften. Seine Teamkameraden waren skeptisch, seine Autorität war nicht unangefochten. Doch sein Verhalten in den ersten Tagen ließ nichts zu wünschen übrig, und so war er sich von heute auf morgen der Unterstützung von Raphaël Géminiani sicher.

Dieser war nicht nur beruhigt, dass der Normanne wieder gesund war, sondern er war sich auch der physischen Grenzen der anderen Fahrer seiner Marke bewusst, und so konnte Géminiani eine Strategie verfolgen, die seinem „Maître Jacques“ zur günstigsten Position verhalf. In den Pyrenäen und vor allem in den Alpen stand Anquetil schließlich den Kletterspezialisten unter seinen Konkurrenten in nichts nach und führte am Izoard selbst die Entscheidung herbei. Trotzdem pfiffen ihn Hunderte missvergnügter Zuschauer bei seiner Ehrenrunde aus. Vielleicht waren es ja dieselben, die 1953 Bobet ausgepfiffen haben. Das hat er wirklich nicht verdient...

Zeitfahren zwischen Luchon und Superbagnères. Anquetil landet nach den 18,5 km auf dem dritten Platz hinter Bahamontes und Planckaert, aber immerhin vor Gaul und Poulidor! Ab jetzt ist Schluss mit lustig... (Foto links)

Premiere für Tom Simpson: In Saint-Gaudens erringt der humorvolle Engländer das Gelbe Trikot.

Bevor er sich das Grüne Trikot sichert, fährt Rudi Altig erst einmal vier Tage in Gelb.

Junkermann (von Puschel angeschoben) gehört zu den Fahrern, die eine „Fischvergiftung“ erlitten haben. In Carcassonne gibt er auf.

Van Looy muss nach einem Massensturz in Pau aufgeben. Damit verliert die Tour einen großen Teil ihrer Würze.

1963

Jacques ANQUETIL

Anquetil übertrumpft die Kletterer

Anquetil zeigt auf dem Tourmalet allen Kletterern sein Hinterrad und gewinnt die anspruchsvolle Bergetappe nach Bagnères-de-Bigorre. (Foto rechte Seite)

Die unerschütterliche Überlegenheit Jacques Anquetils wird den Veranstaltern allmählich suspekt. Mit zwei drastischen Maßnahmen wollen sie dem Franzosen das Leben schwer machen: Die Strecken der Einzelzeitfahren werden von 111 Kilometer auf 79 Kilometer verkürzt, und die Zielankünfte der Bergetappen liegen nun unweit des letzten Passes, damit auch mal wieder ein Kletterer zum Zuge kommen kann, wie etwa der inzwischen 35-jährige Federico Bahamontes oder Raymond Poulidor, den Jacques Anquetil immer noch nicht als würdigen Gegner betrachtet. Als Poulidor beim Zeitfahren auf der kurzen Strecke um Angers aber nur knappe 45 Sekunden hinter Jacques Anquetil ins Ziel fährt, dämmert diesem, dass er nicht mehr beim Einzelzeitfahren, sondern in den Bergen seine Schäfchen ins Trockene bringen muss. Bereits bei der ersten Pyrenäenetappe über Tourmalet und Aubisque weist er Poulidor, Perez-Frances und Bahamontes in die Schranken. Mit dem Etappensieg in Bagnères-de-Bigorre ist seine Autorität wieder hergestellt. Aber Poulidor lässt nicht locker. Er hat sich geschworen, seinen Trumpf in den Alpen auszuspielen - am Grand-Saint-Bernard und danach am Col de la Forclaz. Géminiani beruhigt Anquetil: Der Saint-Bernard sei aufgrund der dort vorherrschenden starken Winde kein besonders günstiger Pass für große Angriffe. Und außerdem wird das Rennen dieses Jahr wegen eines Erdrutsches umgeleitet und muss seinen Weg über die alte Forclaz-Passstraße nehmen, einem holprigen Ziegenpfad mit stellenweise 18 % Steigung! Schade, dass das Reglement den Umstieg auf eine andere Maschine nur im Fall einer Panne erlaubt... Aber „Gem", Meister im Umgehen der Vorschriften, hat vorgesorgt. Am Ende der Abfahrt vom Saint-Bernard hebt Anquetil plötzlich den Arm und signalisiert eine Panne: „Meine Gangschaltung!" „Scheiße", ruft Géminiani gepresst, „Jacques hat eine Panne!". Anquetil darf also auf ein anderes Rad wechseln, und während er die Fahrt wieder aufnimmt, stellt ein Rennkommissar fest, dass tatsächlich der Zug seiner Gangschaltung gerissen ist. Kein Mensch kommt auf die Idee, dass der Mechaniker hier selbst ein bisschen nachgeholfen haben könnte... Der Normanne geht den Forclaz-Pass mit seiner neuen, ultraleichten Maschine an, und jetzt kommt Panik auf! Bahamontes zieht mit, greift an und erreicht auch als Erster den Gipfel, während Poulidor völlig untergeht und mit vier Minuten Verspätung oben ankommt. Dort steigt Anquetil wieder auf sein erstes Rad um - mittlerweile natürlich mit einem neuen Schaltzug versehen - gewinnt die Etappe in Chamonix und nimmt dem Adler von Toledo auch noch das Gelbe Trikot ab. Zwei Tage später erobert er im Prinzenpark auch endlich die Herzen der Zuschauer, die ihn stürmisch bejubeln.

GESAMTKLASSEMENT

1. **Jacques ANQUETIL** (FRA, St.-Raphael Gitane), 113 Std. 30'5" ; Stundenmittel: 36,456 km/h
2. **Federico BAHAMONTES** (ESP, Margnat-Paloma), 3'35"
3. **José PEREZ- FRANCES** (ESP, Ferrys), 10'14"
4. Jean-Claude LEBAUBE (FRA, St.-Raphael Gitane), 11'55"
5. Armand DESMET (BEL, Faema-Flandria), 15'
6. Angelino SOLER (ESP, Faema-Flandria), 15'4"
7. Renzo FONTONA (ITA, Ibac), 15'27"
8. Raymond POULIDOR (FRA, Mercier-BP), 16'46"
9. Hans JUNKERMANN (GER, Wiels-Groene-Leeuw), 18'53"
10. Rik VAN LOOY (BEL, GBC-Libertas), 19'24"
11. Henry ANGLADE (FRA, Pelforth-Sauvage-Lejeune), 21'39"
12. Fernando MANZANEQUE (ESP, Ferrys), 22'30"
13. Eddy PAUWELS (BEL, Wiels-Groene-Leeuw), 25'3"
14. Francisco GABICA (ESP, KAS), 26'44"
15. Dieter PUSCHEL (GER, Wiels-Groene-Leeuw), 28'20"
16. Alan RAMSBOTTOM (GBR, Pelforth-Sauvage-Lejeune), 30'36"
17. Miguel PACHECO (ESP, KAS), 31'36"
18. Graziano BATTISTINI (ITA, Ibac), 32'6"
19. François MAHÉ (FRA, Pelforth-Sauvage-Lejeune), 33'50"
20. Jean GAINCHE (FRA, Mercier-BP), 35'38"

50. TOUR DE FRANCE: 21 ETAPPEN – 4.138 KILOMETER

			Etappen	Etappensieger	Gelbes Trikot
1. Etappe	Sonntag 23. Juni	**152,5 km**	Paris – Épernay	E. Pauwels (BEL)	E. Pauwels
2. Etappe (1)	Montag 24. Juni	**185,5 km**	Reims – Jambes (BEL)	R. Van Looy (BEL)	E. Pauwels
2. Etappe (2)	Montag 24. Juni	**21,6 km**	Jambes – Jambes (MZF)	Pelforth-Sauvage-Lejeune	E. Pauwels
3. Etappe	Dienstag 25. Juni	**223,5 km**	Jambes (BEL) – Roubaix	S. Elliott (IRL)	S. Elliott
4. Etappe	Mittwoch 26. Juni	**235,5 km**	Roubaix – Rouen	F. Melckenbeeck (BEL)	S. Elliott
5. Etappe	Donnerstag 27. Juni	**285 km**	Rouen – Rennes	A. Bailetti (ITA)	S. Elliott
6. Etappe (1)	Freitag 28. Juni	**118,5 km**	Rennes – Angers	R. De Breucker (BEL)	S. Elliott
6. Etappe (2)	Freitag 28. Juni	**24,5 km**	Angers – Angers (EZF)	J. Anquetil (FRA)	G. Desmet
7. Etappe	Samstag 29. Juni	**236 km**	Angers – Limoges	J. Janssen (HOL)	G. Desmet
8. Etappe	Sonntag 30. Juni	**231,5 km**	Limoges – Bordeaux	R. Van Looy (BEL)	G. Desmet
9. Etappe	Montag 1. Juli	**202 km**	Bordeaux – Pau	P. Cerami (BEL)	G. Desmet
10. Etappe	Dienstag 2. Juli	**148,5 km**	Pau – Bagnères-de-Bigorre	J. Anquetil (FRA)	G. Desmet
11. Etappe	Mittwoch 3. Juli	**131 km**	Bagnères-de-Bigorre – Luchon	G. Ignolin (FRA)	G. Desmet
12. Etappe	Donnerstag 4. Juli	**172,5 km**	Luchon – Toulouse	A. Darrigade (FRA)	G. Desmet
13. Etappe	Freitag 5. Juli	**234 km**	Toulouse – Aurillac	R. Van Looy (BEL)	G. Desmet
14. Etappe	Sonntag 7. Juli	**236,5 km**	Aurillac – Saint-Étienne	G. Ignolin (FRA)	G. Desmet
15. Etappe	Montag 8. Juli	**174 km**	Saint-Étienne – Grenoble	F. Bahamontes (ESP)	G. Desmet
16. Etappe	Dienstag 9. Juli	**202 km**	Grenoble – Val-d'Isère	F. Manzaneque (ESP)	F. Bahamontes
17. Etappe	Mittwoch 10. Juli	**225,5 km**	Val-d'Isère – Chamonix	J. Anquetil (FRA)	J. Anquetil
18. Etappe	Donnerstag 11. Juli	**225 km**	Chamonix – Lons-le-Saunier	F. Brands (BEL)	J. Anquetil
19. Etappe	Freitag 12. Juli	**54,5 km**	Arbois – Besançon (EZF)	J. Anquetil (FRA)	J. Anquetil
20. Etappe	Samstag 13. Juli	**233,5 km**	Besançon – Troyes	R. De Breucker (BEL)	J. Anquetil
21. Etappe	Sonntag 14. Juli	**185,5 km**	Troyes – Paris	R. Van Looy (BEL)	J. Anquetil

50e TOUR DE FRANCE
18
PRESSE
GENDARMERIE

Anquetils Geschenk zum 50. Tour-Geburtstag

DIE Qualität eines Siegers bestimmt nicht immer die Qualität einer Tour de France. Durch die Aufstellung eines neuen Rekords (vierToursiege!), den lange Zeit niemand außer ihm selbst brechen wird, konnte der große Champion Jacques Anquetil der Tour de France, die dieses Jahr ihren fünfzigsten Geburtstag feiert, große Ehre erweisen. Und das nicht nur durch seine bahnbrechende Leistung, seinen ausdrucksvollen Charakter, durch diese Freundlichkeit, die unser pulsierendes Vaterland tief berührt hat, sondern auch durch die Klasse seiner Gegner, die er einen nach dem anderen geschlagen hat. Ich denke, die schönste Belohnung, die der unvergleichliche Champion von Saint Raphaël-Gitane bekommen hat - abgesehen von dem stürmischen Empfang durch die endlich in seinen Bann gezogene Öffentlichkeit - wird dieser Sinneswandel sein, diese Aufbruchstimmung, die sich einstellte, als Jacques Anquetil endlich den Mut fasste, sich auf die Tour einzulassen, sich dem Kampf mit der Hydra zu stellen, anstatt vor ihr Reißaus zu nehmen. Schließlich hatte er die Teilnahme wegen des auf ihm lastenden Drucks kurz zuvor noch hartnäckig verweigert. Plötzlich ist dem mit moralischen Verpflichtungen überhäuften und von der unerbittlichen öffentlichen Meinung verfolgten Superstar eine fast wundersame Heilung widerfahren. Bernanos sagte einmal über das Leben, die einzige Form, es in den Griff zu bekommen, sei, es zu lieben. Und so war es für unseren Helden mit dieser Tour. Er hatte sich vorgenommen, die Tour, den störrischen Drahtesel, den Kampf und die Qualen zu lieben. Vielleicht, weil man die tiefen Freuden, die ehrlich erworbene und hart erkämpfte Siege bereiten, erst genießen kann, wenn man das vorausgehende Leid als gegeben hinnimmt. Das Paradoxon dieses seines vierten Sieges ist, dass er die Leistung eines ganz neuen Mannes mit einer frischen und unverbrauchten Gemütsverfassung ist. Sie dürfen nun erwarten, dass dieser neue Fahrer, von der Natur seines Schicksals plötzlich fasziniert, der endlich das edelste aller Vergnügen genießt - nämlich das, anderen zu gefallen - seiner Karriere eine neue Ausrichtung verleiht, die Ausrichtung auf den göttlichen Ruhm des ersten vierfachen Toursiegers der Geschichte.

Man könnte jetzt sagen, wir übertrieben den Wert eines solchen Sieges, der von nur wenigen Faktoren abhing und schließlich mit nicht allzu großem Abstand auf einen bereits 35-jährigen Rivalen errungen wurde. Aber damit trüge man der taktischen Brillanz eines Fahrers wie Anquetil nicht genügend Rechnung. Sein Kalkül zwingt ihn stets dazu, den Verlauf seines Rennens zu hinterfragen, um seinen Sieg mit der erforderlichen Sorgfalt und Umsicht sicherzustellen. Nicht umsonst hat der Normanne an dem Ort, an dem Henri Desgrange sein Leben und Streben einem großen Werk der Sportpresse widmete, eine einzigartige Trophäe entgegennehmen dürfen, die eigens zur Begehung des fünfzigsten Jahrestages der Tour eingeführt wurde: die Trophäe La Tête et les Jambes. Damit wollte Henri Desgrange zum Ausdruck bringen, dass der Erfolg im Radsport nicht nur eine Frage der physischen Verfassung ist, sondern auch ein Ausdruck von Intelligenz, Erfahrung und strategischer Finesse.

In den letzten drei Wochen beherrschte Jacques das Rennen dahingehend, dass er die Kapazitäten seiner wichtigsten Konkurrenten abschätzte, ihre Bewegungen aufs Schärfste überwachte und die Gefahren, die sich hinter ihren Manövern versteckten, in Grenzen zu halten wusste. In gewisser Weise hat er sich wie Fangio verhalten, der beste Rennwagenpilot aller Zeiten: Er ging immer nur soviel Risiko ein wie nötig, vermied so die Überbeanspruchung seiner Maschine und begnügte sich mit klarem Verstand damit, jedem seiner Gegner eine angemessene Erwiderung zu geben, um ihm den Schneid abzukaufen. Anquetil stieß nur auf einen einzigen Rivalen, der ihm ebenbürtig war, unseren alten Bekannten Federico Bahamontes. Daraus könnte man schließen, dass alles in allem dieser Sieger, den alle Stilisten anhimmeln, auf keinen allzu großen Widerstand gestoßen ist. Aber das wäre weder fair noch richtig, denn er musste wirklich an allen Fronten gleichzeitig kämpfen, bevor bei den beiden entscheidenden Etappen zwischen Grenoble und Chamonix für jeden die Stunde der Wahrheit schlug...

Wenn wir dieser gerade zu Ende gegangenen Tour eine schlechte Note geben müssen, dann deshalb, weil sie uns nicht das gebracht hat, was das wertvollste Sportgut darstellt: spektakuläre Neuentdeckungen. Keine vielversprechenden neuen Talente, unbekannte Namen, jugendliche Gesichter voller Hoffnung und ungezähmter Leidenschaft. Zu viele leidgeprüfte Männer mussten wir mitziehen, die an die Rolle als zweite Geige und an Unterwerfungen längst gewöhnt sind, die ernüchtert und mürbe sind. Glücklicherweise haben zur selben Zeit und unter gleichen Umständen wenigstens die Fahrer der Tour de l'Avenir in Erfüllung ihrer hoffnungsvollen Mission ihren Kampf mit offenem Visier geführt.

Anquetil entscheidet den Machtkampf mit Bahamontes zu seinen Gunsten. Durchnässt, aber siegessicher fährt „Maître Jacques" in Chamonix als Erster über die Ziellinie.

Oben: Zwischen Val-d'Isère und Chamonix dominiert Anquetil den Zweikampf mit Bahamontes am Anstieg nach Forclaz und besiegt ihn im Sprint auf dem Gipfel. Mit der Zeitgutschrift holt er sich das Gelbe Trikot.

Unten: Drei Sieger im Prinzenpark-Stadion: Jacques Anquetil gewinnt die Tour zum vierten Mal, neben ihm die Spanier José Perez-Frances (links) und Federico Bahamontes.

1964

Jacques ANQUETIL

Das Ellenbogenduell

„Wir waren Seite an Seite. Wurde ich langsamer, wurde er langsamer. Zog ich an, zog er mit. Ganz ehrlich - ich war beeindruckt." Am Ende muss Anquetil Poulidor bei diesem legendären Anstieg zum Puy de Dôme ziehen lassen.
(Foto rechte Seite)

Ausgezehrt vom Giro d'Italia, weiß Jacques Anquetil sehr wohl, dass ihm nicht der kleinste Fehler unterlaufen darf, wenn er Raymond Poulidor, dessen Beliebtheit ihn allmählich in den Schatten zu stellen droht, auch dieses Jahr schlagen will. Die erbitterten Gegner haben bereits einiges hinter sich, als sich die Tour nach 13 Renntagen einen Ruhetag im Fürstentum Andorra gönnt, wo sich Anquetil bei einem Mechoui-Fest entspannt, zum Schlemmen niederlässt und damit seine Gegner provoziert. Seit der Magier Belline in France-Soir dem Normannen einen tödlichen Sturz bei der vierzehnten Etappe vorausgesagt hat, setzt Anquetil nämlich auf Genuss. Am nächsten Tag ist er prompt krank und verliert gleich am Fuße des Col de l'Envalira den Anschluss. Das wollen Esteban und Bahamontes nutzen und greifen an, werden aber bald von Jimenez, Poulidor und Manzaneque verfolgt. Bei der nebligen Abfahrt mit weniger als 15 Metern Sicht geht Anquetil plötzlich höchstes Risiko ein, tritt voll in die Pedale und orientiert sich dabei nur an den Rücklichtern der Autos... Wieder im sonnigen Tal, holt er den Führenden ein, Georges Groussard, in ehrenwerter Begleitung von Anglade, Foucher, Delberghe, Janssen und Ferrer, die alle auf die Verteidigung des Gelben Trikots bedacht sind. Und siehe da: Bald befindet er sich sogar an der Spitze - Seite an Seite mit Poupou! Wider Erwarten ist auf einmal der Spieß umgedreht: Dem Pechvogel Poulidor bricht eine Speiche, und als sein Mechaniker ihn nach dem Radwechsel helfend anschieben will, bringt er ihn auch noch zu Fall. Das kostet Poulidor zwei schmerzhafte Minuten! Als es schließlich aus den Pyrenäen herausgeht, trennen beide Rivalen nur noch dünne 56" - zum Vorteil von Anquetil... Also bleibt der alles entscheidende Anstieg zum Puy de Dôme. 500.000 Zuschauer werden Zeugen eines der legendärsten Zweikämpfe aller Zeiten: Poulidor und Anquetil erklimmen den steilen Hang Ellenbogen an Ellenbogen und versuchen, sich gegenseitig niederzukämpfen. Anquetil verbirgt gekonnt seine Qualen, Poulidor erliegt dem Bluff und wagt nicht mehr anzugreifen, doch dann auf einmal, einen Kilometer vor dem Gipfel, verliert Anquetil einen, dann fünf, dann zehn Meter, Poulidor zieht davon, baut allmählich den hauchdünnen Rückstand ab und verpasst schließlich um ganze vierzehn Sekunden das Gelbe Trikot!

„Hätte er mir das Gelbe Trikot wirklich abgenommen, wäre ich nach Hause gefahren", gesteht später ein vor Müdigkeit ganz benommener Jacques Anquetil. Aber mit der Aussicht auf seinen fünften Tour-Sieg schafft der erschöpfte Maître auch noch das letzte Zeitfahren zwischen Versailles und Paris.

GESAMTKLASSEMENT

1. **Jacques ANQUETIL** (FRA, St.-Raphael-Gitane), 127 Std. 9'44"
2. **Raymond POULIDOR** (FRA, Mercier-BP), 55"
3. **Federico BAHAMONTES** (ESP, Margnat-Paloma), 4'44"
4. Henry ANGLADE (FRA, Pelforth-Sauvage-Lejeune), 6'42"
5. Georges GROUSSARD (FRA, Pelforth-Sauvage-Lejeune), 10'34"
6. André FOUCHER (FRA, Pelforth-Sauvage-Lejeune), 10'36"
7. Julio JIMENEZ (ESP, KAS), 12'13"
8. Gilbert DESMET (BEL, Wiels-Groene-Leeuw), 12'17"
9. Hans JUNKERMANN (GER, Wiels-Groene-Leeuw), 14'2"
10. Vittorio ADORNI (ITA, Salvarani), 14'19"
11. Esteban MARTIN (ESP, Margnat-Paloma), 25'11"
12. Fernando MANZANEQUE (ESP, Ferrys), 32'09"
13. Francisco GABICA (ESP, KAS), 41'47"
14. Tom SIMPSON (GBR, Peugeot-BP), 41'50"
15. Rudi ALTIG (GER, St.-Raphael-Gitane), 42'8"
16. Karl-Heinz KUNDE (GER, Wiels-Groene-Leeuw), 42'16"
17. Joaquin GALERA (ESP, KAS), 43'47"
18. Henri DUEZ (FRA, Peugeot-BP), 46'16"
19. Joseph NOVALES (FRA, Margnat-Paloma), 48'49"
20. Eddy PAUWELS (BEL, Margnat-Paloma), 50'2"

51. TOUR DE FRANCE: 22 ETAPPEN – 4.505 KILOMETER

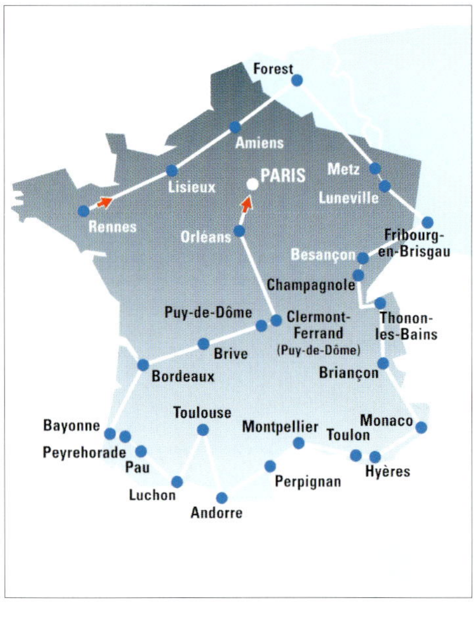

				Etappen	**Etappensieger**	**Gelbes Trikot**
1. Etappe		Montag 22. Juni	**215 km**	Rennes – Lisieux	E. Sels (BEL)	E. Sels
2. Etappe		Dienstag 23. Juni	**208 km**	Lisieux – Amiens	A. Darrigade (FRA)	E. Sels
3. Etappe	(1)	Mittwoch 24. Juni	**196,5 km**	Amiens – Forest (BEL)	B. Van de Kerckhove (BEL)	B. Van de Kerckhove
3. Etappe	(2)	Mittwoch 24. Juni	**21,3 km**	Forest – Forest (MZF)	Kas	B. Van de Kerckhove
4. Etappe		Donnerstag 25. Juni	**291,5 km**	Forest (BEL)– Metz	R. Altig (GER)	B. Van de Kerckhove
5. Etappe		Freitag 26. Juni	**161,5 km**	Lunéville – Freiburg im Breisgau	W. Derboven (BEL)	R. Altig
6. Etappe		Samstag 27. Juni	**200 km**	Freiburg im Breisgau – Besançon	H. Nijdam (HOL)	R. Altig
7. Etappe		Sonntag 28. Juni	**195 km**	Champagnole – Thonon-les-Bains	J. Janssen (HOL)	R. Altig
8. Etappe		Montag 29. Juni	**248,5 km**	Thonon-les-Bains – Briançon	F. Bahamontes (ESP)	G. Groussard
9. Etappe		Dienstag 30. Juni	**239 km**	Briançon – Monaco	J. Anquetil (FRA)	G. Groussard
10. Etappe	(1)	Mittwoch 1. Juli	**187,5 km**	Monaco – Hyères	J. Janssen (HOL)	G. Groussard
10. Etappe	(2)	Mittwoch 1. Juli	**20,8 km**	Hyères – Toulon (EZF)	J. Anquetil (FRA)	G. Groussard
11. Etappe		Donnerstag 2. Juli	**250 km**	Toulon – Montpellier	E. Sels (BEL)	G. Groussard
12. Etappe		Freitag 3. Juli	**174 km**	Montpellier – Perpignan	J. De Roo (HOL)	G. Groussard
13. Etappe		Samstag 4. Juli	**170 km**	Perpignan – Andorra (AND)	J. Jimenez (ESP)	G. Groussard
14. Etappe		Montag 6. Juli	**186 km**	Andorra (AND) – Toulouse	E. Sels (BEL)	G. Groussard
15. Etappe		Dienstag 7. Juli	**203 km**	Toulouse – Luchon	R. Poulidor (FRA)	G. Groussard
16. Etappe		Mittwoch 8. Juli	**197 km**	Luchon – Pau	F. Bahamontes (ESP)	G. Groussard
17. Etappe		Donnerstag 9. Juli	**42,6 km**	Peyrehorade – Bayonne (EZF)	J. Anquetil (FRA)	J. Anquetil
18. Etappe		Freitag 10. Juli	**187 km**	Bayonne – Bordeaux	A. Darrigade (FRA)	J. Anquetil
19. Etappe		Samstag 11. Juli	**215,5 km**	Bordeaux – Brive	E. Sels (BEL)	J. Anquetil
20. Etappe		Sonntag 12. Juli	**237,5 km**	Brive – Clermont-Ferrand	J. Jimenez (ESP)	J. Anquetil
21. Etappe		Montag 13. Juli	**311 km**	Clermont-Ferrand – Orléans	J. Stablinski (FRA)	J. Anquetil
22. Etappe	(1)	Dienstag 14. Juli	**118,5 km**	Orléans – Versailles	B. Beheyt (BEL)	J. Anquetil
22. Etappe	(2)	Dienstag 14. Juli	**27,5 km**	Versailles – Paris (EZF)	J. Anquetil (FRA)	J. Anquetil

BP
BP
GENDARM
ACTUALITES
TOUR DE
115
TOUR DE FRANCE
118

In überwältigender Atmosphäre fielen sich die beiden Stars im Prinzenparkstadion in die Arme. Jacques Anquetil: „Ich musste über mich hinauswachsen, um einen so großen Champion wie Poulidor zu schlagen."

Anquetil-Poulidor: Das Duell des Jahrhunderts

Unter den frenetischen Ovationen der Zuschauer fahren Raymond Poulidor und Jacques Anquetil eine Ehrenrunde im Prinzenparkstadion nach Abschluss einer legendären Tour de France.

PRINZENPARK. Da wären wir. Kaputt, keuchend vor Aufregung, noch ganz benommen von einem der intensivsten Erlebnisse, die uns der Radsport, ja der Sport allgemein je geboten hat. Diesem Kampf der Giganten, die mit unbändiger Energie auf den letzten Kilometern gegeneinander kämpften, um nach wochenlangen Qualen die Tour der Touren zu gewinnen, hat das ganze Volk mit Leidenschaft beigewohnt; allerdings mit einer gezügelten Leidenschaft, die das letzte Wort dem Sport zugestand. Lange noch werden wir uns an diese riesige Menschenmasse erinnern, die uns bis zur Ankunft im Prinzenpark permanent umgab und die, bestens informiert, diese athletische Spitzenleistung im Doppelpack nur mit offenem Mund bewundern konnte, diese pathetische Schlacht, für die beide Champions waghalsige Risiken eingingen und all ihre Kraftreserven mobilisierten.

Auch wir haben uns in den frühen Nachmittagsstunden in diesen Hexenkessel begeben, in den sich der Prinzenpark voller Erwartung eines sportlichen Ereignisses der ganz besonderen Art verwandelt hatte. Unser Gemütszustand glich dem vor Beginn eines großen olympischen Finales, unsere Herzen schlugen bis zum Hals, die Nerven waren angespannt, und das aufziehende Gewitter steigerte die Spannung ins Unermessliche. Wie aufgeregt müssen erst die beiden Champions angesichts des bevorstehenden großen Duells gewesen zu sein! Eine wahre Kunst, hier Herr seiner selbst zu bleiben und nicht den Kopf zu verlieren!

Nach dem ersten Teil der finalen Etappe schickte sich Jacques Anquetil an, sich auszuruhen. „Ich musste mich konzentrieren", sagte er. „Gestern, nach der langen Etappe von Clermont nach Orléans, habe ich mich überhaupt nicht wie bei der Tour gefühlt. Ich musste mich wieder fangen, mich auf das Ziel konzentrieren, das es zu erreichen galt." Dann ging Jacques Mittag essen und nahm eine leichte, aber gehaltvolle Mahlzeit zu sich. Anschließend fuhr er in Begleitung von Raphaël Géminiani und seinem Betreuer Vergami die Strecke mit dem Auto ab, da er bislang nur eine vage Vorstellung davon hatte, was ihn erwartete. Er wusste noch nicht so genau, mit welcher Übersetzung er das Zeitfahren bestreiten sollte. Raphaël Géminiani erzählte uns: „Wir sind davon ausgegangen, dass wir für die Steigungen eine Übersetzung 49 x 17 (6,15 m pro Umdrehung) nehmen würden, aber unterwegs haben wir uns umentschieden und letztendlich 47 x 17 (5,90 m) genommen. Deshalb hat Jacques auf den hügeligen Stücken der Strecke etwas an Boden verloren. Aber so konnte er Kraft sparen und schneller wieder Tempo aufnehmen."

Nach dieser Streckenerkundung legte sich Anquetil erneut aufs Ohr. Etwa eine Dreiviertelstunde früher als geplant stand er auf und fuhr ein paar Kilometer, um sich warm zu machen. Für den Informationsfluss während des Rennens war alles bestens vorbereitet: Géminiani hatte sich eine Schiefertafel besorgt. Darauf wollte er in riesengroßen Buchstaben eine Zahl schreiben und davor ein Pluszeichen, wenn Anquetil Vorsprung hatte, und ein Minuszeichen, wenn er im Rückstand war. Ein Minuszeichen war aber zu keinem Zeitpunkt zu sehen... Über mehr als 20 Kilometer hinweg schwitzte Raphaël Géminiani Blut und Wasser in der Hölle zwischen Hoffnung und Angst: Der zu Beginn herausgefahrene Vorsprung schwand nämlich zusehends!

Am Ende der Abfahrt von Sèvres hupte „Gem". Jacques drehte leicht den Kopf und las + 3. Jetzt musste er Vollgas geben, katzbuckelte sich mit angespanntem Gesicht über seinen Lenker, den Blick starr nach vorne gerichtet, und wählte seine größte Übersetzung: 54 x 13 (8,73 m).

„Ich wusste, ich würde auf diesem Stück einen Vorteil gegenüber Raymond Poulidor gewinnen, hier hatte ich viel bessere Karten als er", gab er frank und frei zu. „Ich habe die Tour definitiv auf den letzten fünf Kilometern gewonnen. Ich bin froh, dass bei dieser entscheidenden Etappe, bei der man wirklich aufs Ganze gehen musste, nichts dazwischen gekommen ist." Einen Moment lang hielt er inne, um dann hinzuzufügen: „Ich habe alles gegeben. Nur selten habe ich mich so ins Zeug legen müssen. Ich musste über mich hinaus wachsen, um Raymond Poulidor zu besiegen, ich ziehe wirklich den Hut vor ihm! Ich bin stolz, bei der härtesten Tour, die ich je gefahren bin, einen so großen Champion geschlagen zu haben."

Spontan fielen die beiden erbitterten Kämpfer, nunmehr brüderliche Rivalen, einander in die Arme und beglückwünschten sich gegenseitig. In dieser natürlichen Geste bar jeder Theatralik (das ist weder des einen noch des anderen Art) lag die ganze Größe dieses wunderschönen Duells, das uns den Atem anhalten und die Zeit still stehen ließ. Die Zuschauer hatten sich also nicht getäuscht, sie wollten sich nicht entzweien in ihrer Bewunderung für die beiden Champions, denen sie bei ihrer einträchtigen Ehrenrunde gleichermaßen frenetisch zujubelten. Und Anquetil konnte sich glücklich schätzen, hatte er doch endlich seinen innigsten Traum erfüllt: einmal wie Fausto Coppi im selben Jahr das Double Giro und Tour de France zu schaffen.

Nachdem Poulidor den Spanier Gabica auf dem Col du Portillon eingeholt hat, lässt er ihn gleich darauf stehen und erreicht Luchon nach einer phantastischen Abfahrt mit 2'43'' Vorsprung (Zeitgutschrift inklusive) auf seine Gegner. Das Spiel ist eröffnet...

Frankreichs Radsportfans sind gespalten, und Anquetil ist sich von Anfang an der Konkurrenz durch Raymond Poulidor bewusst. Nicht zuletzt durch solche Schilder am Straßenrand!

Schock am Rande der Tour: In Port-de-Couze ist ein Lastwagen ist in eine Menschenmenge gerast. Erschütternde Bilanz: acht Tote.

Felice GIMONDI

Weg frei für Gimondi

Mit seinem Doppelsieg bei der Dauphiné Libéré und bei Bordeaux-Paris sowie seinen fünf Tour-Siegen hat Jacques Anquetil offenbar genug und tritt nicht mehr an. Er begründet dies auf seine Art, abgeklärt und berechnend: „Meine Verträge werden nicht mehr erhöht, auch wenn ich ein sechstes Mal die Tour gewinne. Umgekehrt aber verliere ich bei einem Misserfolg alles." Endlich scheint Poulidor wieder eine Chance zu haben. Einige Beobachter jedoch zweifeln daran, dass Poupou, bei der Vuelta von Rolf Wolfshohl geschlagen und weit davon entfernt, in Anquetils Fußstapfen zu treten, diese Situation wird nutzen können. Sie zweifeln an seinen taktischen Fähigkeiten, spekulieren über seine Schnitzer, die sicherlich nicht ausbleiben werden. Und tatsächlich: Poupou macht den Fehler, den italienischen Neuling Felice Gimondi vom Team Salvarani zu unterschätzen. Mit seinen zarten 22 Jahren war er bereits Dritter beim Giro und Sieger der Tour de l'Avenir letztes Jahr, wo er immerhin stärker war als Lucien Aimar. Nun bläst der Mann aus Bergamo bei der zweiten Etappe auf dem Weg nach Roubaix zum Angriff. Bereits nach der dritten Etappe holt er sich mit seinem ersten Etappensieg in Rouen gleich auch das Gelbe Trikot, mit mehr als drei Minuten Vorsprung. Poulidor ist fest entschlossen, das Greenhorn auf dem Mont Ventoux zu besiegen, und tatsächlich bahnt sich dort eine Wende an: Poupou holt sich nicht nur den Etappensieg, sondern kann den Abstand auf Gimondi auf nunmehr 34 Sekunden reduzieren! Beim Chalet-Reynard ist er ausgerissen, zusammen mit Julio Jimenez, dem designierten Nachfolger von Bahamontes, aber Gimondi konnte in Begleitung von Henry Anglade seinen Zeitverlust im Rahmen halten. Anglade seinerseits wird von kleinlichen Fans beschuldigt, Gimondi zugespielt zu haben. Dabei wollte der Mann aus Lyon doch nur seine Position im Gesamtklassement verteidigen. Poulidor wiegt sich immer noch in Sicherheit und glaubt, den Spieß nun spätestens beim Zeitfahren auf den Mont Revard umdrehen zu können, aber wider Erwarten fährt er 33 Sekunden nach Gimondi über die Ziellinie, obwohl der Italiener wegen einer Panne wertvolle Zeit verloren hat! Für Gimondi ist diese Tour de France gewonnen, zumal die anderen Favoriten schon früh ausgeschieden sind: so sein Teamchef Vittorio Adorni, der sich in der Hitze des Aubisque weinend ins Gras fallen ließ, so auch Lucien Aimar, offenbar Opfer eines Sonnenstichs, van de Kerkhove und Den Hartog, die alle bei derselben Etappe das Handtuch geworfen haben.

Auch der Adler von Toledo und der „Wolf" haben die Bühne längst verlassen. Angesichts der Leistungen und der Art der Ausfälle beginnt man allmählich laut über verschärfte Dopingkontrollen nachzudenken...

GESAMTKLASSEMENT

1. **Felice GIMONDI** (ITA, Salvarani), 116 Std. 42'6"
2. **Raymond POULIDOR** (FRA, Mercier-BP), 2'40"
3. **Gianni MOTTA** (ITA, Molteni), 9'18"
4. Henry ANGLADE (FRA, Pelforth-Sauvage-Lejeune), 12'43"
5. Jean-Claude LEBAUBE (FRA, Ford-France), 12'56"
6. Jose PEREZ-FRANCES (ESP, Ferrys), 13'15"
7. Guido DE ROSSO (ITA, Molteni), 14'48"
8. Frans BRANDS (BEL, Flandria-Romeo), 17'36"
9. Jan JANSSEN (HOL, Pelforth-Sauvage-Lejeune), 17'52"
10. Francisco GABICA (ESP, KAS), 19'11"
11. Karl-Heinz KUNDE (GER, Wiels-Groene-Leeuw), 19'21"
12. Roger PINGEON (FRA, Peugeot-BP), 20'32"
13. Valentin URIONA (ESP, KAS), 24'34"
14. Henri DUEZ (FRA, Peugeot-BP), 25'7"
15. Renzo FONTONA (ITA, Ignis), 25'31"
16. Gilbert DESMET (BEL, Wiels-Groene-Leeuw), 28'4"
17. André ZIMMERMANN (FRA, Peugeot-BP), 29'35"

52. TOUR DE FRANCE: 22 ETAPPEN – 4.188 KILOMETER

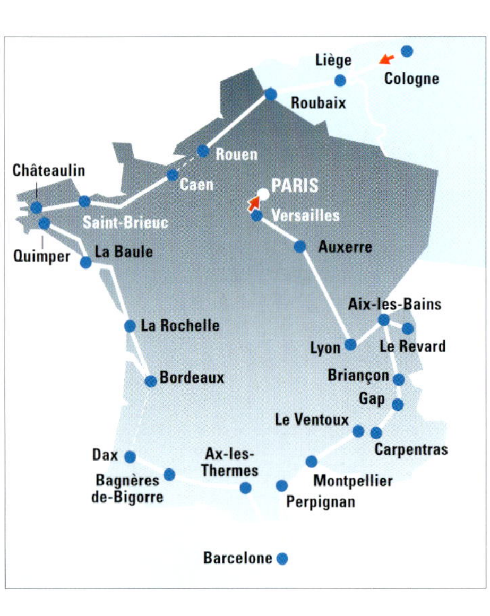

			Etappen	Etappensieger	Gelbes Trikot
1. Etappe (1)	Dienstag 22. Juni	**149 km**	Köln (BRD) – Lüttich (BEL)	R. Van Looy (BEL)	R. Van Looy
1. Etappe (2)	Dienstag 22. Juni	**22,5 km**	Lüttich – Lüttich (MZF)	Ford-France	R. Van Looy
2. Etappe	Mittwoch 23. Juni	**200,5 km**	Lüttich (BEL) – Roubaix	B. Van De Kerckhove (BEL)	B. Van De Kerckhove
3. Etappe	Donnerstag 24. Juni	**240 km**	Roubaix – Rouen	F. Gimondi (ITA)	F. Gimondi
4. Etappe	Freitag 25. Juni	**227 km**	Caen – Saint-Brieuc	E. Sorgeloos (BEL)	F. Gimondi
5. Etappe (1)	Samstag 26. Juni	**147 km**	Saint-Brieuc – Châteaulin	C. Van Espen (HOL)	F. Gimondi
5. Etappe (2)	Samstag 26. Juni	**26,7 km**	Châteaulin – Châteaulin (EZF)	R. Poulidor (FRA)	F. Gimondi
6. Etappe	Sonntag 27. Juni	**210,5 km**	Quimper – La Baule	G. Reybrouck (BEL)	F. Gimondi
7. Etappe	Montag 28. Juni	**219 km**	La Baule – La Rochelle	E. Sels (BEL)	B. Van De Kerckhove
8. Etappe	Dienstag 29. Juni	**197,5 km**	La Rochelle – Bordeaux	J. De Roo (HOL)	B. Van De Kerckhove
9. Etappe	Mittwoch 30. Juni	**226,5 km**	Dax – Bagnères-de-Bigorre	J. Jimenez (ESP)	F. Gimondi
10. Etappe	Donnerstag 1. Juli	**222,5 km**	Bagnères-de-Bigorre – Ax-les-Thermes	G. Reybrouck (BEL)	F. Gimondi
11. Etappe	Freitag 2. Juli	**240,5 km**	Ax-les-Thermes – Barcelona (ESP)	J. Perez Frances (ESP)	F. Gimondi
12. Etappe	Sonntag 4. Juli	**219 km**	Barcelona (ESP) – Perpignan	J. Janssen (HOL)	F. Gimondi
13. Etappe	Montag 5. Juli	**164 km**	Perpignan – Montpellier	A. Durante (ITA)	F. Gimondi
14. Etappe	Dienstag 6. Juli	**173 km**	Montpellier – Mont Ventoux	R. Poulidor (FRA)	F. Gimondi
15. Etappe	Mittwoch 7. Juli	**167,5 km**	Carpentras – Gap	G. Fezzardi (ITA)	F. Gimondi
16. Etappe	Donnerstag 8. Juli	**177 km**	Gap – Briançon	J. Galera (ESP)	F. Gimondi
17. Etappe	Freitag 9. Juli	**193.5 km**	Briançon – Aix-les-Bains	J. Jimenez (ESP)	F. Gimondi
18. Etappe	Samstag 10. Juli	**26,9 km**	Aix-les-Bains – Mont Revard (EZF)	F. Gimondi (ITA)	F. Gimondi
19. Etappe	Sonntag 11. Juli	**165 km**	Aix-les-Bains – Lyon	R. Van Looy (BEL)	F. Gimondi
20. Etappe	Montag 12. Juli	**298,5 km**	Lyon – Auxerre	M. Wright (GBR)	F. Gimondi
21. Etappe	Dienstag 13. Juli	**225,5 km**	Auxerre – Versailles	G. Karstens (HOL)	F. Gimondi
22. Etappe	Mittwoch 14. Juli	**37,8 km**	Versailles – Paris (EZF)	F. Gimondi (ITA)	F. Gimondi

Auch ihm verleiht das Gelbe Trikot ungeahnte Kräfte: Felice Gimondi gewinnt das Einzelzeitfahren auf den Mont Revard trotz eines Materialschadens.

Antonin Magne (rechts) beglückwünscht Poulidor auf dem Mont Ventoux. An diesem Tag ist der Gesamtsieg noch möglich.

Diese Abkühlung kommt José Perez-Frances wahrscheinlich nicht ungelegen: Nach 223 Kilometern Alleingang siegt er in Barcelona!

Auch für Jan Janssen war es eine gelungene Tour: Er wird Neunter im Gesamtklassement und erringt das Grüne Trikot des besten Sprinters.

1966

Lucien AIMAR

Der Überraschungssieger

Nachdem er letztes Jahr nicht angetreten ist, stellt sich Jacques Anquetil in diesem Jahr wieder dem Kampf. Bei einer Tour, der fast alle Italiener aus Protest wegen der Dopingkontrollen fern bleiben. Natürlich trifft er wieder auf seinen alten Rivalen Raymond Poulidor, und das in einem überhitzt feindlichen Klima. Längst reden die beiden nicht einmal mehr miteinander, und geschürt wird das Ganze obendrein durch eine parteiische Presse. Und wenn zwei sich streiten... Die beiden Kampfhähne überlassen die Arena den anderen: Rudi Altig, der das Gelbe Trikot auf der ersten Etappe gewinnt und erst auf der neunten wieder abgibt; Willy Planckaert, der Van Looy bei der Flachetappe nach Dieppe mit zwei Radlängen schlägt, oder Jean-Claude Lebaube, der das Gelbe Trikot an den Deutschen Karl-Heinz Kunde abtritt. Der „gelbe Zwerg" oder auch „Bergfloh", wie man Kunde aufgrund seiner Kleinwüchsigkeit nennt, behält die Führung zunächst einmal für eine Weile. Und dann wäre da noch Lucien Aimar, der Joker des Teams Ford, der bei der zehnten Etappe nach Pau zusammen mit Huysmans, Lebaube, Janssen, Delisle, Haast, Kunde, De Rosso, De Pra und Uriona zu einer langen Flucht ansetzt. An diesem Tag werden Poulidor und Anquetil um sieben Minuten zurückgeworfen! Als Antonin Magne die Passivität Anquetils kritisiert, protestiert dessen sportlicher Leiter Géminiani, es sei schließlich nicht Jacques' Aufgabe, sich an seinen Teamkollegen Aimar zu hängen, sondern die von Poulidor! Dann sieht es zunächst so aus, als ob Janssen sich durchsetzen könnte, aber die Ereignisse nehmen eine unvorhergesehene Wendung: Bei der Etappe nach Bourg d'Oisans verliert der bereits unter einer Bronchitis leidende Anquetil im sintflutartigen Regen 40 Sekunden auf das Feld. „Ich halte nicht durch bis Paris", gesteht er seinen engsten Vertrauten. Das Ford-Team beschließt darauf hin, für Aimar zu fahren. Der impulsive Franzose von der Côte d'Azur verblüfft Janssen und Poulidor beim Anstieg zum Coletta-Pass auf dem Weg nach Turin und fährt sich dort den entscheidenden Vorsprung heraus. Anquetil indes ist kurz davor aufzugeben. Der Star ist mehrfach eingebrochen, nun kriecht ihm auch noch die Kälte in die Knochen. Bei der 19. Etappe kehrt er der Tour für immer den Rücken...

Und noch ein nicht gerade alltägliches Ereignis kennzeichnet diese Tour: Auf der neunten Etappe streiken die Fahrer aus Protest gegen die Einführung der ersten Dopingkontrollen!

Die deutschen Fans bejubeln indes ihre Landsleute Rudi Altig und Karl-Heinz Kunde, die insgesamt 14 Tage in Gelb fahren.

GESAMTKLASSEMENT

1. **Lucien AIMAR** (FRA, Ford-France), 117 Std. 34'21" Stundenmittel: 36,819 km/h
2. **Jan JANSSEN** (HOL, Pelforth-Sauvage-Lejeune), 1'7"
3. **Raymond POULIDOR** (FRA, Mercier-BP), 2'2"
4. José-Antonio MOMENE (ESP, KAS), 5'19"
5. Marcello MUGNAINI (ITA, Filotex), 5'27"
6. Herman VAN SPRINGEL (BEL, Mann-Grundig), 5'44"
7. Francisco GABICA (ESP, KAS), 6'25"
8. Roger PINGEON (FRA, Peugeot-BP), 8'22"
9. Karl-Heinz KUNDE (GER, Peugeot-BP), 9'6"
10. Martin VAN DEN BOSSCHE (BEL, Smith's), 9'57"
11. Antonio GOMEZ DEL MORAL (ESP, KAS), 10'18"
12. Rudi ALTIG (GER, Molteni), 11'18"
13. Julio JIMENEZ (ESP, Ford Frankreich), 11'18"
14. Valentin URIONA (ESP, KAS), 11'59"
15. Joaquin GALERA (ESP, KAS), 13'2"
16. Jozef HUYSMANS (BEL, Mann-Grundig), 14'39"
17. Franco BITOSSI (ITA, Filotex), 16'35"
18. Domingo PERURENA (ESP, Fagor), 17'29"
19. Willy MONTY (BEL, Pelforth-Sauvage-Lejeune), 18'23"
20. Mariano DIAZ (ESP, Fagor), 19'58"

53. TOUR DE FRANCE: 22 ETAPPEN – 4.329 KILOMETER

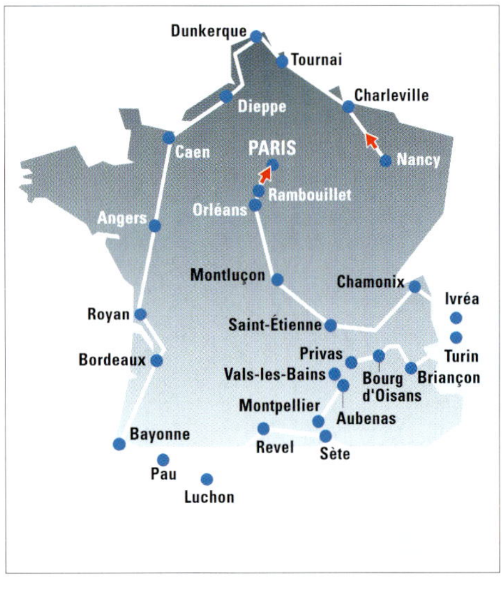

			Etappen	Etappensieger	Gelbes Trikot
1. Etappe	Dienstag 21. Juni	**208,5 km**	Nancy – Charleville	R. Altig (GER)	R. Altig
2. Etappe	Mittwoch 22. Juni	**198 km**	Charleville – Tournai (BEL)	G. Reybroeck (BEL)	R. Altig
3. Etappe (1)	Donnerstag 23. Juni	**20,8 km**	Tournai – Tournai (MZF)	Televizier	R. Altig
3. Etappe (2)	Donnerstag 23. Juni	**131,5 km**	Tournai (BEL) – Dünkirchen	G. Karstens (HOL)	R. Altig
4. Etappe	Freitag 24. Juni	**205 km**	Dünkirchen – Dieppe	W. Planckaert (BEL)	R. Altig
5. Etappe	Samstag 25. Juni	**178,5 km**	Dieppe – Caen	F. Bitossi (ITA)	R. Altig
6. Etappe	Sonntag 26. Juni	**216,5 km**	Caen – Angers	E. Sels (BEL)	R. Altig
7. Etappe	Montag 27. Juni	**252,5 km**	Angers – Royan	A. Van Vlierberghe (BEL)	R. Altig
8. Etappe	Dienstag 28. Juni	**137,5 km**	Royan – Bordeaux	W. Planckaert (BEL)	R. Altig
9. Etappe	Mittwoch 29. Juni	**201 km**	Bordeaux – Bayonne	G. Karstens (HOL)	R. Altig
10. Etappe	Donnerstag 30. Juni	**234,5 km**	Bayonne – Pau	T. De Pra (ITA)	T. De Pra
11. Etappe	Freitag 1. Juli	**188 km**	Pau – Luchon	M. Mugnaini (ITA)	J.-C. Lebaube
12. Etappe	Sonntag 3. Juli	**218,2 km**	Luchon – Revel	R. Altig (GER)	K.-H. Kunde
13. Etappe	Montag 4. Juli	**191,5 km**	Revel – Sète	G. Vandenberghe (BEL)	K.-H. Kunde
14. Etappe (1)	Dienstag 5. Juli	**144 km**	Montpellier – Aubenas	J. De Roo (HOL)	K.-H. Kunde
14. Etappe (2)	Dienstag 5. Juli	**20 km**	Vals-les-Bains – Vals-les-Bains (MZF)	R. Poulidor (FRA)	K.-H. Kunde
15. Etappe	Mittwoch 6. Juli	**203,5 km**	Privas – Bourg-d'Oisans	L. Otano (ESP)	K.-H. Kunde
16. Etappe	Donnerstag 7. Juli	**148,5 km**	Bourg-d'Oisans – Briançon	J. Jimenez (ESP)	J. Janssen
17. Etappe	Freitag 8. Juli	**160 km**	Briançon – Turin (ITA)	F. Bitossi (ITA)	L. Aimar
18. Etappe	Sonntag 10. Juli	**188 km**	Ivréa (ITA) – Chamonix	E. Schutz (LUX)	L. Aimar
19. Etappe	Montag 11. Juli	**264,5 km**	Chamonix – Saint-Étienne	F. Bracke (BEL)	L. Aimar
20. Etappe	Dienstag 12. Juli	**223,5 km**	Saint-Étienne – Montluçon	H. Nijdam (HOL)	L. Aimar
21. Etappe	Mittwoch 13. Juli	**232,5 km**	Montluçon – Orléans	P. Beuffeuil (FRA)	L. Aimar
22. Etappe (1)	Donnerstag 14. Juli	**111 km**	Orléans – Rambouillet	E. Sels (BEL)	L. Aimar
22. Etappe (2)	Donnerstag 14. Juli	**51,3 km**	Rambouillet – Paris (MZF)	R. Altig (GER)	L. Aimar

Oben: Letztes Getuschel zwischen Maître Jacques und seinem Ziehsohn Aimar unter dem väterlich-wachsamen Auge ihres sportlichen Leiters Géminiani.

Unten: Zwischen Bordeaux und Bayonne steigen die Fahrer ab, um gegen die ersten Doping-Kontrollen der Tour-Geschichte zu protestieren. In der Nacht zuvor wurden ihre Hotelzimmer von Medizinern und Polizisten durchsucht.

1967

Roger PINGEON

Pingeons überschatteter Sieg

Auf dem Weg nach Jambes springt Roger Pingeon mit einer Fluchtgruppe mit und legt an der Mauer von Thuin den Grundstein für seinen Toursieg. (Foto rechte Seite)

Mit seinen langen, fast dürren Beinen erinnert Roger Pingeon eher an einen Stelzvogel als an einen Radchampion. Und auch die Öffentlichkeit will nicht so recht an seine Chance glauben, umso mehr, als er sich nicht nur sportlich, sondern auch menschlich als ausgesprochen launenhafter Zeitgenosse präsentiert. Zu Beginn der Saison bricht er die Tour de Corse ab und erklärt seinen Rücktritt vom Radsport. Und auch die Dauphiné Libéré fährt er nicht zu Ende, weil er nicht einsieht, für Tom Simpson zu arbeiten. Beim Midi Libre allerdings verhindert nur eine Intrige der Organisatoren seinen Erfolg, und sogar Raymond Poulidor ist beeindruckt: „Ich werde bei dieser Tour um den Sieg fahren. Doch Pingeon ist der stärkste Franzose und ich werde, sofern die Situation dies erfordert, den unterstützen, der am besten platziert ist." Und tatsächlich gelingt Roger Pingeon bei der fünften Etappe ein denkwürdiger Alleingang in Richtung Jambes, der Nachbarstadt von Namur. Zunächst reißt er mit einer zwölfköpfigen Gruppe aus, darunter Letort, Theillière, Schleck, Van Looy und Riotte. Und dann legt er so richtig los: An der Mauer von Thuin lässt er seine Fluchtkollegen einfach stehen und distanziert alle Favoriten nach einem überragenden Parforceritt von 60 Kilometern um über sechs Minuten!

Poulidor bleibt gelassen und will seine Karte auf der Etappe nach Belfort spielen, die auf dem Ballon d'Alsace endet. An diesem Tag weiht er entgegen seiner Gewohnheiten seine Kameraden von der Nationalmannschaft in seine Pläne ein, doch er stürzt bei der Abfahrt vom Platzerwasel ausgerechnet in dem Moment, als auch das Begleitfahrzeug eine Panne hat...

Und so entwickelt sich ein eigentlich banaler Zwischenfall zu einem Drama: Poulidor fährt mit der Maschine von Édouard Delberghe weiter, mit zu engen Pedalhaken, und fällt weit hinter Gimondi, Janssen, Aimar und Letort zurück, die vorne unbeeindruckt Tempo machen. Im Tal bläst ein kräftiger Gegenwind, beim Anstieg zum Ballon d'Alsace bricht er endgültig ein und kommt mit elf Minuten Rückstand auf Etappensieger Aimar am Gipfel an. Doch Poulidor zeigt Charakter und stellt sich in den Dienst von Pingeon, der nun das Gelbe Trikot trägt. An den steilen Rampen des Galibier leistet er ein immenses Arbeitspensum, lässt sich zu seinem Teamkameraden zurückfallen, zieht ihn mit und muntert ihn auf. In Briançon ist Pingeon schließlich „über den Berg" und gewinnt diese Tour.

Überschattet wird sein Sieg allerdings von der Tragödie um Tom Simpson am Mont Ventoux.

GESAMTKLASSEMENT

1. **Roger PINGEON** (FRA, Frankreich), 136 Std. 53'50"
   Stundenmittel: 34,775 km/h
2. **Julio JIMENEZ** (ESP, Spanien), 3'40"
3. **Franco BALMAMION** (ITA, Primavera), 7'23"
4. Désiré LETORT (FRA, Bleuets), 8'18"
5. Jan JANSSEN (HOL, Holland), 9'47"
6. Lucien AIMAR (FRA, Frankreich), 9'47"
7. Felice GIMONDI (ITA, Italien), 10'14"
8. Jozef HUYSMANS (BEL, Belgien), 16'45"
9. Raymond POULIDOR (FRA, Frankreich), 18'18"
10. Fernando MANZANEQUE (ESP, Esperanza), 19'22"
11. Hans JUNKERMANN (GER, Deutschland), 23'2"
12. Willy MONTY (BEL, Belgien), 23'6"
13. Frans BRANDS (BEL, Belgien), 25'8"
14. Cees HAAST (HOL, Holland), 26'23"
15. Franco BODRERO (ITA, Primavera), 26'30"
16. Noël VAN CLOOSTER (BEL, Diables Rouges), 26'40"
17. José SAMYN (FRA, Bleuets), 28'42"
18. Gines GARCIA (ESP, Spanien), 28'56"
19. André BAYSSIÈRE (FRA, Coqs), 29'23"
20. Johny SCHLECK (LUX, Schweiz-Luxemburg), 32'9"

54. TOUR DE FRANCE: 22 ETAPPEN – 4.779 KILOMETER

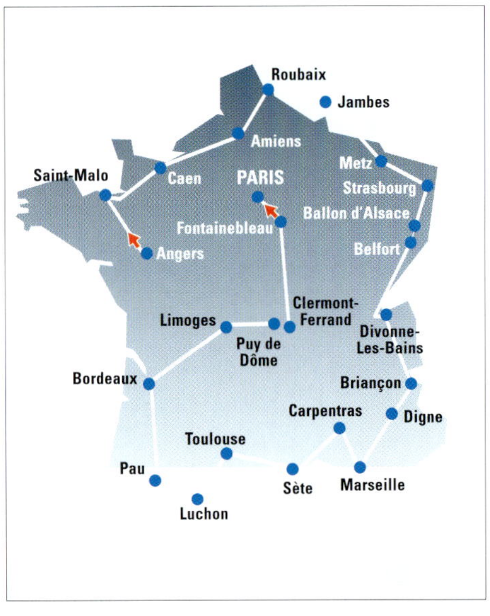

			Etappen	Etappensieger	Gelbes Trikot
Prolog	Donnerstag 29. Juni	**5,8 km**	Angers – Angers	J. M. Errandonea (ESP)	J. M. Errandonea
1. Etappe	Freitag 30. Juni	**185,5 km**	Angers – Saint-Malo	W. Godefroot (BEL)	J. M. Errandonea
2. Etappe	Samstag 1. Juli	**180 km**	Saint-Malo – Caen	W. Van Neste (BEL)	W. Van Neste
3. Etappe	Sonntag 2 Juli	**248 km**	Caen – Amiens	M. Basso (ITA)	G. Polidori
4. Etappe	Montag 3. Juli	**191 km**	Amiens – Roubaix	G. Reybroeck (BEL)	J. Spruyt
5. Etappe (1)	Dienstag 4. Juli	**172 km**	Roubaix – Jambes (BEL)	R. Pingeon (FRA)	R. Pingeon
5. Etappe (2)	Dienstag 4. Juli	**17 km**	Jambes – Jambes (MZF)	Belgien	R. Pingeon
6. Etappe	Mittwoch 5. Juli	**238 km**	Jambes (BEL) – Metz	H. Van Springel (BEL)	R. Pingeon
7. Etappe	Donnerstag 6. Juli	**205,5 km**	Metz – Straßburg	M. Wright (GBR)	R. Riotte
8. Etappe	Freitag 7. Juli	**215 km**	Straßburg – Belfort	L. Aimar (FRA)	R. Pingeon
9. Etappe	Sonntag 9. Juli	**238,5 km**	Belfort – Divonne-les-Bains	G. Reybroeck (BEL)	R. Pingeon
10. Etappe	Montag 10. Juli	**243 km**	Divonne-les-Bains – Briançon	F. Gimondi (ITA)	R. Pingeon
11. Etappe	Dienstag 11. Juli	**197 km**	Briançon – Digne	J. Samyn (FRA)	R. Pingeon
12. Etappe	Mittwoch 12. Juli	**207,5 km**	Digne – Marseille	R. Riotte (FRA)	R. Pingeon
13. Etappe	Donnerstag 13. Juli	**211,5 km**	Marseille – Carpentras	J. Janssen (HOL)	R. Pingeon
14. Etappe	Freitag 14. Juli	**201,5 km**	Carpentras – Sète	B. Hoban (GBR)	R. Pingeon
15. Etappe	Sonntag 16. Juli	**230,5 km**	Sète – Toulouse	R. Wolfshohl (GER)	R. Pingeon
16. Etappe	Montag 17. Juli	**188 km**	Toulouse – Luchon	F. Manzaneque (ESP)	R. Pingeon
17. Etappe	Dienstag 18. Juli	**250 km**	Luchon – Pau	R. Mastrotto (FRA)	R. Pingeon
18. Etappe	Mittwoch 19. Juli	**206,5 km**	Pau – Bordeaux	M. Basso (ITA)	R. Pingeon
19. Etappe	Donnerstag 20. Juli	**217 km**	Bordeaux – Limoges	J. Stablinski (FRA)	R. Pingeon
20. Etappe	Freitag 21. Juli	**222 km**	Limoges – Clermont-Ferrand	F. Gimondi (ITA)	R. Pingeon
21. Etappe	Samstag 22. Juli	**359 km**	Clermont-Ferrand – Fontainebleau	P. Leméteyer (FRA)	R. Pingeon
22. Etappe (1)	Sonntag 23. Juli	**104 km**	Fontainebleau – Versailles	R. Binggeli (SUI)	R. Pingeon
23. Etappe (2)	Sonntag 23. Juli	**46 km**	Versailles – Paris	R. Poulidor (FRA)	R. Pingeon

BP
ESSO
ESSO

Simpson bricht in der Steinwüste zusammen!

MARSEILLE – CARPENTRAS Zwei Kilometer vor dem Gipfel beginnt Simpson zu schwanken. Der beste Straßenfahrer Großbritanniens stirbt am Mont Ventoux an einem Hitzschlag. Protokoll eines Dramas.

CARPENTRAS. Vor dem Rathaus in Marseille erlebten wir noch einen fröhlichen und scherzenden Tom Simpson. Nur wenige Stunden später sahen wir den gleichen Mann kalt und steif in der Box Nummer 3 der Leichenkammer des Krankenhauses Sainte-Marthe in Avignon liegen.

Dabei hatten die Helfer alles in ihrer Macht stehende getan, um sein Leben zu retten. Schon kurz nachdem der Brite nur wenige Kilometer vor dem Gipfel des Ventoux zusammengebrochen war, nahm Doktor Dumas eine Herzmassage vor, ein Zuschauer machte gleichzeitig Mund-zu-Mund-Beatmung (Foto).

Im Rettungshubschrauber setzte Doktor Macorigh die verzweifelten Bemühungen bis zur Landung in der Nähe von Saint-Bénézet fort. Dort übernahm eine Ambulanz des zuständigen Krankenhauses den Notfallpatienten, der immer noch mit Mund-zu-Mund-Beatmung behandelt wurde. Nur Sekunden später wurde Simpson vom Team des Reanimationsspezialisten Doktor Soubeyrand intubiert, obwohl der Kampf gegen den Tod bereits so gut wie verloren schien. Im Krankenhaus kämpften die Ärzte mit modernster Technik weiter um das Leben des unglücklichen Fahrers, doch vergebens: Um 17.40 Uhr wurde sein Tod festgestellt. Da die genaue Ursache seines Ablebens noch nicht feststeht, verweigerten die Fachabteilungen des Krankenhauses und die Tour-Ärzte Dumas und Macorigh vorerst die Bestattungsgenehmigung.

Eine Stunde nach dem Tod Simpsons verneigten sich die Direktoren der Tour de France, Jacques Goddet und Félix Lévitan, sowie Gaston Plaud, der Technische Direktor und Freund von Tom Simpson, vor dessen sterblichen Überresten.

EIN RENNFAHRER IST TOT

Unser Schmerz ist so groß wie unser Entsetzen

TOMMY war bestimmt der größte Spaßvogel unter den Fahrern. Er brachte eine Prise typisch britischen Humors in den derben Spott des Pelotons. Sicher war er auch ein großer Champion. Doch er wollte zu vehement den Sieg, und nun trauert seine Familie um ihn. Wir haben uns bereits gefragt, ob dieser Sportler, der unter Belastung schon immer zu leiden schien, hinsichtlich seiner Regeneration nicht schwerwiegende Fehler gemacht hat. Doping? Die Mediziner werden uns sagen, ob Simpson unerlaubte Mittel benutzt hat, welche und wie oft. Die Verweigerung der Bestattungsgenehmigung lässt bereits Übles ahnen, und so können wir durchaus fürchten, dass die Ermittlungen zu diesem Drama uns wieder zu der Plage des Radsports führen werden. Der Tag wird kommen, an dem die Presse die schmerzliche Wahrheit enthüllen wird - und damit ein Vergehen, das uns alle bedroht. Der Fall Simpson beschäftigt uns zu einem Zeitpunkt, zu dem alle rechtlichen, moralischen, geistigen und wissenschaftlichen Instanzen ihre Kräfte vereinen müssen, um ein Entgleiten unserer ethischen Werte zu verhindern. Doch heute wollen wir erst einmal um einen sympathischen Menschen und Fahrer trauern, der vielleicht einfach nur Angst vor einer Niederlage hatte.

Am Tag nach dem Drama überlässt das Feld dem Briten Barry Hoban den Sieg.

Tom Simpson quält sich den Mont Ventoux hinauf. Als er zum ersten Mal stürzt, helfen ihm Zuschauer wieder in den Sattel. Doch beim zweiten Mal bleibt er liegen. Tom Simpson stirbt am 13. Juli an einer hohen Dosis Amphetamine.

Werner Zimmer: Meine tragischste Erinnerung

Es war ein heißer Tag! Keine Wolke am Himmel, kein Baum, der Schatten spenden konnte, in der Steinwüste des Ventoux, wenige Kilometer vor dem Ziel.
Hinter Armin Westiner, einem unserer Motorradfahrer (mit denen wir damals während der ganzen Etappe als Radio-Reporter bei den Fahrern bleiben durften), ein schweres und strapazierfähiges Maihac (Aufnahme)-Gerät über der Schulter fuhr ich mit einigen Kollegen und Tour-Offiziellen knapp hinter Tom Simpson. Plötzlich verlor der Engländer seinen Rhythmus, seine Linie und sein Tempo, ich sah wie er strauchelte, stürzte und liegenblieb. Sofort war sein Teamchef bei ihm, wenig später Tourarzt Dr. Dumas. Helfer brachten Simpson wieder mühsam auf die Beine, und nach ein paar gemeinsamen Schritten mit Hilfe eines Mechanikers wieder auf´s Rad. Ein kurzes Anschieben, ein paar müde Tritte, wieder das Straucheln, wieder ein Sturz, wieder musste der Arzt eingreifen. Simpson war ohne Bewusstsein - auch dann noch, als der Rettungshubschrauber kam.
Wir in der Nähe waren entsetzt und ich - zugegeben - sprachlos. Als ich schließlich meinen Kommentar sprach, war Tom Simpson schon tot. Ein Sportler hatte um den Preis eines Tageserfolges sein Leben verspielt. Und manche haben daraus immer noch nichts gelernt.
Meine nachhaltigste Erinnerung an 40 Jahre Tour de France - auch meine tragischste.

Unter den Platanen von Carpentras beweint Gimondi unverhohlen den Verlust von Simpson. Im nächsten Jahr wären beide Teamkollegen bei Salvarani gewesen.

Jan JANSSEN

Janssens hauchdünner Coup

Seit dem Tod von Tom Simpson beschäftigt sich der Radsport ernsthaft mit dem Problem Doping. Da die Organisatoren der Tour fürchten, dass sich eine Tragödie gleicher Größenordnung wiederholen könnte, streichen sie den Ventoux vom Streckenplan 1968 und stellen das Rennen unter das Motto „Tour der Gesundheit“. Der Start erfolgt - durchaus symbolisch - in Vittel, wo sich Fahrer und sportliche Leiter gleichermaßen für strenge, offizielle Kontrollen aussprechen. Gimondi und Motta werden von ihren Arbeitgebern nicht für diese Tour freigestellt, ebenso der Belgier Eddy Merckx. Raymond Poulidor kann auf die Unterstützung von Roger Pingeon zählen, der sich für die geleisteten Dienste „Poupous“ aus dem Vorjahr revanchieren möchte. Der Elsässer Charly Grosskost gewinnt die 1. Etappe vor Janssen und Poulidor. Doch die vielen Massenankünfte langweilen die Journalisten; sie werfen den Verantwortlichen eine schlechte Streckenplanung vor. Organisator Félix Levitan kontert in einem Radiointerview und spricht von einer „getrübten Wahrnehmung“ der Presse. Die Journalisten reagieren darauf mit einem Streik und boykottieren - ein einmaliger Vorgang in den Annalen der Tour - die 70 ersten Kilometer der Etappe von Bordeaux nach Bayonne. Der belgische Sprinter Georges Vandenberghe fährt noch immer im Gelben Trikot, als Roger Pingeon nach einem 193 km langen Solo in Albi gewinnt. Hinten im Feld sorgt Poulidor zum Leidwesen von Janssen, Bracke und Aimar für einen ersten Massensturz, als er von einem Pressemotorrad touchiert wird. Poulidor blutet stark aus der Nase, am Ellenbogen und am Knie, er kann kaum atmen. Seine Helfer, die bisher die Flucht von Pingeon erfolgreich abgeschirmt hatten, sind erschöpft. „Poupou“, der ewige Pechvogel, kann zwar den Schaden noch begrenzen, doch die Tour ist für ihn mal wieder verloren. Am nächsten Tag bläst Lucien Aimar zum Angriff, der unbequeme Leader der Mannschaft Frankreich B. Als er antritt, folgen 15 Fahrer, darunter Van Springel, San Miguel, Wolfshohl, Bracke und Janssen. Für das A-Team ist diese Entwicklung eine Katastrophe. Pingeon verliert neun Minuten, ebenso der übel zugerichtete Poulidor, der in Saint-Etienne nicht mehr an den Start geht. Nach einer schönen Konterattacke von Pingeon, der mit einem Sieg in Grenoble seine Ehre wieder herstellt, geht das Gelbe Trikot von San Miguel an Van Springel. Doch der Belgier wird von der Last auf seinen Schultern gelähmt und gibt beim Zeitfahren auf der letzten Etappe den Gesamtsieg noch aus der Hand. Mit einem hauchdünnen Vorsprung von 38“ gewinnt Jan Janssen die Tour de France, ohne jemals im Rennen das Gelbe Trikot getragen zu haben!

GESAMTKLASSEMENT

1. **Jan JANSSEN** (HOL, Holland), 133 Std. 49'42“
   Stundenmittel: 34,894 km/h
2. **Herman VAN SPRINGEL** (BEL,Belgien), 38“
3. **Ferdinand BRACKE** (BEL, Belgien B), 3'3“
4. Gregorio SAN MIGUEL (ESP, Spanien), 3'17“
5. Roger PINGEON (FRA, Frankreich), 3'29“
6. Rolf WOLFSHOHL (GER, Deutschland), 3'46“
7. Lucien AIMAR (FRA, Frankreich B), 4'44“
8. Franco BITOSSI (ITA, Italien), 4'59“
9. Andres GANDARIAS (ESP, Spanien), 5'5“
10. Ugo COLOMBO (ITA, Italien), 7'55“
11. Antonio GOMEZ DEL MORAL (ESP, Spanien), 8'11“
12. Georges PINTENS (BEL, Belgien), 10'26“
13. Aurelio GONZALES (ESP, Spanien), 10'42“
14. André POPPE (BEL, Belgien), 12'31“
15. Silvano SCHIAVON (ITA, Italien), 14'9“
16. Tony HOUBRECHTS (BEL, Belgien B), 17'23“
17. Charles „Charly“ GROSSKOST (FRA, Frankreich B), 17'26“
18. Georges VANDENBERGHE (BEL, Belgien B), 18'2“
19. Flaviano VICENTINI (ITA, Italien), 18'19“
20. Walter GODEFROOT (BEL, Belgien B), 18'28“

55. TOUR DE FRANCE: 22 ETAPPEN – 4.492 KILOMETER

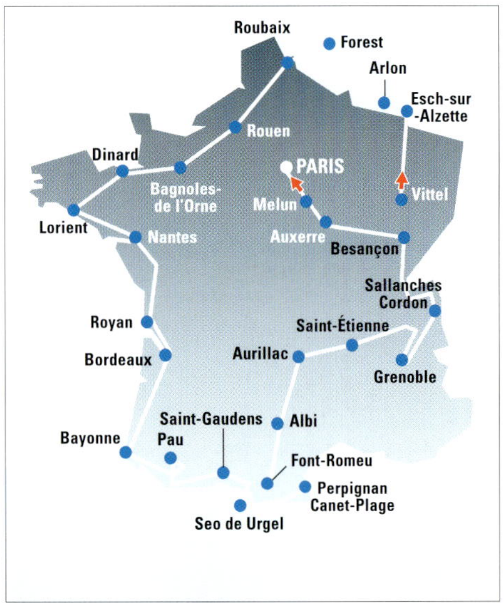

			Etappen	Etappensieger	Gelbes Trikot
Prolog	Donnerstag 27. Juni	**6,1 km**	Vittel – Vittel	C. Grosskost (FRA)	C. Grosskost
1. Etappe	Freitag 28. Juni	**89 km**	Vittel – Esch-sur-Alzette (LUX)	C. Grosskost (FRA)	C. Grosskost
2. Etappe	Samstag 29. Juni	**210,5 km**	Arlon (BEL) – Forest (BEL)	E. De Vlaeminck (BEL)	C. Grosskost
3. Etappe (1)	Sonntag 30. Juni	**22 km**	Forest – Forest (MZF)	Belgien A	H. Van Springel
3. Etappe (2)	Sonntag 30. Juni	**112 km**	Forest (BEL) – Roubaix	W. Godefroot (BEL)	H. Van Springel
4. Etappe	Montag 1. Juli	**238 km**	Roubaix – Rouen	G. Chappe (FRA)	J.-P. Genet
5. Etappe (1)	Dienstag 2. Juli	**165 km**	Rouen – Bagnoles-de-l'Orne	A. Desvages (FRA)	G. Vandenberghe
5. Etappe (2)	Dienstag 2. Juli	**154,5 km**	Bagnoles-de-l'Orne – Dinard	J. Dumont (FRA)	G. Vandenberghe
6. Etappe	Mittwoch 3. Juli	**188 km**	Dinard – Lorient	A. Gonzales (ESP)	G. Vandenberghe
7. Etappe	Donnerstag 4. Juli	**190 km**	Lorient – Nantes	F. Bitossi (ITA)	G. Vandenberghe
8. Etappe	Freitag 5. Juli	**223 km**	Nantes – Royan	D. Van Ryckeghem (BEL)	G. Vandenberghe
9. Etappe	Sonntag 7. Juli	**137,5 km**	Royan – Bordeaux	W. Godefroot (BEL)	G. Vandenberghe
10. Etappe	Montag 8. Juli	**202,5 km**	Bordeaux – Bayonne	G. Bellone (FRA)	G. Vandenberghe
11. Etappe	Dienstag 9. Juli	**183,5 km**	Bayonne – Pau	D. Van Ryckeghem (BEL)	G. Vandenberghe
12. Etappe	Mittwoch 10. Juli	**226,5 km**	Pau – Saint-Gaudens	G. Pintens (BEL)	G. Vandenberghe
13. Etappe	Donnerstag 11. Juli	**208,5 km**	Saint-Gaudens – Seo De Urgel (ESP)	H. Van Springel (BEL)	G. Vandenberghe
14. Etappe	Freitag 12. Juli	**231,5 km**	Seo De Urgel (ESP) – Canet-Plage	J. Janssen (HOL)	G. Vandenberghe
15. Etappe	Sonntag 14. Juli	**250,5 km**	Font-Romeu – Albi	R. Pingeon (FRA)	G. Vandenberghe
16. Etappe	Montag 15. Juli	**199 km**	Albi – Aurillac	F. Bitossi (ITA)	R. Wolfshohl
17. Etappe	Dienstag 16. Juli	**236,5 km**	Aurillac – Saint-Étienne	J.-P. Genet (FRA)	R. Wolfshohl
18. Etappe	Mittwoch 17. Juli	**235 km**	Saint-Étienne – Grenoble	R. Pingeon (FRA)	G. San Miguel
19. Etappe	Donnerstag 18. Juli	**200 km**	Grenoble – Sallanches	B. Hoban (GBR)	H. Van Springel
20. Etappe	Freitag 19. Juli	**242,5 km**	Sallanches – Besançon	J. Huysmans (BEL)	H. Van Springel
21. Etappe	Samstag 20. Juli	**242 km**	Besançon – Auxerre	E. Leman (BEL)	H. Van Springel
22. Etappe (1)	Sonntag 21. Juli	**136 km**	Auxerre – Melun	M. Izier (FRA)	H. Van Springel
22. Etappe (2)	Sonntag 21. Juli	**55,2 km**	Melun – Paris (EZF)	J. Janssen (HOL)	J. Janssen

Am Start zum letzten Zeitfahren von Melun nach Paris ist die Spannung mit Händen zu greifen. Neun Fahrer liegen innerhalb von zwei Minuten, der Niederländer Jan Janssen landet schließlich den Überraschungscoup!

Der untröstliche Van Springel verlautbart, dass Janssen vielleicht in den Doping-Kontrollen nicht erfasst wurde...

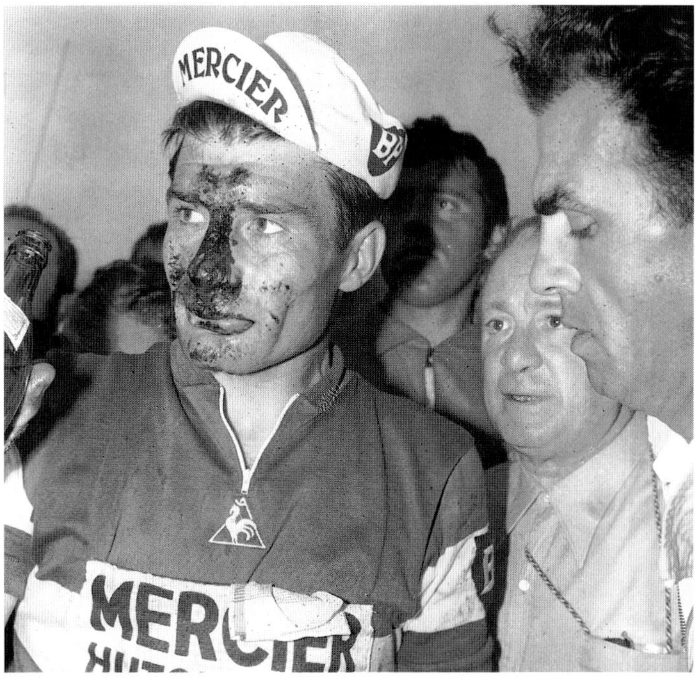

Poulidor wurde auf der Etappe nach Albi von einem Motorrad zum Sturz gebracht und hat sich die Nase gebrochen. Noch eine Tour, die er verliert...

1969

Eddy MERCKX

Die Ära Merckx beginnt

Nach einer fulminanten Solofahrt über 140 Kilometer erreicht Eddy Merckx das Ziel in Mourenx mit sieben Minuten Vorsprung auf das Duo Poulidor-Pingeon. Eine legendäre Leistung, die an seiner Überlegenheit keinen Zweifel mehr lässt. (Foto rechte Seite)

Als Eddy Merckx nach Roubaix fährt, zu seiner ersten Tour de France, ist er nicht mehr der strahlende Champion des Jahres 1965. Er ist zu einem verschlossenen und verbitterten Mann geworden, seit er beim Giro d'Italia unter höchst suspekten Umständen positiv auf Doping getestet wurde. Merckx geht wie ein wilder Stier in diese Tour, als wolle er auch den letzten Reporter und den letzten Zuschauer durch übermenschliche Leistungen von seiner Unschuld überzeugen. Es ist, als ob mehrere Merckx unterwegs wären, die an allen Fronten kämpften. Da ist der sentimentale Merckx, der im Mannschaftszeitfahren von Woluwe das Gelbe Trikot holt; da ist Merckx der Tyrann, der seine Rivalen, mit Ausnahme von De Vlaeminck, Galera und Altig, am Ballon d'Alsace förmlich atomisiert; da ist Merckx der Rouleur, der seine Klasse beim Einzelzeitfahren von Divonne unter Beweis stellt; Merckx der Gütige, der Pingeon in Chamonix den Sieg überlässt; und schließlich Merckx der gnadenlose Dominator, der in den Pyrenäen noch um jeden Sieg kämpft, obwohl er die Tour längst in der Tasche hat. Am Tourmalet entwischt er seinen Verfolgern zusammen mit Martin Van den Bossche. Alle gehen davon aus, dass die beiden gemeinsam weiterfahren, doch der Mann in Gelb hängt seinen Teamkollegen vor der Ziellinie des Bergpreises mit einem knackigen Antritt ab. Aber warum? Das erfährt die Öffentlichkeit erst Jahre später: Merckx hatte erfahren, dass Van den Bossche zur Konkurrenz wechseln wollte, deshalb demütigte er den Bergspezialisten noch einmal auf seinem bevorzugten Terrain. Zwar bedauert er dies später, aber immerhin ist diese Aktion das Startsignal für eine der außergewöhnlichsten Leistungen der Tour-Geschichte. Nachdem Merckx nämlich merkt, dass niemand folgen kann, macht er weiter mächtig Dampf und fährt alleine 140 Kilometer, über den Soulor und den Aubisque. An diesem Tag erhebt sich Merckx über die Tour de France und über die Menschen. In Mourenx ist er schon sieben Minuten im Ziel, bis zunächst Michele Dancelli und dann eine Gruppe mit Pingeon, Poulidor, Theillière, Zimmermann, Bayssière und Van den Bossche eintrudeln. Der von Magenproblemen geschwächte Italiener Felice Gimondi und der Vorjahressieger Janssen haben gar eine Viertelstunde Rückstand.

Die Tour ist gelaufen, und das nicht nur in diesem Jahr. Für die Rivalen des Brüsselers ist die Niederlage vernichtend: Merckx holt sich das Gelbe Trikot, das Grüne Trikot und den Bergpreis! Dreißig Jahre nach dem letzten Toursieg eines Belgiers, Romain Maes, leitet Merckx eine neue Epoche ein, die Millionen Anhänger in ihren Bann zieht.

GESAMTKLASSEMENT

1. **Eddy MERCKX** (BEL, Faema), 116 Std. 16'2"
2. **Roger PINGEON** (FRA,Peugeot-BP), 17'54"
3. **Raymond POULIDOR** (FRA, Mercier-BP), 22'13"
4. Felice GIMONDI (ITA, Salvarini), 29'24"
5. Andres GANDARIAS (ESP, KAS), 33'4"
6. Marinus WAGTMANS (HOL-Willem II-Gazelle), 33'57"
7. Pierfranco VIANELLI (ITA, Molteni), 42'40"
8. Joaquim AGOSTINHO (POR, Frimatic de Gribaldy), 51'24"
9. Désiré LETORT (FRA, Peugeot-BP), 51'41"
10. Jan JANSSEN (HOL, Bic), 52'56"
11. Joaquin GALERA (ESP, Fagor), 54'47"
12. Lucien VAN IMPE (BEL, Sonolor-Lejeune), 56'17"
13. Jean-Claude THEILLIÈRE (FRA, Sonolor-Lejeune), 1 Std. 4'58"
14. Wladimiro PANIZZA (ITA, Salvarini), 1 Std. 5'16"
15. Eddy SCHUTZ (LUX, Molteni), 1 Std. 6'58"
16. Jean DUMONT (FRA, Peugeot-BP), 1 Std. 7'25"
17. Paul GUTTY (FRA, Frimatic de Gribaldy), 1 Std. 8'5"
18. Herman VAN SPRINGEL (BEL, Mann-Grundig), 1 Std. 10'11"
19. Edoardo CASTELLO (ESP, KAS), 1 Std. 14'4"
20. Michele DANCELLI (ITA, Molteni), 1 Std. 17'36"

56. TOUR DE FRANCE: 22 ETAPPEN – 4.117 KILOMETER

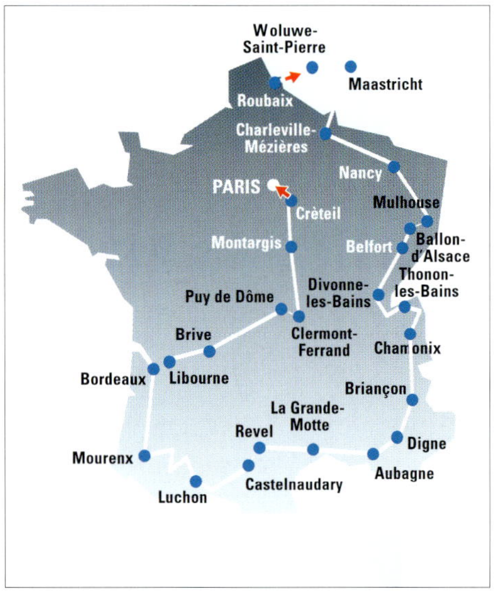

			Etappen	Etappensieger	Gelbes Trikot
Prolog	Samstag 28. Juni	**10,4 km**	Roubaix – Roubaix	R. Altig (GER)	R. Altig
1. Etappe (1)	Sonntag 29. Juni	**147 km**	Roubaix – Woluwe-Saint-Pierre (BEL)	M. Basso (ITA)	R. Altig
1. Etappe (2)	Sonntag 29. Juni	**15,6 km**	Woluwe – Woluwe (MZF)	Faema	E. Merckx
2. Etappe	Montag 30. Juni	**181,5 km**	Woluwe (BEL) – Maastricht (HOL)	J. Stevens (BEL)	J. Stevens
3. Etappe	Dienstag 1. Juli	**213,5 km**	Maastricht (HOL) – Charleville	É. Leman (BEL)	J. Stevens
4. Etappe	Mittwoch 2. Juli	**214 km**	Charleville – Nancy	R. Van Looy (BEL)	J. Stevens
5. Etappe	Donnerstag 3. Juli	**193,5 km**	Nancy – Mulhouse	J. Agostinho (POR)	D. Letort
6. Etappe	Freitag 4. Juli	**133,5 km**	Mulhouse – Belfort	E. Merckx (BEL)	E. Merckx
7. Etappe	Samstag 5. Juli	**241 km**	Belfort – Divonne-les-Bains	M. Diaz (ESP)	E. Merckx
8. Etappe (1)	Sonntag 6. Juli	**8,8 km**	Divonne-les-Bains – Divonne-les-Bains (EZF)	E. Merckx (BEL)	E. Merckx
8. Etappe (2)	Sonntag 6. Juli	**136,5 km**	Divonne-les-Bains – Thonon-les-Bains	M. Dancelli (ITA)	E. Merckx
9. Etappe	Montag 7. Juli	**111 km**	Thonon-les-Bains – Chamonix	R. Pingeon (FRA)	E. Merckx
10. Etappe	Dienstag 8. Juli	**220,5 km**	Chamonix – Briançon	H. Van Springel (BEL)	E. Merckx
11. Etappe	Mittwoch 9. Juli	**198 km**	Briançon – Digne	E. Merckx (BEL)	E. Merckx
12. Etappe	Donnerstag 10. Juli	**161,5 km**	Digne – Aubagne	F. Gimondi (ITA)	E. Merckx
13. Etappe	Freitag 11. Juli	**195,5 km**	Aubagne – La Grande-Motte	G. Reybroeck (BEL)	E. Merckx
14. Etappe	Samstag 12. Juli	**234,5 km**	La Grande-Motte – Revel	J. Agostinho (POR)	E. Merckx
15. Etappe	Sonntag 13. Juli	**18,5 km**	Revel – Revel (EZF)	E. Merckx (BEL)	E. Merckx
16. Etappe	Montag 14. Juli	**199 km**	Castelnaudary – Luchon	R. Delisle (FRA)	E. Merckx
17. Etappe	Dienstag 15. Juli	**214,5 km**	Luchon – Mourenx	E. Merckx (BE)	E. Merckx
18. Etappe	Mittwoch 16. Juli	**201 km**	Mourenx – Bordeaux	B. Hoban (GBR)	E. Merckx
19. Etappe	Donnerstag 17. Juli	**192,5 km**	Libourne – Brive	B. Hoban (GBR)	E. Merckx
20. Etappe	Freitag 18. Juli	**198 km**	Brive – Puy-de-Dôme	P. Matignon (FRA)	E. Merckx
21. Etappe	Samstag 19. Juli	**329,5 km**	Clermont-Ferrand – Montargis	H. Van Springel (BEL)	E. Merckx
22. Etappe (1)	Sonntag 20. Juli	**111,5 km**	Montargis – Créteil	J. Spruyt (BEL)	E. Merckx
22. Etappe (2)	Sonntag 20. Juli	**36,8 km**	Créteil – Paris (EZF)	E. Merckx (BEL)	E. Merckx

VIRLUX
FAEMA

LUCHON – MOURENX Unter einer erbarmungslosen Sonne vollbrachte Eddy Merckx auf den letzten 50 Kilometern der Etappe eine bewundernswerte Leistung. Ein neuer, großer Champion ist geboren!

Merckxissimo

MOURENX-VILLE-NOUVELLE. Mit Vergleichen ist das immer so eine Sache: Nichts auf der Welt ist mit etwas anderem vergleichbar. Und es wird in der Geschichte des Radsports nur einen Champion von der Größe eines Eddy Merckx geben. Das ist das Geheimnis der menschlichen Schöpfung, von dem der Dichter Mallarmé einst sagte: „Es ist schon verblüffend, in welch unterschiedlichem Glanz man so vieles erscheinen lassen kann." Das, was dieser große Radsportler gestern geleistet hat, ist anders als alles, was bisher in das große Buch der Landstraße geschrieben wurde, denn Merckx hat einen willkürlichen Akt vollzogen, der eigentlich nicht geplant war, und seine neuerliche, spontane Intervention hat sämtliche Regungen, den Widerstand der anderen Akteure, sogar den Sinn des Kampfes zerschmettert.

„Eddy Merckx ist pünktlich zum Rendezvous mit seiner eigenen Legende. Ohne Murren oder Knurren, nur durch das natürliche Spiel seiner außergewöhnlichen Talente, fährt er unaufhaltsam seinen übermenschlichen Weg." Das Phänomen Merckx zieht den Schriftsteller Antoine Blondin in seinen Bann.

Reichte es ihm nicht, die anderen Fahrer zu Statisten zu degradieren? Wollte er sie auch noch mit einer vernichtenden Niederlage demütigen? Drückt sich so die Selbstgefälligkeit des „Über-Champions" aus, der alles beherrschen, alles erobern und alles besitzen will? Dass der Ehrgeiz diesen Mann antreibt, ist gewiss, denn ohne diese Eigenschaft gäbe es wohl keine Meisterstücke dieser Art. Aber was in ihm diese unbarmherzige Angriffslust auslöst, ist sein Streben nach Bestätigung seines Sports, seiner Handlungen, seines Berufs, seiner Berufung. Es ist jedoch auch die organische Notwendigkeit, seinen Kräften freien Lauf zu lassen. Sie zu bändigen, zu schonen, wäre für diesen Mann ein Zeichen von Trägheit, von Feigheit, auf jeden Fall aber von Heuchelei.

Er erzählt, wie das war zwischen Luchon und Mourenx, wie sich das Rennen so dahinschleppte auf diesen Pyrenäengiganten, die ihn in seinen Kindheitsträumen heimgesucht hatten, wie die Hitze trotz des geringen Tempos ihren Tribut forderte, wie ein bleicher Gimondi ohne Form brutal abgehängt wurde, wie er selbst sich zum Handeln gezwungen sah. Peyresourde und Aspin wurden noch im geschlossenen Feld überquert, doch die schrecklichen Rampen des Tourmalet trennten dann die Spreu vom Weizen. Eddy begrüßte den altehrwürdigen und illustren Pass nach einem überwältigenden Sprint als Erster. Mit einigen Sekunden Vorsprung stürzte sich der Belgier einmal mehr in seiner geschickten, flüssigen und doch halsbrecherisch schnellen Manier in die Abfahrt und trat, was das Zeug hielt.

Als er das Pau-Tal in Richtung Aubisque passierte, deutete nichts auf einen entschlossenen Soloritt hin. Bisher neigte Merckx eher dazu, in solchen Situationen entspannt auf die Rückkehr seiner Verfolger zu warten, an diesem Tag nur noch Poulidor, Pingeon und Bayssière von Peugeot-BP, Theillière und Zimmermann von Sonolor-Lejeune und der Berghelfer von Merckx, der schlaksige Van den Bossche.

Die Entscheidung

Doch die rasende Abfahrt des Ausnahmeathleten im Gelben Trikot hatte schon unbeabsichtigt für allzu klare Verhältnisse gesorgt! Und er spürte, dass ihm das Warten gegen den Strich ging. Also gab er Gas, damit zumindest die Tour de France, die er gewinnen wollte, von keinem Makel überschattet würde. Zweifellos würden ihn die anderen einholen, aber es sollte zumindest wie ein Rennen aussehen...

Eddy fuhr also alleine, und da es nichts gab, was seinen Rhythmus beeinträchtigte, wuchs er über sich hinaus. Und der Verfolgerzug verlor immer mehr an Boden!

Zunächst eine Minute, schon eineinhalb in Argelès, wo es erste richtige Rampen hinaufging, bis zum Fuße des Soulor. Hier verlor für die Gruppe der Vorteil des Windschattens seine Wirkung, der Vorsprung des Champions wuchs auf 3'30" zu Beginn der steilsten Passagen, auf 4'55" am Soulor, dem Vorhof zum Aubisque, und auf unglaubliche sieben Minuten am Aubisque selbst! Im Ziel in Mourenx-Ville-Nouvelle mussten die Zuschauer gar acht Minuten auf den Zweiten warten.

Merckx hatte die letzten 75 Kilometer keinen Deut nachgelassen! Tour-Größen wie Gimondi und Janssen hatten gar eine Viertelstunde Rückstand.

Zwischen Mulhouse und Belfort spielt Eddy Merckx alle seine Qualitäten aus und bläst zum ersten großen Angriff. Seine Gegner geben sich geschlagen, nur Altig (links), Galera und De Vlaeminck können den Schaden bis zum Fuß des Ballon d'Alsace begrenzen. (Foto links)

Eine Leistung von enormer sportlicher Qualität. Und die Art, wie sie erbracht wurde, war eine Augenweide: Lang gestreckte, flache Sitzposition, die sehnigen Beine vor Schweiß glänzend, der Tritt gleichmäßig wie ein Uhrwerk. In den Bergen beweist er, dass sein neuer Kletterstil überaus erfolgreich ist. Er entlarvt die klassischen Kletterer als Reliquien einer längst vergangenen Heldenepoche und verdammt sie zur Bedeutungslosigkeit. Ihre zähen und kraftraubenden Höhenflüge werden nun durch seinen geschmeidigen Tritt bei konstant hoher Frequenz und die unterstützenden, rhythmischen Pendelbewegungen der Schultern ersetzt. Dies alles erweckt nie den Eindruck von Mühe, sondern offenbart, im Gegenteil, eine kraftvolle und harmonische Eleganz.

Doch ist diese große Tat nicht auch Ausdruck einer grandiosen Charakterstärke? Es brauchte in der Tat eine gehörige Portion Entschlossenheit, um der Tour de France ein so wertvolles Geschenk zu machen. Denn eigentlich war die „Festung" Merckx ja schon uneinnehmbar. Nun setzt die Tour mit einem Gesamtklassement den Weg nach Paris fort, dessen Zeitabstände abenteuerliche Ausmaße angenommen haben. Doch der Weg ist noch weit und das letzte Wort noch nicht gesprochen! Noch immer kann in dieser Bruthitze der gefürchtete „Mann mit dem Hammer" kommen. Noch immer kann der Einbruch kommen, wenn er mit seinen Kraftreserven allzu verschwenderisch umgegangen ist. Und er kann sich verhasst machen bei all den armen Teufeln, die er durch das Fegefeuer der Niederlage geschickt und denen er so fürs Erste wahrscheinlich die Lust an ihrem harten Beruf genommen hat.

Geschlagen... und niedergeschlagen

Der Parforceritt des Mannes in Gelb scheint die Kampfeslust seiner Konkurrenten vernichtet zu haben. Vielleicht sollte man diese ohnehin als Ex-Konkurrenten bezeichnen, denn sie haben längst begriffen, dass es keinen Grund mehr gibt, gegen Merckx zu kämpfen. Es war schon eine Überraschung, dass Pingeon und Poulidor nach ihrer eher lustlosen Abfahrt vom Tourmalet nicht versucht haben, ihren erbarmungslosen Peiniger im 18 Kilometer langen Pau-Tal einzuholen. Zusammen mit den ehemaligen Hoffnungsträgern Bayssière, Theillière und Zimmermann hätten sie alle Chancen gehabt, einen erfolgreichen Verfolgungszug zu bilden...

Doch leider wurden die folgenden 120 Kilometer, einschließlich der Passage über den Aubisque, ein trister Trauerzug resignierter Figuren mit gelähmten Beinen, die sich mit der Grausamkeit des Augenblicks abgefunden hatten. Sie warfen zwar nicht das Handtuch, doch sie riskierten auch nicht die zusätzliche Demütigung in Form einer gescheiterten Verfolgung. Fünf gegen Einen - sogar Sechs gegen Einen, nachdem Dancelli, der einzige Abgehängte mit Kampfgeist an diesem Tag, von hinten herangefahren war. Nicht gerade eine sehr glorreiche Einstellung, eher die durchaus verständliche Niedergeschlagenheit von Sportlern, die die Ungleichheit der Waffen und ihre eigene relative Unzulänglichkeit anerkennen müssen.

Doch was mussten erst diejenigen empfinden, die weit hinten in den Pelotons der Zersprengten vor sich hindümpelten und völlig ihr Gesicht verloren? Denn dort brachen alle Dämme, liefen die Zeitabstände völlig aus dem Ruder. Die Spanier verschwanden ganz einfach von der Bildfläche, und dies an den Grenzen zu ihrer Heimat. Man musste - und das ist eine wichtige Erkenntnis! - den Eindruck gewinnen, dass die sechs unglücklichen Verfolger durch die Glanztat dieses einzigartigen Mannes ebenso erniedrigt wurden wie durch die erbärmliche Vorstellung dieses Bummelzuges.

Eddy Merckx hat heute eine Legende zerstört. Nämlich die, dass die Tour in Paris gewonnen wird.

1970

Eddy MERCKX

Nur der Ventoux steht Merckx im Weg

Ein Jahr nach seiner erdrückenden Überlegenheit erscheint das Schreckgespenst Merckx zur Tour mit einer fulminanten Siegesserie im Gepäck, die ihm längst den Namen „der Kannibale" eingebracht hat. Den Giro hat er locker gewonnen, jetzt will er das Double. Und es gibt nicht viele, die ihm den Sieg streitig machen könnten: Roger Pingeon hat chronische Knieprobleme, Raymond Poulidor eine Gürtelrose und Gimondi nach einem enttäuschenden Giro keine Lust mehr auf die Tour. Die erste Rennwoche verläuft wie erwartet, der große Zampano hält sich noch zurück und wird beim Zeitfahren von Forest sogar völlig überraschend von dem Spanier José Gonzales-Linares geschlagen. Auf der Etappe nach Divonne haut Eddy dann zum ersten Mal auf den Tisch. Der junge Joop Zoetemelk ist einer der wenigen, die sein Hinterrad halten können. Alle anderen bleiben konsterniert zurück. Dann steht der Ventoux auf dem Programm, immer ein Garant für denkwürdige Ereignisse! Eine drückende Hitze liegt über dem Berg, Merckx fährt mit Trauerflor, denn sein Entdecker und Manager Vincenzo Giacotto ist gestorben. Der Belgier hat sich offenbar viel vorgenommen, denn er brennt schon in der Anfahrt zum Chalet Reynard ein wahres Feuerwerk ab und fährt Thévenet, Poulidor und Van Impe in Grund und Boden. Sein Ex-Teamkollege Martin Van den Bossche und Joaquim Agostinho fallen später ebenfalls zurück. Merckx ist jetzt alleine, und als er den Gedenkstein für Tom Simpson passiert, zieht er seine Mütze. Doch sein Tritt wird immer schwerer, und seine Oberschenkel schmerzen, als ob sie gleich zerplatzen wollen. Nach Atem ringend erreicht er das Observatorium auf dem Gipfel. Als er zum Podium des Fernsehens gehen will, hat der Träger des Gelben Trikots plötzlich einen Schwächeanfall. „Bitte entschuldigen Sie, aber ich kann nicht mehr!", stößt er japsend hervor. In einem Krankenwagen erhält er Sauerstoff. Einige Minuten später taucht er wieder auf, weiß wie eine Wand. „Angst" habe er gehabt, „schreckliche Angst", sagt er leise in die Mikrofone. Angst, wovor? Die Tour zu verlieren? Wie Simpson zu enden? Der Mont Ventoux bleibt seinem Ruf treu und straft erbarmungslos alle, die ihm nicht den gebührenden Respekt entgegenbringen, auch wenn sein heutiges Opfer mit einem blauen Auge davon kommt.
Merckx gewinnt souverän seine zweite Tour. Die Herrschaft des Unantastbaren hat begonnen.

GESAMTKLASSEMENT

1. **Eddy MERCKX** (BEL, Faema), 119 Std. 31'45"
2. **Joop ZOETEMELK** (HOL, Mars-Flandria), 12'41"
3. **Gösta PETTERSSON** (SWE, Ferretti), 15'54"
4. Martin VAN DEN BOSSCHE (BEL, Molteni), 18'53"
5. Marinus WAGTMANS (HOL, Willem II-Gazelle), 19'54"
6. Lucien VAN IMPE (BEL, Sonolor-Lejeune), 20'34"
7. Raymond POULIDOR (FRA, Fagor-Mercier), 20'35"
8. Tony HOUBRECHTS (BEL, Salvarini), 21'34"
9. Francisco GALDOS (ESP, KAS), 21'45"
10. Georges PINTENS (BEL, Mann-Grundig), 23'23"
11. Raymond DELISLE (FRA, Peugeot-BP), 23'59"
12. Franco BALMAMION (ITA, Salvarini), 25'10"
13. Italo ZILIOLI (ITA, Faema), 26'17"
14. Joaquim AGOSTINHO (POR, Frimatic de Gribaldy), 26'52"
15. Luis ZUBERO (ESP, KAS), 28'11"
16. Willy VAN NESTE (BEL, Mann-Grundig), 29'17"
17. Lucien AIMAR (FRA, Sonolor-Lejeune) 29'22"
18. Wladimiro PANIZZA (ITA, Salvarini), 31'2"
19. Johnny SCHLECK (LUX, Bic), 32'19"
20. Andres GANDARIAS (ESP, KAS), 35'22"

57. TOUR DE FRANCE: 23 ETAPPEN – 4.369 KILOMETER

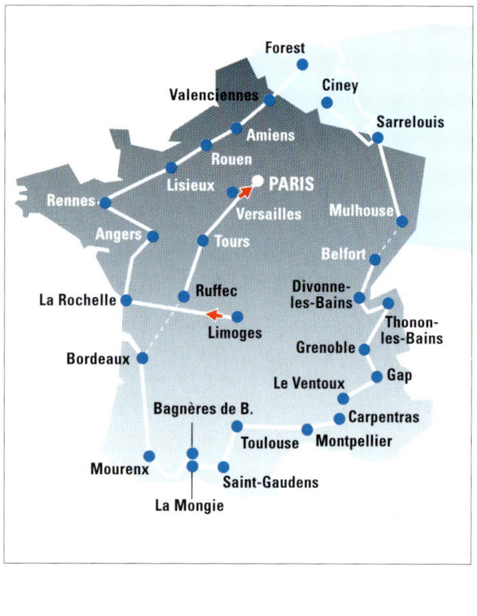

			Etappen	Etappensieger	Gelbes Trikot
Prolog	Freitag 26. Juni	**7,4 km**	Limoges – Limoges	E. Merckx (BEL)	E. Merckx
1. Etappe	Samstag 27. Juni	**224,5 km**	Limoges – La Rochelle	C. Guimard (FRA)	E. Merckx
2. Etappe	Sonntag 28. Juni	**200 km**	La Rochelle – Angers	I. Zilioli (ITA)	I. Zilioli
3. Etappe (1)	Montag 29. Juni	**10,7 km**	Angers – Angers (MZF)	Faemino	I. Zilioli
3. Etappe (2)	Montag 29. Juni	**140 km**	Angers – Rennes	M. Basso (ITA)	I. Zilioli
4. Etappe	Dienstag 30. Juni	**229 km**	Rennes –Lisieux	W. Godefroot (BEL)	I. Zilioli
5. Etappe (1)	Mittwoch 1. Juli	**94,5 km**	Lisieux – Rouen	W. Godefroot (BEL)	I. Zilioli
5. Etappe (2)	Mittwoch 1. Juli	**113 km**	Rouen – Amiens	J. Spruyt (BEL)	I. Zilioli
6. Etappe	Donnerstag 2. Juli	**135,5 km**	Amiens – Valenciennes	R. De Vlaeminck (BEL)	E. Merckx
7. Etappe (1)	Freitag 3. Juli	**119 km**	Valenciennes – Forest (BEL)	E. Merckx (BEL)	E. Merckx
7. Etappe (2)	Freitag 3. Juli	**7,2 km**	Forest – Forest (EZF)	J.-A. Gonzalez-Linares (ESP)	E. Merckx
8. Etappe	Samstag 4. Juli	**232,5 km**	Ciney (BEL) – Felsberg	A. Vasseur (FRA)	E. Merckx
9. Etappe	Sonntag 5. Juli	**269,5 km**	Saarlouis – Mulhouse	M. Frey (DEN)	E. Merckx
10. Etappe	Montag 6. Juli	**241 km**	Belfort – Divonne-les-Bains	E. Merckx (BEL)	E. Merckx
11. Etappe (1)	Dienstag 7. Juli	**8,8 km**	Divonne – Divonne (EZF)	E. Merckx (BEL)	E. Merckx
11. Etappe (2)	Dienstag 7. Juli	**139,5 km**	Divonne-les-Bains – Thonon-les-Bains	M. Basso (ITA)	E. Merckx
12. Etappe	Mittwoch 8. Juli	**194 km**	Thonon-les-Bains – Grenoble	E. Merckx (BEL)	E. Merckx
13. Etappe	Donnerstag 9. Juli	**195,5 km**	Grenoble – Gap	P. Mori (ITA)	E. Merckx
14. Etappe	Freitag 10. Juli	**170 km**	Gap – Mont Ventoux	E. Merckx (BEL)	E. Merckx
15. Etappe	Samstag 11. Juli	**144,5 km**	Carpentras – Montpellier	M. Wagtmans (HOL)	E. Merckx
16. Etappe	Sonntag 12. Juli	**259,5 km**	Montpellier – Toulouse	A. Van Vlierberghe (BEL)	E. Merckx
17. Etappe	Montag 13. Juli	**190 km**	Toulouse – Saint-Gaudens	L. Ocaña (ESP)	E. Merckx
18. Etappe	Dienstag 14. Juli	**135,5 km**	Saint-Gaudens – La Mongie	B. Thévenet (FRA)	E. Merckx
19. Etappe	Mittwoch 15. Juli	**185,5 km**	Bagnères-de-Bigorre – Mourenx	C. Raymond (FRA)	E. Merckx
20. Etappe (1)	Donnerstag 16. Juli	**231 km**	Mourenx – Bordeaux	R. Wolfshohl (GER)	E. Merckx
20. Etappe (2)	Donnerstag 16. Juli	**8,2 km**	Bordeaux – Bordeaux (EZF)	E. Merckx (BEL)	E. Merckx
21. Etappe	Freitag 17. Juli	**191,5 km**	Ruffec – Tours	M. Basso (ITA)	E. Merckx
22. Etappe	Samstag 18. Juli	**238,5 km**	Tours – Versailles	J.-P. Danguillaume (FRA)	E. Merckx
23. Etappe	Sonntag 19. Juli	**54 km**	Versailles – Paris (EZF)	E. Merckx (BEL)	E. Merckx

Glutofen Mont Ventoux: Am Simpson-Gedenkstein, wo Jacques Goddet gerade einen Blumenstrauß niederlegt, nimmt Eddy Merckx seine Mütze ab. Die Tour zelebriert in Demut die Rückkehr zum Herzen ihrer Legende.

Eddy Merckx erleidet auf dem Gipfel des Ventoux einen leichten Schwächeanfall.

Im dichten Nebel von La Mongie zeigt ein „Meister in spe", was er kann: Bernard Thévenet.

Trotz Krankheit gewinnt Luis Ocaña die Etappe nach Saint-Gaudens: ein Zeichen für seine große Willensstärke.

1971

Eddy MERCKX

Die Unvollendete

Drama in den Pyrenäen: Bei der Abfahrt vom Col de Mente ist Luis Ocaña im Gelben Trikot gestürzt. Als er wieder aufsteht, wird er von Zoetemelk niedergestreckt. Mit schweren Prellungen gibt er auf. (Foto rechte Seite)

Zum ersten Mal seit 1969 schöpfen die Konkurrenten von Eddy Merckx Hoffung. Ist der Belgier in diesem Jahr zu schlagen? Luis Ocaña jedenfalls ist davon überzeugt und nimmt sich vor, die erste Gelegenheit zur Attacke zu nutzen. Und die bietet sich dem Spanier bei der Alpenetappe nach Orcières-Merlette, wo er zusammen mit Agostinho den Laffrey in Angriff nimmt. Mit einer gewaltigen Leistung distanziert der Kapitän des Bic-Teams den Favoriten Merckx um fast neun Minuten! Der „Kannibale" ist zwar angeschlagen, aber keineswegs am Ende. Er lässt vernehmen, dass der Spanier gerade die Tour de France gewonnen habe, doch im Stillen bereitet er bereits seinen Gegenschlag vor. Der folgt nach dem Ruhetag: Sofort nach dem Startsignal jagt er die Abfahrt von Orcières hinunter, zusammen mit einem Dutzend Fahrern, darunter Huysmans, Stevens und Wagtmans. 251 Kilometer weiter biegen die Ausreißer zwei Stunden vor dem Zeitplan in den alten Hafen von Marseille ein! Zwei Minuten hat Merckx auf den verblüfften Ocaña gutgemacht. „Wer außer ihm wäre zu sowas in der Lage?", seufzt der Spanier kopfschüttelnd. Dieser will bei der Pyrenäenetappe nach Luchon alles klar machen. Er verrät seinen Helfern gar, wo der den Belgier abhängen will: Am Col du Portillon. Aber es ist Merckx, der attackiert, und zwar am Col de Mente. Und jedes Mal springt Luis Ocaña leichtfüßig an sein Hinterrad. Doch dann bricht ein gewaltiger Gewittersturm los. Wasser- und Schlammströme ergießen sich über die Straße, Hagel prasselt auf die Rücken der Fahrer, die mit den Füßen bremsen müssen. An der Spitze ist Merckx der erste, der auf dem glitschigen Untergrund stürzt. Als er wieder losfährt, fällt Luis Ocaña. Und der wird mit voller Wucht von Zoetemelk getroffen, gerade als er sich wieder aufrappelt. Die Bremsen hatten versagt! Dieses Mal bleibt Ocaña auf dem Boden der Pyrenäen liegen, der schon so viele Tragödien erlebt hat. Er redet wirres Zeug, zeigt auf seine Beine. Helfer, die sofort bei ihm sind, befürchten zunächst Schlimmes: einen Beinbruch, eine Wirbelsäulenverletzung, vielleicht sogar eine Lähmung. Merckx erfährt von der Aufgabe seines Rivalen am Fuße des Portillon, wo ihn die Anhänger des Spaniers für den Vorfall verantwortlich machen und mit Steinen bewerfen. In Luchon weigert sich der Belgier, das Gelbe Trikot überzustreifen. Er spricht von Rücktritt, überdenkt seine Entscheidung jedoch noch einmal. Dem Reporter Richard Diot diktiert er seine ganze Bitterkeit ins Mikrofon: „Ganz gleich, was passiert, ich habe diese Tour verloren. Es wird immer ein Zweifel bleiben..." Vielleicht hätte er das Rennen tatsächlich noch umgebogen, doch das Schicksal nimmt ihm die Chance, das zu beweisen.

GESAMTKLASSEMENT

1. **Eddy MERCKX** (BEL, Molteni), 3 608 km 96 Std. 45'14"
2. **Joop ZOETEMELK** (HOL, Mars-Flandria), 9'51"
3. **Lucien VAN IMPE** (BEL, Sonolor-Lejeune), 11'6"
4. Bernard THEVENET (FRA, Peugeot-BP), 14'50"
5. Joaquim AGOSTINHO (POR, Hoover de Gribaldy), 21'
6. Leif MORTENSEN (DEN, Bic), 21'38"
7. Cyrille GUIMARD (FRA, Fagor Mercier), 22'58"
8. Bernard LABOURDETTE (FRA, Bic), 30'7"
9. Lucien AIMAR (FRA, Sonolor-Lejeune), 32'45"
10. Vicente LOPEZ CARRIL (ESP, KAS), 36'
11. Francisco GALDOS (ESP, KAS), 41'59"
12. Primo MORI (ITA, Salvarini), 47'44"
13. Antonio MARTOS (ESP, Werner), 48'13"
14. Herman VAN SPRINGEL (BEL, Molteni), 48'20"
15. Agustin TAMAMES (ESP, Werner), 49'19"
16. Marinus WAGTMANS (HOL, Molteni), 52'50"
17. Désiré LETORT (FRA, Bic), 57'53"
18. Jean-Pierre DANGUILLAUME (FRA, Peugeot-BP), 59'10"

58. TOUR DE FRANCE: 20 ETAPPEN – 3.585 KILOMETER

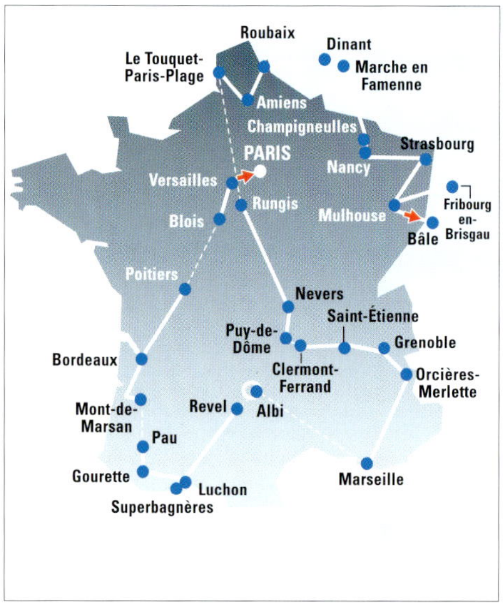

			Etappen	Etappensieger	Gelbes Trikot
Prolog	Samstag 26. Juni	**11 km**	Mulhouse – Mulhouse (MZF)	Molteni	E. Merckx
1. Etappe (1)	Sonntag 27. Juni	**59,5 km**	Mulhouse – Basel (SUI)	E. Leman (BEL)	M. Wagtmans
1. Etappe (2)	Sonntag 27. Juni	**90 km**	Basel (SUI) – Freiburg im Breisgau	G. Karstens (HOL)	E. Merckx
1. Etappe (3)	Sonntag 27. Juni	**74,5 km**	Freiburg im Breisgau – Mulhouse	A. Van Vlierberghe (BEL)	E. Merckx
2. Etappe	Montag 28. Juni	**144 km**	Mulhouse – Straßburg	E. Merckx (BEL)	E. Merckx
3. Etappe	Dienstag 29. Juni	**165,5 km**	Straßburg – Nancy	M. Wagtmans (HOL)	E. Merckx
4. Etappe	Mittwoch 30. Juni	**242 km**	Champigneulles – Marche-en-Famenne (BEL)	J.-P. Genet (FRA)	E. Merckx
5. Etappe	Donnerstag 1. Juli	**208,5 km**	Dinant (BEL) – Roubaix	P.O Guerra (ITA)	E. Merckx
6. Etappe (1)	Freitag 2. Juli	**127,5 km**	Roubaix – Amiens	E. Leman (BEL)	E. Merckx
6. Etappe (2)	Freitag 2. Juli	**133,5 km**	Amiens – Le Touquet	M. Simonetti (ITA)	E. Merckx
7. Etappe	Sonntag 4. Juli	**257,5 km**	Rungis – Nevers	E. Leman (BEL)	E. Merckx
9. Etappe	Montag 5. Juli	**221 km**	Nevers – Puy de Dôme	L. Ocaña (ESP)	E. Merckx
9. Etappe	Dienstag 6. Juli	**153 km**	Clermont-Ferrand – Saint-Étienne	W. Godefroot (BEL)	E. Merckx
10. Etappe	Mittwoch 7. Juli	**188,5 km**	Saint-Étienne – Grenoble	B. Thévenet (FRA)	J. Zoetemelk
11. Etappe	Donnerstag 8. Juli	**134 km**	Grenoble – Orcières-Merlette	L. Ocaña (ESP)	L. Ocana
12. Etappe	Samstag 10. Juli	**251 km**	Orcières-Merlette – Marseille	L. Armani (ITA)	L. Ocana
13. Etappe	Sonntag 11. Juli	**16,3 km**	Albi – Albi (EZF)	E. Merckx (BEL)	L. Ocana
14. Etappe	Montag 12. Juli	**214,5 km**	Revel – Luchon	J. Manuel Fuente (ESP)	E. Merckx
15. Etappe	Dienstag 13. Juli	**19,6 km**	Luchon – Superbagnères	J. Manuel Fuente (ESP)	E. Merckx
16. Etappe (1)	Mittwoch 14. Juli	**145 km**	Luchon – Gourette	B. Labourdette (FRA)	E. Merckx
16. Etappe (2)	Mittwoch 14. Juli	**57,5 km**	Gourette – Pau	H. Van Springel (BEL)	E. Merckx
17. Etappe	Donnerstag 15. Juli	**188 km**	Mont-de-Marsan – Bordeaux	E. Merckx (BEL)	E. Merckx
18. Etappe	Freitag 16. Juli	**244 km**	Bordeaux – Poitiers	J.-P. Danguillaume (FRA)	E. Merckx
19. Etappe	Samstag 17. Juli	**185 km**	Blois – Versailles	J. Krekels (HOL)	E. Merckx
20. Etappe	Sonntag 18. Juli	**53,8 km**	Versailles – Paris (EZF)	E. Merckx (BEL)	E. Merckx

GRENOBLE – ORCIÈRES-MERLETTE Nach einem grandiosen Husarenritt über mehr als 60 Kilometer erreicht Luis Ocaña alleine das Ziel in Orcières-Merlette mit 8'42" Vorsprung auf Merckx, der mit unglaublicher Courage den Schaden noch begrenzt. Damit wird der Spanier zu einer Tour-Legende!

Merckx: „Ocaña hat Gewaltiges geleistet“

ORCIÈRES-MERLETTE. Wenn man sagt, dass ein Sportler an einer Niederlage wächst, dann ist das immer etwas delikat, denn für den Betroffenen kann das natürlich nur ein schwacher Trost sein. Eddy Merckx hat im Laufe seiner Karriere Höhen erklommen, die man kaum übertreffen kann, nun musste er einen schweren Rückschlag wegstecken. Doch er war uns ein gutes Beispiel, denn er hat diese schwierige Situation auf vorbildliche Art gemeistert. Er war alleine in einer kleinen Gruppe, in der sich zwar keine echten Gegner fanden, einige sich jedoch an seiner Schmach weideten. Je weiter wir diesem Athleten unter einer bleischweren Sonne durch Täler und über Berge folgten und erlebten, wie er mit dem Stolz des großen Champions die letzten Kräfte mobilisierte, sich mit dem Mut der Verzweiflung gegen die Niederlage stemmte, umso mehr verdiente er sich unsere Bewunderung. Und selbst als seine Niederlage feststand, legte der Held Belgiens eine Würde, einen makellosen Sportgeist, kurz: ein höchst ehrenvolles Verhalten an den Tag, das seinem großartigen Kampf auf dem Asphalt in nichts nachstand.

Er flüchtete sich nicht in Entschuldigungen, ging schonungslos mit sich selbst ins Gericht: „Vom Start weg bin ich heute schlecht gefahren. Ich hatte Magenprobleme, fühlte mich kraftlos, unfähig zu reagieren. Und wenn Sie mich fragen, ob ich ans Aufgeben gedacht habe, daran, vom Rad zu steigen: Ja, das hab' ich. Die Kräfte haben mich verlassen, das habe ich schon zu Beginn der Etappe gespürt, ich war nicht in der Lage zuzulegen... Ich war heute der Schwächere.“

In der Reaktion des Tour-Helden zeigt sich jedoch nicht nur der Stolz des angeschlagenen Champions, sondern auch zweifellos das Bemühen, den Sieg seines Gegners nicht zu schmälern. Und das größte Lob, das man Luis Ocaña machen kann, spricht Eddy Merckx selbst aus:

„Glauben Sie mir: Er hat Gewaltiges geleistet. Er war um Klassen besser als wir alle. Man kann sich vor einem Champion seines Kalibers nur verbeugen. So ist nun mal der Sport! Ich glaube, ich hätte ihm selbst in guter körperlicher Verfassung nicht folgen können. Er hat im richtigen Moment alles auf eine Karte gesetzt und eine Wahnsinnsleistung erbracht. Er entwickelt sich sehr gut, das habe ich bereits bei der Dauphiné Libéré festgestellt. Er hat jetzt als Rennfahrer seine Reife erreicht. Solche Niederlagen passieren im Sport eben. Mehr kann man nicht sagen, das ist eben so. Das muss man auch anerkennen. Er hat sich auf diese Tour exzellent vorbereitet und befindet sich nun auf dem Höhepunkt seiner physischen Leistungsfähigkeit.“

Doch der charakterstarke Merckx verarbeitet diese enorme Enttäuschung, und er denkt nicht ans Aufgeben. „Bei dem Vorsprung, den Ocaña jetzt hat, glaube ich im Moment nicht, dass er den Toursieg noch aus der Hand gibt. Mein Rückstand ist praktisch nicht mehr aufzuholen. Zumindest nicht, solange ich keine neuen Kräfte mobilisieren kann und er seinerseits keinen Einbruch erlebt. Doch daran will ich nicht denken, ich glaube nicht, dass das passiert.“ Wir haben den Eindruck, dass Eddy auch nicht daran glauben will. Er weiß, dass bei einer Tour alles passieren kann, doch seine letzte Hoffnung beruht nicht auf einem Zusammenbruch Ocañas, sondern auf seiner eigenen Leistungssteigerung. „Wir werden sehen, was in den kommenden Tagen passiert. Ich werde den Ruhetag nutzen, um nachzudenken. Ich habe mir in den letzten Jahren zu viel zugemutet. All die Klassiker, die Etappenrennen, im Winter die Bahnrennen, zwei große Rundfahrten pro Jahr. Das war einfach zu viel des Guten. Am Schluss zahlt man immer die Rechnung.“ Ganz beiläufig verteidigt Eddy großmütig seine Mannschaft. Der Mann, der während all der Jahre das erklärte Feindbild nicht nur seiner sportlichen Gegner war, steht nun alleine im Gegenwind und stellt sich unbequeme Fragen. Es ist noch zu früh, zu beantworten, wie es mit ihm weitergeht. Doch im Herbst, im Kreise seiner Lieben, bei seiner Frau und seiner Tochter, wird Eddy Merckx Entscheidungen treffen. Und die warten früher oder später, am Wendepunkt der Karriere, auf jeden großen Champion.

Bei Kilometer 74, kurz vor dem Anstieg zum Col du Noyer, sind Zoetemelk, Agostinho und Van Impe noch bei Ocaña. Doch dann folgt der unwiderstehliche Antritt!

Noch 22 km nach Orcières-Merlette: Ocaña hat bereits über 5' 15" Vorsprung auf Van Impe und 6' 30" auf das Feld!

Drei Tage später in Albi zeigt Merckx beim Zeitfahren, dass er noch nicht aufgegeben hat. Hier überholt er Zoetemelk (links).

Ein legendäres Duell

ALS sie in Mulhouse die übliche Juli-Rundreise antrat, hieß sie noch „Tour de Merckx". Es gab sogar einflussreiche Persönlichkeiten, die den Organisatoren vorschlugen, eine hoch dotierte Sonderwertung „Erster hinter Merckx" einzurichten.

Doch es sollte anders kommen. Der glorreichste aller Champions sah sich mit einer Unzahl von Schwierigkeiten konfrontiert. Der überbordende Ruhm bedeutete für den „Kannibalen" auch eine rastlose Abwehrschlacht gegen rachsüchtige Kontrahenten, die er oft genug gnadenlos gedemütigt hatte. Seine Gegner waren nicht nur zahlreich, sondern auch stark, besonders in den Bergen. Und das bei einer Tour, die Kletterer eindeutig bevorteilte. Vor diesem Hintergrund wurde seine Persönlichkeit zu einem Problem: sein zwanghafter Wille, alle Klassements zu dominieren; nicht nur zu siegen, sondern zu brillieren; immer präsent zu sein, koste es was es wolle.

Dass Merckx bei seiner ersten Tour, 1969, in den Bergen einige Erfolge landen konnte, hatte verschiedene Gründe: In jenem Jahr nahm kein herausragender Kletterer teil, außerdem waren die Bergetappen so geschnitten, dass viele Erholungsphasen in Form von Abfahrten, Flachabschnitten und Zielankünften weit hinter dem letzten Gipfel vorgesehen waren. Unbestritten befand sich Eddy damals auch in einer frischeren körperlichen Verfassung.

Bei genauem Hinsehen ermöglicht diese Tour klare Schlussfolgerungen. Das Ass der Mannschaft Molteni hat weiterhin autoritär und souverän auf allen Flachabschnitten dominiert. Schon am zweiten Tag war er Initiator und Antreiber einer spektakulären Flucht durch die elsässischen Weinberge, an deren Ende er auch noch die Dreistigkeit besaß, sich gegen die Akrobaten des Sprints durchzusetzen! Danach ließ er keine beunruhigenden Ausflüge mehr zu, die für ihn nicht von Nutzen waren, und machte sich daran, Zeitgutschriften zu sammeln.

Einige Experten haben seine Kontrahenten scharf kritisiert, weil sie ihn nicht schon vor dem Aufstieg ins Gebirge ernsthaft attackiert haben. Ich selbst bin eher der Auffassung, dass unser ruhmreicher Eddy angesichts der zu erwartenden Schwierigkeiten im Gebirge besser daran getan hätte, noch mehr Kapital aus seiner Überlegenheit im Flachen zu schlagen.

Denn schon bald kam die große Stunde von Ocaña! Der Ausnahmesportler präsentierte sich in einer hervorragenden Form, mit einem klaren Blick für die Rennsituation. Und er holte zu einem mächtigen Schlag aus. Er tyrannisierte seinen illustren Rivalen am Puy de Dôme, überrumpelte ihn in der Chartreuse, als Merckx zur Unzeit eine Reifenpanne hatte.

Am dritten Tag spürte er, dass der Belgier sturmreif war, nachdem dieser schon am „Wachmacher" Laffrey offensichtliche Schwierigkeiten hatte. Der Stilist Ocaña schätzte seinen Gegner und seine eigene Leistungsfähigkeit richtig ein. Er war sich seiner Stärke bewusst, und je mehr er über die mögliche Verunsicherung seines Rivalen nach der fürchterlichen Niederlage nachdachte, umso mehr sah er sich in der Lage, sogar den Toursieg zu erringen. Alles, was sich nach seinem enttäuschenden Ausscheiden abspielte, stützt diese These. Merckx wuchs beim schweren Anstieg nach Superbagnères über sich hinaus und fuhr auch bei der folgenden Vier-Pässe-Etappe ein äußerst kontrolliertes Rennen.

Für mich steht fest: Der Leader des Bic-Teams hatte beide Gelegenheiten genutzt, sein Selbstvertrauen wieder aufzubauen. Initialzündung für diese Wende war allerdings die schier unglaubliche Glanzleistung des Belgiers zwei Tage nach seinem K.O., als er die Abfahrt von Merlette als Sprungbrett für eine atemberaubende Jagd über 250 Kilometer bis nach Marseille nutzte. An diesem Tag zeigte er ein Temperament und eine Entschlossenheit, die ihm die tiefe Bewunderung aller Freunde der Tour de France einbrachte.

Es war eine schöne Tour, die zwei hochklassige Rennfahrer dazu veranlasste, alles, aber auch wirklich alles aus sich herauszuholen. Wenn der Radsport solche Auseinandersetzungen ermöglicht und so die ganze, monumentale Legende von den Giganten der Landstraße nährt, sie solche Schlachten mit geradezu gigantischen Ausmaßen kämpfen lässt, dann wird die heroische Epoche wiederbelebt, deren Heldentaten unsere Vorstellungskraft anregen und dem Menschen eine neue, eine größere Dimension verleihen.

Es war eine wertvolle Tour, die zeigte, dass auch ein von Professionalität und wirtschaftlichen Interessen geprägter Sport unbändige Begeisterung entfachen und die Menschen noch viel lehren kann.

Eddy MERCKX

Merckx und die Gerechtigkeit

Zwölf Monate nach dem Unfall am Col de Mente erwartet die Radsportwelt ungeduldig die Neuauflage des Duells Merckx-Ocaña. Der Spanier glaubt immer noch, dass er ohne das apokalyptische Gewitter die Tour gewonnen hätte, Merckx ist noch immer frustriert, weil die Aufgabe von Ocaña Zweifel an seiner Überlegenheit hinterlassen hatte. Doch das Duell findet dort ein jähes Ende, wo es eigentlich so richtig beginnen sollte - in den Pyrenäen. Wie an jenem denkwürdigen Tag des Jahres 1971 herrscht auch dieses Mal echtes Hundewetter: Heftiger Eisregen peitscht über die Piste. Nach einer Reifenpanne an den steilen Rampen des Soulor fährt Ocaña wieder an Thévenet und Van Impe heran. Die drei Männer sind gerade dabei, zur Gruppe Merckx aufzuschließen, als der Spanier aus der Kurve getragen wird und Thévenet, Van Impe und Santy mit in den Sturz reißt. Ocaña und Van Impe kommen sofort wieder auf die Beine, Santy bleibt mit einer Nackenverletzung liegen, Thévenet ist benommen und braucht einige Minuten, um das Rennen fortzusetzen. Als Ocaña in Pau ankommt, bietet er ein Bild des Jammers: Die Hosen zerrissen, das Trikot blutverschmiert, die Haare kleben wirr im Gesicht - er hat die Tour verloren, und das weiß er. Ist er Opfer des Schicksals? Seiner Ungeschicklichkeit? Seiner Nervosität? Wer will das schon sagen, das Ergebnis jedenfalls ist ernüchternd: Merckx steht wieder ohne ernsthafte Widersacher da. Doch da ist einer, der sich noch nicht geschlagen gibt: Cyrille Guimard von der Mannschaft Gan, der auch die erste Etappe gewonnen hat und bis in die Pyrenäen in Gelb gefahren ist. Nur dank intensiver medizinischer Betreuung hält er trotz eines schmerzenden Gelenkergusses bis in die Alpen durch, mit einem Rollstuhl wird er zum Start gefahren. In Vesoul werden schließlich die Schmerzen zu stark und Guimard gibt das Rennen auf. Merckx feiert seinen vierten Toursieg, und die Experten sind sich einig, dass der Belgier in diesem Jahr seine Konkurrenten deutlicher dominierte als im letzten Jahr. Er gewinnt auch das Grüne Trikot, das er bei der Siegerehrung an Guimard übergibt. Bei der Bergwertung wird er nur knapp von Landsmann Van Impe geschlagen. Roger Pingeon, Toursieger 1967, verlässt in Luchon nach einem Stimmungstief still und leise die Tour und sorgt bei seinem Sportlichen Leiter Gaston Plaud für einen Wutanfall. Wer soll jetzt Bernard Thévenet unterstützen? Doch die nächste Generation ist schon bereit, große Aufgaben zu übernehmen. So wie der junge Yves Hézard zum Beispiel, der die Chaos-Etappe nach Pau gewinnt.

GESAMTKLASSEMENT

1. **Eddy MERCKX** (BEL, Molteni), 108'17'18''
   Stundenmittel: 35,514 km/h
2. **Felice GIMONDI** (ITA, Salvarani), 10'41''
3. **Raymond POULIDOR** (FRA, Gan-Mercier), 11'34''
4. Lucien VAN IMPE (BEL, Sonolor), 16'45''
5. Joop ZOETEMELK (HOL, Beaulieu-Flandria), 19'09''
6. Mariano MARTINEZ (FRA, Magniflex de Gribaldy), 21'31''
7. Yves HÉZARD (FRA, Sonolor), 21'52''
8. Joaquim AGOSTINHO (POR, Magniflex de Gribaldy), 34'16''
9. Bernard THÉVENET (FRA, Peugeot-BP), 37'11''
10. Édouard JANSSENS (BEL, Magniflex de Gribaldy), 42'33''
11. Raymond DELISLE (FRA, Peugeot-BP), 46'27''
12. Leif MORTENSEN (DEN, Bic), 46'39''
13. Tony HOUBRECHTS (BEL, Salvarani), 47'37''
14. Roger SWERTS (BEL, Molteni), 49'24''
15. Martin VAN DEN BOSSCHE (BEL , Molteni), 59'29''
16. Frans VERBEECK (BEL, Watney-Avia), 1 Std. 0'9''
17. Lucien AIMAR (FRA, Rokado), 1 Std. 3'41''
18. Tino TABAK (HOL , Goudsmitt-Hoff), 1 Std. 5'9''
19. Michel PÉRIN (FRA, Gan-Mercier), 1 Std. 6'19''

59. TOUR DE FRANCE: 20 ETAPPEN – 3.846 KILOMETER

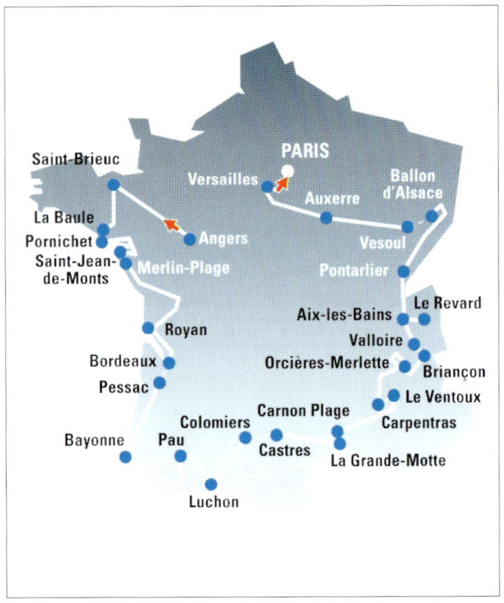

			Etappen	Etappensieger	Gelbes Trikot
Prolog	Samstag 1. Juli	7,2 km	Angers – Angers	E. Merckx (BEL)	E. Merckx
1. Etappe	Sonntag 2. Juli	235,5 km	Angers – Saint-Brieuc	C. Guimard (FRA)	C. Guimard
2. Etappe	Montag 3. Juli	206,5 km	Saint-Brieuc – La Baule	R. Van Linden (BEL)	C. Guimard
3. Etappe (1)	Dienstag 4. Juli	161 km	Pornichet – Saint-Jean-de-Monts	E. Gualazzini (ITA)	C. Guimard
3. Etappe (2)	Dienstag 4. Juli	16,2 km	Merlin-Plage – Merlin-Plage (MZF)	Molteni	E. Merckx
4. Etappe	Mittwoch 5. Juli	236 km	Merlin-Plage – Royan	C. Guimard (FRA)	C. Guimard
5. Etappe	Donnerstag 6. Juli	133,5 km	Royan – Bordeaux	W. Godefroot (BEL)	C. Guimard
5. Etappe	Donnerstag 6. Juli	12,7 km	Bordeaux-le-Lac – Bordeaux-le-Lac (EZF)	E. Merckx (BEL)	C. Guimard
6. Etappe	Freitag 7. Juli	205 km	Pessac – Bayonne	L. Duyndam (HOL)	C. Guimard
7. Etappe	Sonntag 9. Juli	220,5 km	Bayonne – Pau	Y. Hézard (FRA)	C. Guimard
8. Etappe	Montag 10. Juli	163,5 km	Pau – Luchon	E. Merckx (BEL)	E. Merckx
9. Etappe	Dienstag 11. Juli	179 km	Luchon – Colomiers	J. Huysmans (BEL)	E. Merckx
10. Etappe	Mittwoch 12. Juli	210 km	Castres – La Grande-Motte	W. Teirlinck (BEL)	E. Merckx
11. Etappe	Donnerstag 13. Juli	207 km	Carnon-Plage – Mont Ventoux	B. Thévenet (FRA)	E. Merckx
12. Etappe	Freitag 14. Juli	192 km	Carpentras – Orcières-Merlette	L. Van Impe (BEL)	E. Merckx
13. Etappe	Sonntag 16. Juli	201 km	Orcières-Merlette – Briançon	E. Merckx (BEL)	E. Merckx
14. Etappe (1)	Montag 17. Juli	51 km	Briançon – Valloire	E. Merckx (BEL)	E. Merckx
14. Etappe (2)	Montag 17. Juli	151 km	Valloire – Aix-les-Bains	C. Guimard (FRA)	E. Merckx
15. Etappe	Dienstag 18. Juli	28 km	Aix-les-Bains – Mont Revard	C. Guimard (FRA)	E. Merckx
16. Etappe	Mittwoch 19. Juli	198,5 km	Aix-les-Bains – Pontarlier	W. Teirlinck (BEL)	E. Merckx
17. Etappe	Donnerstag 20. Juli	213 km	Pontarlier – Ballon d'Alsace	B. Thévenet (FRA)	E. Merckx
18. Etappe	Freitag 21. Juli	257,5 km	Vesoul – Auxerre	M. Wagtmans (HOL)	E. Merckx
19. Etappe	Samstag 22. Juli	230 km	Auxerre – Versailles	J. Bruyère (BEL)	E. Merckx
20. Etappe (1)	Sonntag 23. Juli	42 km	Versailles – Versailles (EZF)	E. Merckx (BEL)	E. Merckx
20. Etappe (2)	Sonntag 23. Juli	89 km	Versailles – Paris	W. Teirlinck (BEL)	E. Merckx

Ocaña nach seinem verhängnisvollen Sturz auf dem Weg nach Pau. Er wird das Rennen aufgeben.

Mit seinen fast 37 Jahren nimmt Raymond Poulidor die Dinge immer noch selbst in die Hand. Hinter ihm: Eddy Merckx.

Merckx gewinnt in Briançon und führt die Tradition der anderen großen Champions fort.

„Dieses Grüne Trikot gehört dir, du hast es dir redlich verdient. Behalte es als Andenken!" Merckx erweist seinem geschätzten Gegner Cyrille Guimard (rechts, in Zivil) die Ehre. Dieser kann seine Gefühle nicht verbergen.

1973

Luis OCAÑA

Ocaña bezwingt das Pech

Zeitfahren zwischen Perpignan und Thuir: Auf einem Parcours von 28,3 km distanziert Ocaña überraschend deutlich Poulidor und Fuente. Damit nimmt der Spanier das Zepter endgültig in die Hand.

Bisher war Luis Ocaña bei der Tour nicht gerade vom Glück verfolgt. Drei schwere Stürze bedeuteten für ihn jeweils das frühzeitige Aus. Auch wenn er dem unbezwingbaren Eddy Merckx immer wieder die Stirn bot, so war er wie alle anderen letztendlich zur Bedeutungslosigkeit verurteilt.

Doch in diesem Jahr verzichtet der Belgier auf die Tour, weil er die Vuelta gewinnen will. Und diese Gelegenheit lässt sich Luis Ocaña nicht entgehen, zumal ihm dieses Mal - unglaublich, aber wahr! - auch das Glück hold ist. Zwar wird er auf der zweiten Etappe von einem Hund zu Fall gebracht, doch er bleibt bis auf ein paar Prellungen unbeschadet und kann sogar auf dem Kopfsteinpflaster von Querenaing in die Offensive gehen, obwohl das nun wirklich nicht sein bevorzugtes Terrain ist. Zusammen mit Cyrille Guimard und den vier Bic-Fahrern Schleck, Mortensen, Sylvain Vasseur und José Catieau, dem hoch motivierten Träger des Gelben Trikots, reißt er aus. In Reims verlieren die Verfolger Poulidor, Thévenet, Zoetemelk und Van Impe zwei Minuten, Fuente gar sieben! Auf diesem Polster ruht sich der Spanier bis in die Alpen aus, wo er groß auftrumpft. Er gewinnt zunächst die Etappe nach Gaillard und kontert dann auf dem Weg nach Les Orres bravourös einen Angriff seines Landsmanns José-Manuel Fuente. Er gewinnt auch diese Etappe, aber er lässt dabei so viel Kraft, dass er sofort in seinem Hotelzimmer verschwindet und einschläft, ohne das Trikot auszuziehen. Auch bei seinen Konkurrenten hinterlässt die Etappe ihre Spuren. Außer Thévenet und Mariano Martinez, die den Schaden in Grenzen halten konnten, sind alle anderen abgehängt und demoralisiert, nicht zuletzt angesichts eines Mammutprogramms, das drei schwere Bergetappen in 48 Stunden vorsieht! Im Peloton ist ein Knurren und Murren vernehmbar, das immer lauter wird. Ocaña ist einer der Wortführer, obwohl er als starker Bergfahrer gilt. „Bei den Transfers mit dem Autobus oder der Eisenbahn schlafen wir weniger als sechs Stunden pro Nacht. Und danach sollen wir auch noch die Pässe hinauffahren!", echauffiert er sich. Doch das hindert den Spanier nicht daran, in den Pyrenäen seine Führung weiter auszubauen, wo Poulidor nach einem Sturz bei der Abfahrt vom Portet d'Aspet von Rennleiter Jacques Goddet höchstpersönlich aus einer Schlucht gezogen wird. Der temperamentvolle Ocaña aber ist der würdige und verdiente Sieger der Tour de France 1973. Er hat lange auf diesen Moment gewartet, endlich wird er mit diesem einzigartigen Triumph für all seine Verzweiflung nach so viel Pech entschädigt und für seine bewundernswerte Hartnäckigkeit belohnt.

GESAMTKLASSEMENT

1. **Luis OCAÑA** (ESP, Bic), 4 150 km 122 Std. 25'34"
2. **Bernard THÉVENET** (FRA, Peugeot-BP), 15'51
3. **José Manuel FUENTE** (ESP, KAS), 17'15"
4. Joop ZOETEMELK (HOL, Gitane-Frigécrème), 26'22"
5. Lucien VAN IMPE (BEL, Sonolor), 30'20"
6. Herman VAN SPRINGEL (BEL, Rokado), 32'1"
7. Michel PERIN (FRA, Gan Mercier), 33'2"
8. Joaquim AGOSTINHO (POR, Bic), 35'51"
9. Vicente LOPEZ CARRIL (ESP, KAS), 36'18"
10. Régis OVION (FRA, Peugeot-BP), 36'59"
11. Raymond DELISLE (FRA, Peugeot-BP), 37'43"
12. Mariano MARTINEZ (FRA, Gan-Mercier), 40'49"
13. Pedro TORRES (ESP, La Casera-Bahamontes), 47'30"
14. José CATIEAU (FRA, Bic), 49'12"
15. Antonio MARTOS (ESP, KAS), 49'20"
16. Tony HOUBRECHTS (BEL, Rokado), 49'38
17. Lucien AIMAR (FRA, De Kova-Lejeune), 49'54"
18. Fernando MENDES (POR, Carpenter-Shimano-Flandria), 51'22"
19. Leif MORTENSEN (DEN, Bic), 52'18"
20. Francisco GALDOS (ESP, KAS), 53'5"

60. TOUR DE FRANCE: 20 ETAPPEN – 4.150 KILOMETER

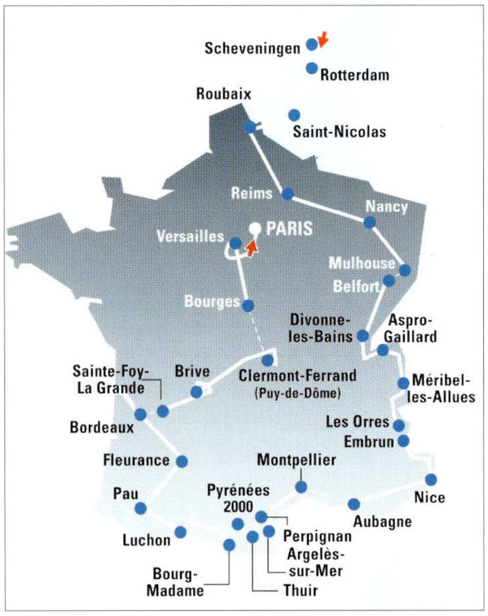

			Etappen	Etappensieger	Gelbes Trik
Prolog	Samstag 30. Juni	**7,1 km**	Scheveningen (HOL) – Scheveningen	J. Zoetemelk (HOL)	J. Zoetemelk
1. Etappe (1)	Sonntag 1. Juli	**84 km**	Scheveningen – Rotterdam	W. Teirlinck (BEL)	W. Teirlinck
1. Etappe (2)	Sonntag 1. Juli	**137,5 km**	Rotterdam (HOL) – Saint Nicolas (BEL)	J. Catieau (FRA)	H. Van Spring
2. Etappe (1)	Montag 2. Juli	**12,5 km**	Saint Nicolas – Saint Nicolas (MZF)	Watney-Maes	H. Van Spring
2. Etappe (2)	Montag 2. Juli	**138 km**	Saint Nicolas (BEL) – Roubaix	E. Verstraeten (BEL)	H. Van Spring
3. Etappe	Dienstag 3. Juli	**226 km**	Roubaix – Reims	C. Guimard (FRA)	J. Catieau
4. Etappe	Mittwoch 4. Juli	**214 km**	Reims – Nancy	J. Zoetemelk (HOL)	J. Catieau
5. Etappe	Donnerstag 5. Juli	**188 km**	Nancy – Mulhouse	W. Godefroot (BEL)	J. Catieau
6. Etappe	Freitag 6. Juli	**244,5 km**	Belfort – Divonne-les-Bains	J.-P. Danguillaume (FRA)	J. Catieau
7. Etappe (1)	Sonntag 8. Juli	**86,5 km**	Divonne-les-Bains – Aspro-Gaillard	L. Ocaña (ESP)	L. Ocaña
7. Etappe (2)	Sonntag 8. Juli	**150,5 km**	Aspro-Gaillard – Méribel-les-Allues	B. Thévenet (FRA)	L. Ocaña
8. Etappe	Montag 9. Juli	**237,5 km**	Méribel-les-Allues – Les Orres	L. Ocaña (ESP)	L. Ocaña
9. Etappe	Dienstag 10. Juli	**234,5 km**	Embrun – Nizza	V. Lopez Carril (ESP)	L. Ocaña
10. Etappe	Mittwoch 11. Juli	**222,5 km**	Nizza – Aubagne	M. Wright (GBR)	L. Ocaña
11. Etappe	Donnerstag 12. Juli	**238 km**	Montpellier – Argelès-sur-Mer	B. Hoban (GBR)	L. Ocaña
12. Etappe (1)	Freitag 13. Juli	**28,3 km**	Perpignan – Thuir (EZF)	L. Ocaña (ESP)	L. Ocaña
12. Etappe (2)	Freitag 13. Juli	**76 km**	Thuir – Pyrénées 2000	L. Van Impe (BEL)	L. Ocaña
13. Etappe	Sonntag 15. Juli	**235 km**	Bourg-Madame – Luchon	L. Ocaña (ESP)	L. Ocaña
14. Etappe	Montag 16. Juli	**227,5 km**	Luchon – Pau	P. Torres (ESP)	L. Ocaña
15. Etappe	Dienstag 17. Juli	**137 km**	Pau – Fleurance	W. David (BEL)	L. Ocaña
16. Etappe (1)	Mittwoch 18. Juli	**210 km**	Fleurance – Bordeaux	W. Godefroot (BEL)	L. Ocaña
16. Etappe (2)	Mittwoch 18. Juli	**12,4 km**	Bordeaux-le-Lac – Bordeaux-le-Lac (EZF)	J. Agostinho (POR)	L. Ocaña
17. Etappe	Donnerstag 19. Juli	**248 km**	Sainte-Foix-la-Grande – Brive	C. Tollet (FRA)	L. Ocaña
18. Etappe	Freitag 20. Juli	**216,5 km**	Brive – Puy de Dôme	L. Ocaña (ESP)	L. Ocaña
19. Etappe	Samstag 21. Juli	**233,5 km**	Bourges – Versailles	B. Hoban (GBR)	L. Ocaña
20. Etappe (1)	Sonntag 22. Juli	**16 km**	Versailles – Versailles (EZF)	L. Ocaña (ESP)	L. Ocaña
20. Etappe (2)	Sonntag 22. Juli	**89 km**	Versailles – Paris	B. Thévenet (FRA)	L. Ocaña

MIKO
BIC
KAS
FRANCE-PRESSE
104 PRESSE

1

2

3

4

1 Die Stunde des Triumphes für Luis Ocaña! Mit auf dem Podium stehen Zoetemelk (Weißes Trikot der Kombinationswertung), Thévenet (Zweiter) und Van Springel (Grünes Trikot).

2 Unerbittlich wehrt Ocaña den Angriff von Fuente im letzten Teil des Anstiegs nach Les Orres ab und gewinnt die Etappe mit knapp einer Minute Vorsprung auf seinen Gegner.

3 Bei der Etappe von Brive nach Clermont-Ferrand demonstrieren am Start die Rinderzüchter der Region. Zoetemelk nimmt sich die Zeit, ein Spruchband zu lesen.

4 48 Stunden vor der Zielankunft will Luis Ocaña am Puy de Dôme einen Sieg „à la Merckx". Weder Lucien Van Impe noch Bernard Thévenet, der Zweiter dieser Tour wird, können ihn daran hindern.

5 Zeitfahren zwischen Perpignan und Thuir: Auf einem Parcours von 28,3 km distanziert Ocaña Poulidor um 30" und Fuente um 1'39". Damit nimmt der Spanier das Zepter endgültig in die Hand.

5

2

Eddy MERCKX

Rekordmann Merckx

Direkt nach der Tour de Suisse muss sich Merckx einem chirurgischen Eingriff im Gesäßbereich unterziehen, dessen Folgen noch nicht vollständig verheilt sind, als er zum Tour-Start nach Brest reist. Zum seinem Glück sind Luis Ocaña nach Turbulenzen mit seinen Arbeitgebern und Joop Zoetemelk nach einem schlimmen Sturz beim Midi Libre nicht dabei. Daher kann Merckx beruhigt seinem Teamkollegen Joseph Bruyère zunächst das Gelbe Trikot überlassen und sich darauf konzentrieren, bei den Zwischensprints Zeitgutschriften abzuräumen. Die Sprinter sehen das natürlich gar nicht gern, doch gibt es auch Beobachter, die in diesem Verhalten die Strategie eines Mannes sehen, der seiner Stärke in den Bergen nicht rückhaltlos vertraut. Doch ihre Hoffnung währt nicht lange. Schon gleich die erste Bergetappe nach Gaillard entscheidet Merckx für sich, ebenso die nächste nach Aix-les-Bains. Dort war er zunächst vom 38-jährigen „Methusalem" Raymond Poulidor beim Anstieg zum Chat abgehängt worden, konnte das Blatt aber noch einmal wenden. Überhaupt ist es ausschließlich „Poupou" zu verdanken, dass diese Tour noch einen Rest an Spannung bewahrt. Er verliert das Rennen bei der 11. Etappe, als er nach einem Einbruch am Galibier sechs Minuten auf Merckx verliert. Aber er lässt sich nicht entmutigen, greift weiter an und wird mit einem Etappensieg in Saint-Lary-Soulan belohnt. Die Überlegenheit des Belgiers gerät für kurze Zeit sogar ins Wackeln, doch bei der Etappe nach Orléans düpiert dieser das gesamte Feld und macht alles klar. An diesem Tag zieht Jacques Anquetil, als Berater für den Sender Europe 1 tätig, ein wenig schmeichelhaftes Fazit: „Ich bin mit Champions wie Coppi, Van Looy oder Altig zusammen gefahren, keiner von ihnen hätte heute so wegfahren können, wie es Merckx getan hat. Es ist unverzeihlich, wie schnell das Peloton aufgesteckt hat. Vielen Fahrern fehlt es einfach an Rückgrat!" Nur wenige Stunden später wartet das letzte Zeitfahren noch mit einigen Kuriositäten auf: Ein junger Belgier namens Michel Pollentier schlägt mit äußerst eigenwilliger Sitzposition Merckx um 10 Sekunden, und Poulidor schiebt sich mit seiner Leistung mit fünf Sekunden Vorsprung vor den Spanier Vicente Lopez Carril auf den zweiten Platz des Gesamtklassements. Merckx gewinnt insgesamt acht Etappen und überflügelt mit seinen 32 Erfolgen den bisherigen Rekordhalter André Leducq mit 25 Etappensiegen.

GESAMTKLASSEMENT

1. **Eddy MERCKX** (BEL, Molteni), 116 Std. 16'58"
   Stundenmittel: 35,661 km/h
2. **Raymond POULIDOR** (FRA, Gan-Mercier), 8'4"
3. **Vicente LOPEZ CARRIL** (ESP, KAS), 8'9"
4. Wladimiro PANIZZA (ITA, Brooklyn), 10'59"
5. Gonzalo AJA (ESP, KAS), 11'24"
6. Joaquim AGOSTINHO (POR, Bic), 14'24"
7. Michel POLLENTIER (BEL, Carpenter-Confortluxe), 16'34"
8. Mariano MARTINEZ (FRA, Sonolor-Gitane), 18'33"
9. Alain SANTY (FRA, Gan-Mercier), 19'55"
10. Herman VAN SPRINGEL (BEL, M.I.C.-Ludo-de Gribaldy), 24'11
11. Roger PINGEON (FRA, Jobo-Lejeune), 27'7"
12. Raymond DELISLE (FRA, Peugeot-BP), 28'59"
13. Jean-Pierre DANGUILLAUME (FRA, Peugeeot-BP), 29'43"
14. Juan ZURANO (ESP, LA Casera-Bahamontes), 30'20"
15. André ROMERO (FRA, Jobo-Lejeune), 31'35"
16. Michel PÉRIN (FRA, Gan-Mercier), 31'57"
17. Miguel Maria LASA (ESP, KAS), 32'55"
18. Lucien VAN IMPE (BEL, Sonolor Gitane), 37'35"

61. TOUR DE FRANCE: 22 ETAPPEN – 4.098 KILOMETER

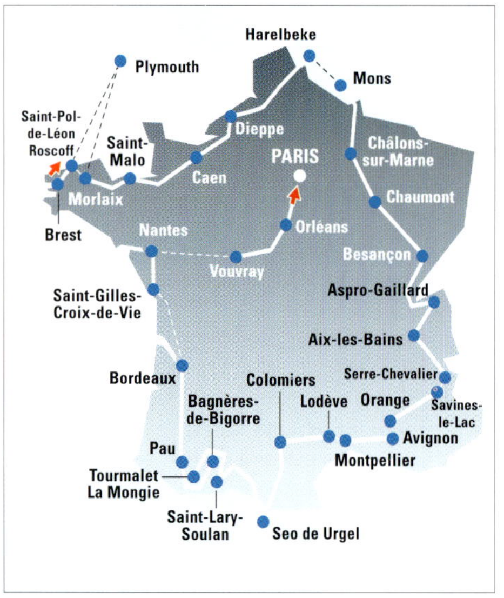

			Etappen	Etappensieger	Gelbes Trikot
Prolog	Donnerstag 27. Juni	**7,1 km**	Brest – Brest	E. Merckx (BEL)	E. Merckx
1. Etappe	Freitag 28. Juni	**144 km**	Brest – Saint-Pol-de-Léon	E. Gualazzini (ITA)	J. Bruyère
2. Etappe	Samstag 29. Juni	**163,7 km**	Plymouth (GBR) – Plymouth (GBR)	H. Poppe (HOL)	J. Bruyère
3. Etappe	Sonntag 30. Juni	**190 km**	Morlaix – Saint-Malo	P. Sercu (BEL)	J. Bruyère
4. Etappe	Montag 1. Juli	**184,5 km**	Saint-Malo – Caen	P. Sercu (BEL)	E. Merckx
5. Etappe	Dienstag 2. Juli	**165 km**	Caen – Dieppe	R. De Witte (BEL)	G. Karstens
6. Etappe (1)	Mittwoch 3. Juli	**239 km**	Dieppe – Harelbeke (BEL)	J.-L. Molinéris (FRA)	P. Sercu
6. Etappe (2)	Mittwoch 3. Juli	**9 km**	Harelbeke – Harelbeke (MZF)	Molteni	G. Karstens
7. Etappe	Donnerstag 4. Juli	**221,5 km**	Mons (BEL) – Châlons-sur-Marne	E. Merckx (BEL)	E. Merckx
8. Etappe (1)	Freitag 5. Juli	**136 km**	Châlons-sur-Marne – Chaumont	C. Guimard (FRA)	E. Merckx
8. Etappe (2)	Freitag 5. Juli	**152 km**	Chaumont – Besançon	P. Sercu (BEL)	E. Merckx
9. Etappe	Samstag 6. Juli	**241 km**	Besançon – Aspro-Gaillard	E. Merckx (BEL)	E. Merckx
10. Etappe	Sonntag 7. Juli	**131,5 km**	Aspro-Gaillard – Aix-les-Bains	E. Merckx (BEL)	E. Merckx
11. Etappe	Montag 9. Juli	**199 km**	Aix-les-Bains – Serre-Chevalier	V. Lopez Carril (ESP)	E. Merckx
12. Etappe	Mittwoch 10. Juli	**231 km**	Savine-le-Lac – Orange	J. Spruyt (BEL)	E. Merckx
13. Etappe	Donnerstag 11. Juli	**126 km**	Avignon – Montpellier	B. Hoban (GBR)	E. Merckx
14. Etappe	Freitag 12. Juli	**248,5 km**	Lodève – Colomiers	J.-P. Genet (FRA)	E. Merckx
15. Etappe	Sonntag 14. Juli	**225 km**	Colomiers – Seo de Urgel (ESP)	E. Merckx (BEL)	E. Merckx
16. Etappe	Montag 15. Juli	**209 km**	Seo de Urgel (ESP) – Saint-Lary-Soulan	R. Poulidor (FRA)	E. Merckx
17. Etappe	Dienstag 16. Juli	**119 km**	Saint-Lary-Soulan – Le Tourmalet	J.-P. Danguillaume (FRA)	E. Merckx
18. Etappe	Mittwoch 17. Juli	**141,5 km**	Bagnères-de-Bigorre – Pau	J.-P. Danguillaume (FRA)	E. Merckx
19. Etappe (1)	Donnerstag 18. Juli	**195,5 km**	Pau – Bordeaux	F. Campaner (FRA)	E. Merckx
19. Etappe (2)	Donnerstag 18. Juli	**12,4 km**	Bordeaux-le-Lac – Bordeaux-le-Lac (EZF)	E. Merckx (BEL)	E. Merckx
20. Etappe	Freitag 19. Juli	**117 km**	Saint-Gilles-Croix-de-Vie – Nantes	Gérard Vianen (HOL)	E. Merckx
21. Etappe (1)	Samstag 20. Juli	**112,5 km**	Vouvray – Orléans	E. Merckx (BEL)	E. Merckx
21. Etappe (2)	Samstag 20. Juli	**37,5 km**	Orléans – Orléans (EZF)	M. Pollentier (BEL)	E. Merckx
22. Etappe	Sonntag 21. Juli	**146 km**	Orléans – Paris	E. Merckx (BEL)	E. Merckx

Nach seinem Sieg in Aspro-Gaillard gewinnt Eddy Merckx auch die nächste Etappe nach Aix-les-Bains. Nach ihm kommen Martinez, Poulidor und Aja ins Ziel. Mit 38 Jahren ist Poulidor der schärfste Konkurrent des Belgiers!

Acht Kilometer vor Saint-Lary-Soulan hängt Poulidor Lopez-Carril und Merckx ab, schließt auf zu Van Neste und gewinnt.

Das kann Merckx nicht auf sich sitzen lassen: 10 km vor Orléans reißt er aus und gewinnt mit 1' 25" auf das Feld.

Poulidor, Merckx und Lopez Carril (v.l.n.r.) bei ihrer Ehrenrunde. Der Spanier musste seinen zweiten Platz nach dem Einzelzeitfahren in Orléans um lediglich 5" abgeben...

1975

Bernard THÉVENET

Der Kampf der Giganten

Ein historischer Augenblick: Thévenet holt Merckx beim Aufstieg nach Pra-Loup ein. Der belgische Champion muss seinen Herausforderer ziehen lassen. Dieser fährt auf 2,5 km fast zwei Minuten heraus! (Foto rechte Seite)

In der festen Absicht, Anquetils Rekord zu brechen und seinen sechsten Tour-Sieg zu holen, fährt Merckx von Anfang an mit gewohnter Härte. Am Anstieg zum Alsemberg zersprengt er das Hauptfeld, quält seine Konkurrenten auf dem Kopfsteinpflaster von Roubaix, doch als es auf den Puy de Dôme hinaufgeht, zeigt er erstmals Schwächen und muss zusehen, wie ihm Van Impe und Thévenet davonfahren. Während sich der Belgier, dicht gefolgt von Zoetemelk, bemüht, nicht zu weit zurückzufallen, stürzt plötzlich, nur 300 m vor dem Gipfel, ein Zuschauer aus der Menge und versetzt ihm einen Schlag auf die Leber. Gekrümmt vor Schmerz und außer Atem erreicht Merckx das Ziel. Zwar ist der Vorsprung der beiden Ausreißer Van Impe und Thévenet nicht allzu groß, doch der Vorfall hat ihn moralisch stark mitgenommen, zumal er in Frankreich einer wachsenden Feindseligkeit gegenübersteht. Nicht nur die Konkurrenten beklagen seine Vorherrschaft, auch die Journalisten, denen allmählich die Worte ausgehen, wünschen insgeheim seine Niederlage herbei. Doch Merckx wäre nicht Merckx, wenn er so leicht aufgeben würde. Auf der Etappe von Nizza nach Pra-Loup bietet er Thévenet die Stirn. Als sie den Col des Champs hinaufklettern, greift sein Rivale insgesamt sechsmal an, doch Merckx pariert und startet beim Aufstieg auf den Col d'Allos seinerseits einen Angriff. Diesmal kann Thévenet nicht mithalten, und als sich Merckx mit acht Sekunden Vorsprung in die Abfahrt stürzt, scheint die Tour bereits entschieden.

Doch als niemand mehr an seinem sechsten Tour-Sieg zweifelt, geschieht das Unglaubliche: Im ungünstigsten Moment bricht der Belgier ein. Gimondi erreicht ihn als Erster, dann zieht auch Thévenet mühelos an ihm vorüber - und dem Gelben Trikot entgegen. Merckx ist geschlagen. Später heißt es, er habe noch unter den Folgen des Faustschlags gelitten und die Schmerztabletten, die ihm verordnet wurden, hätten seine Leistungsfähigkeit eingeschränkt. Zu allem Überfluss stürzt der Belgier auch noch beim Start in Valloire und bricht sich den Kiefer, doch er denkt nicht daran, aufzugeben, um den Sieg Thévenets nicht abzuwerten. Dieser setzt noch einen Glanzpunkt, als er am nächsten Tag den Izoard im Alleingang erklimmt. Wie einst Bobet, so erringt auch der Mann aus dem Burgund, den die Franzosen bereits liebevoll „Nanard" nennen, bei seiner sechsten Tour-Teilnahme den Sieg. Mit stürmischem Beifall empfangen ihn die Menschen auf den Champs-Élysées, wo das Rennen in diesem Jahr erstmals zu Ende geht.

GESAMTKLASSEMENT

1. **Bernard THÉVENET** (FRA, Peugeot-BP), 114 Std. 35'31"
2. **Eddy MERCKX** (BEL, Molteni), 2'47"
3. **Lucien VAN IMPE** (BEL, Gitane-Campagnolo), 5'1"
4. Joop ZOETEMELK (HOL, Gan-Mercier), 6'42"
5. Vicente LOPEZ CARRIL (ESP, KAS), 19'29"
6. Felice GIMONDI (ITA, Bianchi), 23'5"
7. Francesco MOSER (ITA, Filotex), 24'13"
8. Joseph FUCHS (SUI, Filotex), 25'51"
9. Edouard JANSSENS (BEL, Molteni), 32'1"
10. Pedro TORRES (ESP, Super Ser), 35'36"
11. Hennie KUIPER (HOL, Frisol), 40'45"
12. André ROMERO (FRA, Jobo-Sabliere), 44'24"
13. Georges TALBOURDET (FRA, Gan-Mercier), 44'49"
14. Mariano MARTINEZ (FRA, Gitane-Campagnolo), 45'41"
15. Joaquim AGOSTINHO (POR, Sporting-Sotto-Mayor), 50'46"
16. Raymond DELISLE (FRA, Peugeot-BP), 55'21"
17. Joseph DESCHOENMAECKER (BEL, Molteni), 55'24"
18. Fedor DEN HERTOG (HOL, Frisol), 56'45"
19. Raymond POULIDOR (FRA, Gan-Mercier), 58'57"
20. Ferdinand JULIEN (FRA, Sporting-Sotto-Mayor), 1 Std. 5'27"

62. TOUR DE FRANCE: 22 ETAPPEN – 4.000 KILOMETER

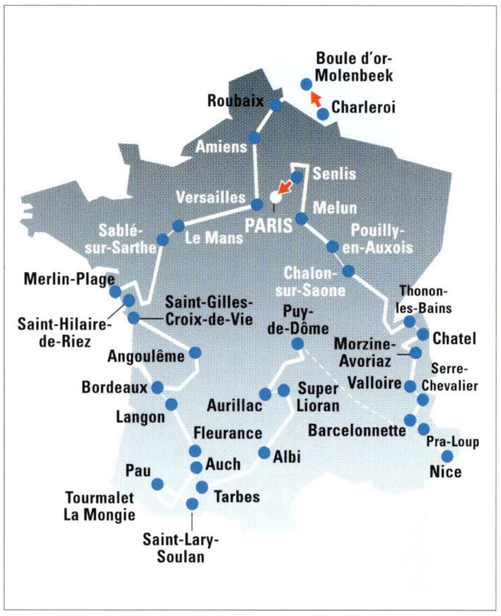

			Etappen	Etappensieger	Gelbes Trikot
Prolog	Donnerstag 26. Juni	**6,3 km**	Charleroi (BEL) – Charleroi	F. Moser (ITA)	F. Moser
1. Etappe (1)	Freitag 27. Juni	**94 km**	Charleroi – Molenbeek	C. Priem (HOL)	F. Moser
1. Etappe (2)	Freitag 27. Juni	**108,5 km**	Molenbeek (BEL) – Roubaix	R. Van Linden (BEL)	F. Moser
2. Etappe	Samstag 28. Juni	**121,5 km**	Roubaix – Amiens	R. De Witte (BEL)	F. Moser
3. Etappe	Sonntag 29. Juni	**169,5 km**	Amiens – Versailles	K. Rottiers (BEL)	F. Moser
4. Etappe	Montag 30. Juni	**224 km**	Versailles – Le Mans	J. Esclassan (FRA)	F. Moser
5. Etappe	Dienstag 1. Juli	**222,5 km**	Sablé-sur-Sarthe – Merlin-Plage	T. Smit (HO)	F. Moser
6. Etappe	Mittwoch 2. Juli	**16 km**	Merlin-Plage – Merlin-Plage (EZF)	E. Merckx (BEL)	E. Merckx
7. Etappe	Donnerstag 3. Juli	**235,5 km**	Saint-Gilles-Croix-de-Vie – Angoulême	F. Moser (ITA)	E. Merckx
8. Etappe	Freitag 4. Juli	**134 km**	Angoulême – Bordeaux	B. Hoban (GBR)	E. Merckx
9. Etappe (1)	Samstag 5. Juli	**131 km**	Langon – Fleurance	T. Smit (HOL)	E. Merckx
9. Etappe (2)	Samstag 5. Juli	**37,4 km**	Fleurance – Auch (EZF)	E. Merckx (BEL)	E. Merckx
10. Etappe	Montag 7. Juli	**206 km**	Auch – Pau	F. Gimondi (ITA)	E. Merckx
11. Etappe	Dienstag 8. Juli	**160 km**	Pau – Saint-Lary-Soulan	J. Zoetemelk (HOL)	E. Merckx
12. Etappe	Mittwoch 9. Juli	**242 km**	Tarbes – Albi	G. Knetemann (HOL)	E. Merckx
13. Etappe	Donnerstag 10. Juli	**260 km**	Albi – Super-Lioran	M. Pollentier (BEL)	E. Merckx
14. Etappe	Freitag 11. Juli	**173,5 km**	Aurillac – Puy-de-Dôme	L. Van Impe (BEL)	E. Merckx
15. Etappe	Sonntag 13. Juli	**217,5 km**	Nizza – Pra-Loup	B. Thévenet (FRA)	B. Thévenet
16. Etappe	Montag 14. Juli	**107 km**	Barcelonnette – Serre-Chevalier	B. Thévenet (FRA)	B. Thévenet
17. Etappe	Dienstag 15. Juli	**225 km**	Valloire – Morzine-Avoriaz	V. Lopez Carril (ESP)	B. Thévenet
18. Etappe	Mittwoch 16. Juli	**40 km**	Morzine – Châtel (EZF)	L. Van Impe (BEL)	B. Thévenet
19. Etappe	Donnerstag 17. Juli	**229 km**	Thonon-les-Bains – Chalon-sur-Saône	R. Van Linden (BEL)	B. Thévenet
20. Etappe	Freitag 18. Juli	**256 km**	Pouilly-en-Auxois – Melun	G. Santambrogio (ITA)	B. Thévenet
21. Etappe	Samstag 19. Juli	**220,5 km**	Melun – Senlis	R. Van Linden (BEL)	B. Thévenet
22. Etappe	Sonntag 20. Juli	**163,4 km**	Paris Champs-Élysées – Paris Champs-Élysées	W. Godefroot (BEL)	B. Thévenet

BP
CYCLES
51

Paris hat Bernard Thévenet gefeiert. Er hat diese Tour de France gewonnen, eine der schönsten unserer Zeit. Der Wettkampf eines glücklichen Mannes.

Thévenets langer Weg

Ein eindrucksvoller, doch umstrittener Massensprint ins Ziel von Le Mans. Der Gewinner Jacques Esclassan (Mitte) gerät hinter der Ziellinie mit Van Linden aneinander. (Foto rechts)

DIE Anfänge Bernard Thévenets reichen zurück ins Jahr 1963. In jenem Jahr erringt er sechs Siege bei den Junioren und behauptet sich schon bald als brillanter Regionalfahrer, wie auch sein Sieg beim Trophée du Progrès de Lyon zeigt. 1966 bestätigt er sein großes Talent: Er wird beim Grand Prix de France Vierter und danach beim Grand Prix des Nations Dritter. Insgesamt kommt er auf 23 Siege. Dass er gut fährt und zwar besonders in den Bergen, weiß man inzwischen. Sobald die Wege ansteigen, spurtet er los und kommt meist weit vor allen anderen ins Ziel. Im Januar 1970 wechselt er zur Profimannschaft Peugeot-BP. Der Jungprofi, der 1.000 Francs im Monat verdient, wird schon bald von sich reden machen. Am 7. März 1970 gewinnt er das Rennen am Mont Faron. Diese Leistung ist umso beeindruckender, als an diesem Wettkampf unter anderem Gimondi, Pingeon sowie Merckx teilnehmen, der - nach einem Sturz - als Zweiter ins Ziel fährt. 1973 stellt Thévenet seine Qualitäten weiter eindrucksvoll unter Beweis: Bei der Spanien-Rundfahrt gewinnt er vor Merckx und Ocaña eine große Bergetappe, in Plumelec holt er sich den französischen Meistertitel, und bei der Tour de France wird er hinter dem großen Ocaña Zweiter - nach zwei Etappensiegen in Méribel-les-Allues sowie am letzten Tag in Paris, wo er den Anstieg vor der Zielankunft nutzt. Am Ende dieses Jahres, „meinem besten Jahr vor 1975“, kann Bernard Thévenet optimistisch in die Zukunft blicken. Er hat einen gewaltigen Schritt nach vorne getan und nun beinahe das Niveau der ganz Großen unserer Zeit erreicht. Seine Leistungen werden gleichmäßiger, er selbst wachsamer. In den großen Etappenrennen setzt er sich als Mannschaftsführer durch. Er ist sich seiner Gesundheit sicher, ebenso wie der Prinzipien, die sein Leben bestimmen. Dennoch zieht er sich bei der Spanien-Rundfahrt eine Gürtelrose zu und durchlebt lange Monate des Leidens und Zweifelns. Doch beim Kriteriumsrennen Dauphiné Libéré ist er wieder da. Am Abend in Briançon erklärt er uns: „Ich erhole mich nun sehr viel besser. Ich bin bereit für die Tour de France, das Rennen hat mich überzeugt, und ich werde nun an den Start gehen, um zu gewinnen.“ Und tatsächlich treffen wir ihn bei der Tour wieder, am Abend nach dem Anstieg zum Izoard, wo er uns anvertraut: „Auf den letzten fünf Kilometern hoch zum Izoard habe ich mir gesagt: ‚Vielleicht kann ich die Tour genau hier gewinnen', und ich habe alles gegeben.“

Am nächsten Tag hat Bernard seine persönliche Pilgerfahrt unternommen. Auf der Abfahrt vom Télégraphe ist er an der Stelle vorbeigefahren, wo er ein Jahr zuvor aufgeben musste. Er hat den Transformator wiedererkannt. Genau dort war die Zeit damals für ihn stehen geblieben. Diesmal trug er hohe Erwartungen mit sich. So ist das Leben, so ist der Wettkampf, wenn die Menschen gelernt haben, im Unglück nicht aufzugeben.

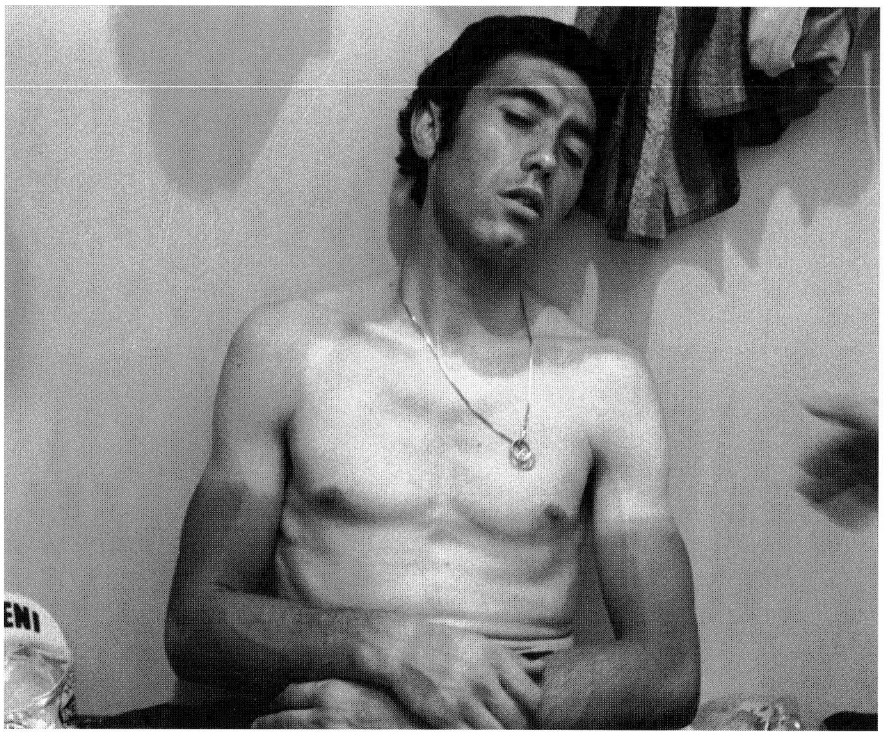

Eine abscheuliche Tat: Kurz vor der Ziellinie in Clermond-Ferrand versetzt ein Zuschauer Eddy Merckx einen Schlag auf die Leber, der ihm den Atem raubt. Als der belgische Champion nach der Ankunft seinen Angreifer wiedererkennt, lässt er ihn festnehmen und erstattet Anzeige.

ITT
OCÉANIC
OCÉANIC
OCÉANIC

Lucien VAN IMPE

Van Impe und sein Komplize

Merckx ist verletzt und muss schweren Herzens auf die Teilnahme verzichten. Sein Ausfall lässt andere Fahrer auf die Thronfolge hoffen: Bernard Thévenet, der aber in den Bergen beim Dauphiné Libéré nicht allzu viel gezeigt hat, und Luis Ocaña, immer noch schwer von seiner Leistung bei der Vuelta enttäuscht. Lucien Van Impe hingegen ist wie ausgewechselt: Er brilliert beim Einzelzeitfahren und steckt voller Ehrgeiz. Erstmals seit seinem Wechsel ins Profi-Lager 1970 wird er von seinem Team mit Cyrille Guimard an der Spitze bedingungslos unterstützt. Und ein neues Gesicht tritt auf die Startrampe: Freddy Maertens, ein langstreckentauglicher Sprinter von Format und ernsthafter Rivale von Eddy Merckx in Belgien. Der Flame will nicht die Nachfolge des „Kannibalen" antreten, sondern in Paris im Grünen Trikot auf dem Podium stehen.

Maertens, ganz heiß auf Etappensiege, gewinnt den Prolog in Saint-Jean-de-Monts, setzt sich beim Sprint in Angers durch und macht das Einzelzeitfahren in Le Touquet klar. Michel Pollentier verliert 1'37'', Schuiten 2' und Van Impe gar 3'! Danach schleppt sich das Rennen dahin: Die Fahrer ächzen unter der brütenden Hitze der Hundstage, und einer Flachetappe folgt die nächste. Doch die Klassikeretappe von L'Alpe-d'Huez reißt die Fahrer aus ihrer Lethargie: Joop Zoetemelk und Lucien Van Impe brennen darauf, Berge zu erklimmen! Beide führen abwechselnd, doch am Gipfel holt sich Zoetemelk den Etappensieg. 24 Stunden später gewinnt Zoetemelk erneut in Montgenèvre vor einer Gruppe von sieben Fahrern. In den Pyrenäen dreht plötzlich Luis Ocaña auf, der sich bisher zurückhielt: Auf dem Weg nach Saint-Lary-Soulan sprengt er den Rennverlauf, indem er den Col du Portillon „verschlingt" und die Verfolgung der Spitzengruppe aufnimmt; hinter ihm zieht Van Impe an Zoetemelk vorbei. Das ist der Wendepunkt!

Der belgische Bergfloh erreicht die Ausreißergruppe, die von Ocaña düpiert wurde, und schafft es, den Kastilier einzuholen, der ihn - wohl wissend, dass er entscheidet, wer die Tour gewinnt - bedingungslos unterstützt. Auf der heiß glühenden Straße fällt Ocañas Entscheidung für Van Impe. Schade für Zoetemelk, aber der hatte ihm bei seinem erbitterten Kampf gegen Eddy Merckx nie geholfen. Lucien van Impe, der frühere Zeitungsausträger und dreimalige Sieger der Bergwertung, gewinnt die Tour bei seiner achten Teilnahme.

GESAMTKLASSEMENT

1. **Lucien VAN IMPE** (BEL, Gitane-Campagnolo), 4 017 km 116 Std. 22'23" ; Stundenmittel: 34,518 km/h
2. **Joop ZOETEMELK** (HOL, Gan-Mercier), 4'14"
3. **Raymond POULIDOR** (FRA, Gan-Mercier), 12'8"
4. Raymond DELISLE (FRA, Peugeot-Esso), 12'17"
5. Walter RICCOMI (ITA, Scic-Fiat), 12'39"
6. Francisco GALDOS (ESP, KAS), 14'50"
7. Michel POLLENTIER (BEL, Velda-Flandria), 14'59"
8. Freddy MAERTENS (BEL, Velda-Flandria), 16'6"
9. Fausto BERTOGLIO (ITA, Jollyceramica), 16'36"
10. Vicente LOPEZ CARRIL (ESP, KAS), 19'28"
11. José PESARRODONA (ESP, KAS), 21'14"
12. José MARTINS (POR, KAS), 21'45"
13. Wladimiro PANIZZA (ITA, Scic-Fiat), 22'8"
14. Luis OCAÑA (ESP, Super Ser), 25'8"
15. Raymond MARTIN (FRA, Gitane-Campagnolo), 25'35"
16. Giancarlo BELLINI (ITA, Brooklyn), 26'43"
17. Pedro TORRES (ESP, Super Ser), 32'44"
18. Ronald DE WITTE (BEL, Brooklyn), 34'21"
19. Ferdinand JULIEN (FRA, Lejeune-BP), 36'29"
20. Robert BOULOUX (FRA, Jobo La France), 39'54"

63. TOUR DE FRANCE: 22 ETAPPEN – 4.017 KILOMETER

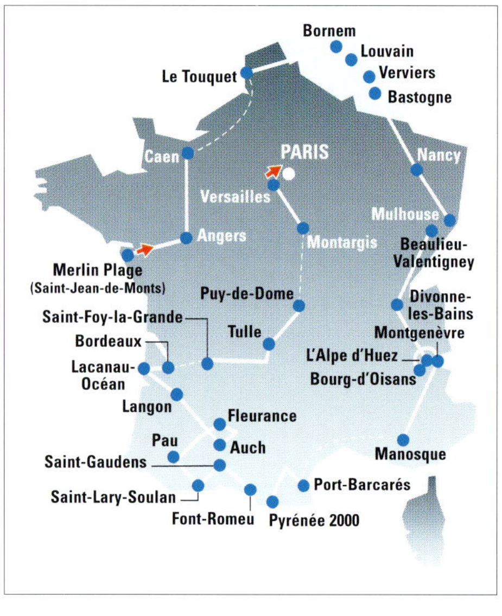

			Etappen	Etappensieger	Gelbes Trikot
Prolog	Donnerstag 24. Juni	**8 km**	Saint-Jean-de-Monts – Saint-Jean-de-Monts	F. Maertens (BEL)	F. Maertens
1. Etappe	Freitag 25. Juni	**173 km**	Saint-Jean-de-Monts – Angers	F. Maertens (BEL)	F. Maertens
2. Etappe	Samstag 26. Juni	**236,5 km**	Angers – Caen	G. Battaglin (ITA)	F. Maertens
3. Etappe	Sonntag 27. Juni	**37 km**	Le Touquet – Le Touquet (EZF)	F. Maertens (BEL)	F. Maertens
4. Etappe	Montag 28. Juni	**258 km**	Le Touquet – Bornem (BEL)	H. Kuiper (HOL)	F. Maertens
5. Etappe (1)	Dienstag 29. Juni	**4,3 km**	Leuven – Leuven (MZF)	Ti-Raleigh	F. Maertens
5. Etappe (2)	Dienstag 29. Juni	**144 km**	Leuven – Verviers	M.-M. Lasa (ESP)	F. Maertens
6. Etappe	Mittwoch 30. Juni	**209 km**	Bastogne (BEL) – Nancy	A. Parecchini (ITA)	F. Maertens
7. Etappe	Donnerstag 1. Juli	**207,5 km**	Nancy – Mulhouse	F. Maertens (BEL)	F. Maertens
8. Etappe	Freitag 2. Juli	**220,5 km**	Valentigney – Divonne-les-Bains	J. Esclassan (FRA)	F. Maertens
9. Etappe	Sonntag 4. Juli	**258 km**	Divonne-les-Bains – L'Alpe-d'Huez	J. Zoetemelk (HOL)	L. Van Impe
10. Etappe	Montag 5. Juli	**158 km**	Bourg-d'Oisans – Montgenèvre	J. Zoetemelk (HOL)	L. Van Impe
11. Etappe	Dienstag 6. Juli	**224 km**	Montgenèvre – Manosque	J. Luis Viejo (ESP)	L. Van Impe
12. Etappe	Donnerstag 8. Juli	**205,5 km**	Port-Barcarès – Pyrénées 2000	R. Delisle (FRA)	R. Delisle
13. Etappe	Freitag 9. Juli	**188 km**	Font-Romeu – Saint-Gaudens	W.Teirlinck (BEL)	R. Delisle
14. Etappe	Samstag 10. Juli	**139 km**	Saint-Gaudens – Saint-Lary-Soulan	L. Van Impe (BEL)	L. Van Impe
15. Etappe	Sonntag 11. Juli	**195 km**	Saint-Lary-Soulan – Pau	W. Panizza (ITA)	L. Van Impe
16. Etappe	Montag 12. Juli	**152 km**	Pau – Fleurance	M. Pollentier (BEL)	L. Van Impe
17. Etappe	Dienstag 13. Juli	**38,8 km**	Fleurance – Auch (EZF)	F. Bracke (BEL)	L. Van Impe
18. Etappe (1)	Mittwoch 14. Juli	**86 km**	Auch – Langon	F. Maertens (BEL)	L. Van Impe
18. Etappe (2)	Mittwoch 14. Juli	**123 km**	Langon – Lacanau-Océan	F. Maertens (BEL)	L. Van Impe
18. Etappe (3)	Mittwoch 14. Juli	**70,5 km**	Lacanau-Océan – Bordeaux	G. Karstens (HOL)	L. Van Impe
19. Etappe	Donnerstag 15. Juli	**219,5 km**	Sainte-Foix-la-Grande – Tulle	H. Mathis (FRA)	L. Van Impe
20. Etappe	Freitag 16. Juli	**220 km**	Tulle – Puy de Dôme	J. Zoetemelk (HOL)	L. Van Impe
21. Etappe	Samstag 17. Juli	**145,5 km**	Montargis – Versailles	F. Maertens (BEL)	L. Van Impe
22. Etappe (1)	Sonntag 18. Juli	**6 km**	Paris – Paris Champs-Élysées (EZF)	F. Maertens (BEL)	L. Van Impe
22. Etappe (2)	Sonntag 18. Juli	**90,7 km**	Paris – Paris Champs-Élysées	G. Karstens (HOL)	L. Van Impe

Auf dem Anstieg zum Gipfel des Peyresourde sind Van Impe und Ocaña Verbündete an der Spitze. Gleich tritt der Belgier zum Alleingang an, wehrt die Attacken von Riccomi und Zoetemelk ab und fährt 3' früher ins Ziel.

Cyrille Guimard (links) lenkt das Rennen von Lucien Van Impe perfekt. Seine Vorgabe: Nicht hinter Delisle fahren, wenn er die 2.000er der Pyrenäen in Angriff nimmt. Ein riskantes Pokerspiel. Aber erfolgreich!

250 Meter vor dem Gipfel des Puy de Dôme greift Zoetemelk an und holt sich im Sprint ganze 12" auf Van Impe.

Sprint in Angers: Der Belgier Freddy Maertens gewinnt eine von insgesamt acht Etappen.

1977

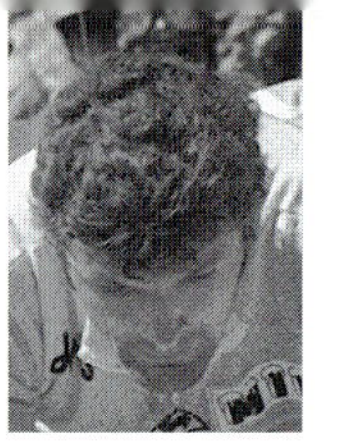

Bernard THÉVENET

Thévenet außer Atem

L'Alpe-d'Huez: Thévenet außer Atem! Hinter Kuiper, der stets vorne fährt, muss er viel Kraft aufbieten, um Van Impe abzuhängen und sein Gelbes Trikot zu verteidigen. (Foto rechte Seite)

Wegen der außergewöhnlichen Streckenführung der diesjährigen Tour müssen die Fahrer gleich am zweiten Tag die Pyrenäen erklimmen. Die Favoriten Zoetemelk, Van Impe und Thévenet sind wie gelähmt, was den jungen Frankfurter Dietrich Thurau nur freut. 14 Etappen lang dominiert er, bis er an der Steigung nach Avoriaz an seine Grenzen stößt. Thévenet holt sich das Gelbe Trikot, aber er muss hart kämpfen, um Van Impe auf der Etappe nach L'Alpe d'Huez abzuhängen. Mit einer Attacke am Glandon versucht der Belgier in Führung zu gehen, aber der böige Gegenwind im Tal nimmt ihm die Puste. Beim Aufstieg nach L'Alpe hat er bereits einen großen Teil seines Vorsprungs verloren. Und schließlich rammt ihn gar ein Reporterwagen in den Graben! Van Impe rappelt sich schnell wieder auf und fährt weiter, aber bald muss er wieder stoppen, um ein Rad zu wechseln. Da zieht Hennie Kuiper an ihm vorbei, an seinem Hinterrad Thévenet. Der Franzose verteidigt sein Gelbes Trikot mit einem Vorsprung von acht Sekunden, den er beim Einzelzeitfahren in Dijon weiter ausbaut.

Eddy Merckx trudelt in L'Alpe-d'Huez mit fast 15' Rückstand ein, er ist krank und will bei der nächsten Tour erneut sein Glück versuchen. Das Rennen endet aufgrund von Gerüchten über gedopte Favoriten in einer Atmosphäre voller Argwohn. Unter der Hand kursiert eine Liste der Verdächtigen. „Wenn man die Namen der gedopten Fahrer nennen soll, braucht man nur die 54 Fahrer aufzuzählen, die im Ziel ankommen", sagt Doktor Miserez mit böser Ironie. In der Presse wird eine Liste veröffentlicht, in der keine Franzosen vorkommen, aber unter anderem Agostinho, Mendes und Ocaña. 24 Stunden später gibt die Tour-Organisation ein erstes Kommuniqué heraus, aus dem hervorgeht, dass Bernard Thévenet, der im März bei Paris-Nizza positiv getestet wurde, „über jeglichen Verdacht erhaben ist". Einige Monate später, bei einer Behandlung in einem Pariser Krankenhaus, gibt der Spitzenmann des Peugeot-Teams gegenüber einem befreundeten Journalisten zu, Cortison gespritzt zu haben. Das Präparat war noch nicht erforscht und deshalb bei Kontrollen nicht nachweisbar. Sein Arbeitgeber ist gar nicht erfreut über dieses Geständnis, ebensowenig seine Kollegen.

„Didi" Thurau jedoch weckt mit seinem 5. Platz bei der Tour 1977 in Deutschland bislang nicht gekannte Hoffnungen.

GESAMTKLASSEMENT

1. **Bernard THÉVENET** (FRA, Peugeot-Esso), 115 Std. 38'30" ; Stundenmittel: 35,393 km/h
2. **Hennie KUIPER** (HOL, Ti-Raleigh), 48"
3. **Lucien VAN IMPE** (BEL, Lejeune-BP), 3'32"
4. Francisco GALDOS (ESP, KAS), 7'45"
5. Dietrich THURAU (GER, Ti-Raleigh), 12'24"
6. Eddy MERCKX (BEL, Fiat), 12'38"
7. Michel LAURENT (FRA, Peugeot-Esso), 17'42"
8. Joop ZOETEMELK (HOL, Miko-Mercier), 19'22
9. Raymond DELISLE (FRA, Miko-Mercier), 21'32"
10. Alain MESLET (FRA, Gitane-Campagnolo), 27'31"
11. Raymond MARTIN (FRA, Miko-Mercier), 28'35"
12. Hubert „Bert" PRONK (HOL, Ti-Raleigh), 30'6"
13. Joaquim AGOSTINHO (POR, Teka), 33'13"
14. Gonzalo AJA (ESP, Teka), 36'11"
15. Pierre-Raymond VILLEMIANE (FRA, Gitane-Campagnolo), 36'42"
16. José MARTINS (POR, KAS), 38'53"
17. Edouard JANSSENS (BEL, Fiat), 46'13"
18. Enrique MARTINEZ-HEREDIA (ESP, KAS), 47'30"
19. Pedro TORRES (ESP, Teka), 47'39"

64. TOUR DE FRANCE: 22 ETAPPEN – 4.096 KILOMETER

			Etappen	Etappensieger	Gelbes Trikot
Prolog	Donnerstag 30. Juni	**5 km**	Fleurance – Fleurance	D. Thurau (GER)	D. Thurau
1. Etappe	Freitag 1. Juli	**237 km**	Fleurance – Auch	P.-R. Villemiane (FRA)	D. Thurau
2. Etappe	Samstag 2. Juli	**253 km**	Auch – Pau	D. Thurau (GER)	D. Thurau
3. Etappe	Sonntag 3. Juli	**248,2 km**	Oloron-Sainte-Marie – Vitoria (ESP)	J. Nazabal (ESP)	D. Thurau
4. Etappe	Montag 4. Juli	**256 km**	Vitoria (ESP) – Seignosse-le-Penon	R. Delépine (FRA)	D. Thurau
5. Etappe(1)	Dienstag 5. Juli	**138,5 km**	Morcenx – Bordeaux	J. Esclassan (FRA)	D. Thurau
5. Etappe(2)	Dienstag 5. Juli	**30,2 km**	Bordeaux – Bordeaux (EZF)	D. Thurau (GER)	D. Thurau
6. Etappe	Donnerstag 7. Juli	**225,5 km**	Bordeaux – Limoges	J. Raas (HOL)	D. Thurau
7. Etappe(1)	Freitag 8. Juli	**139,5 km**	Jauney-Clan – Angers	P. Sercu (BEL)	D. Thurau
7. Etappe(2)	Freitag 8. Juli	**4,5 km**	Angers – Angers (MZF)	Fiat	D. Thurau
8. Etappe	Samstag 9. Juli	**246,5 km**	Angers – Lorient	G. Santambrogio (ITA)	D. Thurau
9. Etappe	Sonntag 10. Juli	**187 km**	Lorient–Rennes	K.-Peter Thaler (GER)	D. Thurau
10. Etappe	Montag 11. Juli	**174 km**	Bagnoles-de-l'Orne – Rouen	F. Den Hertog (HOL)	D. Thurau
11. Etappe	Dienstag 12. Juli	**242,5 km**	Rouen – Roubaix	J.-P. Danguillaume (FRA)	D. Thurau
12. Etappe	Mittwoch 13. Juli	**192,5 km**	Roubaix – Charleroi (BEL)	P. Sercu (BEL)	D. Thurau
13. Etappe(1)	Freitag 15. Juli	**46 km**	Freiburg im Breisgau – Freiburg im Breisgau	P. Sercu (BEL)	D. Thurau
13. Etappe(2)	Freitag 15. Juli	**159,5 km**	Altkirch – Besançon	J.-P. Danguillaume (FRA)	D. Thurau
14. Etappe	Samstag 16. Juli	**230 km**	Besançon – Thonon-les-Bains	B. Quilfen (FRA)	D. Thurau
15. Etappe(1)	Sonntag 17. Juli	**105 km**	Thonon-les-Bains – Morzine	P. Wellens (BEL)	D. Thurau
15. Etappe(2)	Sonntag 17. Juli	**14 km**	Morzine – Avoriaz (EZF)	L. Van Impe (BEL)	B. Thévenet
16. Etappe	Montag 18. Juli	**121 km**	Morzine – Chamonix	D. Thurau (GER)	B. Thévenet
17. Etappe	Dienstag 19. Juli	**184,5 km**	Chamonix – L'Alpe-d'Huez	H. Kuiper (HOL)	B. Thévenet
18. Etappe	Mittwoch 20. Juli	**199,5 km**	Voiron – Saint-Étienne	Nicht zugeordnet	B. Thévenet
19. Etappe	Donnerstag 21. Juli	**171,5 km**	Saint-Trivier – Dijon	G. Knetemann (HOL)	B. Thévenet
20. Etappe	Freitag 22. Juli	**50 km**	Dijon – Dijon (EZF)	B. Thévenet (FRA)	B. Thévenet
21. Etappe	Samstag 23. Juli	**141,5 km**	Montereau – Versailles	G. Knetemann (HOL)	B. Thévenet
22. Etappe(1)	Sonntag 24. Juli	**6 km**	Paris (Champs-Élysées) – Paris (EZF)	D. Thurau (GER)	B. Thévenet
22. Etappe(2)	Sonntag 24. Juli	**90,7 km**	Paris – Paris (Champs-Élysées)	A. Meslet (FRA)	B. Thévenet

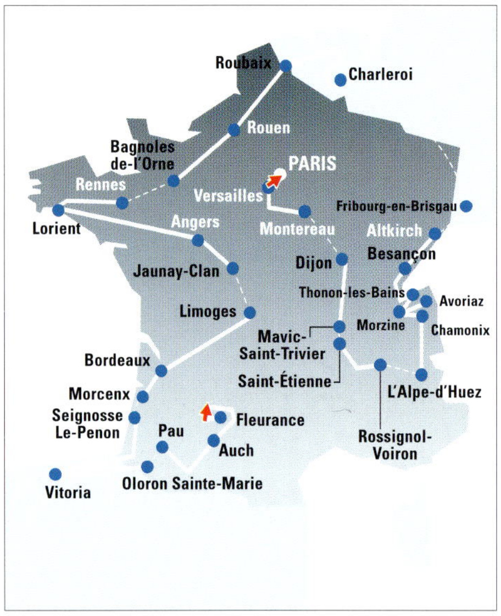

Bernard Thévenet hat die Tour de France 1977 mit Pauken und Trompeten gewonnen. Doch sein Triumph wurde dadurch getrübt, dass ein endgültiges Kommuniqué, das die Ergebnisse bestätigte, lange auf sich warten ließ.

Eine lange Wartezeit...

Das Team Peugeot-Esso-Michelin holt sich auf den Champs-Élysées unter der erfolgreichen Leitung von Maurice De Muer zwei begehrte Trikots: Gelb für Thévenet und Grün für Esclassan.

AM Samstag lesen wir in Versailles in einer halbamtlichen Mitteilung, dass Zoetemelk infolge einer Dopingkontrolle in L'Alpe-d'Huez bestraft wurde. Ihm erging es so wie Bernard Thévenet, der nach dem Rennen Paris-Nizza ebenfalls wegen Dopings bestraft wurde. Die Gerüchteküche beginnt zu brodeln: Raphaël Géminiani posaunt heraus, „man müsse das Reglement bis zum Schluss anwenden, wenn man es denn anwendet", und Henry Anglade lässt bissig vernehmen, dass die Tour, nach alledem, für Van Impe vielleicht gar nicht endgültig verloren sei! Schlicht gestrickte Menschen kann man mit weniger in Unruhe versetzen, soviel sei sicher. Unter der Hand kursierten Namenslisten, der wilden Phantasie entsprungen und meistens aus unsicheren Quellen. Sie trugen die Namen von sieben oder acht Fahrern, die des Dopings verdächtigt wurden. Die offizielle Liste, auf die wir jetzt eingehen wollen, wurde uns in einem grün-weiß-gestreiften Karawanenzelt vorgelegt: die Farben der Reinheit und der Hoffnung. Das mag paradox erscheinen, es könnte sich jedoch schlicht um einen Fehlgriff des Dekorateurs handeln. Diese Liste trägt vier Namen: Joaquim Agostinho, Luis Ocaña, Antonio Menendez und Fernando Mendes. Die ausländischen Fahrer haben also entschieden viel Pech, und es kommt einem in den Sinn, was der Tourarzt am Vorabend in bitterer Ironie äußerte: „Wenn man die Namen der gedopten Fahrer nennen soll, braucht man nur die 54 Fahrer aufzuzählen, die im Ziel ankommen..."

Wir hatten keine Zeit, ihm eine zweite Frage zu stellen. Er war bereits schulterzuckend weggegangen. Sicher, es war eine dieser launischen Bemerkungen gewesen, denn wir leben in einer Welt, die den Sachen nicht gerne auf den Grund geht, aber die zwei oder drei Mithörer konnten nicht anders als zu denken, dass da irgendetwas entschieden nicht so läuft, wie es laufen sollte. Wir hören die Klagen von Géminiani, das Zwinkern von Guimard verspricht uns weitere Enthüllungen, und es ist gar nicht notwendig, Louis Caput lange zu beobachten, um seine Bestürzung ermessen zu können.

Auf der Avenue des Champs-Élysées der übliche laute Jubel, als ob nichts passiert wäre und auch danach nichts passieren würde. Ja, Al Capone wurde wegen banaler Steuerdelikte verurteilt. Der „gute Al Capone" hatte niemals jemanden auf dem Gewissen, das zu beschwören standen 1.000 Würdenträger bereit. Hoch lebe Al Capone! Denn es ist klar, dass die Dopingkontrollen in ihrer Unvollständigkeit nur ein aufwändiges Blendwerk bleiben werden. Der Wilderer wird das Wildern nicht aufgeben, er wird höchstens versuchen, den Jagdaufseher zu täuschen.

Somit läuft heute alles in diesem, vor kurzem noch undenkbaren Verwirrspiel zusammen, in dem zweihundert enttäuschte Journalisten in einem Presseraum darauf warten, dass ein Kommuniqué verteilt wird, welches ihnen nach drei Wochen Anwesenheit mitteilt, ob Bernard Thévenet die Tour nun tatsächlich gewonnen hat oder nicht, und ob Hennie Kuiper seinen zweiten Platz ehrlich verdient hat oder nicht.

Nach einer nicht enden wollenden Wartezeit bestätigt uns schließlich die Meldung, dass Bernard Thévenet gewonnen hat. Eine ehrliche Freude bricht in uns aus, denn wir haben mitverfolgt, wie er sich beim Aufstieg nach Alpe-d'Huez fast die Eingeweide herausgekeucht und wie er beim Einzelzeitfahren in Dijon seine Überlegenheit unter Beweis gestellt hat. Von diesem Thévenet wünschen wir uns mehrere. Und wir wünschen ihm aus ganzem Herzen einen dritten Tour-Sieg, aber bei einer Tour, vor der es kein Paris-Nizza wie in diesem Jahr geben dürfte, wo er die zweifelhafte Rolle spielte, die Zoetemelk heute spielt, oder Ocaña oder Agostinho. Kurz: Eine Tour de France, von der die Zuschauer noch in zwanzig Jahren sprechen würden und die unvergessen bliebe.

Eddy Merckx fährt seine letzte Tour de France. Und dennoch wird er Sechster.

Bernard Thévenet „zieht" Hennie Kuiper (Ti-Raleigh) und Joop Zoetemelk (Miko-Mercier) nach L'Alpe-d'Huez. Doch kurz vor dem Ziel ist es vorbei mit der „Eintracht"...

Jürgen Emig: Die Überraschung Dietrich Thurau

Es war ein sonniger Tag in Fleurance im reizvollen Cognac, als die Tour 1977 mit dem Prolog startete. Deutsche Erfolge lagen lange Jahre zurück. So ruhten die deutschen Hoffnungen auf dem gerade erst 21-jährigen Dietrich Thurau aus Frankfurt; aber alles was wir erwarteten, war, dass er eine passable Tour fährt. Es waren immerhin noch Eddy Merckx am Start und eine starke französische Phalanx um Bernard Thévenet. Von Didis Mannschaftskamerad und Kapitän Hennie Kuiper gar nicht zu reden. Aber dann kam der Paukenschlag: Thurau fuhr Bestzeit! Aber es fehlten noch ein paar große Namen wie eben Kuiper und Merckx.

Auf dem Marktplatz von Fleurance war ein kleines Podest aufgebaut. Nichts erinnerte daran, dass hier der Tagessieger des größten und bedeutendsten Radrennens der Welt geehrt werden sollte. Das kniehohe Podest hätte genau so gut in der Speaker's Corner im Londoner Hyde Park stehen können.

Die Handvoll deutscher Journalisten hatte Morgenluft gewittert. „Vielleicht kommt er ja unter die ersten Drei!", raunte mir Hartmut Scherzer zu. Im Minutentakt kamen sie ins Ziel - die Zeit von Thurau hielt immer noch. Sie überstand auch Merckx und Thévenet.

Die Sensation war perfekt! Nach vielen Jahren wieder ein Deutscher im Gelben Trikot! In Fleurance konnte noch keiner ahnen, dass Didi Thurau dieses Maillot Jaune auch über die Königs-Etappe der Pyrenäen mit dem Col du Tourmalet tragen würde und dazu noch den Sprint in Pau für sich entscheiden sollte.

Keiner konnte ahnen, dass der junge Frankfurter 15 Tage dieses Trikot verteidigen würde bis zum Bergzeitfahren nach Avoriaz, das er gegen den späteren Tour-Sieger Thévenet verlor, um in Paris den 5. Platz zu belegen.

„Didi" Thurau, die Entdeckung dieser Tour, trägt das Gelbe Trikot 15 Tage!

Fleurance war der Beginn der neuen deutschen Radsport-Ära. Die Nation wurde vom „Gelb-Fieber" gepackt und Didi Thurau über Nacht zum nationalen Helden. Mit uns Journalisten fieberte Thurau dem Ende des Zeitfahrens entgegen. Er konnte es kaum fassen, dass er den Prolog gewonnen hatte und man ihm das Gelbe Trikot überstreifte.

Da waren noch keine Fernseh-Live-Kameras sofort zur Stelle, alles wirkte irgendwie improvisiert. Und noch auf diesem kleinen Sieger-Podest konnte ich Thurau direkt nach der Siegerehrung für das Radio interviewen. Die Crew des deutschen Fernsehens und Radios bestand damals aus vier Personen: Redakteur Gerhard Zimmer, den beiden Radio-Reportern Günter Isenbügel und mir, sowie Herbert Watterott für das Fernsehen. Eigene technische Mitteln hatten wir bis auf ein Radio-Aufnahmegerät (NaGra) nicht zur Verfügung.

Mein erstes Interview mit Didi Thurau wurde etwa eine Stunde später über einen Mini-Ü-Wagen von Radio France, der in einem Peugeot 404 installiert war, nach Saarbrücken überspielt. Dort bastelte die Heimat-Redaktion unsere tägliche Tour-Sendung, die um 18.00 Uhr über die Europawelle Saar und einen Großteil der angeschlossenen ARD-Sender ausgestrahlt wurde.

1978

Bernard HINAULT

Ein Debütant namens Hinault

Der unaufhaltsame Aufstieg des Bernard Hinault hat begonnen, auch wenn Joop Zoetemelk in den Alpen noch in Gelb fährt. In den kommenden Jahren werden die beiden so manches Duell austragen... (Foto rechte Seite)

Die Tour de France wird 75 Jahre alt! Gestartet wird im niederländischen Leiden, wo Vorjahressieger Bernard Thévenet aufgrund anhaltender Formschwäche nicht zum Favoritenkreis gezählt wird. Die Prognosen konzentrieren sich auf Hennie Kuiper und dessen Landsmann Joop Zoetemelk, der zwischen 1970 und 76 schon dreimal den zweiten Platz belegte, sowie den Belgier Michel Pollentier und einen Tour-Neuling: den französischen Meister Bernard Hinault. Der erste Prüfstein für die Protagonisten ist das Zeitfahren zwischen St-Émilion und Ste-Foy-la-Grande. Der Bretone präsentiert sich stark, doch es reicht noch nicht für das Gelbe Trikot. Das wechselt in der ersten Woche hin und her, auch Klaus-Peter Thaler trägt es nach seinem Etappensieg in Saint-Germain zwei Tage lang. Trotz des Vuelta-Sieges von Bernard Hinault sind die Experten immer noch skeptisch, was dessen Leistungsfähigkeit im Hochgebirge angeht. Nach der großen Pyrenäenetappe sind in St-Lary-Soulan alle etwas schlauer: Mariano Martinez feiert einen großen Sieg, und der Debütant kontrolliert ganz abgeklärt die Kletterer Pollentier und Zoetemelk. Nur beim Bergzeitfahren am Puy-de-Dôme leistet sich Hinault eine Schwäche, Zoetemelk gewinnt.

In Valence d'Agen folgt ein Skandal: Das Feld stoppt kurz vor der Ziellinie und überquert diese dann gemächlichen Schrittes zu Fuß. Des Rätsels Lösung: Ein Fahrerstreik! Bernard Hinault wird an diesem Tag in der ersten Reihe gesichtet und bekommt prompt den ungeliebten Stempel des „Rädelsführers" aufgedrückt. Doch das ist noch nichts gegen das, was sich wenig später in L'Alpe d'Huez abspielt! Nach einer Energieleistung übernimmt Pollentier das Gelbe Trikot. Aber nur vorläufig, denn wenig später folgt der große Knall: Bei der Urinabgabe wird der Belgier ertappt, wie er mit einer Apparatur „sauberen" Urin zapft. Damit ist das Rennen für ihn zu Ende, und Zoetemelk „erbt" das Gelbe Trikot. Sein Vorsprung auf Hinault beträgt 14 magere Sekunden! Die müsste man doch beim Zeitfahren von Metz nach Nancy – 72 Stunden vor der Zielankunft in Paris – wettmachen können! Und tatsächlich: Bernard Hinault fährt die Konkurrenz in Grund und Boden und erringt mit fast 24 Jahren sein erstes Gelbes Trikot. Auf Zuraten von Cyrille Guimard hatte er drei Jahre auf die Tour gewartet, um dann gleich bei der ersten Teilnahme zu triumphieren! Dies sollte nicht die einzige Gemeinsamkeit mit Anquetil oder Merckx bleiben...

GESAMTKLASSEMENT

1. **Bernard HINAULT** (FRA, Renault-Gitane), 108 Std. 18'
2. **Joop ZOETEMELK** (HOL, Miko-Mercier), 3'56"
3. **Joaquim AGOSTINHO** (POR, Velda-Flandria), 6'54"
4. Joseph BRUYÈRE (BEL, C & A), 9'4"
5. Christian SEZNEC (FRA, Miko-Mercier), 12'50"
6. Paul WELLENS (BEL, Ti-Raleigh), 14'38"
7. Francisco GALDOS (ESP, KAS), 17'8"
8. Henk LUBBERDING (HOL, Ti-Raleigh), 17'26"
9. Lucien VAN IMPE (BEL, C & A), 21'1"
10. Mariano MARTINEZ (FRA, Jobo-Superia), 22'58"
11. Sven-Ake NILSSON (SUE, Miko-Mercier), 23'
12. Raymond MARTIN (FRA, Miko-Mercier), 32'58"
13. Freddy MAERTENS (BEL, Velda-Flandria), 34'26"
14. Michel LAURENT (FRA, Peugeot-Esso), 40'
15. André ROMERO (FRA, Jobo-Superia), 49'34"
16. Édouard JANSSENS (BEL, C & A), 51'19"
17. Yves HÉZARD (FRA, Peugeot-Esso), 53'20"
18. Antonio MENENDEZ (ESP, Teka), 53'28"
19. René BITTINGER (FRA, Velda-Flandria), 53'47"
20. Joseph DE SCHOEMAECKER (BEL, C & A), 54'14"

65. TOUR DE FRANCE: 22 ETAPPEN – 3.908 KILOMETER

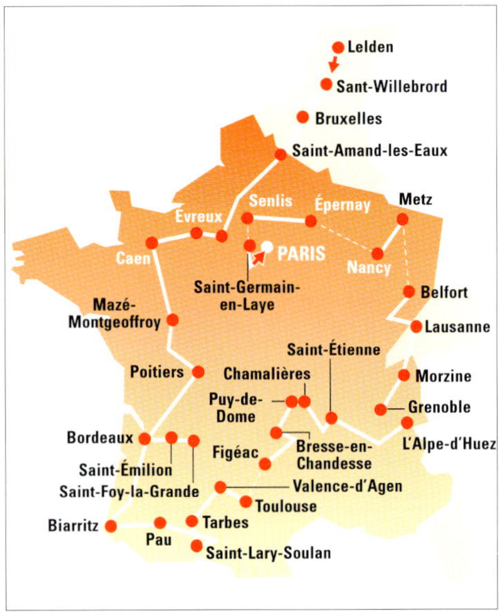

			Etappen	Etappensieger	Gelbes Triko
Prolog	Donnerstag 29 Juni	5,2 km	Leiden (HOL) – Leiden (EZF)	J. Raas (HOL)	J. Raas
1. Etappe (1)	Freitag 30. Juni	135 km	Leiden – Sint-Willebrord	J. Raas (HOL)	J. Raas
1. Etappe (2)	Freitag 30. Juni	100 km	Sint Willebrord (HOL) – Brüssel (BEL)	W. Planckaert (BEL)	J. Raas
2. Etappe	Samstag 1. Juli	199 km	Brüssel (BEL) – Saint-Amand-les-Eaux	J. Esclassan (FRA)	J. Raas
3. Etappe	Sonntag 2. Juli	243,5 km	Saint-Amand-les-Eaux – Saint-Germain-en-Laye	K.-P. Thaler (GER)	J. Bossis
4. Etappe	Montag 3. Juli	153 km	Évreux – Caen (MZF)	TI-Raleigh	K.-P. Thaler
5. Etappe	Dienstag 4. Juli	244 km	Caen – Mazé-Montgeoffroy	F. Maertens (BEL)	K.-P. Thaler
6. Etappe	Mittwoch 5. Juli	162 km	Mazé-Montgeoffroy – Poitiers	S. Kelly (IRL)	G. Knetemann
7. Etappe	Donnerstag 6. Juli	242 km	Poitiers – Bordeaux	F. Maertens (BEL)	G. Knetemann
8. Etappe	Freitag 7. Juli	59,3 km	Saint-Émilion – Sainte-Foy-la-Grande (EZF)	B. Hinault (FRA)	J. Bruyère
9. Etappe	Samstag 8. Juli	233 km	Bordeaux – Biarritz	M.-M. Lasa (ESP)	J. Bruyère
10. Etappe	Montag 10. Juli	191,5 km	Biarritz – Pau	H. Lubberding (HOL)	J. Bruyère
11. Etappe	Dienstag 11. Juli	161 km	Pau – Saint-Lary-Soulan	M. Martinez (FRA)	J. Bruyère
12. Etappe (1)	Mittwoch 12. Juli	158 km	Tarbes – Valence-d'Agen	J. Bruyère (BEL)	J. Bruyère
12. Etappe (2)	Mittwoch 12. Juli	96 km	Valence – d'Agen-Toulouse	J. Esclassan (FRA)	J. Bruyère
13. Etappe	Donnerstag 13. Juli	221,5 km	Figeac – Superbesse	P. Wellens (BEL)	J. Bruyère
14. Etappe	Freitag 14. Juli	52,5 km	Besse-en-Chandesse – Puy de Dôme (EZF)	J. Zoetemelk (HOL)	J. Bruyère
15. Etappe	Samstag 15. Juli	196 km	Saint-Dier-d'Auvergne – Saint-Étienne	B. Hinault (FRA)	J. Bruyère
16. Etappe	Sonntag 16. Juli	240,5 km	Saint-Étienne – L'Alpe-d'Huez	H. Kuiper (HOL)	J. Zoetemelk
17. Etappe	Dienstag 18. Juli	225 km	Grenoble – Morzine	C. Seznec (FRA)	J. Zoetemelk
18. Etappe	Mittwoch 19. Juli	137,5 km	Morzine – Lausanne (SUI)	G. Knetemann (HOL)	J. Zoetemelk
19. Etappe	Donnerstag 20. Juli	181,5 km	Lausanne (SUI) – Belfort	M. De Meyer (BEL)	J. Zoetemelk
20. Etappe	Freitag 21. Juli	72 km	Metz – Nancy (EZF)	B. Hinault (FRA)	B. Hinault
21. Etappe	Samstag 22. Juli	207,5 km	Épernay – Senlis	G. Knetemann (HOL)	B. Hinault
22. Etappe	Sonntag 23. Juli	161,5 km	Saint-Germain-en-Laye – Paris Champs-Élysées	G. Knetemann (HOL)	B. Hinault

MIK

Nach der achten Etappe, dem Zeitfahren von Saint-Émilion nach Sainte-Foy-la-Grande, war klar: Bernard Hinault ist der erwartete Champion! Dies zeigte auch der weitere Verlauf der Tour. Aus einem Test wurde ein Meisterstück.

Hinault: Die unwiderstehliche Kraft der Jugend

AM Abend seines fabelhaften Sieges beim Zeitfahren von Nancy, den Triumph in Paris vor Augen, wirkte Bernard Hinault entspannt und geradezu vor Kraft strotzend. „Ich könnte noch drei Monate so weiterfahren, ich fühle mich jeden Tag besser!", offenbarte er uns. Ein nagelneues Gelbes Trikot lag auf seinen Knien, aufmerksam betrachtete er die Fotos von seiner Glanztat, die wir mitgebracht hatten. „Oje", murmelte er, „hier sieht man deutlich, dass meine Radhose zu groß ist. Die musste ich während des Rennens ein paar Mal hochziehen. Ich muss mir eine besorgen, die besser passt."

Diese Anekdote beleuchtet eine eher unbekannte Facette des Champions, nämlich die des Perfektionisten, der auf jedes noch so kleine Detail achtet, immer die Verbesserung sucht, nichts außer Acht lässt.

Böswillige Zeitgenossen verbreiten geradezu genüsslich Aussagen von Bernard Hinault, die zunächst anmaßend erscheinen, sich im Nachhinein jedoch als zutreffend erweisen. Daher rührt auch sein Ruf als Querkopf, der ihn seit dem Fahrerstreik in Valence-d'Agen viel Ansehen gekostet hat. Aber drückt sein Hang zur Diskussion, dieses unstillbare Bedürfnis nach Austausch, nicht eine gewisse Großzügigkeit aus - gerade in Zeiten, in denen die Menschen das offene Wort scheuen, Angst vor der Äußerung einer klaren Meinung haben?

„Ich wusste, dass diese Tour lang und gefährlich werden würde", fährt Hinault fort, „dass derjenige gewinnen würde, der im Finale die größte Ausdauer hat und dass im Flachen nur die Zeitfahren eine Gelegenheit böten, Akzente zu setzen. Es war klar, dass zwischen Metz und Nancy eine Vorentscheidung fallen würde.

Die erste Nagelprobe war das Einzelzeitfahren zwischen Saint-Émilion und Sainte-Foy-la-Grande. Ich wollte diese Gelegenheit unbedingt nutzen, denn danach konnte ich um so leichter aus der Defensive das Rennen kontrollieren und die Angriffe der Gegner kontern. Wir haben uns auf dieses Rennen in familiärer Atmosphäre bei Villemiane vorbereitet. Nachdem ich den Parcours kannte, konnte ich mich etwas entspannen, denn diese gute Vorbereitung gab mir Selbstvertrauen.

Wenig später, beim Anstieg nach Saint-Lary, spürte ich, dass ich in den Bergen nicht zu schlagen war. Für mich ein großer psychologischer Vorteil! Danach habe ich meine schwerste Krise bei dieser Tour erlebt. Ich war solidarisch mit den Fahrern, die spontan die „Streikaktion" in Valence-d'Agen durchgeführt haben. Aber dass ich in der Presse plötzlich als Rädelsführer mit fraglichem Charakter dargestellt wurde, das hat mir schwer zu schaffen gemacht. Auf einmal war ich nervös, habe ein paar Tage lang sehr schlecht geschlafen. Ich fühlte mich wie auf einem Drahtseil ohne Netz, bekam eine Heidenangst! Und in diesem Zustand musste ich das wichtige Zeitfahren am Puy de Dôme bestreiten, wo ich auch prompt eingebrochen bin. Das war der Warnschuss, der mich wachgerüttelt hat und der mit sehr gut getan hat."

Hinault ist ein Fahrer mit Klasse, er verfügt über ein ausgeprägtes Rechtsbewusstsein, und er findet es ungerecht, dass seine offenen Worte wie ein Bumerang zurückgekommen sind. Noch während er in Valence-d'Agen versuchte, die Wogen zu glätten, vernahm er bereits die Worte des Magistrats der Stadt: „Sie sind des Trikots des Französischen Meisters unwürdig." Diese Aussage hat ihn mitten ins Herz getroffen. Aber die größten Champions finden erst durch Konfrontation und durch Rückschläge ihre wahre Stärke und die Motivation zu siegen. Bernard antwortete mit einem Sieg in Saint-Étienne, und dadurch bewies er seine Größe. Die unwiderstehliche Kraft seiner Jugend hat alle Zweifel über dem Sport hinweggefegt wie ein reinigendes Gewitter. Und das weiß er selbst am besten, wenn er sagt: „Ich bin ein glücklicher Mann."

1

2

3

4

5

6

7

1 Fahrerstreik! Der Protest richtet sich gegen die frühen Startzeiten, die unzähligen Transfers, die vielen Halbetappen und die mangelnden Absprachen. Hinault steht in der ersten Reihe.

2 Jan Raas auf dem Weg zum „Maillot Jaune" beim Prolog im niederländischen Leiden.

3 Der Träger des Gelben Trikots, Pollentier, wird in L'Alpe-d'Huez vom Rennen ausgeschlossen, nachdem er bei der Dopingkontrolle einen Täuschungsversuch unternommen hat.

4 Joop Zoetemelk übernimmt nach dem Ausschluss Pollentiers das Führungstrikot. Doch Bernard Hinault ist sich seiner Stärke bewusst.

5 Im Zeitfahren setzt der französische Meister seine ganze Energie frei. Sein erster Etappensieg ist zum Greifen nah.

6 Bernard Hinault kann auch sprinten wie ein Spezialist. Im Ziel der Etappe nach Saint-Etienne muss das Sean Kelly (rechts) neidlos anerkennen.

7 Im Grünen Trikot bezwingt der Sprinter Freddy Maertens in Mazé-Montgeoffroy Karstens und Esclassan.

1979

Bernard HINAULT

Alte Bekannte

Im Tal der Chevreuse setzt Zoetemelk alles auf eine Karte, doch Hinault ist einfach zu stark. Fair zollt er seinem Konkurrenten auf den Champs-Élysées Anerkennung. (Foto rechte Seite)

In diesem Jahr ist Bernard Hinault so großer Favorit, dass man sich fragt, ob er das gesamte Rennen in Gelb bestreiten wird. Immerhin: Für ihn, immer auf den Punkt fit, ist es ein klarer Vorteil, dass die Tour 1979 praktisch in den Pyrenäen beginnt. Zunächst steht ein Mini-Prolog von fünf Kilometern auf dem Programm, den der Holländer Knetemann für sich entscheidet. Nach der zweiten Etappe lässt der Favorit seinen jungen Teamkollegen Bernaudeau einen Tag in Gelb fahren, doch ab der dritten Etappe macht er ernst: Zunächst holt er sich das Zeitfahren in Superbagnères, dann die Etappe nach Pau. Damit sind die ersten Schritte in Richtung des zweiten Toursiegs gemacht, und der Champion wird von seiner Equipe Renault-Gitane bei den beiden langen Mannschaftszeitfahren gegen die starken Niederländer von Ti-Raleigh glänzend verteidigt. Doch dann geht es in die Hölle des Nordens, wo Hinault auf dem rauen Kopfsteinpflaster ausgerechnet in dem Moment einen Defekt hat, als Zoetemelk zusammen mit Thurau angreift! Für den Holländer bedeutet das Pech des Bretonen das Gelbe Trikot. Als es in die Alpen geht, sind Zoetemelks zwei Minuten Vorsprung allerdings schon wieder auf 50" geschrumpft, denn sein Rivale hat mit einer wahren Guerilla-Taktik Zeit gutgemacht, wo es nur ging. So schafft sich Hinault eine ideale Ausgangsposition für das Bergzeitfahren von Evian nach Avoriaz, wo er auf einem extrem schwierigen Parcours eine seiner größten Tour-Glanztaten überhaupt vollbringt. Die großen Alpenpässe sind noch nicht gefahren, und schon liegt der Dritte, Hennie Kuiper, bereits rund 12' zurück - die Tour ist zu einem Zweikampf zwischen Hinault und Zoetemelk geworden. Das wird auch in L'Alpe d'Huez klar, das jetzt zweimal hintereinander Etappenziel ist. Die erste Begegnung mit dem Bergriesen entscheidet der 37-jährige Veteran Joaquim Agostinho für sich, doch beim zweiten Mal triumphiert Zoetemelk. Freilich ohne Hinault entscheidend zu distanzieren...

Der Bretone erweist sich auch in diesem Jahr als unschlagbar. Er gewinnt sieben Etappen, und in Paris fährt er gemeinsam mit seinem schärfsten Konkurrenten über die Ziellinie - die Anerkennung für eine wahrhaft heldenhafte Flucht des Herausforderers im Tal der Chevreuse. Das Siegerpodest sieht genauso aus wie im letzten Jahr. Zoetemelk wird zum fünften Mal Zweiter, und neben ihm steht tatsächlich „Methusalem" Agostinho! Der Frankfurter „Didi" Thurau gewinnt zwei Jahre nach seiner großen Tour eine Etappe und wird am Ende Zehnter.

GESAMTKLASSEMENT

1. **Bernard HINAULT** (FRA Renault-Gitane), 103 Std. 6'50"
2. **Joop ZOETEMELK** (HOL, Miko-Mercier), 3'7"
3. **Joaquim AGOSTINHO** (POR, Flandria-Ca va Seul), 26'53"
4. Hennie KUIPER (HOL, Peugeot-Esso), 28'2"
5. Jean-René BERNAUDEAU (FRA, Renault-Gitane), 32'43"
6. Giovanni BATTAGLIN (ITA, Inoxpran), 38'12"
7. Jo MAAS (HOL, Daf Trucks), 38'39"
8. Paul WELLENS (BEL, Ti-Raleigh), 39'6"
9. Claude CRIQUIELION (BEL, KAS), 40'38"
10. Dietrich THURAU (GER, Ijsboerke-Warncke), 44'35"
11. Lucien VAN IMPE (BEL, KAS), 47'26"
12. Sven-Ake NILSSON (SWE, Miko-Mercier), 48'16"
13. Pierre-Raymond VILLEMIANE (FRA, Renault-Gitane), 59'9"
14. Johan VAN DER VELDE (HOL, Ti-Raleigh), 59'13"
15. Eddy SCHEPERS (BEL, Daf Trucks), 59'51"
16. Mariano MARTINEZ (FRA, La Redoute-Motobécane), 1 Std. 1'36"
17. Yves HEZARD (FRA, Peugeot-Esso), 1 Std. 3'5"
18. Henk LUBBERDING (HOL, Ti-Raleigh), 1 Std. 3'9"
19. Robert ALBAN (FRA, Fiat-La France), 1 Std. 6'47"
20. Bernard VALLET (FRA, La Redoute-Motobécane), 1 Std. 8'25"

66. TOUR DE FRANCE: 24 ETAPPEN – 3.765 KILOMETER

			Etappen	Etappensieger	Gelbes Trikot
Prolog	Mittwoch 27. Juni	**5 km**	Fleurance – Fleurance (EZF)	G. Knetemann (HOL)	G. Knetemann
1. Etappe	Donnerstag 28. Juni	**225 km**	Fleurance – Luchon	R. Bittinger (FRA)	J.-R. Bernaudeau
2. Etappe	Freitag 29. Juni	**23,9 km**	Luchon – Superbagnères (EZF)	B. Hinault (FRA)	B. Hinault
3. Etappe	Samstag 30. Juni	**180,5 km**	Luchon – Pau	B. Hinault (FRA)	B. Hinault
4. Etappe	Sonntag 1. Juli	**87,5 km**	Captieux – Bordeaux (MZF)	TI-Raleigh	B. Hinault
5. Etappe	Montag 2. Juli	**145,5 km**	Neuville-de-Poitou – Angers	J. Raas (HOL)	B. Hinault
6. Etappe	Dienstag 3. Juli	**238,5 km**	Angers – Saint-Brieuc	J. Jacobs (BEL)	B. Hinault
7. Etappe	Mittwoch 4. Juli	**158,2 km**	Saint-Hilaire-du-Harcouët – Deauville	L. Van Vliet (HOL)	G. Knetemann
8. Etappe	Donnerstag 5. Juli	**90,2 km**	Deauville – Le Havre (MZF)	Ti-Raleigh	B. Hinault
9. Etappe	Freitag 6. Juli	**201,2 km**	Amiens – Roubaix	L. Delcroix (BEL)	J. Zoetemelk
10. Etappe	Samstag 7. Juli	**122,2 km**	Roubaix – Brüssel (BEL)	J. Maas (HOL)	J. Zoetemelk
11. Etappe	Sonntag 8. Juli	**33,4 km**	Brüssel – Brüssel (EZF)	B. Hinault (FRA)	J. Zoetemelk
12. Etappe	Montag 9. Juli	**193 km**	Rochefort (BEL) – Metz	C. Seznec (FRA)	J. Zoetemelk
13. Etappe	Dienstag 10. Juli	**202 km**	Metz – Ballon d'Alsace	P.-R. Villemiane (FRA)	J. Zoetemelk
14. Etappe	Donnerstag 12. Juli	**248,2 km**	Belfort – Évian	M. Demeyer (BEL)	J. Zoetemelk
15. Etappe	Freitag 13. Juli	**54,2 km**	Évian – Morzine-Avoriaz (EZF)	B. Hinault (FRA)	B. Hinault
16. Etappe	Samstag 14. Juli	**201,3 km**	Morzine – Les Menuires	L. Van Impe (BEL)	B. Hinault
17. Etappe	Sonntag 15. Juli	**166,5 km**	Moûtiers – L'Alpe-d'Huez	J. Agostinho (POR)	B. Hinault
18. Etappe	Montag 16. Juli	**118,5 km**	L'Alpe-d'Huez – L'Alpe-d'Huez	J. Zoetemelk (HOL)	B. Hinault
19. Etappe	Dienstag 17. Juli	**162 km**	Bourg-d'Oisans – Saint-Priest	D. Thurau (GER)	B. Hinault
20. Etappe	Mittwoch 18. Juli	**239,6 km**	Saint-Priest – Dijon	S. Parsani (ITA)	B. Hinault
21. Etappe	Donnerstag 19. Juli	**48,8 km**	Dijon – Dijon (EZF)	B. Hinault (FRA)	B. Hinault
22. Etappe	Freitag 20. Juli	**189 km**	Dijon – Auxerre	G. Knetemann (HOL)	B. Hinault
23. Etappe	Samstag 21. Juli	**205 km**	Auxerre – Nogent-sur-Marne	B. Hinault (FRA)	B. Hinault
24. Etappe	Sonntag 22. Juli	**180,3 km**	Le Perreux – Paris Champs-Élysées	B. Hinault (FRA)	B. Hinault

RTL
RTL
MIROIR DU CYCLISME
REPORTAGES · PHOTOS
TOUR 1979
217 PRESSE
TOUR 1979
210 PRESSE

Mit seinen sieben Etappensiegen ist Bernard Hinault in diesem Jahr eine nahezu perfekte Tour de France gefahren. Der Niederländer Joop Zoetemelk belegte nach großem Kampf einen hervorragenden und absolut verdienten zweiten Platz. Der krönende Abschluss: Die gemeinsame Zielankunft auf den Champs-Élysées!

Bernard Hinault auf dem Weg zum Ruhm

Zoetemelk fährt im Schlepptau von Thurau über Kopfsteinpflaster nach Roubaix. Hinault hat eine Reifenpanne und verliert das Gelbe Trikot.

37 Jahre und noch immer grün... Joaquim Agostinho gewinnt in L'Alpe-d'Huez. In Paris steht er als Dritter auf dem Podium!

Ein Weltmeister brilliert auf der Aschenbahn in Dijon. Der Niederländer Gerrie Knetemann bezwingt den Italiener Giovanni Battaglin.

IN einem Leitartikel der Gazzetta dello Sport schrieb Bruno Raschi gestern über Bernard Hinault: „Er ist ein Fahrer, der Merckx genau kopieren will, nur hat er dazu nicht die Mittel." Tja, leider ist Raschi nur ein Journalist, der Malaparte nacheifern will, doch dazu hat er nicht das Talent. Seine sehr radikale Meinung wird dem Sieger dieser Tour bei weitem nicht gerecht, der natürlich niemanden imitieren will, und schon gar nicht den „Unimitierbaren". Diese Idee entspringt der Feder eines eher unbedeutenden Schreiberlings, der der Karawane bereits nach der Hälfte des Rennens den Rücken gekehrt hatte. Wahr ist allerdings, dass Bernard Hinault, der noch vor seinem 25. Geburtstag die Tour zum zweiten Mal in Folge gewonnen hat, sich durchaus mit dem belgischen Champion identifiziert. Ein Beleg dafür ist sein Engagement bei den Klassikern und beim Grand Prix des Nations.

Es interessiert uns wenig, ob der Bretone über Mittel verfügt, die mit denen von Merckx vergleichbar sind. Diese Frage zu beantworten, hieße, die Erfolgsbilanzen der beiden Fahrer nach dem Karriere-Ende von Hinault zu analysieren. Alle anderen Vergleiche, und das gilt insbesondere für die wenig gehaltvollen geistigen Ergüsse selbst ernannter Fachleute, die scheinbare Fakten im Sinne ihrer Wunschvorstellungen zurechtbiegen, scheinen uns suspekt und wenig aussagekräftig.

Joop Zoetemelk spielt die Rolle des Herausforderers, wann immer es geht. Besonders in den Bergen greift er an, doch Bernard Hinault (daneben Van Impe) ist zu stark.

Die größte Leistung dieser Tour

Nun möchten wir wieder zu sachlicheren Erwägungen zurückkehren und kurz die Höhepunkte des Duells zwischen Hinault und Zoetemelk beleuchten. Mit seinem guten Näschen für Rennsituationen setzte sich der „Dachs" auch an den Knackpunkten des Rennens durch. Das nennt man wohl einen „Sieg auf der ganzen Linie" über einen Rivalen, der eine schlaue Strategie verfolgte und niemals aufgab, was seine wiederholten Angriffe am letzten Renntag belegen.

Man ahnte bereits, dass die Fahrer, die schon zu Saisonbeginn aktiv waren und diejenigen, die verschlissen aus dem Giro zurückkamen, nichts oder zumindest nicht viel gegen den Leader von Renault-Gitane würden ausrichten können. Dieser befand sich in einer körperlich sehr guten Verfassung und hatte sich optimal auf sein Ziel vorbereitet: das Gelbe Trikot. Zoetemelk wusste, und zwar besser als jeder andere, dass die Streckenführung der Tour taktische Schwächen unbarmherzig bestrafen würde. Daher

FREILAUF MIT SIEBEN GÄNGEN

BELFORT - Am zweiten Tag hintereinander haben Joop Zoetemelk und Sven-Ake Nilsson einen Freilauf mit sieben Gängen verwendet, während ihre Konkurrenten dem Sechsgang-Prinzip treu bleiben. Warum? „Um bei den Bergetappen noch ein zusätzliches Ritzel zu haben", erklärte uns der Träger des Gelben Trikots. „Das ist einfach beruhigend. Außerdem kann man so die Zahnung optimieren. Wir haben jetzt zum Beispiel 13, 14 und 15 Zähne für die Täler und 19, 20, 21 und 22 für die Anstiege, das ist wesentlich schonender für die Muskulatur."
Das Experiment verlief für den Kapitän der Mannschaft Miko-Mercier so erfolgreich, dass er diese Konfiguration für den Rest der Tour beibehielt.

12. Juli: Im einteiligen Grünen Trikot erlebt Hinault einen seiner größten Tage bei der Tour. Beim Zeitfahren nach Avoriaz entreißt er Zoetemelk wieder das Gelbe Trikot.

auch die aufmerksame und vorsichtige Haltung von „Joop", der geduldig auf eine Gelegenheit lauerte, sie aber nicht provozierte. Er spekulierte auf die zunehmende Müdigkeit seines Gegners und dessen Neigung zu allzu forschen Aktionen, die sich hervorragend zu Konterattacken eigneten.

In der „Hölle des Nordens" bot sich dem Schützling von Jean-Pierre Danguillaume dann eine unverhoffte Chance: Hinault hatte mehr als 100 Kilometer vor dem Ziel eine Reifenpanne! Zusammen mit Thurau, Delcroix, Dierickx, Pollentier und Vanoverschelde preschte Zoetemelk in Richtung Roubaix davon. Angesichts der Qualität dieser Fluchtgruppe wusste Hinault, was die Stunde geschlagen hatte! Wütend nahm der Bretone die kraftraubende und deprimierende Verfolgung in feindlicher Umgebung auf. Im Ziel hatte er 3'26" und das Gelbe Trikot an Zoetemelk verloren.

„An diesem Tag hat Hinault die Tour gewonnen - oder zumindest nicht verloren, was durchaus hätte passieren können, wenn er nicht unter widrigsten Verhältnissen eine außergewöhnliche Trotzreaktion gezeigt hätte", erläuterte Jacques Anquetil später auf den Champs-Élysées.

Den Grundstein zum Sieg legte Hinault dann endgültig bei den Einzelzeitfahren, wo er seine Kontrahenten deutlich beherrschte; vielleicht mit Ausnahme des Prologs in Fleurance-sur-Gers. Insgesamt zeigte sich Hinault als besserer Allrounder und wesentlich aufmerksamer als bei seinem ersten Toursieg. Er erntete die verdienten Früchte einer geduldigen Arbeit und zeigte auch in Höhen über 1.500 Meter unübersehbare Fortschritte, er wusste die gewaltige und ausdauernde Kraftanstrengung der Bergankünfte zu leisten, und er schlug sogar bei Gruppenankünften die Langstreckensprinter. Auch in dieser Hinsicht „imitierte" Hinault den großen Merckx, aber es wäre wirklich töricht, ihm das vorzuwerfen...

1980

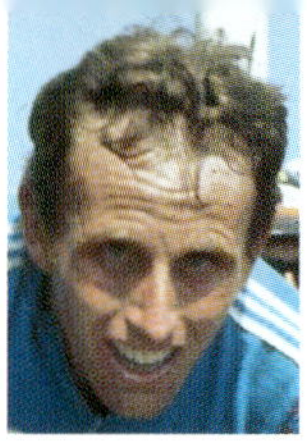

Joop ZOETEMELK

Zoetemelk erntet den verdienten Lohn

Die Tour de France 1980 startet in Frankfurt, und alle sind davon überzeugt, dass Bernhard Hinault auf einem Bein seinen dritten Toursieg einfahren wird. Der Bretone beginnt tatsächlich furios: Zum ersten Mal in seiner Karriere gewinnt er den Prolog, und den Rückenwind dieses Erfolgs nimmt er mit ins Zeitfahren. Am nächsten Tag gewinnt er sogar die Etappe auf dem Kopfsteinpflaster des Nordens, wo er im Vorjahr beinahe die Tour verloren hätte. Nach wie vor hält er es für eine „ziemliche Schweinerei", hier Tour-Etappen zu fahren... Währenddessen liegt das Gelbe Trikot wohl behütet auf den Schultern des Belgiers Rudy Pevenage, dem am dritten Renntag bei sinnflutartigem Regen auf dem Weg nach Metz zusammen mit Pierre Bazzo und Yvon Bertin eine überaus einträgliche Flucht gelingt. Die Himmelsschleusen bleiben übrigens während der gesamten ersten Hälfte dieser Tour weit geöffnet, was zu einer ganzen Reihe von Krankheitsfällen und Verletzungen führt. Auf der Etappe von Lille nach Compiègne scheint der Favorit Bernhard Hinault besonders darunter zu leiden. Beim darauf folgenden Mannschaftszeitfahren hat er gar große Schwierigkeiten, seinen Kameraden vom Team Renault-Gitane zu folgen, wovon das starke Team Ti-Raleigh mit Joop Zoetemelk profitiert. Zwar erobert der Bretone beim langen Einzelzeitfahren zwischen Damazan und Laplume, wo der tapfere Pevenage an seine Grenzen stößt, das Gelbe Trikot. Aber man spürt, dass der französische Meister weit von seiner gewohnten Stärke entfernt ist, denn er wird nur Fünfter, sein Rivale Zoetemelk gewinnt. Ein Tag später ist die Katze aus dem Sack: Punkt 22.30 Uhr gibt Bernard Hinault in Pau das Rennen auf, obwohl er dahingehende Gerüchte kurz nach der Zielankunft noch vehement bestritten hatte. Am Tag nach diesem theatralischen Abgang weigert sich Joop Zoetemelk, für die Etappe nach Luchon das Gelbe Trikot überzustreifen. Raymond Martin sorgt hier nach einer sehenswerten Soloflucht für einen französischen Glanzpunkt, für den er in Paris mit einem Dritten Platz belohnt wird. Der Holländer hingegen ist nicht mehr zu stoppen, auch wenn er am Galibier nach einer insgesamt enttäuschenden Leistung in den Alpen noch einmal in Bedrängnis gerät.

Im Alter von 33 Jahren gelingt Joop Zoetemelk bei seiner zehnten Tour-Teilnahme endlich der große Coup, zwölf Jahre nach dem Triumph seines Landsmanns Jan Janssen. Abgerundet wird der Erfolg durch den zweiten Platz von Hennie Kuiper. 1980 ist eindeutig das Jahr der Holländer!

GESAMTKLASSEMENT

1. **Joop ZOETEMELK** (HOL, Ti-Raleigh), 109 Std. 19'14"
2. **Hennie KUIPER** (HOL, Peugeot-Esso), 6'55"
3. **Raymond MARTIN** (FRA, Miko-Mercier), 7'56"
4. Johan DE MUYNCK (BEL, Splendor), 12'24"
5. Joaquim AGOSTINHO (POR, Puch), 15'37"
6. Christian SEZNEC (FRA, Miko-Mercier), 16'16"
7. Sven-Ake NILSSON (SWE, Miko-Mercier), 16'33"
8. Ludo PEETERS (BEL, Ijsboerke), 20'45"
9. Pierre BAZZO (FRA, La Redoute), 21'3"
10. Henk LUBBERDING (HOL, Ti-Raleigh), 21'10"
11. Robert ALBAN (FRA, La Redoute), 22'41"
12. Johan VAN DE VELDE (HOL, Ti-Raleigh), 25'28"
13. Claude CRIQUIELION (BEL, Splendor), 27'43"
14. Jostein WILLMANN (NOR, Puch), 28'4"
15. Régis OVION (FRA, Puch), 29'48"
16. Lucien VAN IMPE (BEL, Marc-I.W.C.), 32'55"
17. Bernard THÉVENET (FRA, Teka), 32'59"
18. Ludo LOOS (BEL, Marc-I.W.C.), 36'36"
19. Jo MAAS (HOL, Daf), 36'44"
20. Vicente BELDA (ESP, Kelme), 42'42"

67. TOUR DE FRANCE: 22 ETAPPEN – 3.842 KILOMETER

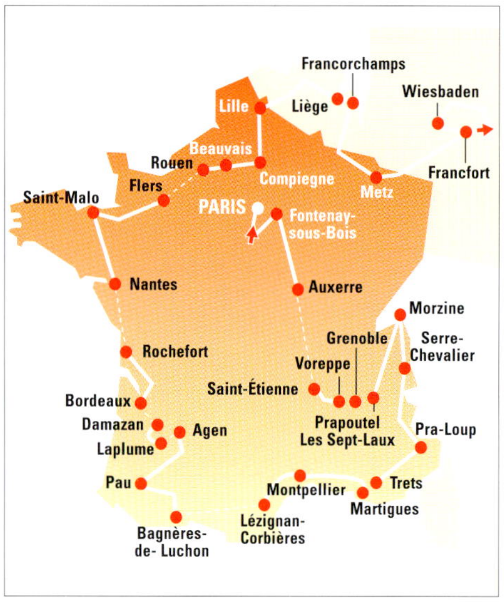

			Etappen	Etappensieger	Gelbes Trikot
Prolog	Donnerstag 26. Juni	**7,6 km**	Frankfurt – Frankfurt	B. Hinault (FRA)	B. Hinault
1. Etappe (1)	Freitag 27. Juni	**133 km**	Frankfurt – Wiesbaden	J. Raas (HOL)	B. Hinault
1. Etappe (2)	Freitag 27. Juni	**45,8 km**	Wiesbaden – Frankfurt (MZF)	Ti-Raleigh	Ti-Raleigh
2. Etappe	Samstag 28. Juni	**276 km**	Frankfurt – Metz	R. Pevenage (BEL)	Y. Bertin
3. Etappe	Sonntag 29. Juni	**282,5 km**	Metz – Lüttich (BEL)	H. Lubberding (HOL)	R. Pevenage
4. Etappe	Montag 30. Juni	**34,6 km**	Spa-Francorchamps – Spa-Francorchamps (EZF)	B. Hinault (FRA)	R. Pevenage
5. Etappe	Dienstag 1. Juli	**249,3 km**	Lüttich (BEL) – Lille	B. Hinault (FRA)	R. Pevenage
6. Etappe	Mittwoch 2. Juli	**215,8 km**	Lille – Compiègne	J.-L. Gauthier (FRA)	R. Pevenage
7. Etappe (1)	Donnerstag 3. Juli	**65 km**	Compiègne – Beauvais (MZF)	Ti-Raleigh	R. Pevenage
7. Etappe (2)	Donnerstag 3. Juli	**92 km**	Beauvais – Rouen	J. Raas (HOL)	R. Pevenage
8. Etappe	Freitag 4. Juli	**164,2 km**	Flers – Saint-Malo	B.Oosterbosch (HOL)	R. Pevenage
9. Etappe	Sonntag 6. Juli	**205,3 km**	Saint-Malo – Nantes	J. Raas (HOL)	R. Pevenage
10. Etappe	Montag 7. Juli	**163 km**	Rochefort-sur-Mer – Bordeaux	C. Priem (HOL)	R. Pevenage
11. Etappe	Dienstag 8. Juli	**51,8 km**	Damazan – Laplume (EZF)	J. Zoetemelk (HOL)	B. Hinault
12. Etappe	Mittwoch 9. Juli	**194,1 km**	Agen – Pau	G. Knetemann (HOL)	B. Hinault
13. Etappe	Donnerstag 10. Juli	**200,4 km**	Pau – Luchon	R. Martin (FRA)	J. Zoetemelk
14. Etappe	Freitag 11. Juli	**189,5 km**	Lézignan-Corbières – Montpellier	L. Peeters (BEL)	J. Zoetemelk
15. Etappe	Samstag 12. Juli	**160 km**	Montpellier – Martigues	B. Vallet (FRA)	J. Zoetemelk
16. Etappe	Sonntag 13. Juli	**208,6 km**	Trets – Pra-Loup	J. Deschoenmaecker (BEL)	J. Zoetemelk
17. Etappe	Montag 14. Juli	**242 km**	Le Lautare – Morzine	M. Martinez (FRA)	J. Zoetemelk
18. Etappe	Mittwoch 16. Juli	**198,8 km**	Morzine – Prapoutel-les-Sept-Laux	L. Loos (BEL)	J. Zoetemelk
19. Etappe	Donnerstag 17. Juli	**139,7 km**	Voreppe – Saint-Étienne	S. Kelly (IRL)	J. Zoetemelk
20. Etappe	Freitag 18. Juli	**34,5 km**	Saint-Étienne – Saint-Étienne (EZF)	J. Zoetemelk (HOL)	J. Zoetemelk
21. Etappe	Samstag 19. Juli	**208 km**	Auxerre – Fontenay-sous-Bois	S. Kelly (IRL)	J. Zoetemelk
22. Etappe	Sonntag 20 Juli	**186,1 km**	Fontenay-sous-Bois – Paris (Champs-Élysées)	P. Verschuere (HOL)	J. Zoetemelk

Nach der Aufgabe von Hinault hat Joop Zoetemelk den ersten Platz zwar „nur geerbt“, doch seine Leistung bei den Einzelzeitfahren rechtfertigt seine Führung deutlich.

Sein seit Tagen schmerzendes Knie zwingt Bernard Hinault, die Tour abzubrechen, um nicht die ganze Saison an den Nagel hängen zu müssen. Er räumt das Feld für Zoetemelk.

Am Tag nach der Aufgabe von Bernard Hinault weigert sich Joop Zoetemelk, das Gelbe Trikot in den Pyrenäen zu tragen. Mit seiner Erfahrung sichert er seine Führung bis nach Paris.

Auf dem Podium: Hennie Kuiper neben seinem Landsmann Joop Zoetemelk. Links der beste Kletterer, der Franzose Martin.

1981

Bernard HINAULT

Hinault: zurück auf der Erfolgsspur

Der Meister demonstriert erneut sein Können. In Pleynet-Les-Sept-Laux feiert er ein sensationelles Comeback. (Foto rechte Seite)

Ein Jahr nach seiner Aufgabe in Pau ist Bernard Hinault wieder da. Er tritt an im Trikot des Weltmeisters und er ist stärker als je zuvor – anders seine Konkurrenten Zoetemelk, Van Impe und Agostinho, deren Form ihrem mittlerweile recht fortgeschrittenen Alter entspricht. Einzig der junge Jean-René Bernaudeau in den Farben von Peugeot präsentiert sich als ernst zu nehmender Rivale.

Und dieses Duell nimmt bereits bei der ersten Halbetappe im Hinterland von Nizza eine viel versprechende Entwicklung: Zusammen mit seinem Helfer Charly Bérard startet Hinault einen Ausreißversuch, doch der aufmerksame Bernaudeau springt sofort mit. Die drei werden später eingeholt, doch das interessiert den „Dachs" wenig, schließlich fährt er nach dem Gewinn des Prologs bereits in Gelb. Beunruhigender für ihn ist da schon das unerwartete Auftrumpfen von Phil Anderson bei der einzigen Pyrenäenetappe zum Pla d'Adet. Als erster Australier trägt der athletische und kampfeslustige Tour-Debütant das Gelbe Trikot, wenn auch nur für 24 Stunden. Bernard Hinault beseitigt früh alle Zweifel an seiner Dominanz und entscheidet alle Zeitfahren für sich: In Pau begleicht er die offene Rechnung des letzten Jahres, in Mulhouse sorgt er noch vor den Alpen für die Vorentscheidung, und in Saint-Priest setzt er das Sahnehäubchen auf seine Leistung. In den Alpen kann sich der Bretone dank seines komfortablen Vorsprungs darauf beschränken, das Rennen zu kontrollieren. Seine Konkurrenten eliminieren sich selbst, und so sind in L'Alpe-d'Huez, wo der starke niederländische Jungprofi Peter Winnen triumphiert, der Zweite des Gesamtklassements Lucien Van Impe schon über neun Minuten, der Dritte und Sieger von Morzine Robert Alban gar über zehn Minuten distanziert!

Bernard Hinault verteidigt sein Gelbes Trikot mit der gleichen kühlen Berechnung wie Jacques Anquetil, und da ihm in diesem Jahr niemand das Wasser reichen kann, wünschen sich alle, dass der Meister noch einmal sein Können demonstriert. Das tut er auf der letzten Alpenetappe nach Le Pleynet. Mit seinem dritten Toursieg findet der Champion aus der Bretagne also wieder den Weg zurück auf die Erfolgsspur. Er verweist Van Impe mit 14'34'' und Alban mit 17'4'' auf die Plätze - seit 1973 hat niemand mehr die Tour de France so deutlich gewonnen. Und um es vorweg zu nehmen: danach auch nicht mehr.

Noch jemand feiert bei dieser eher spannungsarmen Frankreich-Rundfahrt ein glanzvolles Comeback: Nach zwei Jahren in der Versenkung holt sich der belgische Sprinter Freddy Maertens fünf Etappensiege und das Grüne Trikot.

GESAMTKLASSEMENT

1. **Bernard HINAULT** (FRA, Renault-Elf), 96 Std. 19'38''
2. **VAN IMPE** (BEL, Boston-Mavic), 14'34''
3. **Robert ALBAN** (FRA, La Redoute), 17'4''
4. Joop ZOETEMELK (HOL, Ti-Raleigh), 18'21''
5. Peter WINNEN (HOL, Capri Sonne), 20'26''
6. Jean-René BERNAUDEAU (FRA, Peugeot-Esso), 23'2''
7. Johan DE MUYNCK (BEL, Splendor), 24'25''
8. Sven-Ake NILSSON (SWE, Splendor), 24'37''
9. Claude CRIQUIELION (BEL, Splendor), 26'18''
10. Phil ANDERSON (AUS, Peugeot-Esso), 27'0''
11. Alfons „Fons" DE WOLF (BEL, Vermeer-Thijs), 28'53''
12. Johan VAN DE VELDE (HOL, Ti-Raleigh), 29'46''
13. Marcel TINAZZI (FRA, Sem), 30'3''
14. Paul WELLENS (BEL, Sunair), 32'9''
15. Mariano MARTINEZ (FRA, La Redoute), 32'16''
16. Eddy SCHEPERS (BEL, Daf) 33'27''
17. Raymond MARTIN (FRA, Miko-Mercier), 33'41''
18. Michel LAURENT (FRA, Peugeot-Esso), 34'41''
19. Jean-François RODRIGUEZ (FRA, Renault-Elf), 38'32''
20. Graham JONES (GBR, Peugeot), 41'06''

68. TOUR DE FRANCE: 24 ETAPPEN – 3.758 KILOMETER

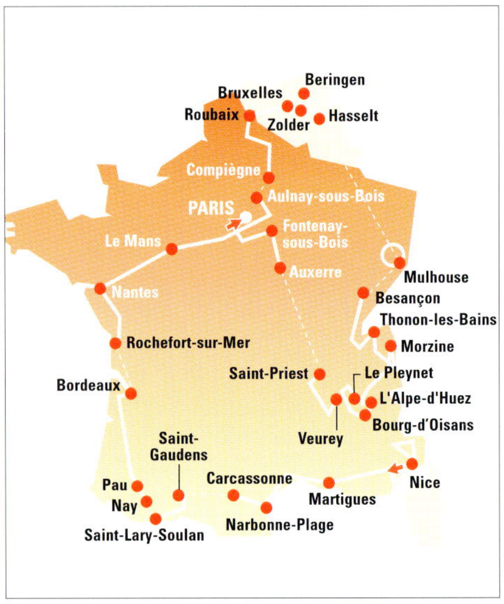

			Etappen	Etappensieger	Gelbes Trikot
Prolog	Donnerstag 25. Juni	**5,9 km**	Nizza – Nizza (EZF)	B. Hinault (FRA)	B. Hinault
1. Etappe	Freitag 26. Juni	**97 km**	Nizza– Nizza	F. Maertens (BEL)	B. Hinault
2. Etappe	Freitag 26. Juni	**40 km**	Nizza-Antibes – Nizza (MZF)	Ti-Raleigh	G. Knetemann
3. Etappe	Samstag 27. Juni	**254 km**	Nizza – Martigues	J. Van de Velde (HOL)	G. Knetemann
4. Etappe	Sonntag 28. Juni	**232 km**	Martigues – Narbonne	F. Maertens (BEL)	G. Knetemann
5. Etappe	Montag 29. Juni	**77,2 km**	Narbonne – Carcassonne (MZF)	Ti-Raleigh	G. Knetemann
6. Etappe	Dienstag 30. Juni	**117,5 km**	Saint-Gaudens – Saint-Lary-Soulan	L. Van Impe (BEL)	P. Anderson
7. Etappe	Mittwoch 1. Juli	**26,7 km**	Nay – Pau (EZF)	B. Hinault (FRA)	B. Hinault
8. Etappe	Donnerstag 2. Juli	**227 km**	Pau – Bordeaux	U. Freuler (SUI)	B. Hinault
9. Etappe	Freitag 3. Juli	**182 km**	Rochefort-sur-Mer – Nantes	A. Wijnands (HOL)	B. Hinault
10. Etappe	Sonntag 5. Juli	**196,5 km**	Nantes – Le Mans	R. Martens (BEL)	B. Hinault
11. Etappe	Montag 6. Juli	**264 km**	Le Mans – Aulnay-sous-Bois	A. Wijnands (HOL)	B. Hinault
12. Etappe	Dienstag 7. Juli	**246 km**	Compiègne – Roubaix	D. Willems (BEL)	B. Hinault
13. Etappe	Mittwoch 8. Juli	**107,3 km**	Roubaix – Brüssel (BEL)	F. Maertens (BEL)	B. Hinault
14. Etappe	Mittwoch 8. Juli	**137,8 km**	Brüssel – Zolder	E. Planckaert (BEL)	B. Hinault
15. Etappe	Donnerstag 9. Juli	**157 km**	Beringen – Hasselt (BEL)	F. Maertens (BEL)	B. Hinault
16. Etappe	Freitag 10. Juli	**38,5 km**	Mulhouse – Mulhouse (EZF)	B. Hinault (FRA)	B. Hinault
17. Etappe	Samstag 11. juillet	**231 km**	Besançon – Thonon-les-Bains	S. Kelly (IRL)	B. Hinault
18. Etappe	Sonntag 12. Juli	**199,5 km**	Thonon-les-Bains – Morzine	R. Alban (FRA)	B. Hinault
19. Etappe	Montag 14. Juli	**230,5 km**	Morzine – L'Alpe-d'Huez	P. Winnen (HOL)	B. Hinault
20. Etappe	Mittwoch 15. Juli	**134 km**	L'Alpe-d'Huez – Le Pleynet	B. Hinault (FRA)	B. Hinault
21. Etappe	Donnerstag 16. Juli	**117,5 km**	Veurey – Saint-Priest	D. Willems (BEL)	B. Hinault
22. Etappe	Freitag 17. Juli	**46,5 km**	Saint-Priest – Saint-Priest (EZF)	B. Hinault (FRA)	B. Hinault
23. Etappe	Samstag 18. Juli	**207 km**	Auxerre – Fontenay-sous-Bois	J. Van de Velde (HOL)	B. Hinault
24. Etappe	Sonntag 19. Juli	**186,8 km**	Fontenay-sous-Bois – Paris Champs-Élysées	F. Maertens (BEL)	B. Hinault

CYCLES GITANE

1982

Bernard HINAULT

Leichtes Spiel für den „Dachs“

Für 169 Fahrer ist Basel der Startort der Tour de France 1982 - ein Rekordpeloton nimmt das Rennen auf! Der „Patron“ Jacques Goddet ist stark beeindruckt von der Begeisterung, die bei der Fußball-Weltmeisterschaft in Spanien herrscht und bricht in L’Equipe eine Lanze für eine Art „Weltmeisterschafts-Tour“, die alle vier Jahre von Nationalmannschaften bestritten werden soll. Um den Radsport für die ganze Welt zu öffnen, sollten dann auch Länder teilnehmen, die bisher nicht als klassische Radsportnationen gelten.

Doch das Vorhaben erweist sich als nicht realisierbar...

Das Rennen selbst ist alles andere als mitreißend, denn weit und breit ist niemand in Sicht, der Bernard Hinault auch nur ansatzweise bedrängen könnte. Für ein bisschen Abwechslung sorgen lediglich die demonstrierenden Stahlarbeiter, die das Mannschaftszeitfahren zwischen Orchies und Fontaine-au-Pire zum Erliegen bringen. Zwar bestätigt der wackere Australier Phil Anderson den kämpferischen Eindruck, den er im letzten Jahr hinterlassen hat und trägt nach seinem Vier-Minuten-Coup bei der Etappe nach Nancy neun Tage Gelb - bis zum Einzelzeitfahren von Valence-d’Agen, wo der „Dachs“ dem Spuk ein Ende bereitet und trotz des Erfolges von Rouleur Knetemann „sein“ Gelbes Trikot überzieht. Spätestens ab jetzt wird diese Tour für den Bretonen zur „Spazierfahrt“, auch wenn der kleine schweizerische Kletterkünstler Beat Breu in Saint-Lary-Soulan und L’Alpe-d’Huez zwei schöne Erfolge feiert. Neben dem Prolog gewinnt Hinault auch die Zeitfahretappen von Martigues und Saint-Priest, wo er den letzten Kilometer in einer Minute absolviert, das heißt mit durchschnittlich 60 km/h!

Doch das i-Tüpfelchen auf seinen Triumph ist sein zweiter Sieg auf den Champs-Élysées. Drei Jahre nach seiner Flucht mit Zoetemelk setzt er sich dieses Mal im Sprint durch, ein weiterer Beleg für seine unerschütterliche Überlegenheit. Für Bernard Hinault ist sein vierter Toursieg der leichteste, und er bedeutet gleichzeitig sein erstes Double Giro-Tour. Hinter ihm folgt im Gesamtklassement ein niederländisches Trio: Zoetemelk, Van der Velde und Winnen. Mit knapp 36 Jahren wird Joop Zoetemelk zum sechsten Mal Zweiter bei der Tour, ein absoluter Rekord!

Bester Kletterer wird nach einem intelligenten und mutigen Rennen der Franzose Bernard Vallet, und auch das Grüne Trikot geht an einen Mann, der sich von Anfang an auf diese Trophäe konzentriert hat: den Iren Sean Kelly.

GESAMTKLASSEMENT

1. **Bernard HINAULT** (FRA, Renault-Elf), 93 Std. 43’44’’
2. **Joop ZOETEMELK** (HOL, Coop-Mercier), 6’21’’
3. **Johan VAN DER VELDE** (HOL, Ti-Raleigh), 8’59’’
4. Peter WINNEN (HOL, Capri Sonne), 9’24’’
5. Phil ANDERSON (AUS, Peugeot-Shell), 12’16’’
6. Beat BREU (SUI, Cilo-Aufina), 13’21’’
7. Daniel WILLEMS (BEL, Sunair), 15’33’’
8. Raymond MARTIN (FRA, Coop-Mercier), 15’35’’
9. Hennie KUIPER (HOL, Daf), 17’1’’
10. Alberto FERNANDEZ (ESP, Teka), 17’19’’
11. Robert ALBAN (FRA, La Redoute), 17’21’’
12. Bernard VALLET (FRA, La Redoute), 19’52’’
13. Jean-René BERNAUDEAU (FRA, Peugeot-Shell), 20’2’’
14. Sven-Ake NILSSON (SWE, Wolber), 25’11’’
15. Sean KELLY (IRL, Sem), 27’17’’
16. Charly BERARD (FRA, Renault-Elf), 31’35’’
17. Kim ANDERSEN (DEN, Coop-Mercier), 31’57’’
18. Jacques MICHAUD (FRA, Coop-Mercier), 32’21’’
19. Théo DE ROOY (HOL, Capri Sonne), 32’37’’
20. Pascal SIMON (FRA, Peugeot-Shell), 34’22’’

69. TOUR DE FRANCE: 21 ETAPPEN – 3.507 KILOMETER

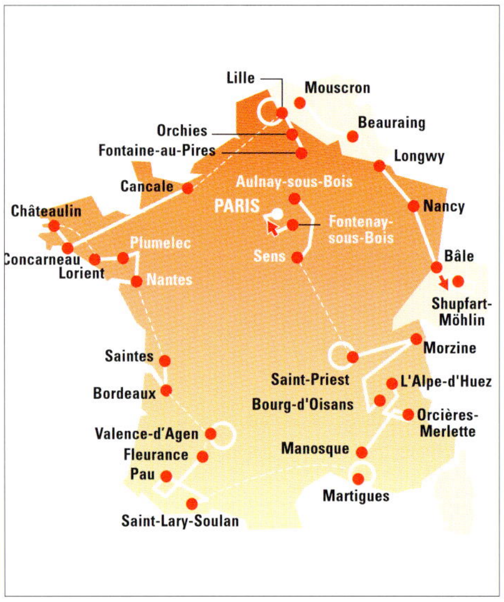

			Etappen	Etappensieger	Gelbes Trikot
Prolog	Freitag 2. Juli	**7,4 km**	Basel (SUI) – Basel (EZF)	B. Hinault (FRA)	B. Hinault
1. Etappe	Samstag 3. Juli	**207 km**	Shupfart-Möhlin – Shupfart-Möhlin	L. Peeters (BEL)	L. Peeters
2. Etappe	Sonntag 4. Juli	**250 km**	Basel (SUI) – Nancy	P. Anderson (AUS)	P. Anderson
3. Etappe	Montag 5. Juli	**134 km**	Nancy – Longwy	D. Willems (BEL)	P. Anderson
4. Etappe	Dienstag 6. Juli	**219 km**	Beauraing (BEL) – Mouscron (BEL)	G. Knetemann (HOL)	P. Anderson
5. Etappe	Mittwoch 7. Juli	**73 km**	Orchies – Fontaine-au-Pire (MZF)	Annuliert	P. Anderson
6. Etappe	Donnerstag 8. Juli	**233 km**	Lille – Lille	J. Raas (HOL)	P. Anderson
7. Etappe	Samstag 10. Juli	**234,5 km**	Cancale – Concarneau	P. Verschuere (BEL)	P. Anderson
8. Etappe	Sonntag 11. Juli	**200,8 km**	Concarneau – Châteaulin	F. Hoste (BEL)	P. Anderson
9. Etappe (1)	Montag 12. Juli	**69 km**	Lorient – Plumelec (MZF)	Ti-Raleigh	P. Anderson
9. Etappe (2)	Montag 12. Juli	**138,5 km**	Plumelec – Nantes	S. Mutter (SUI)	P. Anderson
10. Etappe	Dienstag 13. Juli	**147,2 km**	Saintes – Bordeaux	P.-R. Villemiane (FRA)	P. Anderson
11. Etappe	Mittwoch 14. Juli	**57,3 km**	Valence-d’Agen – Valence-d’Agen (EZF)	G. Knetemann (HOL)	B. Hinault
12. Etappe	Donnerstag 15. Juli	**249 km**	Fleurance – Pau	S. Kelly (IRL)	B. Hinault
13. Etappe	Freitag 16. Juli	**122 km**	Pau – Saint-Lary-Soulan	B. Breu (SUI)	B. Hinault
14. Etappe	Sonntag 18. Juli	**32,5 km**	Martigues – Martigues (EZF)	B. Hinault (FRA)	B. Hinault
15. Etappe	Montag 19. Juli	**208 km**	Manosque – Orcières-Merlette	P. Simon (FRA)	B. Hinault
16. Etappe	Dienstag 20. Juli	**123 km**	Orcières-Merlette – L’Alpe-d’Huez	B. Breu (SUI)	B. Hinault
17. Etappe	Mittwoch 21. Juli	**251 km**	Bourg-d’Oisans – Morzine-Avoriaz	P. Winnen (HOL)	B. Hinault
18. Etappe	Donnerstag 22. Juli	**233 km**	Morzine – Saint-Priest	H. V. Houwelingen (HOL)	B. Hinault
19. Etappe	Freitag 23. Juli	**48 km**	Saint-Priest – Saint-Priest (EZF)	B. Hinault (FRA)	B. Hinault
20. Etappe	Samstag 24. Juli	**161 km**	Sens – Aulnay-sous-Bois	D. Willems (BEL)	B. Hinault
21. Etappe	Sonntag 25. Juli	**186,8 km**	Fontenay-sous-Bois – Paris Champs-Élysées	B. Hinault (FRA)	B. Hinault

Beim leichtesten seiner Toursiege trägt Bernard Hinault zehn Tage lang das Führungstrikot. Mit einer „Spazierfahrt“ erhöht er sein Siegeskonto auf vier. Und der „Dachs“ ist noch lange nicht fertig...

Die Tour als Geisel der demokratischen Meinungsäußerung: In Orcières-Merlette kann nicht gestartet werden, weil erboste Bauern die Straßen blockieren.

Das Mannschaftszeitfahren nach Fontaine-au-Pire muss abgebrochen werden - mehrere Teams waren bereits auf dem Weg.

Ti-Raleigh auf dem Gipfel des Erfolgs: Im Zeitfahren unbesiegbar und mit Peeters, Lubberding, Raas und Hoste garantierte Etappensiege.

1983

Laurent FIGNON

Des einen Leid...

Ein neuer Stern am internationalen Radsporthimmel: Laurent Fignon, 23 Jahre jung und eine starke Persönlichkeit! (Foto rechte Seite)

Bernard Hinault tritt in diesem Jahr gar nicht erst an, da er bereits seit Mai wieder heftige Schmerzen im Knie verspürt, die im Sommer sogar eine Operation notwendig machen. Seinen hart erkämpften Sieg bei der Spanien-Rundfahrt, zu dem sein junger Mannschaftskamerad Laurent Fignon einen wichtigen Beitrag geleistet hat, muss er nun teuer bezahlen. Beim Start in Fontenay-sous-Bois ist der Ausgang der Tour de France also völlig offen. Der Neuprofi Eric Vanderaerden erringt das Gelbe Trikot, das wenig später mit Kim Andersen erstmals an einen Dänen geht. Zudem ist die Tour 1983 eine „offene", somit können erstmals kolumbianische Amateure antreten. In den Pyrenäen nimmt das Rennen langsam Gestalt an: Der Schotte Robert Millar gewinnt in Luchon, während sein Mannschaftskollege bei Peugeot, Pascal Simon, das Trikot des Spitzenreiters überstreift. Doch am folgenden Tag stürzt Simon auf dem Weg nach Montréjeau, in der Haute-Garonne. Er beendet zwar die Etappe, doch dann stellt sich heraus, dass seine Schulter gebrochen ist. Sein Leidensweg wird sich über sechs Tage hinziehen. Auf der langen Strecke durch das Zentralmassiv beweist der Träger des Gelben Trikots zwar echten Heldenmut, doch nach dem Zeitfahren auf dem Puy-de-Dôme muss er seine Hoffnungen endgültig begraben. Obwohl er seinen ersten Platz im Gesamtklassement noch verteidigen kann, ist sein Vorsprung zusammengeschmolzen, und aufgrund seiner starken Schmerzen befreien ihn die Veranstalter von den protokollarischen Verpflichtungen. Trotz alledem erreicht Pascal Simon noch das nächste Etappenziel Saint-Etienne, wo Michel Laurent, den Lubberding zuvor in die Absperrungen „befördert" hatte, zum Sieger erklärt wird, obwohl er erst als Siebter die Ziellinie überquert. Simons Martyrium findet kurz nach dem Start der 17. Etappe sein Ende, die von La Tour-du-Pin nach L'Alpe-d'Huez führt. Sein ergreifender Abschied von der Tour bereitet den Weg für Laurent Fignon, der auch das Gelbe Trikot von Simon erbt. Der junge Fahrer aus dem Renault-Team wächst beim Aufstieg nach L'Alpe-d'Huez über sich hinaus und beeindruckt damit selbst das spanische Kletter-As Delgado. Den Etappensieg jedoch holt sich der Niederländer Peter Winnen, der sich bereits 1981 an gleicher Stelle durchsetzen konnte.

Schließlich verleiht Fignon seinem Gelben Trikot doch noch den gebührenden Glanz, indem er das Zeitfahren in Dijon gewinnt. Im Alter von 23 Jahren gelingt Laurent Fignon somit bei seiner ersten Tour auf Anhieb der große Triumph.

GESAMTKLASSEMENT

1. **Laurent FIGNON** (FRA, Renault-Git), 107 Std. 31'58''
2. **Angel ARROYO** (ESP, Reynolds), 4'4''
3. **Peter WINNEN** (HOL, Ti-Raleigh), 4'9''
4. Lucien VAN IMPE (BEL, Metautomobil), 4'16''
5. Robert ALBAN (FRA, La Redoute), 7'53''
6. Jean-René BERNAUDEAU (FRA, Wolber), 6'59''
7. Sean KELLY (IRL, Sem), 12'9''
8. Marc MADIOT (FRA, Renault- Git), 14'55''
9. Phil ANDERSON (AUS, Peugeot-Shell), 16'56''
10. Henk LUBBERDING (HOL, Ti-Raleigh), 18'55''
11. Joaquim AGOSTINHO (POR, Sem), 19'
12. Jonathan BOYER (USA, Sem), 19'57''
13. Stephen ROCHE (IRL, Peugeot-Shell), 21'30''
14. Robert MILLAR (GBR, Peugeot-Shell), 23'29''
15. Pedro DELGADO (ESP, Reynolds), 25'44''
16. Edgar CORREDOR ALVAREZ (COL, Colombia-Varta), 26'8''
17. Patrocinio JIMENEZ (COL, Colombia-Varta), 28'5''
18. Claude CRIQUIELION (BEL, Splendor), 33'29''
19. Jacques MICHAUD (FRA, Coop-Mercier), 35'44''
20. Christian SEZNEC (FRA, Wolber), 39'49''

70. TOUR DE FRANCE: 22 ETAPPEN – 3.860 KILOMETER

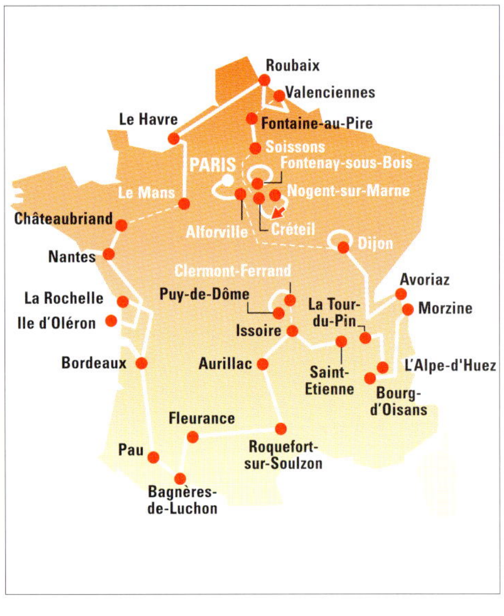

			Etappen	Etappensieger	Gelbes Trikot
Prolog	Freitag 1. Juli	**5,5 km**	Fontenay-sous-Bois – Fontenay-sous-Bois (EZF)	É. Vanderaerden (BEL)	É. Vanderaerden
1. Etappe	Samstag 2. Juli	**163 km**	Nogent-sur-Marne – Créteil	F. Pirard (HOL)	É. Vanderaerden
2. Etappe	Sonntag 3. Juli	**100 km**	Soissons – Fontaine-au-Pire (MZF)	Coop-Mercier	J.-L. Gauthier
3. Etappe	Montag 4. Juli	**152 km**	Valenciennes – Roubaix	R. Matthijs (BEL)	K. Andersen
4. Etappe	Dienstag 5. Juli	**300 km**	Roubaix – Le Havre	S. Demierre (SUI)	K. Andersen
5. Etappe	Mittwoch 6. Juli	**257 km**	Le Havre – Le Mans	D. Gaigne (FRA)	K. Andersen
6. Etappe	Donnerstag 7. Juli	**58,5 km**	Châteaubriant – Nantes (EZF)	B. Oosterbosch (HOL)	K. Andersen
7. Etappe	Freitag 8. Juli	**216 km**	Nantes – Île d'Oléron	R. Magrini (ITA)	K. Andersen
8. Etappe	Samstag 9. Juli	**222 km**	La Rochelle – Bordeaux	B. Oosterbosch (HOL)	K. Andersen
9. Etappe	Sonntag 10. Juli	**207 km**	Bordeaux – Pau	P. Chevallier (FRA)	S. Kelly
10. Etappe	Montag 11. Juli	**201 km**	Pau – Bagnères-de-Luchon	R. Millar (GBR)	P. Simon
11. Etappe	Dienstag 12. Juli	**177 km**	Bagnères-de-Luchon – Fleurance	R. Clere (FRA)	P. Simon
12. Etappe	Mittwoch 13. Juli	**261 km**	Fleurance – Roquefort-sur-Soulzon	K. Andersen (DAN)	P. Simon
13. Etappe	Donnerstag 14. Juli	**210 km**	Roquefort-sur-Soulzon – Aurillac	H. Lubberding (HOL)	P. Simon
14. Etappe	Freitag 15. Juli	**149 km**	Aurillac – Issoire	P. Le Bigaut (FRA)	P. Simon
15. Etappe	Samstag 16. Juli	**15,6 km**	Clermont-Ferrand – Puy-de-Dôme (EZF)	A. Arroyo (ESP)	P. Simon
16. Etappe	Sonntag 17. Juli	**144,5 km**	Issoire – Saint-Étienne	M. Laurent (FRA)	P. Simon
17. Etappe	Montag 18. Juli	**223 km**	La Tour-du-Pin – L'Alpe-d'Huez	P. Winnen (HOL)	L. Fignon
18. Etappe	Mittwoch 20. Juli	**247 km**	Bourg-d'Oisans – Morzine	J. Michaud (FRA)	L. Fignon
19. Etappe	Donnerstag 21. Juli	**15 km**	Morzine – Avoriaz (EZF)	L. Van Impe (BEL)	L. Fignon
20. Etappe	Freitag 22. Juli	**291 km**	Morzine – Dijon	P. Leleu (FRA)	L. Fignon
21. Etappe	Samstag 23. Juli	**50 km**	Dijon – Dijon (EZF)	L. Fignon (FRA)	L. Fignon
22. Etappe	Sonntag 24. Juli	**195 km**	Alfortville – Paris Champs-Élysées	G. Glaus (SUI)	L. Fignon

SIMONS LEIDENSWEG

Pascal Simon, der das Gelbe Trikot seit Bagnères-de-Luchon trug, hat die Tour de France gestern abgebrochen. Welche Spitzenreiter hat zuvor das gleiche Schicksal ereilt?

Wir zählen acht weitere Fälle. Der erste ereignete sich im Jahr 1929, als Victor Fontan, der das Trikot in Luchon erobert hatte, nach einem Sturz aufgab.

1937 verzichtete Sylvère Maes in Bordeaux auf die Weiterfahrt, um seiner Unzufriedenheit über eine Entscheidung der Kommissare, die ihn mit zehn Strafsekunden belegt hatten, Ausdruck zu verleihen.

Auf die gleiche Weise zog sich Magni 1950 zurück, nachdem Bartali den Rücktritt seines gesamten Teams provoziert hatte, weil er auf dem Col d'Aspin von Zuschauern bedrängt wurde und sich bedroht fühlte.

Im folgenden Jahr stürzte Van Est am Soulor in eine Schlucht.

1965 musste Van de Kerkhove auf der neunten Etappe wegen Krankheit aufgeben.

In jüngerer Zeit erinnern wir uns natürlich an Luis Ocañas dramatischen Sturz auf dem Col de Mente. Der Spanier führte die Tour damals an und hatte Merckx um acht Minuten distanziert.

1978 musste Pollentier die Tour in Alpe-d'Huez wegen eines unglaublichen Täuschungsversuchs bei der Dopingkontrolle abbrechen.

Der letzte Fall eines Spitzenreiters, der - vor Pascal Simon gestern - zur Aufgabe gezwungen wurde, geschah vor drei Jahren, als Bernard Hinault an einem Juliabend die Tour wegen einer Sehnenentzündung am Knie verließ.

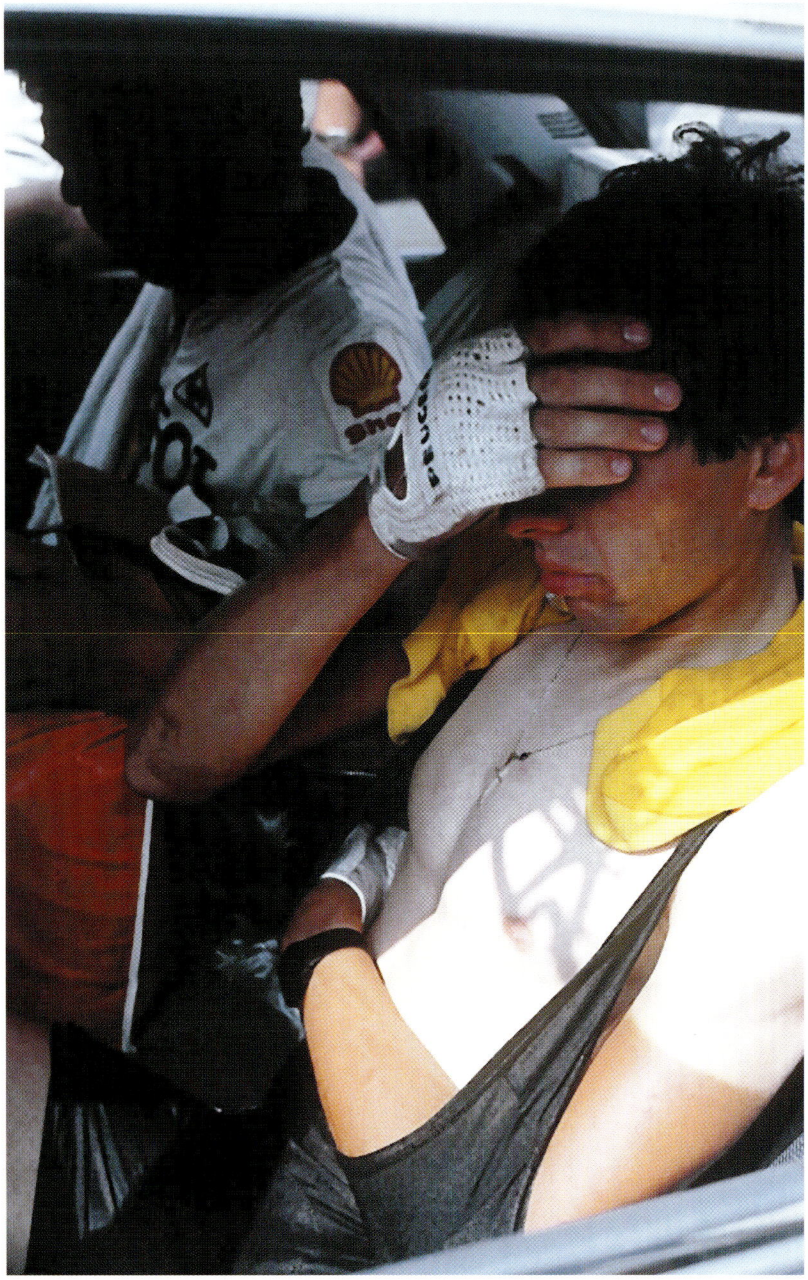

Dieses Dorf in der Nähe von Arpajon-sur-Cère ist eine der Stationen, die Pascal Simon nach seinem Sturz 50 Kilometer vor Fleurance durchlaufen muss (Foto oben). Fünf Tage lang bemüht er sich, seine Qualen zu verbergen. Jeder neue Tag ist ein gewonnener Tag. Ganz Frankreich ist ergriffen vom Mut seines Helden (Foto unten). Doch zuviel ist zuviel. Beim Anstieg der Chapelle Blanche hinauf nach L'Alpe-d'Huez muss er endgültig vom Rad steigen (Foto links).

In den Bergen demonstriert Laurent Fignon seine ganze Stärke.

Das Gelbe Trikot kontert die besten Kletterer, Lucien Van Impe (im Bergtrikot) folgt ihm wie ein Schatten.

Fignon bringt die Skeptiker zum Schweigen, als er voller Entschlossenheit das letzte Zeitfahren in Dijon gewinnt.

ALFORTVILLE – PARIS Auch wenn Laurent Fignon bei der Eroberung des Gelben Trikots von Pascal Simons Aufgabe profitierte, so zeigte der erst 23-Jährige durch den Sieg bei seiner ersten Tour-Teilnahme die Qualitäten eines echten Champions.

Das Gelbe Trikot auf würdigen Schultern

EINER dieser Zufälle, auf die das Leben so versessen ist, hat uns gestern morgen über die breite Avenue de Créteil geführt. Es herrschte sonntägliche Ruhe, und auf dem Asphalt waren noch zwei mit Kalk geschriebene Worte lesbar: „Allez, Fignon!“. Die Autoren dieser Aufmunterung wussten, dass ihr Favorit jahrelang das Trikot von US Créteil getragen hatte, doch wahrscheinlich ahnten sie nicht, wie die Tour ausgehen sollte. Wir zweifeln nicht daran, dass sie gestern auf den Champs-Élysées dabei waren und sich ihre Stimmen unter die vielen Jubelrufe mischten, die das Gelbe Trikot mit der markanten Brille empfingen. Denn Laurent Fignon, der die Tour auf leisen Sohlen angetreten hatte und sich im Verlauf des Rennens vorarbeitete, wurde vom Volk als würdiger Sieger anerkannt, genau so wie seine wesentlich berühmteren Vorgänger. Seit den Alpenetappen, wo er die Bergspezialisten in Schach hielt und die von Winnen und Arroyo gestartete Offensive bremste, war ihm die Sympathie des Publikums sicher. Dabei macht die Sympathie doch bekanntlich nur einen Teil der Wertschätzung aus, die man dem siegreichen Athleten entgegenbringt. Bei all den Faktoren, die den Ruhm begründen, ist der Schneid sehr viel wichtiger. Denn es muss schon einen Grund geben, warum Fausto Coppi mehr Bewunderung erregt als Nicolas Frantz, der doch ebenfalls zweimal siegte, und warum Rik Van Looy beliebter ist als einige der anderen preisgekrönten Sieger. Am Samstagmorgen, als das letzte Zeitfahren in Dijon anstand, zögerte man noch bei der Beurteilung dieses ansonsten überzeugenden Burschen, der über ein Potenzial verfügt, dessen Grenzen wir nur erahnen können. Gewiss, er sollte diese Tour gewinnen, die erste, an der er teilnahm, genauso wie Coppi 1949, Koblet 1951, Anquetil 1957, Merckx 1969, Hinault 1979, und schon diese Reihe von Vorgängern gereichte ihm zur Ehre. Doch man rief auch die weniger ruhmreichen Namen all derer ins Gedächtnis, die die Tour gewonnen hatten, ohne einen einzigen Etappensieg zu erringen. Einst hieß es, ein großer Sieger müsse in Briançon triumphieren, später einigte man sich darauf, dass er ein Zeitfahren gewinnen müsse, sofern er seine Überlegenheit nicht durch einen Sieg bei einer der großen Bergetappen unter Beweis stellte.

So versteht man, welche Bedeutung Fignons Leistung auf dieser hügeligen, unerträglich heißen Rennstrecke von Dijon zukam. Er zeigte jedoch Stärke und verlieh so seinem verdienten Gesamtsieg den gebührenden Glanz, womit er allen Versuchen, diesen Sieg abzuwerten, die Grundlage entzog. Eine mittelmäßige Darbietung des Gelben Trikots in diesem Wettkampf hätte Erinnerungen an jüngste Ereignisse wachgerufen, an Bernard Hinault, den eine Sehnenentzündung fern hielt, und an Pascal Simon, der nach einem Sturz aufgeben musste. Man wäre der Versuchung erlegen, Vergleiche anzustellen, und Laurent Fignons Bild hätte mit Sicherheit Schaden genommen. Stattdessen meisterte er das Problem mit einer Souveränität, die auf ein perfektes Gleichgewicht von Körper und Geist schließen lässt. Und so hat er sich nicht als ein Gelegenheitssieger durchgesetzt, sondern als der Beste aller teilnehmenden Fahrer.

Auf dem Siegerpodest in Paris macht Laurent Fignon, ausgezeichnet von der Sportministerin Edwige Avice, Bekanntschaft mit dem Ruhm.

1984

Laurent FIGNON

Der Kampf der Generationen

Laurent Fignon gegenüber muss Bernard Hinault in die für ihn neue Rolle des Herausforderers schlüpfen, nachdem er im Jahr zuvor wegen seiner Knieprobleme pausieren musste. Nun kehrt er in den Farben des von Bernard Tapie gegründeten Teams La Vie Claire zurück an den Start der Tour. In diesem Kampf der Generationen kreuzen sich die Schicksale der beiden französischen Meister erstmals in Le Mans, wo das erste große Zeitfahren ausgetragen wird. Laurent Fignon siegt in der Spezialdisziplin seines Gegners, der darüber zwar sichtlich erschüttert ist, sich aber längst nicht geschlagen gibt. Das Gelbe Trikot hat in der Zwischenzeit der junge Vincent Barteau aus dem Renault-Team erobert. Nachdem ihn die Favoriten zusammen mit dem Hinault-Helfer Maurice Le Guilloux und dem Überraschungssieger von Cergy-Pontoise, Paulo Ferreira, haben fahren lassen, konnte er einen Vorsprung von 17' herausholen! Die Beobachter reden schon von einem modernen Walkowiak... Der Leiter des Renault-Teams, Cyrille Guimard, bewirkt mit seiner Taktik wahre Wunder, denn seine Fahrer holen zu einem Schlag nach dem anderen aus, während Fignon auf seine Chance lauert. Und so krönen nacheinander Pascal Jules, Pascal Poisson und Pierre-Henri Menthéour ihre Leistungen mit einem Etappensieg. Vincent Barteau dagegen beeindruckt durch seinen zähen Widerstand in den Pyrenäen und verteidigt das Führungstrikot bis in die Alpen. Dort jedoch demonstriert Laurent Fignon sein Können, indem er drei von fünf Alpenetappen gewinnt: das Zeitfahren in La Ruchère sowie die Abschnitte nach La Plagne und Crans-Montana. Doch das Gelbe Trikot, das Barteau nach nunmehr zwölf Etappen abgeben muss, holt er, wie schon im Vorjahr, in L'Alpe-d'Huez. An diesem legendären Ort erringt der Amateur Luis Herrera den ersten Sieg eines kolumbianischen Kletterers. Auf den Rampen vor L'Alpe-d'Huez wird Tour-Geschichte geschrieben, denn Bernard Hinault, der Fignon zuvor bei jeder Gelegenheit provoziert hatte, muss den jungen französischen Meister hier davonfahren lassen. Das Zepter scheint weitergereicht zu werden, denn im Alter von 30 Jahren ist die Zeit des Bernard Hinault wohl endgültig vorüber, während Laurent Fignon mit 24 zum zweiten Mal das Gelbe Trikot nach Paris bringt. Hinault verliert diese schwierige und spannende Tour, doch mit seiner Tapferkeit hat er die Menschen bewegt und sich viele Sympathien erworben. Hinter den beiden Franzosen besteigt mit Greg LeMond erstmals ein Amerikaner das Podium. Übrigens gewinnt seine „Landsfrau" Marianne Martin bei der erstmals ausgetragenen Tour der Frauen vor ihren 35 Mitstreiterinnen.

GESAMTKLASSEMENT

1. **Laurent FIGNON** (FRA, Renault-Elf), 112 Std. 3'40''
2. **Bernard HINAULT** (FRA, La Vie Claire), 10'32''
3. **Greg LEMOND** (USA, Renault-Elf), 11'46''
4. Robert MILLAR (GBR, Peugeot-Shell), 14'42''
5. Sean KELLY (IRL, Skil), 16'35''
6. Angel ARROYO (ESP, Reynolds), 19'22''
7. Pascal SIMON (FRA, Peugeot-Shell),à 21'17''
8. Pedro MUNOZ (ESP, Teka), 26'17''
9. Claude CRIQUIELION (BEL, Splendor), 29'12''
10. Phil ANDERSON (AUS, Panasonic), 29'16''
11. Niki RUTTIMANN (SUI, La Vie Claire), 30'58''
12. Rafael ACEVEDO (COL, Colombia-Varta), 33'32''
13. Jean-Marie GREZET (SUI, Skil), 33'41''
14. Éric CARITOUX (FRA, Skil), 36'28''
15. Patrocinio JIMENEZ (COL, Teka), 37'49''
16. Gerard VELDSCHOLTEN (HOL, Panasonic), 41'54''
17. Michel LAURENT (FRA, COOP- Hocnved), 44'33''
18. Alfonso FLORES (COL, Colombia-Varta), 45'33''
19. Antonio AGUDELO (COL, Colombia-Varta), 49'25''
20. Bernard GAVILLET (SUI, Cilo-Aufina), 51'2''

71. TOUR DE FRANCE: 23 ETAPPEN – 4.021 KILOMETER

			Etappen	Etappensieger	Gelbes Trikot
Prolog	Freitag 29. Juni	**5,4 km**	Montreuil – Noisy-le-Sec (EZF)	B. Hinault (FRA)	B. Hinault
1. Etappe	Samstag 30. Juni	**148,5 km**	Bondy – Saint-Denis	F. Hoste (BEL)	L. Peeters
2. Etappe	Sonntag 1. Juli	**249 km**	Bobigny – Louvroil	M. Madiot (FRA)	J. Hanegraaf
3. Etappe	Montag 2. Juli	**51 km**	Louvroil – Valenciennes (MZF)	Renault-Elf	J. Hanegraaf
4. Etappe	Montag 2. Juli	**83 km**	Valenciennes – Béthune	F. Van Den Haute (BEL)	A. Van Der Poel
5. Etappe	Dienstag 3. Juli	**207 km**	Béthune – Cergy-Pontoise	P. Ferreira (POR)	V. Barteau
6. Etappe	Mittwoch 4. Juli	**202 km**	Cergy-Pontoise – Alençon	F. Hoste (BEL)	V. Barteau
7. Etappe	Donnerstag 5. Juli	**67 km**	Alençon – Le Mans (EZF)	L. Fignon (FRA)	V. Barteau
8. Etappe	Freitag 6. Juli	**192 km**	Le Mans – Nantes	P. Jules (FRA)	V. Barteau
9. Etappe	Samstag 7. Juli	**338 km**	Nantes – Bordeaux	J. Raas (HOL)	V. Barteau
10. Etappe	Sonntag 8. Juli	**198 km**	Langon – Pau	E. Vanderaerden (BEL)	V. Barteau
11. Etappe	Montag 9. Juli	**226,5 km**	Pau – Guzet-Neige	R. Millar (GBR)	V. Barteau
12. Etappe	Dienstag 10. Juli	**111 km**	Saint-Girons – Blagnac	P. Poisson (FRA)	V. Barteau
13. Etappe	Mittwoch 11. Juli	**220,5 km**	Blagnac – Rodez	P. -H. Menthéour (FRA)	V. Barteau
14. Etappe	Donnerstag 12. Juli	**227,5 km**	Rodez – Domaine du Rouret	A. De Wolf (BEL)	V. Barteau
15. Etappe	Freitag 13. Juli	**241,5 km**	Domaine du Rouret – Grenoble	F. Vichot (FRA)	V. Barteau
16. Etappe	Sonntag 15. Juli	**22 km**	Les Échelles – La Ruchère-en-Chartreuse (EZF)	L. Fignon (FRA)	V. Barteau
17. Etappe	Montag 16. Juli	**151 km**	Grenoble – L'Alpe-d'Huez	L. Herrera (COL)	L. Fignon
18. Etappe	Dienstag 17. Juli	**185,5 km**	Bourg-d'Oisans – La Plagne	L. Fignon (FRA)	L. Fignon
19. Etappe	Mittwoch 18. Juli	**186 km**	La Plagne – Morzine	A. Arroyo (ESP)	L. Fignon
20. Etappe	Donnerstag 19. Juli	**140,5 km**	Morzine – Crans-Montana (SUI)	L. Fignon (FRA)	L. Fignon
21. Etappe	Freitag 20. Juli	**320,5 km**	Crans-Montana (SUI) – Villefranche-en-Beaujolais	F. Hoste (BEL)	L. Fignon
22. Etappe	Samstag 21. Juli	**51 km**	Villié-Morgon – Villefranche-en-Beaujolais (EZF)	L. Fignon (FRA)	L. Fignon
23. Etappe	Sonntag 22. Juli	**196,5 km**	Pantin – Paris Champs-Élysées	E. Vanderaerden (BEL)	L. Fignon

Oben: Mit Bernard Hinault und Laurent Fignon, der in L'Alpe-d'Huez das Gelbe Trikot übernimmt, prallen zwei Generationen aufeinander. Die Bergspezialisten Luis Herrera (links), Beat Breu und Robert Millar sind weitere Protagonisten in diesem Kampf.

Unten: Hinault gibt alles, doch gegen Fignon ist kein Kraut gewachsen. In L'Alpe d'Huez übernimmt der 24-jährige das begehrte Trikot des Führenden.

Mit drei Etappensiegen in den Alpen hat Laurent Fignon seine Überlegenheit unter Beweis gestellt. Doch erst der große Kampf von Bernard Hinault verleiht seinem Triumph wahres Gewicht.

Ein Champion beherrscht die Tour

SCHÄTZT man die Tour um ihrer selbst willen, das heißt, wenn ihre eigenen Interessen im verbissenen sportlichen Wettstreit aufgehen? Ist eine Tour dann gut, wenn spannende Auseinandersetzungen den Ausgang bis zum letzten Wettkampftag offen lassen? Oder eher, wenn ein außergewöhnlicher Fahrer die Vorherrschaft übernimmt, ein Meister des Rennrads, einer der Champions, die in die Geschichte des Radsports eingehen?

Die diesjährige Tour wird meiner Meinung nach als exzellenter Jahrgang in Erinnerung bleiben, weil man nun wirklich behaupten kann, dass der Name Fignon das Goldene Buch nicht nur der Tour de France, sondern des Radsports überhaupt zieren wird. Und weil dieser junge Mann mit der starken Persönlichkeit, dieser absolute Sieger, das Rennen letztendlich zwar beherrscht hat, ohne ihm jedoch die Spannung zu nehmen, denn er ließ es lange Zeit offen, so dass er selbst acht Tage vor dem Ziel, während des Ruhetags in Grenoble, nicht als klarer Favorit gehandelt wurde. Er zeigte nicht ein einziges Missgeschick, nicht das geringste Anzeichen von Schwäche oder Unschlüssigkeit, während um ihn herum überall deutliche Leistungsschwankungen sichtbar wurden. Die Abstände wurden immer größer, niemand konnte mehr mit seinem konstanten Rhythmus mithalten, einer nach dem anderen fiel zurück. Am beeindruckendsten ist zweifellos der Gesundheitszustand dieses Mannes, dessen körperliche Verfassung auch am Ende dieser extrem schwierigen Rundfahrt keinen Schwachpunkt erkennen ließ. Und seine ausgezeichnete Form steht wunderbar in Einklang mit seiner geistigen Offenheit, seiner Urteilskraft, seiner verantwortungsvollen Haltung. Alles an ihm ist Ausgeglichenheit und Vernunft. Seine Kraftreserven blieben intakt, wie seine unvergleichliche Leistung vom Samstag eindruckvoll bewies, als er in den Weinbergen des Beaujolais seinen entfesselten, voll motivierten Gegnern davonfuhr.

Die ehemaligen Mannschaftskameraden Hinault und Fignon sind zwar Konkurrenten, doch sie empfinden Achtung füreinander. Ihre Auseinandersetzung während der Tour war stets fair.

Laurent Fignons Weg zum Triumph wurde gepflastert durch seine Auseinandersetzung mit Bernard Hinault, dem Mann, der in unserer Zeit bislang das höchste Ansehen im Radsport genoss und dessen Schüler Fignon einst war.

Denn Fignons Sieg von 1983, als Hinault nicht teilnahm und Pascal Simon nach einem Unfall aufgeben musste, sagte nichts über sein tatsächliches Niveau aus. Die höheren Weihen erhält man nur, wenn man Bestätigung findet. Die Herrschaft, die das „blonde Trikot“ diesmal ausübte, und seine unerbittliche Machtergreifung in der entscheidenden Woche (zur Erinnerung: La Ruchère: 1.; Alpe: 2.; La Plagne: 1.; Morzine: in der kleinen Spitzengruppe; Crans-Montana: 1.; Villefranche: 1.!) verhalfen ihm zu einer Erfolgsserie, die es in der Geschichte der Tour zweifellos noch nicht gegeben hatte - Chronisten, an die Arbeit! Und das Ganze mit Stil. Mit einer Leichtigkeit, dass man sagen kann: er fährt nicht, er gleitet dahin...

Doch solche Fähigkeiten lassen sich nur angemessen würdigen, wenn man Vergleiche anstellen kann, wenn Auseinandersetzungen bis hin zum erbitterten Kampf stattfinden. Ohne Hinault, ohne den Kampfgeist dieses Mannes, der mit aller Kraft an sein altes Leistungsniveau anzuknüpfen suchte, hätte Laurent lediglich wie ein Tyrann dagestanden, der über ein kleines, schnell unterworfenes Volk herrscht. Einer Überlegenheit, die die Tour ihrer Substanz beraubt hätte, wäre man bald überdrüssig geworden.

Und Hinault hat sich tapfer geschlagen: Er war bewundernswert in seinen menschlichen Reaktionen, fest entschlossen, seine Niederlage nicht zu akzeptieren, oder weigerte sich vielmehr anzuerkennen, dass er nicht mehr der Beste war. Er wollte Unordnung in das Rennen bringen, versuchte eine letzte Kraftprobe. Es war bewegend, und es wurde erschütternd, als man begriff, dass seine improvisierten, taktisch unklugen Attacken etwas Lächerliches hatten, weil sie so sinnlos erschienen.

Doch Hinault wurde mit Hochachtung für sein tapferes Verhalten belohnt. Ich weiß, dass er höhnische Anspielungen erwartete; daher hat ihn die Schlagzeile „Jetzt lieben wir ihn wirklich!“ sehr gerührt.

Barteau, der Portugiese Ferreira und Le Guilloux holen zwischen Béthune und Cergy-Pontoise einen gewaltigen Vorsprung heraus: 17 Minuten!

Im Mannschaftszeitfahren von Valenciennes legen die Fahrer von Renault, angeführt von Barteau und Madiot, einen Gang zu.

Laurent Fignon fährt seinen Konkurrenten davon. Bei dieser Tour wächst er über sich hinaus.

Pascal Jules siegt mit einem starken Endspurt in Nantes. In der Mannschaft von Cyrille Guimard ist jeder einmal an der Reihe!

Auf den ersten Steigungen nach L'Alpe-d'Huez zieht Luis Herrera davon. Der südamerikanische Kletterer wird in Kolumbien als Held gefeiert.

1985

Bernard HINAULT

Hinaults Sprung in die Ahnenreihe

Aufgrund einer Operation an der Achillessehne ist dieses Mal Laurent Fignon, Toursieger der letzten beiden Jahre, mit Aussetzen an der Reihe. Damit steht für Hinault alles zum Besten, sah man ihn zuvor doch schon auf dem absteigenden Ast. Der Bretone gewinnt gleich den Prolog, und seine Mannschaft La Vie Claire kann ihre Position dank des Erfolges beim Mannschaftszeitfahren in Fougères stärken. Ab dem Zeitfahren der achten Etappe von Sarrebourg nach Straßburg fährt Bernard Hinault ununterbrochen in Gelb. Mit den kolumbianischen Bergkönigen stellt er sich gut, überlässt Luis Herrera in Avoriaz den Etappensieg und außerdem das gepunktete Trikot.

Hinault hat sich bereits auf einen gemütlichen Sieg eingestellt, als er kurz vor Ende der 14. Etappe nach St. Etienne böse stürzt. Nach minutenlanger Behandlung fährt er die Etappe tapfer zu Ende, und bereits am Tag nach seiner Einlieferung in ein Krankenhaus, wo man einen Nasenbeinbruch diagnostiziert, kann der „Dachs" weiterfahren. Seine Verletzung bereitet ihm weit weniger Schwierigkeiten als die Pyrenäen...

Zu allem Elend muss der Aubisque an einem Tag auch noch zweimal erklommen werden, da die Etappe in zwei Abschnitte unterteilt ist. Der Ire Stephen Roche von La Redoute gewinnt den ersten auf dem nebelumwobenen Pass, in Pau beschert Régis Simon dem gleichen Team einen zweiten Sieg in Folge. Am Tourmalet plötzlich geht dem Amerikaner Greg LeMond, der seinen Kapitän Hinault eigentlich nicht attackieren darf, der Gaul durch. Zusammen mit Roche und Chozas ist er dem weit vorne allein fahrenden Pedro Delgado auf den Fersen, Hinault liegt mehr als eine Minute hinter den dreien. LeMond hat Hummeln im Hintern und möchte angreifen, aber Teamchef Paul Köchli pfeift ihn zurück und verbietet ihm, mit Roche gemeinsame Sache zu machen, während der Siegfahrer Hinault gerade einen Durchhänger hat. Die Stimmung ist gespannt, der Amerikaner stinksauer.

Bernard Hinault darf die Pyrenäen in Gelb und mit einem Nichtangriffsversprechen seines Teamkollegen verlassen, während dieser das letzte Zeitfahren um den See in Vassivière-en-Limousin gewinnt und sich den Siegambitionen Hinaults resigniert beugt. Als Trost verspricht man LeMond, dass nächstes Jahr das gesamte Team geschlossen für ihn fahren wird!

Mit 30 Jahren gewinnt Bernard Hinault erneut das Double Giro-Tour und darf sich zu Jacques Anquetil und Eddy Merckx in die Ehrengalerie der fünffachen Toursieger einreihen.

GESAMTKLASSEMENT

1. **Bernard HINAULT** (FRA, La Vie Claire), 113 Std. 24'23''
2. **Greg LEMOND** (USA, La Vie Claire), 1'42''
3. **Stephen ROCHE** (IRL, La Redoute), 4'29''
4. Sean KELLY (IRL, Skil), 6'26''
5. Phil ANDERSON (AUS, Panasonic), 7'44''
6. Pedro DELGADO (ESP, Seat-Orbea), 11'53''
7. Luis HERRERA (COL, Café de Colombia), 12'53''
8. Fabio PARRA (COL, Café de Colombia), 13'35''
9. Eduardo CHOZAS (ESP, Reynolds), 13'56''
10. Steve BAUER (CAN, La Vie Claire), 14'57''
11. Robert MILLAR (GBR, Peugeot-Shell), 15'10''
12. Joop ZOETEMELK (HOL, Kwantum) 15'24''
13. Niki RUTTIMANN (SUI, La Vie Claire), 16'2''
14. Eddy SCHEPERS (BEL, Lotto), 16'13''
15. Peter WINNEN (HOL, Panasonic), 17'35''
16. Robert FOREST (FRA, Peugeot-Shell), 17'51''
17. Celestino PRIETO (ESP, Reynolds), 19'48''
18. Claude CRIQUIELION (BEL, Hitachi), 21'12''
19. Alvaro PINO (ESP, Zor), 21'35''
20. Pascal SIMON (FRA, Peugeot-Shell), 23'30''

72. TOUR DE FRANCE: 22 ETAPPEN – 4.109 KILOMETER

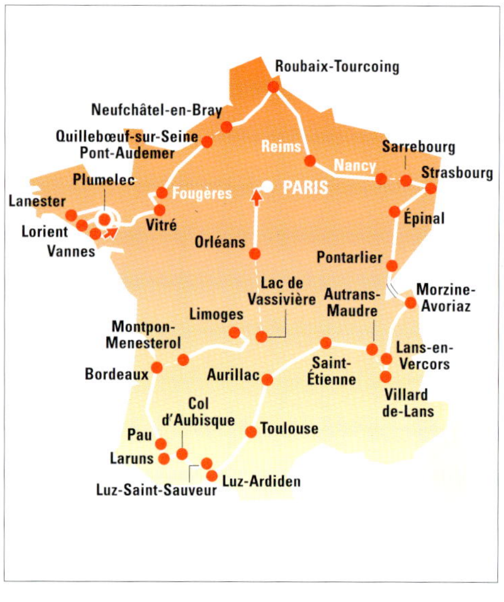

			Etappen	Etappensieger	Gelbes Trikot
Prolog	Freitag 28. Juni	**6,8 km**	Plumelec – Plumelec (EZF)	B. Hinault (FRA)	B. Hinault
1. Etappe	Samstag 29. Juni	**256 km**	Vannes – Lanester	R. Matthijs (BEL)	E. Vanderaerden
2. Etappe	Sonntag 30. Juni	**242 km**	Lorient – Vitré	R. Matthijs (BEL)	E. Vanderaerden
3. Etappe	Montag 1. Juli	**73 km**	Vitré – Fougères (MZF)	La Vie Claire	E. Vanderaerden
4. Etappe	Dienstag 2. Juli	**239 km**	Fougères – Pont-Audemer	G. Solleveld (HOL)	K. Andersen
5. Etappe	Mittwoch 3. Juli	**224 km**	Neufchâtel-en-Bray – Roubaix	H. Manders (HOL)	K. Andersen
6. Etappe	Donnerstag 4. Juli	**221,5 km**	Roubaix – Reims	F. Castaing (FRA)	K. Andersen
7. Etappe	Freitag 5. Juli	**217,5 km**	Reims – Nancy	L. Wijnants (BEL)	K. Andersen
8. Etappe	Samstag 6. Juli	**75 km**	Sarrebourg – Straßburg (EZF)	B. Hinault (FRA)	B. Hinault
9. Etappe	Sonntag 7. Juli	**173,5 km**	Straßburg – Épinal	M. Ducrot (HOL)	B. Hinault
10. Etappe	Montag 8. Juli	**204,5 km**	Épinal – Pontarlier	J. -V. Pedersen (DEN)	B. Hinault
11. Etappe	Dienstag 9. Juli	**195 km**	Pontarlier – Morzine-Avoriaz	L. Herrera (COL)	B. Hinault
12. Etappe	Mittwoch 10. Juli	**269 km**	Morzine – Lans-en-Vercors	F. Parra (COL)	B. Hinault
13. Etappe	Donnerstag 11. Juli	**31,8 km**	Villard-de-Lans – Villard-de-Lans (EZF)	E. Vanderaerden (BEL)	B. Hinault
14. Etappe	Samstag 13. Juli	**179 km**	Autrans – Saint-Étienne	L. Herrera (COL)	B. Hinault
15. Etappe	Sonntag 14. Juli	**237,5 km**	Saint-Étienne – Aurillac	E. Chozas (ESP)	B. Hinault
16. Etappe	Montag 15. Juli	**247 km**	Aurillac – Toulouse	F. Vichot (FRA)	B. Hinault
17. Etappe	Dienstag 16. Juli	**209,5 km**	Toulouse – Luz-Ardiden	P. Delgado (ESP)	B. Hinault
18. Etappe(1)	Mittwoch 17. Juli	**52,5 km**	Luz-Saint-Sauveur – Col d'Aubisque	S. Roche (IRL)	B. Hinault
18. Etappe(2)	Mittwoch 17. Juli	**83,5 km**	Laruns – Pau	R. Simon (FRA)	B. Hinault
19. Etappe	Donnerstag 18. Juli	**203 km**	Pau-Bordeaux	E. Vanderaerden (BEL)	B. Hinault
20. Etappe	Freitag 19. Juli	**225 km**	Montpon-Ménestérol – Limoges	J. Lammerts (HOL)	B. Hinault
21. Etappe	Samstag 20. Juli	**47,5 km**	Lac de Vassivière – Lac de Vassivière (EZF)	G. LeMond (USA)	B. Hinault
22. Etappe	Sonntag 21. Juli	**196 km**	Orléans – Paris Champs-Élysées	R. Matthijs (BEL)	B. Hinault

Bereits beim Prolog in Plumelec entscheidet Bernard Hinault: Gelb ist Trumpf! Der „bretonische Dachs“ legt früh den Grundstein für seinen fünften Toursieg.

Bernard Hinault trägt von seinem Sturz vor Saint-Étienne Verletzungen am Kopf davon. Er fährt weiter, obwohl er sich einen Nasenbeinbruch zugezogen hat.

Hinaults Mutter ist zur Siegerehrung nach Paris gekommen. Greg LeMond scheint mit seinem zweiten Platz nicht recht einverstanden zu sein.

Ein gewisser Miguel Indurain, 21 Jahre jung, fährt beim Prolog 1985 auf den 100. Platz und gibt nach der 4. Etappe auf…

1986

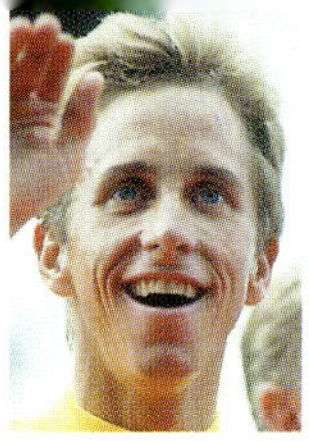

Greg LEMOND

Hand in Hand

Greg LeMond und Bernard Hinault hinterlassen der Nachwelt eines der schönsten Bilder der Tour-Geschichte. Als der „Dachs" dem Amerikaner in einer großen Dankesgeste die Hand reicht und sie in L'Alpe-d'Huez gemeinsam über die Ziellinie fahren, hat so mancher Tränen in den Augen... (Foto rechte Seite)

Bernard Hinault dürstet es nach einem sechsten Tour-Sieg. Wie verlockend, diesen Rekord aufzustellen... Wird er das Versprechen, das er seinem jungen Teamkollegen Greg LeMond letztes Jahr gab, halten? In der Euphorie seines fünften Toursiegs ging es dem Bretonen leicht über die Lippen: „86 wird die Tour Dir gehören. Ich werde da sein, aber nur, um Dir zu helfen." Zunächst hat Bernard Hinault aber nichts Besseres zu tun, als bereits auf den ersten Pässen des Baskenlandes anzugreifen. Zwar gewinnt Pedro Delgado die Etappe in Pau, aber der „Dachs" hat ordentlich in die Pedale getreten, seine Hauptgegner um fünf Minuten und mehr zurückgeworfen und fährt nun in Gelb! Hinault hält auch weiterhin den Druck aufrecht und greift bei der Abfahrt vom Tourmalet tags darauf erneut an. Würde er in Superbagnères gewinnen, wäre die Tour sein. Aber als Hinault auf dem Peyresourde einen Hungerast erleidet, tritt LeMond in Aktion, gewinnt die Etappe und nimmt seinem Kollegen in Gelb kräftig Zeit ab.

Zwar führt wieder mal Hinault das Gelbe Trikot aus den Pyrenäen heraus, aber der Amerikaner hat gut aufgeholt. Bei La Vie Claire ist die Stimmung stark vom Konkurrenzkampf der beiden Führenden geprägt, auch wenn Bernard Tapie, medienwirksamer Geschäftsmann und Boss des Rennstalls, unbeirrt auf die Strategie der Doppelspitze setzt.

In den Alpen wendet sich das Blatt dann endgültig zugunsten von LeMond. Er trägt das Gelbe Trikot ab dem Col du Granon. Entspannt zurücklegen kann sich der Amerikaner jedoch noch lange nicht - nur zu gut kennt er den Opportunismus und die Gerissenheit eines Bernard Hinault! Bei der Abfahrt vom Galibier greift der französische Champion ein letztes Mal an, aber der Amerikaner zieht geistesgegenwärtig mit, und auf der Etappe nach L'Alpe-d'Huez werden wir Zeuge einer der bewegendsten Szenen der Tour-Geschichte: Gemeinsam starten die beiden einen Parforceritt über 90 Kilometer, hängen die verbliebenen Konkurrenten ab und fahren Hand in Hand über die Ziellinie. Jetzt scheint klar: Hinault hält sein Versprechen, Greg LeMond ist designierter Tour-Sieger. Zwar wird es beim Zeitfahren in St. Etienne noch mal gefährlich und damit dramatisch. Aber Hinault schafft es trotz eines Sturzes von LeMond nicht, die knapp drei Minuten Rückstand aufzuholen, und kommt nur 25 Sekunden vor ihm ins Ziel. Zum ersten Mal ist ein Amerikaner Sieger der Tour de France! Und Hinault hat einen würdevollen Abgang, wie er durchaus nicht jedem vergönnt ist...

GESAMTKLASSEMENT

1. **Greg LEMOND** (USA, La Vie Claire), 110 Std. 35'19"
2. **Bernard HINAULT** (FRA, La Vie Claire), 3'10"
3. **Urs ZIMMERMANN** (SUI, Carrera), 10'54"
4. Andrew HAMPSTEN (USA, La Vie Claire), 18'44"
5. Claude CRIQUIELION (BEL, Hitachi), 24'36"
6. Ronan PENSEC (FRA, Peugeot-Shell) 25'59"
7. Niki RUTTIMANN (SUI, La Vie Claire), 30'52"
8. Alvaro PINO (ESP, Zor B.H.), 33'
9. Steven ROOKS (HOL, PDM), 33'22"
10. Yvon MADIOT (FRA, Systeme U), 33'27"
11. Samuel CABRERA (COL, Reynolds), 35'28"
12. Jean-François BERNARD (FRA, La Vie Claire), 35'45"
13. Pascal SIMON (FRA, Peugeot-Shell), 37'44"
14. Eduardo CHOZAS (ESP, Teka), 38'48"
15. Reynel MONTOYA (COL, Postobon), 45'36"
16. Charly MOTTET (FRA, Systeme U), 45'58"
17. Thierry CLAVEYROLAT (FRA, R.M.O.), 46'
18. Marino LEJARRETA (ESP, Seat-Orbea), 49'9"
19. Jean-Claude BAGOT (FRA, Fagor), 51'38"
20. Eric CARITOUX (FRA, Fagor), 52'39"

73. TOUR DE FRANCE: 23 ETAPPEN – 4.084 KILOMETER

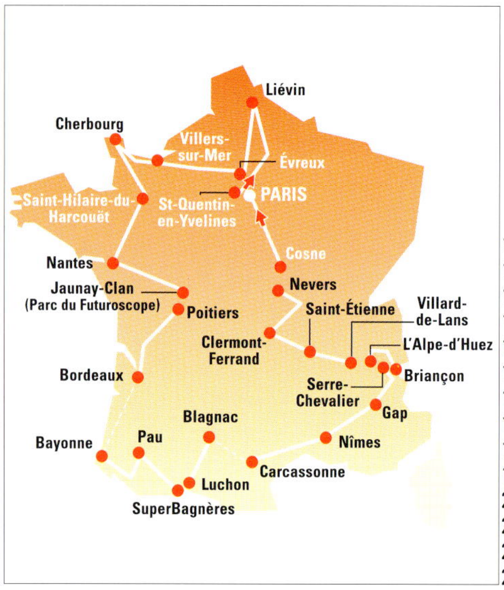

			Etappen	Etappensieger	Gelbes Trikot
Prolog	Freitag 4 Juli	**4,6 km**	Boulogne-Billancourt – Boulogne-Billancourt	T. Marie (FRA)	T. Marie
1. Etappe	Samstag 5. Juli	**85 km**	Nanterre – Sceaux	P. Verschuere (BEL)	A. Stieda
2. Etappe	Samstag 5. Juli	**56 km**	Meudon – St-Quentin-en-Yvelines (MZF)	Système U	T. Marie
3. Etappe	Sonntag 6. Juli	**214 km**	Levallois-Perret – Liévin	D. Phinney (USA)	T. Marie
4. Etappe	Montag 7. Juli	**243 km**	Liévin – Évreux	P. Ruiz-Cabestany (ESP)	D. Gaigne
5. Etappe	Dienstag 8. Juli	**124,5 km**	Évreux – Villers-sur-Mer	J. Van Der Velde (HOL)	J. Van Der Veld
6. Etappe	Mittwoch 9. Juli	**200 km**	Villers-sur-Mer – Cherbourg	G. Bontempi (ITA)	J. Van Der Veld
7. Etappe	Donnerstag 10. Juli	**201 km**	Cherbourg – St-Hilaire-du-Harcouët	L. Peeters (BEL)	J. Pedersen
8. Etappe	Freitag 11. Juli	**204 km**	St-Hilaire-du-Harcouët – Nantes	E. Planckaert (BEL)	J. Pedersen
9. Etappe	Samstag 12. Juli	**61,5 km**	Nantes – Nantes (EZF)	B. Hinault (FRA)	J. Pedersen
10. Etappe	Sonntag 13. Juli	**183 km**	Nantes – Futuroscope	A. José Sarrapio (ESP)	J. Pedersen
11. Etappe	Montag 14. Juli	**258,5 km**	Poitiers – Bordeaux	R. Dhaenens (BEL)	J. Pedersen
12. Etappe	Dienstag 15. Juli	**217,5 km**	Bayonne – Pau	P. Delgado (ESP)	B. Hinault
13. Etappe	Mittwoch 16. Juli	**186 km**	Pau – Superbagnères	G. LeMond (USA)	B. Hinault
14. Etappe	Donnerstag 17. Juli	**154 km**	Luchon – Blagnac	N. Ruttimann (SUI)	B. Hinault
15. Etappe	Freitag 18. Juli	**225,5 km**	Carcassonne – Nîmes	F. Hoste (BEL)	B. Hinault
16. Etappe	Samstag 19. Juli	**246,5 km**	Nîmes – Gap	J.-F. Bernard (FRA)	B. Hinault
17. Etappe	Sonntag 20. Juli	**179,5 km**	Gap – Le Granon	E. Chozas (ESP)	G. LeMond
18. Etappe	Montag 21. Juli	**162,5 km**	Briançon – L'Alpe-d'Huez	B. Hinault (FRA)	G. LeMond
19. Etappe	Mittwoch 23. Juli	**179,5 km**	Villard-de-Lans – St-Étienne	J. Gorospe (ESP)	G. LeMond
20. Etappe	Donnerstag 24. Juli	**58 km**	St-Étienne – St-Étienne (EZF)	B. Hinault (FRA)	G. LeMond
21. Etappe	Freitag 25. Juli	**190 km**	St-Étienne – Puy de Dôme	E. Maechler (SUI)	G. LeMond
22. Etappe	Samstag 26. Juli	**194 km**	Clermont-Ferrand – Nevers	G. Bontempi (ITA)	G. LeMond
23. Etappe	Sonntag 27. Juli	**255 km**	Cosne-sur-Loire – Paris Champs-Élysées	G. Bontempi (ITA)	G. LeMond

CREDIT LY

1987

Stephen ROCHE

Der erste Ire in Gelb

Bernard Hinault hat sich zur Ruhe gesetzt, Greg LeMond ist nach seinem schrecklichen Jagdunfall noch außer Gefecht, Laurent Fignon versagt bei allen Zeitfahren... Mal wieder findet eine Tour unter veränderten Vorzeichen statt.

Dazu eine Rekordzahl von 25 Etappen, der Start an der Berliner Mauer, mitten im Kalten Krieg - und noch nie zuvor hat das Gelbe Trikot so häufig seinen Besitzer gewechselt wie dieses Jahr, neunmal insgesamt! Im Prolog hätten die Berliner anstelle des niederländischen Rouleurs Jelle Nijdam so gerne ihren Landsmann „Didi" Thurau an der Spitze gesehen... Nach Nijdam trägt kurz Lech Piasecki als erster Fahrer aus dem Osten das Gelbe Trikot, auf ihn folgt der Schweizer Erich Mächler. Aber beim Zeitfahren auf der außergewöhnlich langen Strecke Saumur-Futuroscope (87,5 km) scheinen sich endlich Abgründe aufzutun: Hier holt sich zwar der irische Zeitfahrspezialist Stephen Roche den Etappensieg, aber sehr zur Freude des französischen Publikums darf Charly Mottet sich das Maillot Jaune überstreifen. Nach einem kurzen Intermezzo seines Teamkollegen Martial Gayant über zwei Etappen fährt Mottet in Gelb in die Pyrenäen, das Rennen bleibt belebt und spannend. Mit seiner herausragenden Leistung beim Zeitfahren am Mont Ventoux löst der Franzose Jean-François Bernard seinen Landsmann bei der Führung im Gesamtklassement ab. Doch auf dem Weg nach Vercors am nächsten Tag erleidet er eine Reifenpanne, und nach der folgenden wilden Jagd über vier Gipfel darf Stephen Roche seine erste Bekanntschaft mit dem Gelben Trikot machen. In L'Alpe-d'Huez reicht er es allerdings gleich an Pedro Delgado weiter. Seinen absoluten Spannungshöhepunkt erreicht dieses turbulente Rennen dann in La Plagne, wo Laurent Fignon mit seinem Etappensieg zeigt, dass er auch noch da ist und durchaus Ambitionen hat! Beim letzten Anstieg waren Roche und Delgado abwechselnd am Rande des totalen Einbruchs - der Ire musste sogar unter ein Sauerstoffzelt. Doch er erholt sich schnell, hängt den Spanier am nächsten Tag bei der Abfahrt vom Joux-Plane ab und kommt bis auf 21" an das Gelbe Trikot heran! Beim Zeitfahren in Dijon hat Stephen Roche nun die Gelegenheit, die Situation endgültig für sich zu entscheiden. Er gewinnt die Tour de France schließlich mit einem Vorsprung von 40" auf Delgado - einer der knappsten Ausgänge, die je verzeichnet wurden!

Zum ersten Mal gewinnt ein Ire, noch dazu einer, der im Frühjahr bereits den Giro d'Italia gewonnen hat und dieses Jahr auch noch Weltmeister werden wird! Das hat außer Merckx noch keiner geschafft.

GESAMTCLASSEMENT

1. **Stephen ROCHE** (IRL, Carrera), 115 Std. 27'42"
2. **Pedro DELGADO** (ESP, PDM), 40"
3. **Jean-François BERNARD** (FRA, Toshiba), 2'13"
4. Charly MOTTET (FRA, Système U), 6'40"
5. Luis HERRERA (COL, Café de Colombia), 9'32"
6. Fabio PARRA (COL, Café de Colombia), 16'53"
7. Laurent FIGNON (FRA, Système U), 18'24"
8. Anselmo FUERTE ABELENDA (ESP, B.H.), 18'33"
9. Raul ALCALA (MEX, 7 Eleven), 21'49"
10. Marino LEJARRETA (ESP, Caja Rural), 26'13"
11. Claude CRIQUIELION (BEL, Hitachi), 30'32"
12. Federico ECHAVE (ESP, B.H.), 31'6"
13. Martin Alonso RAMIREZ (COL, Café de Colombia), 36'55"
14. Gerhard ZADROBILEK (AUT, Brianzoli), 40'35"
15. Luciano LORO (ITA, Del Tongo), 43'52"
16. Andrew HAMPSTEN (USA, 7 Eleven), 44'7"
17. Jean-René BERNAUDEAU (FRA, Fagor), 47'16"
18. Rafael ACEVEDO (COL, Café de Colombia), 50'33"
19. Robert MILLAR (GBR, Panasonic), 50'47"
20. Denis ROUX (FRA, Z Peugeot), 52'13"

74. TOUR DE FRANCE: 25 ETAPPEN – 4.331 KILOMETER

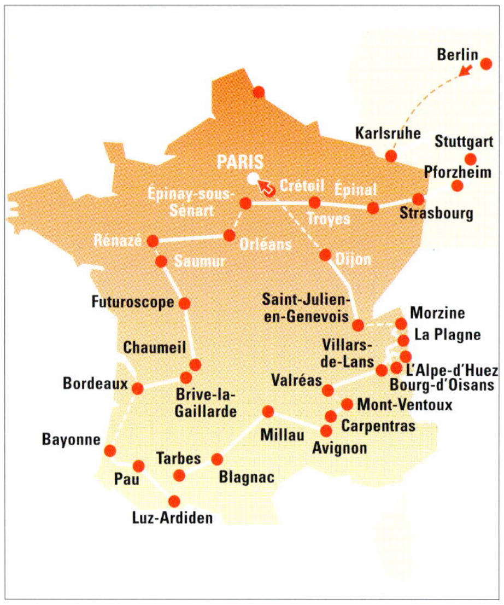

			Etappen	Etappensieger	Gelbes Trikot
Prolog	Mittwoch 1. Juli	**6,1 km**	Berlin – Berlin (EZF)	J. Nijdam (HOL)	J. Nijdam
1. Etappe	Donnerstag 2. Juli	**105,5 km**	Berlin – Berlin	N. Verhoeven (HOL)	L. Piasecki
2. Etappe	Donnerstag 2. Juli	**40 km**	Berlin – Berlin (MZF)	Carrera	L. Piasecki
3. Etappe	Samstag 4. Juli	**219 km**	Karlsruhe – Stuttgart	A. Da Silva Mura (POR)	E. Maechler
4. Etappe	Sonntag 5. Juli	**79 km**	Stuttgart – Pforzheim	H. Frison (BEL)	E. Maechler
5. Etappe	Sonntag 5. Juli	**112,5 km**	Pforzheim – Straßburg	M. Sergeant (BEL)	E. Maechler
6. Etappe	Montag 6. Juli	**169 km**	Straßburg – Épinal	C. Lavainne (FRA)	E. Maechler
7. Etappe	Dienstag 7. Juli	**211 km**	Épinal – Troyes	M.-J. Dominguez (ESP)	E. Maechler
8. Etappe	Mittwoch 8. Juli	**205,5 km**	Troyes – Épinay-sous-Sénart	J.-P. Van Poppel (HOL)	E. Maechler
9. Etappe	Donnerstag 9. Juli	**260 km**	Orléans – Renazé	A. Van Der Poel (HOL)	E. Maechler
10. Etappe	Freitag 10. Juli	**87,5 km**	Saumur – Futuroscope (EZF)	S. Roche (IRL)	C. Mottet
11. Etappe	Samstag 11. Juli	**255 km**	Futuroscope – Chaumeil	M. Gayant (FRA)	M. Gayant
12. Etappe	Sonntag 12. Juli	**228 km**	Brive – Bordeaux	D. Phinney (USA)	M. Gayant
13. Etappe	Montag 13. Juli	**219 km**	Bayonne – Pau	E. Breukink (HOL)	C. Mottet
14. Etappe	Dienstag 14. Juli	**166 km**	Pau – Luz-Ardiden	D.-O. Lauritzen (NOR)	C. Mottet
15. Etappe	Mittwoch 15. Juli	**164 km**	Tarbes – Blagnac	R. Gölz (GER)	C. Mottet
16. Etappe	Donnerstag 16. Juli	**216,5 km**	Blagnac – Millau	R. Clere (FRA)	C. Mottet
17. Etappe	Freitag 17. Juli	**239 km**	Millau – Avignon	J.-P. Van Poppel (HOL)	C. Mottet
18. Etappe	Sonntag 19. Juli	**36,5 km**	Carpentras – Mont Ventoux (EZF)	J.-F. Bernard (FRA)	J.-F. Bernard
19. Etappe	Montag 20. Juli	**185 km**	Valréas – Villard-de-Lans	P. Delgado (ESP)	S. Roche
20. Etappe	Dienstag 21. Juli	**201 km**	Villard-de-Lans – L'Alpe-d'Huez	F. Echave (ESP)	P. Delgado
21. Etappe	Mittwoch 22. Juli	**185,5 km**	Bourg-d'Oisans – La Plagne	L. Fignon (FRA)	P. Delgado
22. Etappe	Donnerstag 23. Juli	**186 km**	La Plagne – Morzine	E. Chozas (ESP)	P. Delgado
23. Etappe	Freitag 24. Juli	**224,5 km**	Saint-Julien-en-Genevois – Dijon	R. Clere (FRA)	P. Delgado
24. Etappe	Samstag 25. Juli	**38 km**	Dijon – Dijon (EZF)	J.-F. Bernard (FRA)	S. Roche
25. Etappe	Sonntag 26. Juli	**192 km**	Créteil – Paris Champs-Élysées	J. Pierce (USA)	S. Roche

Am Tag nach der großen Leistung von Bernard am Mont Ventoux holt Roche ihm das Gelbe Trikot ab.

Berlin: Der Kolumbianer Luis Herrera posiert an der Mauer, die die Welt spaltet.

Links: Jean-François Bernard kämpft auf dem Ventoux gegen die Uhr und bezwingt den Berg sensationell.

1988

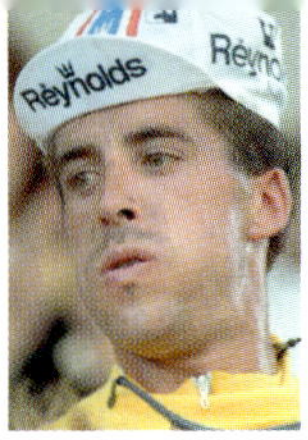

Pedro DELGADO

Die Affäre Delgado

Der Aufruhr war groß, als am Abend der 17. Etappe von Pau nach Bordeaux der Chronist Jacques Chancel und der Journalist Patrick Chêne unter Berufung auf eine geheime undichte Stelle bei einer Fernsehsendung enthüllen, der Träger des Gelben Trikots sei positiv auf Doping getestet worden! Pedro Delgado, seit L'Alpe-d'Huez ununterbrochen in Gelb und Sieger beim Bergzeitfahren zwischen Grenoble und Villard-de-Lans, hat das Rennen gewonnen; das ist spätestens klar, seit die Fahrer den Pyrenäen den Rücken gekehrt haben und Paris nur noch fünf Renntage entfernt ist. Der Skandal aber vergiftet die Atmosphäre und trübt den Sieg. Zwei Tage danach bestätigt auch das Zweitgutachten das positive Ergebnis der Kontrolle. Paradoxerweise wird Pedro Delgado jedoch nicht bestraft: Die nachgewiesene Substanz, Probenezid, ist zwar beim Internationalen Olympischen Komitee verboten, steht aber nicht auf der noch unvollständigen Schwarzen Liste des Internationalen Radsportverbandes UCI. Letzten Endes trägt er über dem Gelben Trikot eine weiße Weste, obwohl das harnfördernde Probenezid angeblich das Vorhandensein von Anabolika verschleiern soll. Einige bezichtigen ihn des klassischen Betrugs, aber Pedro Delgado fährt seinen Weg bis Paris unbeirrt weiter. Von den Zuschauern wird er weitgehend warmherzig unterstützt, und in Spanien bejubelt man den Nachfolger von Federico Bahamontes und Luis Ocaña sogar. Diese Affäre offenbart jedoch schonungslos die Unzulänglichkeit und Absurdität des Kampfes gegen Doping: Im Unterschied zu Delgado wird der Niederländer Theunisse, ebenfalls positiv getestet, im Klassement zurückgestuft. Über dieser verdorbenen Tour, ohnehin nicht besonders aufregend, scheint ein Fluch zu liegen - ein Eindruck, den man schon bei der Bergankunft in Guzet-Neige gewinnen kann, als sich der Franzose Philippe Bouvatier 200 Meter vor der Ziellinie aufgrund unzureichender Beschilderung verfährt und damit den Etappensieg verspielt!

Die Tour de France 1988 ist auch die Tour des Führungswechsels. Seit 1936 „Patron" der Tour, gibt Jacques Goddet mit über 80 Jahren das Ruder jetzt ganz aus der Hand. Der neue Direktor der Société du Tour de France, Jean-Pierre Courcol, ernennt nach wenigen Wochen den Journalisten Jean-Marie Leblanc zum Rennleiter. Und der hat schon früh erklärt, mit aller Macht gegen Dopingsünder vorgehen zu wollen...

GESAMTKLASSEMENT

1. **Pedro DELGADO** (ESP, Reynolds), 84 Std. 27'53"
2. **Steven ROOKS** (HOL, PDM), 7'13"
3. **Fabio PARRA** (COL, Kelme), 9'58"
4. Steve BAUER (KAN, Weinmann), 12'15"
5. Eric BOYER (FRA, Système U), 14'4"
6. Luis HERRERA (COL, Café de Colombia), 14'36"
7. Ronan PENSEC (FRA, Z-Peugeot), 16'52"
8. Alvaro PINO (ESP, B.H.), 18'36"
9. Peter WINNEN (HOL, Panasonic), 19'12"
10. Denis ROUX (FRA, Z-Peugeot), 20'8"
11. Gert-Jan THEUNISSE (HOL, PDM), 22'46"
12. Erik BREUKINK (HOL, Panasonic), 23'6"
13. Laudelino CUBINO GONZALEZ (ESP, B.H.), 23'46"
14. Claude CRIQUIELION (BEL, Hitachi), 24'32"
15. Andrew HAMPSTEN (USA, 7 Eleven), 26'
16. Marino LEJARRETA (ESP, Caja Rural), 26'36"
17. Pascal SIMON (FRA, Système U), 28'39"
18. Éric CARITOUX (FRA, KAS), 29'4"
19. Jérôme SIMON (FRA, Z-Peugeot), 28'39"
20. Raul ALCALA (MEX, 7 Eleven), 31'14"

75. TOUR DE FRANCE: 22 ETAPPEN – 3.286 KILOMETER

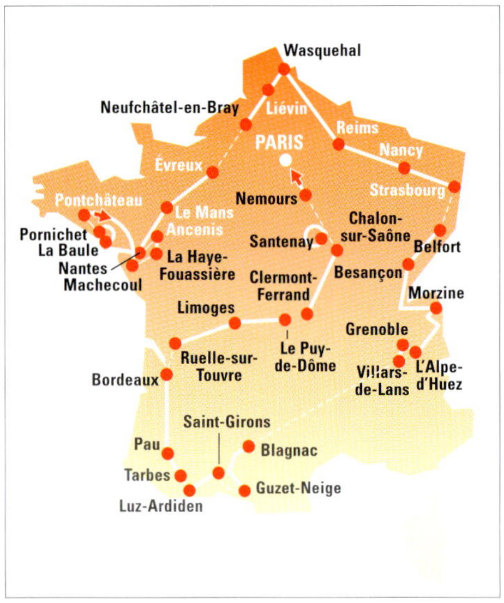

			Etappen	Etappensieger	Gelbes Trikot
Prolog	Sonntag 3. Juli	**6 km**	Pornichet – La Baule (EZF)	G. Bontempi (ITA)	G. Bontempi
1. Etappe	Montag 4. Juli	**91,5 km**	Pontchâteau – Machecoul	S. Bauer (KAN)	S. Bauer
2. Etappe	Montag 4. Juli	**48 km**	La-Haye-Fouassière – Ancenis (MZF)	Panasonic	T. Van Vliet
3. Etappe	Dienstag 5. Juli	**213,5 km**	Nantes – Le Mans	J.-P. Van Poppel (HOL)	T. Van Vliet
4. Etappe	Mittwoch 6. Juli	**158 km**	Le Mans – Évreux	A. Da Silva Mura (POR)	T. Van Vliet
5. Etappe	Donnerstag 7. Juli	**147,5 km**	Neufchatel-en-Bray – Liévin	J. Nijdam (HOL)	H. Lubberding
6. Etappe	Freitag 8. Juli	**52 km**	Liévin – Wasquehal (EZF)	S. Yates (GBR)	J. Nijdam
7. Etappe	Samstag 9. Juli	**225,5 km**	Wasquehal – Reims	V. Tebaldi (ITA)	J. Nijdam
8. Etappe	Sonntag 10. Juli	**219 km**	Reims – Nancy	R. Gölz (GER)	S. Bauer
9. Etappe	Montag 11. Juli	**160,5 km**	Nancy – Straßburg	J. Simon (FRA)	S. Bauer
10. Etappe	Montag 12. Juli	**149,5 km**	Belfort – Besançon	J.-P. Van Poppel (HOL)	S. Bauer
11. Etappe	Mittwoch 13. Juli	**232 km**	Besançon – Morzine	F. Parra (COL)	S. Bauer
12. Etappe	Donnerstag 14. Juli	**227 km**	Morzine – L'Alpe-d'Huez	S. Rooks (HOL)	P. Delgado
13. Etappe	Freitag 15. Juli	**38 km**	Grenoble – Villard-de-Lans (EZF)	P. Delgado (ESP)	P. Delgado
14. Etappe	Sonntag 17. Juli	**163 km**	Blagnac – Guzet-Neige	M. Ghirotto (ITA)	P. Delgado
15. Etappe	Montag 18. Juli	**187,5 km**	Saint-Girons – Luz-Ardiden	L. Cubino Gonzalez (ESP)	P. Delgado
16. Etappe	Dienstag 19. Juli	**38 km**	Luz-Ardiden – Pau	A. Van der Poel (HOL)	P. Delgado
17. Etappe	Dienstag 19. Juli	**210 km**	Pau – Bordeaux	J.-P. Van Poppel (HOL)	P. Delgado
18. Etappe	Mittwoch 20. Juli	**93,5 km**	Ruelle-sur-Touvre – Limoges	G. Bugno (ITA)	P. Delgado
19. Etappe	Donnerstag 21. Juli	**188 km**	Limoges – Puy de Dôme	J. Weltz (DEN)	P. Delgado
20. Etappe	Freitag 22. Juli	**223,5 km**	Clermont-Ferrand – Chalon-sur-Saône	T. Marie (FRA)	P. Delgado
21. Etappe	Samstag 23. Juli	**46 km**	Santenay – Santenay (EZF)	J. Martinez Oliver (ESP)	P. Delgado
22. Etappe	Sonntag 24. Juli	**172,5 km**	Nemours – Paris Champs-Élysées	J.-P. Van Poppel (HOL)	P. Delgado

Eine große Leistung von Pedro Delgado, so konzentriert geblieben zu sein. Der Glanz seines Sieges ist jedoch getrübt. Leider nicht das Letzte von der Doping-Front…

Trotz allem fährt Pedro Delgado seine Ehrenrunde auf den Champs-Élysées - als Nachfolger von Federico Bahamontes und Luis Ocaña!

Theunisse und Delgado auf der Etappe Pau-Bordeaux. Der eine wird disqualifiziert, der andere freigesprochen: Der Kampf gegen Doping scheint genauso unfair wie das falsche Spiel der Fahrer.

1989

Greg LEMOND

Nur acht Sekunden…

Am Seine-Ufer reduziert LeMond seinen Rückstand (50") auf Fignon. Auf der Place de la Concorde sieht es immer noch nach einem Sieg für den Franzosen aus... (Foto rechte Seite)

An das Vorjahr haben wir keine allzu gute Erinnerung. In L'Equipe erscheint ein Artikel von Jean-Marie Leblanc, dem neuen Tour-Chef an der Seite von Jean-Pierre Carenso, mit dem Titel „Die Spielregeln": „Priorität dem Sport... Dass die Tour de France diejenigen, die ihr nicht den gebührenden Respekt entgegenbringen, nicht mehr zu ertragen braucht." Die Affäre Delgado war nicht der einzige Schandfleck der Vorjahrestour, und was den Spanier selbst betrifft, so gibt er sich als großer Favorit mit dem Wunsch, sein Gelbes Trikot zu rehabilitieren.

Diese Tour 1989 wird eine der spannendsten der Geschichte und beginnt gleich mit einem Paukenschlag: Pedro Delgado verpasst den Start beim Prolog in Luxemburg um mehr als zweieinhalb Minuten! Zu seiner Gedankenlosigkeit kommen seine schwachen Nerven beim Mannschaftszeitfahren. Es ist noch nicht mal richtig losgegangen, da liegt der Vorjahressieger schon mehr als sieben Minuten zurück und ist gezwungen, eine spektakuläre Aufholjagd zu fahren, wie etwa in den Pyrenäen, wo sich übrigens sein Helfer, ein gewisser Miguel Indurain, in Cauterets seinen ersten Etappensieg holt. Daran, dass Delgado am Ende immerhin Dritter wird, glaubt zu diesem Zeitpunkt niemand ernsthaft. Denn Greg LeMond ist nach zwei Jahren Rekonvaleszenz infolge seines um ein Haar tödlichen Jagdunfalls wieder dabei und schlägt Laurent Fignon beim langen Zeitfahren von Dinard nach Rennes. Mit seinem neuen Triathlonlenker hat LeMond die bessere Sitzposition. Von Rennes nach Gap liegen der kampflustige Franzose, der zum Sieg fest entschlossen ist, und der Amerikaner nie mehr als sieben Sekunden auseinander, mal zum Vorteil von LeMond, mal zu dem von Giro-Sieger Fignon. In L'Alpe-d'Huez scheint Fignon aber die Oberhand zu gewinnen, sein Vorsprung auf LeMond beträgt jetzt 26"! Aber der Abstand ist immer noch zu knapp, um beruhigend zu sein, also startet der Brillenträger aus Paris einen inbrünstigen Angriff, der auf dem Plateau des Vercors-Massivs auch prompt von Erfolg gekrönt wird. Schließlich liegen zwischen den beiden hart kämpfenden Konkurrenten 50", als es an das letzte Zeitfahren von Versailles nach Paris geht, über entscheidende 24,5 km... Der Franzose gibt Stück für Stück von seinem Vorsprung her und wird zu allem Elend noch von einer Gesäßverletzung geplagt, während LeMond die Vorteile seines neuen Lenkers optimal nutzt. Selbst auf der Place de la Concorde scheint es noch, als ob Fignon Toursieger wird, aber auf den Champs-Élysées wendet sich das Blatt auf spektakuläre Weise.

Greg LeMond gewinnt die Tour mit nur acht Sekunden Vorsprung. So knapp war es noch nie!

GESAMTKLASSEMENT

1. **Greg LEMOND** (USA, ADR-Agrigel), 87 Std. 38'35"
2. **Laurent FIGNON** (FRA, Système U), 8"
3. **Pedro DELGADO** (ESP, Reynolds), 3'34"
4. Gert-Jan THEUNISSE (HOL, PDM), 7'30"
5. Marino LEJARRETA (ESP, Caja Rural), 9'39"
6. Charly MOTTET (FRA, RMO), 10'6"
7. Steven ROOKS (HOL, PDM), 11'10"
8. Raul ALCALA (MEX, PDM), 14'21"
9. Sean KELLY (IRL, PDM), 18'25"
10. Robert MILLAR (GBR, Z-Peugeot), 18'46"
11. Gianni BUGNO (ITA, Château-d'Ax), 24'12"
12. Éric CARITOUX (FRA, RMO), 28'14"
13. Pascal SIMON (FRA, Système U), 28'28"
14. Bruno CORNILLET (FRA, Z-Peugeot), 28'31"
15. Steve BAUER (KAN, Helvetia), 31'16"
16. Alvaro PINO (ESP, B.H.), 31'17"
17. Miguel INDURAIN (ESP, Reynolds), 31'21"
18. Jérôme SIMON (FRA, Z-Peugeot), 34'10"
19. Luis HERRERA (COL, Café de Colombia), 36'15"
20. Alberto CAMARGO (COL, Café de Colombia), 37'13"

76. TOUR DE FRANCE: 21 ETAPPEN – 3.285 KILOMETER

			Etappen	Etappensieger	Gelbes Trikot
Prolog	Samstag 1. Juli	**7,8 km**	Luxemburg (LUX) – Luxemburg (MZF)	E. Breukink (HOL)	E. Breukink
1. Etappe	Sonntag 2. Juli	**135,5 km**	Luxemburg – Luxemburg	A. Da Silva (POR)	A. Da Silva
2. Etappe	Sonntag 2. Juli	**46 km**	Luxemburg – Luxemburg (MZF)	Super U	A. Da Silva
3. Etappe	Montag 3. Juli	**241 km**	Luxemburg (LUX) – Spa-Francorchamps (BEL)	R. Alcala (MEX)	A. Da Silva
4. Etappe	Dienstag 4. Juli	**255 km**	Lüttich (BEL) – Wasquehal	J. Nijdam (HOL)	A. Da Silva
5. Etappe	Donnerstag 6. Juli	**73 km**	Dinard – Rennes (EZF	G. LeMond (USA)	G. LeMond
6. Etappe	Freitag 7. Juli	**259 km**	Rennes – Futuroscope	J. Pelier (FRA)	G. LeMond
7. Etappe	Samstag 8. Juli	**258,5 km**	Poitiers – Bordeaux	E. De Wilde (BEL)	G. LeMond
8. Etappe	Sonntag 9. Juli	**157 km**	La Bastide d'Armagnac – Pau	M. Earley (IRL)	G. LeMond
9. Etappe	Montag 10. Juli	**147 km**	Pau – Cauterets	M. Indurain (ESP)	G. LeMond
10. Etappe	Dienstag 11. Juli	**136 km**	Cauterets – Luchon-Superbagnères	R. Millar (GBR)	L. Fignon
11. Etappe	Mittwoch 12. Juli	**158,5 km**	Luchon – Blagnac	M. Hermans (HOL)	L. Fignon
12. Etappe	Donnerstag 13. Juli	**242 km**	Toulouse – Montpellier	V. Tebaldi (ITA)	L. Fignon
13. Etappe	Freitag 14. Juli	**179 km**	Montpellier – Marseille	V. Barteau (FRA)	L. Fignon
14. Etappe	Samstag 15. Juli	**240 km**	Marseille – Gap	J. Nijdam (HOL)	L. Fignon
15. Etappe	Sonntag 16. Juli	**39 km**	Gap – Orcières-Merlette (EZF)	S. Rooks (HOL)	G. LeMond
16. Etappe	Dienstag 18. Juli	**175 km**	Gap – Briançon	P. Richard (SUI)	G. LeMond
17. Etappe	Mittwoch 19. Juli	**165 km**	Briançon – L'Alpe-d'Huez	G. -J. Theunisse (HOL)	L. Fignon
18. Etappe	Donnerstag 20. Juli	**91,5 km**	Bourg-d'Oisans – Villard-de-Lans	L. Fignon (FRA)	L. Fignon
19. Etappe	Freitag 21. Juli	**125 km**	Villard-de-Lans – Aix-les-Bains	G. LeMond (USA)	L. Fignon
20. Etappe	Samstag 22. Juli	**130 km**	Aix-les-Bains – L'Isle-d'Abeau	G. Fidanza (ITA)	L. Fignon
21. Etappe	Sonntag 23. Juli	**24,5 km**	Versailles – Paris Champs-Elysées (EZF)	G. LeMond (USA)	G. LeMond

Agrigel
141
RICOH
BOTTECCHIA
141

Von der fünften Etappe an haben sich Greg LeMond und Laurent Fignon ein nervenzerreißendes Duell um die Eroberung des Gelben Trikots geliefert.

Herzschlag-Finale

Zeugnis eines erbitterten Zweikampfs: Mit einem heftigen Angriff distanziert Fignon seinen amerikanischen Rivalen bei der Etappe nach Superbagnères und nimmt ihm das Gelbe Trikot ab. (Foto rechts)

DIE Tour de France 1989 wird mit ihrem Herzschlag-Finale zwischen Greg LeMond und Laurent Fignon in die Annalen eingehen. Acht Tage lang fuhr jeder von ihnen in Gelb. Am Ende hatte der Amerikaner mit 8 Sekunden die Nase vorn: der dünnste Vorsprung der Tour-Geschichte! Dabei betrug der größte Abstand im Verlauf des unaufhörlichen Schlagabtauschs gerade mal 53 Sekunden. Chronik einer der dramatischsten Zweikämpfe der Tour-Geschichte:

EINSTAND beim Prolog in Luxemburg: Fignon (Zweiter) und LeMond (Vierter) liegen nur Zehntelsekunden auseinander.

VORTEIL FIGNON nach der zweiten Etappe: Fignons Team Système U gewinnt das Mannschaftszeitfahren in Luxemburg. Abstand: 51 Sekunden.

VORTEIL LEMOND nach der fünften Etappe: der Amerikaner gewinnt das Einzelzeitfahren von Dinard nach Rennes und zieht zum ersten Mal das Führungstrikot über. Vorsprung auf Fignon: 5 Sekunden.

VORTEIL FIGNON nach der zehnten Etappe in Superbagnères: Er übernimmt das Gelbe Trikot von seinem Konkurrenten und führt mit 7 Sekunden Abstand.

VORTEIL LEMOND nach der 15. Etappe, dem Einzelzeitfahren nach Orcières-Merlette: Fignon muss das Trikot an LeMond abgeben. Abstand: 40 Sekunden.

VORTEIL LEMOND: Bei der 16. Etappe von Gap nach Briançon legt der Amerikaner noch ein paar Sekunden zu. Damit ist der größte Abstand erreicht: 53 Sekunden.

VORTEIL FIGNON auf der 17. Etappe: Wiedersehen mit dem Gelben Trikot in L'Alpe-d'Huez. Rückstand LeMond: 26 Sekunden.

VORTEIL FIGNON nach der 18. Etappe: Er gewinnt in Villard-de-Lans und erhöht seinen Vorsprung um 24 Sekunden. Rückstand von LeMond: 50 Sekunden.

SIEG LEMOND: Beim letzten Zeitfahren nach Paris reißt er das Ruder herum. Vorsprung auf Fignon am Ende: 8 Sekunden.

Randnotiz: Der junge Indurain gewinnt in Cauterets. Sein erster Etappensieg - und das in den Pyrenäen!

Der Amerikaner hat dem Franzosen den Sieg vor der Nase weggeschnappt! Stück für Stück hat er die Spannungsschraube immer fester zugedreht und uns bis zum Schluss auf die Folter gespannt.

Greg LeMond hält alle in Atem

Zeitfahren zwischen Dinard und Rennes: Greg LeMond ist in seinem Element. Der neue Triathlonlenker zahlt sich aus.

IN Paris herrscht Totenstille. Es ist kurz vor drei: Siestazeit. Verloren radeln ein paar kleine Jungs am Quai Saint-Exupéry in der Sonne herum, das Seine-Ufer ist wie ausgestorben. Die Gendarmen nutzen die Ruhe vor dem Sturm für ein kleines Nickerchen. Noch zwei lange Stunden. Zwei Stunden, um der Tour „bye-bye“ zu sagen. Zwei Minuten nach drei. Es wird zunehmend schwül. Da kommt Ronan Pensec, rhythmisch von einer Tröte begleitet. Drei nach halb vier. Teilnahmslos schaut der Triumphbogen auf die Fahrer, die einer nach dem anderen passieren, und segnet ihre Vorbeifahrt majestätisch ab. Die Zeit rinnt so langsam wie Sand durch eine Sanduhr. Es ist 16 Uhr, als ein Ruf die stehende Hitze durchdringt:

„Come on, Greg!“

Die letzten Körner rieseln durch den schmalen Schlund der Sanduhr. Noch 50 Sekunden bis 16.12 Uhr. Dann verlässt Greg LeMond das überhitzte Starthäuschen, um erneut nach den Sternen eines Toursiegs zu greifen. Eine halbe Stunde bleibt dem Amerikaner, um den Spieß noch umzudrehen. 16.22 Uhr: Synchron drehen sich die Köpfe der trägen Zuschauermasse in die Richtung, aus der er kommen wird. Als ob LeMond gleich aus der Lemonnier-Unterführung herauskäme, obwohl er doch noch ganz dahinten ist, in Issy.

Zehn Kilometer weiter, am Kreisverkehr auf den Champs-Élysées, kaut LeMonds Ehefrau Kathy nervös auf ihren Fingern herum. Gottseidank hat sie nur zehn. Aber irgendetwas in ihr flüstert ihr zu, dass LeMonds „mission impossible“ gar nicht so unmöglich ist... Bei der zweiten Zeitnahme 13 Kilometer vor dem Ziel und gegenüber unserer Redaktion in Issy, bekommen die Seiten des diesjährigen Tourbuches ihre ersten Eselsohren: LeMond hat 21 Sekunden Vorsprung auf Fignon, der zwei Minuten nach ihm gestartet ist. Es ist 16.25 Uhr. Plötzlich läuft die Sanduhr rasend schnell. LeMond ist Jäger und Fuchs zugleich. Für ihn heißt es, seinen Rückstand aufzuholen und keine Sekunde mehr abzugeben. LeMond fährt wie von der Tarantel gestochen, mit dem aerodynamischen Helm kampflustig über seinen Triathlonlenker gebeugt und entschlossen, sich den Sieg zu holen. „Um die Zwischenzeiten habe ich mich nicht geschert. Ich habe einfach alles gegeben.“ Wahnsinn ist das. LeMond fährt mit dem gewaltigen Tritt seiner Übersetzung 54 x 12, während Fignon peu à peu zurückfällt. 24 Sekunden nach 14 Kilometern. Es ist 16.28 Uhr. Im Pressezentrum wird um die Wette geraucht, man kann die Luft schneiden. Auch im Zelt steigt die Nervosität. Es herrscht absoluter Ausnahmezustand. Laurent Fignon sieht langsam schwarz, und das nicht nur in der Unterführung unter der Concorde. Sechs Kilometer vor dem letzten Transparent liegen die beiden 2’35” auseinander. 16.32 Uhr: Für den Mann aus Paris werden die Sekunden zu Minuten, während der Amerikaner im Zeitraffer unterwegs zu sein scheint. 16.35 Uhr: Himmel und Menschen auf den Bürgersteigen der Place de la Concorde, wie in allen wichtigen Stunden ihrer Geschichte. Da ruft jemand den aktuellen Stand über die Köpfe hinweg: LeMond hat 45 Sekunden Vorsprung auf Fignon, als er auf die Champs-Élysées fährt - drei Kilometer vor dem Ziel! Noch ein Anstieg, nur noch ein verflixter Anstieg hoch zum Altar des Triumphes... Noch eine Markierung, und er wird im Bad der Menge untergehen. Und da fährt er über die Ziellinie. Die Uhren stehen still, endlich. 16.38 Uhr und 57 Sekunden. Jetzt heißt es zittern.

Aus den Zahlen auf der Leuchtanzeige werden Namen, aus unerträglicher Spannung wird Gewissheit. LeMond freut sich verhalten, er weiß, was jetzt in seinem unterlegenen Rivalen vorgeht.

Er traut seinen Augen nicht. Gerade wird die Zeit von Laurent Fignon nach dem letzten Zeitfahren angezeigt. Mit nur acht Sekunden entscheidet Greg LeMond die Tour auf den Champs-Élysées für sich!

Greg LeMond auf dem Weg zur Startrampe des alles entscheidenden Zeitfahrens von Versailles nach Paris. Mit seinem Triathlonlenker und einer eisernen Moral fühlt er sich gut gerüstet.

Die letzten Meter in Gelb. Laurent Fignon kann es nicht fassen, dass er auf den Champs-Élysées doch noch verliert!

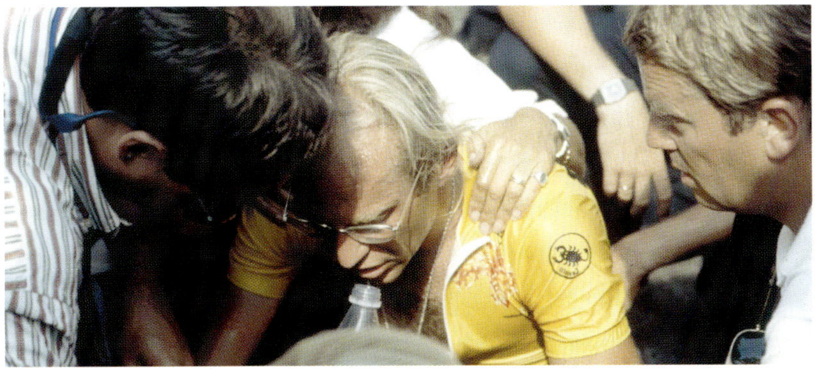

Was für ein Schlag, die Tour am letzten Tag zu verlieren, obendrein noch so knapp! Die Enttäuschung ist um so größer, als für die große Siegesfeier schon alles gerichtet war.

Himmelhoch jauchzend und zu Tode betrübt: Stärker könnte der Kontrast auf dem Siegerpodium nicht mehr sein.

1990

Greg LEMOND

Dritter Toursieg für LeMond

Die Tour 1990 beginnt mit einer Überraschung. Das Peloton wischt sich selbst eins aus, als es am Morgen der ersten Etappe bei einem Fluchtversuch zu lange untätig bleibt. Und jetzt haben sie den Salat: Vier Ausreißer, der Holländer Maassen, der noch wenig bekannte Italiener Chiappucci, vor allem aber der Kanadier Bauer und der Franzose Pensec leisten sich den Luxus von mehr als zehn Minuten Vorsprung auf die Favoriten: Also nichts wie hinterher! Bemerkenswert an der ersten Hälfte des Rennens ist außerdem die Aufgabe Fignons in der Normandie, der Erfolg des Mexikaners Alcala beim Zeitfahren in Épinal und die Tatsache, dass Steve Bauer, bereits 1988 zeitweise in Gelb, das begehrte Trikot bis zu den Alpen trägt. In Saint-Gervais wird es ihm jedoch von Ronan Pensec entrissen, dem besten Kletterer jener vier Ausreißer, der es sich selbst zum Geburtstag schenkt. Der kleine Bretone meistert L'Alpe-d'Huez mit Bravour, und man fragt sich bereits, ob er nicht in der Lage ist, die Tour de France zu gewinnen, deren Favorit doch eigentlich Greg LeMond ist, sein Teamkapitän bei der Mannschaft Z. Beim Zeitfahren an den Hängen von Villard-de-Lans werden diese Überlegungen jedoch wieder hinfällig, als Pensec Schwäche zeigt, und jetzt ist es der Dritte im Bunde der berühmten Flucht von Poitiers, Claudio Chiappucci, der in Gelb fährt und beste Aussichten hat.

Auf dem Weg nach Saint-Étienne wird der Italiener dann angegriffen und sein Vorsprung schwindet, aber Chiappucci gibt bei der großen Pyrenäenetappe alles, um seine Führungsposition zu verteidigen. Am Col d'Aspin greift er an, hält auf dem Tourmalet einen gewissen Vorsprung, wird aber in Luz-Ardiden von Miguel Indurain so heftig attackiert, dass dieser nach seinem Vorjahres-Sieg in Cauterets die zweite Pyrenäenetappe seines Lebens gewinnt. In Pau feiert dann mit Konyshev der erste Russe seinen Etappensieg. Inzwischen hat sich Greg LeMond auf knappe fünf Sekunden an das Gelbe Trikot herangeschlichen, das Chiappucci immer noch nicht herzugeben bereit ist, obwohl er sich über das letzte Zeitfahren eigentlich kaum noch Illusionen machen dürfte.

Und in der Tat kann der Amerikaner bei dieser Etappe um den See Vassivière-en-Limousin, die Breukink gewinnt, dem Italiener das Trikot rechtzeitig ausziehen. Ende gut, alles gut: Der Ostdeutsche Olaf Ludwig, nach dem Mauerfall zum ersten Mal dabei, darf Grün nach Hause tragen, und Greg LeMond kann sich zu Philippe Thys und Louison Bobet in die Ahnengalerie der dreifachen Toursieger einreihen! Dass er „à la Walkowiak" gewonnen hat - ohne einen einzigen Etappensieg nämlich - dürfte ihn dabei nicht stören.

GESAMTKLASSEMENT

1. **Greg LEMOND** (USA, Z), 90 Std. 43'20''
2. **Claudio CHIAPPUCCI** (ITA, Carrera Jeans), 2'16''
3. **Erik BREUKINK** (HOL, PDM), 2'29''
4. Pedro DELGADO (ESP, Banesto), 5'1''
5. Marino LEJARRETA (ESP, Once), 5'5''
6. Eduardo CHOZAS (ESP, Once), 9'14''
7. Gianni BUGNO (ITA, Château-d'Ax), 9'39''
8. Raul ALCALA (MEX, PDM), 11'14''
9. Claude CRIQUIELION (BEL, Lotto), 12'14''
10. Miguel INDURAIN (ESP, Banesto), 12'47''
11. Andrew HAMPSTEN (USA, 7 Eleven), 12'54''
12. Pello RUIZ-CABESTANY (ESP, Once), 13'39''
13. Fabio PARRA (COL, Kelme), 14'35''
14. Fabrice PHILIPOT (FRA, Castorama), 15'49''
15. Gilles DELION (FRA, Helvetia), 16'57''
16. William PALACIO (COL, Ryalao), 19'43''
17. Johan BRUYNEEL (BEL, Lotto), 20'24''
18. Roberto CONTI (ITA, Ariostea), 20'43''
19. Éric BOYER (FRA, Z), 22'9''
20. Ronan PENSEC (FRA, Z), 22'54''

77. TOUR DE FRANCE: 21 ETAPPEN – 3.504 KILOMETER

			Etappen	Etappensieger	Gelbes Trikot
Prolog	Samstag 30. Juni	**6,3 km**	Futuroscope – Futuroscope (EZF)	T. Marie (FRA)	T. Marie
1. Etappe	Montag 2. Juli	**138,5 km**	Futuroscope – Futuroscope	F. Maassen (HOL)	S. Bauer
2. Etappe	Montag 2. Juli	**44,5 km**	Futuroscope – Futuroscope (MZF)	Panasonic	S. Bauer
3. Etappe	Dienstag 3. Juli	**233 km**	Poitiers – Nantes	M. Argentin (ITA)	S. Bauer
4. Etappe	Mittwoch 4. Juli	**203 km**	Nantes – Mont-Saint-Michel	J. Museeuw (BEL)	S. Bauer
5. Etappe	Donnerstag 5. Juli	**301 km**	Avranches – Rouen	G. Solleveld (HOL)	S. Bauer
6. Etappe	Freitag 6. Juli	**202,5 km**	Sarrebourg – Vittel	J. Nijdam (HOL)	S. Bauer
7. Etappe	Samstag 7. Juli	**61,5 km**	Vittel – Épinal (EZF)	R. Alcala (MEX)	S. Bauer
8. Etappe	Sonntag 8. Juli	**181,5 km**	Épinal – Besançon	O. Ludwig (GER)	S. Bauer
9. Etappe	Montag 9. Juli	**196 km**	Besançon – Genf (SUI)	M. Ghirotto (ITA)	S. Bauer
10. Etappe	Dienstag 10. Juli	**118,5 km**	Genf (SUI) – Saint-Gervais-Mont-Blanc	T. Claveyrolat (FRA)	R. Pensec
11. Etappe	Mittwoch 11. Juli	**182,5 km**	Saint-Gervais – L'Alpe-d'Huez	G. Bugno (ITA)	R. Pensec
12. Etappe	Donnerstag 12. Juli	**33,5 km**	Fontaine – Villard-de-Lans (EZF)	E. Breukink (HOL)	C. Chiappucci
13. Etappe	Samstag 14. Juli	**149 km**	Villard-de-Lans – Saint-Étienne	E. Chozas (ESP)	C. Chiappucci
14. Etappe	Sonntag 15. Juli	**205 km**	Le Puy-en-Velay – Millau-Causses noirs	M. Lejarreta (ESP)	C. Chiappucci
15. Etappe	Montag 16. Juli	**170 km**	Millau – Revel	C. Mottet (FRA)	C. Chiappucci
16. Etappe	Dienstag 17. Juli	**215 km**	Blagnac – Luz-Ardiden	M. Indurain (ESP)	C. Chiappucci
17. Etappe	Mittwoch 18. Juli	**150 km**	Lourdes – Pau	D. Konyshev (RUS)	C. Chiappucci
18. Etappe	Donnerstag 19. Juli	**202 km**	Pau – Bordeaux	G. Bugno (ITA)	C. Chiappucci
19. Etappe	Freitag 20. Juli	**182,5 km**	Castillon-la-Bataille – Limoges	G. Bontempi (ITA)	C. Chiappucci
20. Etappe	Samstag 21. Juli	**45,5 km**	Lac de Vassivière – Lac de Vassivière (EZF)	E. Breukink (HOL)	G. LeMond
21. Etappe	Sonntag 22. Juli	**182 km**	Brétigny-sur-Orge – Paris Champs-Élysées	J. Museeuw (BEL)	G. LeMond

Oben: Weltmeister Greg LeMond (rechts) bestimmt weiterhin die Spielregeln. Aber lange wird er sich dem unaufhaltsamen Aufstieg von Miguel Indurain (links) nicht widersetzen können.
Unten: Ciappucci bei der morgendlichen Eskapade mit Bauer (links), Pensec (rechts) und Frans Maassen (verdeckt). Er zieht die Sache durch...

1991

Miguel INDURAIN

Der Beginn einer neuen Epoche

Seine stattliche Statur ist für Miguel Indurain in den Bergen kein Hindernis. (Foto rechte Seite)

Die Machtübergabe erfolgt 500 Meter vor dem Gipfel des Tourmalet. Greg LeMond, der dreifache Toursieger (1986, 1989, 1990), streckt die Waffen. Bisher schien das Rennen für den Amerikaner gut zu laufen, doch nun passiert er den Pyrenäenpass 17" hinter der Führungsgruppe. Zwar kommt er auf der Abfahrt wieder heran, aber er muss feststellen, dass einer sich davongemacht hat: Miguel Indurain. Der Radsport erlebt die ersten Augenblicke einer neuen Ära! Und nur einer hat noch die Frische, Indurain zu folgen: Claudio Chiappucci. Unten am Aspin holt er ihn tatsächlich ein, und nun entwickelt sich zwischen den beiden Protagonisten der frühen 90er Jahre bis zum Ziel in Val-Louron ein Zusammenspiel wie aus dem Radsport-Lehrbuch. Die Etappe geht an Chiappucci, das Gelbe Trikot an Indurain. Es ist das Erste von insgesamt 59…

Miguel Indurain ist der vierte Spanier, der sich in die Siegerliste der Frankreich-Rundfahrt einträgt, nach Federico Bahamontes (1959), Luis Ocaña (1973) und Pedro Delgado (1988), dem er bis dahin in der Banesto-Mannschaft als treuer Helfer gedient hat. Bei seiner siebten Tour-Teilnahme ist er 27 Jahre alt. Geduldig hat er seine Lehrzeit unter José Miguel Echavarri absolviert, und in diesem Jahr ist er reif für den großen Durchbruch. Den Rest des Rennens gestaltet Indurain „à la Anquetil": Die Zeitfahren gewinnen und in den Bergen keine Schwäche zeigen! In L'Alpe-d'Huez gewinnt zwar zum zweiten Mal hintereinander Gianni Bugno, gleichzeitig sein schärfster Konkurrent bei dieser Tour, doch der Spanier ist stets locker an seinem Hinterrad. Und so erlebt Paris auf den Champs-Élysées einen stolzen und würdigen Sieger, der noch für so manches Déjà Vu-Erlebnis sorgen wird. Besondere Ereignisse dieser 78. Tour de France: Nach einem viel versprechenden Auftakt muss der Däne Rolf Sörensen im Gelben Trikot das Rennen nach einem Sturz bei der sechsten Etappe aufgeben. Am gleichen Tag gelingt Thierry Marie über 234 Kilometer eine der längsten Solofluchten der Tourgeschichte. Rennes erlebt mit Mauro Ribeiro den ersten brasilianischen Etappensieger und die niederländische Mannschaft PDM zieht sich in Quimper nach einer mysteriösen „Lebensmittelvergiftung" komplett aus dem Rennen zurück. Beim Zielsprint in Paris kommt es zu einem fürchterlichen Massensturz und der Usbeke Djamolidine Abduschaparov muss eine Viertelstunde nach dem Feld von Sanitätern über die Ziellinie geführt werden. Das erste Grüne Trikot für einen Fahrer aus dem Osten wird seine Schmerzen ein wenig gelindert haben...

GESAMTKLASSEMENT

1. **Miguel INDURAIN** (ESP, Banesto), 101 Std. 1'20"
2. **Gianni BUGNO** (ITA, Gatorade-Château-d'Ax), 3'36"
3. **Claudio CHIAPPUCCI** (ITA, Carrera Jeans), 5'56"
4. Charly MOTTET (FRA, RMO), 7'37"
5. Luc LEBLANC (FRA, Castorama), 10'10"
6. Laurent FIGNON (FRA, Castorama), 11'27"
7. Greg LEMOND (USA, Z), 13'13"
8. Andrew HAMPSTEN (USA, Motorola), 13'40"
9. Pedro DELGADO (ESP, Banesto), 20'10"
10. Gérard RUÉ (FRA, Helvetia), 20'13"
11. Eduardo CHOZAS (ESP, Once), 21'
12. Abelardo RONDON (COL, Banesto) 26'47"
13. Gert-Jan THEUNISSE (HOL, TVM), 27'10"
14. Jean-François BERNARD (FRA, Banesto), 28'57"
15. Maurizio FONDRIEST (ITA, Panasonic), 30'9"
16. Denis ROUX (FRA, Toshiba), 30'40"
17. Éric CARITOUX (FRA, RMO), 32'39"
18. Alberto CAMARGO (COL, Ryalao), 32'54"
19. Alvaro MEJIA CASTRILLONA (COL, Ryalao), 33'52"
20. Frédéric VICHOT (FRA, Castorama), 36'43"

78. TOUR DE FRANCE: 22 ETAPPEN – 3.914 KILOMETER

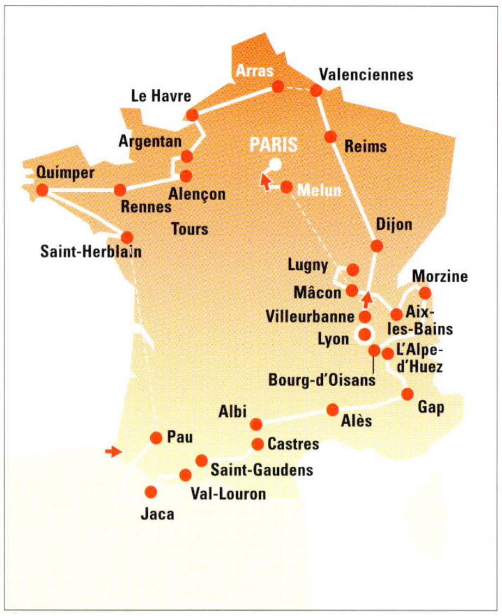

			Etappen	Etappensieger	Gelbes Trikot
Prolog	Samstag 6. Juli	**5,3 km**	Lyon – Lyon	T. Marie (FRA)	T. Marie
1. Etappe	Sonntag 7. Juli	**114,5 km**	Lyon – Lyon	D. Abduschaparov (UZB)	G. LeMond
2. Etappe	Sonntag 7. Juli	**36,5 km**	Bron – Chassieu-Eurexpo (MZF)	Ariostea	R. Sörensen
3. Etappe	Montag 8. Juli	**210,5 km**	Villeurbanne – Dijon	E. De Wilde (BEL)	R. Sörensen
4. Etappe	Dienstag 9. Juli	**286 km**	Dijon – Reims	D. Abduschaparov (UZB)	R. Sörensen
5. Etappe	Mittwoch 10. Juli	**149,5 km**	Reims – Valenciennes	J. Nijdam (HOL)	R. Sörensen
6. Etappe	Donnerstag 11. Juli	**259 km**	Arras – Le Havre	T. Marie (FRA)	T. Marie
7. Etappe	Freitag 12. Juli	**167 km**	Le Havre – Argentan	J. -P. Van Poppel (HOL)	T. Marie
8. Etappe	Samstag 13. Juli	**73 km**	Argentan – Alençon (EZF)	M. Indurain (ESP)	G. LeMond
9. Etappe	Sonntag 14. Juli	**161 km**	Alençon – Rennes	M. Ribeiro (BRA)	G. LeMond
10. Etappe	Montag 15. Juli	**207,5 km**	Rennes – Quimper	P. Anderson (AUS)	G. LeMond
11. Etappe	Dienstag 16. Juli	**246 km**	Quimper – Saint-Herblain	C. Mottet (FRA)	G. LeMond
12. Etappe	Donnerstag 18. Juli	**192 km**	Pau – Jaca (ESP)	C. Mottet (FRA)	L. Leblanc
13. Etappe	Freitag 19. Juli	**232 km**	Jaca (ESP) – Val-Louron	C. Chiappucci (ITA)	M. Indurain
14. Etappe	Samstag 20. Juli	**172,5 km**	Saint-Gaudens – Castres	B. Cenghialta (ITA)	M. Indurain
15. Etappe	Sonntag 21. Juli	**235 km**	Albi – Alès	M. Argentin (ITA)	M. Indurain
16. Etappe	Montag 22. Juli	**215 km**	Alès – Gap	M. Lietti (ITA)	M. Indurain
17. Etappe	Dienstag 23. Juli	**125 km**	Gap – L'Alpe-d'Huez	G. Bugno (ITA)	M. Indurain
18. Etappe	Mittwoch 24. Juli	**255 km**	Bourg-d'Oisans – Morzine	T. Claveyrolat (FRA)	M. Indurain
19. Etappe	Donnerstag 25. Juli	**177 km**	Morzine – Aix-les-Bains	D. Konyshev (RUS)	M. Indurain
20. Etappe	Freitag 26. Juli	**160 km**	Aix-les-Bains – Mâcon	V. Ekimov (RUS)	M. Indurain
21. Etappe	Samstag 27. Juli	**57 km**	Lugny – Mâcon (EZF)	M. Indurain (ESP)	M. Indurain
22. Etappe	Sonntag 28. Juli	**178 km**	Melun – Paris Champs-Élysées	D. Konyshev (RUS)	M. Indurain

Banesto
Banesto
CL
LE TOUR
CREDIT
LYONNAIS

Die Schwäche Greg LeMonds auf dem großen Pyrenäenpass verleitet Miguel Indurain und Claudio Chiappucci zum Angriff.

Entscheidung am Tourmalet

VAL-LOURON. Alles war in Bewegung da oben, unter dem höllisch lauten Hupkonzert der Begleitfahrzeuge, dem Gebrüll der Zuschauer und dem ohrenbetäubenden Brummen der Hubschrauber. Was für eine Kulisse für die heißesten Stunden der Tour de France! Auf den letzten 500 Metern zum Gipfel des Tourmalet bildeten die frenetischen Zuschauerhorden ein schier undurchdringliches Knäuel aus Fäusten, Armen und vor Aufregung verzerrten Gesichtern, das sich erst in letzter Sekunde zu einer schmalen Gasse für die Fahrer öffnete. Kurz davor war der Mannschaftswagen von Banesto zu Miguel Indurain vorgefahren. Der hatte nur eine einzige Frage: „Wem geht es nicht gut?" „Leblanc!" schrie José Miguel Echavarri durchs Autofenster. „Und ich glaube, LeMond auch nicht!" Das war wie ein Startsignal. Plötzlich war in der Spitzengruppe, inzwischen auf acht Fahrer geschrumpft, eine deutliche Tempoverschärfung zu spüren. Und was jetzt zu beobachten war, sollte in einer der wildesten Schlachten münden, die man in den letzten Jahren gesehen hat. 500 Meter waren es noch, und Greg LeMond ließ sich abrupt in seinen Sattel fallen. Ging raus. Setzte sich wieder. Ging wieder raus. Er trat gar nicht mehr, er drückte förmlich. Es tat einem richtig weh, ihn so zu sehen...

LeMond nahm den Gipfel mit einem unerheblichen Rückstand von nur 17" auf Chiappucci, Indurain, Hampsten, Mottet, Bugno, Leblanc und Rué. Alsbald ging es an die Abfahrt, und schon ein paar Haarnadelkurven weiter, kurz vor La Mongie, holte er die Gruppe wieder ein - aber nur, um bestürzt festzustellen, dass Miguel Indurain sich aus dem Staub gemacht hatte. Er schoss sofort hinterher, legte eine Übersetzung auf, die zeigte, über welche Reserven er noch verfügte, und holte den Spanier fünf Kilometer weiter, am Fuße des Col d'Aspin, wieder ein. Der freute sich über die willkommene Ablösung und bereitete sich schon auf den nächsten Angriff vor... Der folgte beim Anstieg zum Val-Louron, und es entwickelte sich eine fulminante Schlacht der Giganten, aus der sowohl Indurain als auch Chiappucci als Sieger hervorgingen: Der eine durfte sich endlich das sonnenfarbene Trikot überstreifen, und der andere hatte einen großartigen Etappensieg errungen!

Chiappucci und Indurain (unten) erreichen das Ziel 7' 18" vor Greg LeMond (oben), der auf dem Tourmalet abreißen lassen musste.

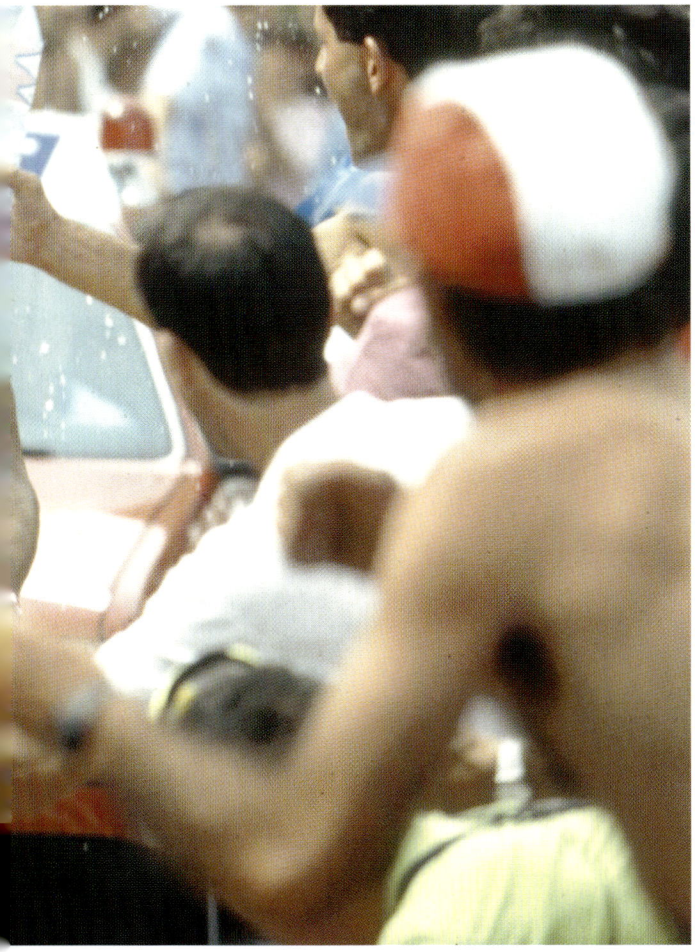

Ein Duell, das an die Friedensfahrt erinnert: Der Usbeke Abduschaparov (in Grün) hat die Nase vorn im Kampf gegen Olaf Ludwig.

Samba in Rennes! Der sympathische Brasilianer Mauro Ribeiro gewinnt die neunte Etappe, sehr zum Leidwesen des jungen Jalabert (rechts).

Der Ire Martin Earley und seine Mannschaftskollegen vom Team PDM fahren nach Hause. Ihr Geheimnis trägt die holländische Equipe im Gepäck...

Mitten im Sprint auf den Champs-Élysées rauscht Abduschaparov in eine Werbebande. Das Grüne Trikot darf er trotzdem behalten: Fahrer, die auf den letzten 1.000 Metern stürzen, werden vom Reglement verschont.

Miguel INDURAIN

Die „Tour d'Europe"

Diese 79. Tour de France ist eine wahrhaft europäische. Sie beginnt in San Sebastián, wo sich Vorjahressieger Miguel Indurain auf den Punkt fit präsentiert und mit dem Gewinn des Prologs die Zuschauer in einen wahren Freudentaumel versetzt. Laurent Jalabert feiert in Brüssel seinen ersten Etappensieg, Gilles Delion gewinnt vor einer gewaltigen Menschenmenge im niederländischen Valkenburg, der Belgier Jan Nevens überquert in Koblenz als erster die Ziellinie, und der Niederländer Jean-Paul Van Poppel spielt seine hohe Endgeschwindigkeit in Straßburg aus. Die markantesten Glanzleistungen ereignen sich jedoch in Luxemburg und in Sestrières: Beim Einzelzeitfahren über 65 Kilometer demonstriert Miguel Indurain im Großherzogtum seine ganze Klasse. Er distanziert den Zweitplatzierten um drei Minuten, von seinen direkten Konkurrenten kann einzig Gianni Bugno den Rückstand unter vier Minuten halten. Der Rouleur aus Spanien fährt gar auf Laurent Fignon auf, der sechs Minuten vor ihm gestartet war! Rückblickend ist der Kampf gegen die Uhr von Luxemburg sicher einer der Höhepunkte in der Karriere des Miguel Indurain.

Die zweite Glanzleistung im italienischen Sestrières bleibt Claudio Chiappucci vorbehalten. Bei der über 250 Kilometer langen Etappe überquert er alle vier Gipfel als Erster, startet 125 Kilometer vor dem Ziel eine fulminante Soloflucht und gewinnt überlegen sein „Heimspiel". So etwas haben selbst die begeisterungsfähigen Tifosi noch nicht erlebt! Diese Leistung geht zwar in die Geschichte ein, das Gelbe Trikot aber geht an Miguel Indurain, der es souverän bis nach Paris trägt. Zuvor ist dies zehn Tage lang dem Bretonen Pascal Lino vorbehalten, der zwischen Pau und Bordeaux das Glück hat, die richtige Fluchtgruppe zu erwischen. Er übernimmt das Trikot wiederum von seinem jungen Mannschaftskameraden bei RMO, Richard Virenque. Der temperamentvolle Virenque ist erst in letzter Sekunde zur Tour gekommen, bläst aber bei der einzigen - eher harmlosen - Pyrenäenetappe direkt zum Angriff. Zwar schnappt ihm der Spanier Murguialday in Pau den Sieg um drei Sekunden weg, aber Virenque fährt trotzdem in die Herzen der französischen Fans und ins Gelbe Trikot! Abgesehen von diesen Episoden befindet sich diese Tour aber fest in der Hand von Miguel Indurain, der natürlich auch das Zeitfahren von Tours nach Blois für sich entscheidet. Nach dem Giro-Sieg jetzt also auch die Tour - der Spanier befindet sich auf dem Höhepunkt seiner Karriere.

Doch auch zwei Deutsche lassen aufhorchen: Nach einigen guten Platzierungen bei den Flachetappen sichert sich Olaf Ludwig den prestigeträchtigen Etappensieg auf den Champs-Élysées, und Jens Heppner beendet das Rennen als Zehnter im Gesamtklassement.

GESAMTKLASSEMENT

1. **Miguel INDURAIN** (ESP, Banesto), 100 Std. 49'30''
2. **Claudio CHIAPPUCCI** (ITA, Carrera-Jeans Tassoni), 4'35''
3. **Gianni BUGNO** (ITA, Gatorade-Château d'Ax), 10'49''
4. Andrew HAMPSTEN (USA, Motorola), 13'40''
5. Pascal LINO (FRA, RMO), 14'37''
6. Pedro DELGADO (ESP, Banesto), 15'16''
7. Erik BREUKINK (HOL, PDM), 18'51''
8. Giancarlo PERINI (ITA, Carrera-Jeans Tassoni), 19'16''
9. Stephen ROCHE (IRL, Carrera-Jeans Tassoni), 20'23''
10. Jens HEPPNER (GER, Deutsche Telekom), 25'30''
11. Franco VONA (ITA, GBM), 25'43''
12. Éric BOYER (FRA, Z), 26'16''
13. Gert-Jan THEUNISSE (HOL, TVM), 27'07''
14. Eddy BOUWMANS (HOL, Panasonic), 28'35''
15. Gérard RUÉ (FRA, Castorama), 28'48''
16. Franco CHIOCCIOLI (ITA, GEM), 30'31''
17. Steven ROOKS (HOL, Buckler), 31'09''
18. Robert MILLAR (GBR, TVM), 31'19''
19. Francisco MAULEON (ESP, Clas), 31'27''

79. TOUR DE FRANCE: 21 ETAPPEN – 3.983 KILOMETER

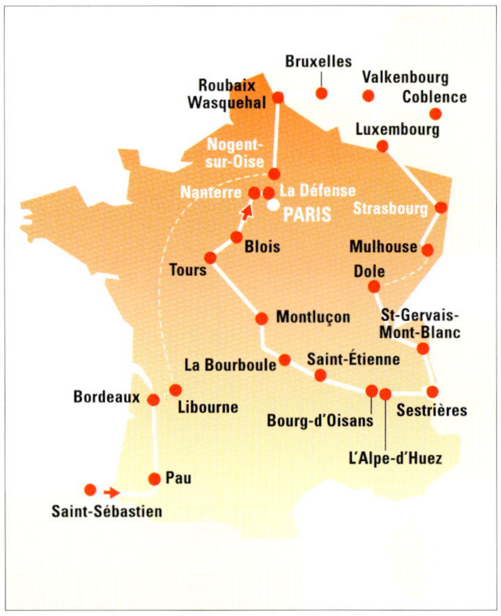

			Etappen	Etappensieger	Gelbes Trikot
Prolog	Samstag 4. Juli	**8 km**	San Sebastián (ESP) – San Sebastián	M. Indurain (ESP)	M. Indurain
1. Etappe	Sonntag 5. Juli	**194,5 km**	San Sebastián – San Sebastián	D. Arnould (FRA)	A. Zülle
2. Etappe	Montag 6. Juli	**255 km**	San Sebastián (ESP) – Pau	J. Murguialday (ESP)	R. Virenque
3. Etappe	Dienstag 7. Juli	**210 km**	Pau – Bordeaux	R. Harmeling (HOL)	P. Lino
4. Etappe	Mittwoch 8. Juli	**63,5 km**	Libourne – Libourne (MZF)	Panasonic	P. Lino
5. Etappe	Donnerstag 9. Juli	**196 km**	Nogent-sur-Oise – Wasquehal	G. Bontempi (ITA)	P. Lino
6. Etappe	Freitag 10. Juli	**167 km**	Roubaix – Brüssel (BEL)	L. Jalabert (FRA)	P. Lino
7. Etappe	Samstag 11. Juli	**196,5 km**	Brüssel (BEL) – Valkenburg (HOL)	G. Delion (FRA)	P. Lino
8. Etappe	Sonntag 12. Juli	**206,5 km**	Valkenburg (Hol) – Koblenz	J. Nevens (BEL)	P. Lino
9. Etappe	Montag 13. Juli	**65 km**	Luxemburg (LUX) – Luxemburg (EZF)	M. Indurain (ESP)	P. Lino
10. Etappe	Dienstag 14. Juli	**217 km**	Luxemburg (LUX) – Straßburg	J.-P. Van Poppel (HOL)	P. Lino
11. Etappe	Mittwoch 15. Juli	**249,5 km**	Straßburg – Mulhouse	L. Fignon (FRA)	P. Lino
12. Etappe	Freitag 17. Juli	**267,5 km**	Dole – St-Gervais-Mt-Blanc	R. Jaermann (SUI)	P. Lino
13. Etappe	Samstag 18. Juli	**254,5 km**	St-Gervais – Sestrières (ITA)	C. Chiappucci (ITA)	M. Indurain
14. Etappe	Sonntag 19. Juli	**186,5 km**	Sestrières – L'Alpe-d'Huez	A. Hampsten (USA)	M. Indurain
15. Etappe	Montag 20. Juli	**198 km**	Bourg-d'Oisans – St-Étienne	F. Chioccioli (ITA)	M. Indurain
16. Etappe	Dienstag 21. Juli	**212 km**	St-Étienne – La Bourboule	S. Roche (IRL)	M. Indurain
17. Etappe	Mittwoch 22. Juli	**189 km**	La Bourboule – Montluçon	J.-C. Colotti (FRA)	M. Indurain
18. Etappe	Donnerstag 23. Juli	**212 km**	Montluçon – Tours	T. Marie (FRA)	M. Indurain
19. Etappe	Freitag 24. Juli	**64 km**	Tours – Blois (EZF)	M. Indurain (ESP)	M. Indurain
20. Etappe	Samstag 25. Juli	**222 km**	Blois – Nanterre	P. De Clercq (BEL)	M. Indurain
21. Etappe	Sonntag 26. Juli	**141 km**	La Défense – Paris Champs-Élysées	O. Ludwig (GER)	M. Indurain

Laurent Jalabert musste schwer kämpfen gegen Johan Museeuw, doch er bringt sein erstes Grünes Trikot sicher nach Paris.

Richard Virenque attackiert im baskischen Bergland. Der junge französische Kletterer ist auf dem Weg zu seiner Berufung.

Claudio Chiappucci siegt in Sestrières, nachdem er 200 km vor dem Feld gefahren war, davon die letzten 125 km allein.

Beim Zeitfahren von Luxemburg setzt Miguel Indurain ein Denkmal seiner Dominanz in dieser so schweren Einzeldisziplin.

1993

Miguel INDURAIN

In der Ruhe liegt die Kraft

Miguel Indurain ist der aktuelle König des internationalen Radsports. Zum zweiten Mal hat er den Giro gewonnen, und dass er in diesem Jahr das erneute Double Giro-Tour nur als Formsache betrachtet, macht er schon beim Prolog in Puy-du-Fou deutlich, wo sich die Hoffnungen seiner Gegner auf Anhieb zerschlagen. Der spanische Champion überlässt zunächst den Sprintern das Gelbe Trikot: Wilfried Nelissen, Mario Cipollini und Johan Museeuw. Aber nur bis zum Lac de Madine. Dort ist wieder ein Zeitfahren angesagt, und jeder weiß, was das bedeutet... Miguel Indurain legt eine Leistung hin, die seinem Meisterstück des letzten Jahres in Luxemburg in nichts nachsteht und zieht endgültig das Gelbe Trikot über. Kleine Anekdote am Rande: Miguels Reifenpanne verhindert, dass sein Bruder Prudencio als Letzter der Etappe vom Rennen ausgeschlossen wird. Im Zeitfahren ist der Spanier nach wie vor eine Kapazität, doch das Gelbe Trikot sitzt auch in den Bergen fester denn je auf seinen Schultern, auch wenn dem Schweizer Tony Rominger das seltene Kunststück gelingt, gleich beide Alpenetappen in Serre-Chevalier und Isola 2000 zu gewinnen, nachdem der Tour-Tross die grandiose Kulisse des Col de la Bonette (Höhe: 2.800 Meter) passiert hat. Miguel Indurain beherrscht seinen sympathischen Herausforderer jedoch souverän; Beobachter werfen ihm gar auffälliges Wohlwollen gegenüber seinem Gegner vor. In der Tat scheint der Gentleman der Tour keinen der Siege Romingers ernsthaft verhindern zu wollen. Eigentlich seltsam, wenn man bedenkt, dass er seit dem Beginn seiner Dominanz außer beim Rennen gegen die Uhr keinen Erfolg mehr verbuchen konnte. Aber anders als beispielsweise Eddy Merckx ist Miguel Indurain nicht hinter jedem Sieg her; er bezieht seine unbändige Kraft vielmehr aus einer unerschütterlichen Ruhe, was der Aufstieg zum Galibier geradezu exemplarisch belegt. Er fährt einfach sein Tempo und verfolgt mit großer Übersicht das übergeordnete Ziel Toursieg. Er beherrscht das Rennen, ohne sich in den Vordergrund fahren zu müssen, und er lässt den Helden der Stunde ihre Triumphe. In den Pyrenäen ist das der Pole Zenon Jaskula, der sich in Saint-Lary-Soulan durchsetzt und in Paris als erster Fahrer aus dem Osten auf das Podium steigt. Nach Gianni Bugno 1991 und Claudio Chiappucci 1992 ist in diesem Jahr Tony Rominger der dritte „Rivale", der vom Spanischen Granden verschlissen wird. Beim letzten Zeitfahren in Brétigny-Montlhéry gelingt es ihm immerhin, einen leicht schwächelnden Indurain in seiner Spezialdisziplin, dem Zeitfahren, zu schlagen. Der aber holt souverän seinen dritten Toursieg und bereitet sich in aller Ruhe auf den nächsten vor...

GESAMTKLASSEMENT

1. **Miguel INDURAIN** (ESP, Banesto), 95 Std. 57'9''
2. **Tony ROMINGER** (SUI, Clas), 4'59''
3. **Zenon JASKULA** (POL, G.B.M.), 5'48''
4. Alvaro MEJIA CASTRILLONA (COL, Motorola), 7'29''
5. Bjarne RIIS (DEN, Ariostea), 16'26''
6. Claudio CHIAPPUCCI (ITA, Carrera), 17'18''
7. Johan BRUYNEEL (BEL, Once), 18'4''
8. Andrew HAMPSTEN (USA, Motorola), 20'14''
9. Pedro DELGADO (ESP, Banesto), 23'57''
10. Vladimir POULNIKOV (UKR, Carrera), 25'29''
11. Gianni FARESIN (ITA, Mobili), 29'5''
12. Antonio MARTIN VELASCO (ESP, Amaya), 29'51''
13. Stephen ROCHE (IRL, Carrera), 29'53''
14. Roberto CONTI (ITA, Ariostea), 30'5''
15. Jean-Philippe DOJWA (FRA, Festina, 30'24''
16. Oliviero RINCON QUINTANA (COL, Amaya), 33'19''
17. Alberto ELLI (ITA, Ariostea), 33'29''
18. Jon UNZAGA (ESP, Clas), 38'9''
19. Richard VIRENQUE (FRA, Festina), 38'12''
20. Gianni BUGNO (ITA, Gatorade), 40'8''

80. TOUR DE FRANCE: 20 ETAPPEN – 3.714 KILOMETER

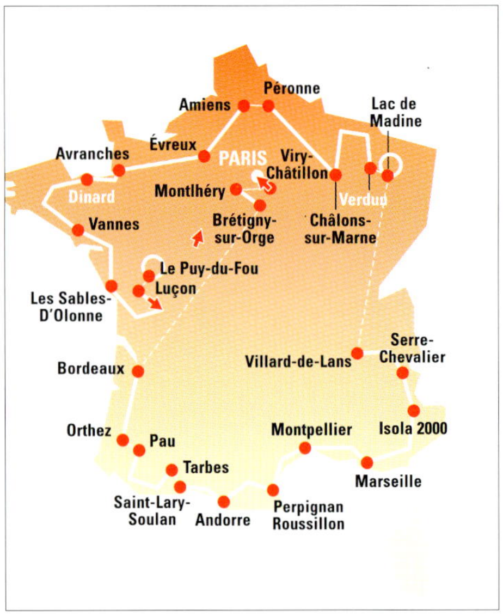

			Etappen	Etappensieger	Gelbes Trikot
Prolog	Samstag 3. Juli	**6,8 km**	Le Puy-du-Fou – Le Puy-du-Fou (EZF)	M. Indurain (ESP)	M. Indurain
1. Etappe	Sonntag 4. Juli	**215 km**	Luçon – Les Sables-d'Olonne	M. Cipollini (ITA)	M. Indurain
2. Etappe	Montag 5. Juli	**227,5 km**	Les Sables-d'Olonne – Vannes	W. Nelissen (BEL)	W. Nelissen
3. Etappe	Dienstag 6. Juli	**189,5 km**	Vannes – Dinard	D. Abduschaparov (UZB)	W. Nelissen
4. Etappe	Mittwoch 7. Juli	**81 km**	Dinard – Avranches (MZF)	G.B.-M.G.-Maglifico	M. Cipollini
5. Etappe	Donnerstag 8. Juli	**225,5 km**	Avranches – Évreux	J. Skibby (DEN)	W. Nelissen
6. Etappe	Freitag 9. Juli	**158 km**	Évreux – Amiens	J. Bruyneel (BEL)	M. Cipollini
7. Etappe	Samstag 10. Juli	**199 km**	Péronne – Châlons-sur-Marne	B. Riis (DEN)	J. Museeuw
8. Etappe	Sonntag 11. Juli	**184,5 km**	Châlons-sur-Marne – Verdun	L. Armstrong (USA)	J. Museeuw
9. Etappe	Montag 12. Juli	**59 km**	Lac de Madine – Lac de Madine (EZF)	M. Indurain (ESP)	M. Indurain
10. Etappe	Mittwoch 14. Juli	**203 km**	Villard-de-Lans – Serre-Chevalier	T. Rominger (SUI)	M. Indurain
11. Etappe	Donnerstag 15. Juli	**180 km**	Serre-Chevalier – Isola 2000	T. Rominger (SUI)	M. Indurain
12. Etappe	Freitag 16. Juli	**287,5 km**	Isola 2000 – Marseille	F. Roscioli (ITA)	M. Indurain
13. Etappe	Samstag 17. Juli	**182,5 km**	Marseille – Montpellier	O. Ludwig (GER)	M. Indurain
14. Etappe	Sonntag 18. Juli	**224 km**	Montpellier – Perpignan	P. Lino (FRA)	M. Indurain
15. Etappe	Montag 19. Juli	**231,5 km**	Perpignan – Andorra (AND)	O. Rincon (COL)	M. Indurain
16. Etappe	Mittwoch 21. Juli	**230,5 km**	Andorra (AND) – Saint-Lary-Soulan	Z. Jaskula (POL)	M. Indurain
17. Etappe	Donnerstag 22. Juli	**189,5 km**	Tarbes – Pau	C. Chiappucci (ITA)	M. Indurain
18. Etappe	Freitag 23. Juli	**200,5 km**	Orthez – Bordeaux	D. Abduschaparov (UZB)	M. Indurain
19. Etappe	Samstag 24. Juli	**48 km**	Brétigny-sur-Orge – Montlhéry (EZF)	T. Rominger (SUI)	M. Indurain
20. Etappe	Sonntag 25. Juli	**196,5 km**	Viry-Châtillon – Paris Champs-Élysées	D. Abduschaparov (UZB)	M. Indurain

Oben: Miguel Indurain wird mangelnder Einsatz vorgeworfen. Dabei scheint man seine Dominanz beim Zeitfahren und seine Stärke gegenüber den Kletterern zu vergessen, wie hier auf dem Galibier, wo er Mejia, Hampsten (rechts), Rominger und Jaskula bezwingt. Unten: In den Alpen fahren Indurain und Rominger Kopf an Kopf, wie hier bei der Abfahrt vom Galibier.

CHÂLONS-SUR-MARNE–VERDUN Der Amerikaner Lance Armstrong hat die erstbeste Gelegenheit ergriffen, um sich einen Etappensieg zu holen. So manch einer vergleicht den Texaner mit seinem berühmten Namensvetter Neil Armstrong. Für den Mann aus Austin beginnt eine beeindruckende Karriere.

Lance Armstrong greift nach den Sternen

Premiere für einen jungen Amerikaner: Lance Armstrong gewinnt seine erste Etappe in Verdun im Trikot des USA-Meisters.

VERDUN. Gestern, am 11. Juli 1993, gewann Lance Armstrong die achte Etappe der diesjährigen Tour de France. Wie sein Namensvetter macht auch er in einer sehr speziellen Disziplin große Fortschritte. „Er träumt von einer großen Karriere, und er hat sich fest vorgenommen, sein Ziel zu erreichen“, so schrieben wir am Samstag in unserem Portrait des amerikanischen Rennfahrers. Keine 48 Stunden hat er gebraucht, um uns sein außerordentliches Talent zu bestätigen. Kein Zweifel - dieser Amerikaner ist für den Radsport jenseits des Atlantik eine Entdeckung der ganz besonderen Art, zu einem Zeitpunkt, wo die Karriere seines Landsmanns, des dreifachen Toursiegers Greg LeMond, am Auslaufen ist.

Er hat diese Etappe mit großer Kraftanstrengung gewonnen und sich letztendlich im Sprint durchgesetzt, praktisch eingeklemmt zwischen den Absperrgittern und Ronan Pensec, der die Etappe eigentlich schon in der Tasche hatte. Man hatte Armstrong bereits unter den Ersten an der Steigung von Douaumont gesehen, dann holte er sechs Kilometer vor der Zielankunft zusammen mit Alcala und Pensec das Trio an der Spitze ein, Perini, Roche und Arnould, dann fuhr er im Sprint vom vierten auf den ersten Platz vor und riss siegessicher die Arme empor. „Kurz vor dem Finale hat mich Arnould am meisten beunruhigt. Also bin ich direkt nach dem Anziehen des Sprints nach rechts gezogen, damit er sich nicht an mein Hinterrad hängen konnte, denn er war direkt hinter mir.“

Die letzten Meter seines Erfolgssprints ließ Armstrong im Interview-Bus mit einem belustigten Lächeln noch einmal gemütlich Revue passieren...

Armstrong wurde am 16. September 1971 geboren und ist bei dieser Tour der Jüngste. Aber Berührungsängste kennt er nicht. Schlagfertig und alles andere als schüchtern beantwortete er die Fragen der Journalisten und brachte seine Zuhörer zum Lachen: „Wird aus dir ein zweiter Greg LeMond?“ „Nein, aus mir wird ein erster Lance Armstrong.“ „Bist du verheiratet, hast du Kinder?“ „Ich bin nicht verheiratet, und ich gehe davon aus, dass ich auch keine Kinder habe.“ „Was genau versprichst du dir von dieser Tour?“ „Ich fahre sie mit, weil ich lernen und eine Etappe gewinnen will. Ich habe schon viel gelernt, und ich habe gewonnen. Jetzt werde ich weiter lernen, um erneut zu gewinnen.“ Klarer Fall - Lance Armstrong ist kein „Loser“. Ein kurzer Blick auf seine bisherige Karriere gibt uns einen tieferen Eindruck von der Persönlichkeit des jungen Texaners, der so gerne scherzt, sich seines Wertes aber sehr wohl bewusst ist. In Europa ist er zum ersten Mal bei der Junioren-WM im Moskau 1989 aufgefallen, auf der berühmten Olympiastrecke von Krylatskoe. Eine Runde vor dem Ziel lag er mit einer kleinen Gruppe vorne. Die sowjetische Mannschaft hatte damals angegriffen, was das Zeug hielt, und ihn das Rennen verlieren lassen. Im Juli 1992 kam Lance nach Europa zurück, zu den Olympischen Spielen in Barcelona, wo er einer der Favoriten war. Er kam nicht in Tritt, tröstete sich aber schnell, da er den Vertrag mit Motorola bereits in der Tasche hatte. Eine Woche später bestritt er sein erstes Profirennen, die Clásica San Sebastián, bei der er Letzter wurde. Was ihn nicht daran hinderte, zwei Wochen später beim Grand Prix von Zürich Zweiter zu werden und dann vor der Weltmeisterschaft in Benidorm in Italien ein Rennen zu gewinnen, indem er die besten Italiener im Sprint besiegte. „Wissen Sie“, sagte er uns neulich, kurz bevor er seine erste Etappe gewann, „ich muss noch einmal nach San Sebastián zurück, um mich zu revanchieren. Ich muss dort gewinnen, um die Schmach zu vergessen, die man mir zugefügt hat. Der Letzte von allen, ich wurde ausgepfiffen, mit dem Finger hat man auf mich gezeigt - für einen stolzen Texaner wie mich ist das furchtbar. Also werde ich zurückgehen, um ihnen zu zeigen, dass ich ein Fahrer bin, der jedes Rennen gewinnen kann.“ Und spätestens seit gestern nimmt man die Ziele, die Lance sich setzt, sehr ernst...

Am Samstag, dem 7. August, wird der Amerikaner nach San Sebastián fahren, und sicher nicht, um wieder Letzter zu werden! Er hat noch ganz andere Ziele: zum Beispiel in Zürich oder in der Lombardei zu gewinnen. Und offensichtlich wird er auch versuchen, die Favoriten bei der Weltmeisterschaft in Oslo zu schlagen.

Von Lance Armstrong wird man noch viel reden. Mit einem solchen Namen ist es nur eine Frage der Zeit...

Lance Armstrong kämpft sich über den Berg, nur wenige Tage nach seinem Etappensieg in Verdun. Mit seinen knapp 22 Jahren befindet sich der Amerikaner noch im Aufbau.

Beim Zeitfahren zwischen Brétigny und Montlhéry gewinnt Rominger mit einem Schnitt von 50,495 km/h und mit 42'' vor Indurain. Das ändert allerdings nichts an der Überlegenheit des Spaniers bei dieser Tour.

Der Belgier Johan Bruyneel fährt bei der sechsten Etappe den bis dato besten Schnitt einer Tour-Etappe: 49,417 km/h!

Beim Zeitfahren in Lac de Madine besiegt Indurain sensationell seinen Konkurrenten Rominger mit fast drei Minuten Vorsprung!

Zweiter Etappensieg für Rominger in Isola 2000. Indurain wirft man zu große Lässigkeit vor.

Zwei Jahre nach seinem dramatischen Sturz gewinnt Abduschaparov auf den Champs-Élysées, dicht gefolgt von Moncassin.

Die Tour 1993 bringt neue Gesichter, die wir in der Tour-Geschichte noch häufig wiedersehen werden: Hier Bjarne Riis, Etappensieger in Châlons-sur-Marne.

In den Alpen hält Miguel Indurain seinen Rivalen Tony Rominger (links) in Schach. Der Spanier beschränkt sich auf das Gelbe Trikot, die Etappen überlässt er dem Schweizer.

1994

Miguel INDURAIN

Indurain gehen die Gegner aus

Seit der Vuelta 1991, kurz bevor seine Herrschaft in Gelb begann, hat Miguel Indurain keine große Rundfahrt mehr verloren. Der Giro 1994 jedoch markiert scheinbar das Ende seiner dreijährigen Unbesiegbarkeit. In Italien wurde Miguel Indurain nicht nur vom jungen Russen Jewgeni Berzin, sondern auch von einem neuen Kletterwunder bezwungen: Marco Pantani.

Nach diesem kraftraubenden Erfolg ist Berzin nicht beim Tourstart in Lille dabei, wo der englische Debütant Chris Boardman einen perfekten Prolog fährt. Leider ist es ihm nicht vergönnt, auch den kurzen Abstecher auf seiner Insel im Gelben Trikot zu fahren.

Zu diesem Zeitpunkt sind zwei schon nicht mehr dabei: Wilfried Nelissen und Laurent Jalabert mussten nach einem fürchterlichen Crash beim Sprint in Armentières schwer verletzt aufgeben. Für Miguel Indurain sieht es so aus, als ob er endlich auf einen ernst zu nehmenden Konkurrenten stoßen würde, denn der Schweizer Tony Rominger war unglaublich stark in die Saison gestartet. Doch es kommt wie so oft: Das erwartete Duell findet nicht statt. Der spanische Champion trumpft nach dem üblichen Anfangsgeplänkel beim Zeitfahren zwischen Périgueux und Bergerac groß auf, wenig später erkrankt Rominger in Hautacam. Dort unterstreicht der „Grande in Gelb" zusätzlich seine Kletterqualitäten, obgleich er von einem entfesselten Luc Leblanc knapp geschlagen wird, der einen der schönsten Siege seiner Karriere erringt. Der Mann aus dem Limousin wird bei dieser 81. Tour Vierter und damit bester Franzose, direkt vor seinem Festina-Teamkollegen Richard Virenque. Der wiederum gewinnt mit einer glanzvollen Leistung die andere Pyrenäenetappe in Luz-Ardiden und abonniert in diesem Jahr das gepunktete Trikot des besten Kletterers gleich für ein paar Jahre. Bei jener Etappe ist Miguel Indurain immerhin rund acht Minuten zurück, und auch am Ventoux kann er nicht gewinnen. Zur Überraschung aller brilliert dort der größte und schwerste Fahrer des Feldes, der Italiener Eros Poli. Das Gelbe Trikot ist auch in L'Alpe-d'Huez nicht unter den ersten zehn; wahrscheinlich ist Indurain mit dem Kopf schon beim Bergzeitfahren in Avoriaz! Mann der Alpen ist der Lette Piotr Ugrumov, er gewinnt zwei Etappen hintereinander, darunter auch das Bergzeitfahren. Er wird in diesem Jahr Zweiter und Miguel Indurains „Kronprinz", doch er ist bereits 33 Jahre alt. Der Dritte, Marco Pantani, ist wesentlich jünger.

Der Spanier erringt also mangels Gegner ungefährdet seinen vierten Toursieg. Zwar erscheinen neue Kontrahenten auf der Bildfläche, doch keiner fordert ihn so stark wie einst Chiappucci oder Rominger. Von einem Niedergang kann also vorerst keine Rede sein. Bester Deutscher ist Udo Bölts auf Platz neun.

GESAMTKLASSEMENT

1. **Miguel INDURAIN** (ESP, Banesto), 103 Std. 38'38''
   Stundenmittel: 38,381 km/h
2. **Piotr UGRUMOV** (LET, Gewiss-Ballan), 5'39''
3. **Marco PANTANI** (ITA, Carrera), 7'19''
4. Luc LEBLANC (FRA, Festina), 10'3''
5. Richard VIRENQUE (FRA, Festina), 10'10''
6. Roberto CONTI (ITA, Lampre), 12'29''
7. Alberto ELLI (ITA, G.B.-M.G.), 20'17''
8. Alex ZÜLLE (SUI, Once), 20'35''
9. Udo BÖLTS (GER, Deutsche Telekom), 25'19''
10. Vladimir POULNIKOV (UKR, Carrera), 25'28''
11. Pascal LINO (FRA, Festina), 30'1''
12. Fernando ESCARTIN (ESP, Mapei-Clas), 30'38''
13. Gianluca BORTOLAMI (ITA, Mapei-Clas), 32'35''
14. Bjarne RIIS (DEN, Gewiss-Ballan), 33'32''
15. Oscar PELLICIOLI (ITA, Polti), 34'55''
16. Nelson RODRIGUEZ SERNA (COL, 2G-Mobili), 35'18''
17. Jean-François BERNARD (FRA, Banesto), 36'44''
18. Hernan BUENAHORA (COL, Kelme), 38'
19. Rolf SÖRENSEN (DEN, G.B.-M.G.), 42'39''
20. Bo HAMBURGER (DEN, TVM), 43'44''

81. TOUR DE FRANCE: 21 ETAPPEN – 3.978 KILOMETER

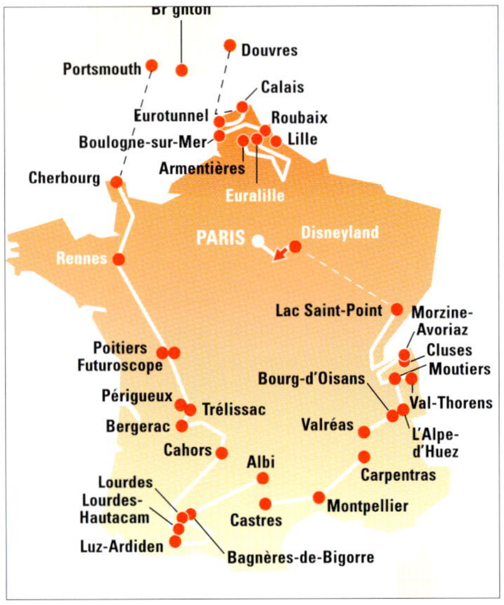

			Etappen	Etappensieger	Gelbes Trikot
Prolog	Samstag 2. Juli	**7,2 km**	Lille – Lille	C. Boardman (GBR)	C. Boardman
1. Etappe	Sonntag 3. Juli	**234 km**	Lille – Armentières	D. Abduschaparov (UZB)	C. Boardman
2. Etappe	Montag 4. Juli	**203,5 km**	Roubaix – Boulogne-sur-Mer	J.-P. Van Poppel (HOL)	C. Boardman
3. Etappe	Dienstag 5. Juli	**66,5 km**	Calais – Eurotunnel (MZF)	G.B.-M.G. Technogym	J. Museeuw
4. Etappe	Mittwoch 6. Juli	**204,5 km**	Dover (GBR) – Brighton	F. Cabello (ESP)	F. Vanzella
5. Etappe	Donnerstag 7. Juli	**187 km**	Portsmouth – Portsmouth (GBR)	N. Minali (ITA)	F. Vanzella
6. Etappe	Freitag 8. Juli	**270,5 km**	Cherbourg – Rennes	G. Bortolami (ITA)	S. Yates
7. Etappe	Samstag 9. Juli	**259,5 km**	Rennes – Futuroscope	J. Svorada (CZE)	J. Museeuw
8. Etappe	Sonntag 10. Juli	**218,5 km**	Poitiers – Trélissac	B. Hamburger (DEN)	J. Museeuw
9. Etappe	Montag 11. Juli	**64 km**	Périgueux – Bergerac (EZF)	M. Indurain (ESP)	M. Indurain
10. Etappe	Dienstag 12. Juli	**160,5 km**	Bergerac – Cahors	J. Durand (FRA)	M. Indurain
11. Etappe	Mittwoch 13. Juli	**263,5 km**	Cahors – Lourdes-Hautacam	L. Leblanc (FRA)	M. Indurain
12. Etappe	Freitag 15. Juli	**204,5 km**	Lourdes – Luz-Ardiden	R. Virenque (FRA)	M. Indurain
13. Etappe	Samstag 16. Juli	**223 km**	Bagnères-de-Bigorre – Albi	B. Riis (DEN)	M. Indurain
14. Etappe	Sonntag 17. Juli	**202 km**	Castres – Montpellier	R. Sörensen (DEN)	M. Indurain
15. Etappe	Montag 18. Juli	**231 km**	Montpellier – Carpentras	E. Poli (ITA)	M. Indurain
16. Etappe	Dienstag 19. Juli	**224,5 km**	Valréas – L'Alpe-d'Huez	R. Conti (ITA)	M. Indurain
17. Etappe	Mittwoch 20. Juli	**149 km**	Bourg-d'Oisans – Val-Thorens	N. Rodriguez Serna (COL)	M. Indurain
18. Etappe	Donnerstag 21. Juli	**174,5 km**	Moûtiers – Cluses	P. Ugrumov (LET)	M. Indurain
19. Etappe	Freitag 22. Juli	**47,5 km**	Cluses – Avoriaz (EZF)	P. Ugrumov (LET)	M. Indurain
20. Etappe	Samstag 23. Juli	**208,5 km**	Morzine – Lac de Saint-Point	D. Abduschaparov (UZB)	M. Indurain
21. Etappe	Sonntag 24. Juli	**175 km**	Disneyland – Paris Champs-Élysées	E. Seigneur (FRA)	M. Indurain

Der perfekte Prolog für den Tour-Neuling Chris Boardman: Der Zeitfahrspezialist holt sich direkt das Gelbe Trikot.

In den Bergen ist Miguel Indurain jederzeit Herr der Lage, obwohl die französischen Kletterer von Festina, Richard Virenque (links) und Luc Leblanc, sich vehement in Szene setzen.

Marco Pantani wird Dritter. Er ist erst 24, sieht jedoch älter aus...

In Armentières kommt es zu einem schrecklichen Massensturz (links). Zahlreiche Fahrer werden verletzt, darunter Laurent Jalabert und Fabiano Fontanelli (rechts). Der Franzose hat schwere Gesichtswunden erlitten und viel Blut verloren; er muss das Rennen aufgeben.

1995

Miguel INDURAIN

Der „Grande“ unter den Größten

In Belgien muss auch ein Miguel Indurain mit Helm fahren. Am Mont Theux bläst er zum Angriff und straft all die Kritiker Lügen, die ihm mangelnden Elan vorwerfen. (Foto rechte Seite)

Mit dieser Tour kann Miguel Indurain dem erlesenen Kreis der fünffachen Toursieger beitreten, dem bislang Anquetil, Merckx und Hinault angehören. Doch gefragt nach der großen Bedeutung dieses Rennens, erklärt der spanische Champion lapidar, dies sei für ihn lediglich eine Tour wie die anderen. „Man erreicht seine Idole nie“, sagt er bescheiden. Der Engländer Chris Boardman sorgt mit seinem spektakulären Sturz beim Prolog von Saint-Brieuc für erste Aufregung; Sieger des Auftakts wird völlig überraschend Jacky Durand: Er ist dem aufziehenden Gewitter einfach davongefahren. Danach erringt Laurent Jalabert dank der Zeitgutschrift nach einem Sprint sein erstes Gelbes Trikot, und zwar ausgerechnet in Saint-Méen-le-Grand, dem Geburtsort von Louison Bobet! Doch wenige Tage später schlägt Miguel Indurain beinhart zu. Er verblüfft alle mit seinem Angriff im Finale der Ardennenetappe nach Lüttich, nur der Belgier Johan Bruyneel kann mithalten und schnappt ihm im Ziel den Sieg weg. Es bleibt dabei: Seit seiner „Machtergreifung“ im Jahr 1991 hat Miguel Indurain außerhalb eines Zeitfahrens keine Etappe mehr gewonnen. Aber bekanntlich orientiert sich der Spanier ja an einem übergeordneten Ziel, und das ist das Gelbe Trikot. Das Objekt der Begierde streift er schon am nächsten Tag über, nach dem Zeitfahren von Huy nach Seraing, ebenfalls in Belgien. Aber die Zeitabstände sind nicht so deutlich wie gewohnt, insbesondere der Däne Bjarne Riis zeigt eine herausragende Leistung und bleibt auf Tuchfühlung mit dem Führenden. Dann kommt die erste Alpenetappe, und der Meister zeigt wieder seine ganze Größe. Beim Anstieg nach La Plagne fährt er seine Gegner in Grund und Boden - alle, bis auf Alex Zülle, der schon weit vor dem Ziel geflüchtet war. Das Gelbe Trikot gerät nur bei der Etappe von Saint-Étienne nach Mende noch einmal in Gefahr, als seine Mannschaft Banesto von der brillant vorgetragenen Offensive der Rivalen aus dem Team Once überrumpelt wird. Wir schreiben den 14. Juli, es ist französischer Nationalfeiertag, und wer außer Laurent Jalabert könnte an einem solchen Tag nach einer Flucht von 198 Kilometern für ein glückliches Ende sorgen? Diese großartige Mannschaftsleistung ruft Erinnerungen an den Teamgeist vergangener Epochen wach. Im Trommelfeuer der Attacken bewahrt Miguel Indurain aber einen kühlen Kopf und lässt sich den Sieg nicht mehr nehmen. Als erster gewinnt er die Tour de France fünf Mal in Folge! Doch das Rennen wird vom Todessturz des Italieners Fabio Casartelli in den Pyrenäen überschattet. Der Olympiasieger von Barcelona wird bei der Abfahrt vom Portet d’Aspet aus der Kurve getragen und stirbt im Krankenhaus. Am folgenden Tag erlebt die Tour bewegende Momente: Beim Start in Tarbes legt das Peloton eine Gedenkminute ein, und Motorola-Kapitän Lance Armstrong widmet seinen Etappensieg in Limoges dem verstorbenen Teamkollegen.

GESAMTKLASSEMENT

1. **Miguel INDURAIN** (ESP, Banesto), 2 Std. 44’59’’
   Stundenmittel: 39,191 km/h
2. **Alex ZÜLLE** (SUI, Once), 4’35’’
3. **Bjarne RIIS** (DEN, Gewiss-Ballan), 6’47’’
4. Laurent JALABERT (FRA, Once), 8’24’’
5. Ivan GOTTI (ITA, Mapei-GB), 11’34’’
6. Melchor MAURI (ESP, Mapei-GB), 15’20’’
7. Fernando ESCARTIN (ESP, Festina), 15’49’’
8. Tony ROMINGER (SUI, Kelme-Avianca), 16’46’’
9. Richard VIRENQUE (FRA, Carrera-Jean-Tassoni), 17’31’’
10. Hernan BUENAHORA (COL, Castorama), 18’50’’
11. Claudio CHIAPPUCCI (ITA, Carrera-Jean-Tassoni), 18’55’’
12. Laurent MADOUAS (FRA, Brescialat), 20’37’’
13. Marco PANTANI (ITA, Gewiss-Ballan), 26’20’’
14. Paolo LANFRANCHI (ITA, Motorola), 29’41’’
15. Bruno CENGHIALTA (ITA, Gewiss-Ballan), 29’55’’
16. Alvaro MEJIA CASTRILLONA (COL, TVM-Polis Direct), 33’40’’
17. Bo HAMBURGER (DEN, Novell), 34’49’’
18. Vjatceslav EKIMOV (RUS, Festina), 39’51’’
19. Laurent DUFAUX (SUI, Once), 45’55’’
20. Erik BREUKINK (HOL, Once), 47’27’’

82. TOUR DE FRANCE: 20 ETAPPEN – 3.635 KILOMETER

			Etappen	Etappensieger	Gelbes Trikot
Prolog	Samstag 1. Juli	7,3 km	Saint-Brieuc – Saint-Brieuc (EZF)	J. Durand (FRA)	J. Durand
1. Etappe	Sonntag 2. Juli	233,5 km	Dinan – Lannion	F. Baldato (ITA)	J. Durand
2. Etappe	Montag 3. Juli	235,5 km	Perros-Guirec – Vitré	M. Cipollini (ITA)	L. Jalabert
3. Etappe	Dienstag 4. Juli	67 km	Mayenne – Alençon (MZF)	Gewiss-Ballan	L. Jalabert
4. Etappe	Mittwoch 5. Juli	162 km	Alençon – Le Havre	M. Cipollini (ITA)	I. Gotti
5. Etappe	Donnerstag 6. Juli	261 km	Fécamp – Dünkirchen	J. Blijlevens (HOL)	I. Gotti
6. Etappe	Freitag 7 Juli	202 km	Dünkirchen – Charleroi (BEL)	E. Zabel (GER)	B. Riis
7. Etappe	Samstag 8. Juli	203 km	Charleroi – Lüttich	J. Bruyneel (BEL)	J. Bruyneel
8. Etappe	Sonntag 9. Juli	54 km	Huy – Seraing (BEL) (EZF)	M. Indurain (ESP)	M. Indurain
9. Etappe	Dienstag 11. Juli	160 km	Le Grand-Bornand – La Plagne	A. Zülle (SUI)	M. Indurain
10. Etappe	Mittwoch 12. Juli	162,5 km	Aime-La Plagne – L’Alpe-d’Huez	M. Pantani (ITA)	M. Indurain
11. Etappe	Donnerstag 13. Juli	199 km	Bourg-d’Oisans – Saint-Étienne	M. Sciandri (GBR)	M. Indurain
12. Etappe	Freitag 14. Juli	222,5 km	Saint-Étienne – Mende	L. Jalabert (FRA)	M. Indurain
13. Etappe	Samstag 15. Juli	245 km	Mende – Revel	S. Outschakov (UKR)	M. Indurain
14. Etappe	Sonntag 16. Juli	164 km	Saint-Orens – Guzet-Neige	M. Pantani (ITA)	M. Indurain
15. Etappe	Dienstag 18. Juli	206 km	Saint-Girons – Cauterets-Crêtes-du-Lys	R. Virenque (FRA)	M. Indurain
16. Etappe	Mittwoch 19. Juli	237 km	Tarbes – Pau	Keine Zuordnung	M. Indurain
17. Etappe	Donnerstag 20. Juli	246 km	Pau – Bordeaux	E. Zabel (GER)	M. Indurain
18. Etappe	Freitag 21. Juli	166,5 km	Montpon-Ménestérol – Limoges	L. Amstrong (USA)	M. Indurain
19. Etappe	Samstag 22. Juli	46,5 km	Circuit du lac de la Vassivière (EZF)	M. Indurain (ESP)	M. Indurain
20. Etappe	Sonntag 23. Juli	155 km	Ste-Geneviève-des-Bois – Paris Champs-Elysées	D. Abduschaparov (UZB)	M. Indurain

VETTA

Das Feld trägt Trauer

Es passiert auf der Abfahrt vom Portet d'Aspet, bei Kilometer 34 der 15. Etappe: Ein schrecklicher Sturz, ein mörderischer Aufprall auf einen Begrenzungsstein. Fabio Casartelli bleibt regungslos liegen. Der nächste Tag stand ganz im Zeichen seines Gedenkens.

PAU. Nie werden wir die Schweigeminute in Tarbes vergessen. Die Zeit schien stillzustehen. Für einige ein unerträglicher Moment: Marco Pantani steht alleine abseits und weint. Dieser Tag in den Pyrenäen wird immer in unserer Erinnerung haften bleiben. Er muss es! Ein Fahrer ist gestorben, und seine 119 Kollegen, von denen ihn die meisten nicht einmal kannten, haben am nächsten Tag gemeinsam eine bewegende Geste vollbracht. Sie haben auf das Rennen verzichtet, auf ihre Prämien, auf die Ausübung ihres Berufes, auf ihre großen und kleinen Ambitionen. Es war ein Tag der Trauer, herzzerreißend und bewundernswert, an dem das Feld der Tour de France in diesen von Egoismus geprägten Zeiten ein Musterbeispiel für Solidarität gegeben hat.

Am Tag nach dem Drama stehen alle unter Schock. Am Start in Tarbes legt das Feld eine Gedenkminute ein (zweiter von rechts: Casartellis Kapitän Armstrong).

Das hat allerdings nicht jeder Zuschauer verstanden, der früh aufgestanden war, um sich seine Ration „Volksfest" abzuholen, das Gleiche galt für einige Geschäftemacher im Umfeld. Doch die Fahrer haben niemanden betrogen. Die Tour de France ist ein kostenloses Sportereignis, und erst recht kann niemand angesichts dieser einmütigen Demonstration geteilter Trauer von verlorener Zeit sprechen. Profi sein heißt, seinen Beruf und diejenigen, die für die Bezahlung sorgen, zu respektieren. In dieser Hinsicht brauchen sich die Radrennfahrer, die Qualen erleiden wie nur wenige Spitzensportler, von niemandem belehren zu lassen. An 15 Tagen haben sie uns zeitweise einen außergewöhnlichen Wettkampf geboten, am 16. haben sie beschlossen, eine ebenso außergewöhnliche Geste der Besinnung zu zeigen.

Profi sein heißt auch, als Beispiel zu fungieren, ein möglichst wertvolles Bild von sich selbst und von seinem Sport zu transportieren. Und gibt es in diesem Moment ein schöneres Bild als das von Andrea Peron, dem zweiten Italiener bei Motorola und Freund Fabio Casartellis, der in einem symbolischen Akt als Erster über die Ziellinie fährt?

The show must go on. Und das Spektakel wird tatsächlich weitergehen. Es wird auch in Zukunft Stürze geben, wie der von Abduschaparov auf den Champs-Élysées, wie der von Jalabert und Nelissen in Armentières, und man wird auch in Zukunft den Helden zujubeln. Wo auch immer Fabio Casartelli jetzt sein mag: Er wird sich bestimmt sagen, dass er einen der schönsten Berufe der Welt ausüben durfte...

Gedenken an einen Freund und Mannschaftskameraden: Das Team Motorola fährt in Pau gemeinsam ins Ziel.

Bei der Abfahrt vom Portet d'Aspet bietet sich den Helfern ein schreckliches Bild. Fabio Casartelli ist gegen einen Begrenzungsstein geprallt.

Miguel Indurain tritt dem erlesenen Kreis der fünffachen Tour-Sieger bei. Als Einziger hat er seine Siege in Folge errungen.

Willkommen in der Runde der Giganten!

ER hat es geschafft! Jetzt ist er endgültig zum Idol aufgestiegen! Miguel Indurain ist ein Perfektionist - und mit Perfektion hat er nun zum fünften Mal in Folge seine Arbeit ausgeführt. Er ist außerdem ein Meister der Weisheit - und mit dieser unendlichen Weisheit sowie seinem ausgeprägten Sinn für das richtige Maß versucht er ganz einfach nur, optimal auszuführen, was das Schicksal ihm zur Erledigung aufgetragen hat. Wenn es seine Berufung gewesen wäre, auf einem Acker Furchen zu ziehen, dann hätte er sie natürlich kerzengerade gezogen. Er wäre vollkommen in dieser für ihn stimmigen Existenz aufgegangen, und er wäre abends glücklich zu Bett gegangen.

Er weiß, dass die Natur ihn mit einer gewaltigen und friedvollen Kraft gesegnet hat, die es ihm erlaubt, ruhmreiche Ziele anzustreben. Doch er sagt, dass ein Sieg oder eine sportliche Höchstleistung vergänglich ist und nicht von Bestand wie beispielsweise ein Möbelstück aus der geschickten Hand eines Schreiners. Denn nur in den Früchten ihrer Arbeit hinterlassen die Menschen seiner Meinung nach eine unvergängliche Spur.

Aber Miguel Indurain ist kein Handwerker, er ist ein Künstler, und sein Werk ist schon heute unauslöschlich und an exponierter Stelle im goldenen Buch des Radsports, ja sogar des Sports allgemein eingetragen. Fünf Toursiege hintereinander! Der „Spanische Grande" nimmt nun den für ihn reservierten Platz im Kreis der fünffachen Gewinner ein, in der erlesenen Gesellschaft der Tour-Legenden Jacques Anquetil, Eddy Merckx und Bernard Hinault.

Zum fünften Mal in Folge fährt Miguel Indurain, der „Grande", in Gelb über die Champs-Élysées. Ein Rekord für die Ewigkeit?

Miguel Indurain, wie man ihn kennt - in Gelb. An seiner Seite Richard Virenque im Trikot des besten Kletterers und Laurent Jalabert, der sein zweites Grünes Trikot gewinnt.

Es wäre allerdings vermessen zu behaupten, er stehe nun mit seiner einzigartigen Leistung über den drei anderen Giganten des Radsports. Wir alle wissen, dass Vergleiche dieser Art nur Schall und Rauch sind, dass jeder Champion auf seine Art und Weise eine unvergleichliche Größe erreicht hat.

Der Lohn der Lehrjahre

Jacques Anquetil (1957), Eddy Merckx (1969) und Bernard Hinault (1978) haben die Tour schon bei ihrer ersten Teilnahme gewonnen. Miguel Indurain hingegen hat in seiner Zeit als Helfer für Pedro Delgado eine bewundernswerte Geduld bewiesen, die es José Miguel Echavarri leicht machte, in kleinen Arbeitsschritten aus einem Rohdiamanten ein strahlendes Juwel zu formen. Miguel Indurain ist jetzt 31 Jahre alt und hat bereits seine elfte Frankreich-Rundfahrt bestritten. Seine Lehrzeit dauerte sechs Jahre, er hat in dieser Zeit gut gelernt, viel gearbeitet und eine immense Erfahrung gesammelt. In diesem Jahr hat er nun sein Meisterstück für die Ewigkeit abgeliefert.

1996

Bjarne RIIS

Ein Däne beendet Indurains Herrschaft

Samstag, 6. Juli, der Abend nach der Etappe von Chambéry nach Les Arcs: Ein neues Kapitel im großen Buch der Tour de France wird aufgeschlagen. Die Aufgabe des Mannes in Gelb, Stéphane Heulot, ist dabei nur eine Randerscheinung. Bei dieser Etappe wird Laurent Jalabert schon am Fuße des Madeleine, am ersten Pass des Tages, abgehängt; Alex Zülle kommt vor lauter Regen zweimal zu Fall; Johan Bruyneel weicht einem Felsbrocken aus und stürzt in eine Schlucht; letztendlicher Gewinner dieses Höllenritts wird Luc Leblanc. Doch die eigentliche Sensation ist der Einbruch Miguel Indurains. Er kommt völlig überraschend, rund 3.500 Meter vor dem Ziel. Das Gesicht des „Unbesiegbaren", das fünf Jahre lang selbst bei größter Anstrengung völlig unbeteiligt schien, ist zu einer Grimasse verzogen. Was ist los mit dem Spanier? Noch will niemand an eine Niederlage glauben. Zu sicher schien sein sechster Tour-Erfolg! Ein Hungerast vielleicht, oder zu wenig Flüssigkeit? Doch der nächste Tag, das Zeitfahren von Val-d'Isère, offenbart unbarmherzig die Wahrheit: Die Ära Indurain neigt sich dem Ende entgegen, und sein Thronfolger ist offenbar schon gekürt: Jewgeni Berzin übernimmt das Gelbe Trikot. Der junge Russe bescherte Indurain schon vor zwei Jahren beim Giro die erste Niederlage bei einer großen Rundfahrt. Doch Berzins Auftrumpfen ist nicht mehr als ein Strohfeuer. Schon in Sestrières ist der Spuk vorbei, und dabei ist diese Etappe nur 46 Kilometer lang, nachdem Iseran und Galibier wegen Schneefalls unpassierbar geworden sind. Bjarne Riis nutzt den Tag für eine Demonstration seines Könnens. Und er brilliert auch in den Pyrenäen, in Hautacam, wo Miguel Indurain erschüttert feststellt, dass der Däne als einziger den Anstieg auf dem großen Kettenblatt bewältigt. Seit Laurent Fignon im Jahr 1989 ist Bjarne Riis der erste Träger des Gelben Trikots, der außerhalb eines Zeitfahrens eine Etappe gewinnt. Er ist der herausragende Mann dieser Tour, und sein stärkster Kontrahent kommt aus dem eigenen Team: Der 22-jährige Jan Ullrich düpiert beim Einzelzeitfahren in Saint-Émilion die gesamte Konkurrenz und klettert in Paris gar auf den zweiten Podiumsplatz, gefolgt von Richard Virenque. Ein Epochenwechsel! Für Miguel Indurain wird es kein Wiedersehen mit der Tour geben. Noch einmal genießt er im Etappenziel Pamplona den Jubel seiner Landsleute, auch wenn er nur abgeschlagen ins Ziel kommt. Dem 32-jährigen Champion gelingt es also nicht, Anquetil, Merckx und Hinault zu überflügeln. Das Team Telekom hingegen feiert ein überaus erfolgreiches Rennen: Kapitän Bjarne Riis gewinnt als erster Däne die Tour, Ullrich wird Zweiter und Erik Zabel holt sein erstes Grünes Trikot.

GESAMTKLASSEMENT

1. **Bjarne RIIS** (DEN, Deutsche Telekom), 95 Std. 57'16"
   Stundenmittel: 39,235 km/h
2. **Jan ULLRICH** (GER, Deutsche Telekom) 1'41"
3. **Richard VIRENQUE** (FRA, Festina), 4'37"
4. Laurent DUFAUX (SUI, Festina), 5'53"
5. Peter LUTTENBERGER (AUT, Carrera), 7'7"
6. Luc LEBLANC (FRA, Polti), 10'3"
7. Piotr UGRUMOV (LET, Roslotto), 10'4"
8. Fernando ESCARTIN (ESP, Kelme), 10'26"
9. Abraham OLANO (ESP, Mapei), 11'
10. Tony ROMINGER (SUI, Mapei), 11'53"
11. Miguel INDURAIN (ESP, Banesto), 14'14"
12. Patrick JONKER (HOL, Once), 18'58"
13. Bo HAMBURGER (DEN, TVM), 22'19"
14. Udo BÖLTS (GER, Deutsche Telekom), 25'56"
15. Alberto ELLI (ITA, MG-Technogym), 26'18"
16. Manuel FERNANDEZ GINES (ESP, Mapei), 26'28"
17. Leonardo PIEPOLI (ITA, Refin), 27'36"
18. Laurent BROCHARD (FRA, Festina), 32'11"
19. Michele BARTOLI (ITA, MG-Technogym), 37'18"
20. Evgueni BERZIN (RUS, Gewiss), 38'

83. TOUR DE FRANCE: 21 ETAPPEN – 3.765 KILOMETER

			Etappen	Etappensieger	Gelbes Trikot
Prolog	Samstag 29. Juni	**9,4 km**	's Hertogenbosch (HOL) – 's Hertogenbosch (EZF)	A. Zülle (SUI)	A. Zülle
1. Etappe	Sonntag 30. Juni	**209 km**	's Hertogenbosch – 's Hertogenbosch	F. Moncassin (FRA)	A. Zülle
2. Etappe	Montag 1. Juli	**247,5 km**	's Hertogenbosch (HOL) – Wasquehal	M. Cipollini (ITA)	A. Zülle
3. Etappe	Dienstag 2. Juli	**195 km**	Wasquehal – Nogent-sur-Oise	E. Zabel (GER)	F. Moncassin
4. Etappe	Mittwoch 3. Juli	**232 km**	Soissons – Lac-de-Madine	C. Saugrain (FRA)	S. Heulot
5. Etappe	Donnerstag 4. Juli	**242 km**	Lac-de-Madine – Besançon	J. Blijlevens (HOL)	S. Heulot
6. Etappe	Freitag 5. Juli	**207 km**	Arc-et-Senans – Aix-les-Bains	M. Boogerd (HOL)	S. Heulot
7. Etappe	Samstag 6. Juli	**200 km**	Chambéry – Les Arcs	L. Leblanc (FRA)	E. Berzin
8. Etappe	Sonntag 7. Juli	**30,5 km**	Bourg-Saint-Maurice – Val-d'Isère (EZF)	E. Berzin (RUS)	E. Berzin
9. Etappe	Montag 8. Juli	**46 km**	Le Monefier-les-Bains – Sestrières (ITA)	B. Riis (DEN)	B. Riis
10. Etappe	Dienstag 9. Juli	**208,5 km**	Turin (ITA) – Gap	E. Zabel (GER)	B. Riis
11. Etappe	Donnerstag 11. Juli	**202 km**	Gap – Valence	C. Gonzales (COL)	B. Riis
12. Etappe	Freitag 12. Juli	**143,5 km**	Valence – Le Puy-en-Velay	P. Richard (SUI)	B. Riis
13. Etappe	Samstag 13. Juli	**177 km**	Le Puy-en-Velay – Superbesse	R. Sörensen (DEN)	B. Riis
14. Etappe	Sonntag 14. Juli	**186,5 km**	Besse-en-Chandesse – Tulle	D. Abduschaparov (UZB)	B. Riis
15. Etappe	Montag 15. Juli	**176 km**	Brive – Villeneuve-sur-Lot	M. Podenzana (ITA)	B. Riis
16. Etappe	Dienstag 16. Juli	**199 km**	Agen – Lourdes-Hautacam	B. Riis (DEN)	B. Riis
17. Etappe	Mittwoch 17. Juli	**262 km**	Argelès-Gazost – Pamplona (ESP)	L. Dufaux (SUI)	B. Riis
18. Etappe	Donnerstag 18. Juli	**154,5 km**	Pamplona (ESP) – Hendaye	B. Voskamp (HOL)	B. Riis
19. Etappe	Freitag 19. Juli	**226,5 km**	Hendaye – Bordeaux	F. Moncassin (FRA)	B. Riis
20. Etappe	Samstag 20. Juli	**63,5 km**	Bordeaux – Saint-Émilion (EZF)	J. Ullrich (GER)	B. Riis
21. Etappe	Sonntag 21. Juli	**147,5 km**	Palaiseau – Paris Champs-Élysées	F. Baldato (ITA)	B. Riis

Miguel Indurain muss sich geschlagen geben. Der Champion hat seine Überlegenheit eingebüßt, doch seine Würde bewahrt. Bjarne Riis beendet eine lange Herrschaft.

Irgendwo in der regnerischen Franche-Comté trennt sich Lance Armstrong von seiner Rückennummer. Wenige Monate später erfährt er von seinem Krebsleiden.

Das spanische Publikum in Pamplona erweist seinem Helden die ihm gebührende Ehre, obwohl er erst spät im Ziel ankommt. Miguel Indurain wird den großen Applaus seiner Stadt wohl niemals vergessen können.

Links: Der 32-jährige Bjarne Riis gewinnt als erster Däne die Tour de France. Sein gefährlichster Konkurrent kommt aus den eigenen Reihen: Jan Ullrich (rechts).

Jan ULLRICH

Der erste deutsche Toursieg

Jan Ullrich beeindruckt durch ein scheinbar unerschöpfliches athletisches Potenzial, das in den Bergen deutlich zum Ausdruck kommt. Ihm gehört die Zukunft. (Foto rechte Seite)

Die 84. Tour de France steht zunächst im Zeichen der Vergangenheit, als die Größen des Radsports in Rouen, der Heimatstadt Anquetils, dem vor zehn Jahren verstorbenen Tourhelden gedenken. In Rouen beginnt auch der Ernst der Gegenwart: Der Däne Bjarne Riis, Kapitän eines starken Team Telekom, spürt den kräftigen Atem seines Kronprinzen Jan Ullrich in seinem Nacken. Und spätestens bei der zehnten Etappe nach Andorra-Arcalis unterstreicht der gebürtige Rostocker seine Ambitionen. Er holt sich nicht nur den Etappensieg, sondern übernimmt auch das Gelbe Trikot von Cédric Vasseur. Dieser hatte 27 Jahre nach seinem Vater einen schönen Etappensieg in La Châtre errungen und ist vier Tage lang stolz in Gelb gefahren. Jan Ullrich meint es durchaus ernst mit seiner Machtübernahme: Schon zwei Tage später folgt beim Zeitfahren von Saint-Etienne, ungewöhnlich platziert zwischen Pyrenäen und Alpen, der zweite Schlag des Deutschen Meisters. Er fährt auf den drei Minuten vor ihm gestarteten Richard Virenque auf, und dieser nutzt die Gelegenheit, sich wie eine Klette an Ullrich dranzuhängen. Auf diese Weise schafft der Franzose im gepunkteten Trikot das Kunststück, in dieser für ihn so ungeliebten Disziplin Tageszweiter zu werden. Richard Virenque beweist einmal mehr seinen unbändigen Ehrgeiz: Obwohl Ullrich im Gesamtklassement schon fast sechs Minuten enteilt ist, glaubt der Kletterspezialist mit fast religiösem Eifer an seine Chance in den Alpen. Und zur Begeisterung der französischen Zuschauer startet er bei der großen Alpenetappe am Col du Glandon eine fulminante Offensive. Die Rennkommissare müssen sogar das Zeitlimit für die Ankunft ausweiten, weil sonst gleich 93 Fahrer ausgeschlossen werden müssten! Unermüdlich attackiert Richard Virenque den Deutschen. Beide nehmen Kopf an Kopf den letzten Anstieg nach Courchevel in Angriff, wo ein großzügiger Jan Ullrich nicht mit letzter Konsequenz um den Etappensieg kämpft. Doch für den Mann in Gelb kommen noch schwierige Tage, insbesondere in den Vogesen, wo Virenque und sein Team eine erstklassige Gelegenheit für eine weitere Attacke trotzdem verpassen. Festina tröstet sich mit dem vierten Etappensieg durch Didier Rous, nachdem sich vorher schon Brochard, Virenque und Stephens in die Siegerliste eintragen durften. Jan Ullrich bleibt letztendlich vom großen Rummel um Virenque unbeeindruckt und gewinnt mit einem komfortablen Vorsprung von rund neun Minuten als erster Deutscher die Tour de France. Mit seinen 23 Jahren deutet alles auf den Beginn einer langen Herrschaft hin.

GESAMTKLASSEMENT

1. **Jan ULLRICH** (GER, Deutsche Telekom), 100 Std. 30'35"
2. **Richard VIRENQUE** (FRA, Festina), 9'9"
3. **Marco PANTANI** (ITA, Mercatone-Uno), 14'03"
4. Abraham OLANO (ESP, Banesto), 15'55"
5. Fernando ESCARTIN (ESP, Kelme), 20'32"
6. Francesco CASAGRANDE (ITA, Saeco), 22'47"
7. Bjarne RIIS (DEN, Deutsche Telekom), 26'34"
8. José Maria JIMENEZ (ESP, Banesto), 31'17"
9. Laurent DUFAUX (SUI, Festina), 31'55"
10. Roberto CONTI (ITA, Mercatone-Uno), 32'26"
11. Beat ZBERG (SUI, Mercatone-Uno), 35'41"
12. Oscar CAMENZIND (SUI, Mapei-GB), 35'52"
13. Peter LUTTENBERGER (AUT, Rabobank), 45'39"
14. Manuel BELTRAN (ESP, Banesto), 49'34"
15. Jean-Cyril ROBIN (FRA, US Postal), 58'35"
16. Michael BOOGERD (HOL, Rabobank), 1 Std. 0'33"
17. Bobby JULICH (USA, Cofidis), 1 Std. 1'10"
18. Daniele NARDELLO (ITA, Mapei), 1 Std. 1'30"
19. Christophe MOREAU (FRA, Festina), 1 Std. 2'48"
20. Stéphane HEULOT (FRA, Française des jeux), 1 Std. 6'13"

82. TOUR DE FRANCE: 21 ETAPPEN – 3.950 KILOMETER

			Etappen	Etappensieger	Gelbes Trikot
Prolog	Samstag 5. Juli	**7,3 km**	Rouen – Rouen (EZF)	C. Boardman (GBR)	C. Boardman
1. Etappe	Sonntag 6. Juli	**192 km**	Rouen – Forges-les-Eaux	M. Cipollini (ITA)	M. Cipollini
2. Etappe	Montag 7. Juli	**262 km**	Saint-Valéry-en-Caux – Vire	M. Cipollini (ITA)	M. Cipollini
3. Etappe	Dienstag 8. Juli	**224 km**	Vire – Plumelec	E. Zabel (GER)	M. Cipollini
4. Etappe	Mittwoch 9. Juli	**223 km**	Plumelec – Le Puy-du-Fou	N. Minali (ITA)	M. Cipollini
5. Etappe	Donnerstag 10. Juli	**261,5 km**	Chantonnay – La Châtre	C. Vasseur (FRA)	C. Vasseur
6. Etappe	Freitag 11. Juli	**215 km**	Le Blanc – Marennes	J. Blijlevens (HOL)	C. Vasseur
7. Etappe	Samstag 12. Juli	**194 km**	Marennes – Bordeaux	E. Zabel (GER)	C. Vasseur
8. Etappe	Sonntag 13. Juli	**161,5 km**	Sauternes – Pau	E. Zabel (GER)	C. Vasseur
9. Etappe	Montag 14. Juli	**182 km**	Pau – Loudenvielle	L. Brochard (FRA)	C. Vasseur
10. Etappe	Dienstag 15. Juli	**252,5 km**	Luchon – Andorra-Arcalis (AND)	J. Ullrich (GER)	J. Ullrich
11. Etappe	Mittwoch 16. Juli	**192 km**	Andorra (AND) – Perpignan	L. Desbiens (FRA)	J. Ullrich
12. Etappe	Freitag 18. Juli	**55 km**	Saint-Étienne – Saint-Étienne (EZF)	J. Ullrich (GER)	J. Ullrich
13. Etappe	Samstag 19. Juli	**203,5 km**	Saint-Étienne – L'Alpe-d'Huez	M. Pantani (ITA)	J. Ullrich
14. Etappe	Sonntag 20. Juli	**148 km**	Bourg-d'Oisans – Courchevel	R. Virenque (FRA)	J. Ullrich
15. Etappe	Montag 21. Juli	**208,5 km**	Courchevel – Morzine	M. Pantani (ITA)	J. Ullrich
16. Etappe	Dienstag 22. Juli	**181 km**	Morzine – Freiburg (SUI)	C. Mengin (FRA)	J. Ullrich
17. Etappe	Mittwoch 23. Juli	**218,5 km**	Freiburg (SUI) – Colmar	N. Stephens (AUS)	J. Ullrich
18. Etappe	Donnerstag 24. Juli	**175,5 km**	Colmar – Montbéliard	D. Rous (FRA)	J. Ullrich
19. Etappe	Freitag 25. Juli	**172 km**	Montbéliard – Dijon	M. Traversoni (ITA)	J. Ullrich
20. Etappe	Samstag 26. Juli	**63 km**	Disneyland – Disneyland (EZF)	A. Olano (ESP)	J. Ullrich
21. Etappe	Sonntag 27. Juli	**149,5 km**	Disneyland – Paris Champs-Élysées	N. Minali (ITA)	J. Ullrich

Er ist gerade mal 23 Jahre alt, doch heute hat er sie alle bezwungen! Seine Stärke und seinen Mut hat er sich in der harten Schule der ehemaligen DDR angeeignet. Aber sein größtes Talent ist seine Gelassenheit. Wir enthüllen das Geheimnis seines Erfolges.

L'Équipe: „Kolossal Ullrich"

Machtübergabe beim Team Telekom. Der Toursieger von 1996, Bjarne Riis, gratuliert seinem Nachfolger.

ANDORRA. Der Schweiß rinnt über seine sommersprossigen Wangen, ein feuerrotes Ziegenbärtchen ziert sein Gesicht. Das wahre Siegerlächeln will sich nicht so recht einstellen, doch seine strahlenden Augen verraten die Freude. Es ist kurz nach 17.15 Uhr. Jan Ullrich steht jetzt auf einer Stufe mit den Großen, hat Eintritt gefunden in die ehrwürdige Gesellschaft der Träger des Gelben Trikots, doch auf den großen Gefühlsausbruch warten wir vergeblich. Zunächst reinigt er sein Gesicht, zieht eine lange Radhose an. Doch mit Eitelkeit hat das nichts zu tun - auch wenn er weiß, dass gleich unzählige Kameras auf ihn gerichtet sein werden. Jan Ullrich wirkt noch wie ein großer Junge, aber er handelt bereits so rational wie ein langjähriger Profi. Es ist kühl, und er will sich nicht erkälten. Bei der Tour zählt nun mal jedes Detail. Wenig später umarmt er Bjarne Riis, Telekom-Kapitän und Held des vergangenen Jahres. Bei der Pressekonferenz hat sich Jan bereits eine warme Telekom-Jacke über seine Trophäe gezogen.

Auf den Spuren der Größten

Das Gelbe Trikot sieht man heute also nicht mehr. Aber das ist nicht weiter schlimm, denn es gibt ja noch Gelegenheit genug, es im Rennen zu zeigen. So ist er nun mal, der neue „Patron" der Tour de France. Schon im zarten Alter von 23 Jahren folgt er den Spuren eines Anquetil, Merckx oder Hinault. Seine Zukunft scheint vielversprechend, doch blicken wir zunächst einmal in die Vergangenheit des jungen Champions: Jan kommt wenige Wochen vor Weihnachten 1973 in der Hafenstadt Rostock auf die Welt. Familie Ullrich ist eine typische Arbeiterfamilie der damaligen DDR. Der Vater ist Maurer, die Mutter Sekretärin, die Verhältnisse sind einfach. Doch den Söhnen fehlt es an nichts: Stefan, der älteste, ist begeisterter Leichtathlet. Dank seiner guten Ergebnisse profitiert er vom Fördersystem für Sportler der DDR. Jan begeistert sich zunächst für das runde Leder, erst im Jahr 1982 entwickelt sich seine Leidenschaft für das „Kilometerfressen" auf dem Rennrad. Im Alter von neun Jahren gewinnt er sein erstes Schulrennen. An einem Hügel ist er seinen Konkurrenten davongefahren! Wie heute, nur dass der „Hügel" in diesem Fall der letzte von fünfen war, die in einer wahren Bullenhitze bezwungen werden mussten...

Harte Ostblock-Schule

„Vor dem Start der Etappe haben wir mit Bjarne abgesprochen, Tempo zu machen, damit sich eine kleine Führungsgruppe bilden kann," erzählt Ullrich. „Das hat auch gut geklappt, und ich hab vorne weiter Gas gegeben. Als ich mich dann umgedreht habe, war plötzlich niemand mehr da. Also bin ich weitergefahren." Ruhig und entspannt redet er weiter: „Die Leute sagen, ich wäre den Berg ganz leicht hochgefahren. Das stimmt! Ich hätte sogar noch zulegen können, weil ich spürte, dass ich noch große Reserven habe." Am Berg wirkte sein Gesicht geradezu unbeteiligt, als gäbe es die entsetzlichen Qualen dieser unmenschlichen Anstrengung gar nicht. Die Leidensmaske des Fahrers, der an seine Grenzen geht, gehört offensichtlich noch nicht zu seinem Repertoire. Der junge Radheld verfügt über Kraftreserven, die er sich in zäher Arbeit angeeignet hat. Sie stammen aus der Zeit vor etwa zehn Jahren, als er den ostdeutschen Talentspähern ins Netz ging. „Damals wurden die Weichen für mein Leben gestellt," sagt Jan heute. Mit 12 Jahren packt er in Rostock die Koffer, das Ziel heißt Dynamo Berlin. Die Mutter weiß ihren Sohn bei Auswahltrainer Peter Becker in besten Händen. Er kümmert sich aufopferungsvoll um Jan, dessen leiblicher Vater die Familie schon lange verlassen hat.

Der Traum in Gelb

Jan Ullrich widmet seine ganze Energie dem Radsport. Sein Leben wird bestimmt durch Trainingspläne, durch Ausdauerfahrten auf windigen Straßen und Muskelaufbau in kargen Räumen. Doch die harte Schule zeigt Wirkung. „Ich wurde zwar nach der guten alten DDR-Methode gedrillt, doch ich war glücklich," bekennt der Mann in Gelb. „Für mich gab es keinen Unterschied zum Westen, denn als Sportler genoss ich ja einige Privilegien. Daher hat der Mauerfall für mich auch nichts verändert." Naja, ein bisschen schon: Machte er sich in der DDR noch strafbar, wenn er ein paar kurze Radsportbilder aus dem verbotenen Westfernsehen erhaschen wollte, so kann er nach der Wende gleich aus mehreren Sportkanälen auswählen. Logisch, dass damit auch die Idole andere geworden sind. Früher jubelte er bei der Friedensfahrt Olaf Ludwig oder Uwe Ampler zu, nun kann er auch LeMond, Fignon und Co. bewundern. Die beiden ersten inspirierten ihn übrigens zu seinen kühnsten Träumen: „LeMond und Fignon kämpften um das Gelbe Trikot, und ich saß vorm Fernseher und träumte davon, ihnen nachzueifern. Endlich habe ich meinen Traum wahrgemacht!"

Im Jahr 1992 nimmt Peter Becker seinen Schützling mit nach Hamburg, wo das Trainingsumfeld günstiger ist. Schon im folgenden Jahr wird Jan Ullrich in Oslo Amateur-Weltmeister. Doch das Vergnügen, ihn im Regenbogentrikot fahren zu sehen, ist

Erik Zabel gewinnt in Plumelec, Bordeaux und Pau. Grün steht ihm gut!

Richard Virenque und Jan Ullrich Kopf an Kopf am Fuße des Anstiegs nach Courchevel. Das Gelbe Trikot erweist sich gegenüber seinem feurigen Herausforderer als großzügig.

dem Trainer nicht vergönnt. Es gibt keinen Sponsor und daher auch keine finanziellen Mittel, also drängt er Ullrich, mehr oder weniger kurzfristig Profi zu werden. Nach dem Gewinn der Bronzemedaille beim Einzelzeitfahren der offenen Weltmeisterschaften im Sommer 1994, unter anderem hinter dem Briten Chris Boardman, wird das Team Telekom auf ihn aufmerksam, wo er auch prompt unterschreibt.

Die Mannschaft ahnt zu diesem Zeitpunkt noch nicht, dass sie wohl gerade den Coup des Jahrzehnts gelandet hat.

Doch Ullrichs Anfänge als Profi sind nicht gerade überragend. Nach seiner entbehrungsreichen Ausbildung entdeckt Jan die schönen Seiten des Lebens und seine Leidenschaft für schnelle Sportwagen. Doch die strengen deutschen Ordnungshüter bremsen schnell seinen Übermut, außerdem lernt er Gaby kennen, mit der er in Merdingen, nahe der französischen Grenze, ein ruhigeres Leben beginnt.

Walter Godefroot und seinen Helfern gelingt es immer besser, ihm den professionellen Radsport sowie dessen Anforderungen und Gesetzmäßigkeiten nahe zu bringen. Zwar zerschlägt sich 1995 seine erste Tour-Teilnahme, doch schon ein Jahr später darf er unter Beweis stellen, wie gut sich seine natürlichen Talente entwickelt haben: seine Kraft, seine Schnelligkeit, seine Uneigennützigkeit, aber vor allem seine Gelassenheit, das eigentliche Geheimnis seines Erfolges. Jan zweifelt nie an sich, und das Wort „Furcht" scheint für ihn nicht zu existieren. Er tut immer, was man ihm sagt - so wie 1996, als er seinem Kapitän Riis geholfen hat. Und genau so hat er auch heute seine Chance ergriffen.

Jürgen Emig: Boxkampf um die beste Position

20 Jahre nach Didi Thurau; Paris, Champs-Élysées. Die Tour ist zum weltweiten Medien-Spektakel geworden. Auf der Ehrentribüne haben sich die Polit-Prominenz und die Schickeria von Paris versammelt. Die Siegerehrung wird mitten auf den Champs-Élysées durchgeführt. Zum ersten Mal in der Geschichte des härtesten Radrennens der Welt steht ein Deutscher in Gelb auf dem Podium: der 23-jährige Jan Ullrich. Das deutsche Presseaufgebot hat sich gegenüber 1977 verhundertfacht. ARD und ZDF sind mit eigener Technik und einem Großaufgebot von Personal vertreten.

Ich warte kurz hinter der Ziellinie auf Jan Ullrich. Die Kamera ist drahtlos mit dem Ü-Wagen verbunden. Ungefähr 50 Fotografen und die Live-Kamera des französischen Fernsehens drängeln sich mit mir um die beste Position. Dann geht die letzte Etappe zu Ende. Ullrich nähert sich in seinem Gelben Trikot. Er ist blitzschnell umringt, taucht in das Blitzlichtgewitter ein. Die Fernsehkameras werden zunächst einmal zurückgedrängt. Ich kämpfe mich wieder vor. Der französische Kollege hat den ersten Zugriff, aber obwohl er eigentlich ganz gut deutsch spricht, stellt er wahrscheinlich in der Aufregung Ullrich die Frage auf französisch, die Jan nicht versteht und zunächst unbeantwortet lässt. Genau in diese Lücke stoße ich hinein, beglückwünsche Ullrich und stelle ihm die erste Frage. Das Ganze ist mehr ein Ring- oder Boxkampf um die beste Position. Mein französischer Kollege und der Kameramann sind plötzlich verschwunden – abgedrängt von den Fotografen.

Ich werde gezogen, geschubst, zu Boden gedrückt, und dies alles live auf Sendung und immer noch im Gespräch mit Jan Ullrich. Dann kommt die Rettung: Jupp Kastor, der nahkampferfahrene Leibwächter von Rudolf Scharping, hat die Situation blitzschnell erfasst, drängt sich zwischen mich und die Fotografen-Meute und hält Ullrich und mir den Rücken frei, bis wir das Interview zu Ende geführt haben. Für Ullrich war es das härteste Radrennen der Welt, für mich so ziemlich das härteste Interview, das ich jemals geführt habe.

1998

Marco PANTANI

Die Tour steht still

Die Tour steht still: In Tarascon-sur-Ariège weigern sich Pantani und Co., die 12. Etappe in Angriff zu nehmen. Zum ersten Mal in seiner Geschichte steht das Rennen vor einem Abbruch. (Foto rechte Seite)

Alles beginnt mit der Festnahme des Festina-Betreuers Willy Voet an der französisch-belgischen Grenze. Er ist unterwegs zum Tourstart nach Dublin, wo gerade die letzten Vorbereitungen getroffen werden. Aus dem Fahrzeug der Equipe Festina wird eine ganze Ladung leistungssteigernder Substanzen beschlagnahmt, hauptsächlich jedoch EPO - ein Hormon, das den Sauerstofftransport im Blut erleichtert. Der größte Skandal der Radsportgeschichte nimmt seinen Lauf, denn mit der „Festina-Affäre" wird auch eine neue Dimension des Dopings aufgedeckt. Der Sportliche Leiter Bruno Roussel und der Mannschaftsarzt Doktor Rijckaert werden verhört und dann ebenfalls inhaftiert. Die Justizmaschinerie kommt in Schwung. Das Geständnis von Bruno Roussel führt am Vorabend des Zeitfahrens nach Corrèze zum Ausschluss von Festina. Richard Virenque, der hartnäckig die Tatsachen leugnet, verabschiedet sich tränenreich von der Tour.

Jan Ullrich fährt im Gelben Trikot, aber wen interessiert das noch? Jeder Tag bringt neue, ungeheuerliche Enthüllungen zu den Sitten und Gebräuchen im Peloton. Verhör folgt auf Verhör, Durchsuchung auf Durchsuchung, das Ganze nimmt langsam aber sicher die Züge einer Kriminalgroteske an. Und auch das Team TVM und der Italiener Rodolfo Massi, zu diesem Zeitpunkt Führender der Bergwertung, geraten in den Strudel der Ereignisse. Im Feld liegen die Nerven blank! Muss die Tour abgebrochen werden, zum ersten Mal seit ihrem Debüt im Jahr 1903? Zumindest zweimal steht das Rennen kurz davor: Zunächst in Tarascon-sur-Ariège, als ein Teil des Fahrerfelds in einen Streik tritt. Noch schlimmer kommt es allerdings bei der Etappe von Albertville nach Aix-les-Bains, wo das entnervte Peloton mehrmals anhält und sich mit der Mannschaft TVM solidarisch erklärt, die in Polizeigewahrsam genommen wurde. Die Etappe wird annulliert, und Jean-Marie Leblanc setzt alle diplomatischen und weniger diplomatischen Hebel in Bewegung, um seine Tour de France nach Paris zu bringen. Dies gelingt ihm schließlich, auch wenn ihm später sämtliche spanischen Mannschaften ebenfalls von der Fahne gehen. Am Ende kommen 96 von 189 gestarteten Fahrern auf den Champs-Élysées an. Marco Pantani bringt Jan Ullrich in Les Deux-Alpes die entscheidende Niederlage bei und ist seit Felice Gimondi im Jahr 1965 der erste Italiener, der die Tour gewinnt. Seine Heldentaten gehen jedoch im Aufruhr der „Festina-Affäre" unter, die in einem spektakulären Prozess gipfelt.

Dieses „Erdbeben", dem noch weitere folgen, bietet dem Radsport die Gelegenheit, sein Selbstverständnis unter die Lupe zu nehmen und sein Bewusstsein zu schärfen. Doch damit tun sich einige sehr schwer, wie die Zukunft noch zeigen wird...

GESAMTKLASSEMENT

1. **Marco PANTANI** (ITA, Mercatone Uno), 92 Std. 49'46''
2. **Jan ULLRICH** (GER, Deutsche Telekom), 3'21''
3. **Bobby JULICH** (USA, Cofidis), 4'8''
4. Christophe RINERO (FRA, Cofidis), 9'16''
5. Michael BOOGERD (HOL, Rabobank), 11'26''
6. Jean-Cyril ROBIN (FRA, US Postal), 14'57''
7. Roland MEIER (SUI, Mapei-Bricobi), 15'13''
8. Daniele NARDELLO (ITA, Mapei-Bricobi), 16'7''
9. Giuseppe DI GRANDE (ITA, Politi), 17'35''
10. Axel MERCKX (BEL, Polti), 17'39''
11. Bjarne RIIS (DEN, Deutsche TELEKOM), 19'10''
12. Dariusz BARANOWSKI (POL, US Postal), 19'58''
13. Stéphane HEULOT (FRA, La française des jeux), 20'57''
14. Leonardo PIEPOLI (ITA, Saeco), 22'45''
15. Bo HAMBURGER (DEN, Casino), 26'39''
16. Kurt VAN DE WOUWER (BEL, Lotto-Mobistar), 27'20''
17. Kevin LIVINGSTON (USA, Cofidis), 34'3''
18. Jörg JAKSCHE (GER, Polti), 35'41''
19. Peter FARAZJIN (BEL, Lotto-Mobistar), 36'10''
20. Andreï TETERIOUK (KAS, Lotto-Mobistar), 37'3''

85. TOUR DE FRANCE: 21 ETAPPEN – 3.875 KILOMETER

			Etappen	Etappensieger	Gelbes Trikot
Prolog	Samstag 11. Juli	**5,6 km**	Dublin (IRL) – Dublin (EZF)	C. Boardman (GBR)	C. Boardman
1. Etappe	Sonntag 12. Juli	**180,5 km**	Dublin – Dublin	T. Steels (BEL)	C. Boardman
2. Etappe	Montag 13. Juli	**205,5 km**	Enniscorthy – Cork (IRL)	J. Svorada (CZE)	E. Zabel
3. Etappe	Dienstag 14. Juli	**169 km**	Roscoff – Lorient	J. Heppner (GER)	B. Hamburger
4. Etappe	Mittwoch 15. Juli	**252 km**	Plouay – Cholet	J. Blijlevens (HOL)	S. O'Grady
5. Etappe	Donnerstag 16. Juli	**228,5 km**	Cholet – Châteauroux	M. Cipollini (ITA)	S. O'Grady
6. Etappe	Freitag 17. Juli	**204,5 km**	La Châtre – Brive	M. Cipollini (ITA)	S. O'Grady
7. Etappe	Samstag 18. Juli	**58 km**	Meyrignac-l'Église – Corrèze (EZF)	J. Ullrich (GER)	J. Ullrich
8. Etappe	Sonntag 19. Juli	**190,5 km**	Brive – Montauban	J. Durand (FRA)	L. Desbiens
9. Etappe	Montag 20. Juli	**210 km**	Montauban – Pau	L. Van Bon (HOL)	L. Desbiens
10. Etappe	Dienstag 21. Juli	**196,5 km**	Pau – Luchon	R. Massi (ITA)	J. Ullrich
11. Etappe	Mittwoch 22. Juli	**170 km**	Luchon – Plateau de Beille	M. Pantani (ITA)	J. Ullrich
12. Etappe	Freitag 24. Juli	**222 km**	Tarascon-sur-Ariège – Cap d'Agde	T. Steels (BEL)	J. Ullrich
13. Etappe	Samstag 25. Juli	**196 km**	Frontignan-la-Peyrade – Carpentras	D. Nardello (ITA)	J. Ullrich
14. Etappe	Sonntag 26. Juli	**186,5 km**	Valréas – Grenoble	S. O'Grady (AUS)	J. Ullrich
15. Etappe	Montag 27. Juli	**189 km**	Grenoble – Les Deux-Alpes	M. Pantani (ITA)	M. Pantani
16. Etappe	Dienstag 28. Juli	**204 km**	Vizille – Albertville	J. Ullrich (GER)	M. Pantani
17. Etappe	Mittwoch 29. Juli	**149 km**	Albertville – Aix-les-Bains	Neutrale Etappe	M. Pantani
18. Etappe	Donnerstag 30. Juli	**218,5 km**	Aix-les-Bains – Neufchâtel (SUI)	T. Steels (BEL)	M. Pantani
19. Etappe	Freitag 31. Juli	**242 km**	La Chaux-de-Fonds (SUI) – Autun	M. Backstedt (SWE)	M. Pantani
20. Etappe	Samstag 1. August	**52 km**	Montceau-les-Mines – Le Creusot (EZF)	J. Ullrich (GER)	M. Pantani
21. Etappe	Sonntag 2. August	**147,5 km**	Melun – Paris Champs-Élysées	T. Steels (BEL)	M. Pantani

Mercatone Uno
Bianchi
BRIKO
Mercatone Uno
Mercatone Uno
TRAVERSONI
Mercatone Uno
Bianchi
mobistar
Lotto
99

Noch vor dem Start der Tour de France in Dublin wirft eine schmutzige Affäre, in der die Staatsanwaltschaft ermittelt, ein düsteres Licht auf die Mannschaft Festina. Ein Betreuer des Teams wurde in Frankreich verhört und anschließend wegen des Besitzes großer Mengen Dopingmittel festgenommen.

Eine schmutzige Affäre

DUBLIN. Eine wahre Schockwelle erschüttert die Tour de France, nachdem der Fund zahlreicher Dopingpräparate an Bord eines Festina-Fahrzeugs bekannt wurde. Doch das ist zweifellos erst der Anfang einer Affäre, die in den kommenden Tagen und Wochen noch einige überraschende Wendungen nehmen wird.

Die Fakten

Wie wir erfahren haben, wurden unter anderem mehr als 400 Ampullen und Flaschen, Gelatinekapseln und sonstige Dopingprodukte beschlagnahmt, die in Deutschland und der Schweiz erworben wurden. Der Betreuer, Willy Voet, der zuvor in Paris bei der Société du Tour de France eines der offiziellen Fahrzeuge für die Festina-Mannschaft abgeholt hatte, wurde von den Zollbehörden in Neuville-en-Ferrain an der französisch-belgischen Grenze überprüft. Sichergestellt wurden unter anderem: 250 Einheiten EPO (ein Hormon, das den Sauerstofftransport im Blut verbessert), rund 100 Einheiten anaboler Produkte (Saizen und Panteston), Ampullen mit bisher noch nicht identifiziertem Inhalt, Unterlagen bezüglich der Verabreichung der Mittel sowie Spritzen und Injektionslösungen.

Willy Voet, Betreuer bei Festina, ist der erste, der festgenommen wird. Und er packt aus...

Die Position des Festina-Chefs

Miguel Rodriguez, Geschäftsführer der Uhrenmarke, erfuhr die schlechten Neuigkeiten in Paris, beim Surfen im Internet. Nach eigener Aussage setzte er sich sofort telefonisch mit seinem Sportlichen Leiter Bruno Roussel in Verbindung, um ihm seine Unterstützung zuzusichern. Zusammenfassender Wortlaut des Gesprächs: „Wir sind hier, um die Tour zu gewinnen. Sorgen Sie sich nicht um den Rest. Ich vertraue Ihnen, kümmern Sie sich um die Mannschaft.“ Doch Rodriguez wurde schon einmal hinters Licht geführt, als seine Mannschaft noch von Niederländern dominiert wurde. Damals schwor er, dass ihm das nicht noch einmal passieren würde. Was wird er tun, wenn der Ruf seines Unternehmens unter dieser Affäre leidet? Niemand weiß es. Zwar haben die Sponsorenverträge eine Laufzeit bis 2001, aber den „schweren Vergehen“, derer sich einige Mitglieder des Teams schuldig gemacht haben, dürften sie wohl kaum Stand halten. Schon einmal hat sich ein Unternehmen nach einem ähnlichen Vorfall aus dem Radsport zurückgezogen: MG-Technogym aus Italien.

Welche Risiken bestehen für Festina?

Zunächst einmal hat der Französische Radsportverband beschlossen, als Nebenkläger aufzutreten. In dieser Funktion wird man wahrscheinlich sofortige Sanktionen beantragen. Eine entscheidende Bedeutung kommt der Gegenüberstellung von Bruno Roussel und Willy Voet bei der Staatsanwaltschaft zu. Wie aus gut unterrichteten Quellen verlautet, ist die Kriminalpolizei, die den Betreuer bereits seit geraumer Zeit observiert hat, davon überzeugt, dass er nicht in Roussels Auftrag gehandelt hat. Aber für wen arbeitete er dann? Für ein Netzwerk außerhalb des Radsports? Diese Theorie wurde bereits lanciert. Ein Mitglied von Festina sagte aus, dass der Betreuer sich eigentlich direkt nach Verlassen des Geländes der Tour-Gesellschaft auf den Weg nach Calais hätte machen sollen, und zwar „im Konvoi mit anderen Festina-Fahrzeugen.“ Doch das tat er nicht, und so „wusste niemand, wo er abgeblieben war.“

Bruno Roussel jedenfalls hält die Faktenlage für zweifelhaft: „Lassen Sie die Justiz ihre Arbeit tun,“ sagt er. „Bevor ich Ihnen mehr sage, würde ich gerne zunächst einmal weitere Informationen sammeln.“

Es sieht zurzeit nicht so aus, als ob die Tour-Direktion das Team Festina vom Rennen ausschließt, wie es unter der Hand schon kolportiert wird. Wer Generaldirektor Jean-Marie Leblanc, der die Gelegenheit genutzt hat, sein Credo gegen das Doping zu bekräftigen, genau zuhört, kann bereits entsprechende Tendenzen erkennen: „Diese Affäre betrifft keinen Fahrer der Tour, sie fand nicht bei der Tour statt, und im Übrigen laufen die Ermittlungen noch.“

Trotzdem: Die Tour de France steht unter Schock, ebenso wie Richard Virenque und seine Teamkollegen. Hoffen wir, dass die Mannschaft schnell von den Ergebnissen der Untersuchung entlastet und das Rennen möglichst schnell von dem dunklen Schatten der Affäre befreit wird.

EIN MANN PACKT AUS

Er hat es zugegeben. Und seine Aussagen könnten eine verheerende Wirkung entfachen. Vor einer Woche wurde Willy Voet an der französisch-belgischen Grenze festgenommen, mit rund 400 Dopingprodukten in seinem Auto. Jetzt wird gegen den Festina-Betreuer, der zurzeit in Untersuchungshaft in der Nähe von Lille sitzt, ermittelt wegen „unerlaubter Einfuhr und gesetzwidriger Verbreitung verbotener Güter“. Zunächst gab er noch an, die transportierten Substanzen - EPO, Anabolika (Saizen und Panteston) und weitere, noch nicht identifizierte Produkte - dienten nur seinem eigenen Gebrauch, doch dann erklärte Voet den Kriminalbeamten in Lille, dass er in Wahrheit auf Anweisung von Festina gehandelt habe. Und dass er Aufträge dieser Art in der Vergangenheit schon mehrfach ausgeführt habe. Doch es sind nicht nur die Anschuldigungen des Betreuers, die Festina in Verlegenheit bringen. Bei der Durchsuchung der „Rennabteilung“ von Festina in Meyzieu, nur wenige Stunden nach der Verhaftung Voets, stellten die Zollfahnder 18 verschiedene Produkte sicher, von denen einige Ähnlichkeiten zu den im Auto des Betreuers gefundenen Substanzen aufweisen. Eine Woche nach dem Vorfall an der Grenze ist für eine der renommiertesten Mannschaften der Tour die Lage dramatisch geworden.

1

2

1 In Lyon werden die Fahrer in Polizeigewahrsam genommen.

2 Die Fahrzeuge der Begleitkarawane werden rund um die Uhr bewacht.

3 Am 31. Juli verlässt das Team TVM die Tour de France.

4 Bitterer Abschied: Weinend verlässt Richard Virenque am 17. Juli nach dem Ausschluss seiner Mannschaft Festina die Tour de France.

5 Am 29. Juli packen auch Jalabert und sein Team Once die Koffer.

6 Freitag, 17. Juli. Jean-Marie Leblanc, Generaldirektor der Tour de France, gibt mit versteinerter Miene den offiziellen Ausschluss von Festina bekannt.

7 Fahren? Nicht fahren? Die Fahrer beraten sich.

3

4

5

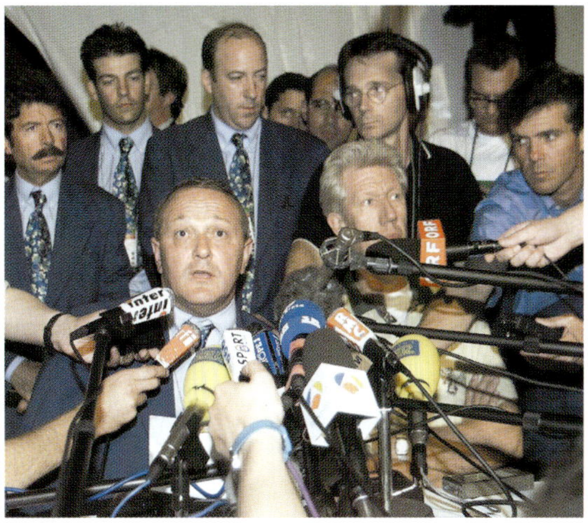

6

7

Noch vor fünf Tagen, nach seinem Sieg auf dem Plateau de Beille, behauptete er, das Gesamtklassement interessiere ihn nicht. Doch nun hat Marco Pantani nach einer echten Glanzleistung das Gelbe Trikot übergestreift! Damit ist das Double Tour de France-Giro für den Italiener in greifbare Nähe gerückt.

Pantani im siebten Himmel

LES DEUX-ALPES. Beim Überqueren der Ziellinie hat er die Augen geschlossen und die Arme ausgebreitet wie Jesus am Kreuz. Dieser Mann geht auf in seinem Leiden. Eigentlich müsste er schon längst Sportinvalide sein: Brüche von Daumen, Schlüsselbein, Mittelfuß, Schienbein, Wadenbein, zwei Schädeltraumata, ausgekugelte Schulter, Verschiebung der Lendenwirbelsäule, Meniskusquetschung, und so weiter. Er hat den Giro 1997 verloren, weil eine schwarze Katze vor ihm die Straße überquerte. Im Oktober 1995 brach er sich bei einer fast tödlichen Trainingsfahrt viele Knochen. Gestern feierte er seine Wiedergeburt als Rennfahrer. Doch das ist kein Wunder, sondern vielmehr eine außergewöhnliche Lektion in Beharrlichkeit, Mut und Größe, die uns ein ebenso verrückter wie menschlicher Champion erteilt, dessen Charisma und Genialität die Legende des einsamen Kletterers wieder aufleben lassen. Marco Pantani greift 5,5 Kilometer vor dem Gipfel des Galibier an, also 48 Kilometer vor Les Deux-Alpes, und was dann geschieht, wird auf ewig in goldener Schrift in den Geschichtsbüchern der Tour de France stehen. Er fährt die leichteste Maschine des Pelotons: Der Bianchi-Rahmen wiegt nur ein Kilo. Zum ersten Mal getestet hat er sein Rad vor einem Monat in den Dolomiten, als er beim Giro triumphierte. Einen nach dem anderen kassiert er die sechs frühen Ausreißer und überquert als Erster den Galibier, wo Jan Ullrich bereits einen Rückstand von knapp drei Minuten hat. Bei der Abfahrt nimmt sich der Italiener sogar die Zeit, in aller Ruhe seine Regenjacke überzuziehen, wodurch Escartin, Serrano, Rinero, Jimenez und sein Freund Massi wieder herankommen. Der Casino-Mann unterstützt seinen Landsmann von Mercatone Uno ganz offen, und mit vereinten Kräften vergrößern sie am Fuße des Anstiegs nach Les Deux-Alpes den Abstand auf das Gelbe Trikot Jan Ullrich, Opfer einer Reifenpanne, auf über vier Minuten. Jetzt fährt Pantani bereits virtuell in Gelb, und auf diesen letzten neun Kilometern Anstieg verliert der Merdinger fast fünf weitere Minuten. Über seinen deutschen Kontrahenten sagt Pantani später: „Seine Stärke war es, seine Gefühle zu unterdrücken. Doch er ist an meiner Leidenschaft zerbrochen.“ Er widmet seinen Erfolg dem vor einem Monat verstorbenen Luciano Pezzi, dem Leiter der legendären Salvarani-Mannschaft, die Felice Gimondi 1965 als letzten Italiener zum Toursieg führte. Luciano Pezzi hat tatsächlich immer an Marco Pantani geglaubt. Er war es auch, der ihm nach seinem schweren Unfall bei Mailand-Turin Mut zugesprochen hatte.

Ullrich hat seine Schwäche von Les Deux-Alpes überwunden, doch er kann Pantani nicht abschütteln. Am Madeleine geben sich die Rivalen einträchtig. Ullrich gewinnt in Albertville, Pantani bleibt in Gelb.

Seit 1965 wartet Felice Gimondi (links) auf seinen Nachfolger. Endlich darf er ihn offiziell küren!

Christophe Rinero ist die Entdeckung dieser Tour. Er wird Vierter, bester Franzose und bester Kletterer.

Mit seinem Husarenritt nach Les Deux-Alpes holt sich Marco Pantani das Gelbe Trikot. Ullrich muss sich geschlagen geben.

1999

Lance ARMSTRONG

Armstrongs zweites Leben

Etappensieg in Sestrières: Lance Armstrong nutzt gleich die erste Alpenetappe für eine hervorragende Einzelaktion. Sein Vorsprung auf Olano im Gesamtklassement erhöht sich auf sechs Minuten. (Foto rechte Seite)

Seit einem Jahr jagt eine Doping-Affäre die nächste. Als die Tour-Teilnehmer sich am Start in Puy-du-Fou in der Vendée einfinden, steht alles noch unter dem Schock des Festina-Skandals. Der Radsport steckt in einer tiefen Krise: Marco Pantani, der letztes Jahr wie der Retter in der Not erschien, ist wegen einer höchst verdächtigen Blutprobe vom Giro d'Italia ausgeschlossen worden und auch jetzt nicht dabei. Längst stehen nicht mehr nur die üblichen Einsätze der Tour auf dem Spiel, nein, die Zukunft des gesamten Radsports hängt an einem seidenen Faden! Sogar die Idee, das ganze Rennen auszusetzen, steht im Raum. Es herrscht totaler Aufruhr zwischen denen, die es allzu eilig haben, schon jetzt eine innere Läuterung zu beschwören, und jenen, die dieses verheerende Treiben einfach nicht lassen können. Jüngste Besonderheit: Haben die Veranstalter eben noch einige personae non gratae abgelehnt - unter anderem Richard Virenque, der das Dopingphänomen in ihren Augen geradezu verkörpert - so erzwingt die UCI jetzt deren Wiederaufnahme, wenn auch mehr aus formalrechtlichen als aus sachlichen Gründen. Überdies ist das Rennen alles andere als spannend. Jan Ullrich fehlt nach einem Sturz bei der deutschland tour. Zum ersten Mal seit 1926 gewinnt kein einziger Franzose eine Etappe. Die erwähnenswerten Ereignisse der ersten Woche lassen sich in sieben Massensprints zusammenfassen, von denen vier hintereinander von Mario Cipollini entschieden werden. Die Etappe Laval-Blois gewinnt er mit einem neuen Rekordschnitt von 50,355 km/h.

Der restliche Tourverlauf ist eine One-Man-Show von Lance Armstrong. Der holt sich das Gelbe Trikot, das er nach dem Prolog angezogen und eine Etappe später an Kirsipuu weitergegeben hat, nach dem Zeitfahren in Metz wieder zurück und nimmt anschließend mit atemberaubender Leichtigkeit die schwierige Alpen-Etappe nach Sestrières mit ihren vielen Pässen, um am Ende sogar die besten Kletterer abzuhängen! Wahrlich beeindruckend ist die wundersame sportliche Wandlung, die er mit 27 Jahren nach seiner schweren Krankheit vollzogen hat. Beim Zeitfahren ist er unantastbar geworden, nicht ein einziger Fehler unterläuft ihm. Angesichts einer so eklatanten Dominanz wird das Gelbe Trikot zunehmend von Zweifeln und Misstrauen verfolgt. Diese Tour ist in zwei Gruppen gespalten - er und die anderen. Nur der Schweizer Alex Zülle hält mehr oder minder den Erwartungen stand, aber der Massensturz auf der berühmt-berüchtigten Passage du Gois hat auch ihn mehr als sechs Minuten gekostet. Neun Jahre nach dem dritten und letzten Sieg seines Landsmannes Greg LeMond und nur zwei Jahre nach seiner Krebsdiagnose gewinnt der einst todgeweihte Mann die Tour de France. Das Comeback des Jahrhunderts!

GESAMTKLASSEMENT

1. **Lance ARMSTRONG** (USA, US Postal), 91 Std. 32'16''
2. **Alex ZÜLLE** (SUI, Banesto), 7'37''
3. **Fernando ESCARTIN** (ESP, Kelme), 10'26''
4. Laurent DUFAUX (SUI, Saeco), 14'43''
5. Angel Luis CASERO (ESP, Vitalicio Seguros), 15'11''
6. Abraham OLANO (ESP, Once), 16'47''
7. Daniele NARDELLO (ITA, Mapei), 17'2''
8. Richard VIRENQUE (FRA, Polti), 17'28''
9. Wladimir BELLI (ITA, Festina), 17'37''
10. Andrea PERON (ITA, Once), 23'10''
11. Kurt VAN DE WOUWER (BEL, Lotto), 23'32'' ;
12. David ETXEBARRIA (ESP, Once), 26'41''
13. Tyler HAMILTON (USA, US Postal), 26'53''
14. Stéphane HEULOT (FRA, La française des jeux), 27'58''
15. Roland MEIER (SUI, Cofidis), 28'44''
16. Benoît SALMON (FRA, Casino), 28'59''
17. Alberto ELLI (ITA, Deutsche Telekom), 33'39''
18. Paolo LANFRANCHI (ITA, Mapei), 34'14''
19. Carlos CONTRERAS (COL, Kelme), 34'53''
20. Georg TOTSCHNIG (AUT, Deutsche Telekom), 37'10''

86. TOUR DE FRANCE: 20 ETAPPEN – 3.687 KILOMETER

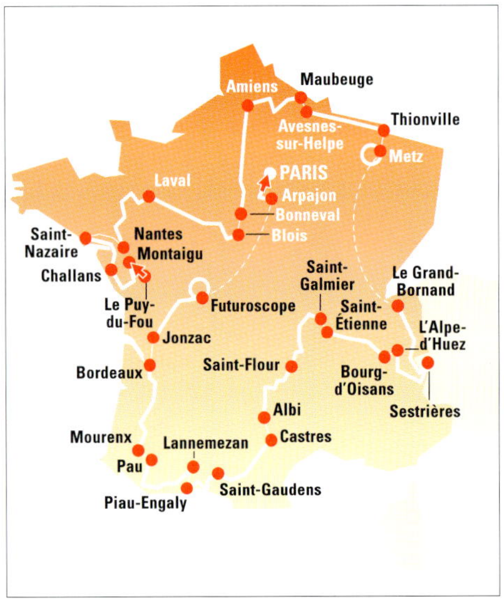

			Etappen	Etappensieger	Gelbes Trikot
Prolog	Samstag 3. Juli	**6,8 km**	Le Puy-du-Fou – Le Puy-du-Fou (EZF)	L. Armstrong (USA)	L. Armstrong
1. Etappe	Sonntag 4. Juli	**208 km**	Montaigu – Challans	J. Kirsipuu (EST)	L. Armstrong
2. Etappe	Montag 5. Juli	**176 km**	Challans – Saint-Nazaire	T. Steels (BEL)	J. Kirsipuu
3. Etappe	Dienstag 6. Juli	**194,5 km**	Nantes – Laval	T. Steels (BEL)	J. Kirsipuu
4. Etappe	Mittwoch 7. Juli	**191 km**	Laval – Blois	M. Cipollini (ITA)	J. Kirsipuu
5. Etappe	Donnerstag 8. Juli	**233,5 km**	Bonneval – Amiens	M. Cipollini (ITA)	J. Kirsipuu
6. Etappe	Freitag 9. Juli	**171,5 km**	Amiens – Maubeuge	M. Cipollini (ITA)	J. Kirsipuu
7. Etappe	Samstag 10. Juli	**227 km**	Avesnes-sur-Helpe – Thionville	M. Cipollini (ITA)	J. Kirsipuu
8. Etappe	Sonntag 11. Juli	**56,5 km**	Metz – Metz (EZF)	L. Armstrong (USA)	L. Armstrong
9. Etappe	Dienstag 13. Juli	**213,5 km**	Le Grand-Bornand – Sestrières (ITA)	L. Armstrong (USA)	L. Armstrong
10. Etappe	Mittwoch 14. Juli	**220,5 km**	Sestrières (ITA) – L'Alpe-d'Huez	G. Guerini (ITA)	L. Armstrong
11. Etappe	Donnerstag 15. Juli	**198,5 km**	Bourg-d'Oisans – Saint-Étienne	L. Dierckxsens (BEL)	L. Armstrong
12. Etappe	Freitag 16. Juli	**201,5 km**	Saint-Galmier – Saint-Flour	D. Etxebarria (ESP)	L. Armstrong
13. Etappe	Samstag 17. Juli	**236,5 km**	Saint-Flour – Albi	S. Commesso (ITA)	L. Armstrong
14. Etappe	Sonntag 18. Juli	**199 km**	Castres – Saint-Gaudens	D. Konyshev (RUS)	L. Armstrong
15. Etappe	Dienstag 20. Juli	**173 km**	Saint-Gaudens – Piau-Engaly	F. Escartin (ESP)	L. Armstrong
16. Etappe	Mittwoch 21. Juli	**192 km**	Lannemezan – Pau	D. Etxebarria (ESP)	L. Armstrong
17. Etappe	Donnerstag 22. Juli	**200 km**	Mourenx – Bordeaux	T. Steels (BEL)	L. Armstrong
18. Etappe	Freitag 23. Juli	**187 km**	Jonzac – Futuroscope	G.P. Mondini (ITA)	L. Armstrong
19. Etappe	Samstag 24. Juli	**57 km**	Futuroscope – Futuroscope (EZF)	L. Armstrong (USA)	L. Armstrong
20. Etappe	Sonntag 25. Juli	**143,5 km**	Arpajon – Paris Champs-Élysées	R. McEwen (AUS)	L. Armstrong

UNITED STATES POSTAL SERVICE
CREDIT LYONNAIS

Mit seiner sensationellen Rückkehr in die vorderste Reihe des Spitzensports verkörpert Lance Armstrong eine Botschaft der Hoffnung. Seine Geschichte ist kein Roman - sie ist echt.

Das Comeback des Jahrhunderts

LYON. Vor unserem geistigen Auge sind wir alle schon einmal in Neil Armstrongs Fußstapfen auf dem Mond getreten, haben wir alle schon mal die Knöpfe von Louis Armstrongs Trompete gedrückt. Aber keiner von uns hat jemals den Pulsschlag von Lance gespürt. Auf der Odyssee der Menschheit durch die Evolution haben die Armstrongs, jeder auf seine Art, Spuren in unserem kollektiven Gedächtnis hinterlassen - einen Fußabdruck auf dem Mond, eine zeitlose Musik oder den Sieg eines Menschen über sich selbst. Der Triumph von Armstrong Nummer drei fällt dabei in die Kategorie Wunder, und das meint nicht nur Wunder der Medizin. Bei der Weltmeisterschaft 1993 hat dieser Kerl mit seinen jungen 21 Jahren den Regenbogen in Form des Siegertrikots vom grauen Osloer Himmel geholt, im Juli 1995 rührte er uns zu Tränen, als er bei seinem Etappensieg in Limoges um Fabio Casartelli weinte, der drei Tage zuvor auf den Serpentinen des Portet-d'Aspet sein Leben gelassen hatte; und im November 1996 weinten wir dann seinetwegen, als der Krebs und die Chemotherapie ein Häufchen Elend aus ihm gemacht hatten. Am Ende hat er die bösen Mächte des Schicksals besiegt. Auf, Bruder, zur Sonne, zum Licht, zum Leben! Lance Armstrong ist die Antwort für all diejenigen, die zu verzagen drohen, eine stumme Aufforderung, das scheinbar Unvermeidliche nicht einfach als gegeben hinzunehmen.

Wer das Privileg hatte, seinen Werdegang zu verfolgen, weiß, was Armstrong Großes geleistet hat. Da ist zuallererst seine Mutter Linda, die mit 17 Jahren schwanger mit ihm wurde. Sein leiblicher Vater war früh vergessen. Linda ist jetzt 45 und hat immer zu ihm gehalten. „Er wusste immer, was er wollte." Sie entfachte seine Begeisterung für das Laufen in der flachen Gegend um die texanische Kleinstadt Plano, sah mit an, wie er früher als die anderen an sportlichem Format gewann. „Durch Freunde ist er zum Schwimmen gekommen, deshalb hat er solche Schultern", lächelt sie. Für den Triathlon, der seine erste Leidenschaft werden sollte, fehlte also nur noch eine Komponente... „Sein erstes Rad hat er mit 16 von seinem Taschengeld gekauft. Für die Uni war er nicht geschaffen, das war klar, ausschließlich für den Sport!" Armstrong Junior wurde Profi-Triathlet, mit allem drum und dran. Er schien die Kraft der drei Herzen zu haben, als wäre er damals schon leidensfähiger gewesen als andere, um sich dann 1989 mit 19 Jahren nur noch auf eins zu konzentrieren. Er schloss sich dem neuen Amateur-Team Montgomery an. „Entdeckt habe ich ihn ein Jahr später, bei der Tour DuPont", erinnert sich Jim Ochowicz, damals Sportlicher Leiter von Seven-Eleven, dem ersten amerikanischen Profi-Team, das jenseits des Atlantik antrat. „Lance hatte in jenem Jahr nichts Besonderes geleistet, aber sein kämpferisches Temperament hat mir gefallen."

„Aus mir wird der erste Lance Armstrong"

Ochowicz gehörte zu den Pionieren, die das Abenteuer wagten und mit ihren Mannschaften außerhalb Amerikas Rennen fuhren. Armstrong war seinerzeit ein Draufgänger mit langen Haaren und nicht minder selbstbewusst als heute. Unserem amerikanischen Kollegen Sam Abt von der Herald Tribune antwortete er einst unverblümt: „Nein, ich werde nicht der nächste Greg LeMond sein. Aus mir wird der erste Lance Armstrong." Dieser Bursche war bereit, ins kalte Wasser zu springen. Dass er schwimmen und nicht untergehen würde, dessen war er sich sicher. „Er wollte Profi werden, das konnte man in seinen Augen lesen." Nach der Unterzeichnung eines Vertrages über 10.000 Francs pro Monat am Rande der Weltmeisterschaft 1991 in Stuttgart war der große Sprung nur noch eine Frage der Zeit. Tatsächlich begann bereits ein Jahr später seine Karriere als Profirennfahrer mit dem Start bei der Clásica San Sebastián. Es war ein Fiasko. Er belegte den einhundertelften Platz der baskischen Rundfahrt, kurzum: den letzten. Jeder andere hätte seine Schmach offen gezeigt. „Lance hingegen hat sich aufgeplustert", erinnert sich Ochowicz, „und überall herumerzählt, dass er ihnen das nächste Mal den Marsch blasen würde." Anschließend gewann der von seiner Niederlage ganz benommene Bengel den ersten Abschnitt der vierten Etappe der Galizien-Rundfahrt und wurde elf Tage später hinter Ekimov Zweiter beim Championnat von Zürich. Da musste Ochowicz sich erst einmal setzen. Der Kerl hatte erst zwölf Erfolge hinter sich, davon sieben in seiner weit entfernten Heimat, als er seine erste Profi-Weltmeisterschaft fuhr - und gewann! Stolz legte Armstrong bei den ersten Takten der amerikanischen Nationalhymne die Hand aufs Herz, als er in Oslo im Regenbogentrikot auf dem Siegerpodest stand, zwischen Miguel Indurain und Olaf Ludwig.

Nach seinem sensationellen Tour-Etappensieg 1993 legte Armstrong dann 1996 so richtig los. Er stellte nicht nur mit seinen fünf Etappensiegen und dem Sieg im End-

Beim Zeitfahren im Futuroscope gewinnt Armstrong mit neun Sekunden vor Zülle. Mit diesem vierten Etappensieg am Tag vor der Zielankunft in Paris zementiert Armstrong seinen Toursieg endgültig. (Foto rechts)

CREDIT LYONNAIS
MAVIC
TREK
TREK
TREK

Seit dem 5. Juli 1996 war Lance Armstrong nicht mehr dabei. Dass er ins Leben und zur Tour zurückgefunden hat, sollte allen kranken Menschen Mut machen: Das Schicksal ist besiegbar.

klassement der Tour DuPont seine Ansprüche klar, sondern rückte mit seinem Erfolg beim Wallonischen Pfeil und vier Tage später mit einem herausragenden zweiten Platz bei Lüttich-Bastogne-Lüttich unter die großen Champions seiner Zeit. Im August wurde er jeweils Vierter bei den beiden Weltcuprennen Wincanton Classic und Grand Prix Suisse, bevor er schließlich die Holland-Rundfahrt als Zweiter beendete (31. August). Tags darauf fuhr er am Hinterrad von Chris Boardman ins Ziel, der nicht nur diesen Grand Prix Eddy Merckx gewann, sondern fünf Tage später auch noch einen neuen Stundenrekord aufstellte. Das war natürlich alles kein Zufall. Armstrong plante voraus, ohne an sich zu zweifeln. Er ahnte ja nicht, was auf ihn zukam...

Als Doktor Reeves den jungen Mann am Nachmittag des 2. Oktober 1996 empfing, kam er ohne Umschweife zur Sache. Mit festem Blick teilte ihm der Urologe des Saint-David-Krankenhauses in Austin das Laborergebnis mit: Hodenkrebs. Eine Stunde, bevor Armstrong die Praxis betreten hatte, war er noch sechsbester Radrennfahrer der Welt und lediglich etwas beunruhigt, weil er ab und zu Blut hustete. Drei Wochen zuvor hatte er einen lukrativen Vertrag bei Cofidis unterzeichnet und stand in der Blüte seines Lebens. „Ich dachte, ich sterbe.“ In seiner Galaxie hatte sich plötzlich ein schwarzes Loch aufgetan, dessen gieriger Schlund seine ganze Energie mit einem Mal absorbierte. Nach der ersten Diagnose standen seine Überlebenschancen „fifty-fifty“. Gleich am nächsten Tag wurde ihm die befallene Hode in einer zweistündigen Operation entfernt. Aber der Krebs hatte schon gestreut. Unterleib, Nieren, Lunge - sein ganzer Körper war voller Metastasen. Und dann waren da noch diese zwei Schatten auf der Röntgenaufnahme seines Hirns. Oft hat er gesagt: „Nur wer so etwas durchgemacht hat, weiß, was da in einem vorgeht.“ Was folgte, war das reinste Martyrium. Chemotherapie-Sitzungen in Indianapolis, vier Wochen Folter auf drei Monate verteilt. Schweißkalte Nächte, in denen er gegen den Schlaf kämpfte, aus Angst, nie wieder aufzuwachen. Sein einst so stolzer Körper trocknete zunehmend aus und fiel in sich zusammen. Diese endlosen Tage, an denen die Uhren still zu stehen schienen. Die immer gespenstischer werdende Haut, das Ausfallen der Haare und diese schrecklichen Brechanfälle, die seinen Körper schüttelten, bis nur noch Galle kam - und vor allem die ständige Todesperspektive, die wie ein Damoklesschwert über ihm hing. Aber Armstrong ließ nicht den Kopf hängen, auch wenn es einige Wochen brauchte, bis er sich in seinen schweißgetränkten Laken nicht mehr vor Angst verkrampfte und zu kämpfen begann. Das „Warum ich?“ wich allmählich einem „Warum

Cippolini in Thionville: Sein vierter Etappensieg in Folge! Wie 1930 Charles Pélissier, 1909 François Faber und 1906 René Pottier.

Dritter Etappensieg für Steels! Einziger Gegner auf den letzten 200 Metern in Bordeaux war Cipollini.

Giuseppe Guerini gewinnt in L'Alpe-d'Huez, nachdem er kurz vor dem Ziel zu Fall gebracht wurde.

Auf der berüchtigten Passage du Gois schlägt das Pech richtig zu: Durch einen Massensturz werden gleich mehrere Favoriten empfindlich zurückgeworfen, darunter auch Zülle, Boogerd, Gotti und Rinero.

eigentlich nicht ich?“ Nach der ersten Phase der erdrückenden Resignation vor der statistischen Schreckensrealität wehrte er sich alsbald mit Händen und Füßen gegen die passive Hinnahme seines Todesurteils. Louis Armstrong hatte nie ein Requiem gespielt, und Neil Armstrong war aus der Dunkelheit des Alls wohlbehalten zurückgekehrt. Lance war fest entschlossen, aus dem Labyrinth seiner finsteren Nächte wieder herauszufinden.

Plötzlich war er nicht mehr einfach nur der rekonvaleszente Kranke mit behäbigen Bewegungen, der seine Narben unter einer Baseballmütze versteckte: Sein angegriffenes Herz hatte wieder für das Leben zu schlagen begonnen. Anfang 1997 fühlte er sich von allen allein gelassen, sein Vertrag mit Cofidis wurde „überarbeitet“, und vielleicht hatte er zu diesem Zeitpunkt schon mit dem Profisport abgeschlossen. Er begann, Golf zu spielen, kümmerte sich wieder um seine Harley-Davidson, machte Ausflüge mit seinem kleinen Motorboot auf dem Colorado River und spekulierte per Internet an der Börse. Investierte Zeit und Geld in die Stiftung, die er für krebskranke Kinder gegründet hatte und organisierte ein Wohltätigkeits-Radrennen, das Ride for the Roses, das letzten Mai sage und schreibe 1,1 Millionen Dollar einbrachte. Vor allem aber warf er sich voll ins Leben, in dieses Leben, „in dem man immer an der Schwelle zum Tod steht.“ Mehr als anderthalb Jahre - genau gesagt waren es 518 Tage - hinterfragte Armstrong Leben und Untergang, bevor er im Februar 1998 wieder auftauchte und an der Ruta del Sol teilnahm. Dass er Fünfzehnter wurde, war schon ein kleines Wunder, das sich zehn Tage später allerdings in eine Fata Morgana verwandelte, als er bei Paris-Nizza aus unerklärlichen Gründen schon bei der ersten Etappe aufgeben musste. „Keine Ahnung, mein Kopf hat nicht mitgemacht an dem Tag“, erklärte er später. „Der Mensch Armstrong ist wieder erstarkt, aber der Champion Armstrong ist noch wacklig.“ Einmal mehr zog er sich in sein texanisches Domizil zurück, um sich zu „regenerieren“, und ganz sicher haben die wenigen Menschen, die sich seiner angenommen haben, ihm geholfen, die Durststrecke zwischen Zweifel und Zuversicht hinter sich zu bringen: Ochowicz, sein erster Trainer Carmichael, seine Mutter Linda und seine Frau Kristin, die er im Mai 1998 ehelichte und die ihm in drei Monaten ein Kind schenken wird.

Just do it...

Armstrong hatte also den Faden seines Lebens wieder dort aufgenommen, wo er ihn hatte fallen lassen, und nahm seine Zukunft in die Hand. Bestärkt wurde er durch seine Siege bei der Tour du Luxemburg und der Rheinland-Pfalz-Rundfahrt. Auch bei der Vuelta sowie beim Straßenrennen und Zeitfahren der Weltmeisterschaften (er wurde jeweils Vierter) lief es ordentlich. Und dann der erste Toursieg... Der Schlüssel zu diesem sagenhaftesten Comeback in der Geschichte des Sports? Armstrong verließ sich ganz auf seine Besessenheit. Er ist der Erste, der sich zwei Wochen ausgeklinkt hat, um zwölf der Etappen der Tour-de-France zu erkunden. Das war letzten Mai. Er ist wahrscheinlich auch der Erste, der fest daran glaubt, dass man nach überstandener Krebskrankheit noch stärker ist als vorher. Nichts spricht daher stärker die Gefühle an als die jüngste Kampagne eines amerikanischen Ausrüsters: Während Armstrong sich wieder auf den Straßen verausgabt, läuft über die Fernseher der Text „Nach den Statistiken über Krebskranke ist Lance Armstrong nicht mehr am Leben. Er wird die Tour de France niemals gewinnen.“ Gefolgt von einem prägnanten „Just do it“. Ja, Lance Armstrong „just did it“, er hat es einfach getan. Er hat nicht nur vier Etappen gewonnen und einen Platz unter den Sternen eingenommen und allen Todkranken dieser Erde Hoffnung gemacht, nein, er hat vor allem den schwarzen Drachen unserer irdischen Existenz besiegt. Weil das Unmögliche möglich wurde, weil sein unglaublicher Weg, so schloss er nüchtern, „eine wahre Geschichte ist“. Neun Jahre nach dem dritten und letzten Sieg seines Landsmannes Greg LeMond und nur zweieinhalb Jahre nach seiner Krebsdiagnose hat Armstrong die Tour de France gewonnen. Wirklich das Comeback des Jahrhunderts!

In Sestrières gewinnt Lance Armstrong seine erste Bergetappe.

2000

Lance ARMSTRONG

Chronik eines angekündigten Sieges

Mit einem Rekordschnitt von 53,986 km/h gewinnt Lance Armstrong das Einzelzeitfahren nach Mulhouse gegen den starken Spezialisten Jan Ullrich. Beeindruckend! (Foto rechte Seite)

Um die Jahrtausendwende würdig zu begehen, hätte man sich vorstellen können, die Tour in New York oder an vergleichbarer Stelle zu starten und quer über den Globus zu führen; aber das wäre sicher ein bisschen übertrieben gewesen. So versammelt sich der Tross, quasi als Zugeständnis an die Zukunft, immerhin im Vergnügungspark Futuroscope bei Poitiers. Ansonsten bleibt die Tour 2000 ihrem traditionellen Streckenverlauf treu und beehrt einmal mehr den Ventoux, den Izoard und den Galibier. Was die Doping-Eskapaden der letzten Jahre angeht, scheinen sich die Gemüter wieder etwas beruhigt zu haben. Mit einer ungewöhnlichen Maßnahme des Internationalen Radsportverbandes kehrt die Hoffnung auf Chancengleichheit wieder zurück: Die bei den Dopingkontrollen entnommenen Urinproben der Fahrer werden nunmehr eingefroren. Analysiert werden sie dann später, sobald die neue Nachweismethode für das Blutmittel EPO als ausreichender Beweis für einen positiven Dopingfall offiziell anerkannt ist. Diese vor allem als Abschreckung gedachte Maßnahme lässt so manchen wieder von einer Tour „wie früher" träumen, ohne all die Negativschlagzeilen. Jedenfalls wird bei dieser Tour wie wild ausgerissen, und dem Niederländer Erik Dekker gelingt ein beeindruckendes Etappensieg-Triple. Im Wesentlichen aber besiegelt Lance Armstrong nach der Hälfte der Tour souverän seinen zweiten Triumph. Wie im Vorjahr schlägt er bereits bei der ersten Bergetappe zu und übertrifft bei der Ankunft in Hautacam mit der charakteristischen hohen Trittfrequenz mal wieder alle Kletterer - Jimenez, Virenque, Zülle und selbst Pantani! Nur einer, der Spanier Javier Otxoa, letzter Mohikaner einer langen Flucht durch Kälte, Nebel und Regen, kann mithalten und holt sich wenigstens den Etappensieg. Beim Anstieg zum berüchtigten Ventoux erleben wir ein Duell zwischen dem führenden Amerikaner und seinem Rivalen Pantani. Zwar darf dieser die Etappe gewinnen, aber es ärgert ihn gewaltig, nur ein Sieger in Armstrongs Gnaden zu sein. Er rächt sich mit einem heftigen Angriff bei der 15. Etappe, wo er den Galibier und den Madeleine meisterhaft bezwingt und sich so in Courchevel den Etappensieg sichert. Richard Virenque löst ihn ab und gewinnt die Etappe in Morzine. Man ist fast beruhigt zu sehen, dass Lance Armstrong, den die Alpen offenbar stark beanspruchen, doch nur ein Mensch zu sein scheint... Leicht erschöpft rettet er seine Ehre mit dem letzten Zeitfahren von Freiburg nach Mulhouse. Im Gesamtklassement folgt Jan Ullrich mit mehr als sechs Minuten Rückstand - ohne Armstrong auch nur einmal ernsthaft in Bedrängnis gebracht zu haben.

GESAMTKLASSEMENT

1. **Lance ARMSTRONG** (USA, US Postal), 92 Std. 33'8''
2. **Jan ULLRICH** (GER, Deutsche Telekom), 6'2''
3. **Joseba BELOKI** (ESP, Festina), 10'4''
4. Christophe MOREAU (FRA, Festina), 10'34''
5. Roberto HERAS (ESP, Kelme), 11'50''
6. Richard VIRENQUE (FRA, Polti), 13'26''
7. Santiago BOTERO (COL, Kelme), 14'18''
8. Fernando ESCARTIN (ESP, Kelme), 17'21''
9. Francisco MANCEBO (ESP, Banesto), 18'9''
10. Daniele NARDELLO (ITA, Mapei), 18'25''
11. Manuel BELTRAN (ESP, Mapei) 21'11''
12. Pascal HERVE (FRA, Polti), 23'13''
13. Javier OTXOA PALACIOS (ESP, Kelme), 25'
14. Felix Manuel GARCIA CASAS (ESP, Festina), 32'4''
15. Alexander VINOKOUROV (KAZ, Deutsche Telekom), 32'26''
16. Roberto CONTI (ITA, Vini Caldirola), 34'18''
17. Kurt VAN DE WOUWER (BEL, Lotto), 34'29''
18. Guido TRENTIN (ITA, Vini Caldirola), 35'57''
19. Jean-Cyril ROBIN (FRA, Bonjour), 43'12''
20. Geert VERHEYEN (BEL, Lotto), 46'24''

85. TOUR DE FRANCE: 21 ETAPPEN – 3.662 KILOMETER

			Etappen	Etappensieger	Gelbes Trikot
1. Etappe	Samstag 1. Juli	**16,5 km**	Futuroscope – Futuroscope (EZF)	D. Millar (GBR)	D. Millar
2. Etappe	Sonntag 2. Juli	**194 km**	Futuroscope – Loudun	T. Steels (BEL)	D. Millar
3. Etappe	Montag 3. Juli	**161,5 km**	Loudun – Nantes	T. Steels (BEL)	D. Millar
4. Etappe	Dienstag 4. Juli	**70 km**	Nantes – Saint-Nazaire (MZF)	Once Deutsche Bank	L. Jalabert
5. Etappe	Mittwoch 5. Juli	**202 km**	Vannes – Vitré	M. Wüst (GER)	L. Jalabert
6. Etappe	Donnerstag 6. Juli	**198,5 km**	Vitré – Tours	L. Van Bon (HOL)	A. Elli
7. Etappe	Freitag 7. Juli	**205,5 km**	Tours – Limoges	C. Agnolutto (FRA)	A. Elli
8. Etappe	Samstag 8. Juli	**203,5 km**	Limoges – Villeneuve-sur-Lot	E. Dekker (HOL)	A. Elli
9. Etappe	Sonntag 9. Juli	**181 km**	Agen – Dax	P. Bettini (ITA)	A. Elli
10. Etappe	Montag 10. Juli	**205 km**	Dax – Lourdes-Hautacam	J. Otxoa Palacios (ESP)	L. Armstrong
11. Etappe	Dienstag 11. Juli	**218,5 km**	Bagnères-de-Bigorre – Revel	E. Dekker (HOL)	L. Armstrong
12. Etappe	Donnerstag 13. Juli	**149 km**	Carpentras – Mont Ventoux	M. Pantani (ITA)	L. Armstrong
13. Etappe	Freitag 14. Juli	**185,5 km**	Avignon – Draguignan	V. Garcia-Acosta (ESP)	L. Armstrong
14. Etappe	Samstag 15. Juli	**249,5 km**	Draguignan – Briançon	S. Botero (COL)	L. Armstrong
15. Etappe	Sonntag 16. Juli	**173,5 km**	Briançon – Courchevel	M. Pantani (ITA)	L. Armstrong
16. Etappe	Dienstag 18. Juli	**196,5 km**	Courchevel – Morzine	R. Virenque (FRA)	L. Armstrong
17. Etappe	Mittwoch 19. Juli	**155 km**	Évian – Lausanne (SUI)	E. Dekker (HOL)	L. Armstrong
18. Etappe	Donnerstag 20. Juli	**246 km**	Lausanne – Freiburg im Breisgau	S. Commesso (ITA)	L. Armstrong
19. Etappe	Freitag 21. Juli	**58,5 km**	Freiburg im Breisgau – Mulhouse (EZF)	L. Armstrong (USA)	L. Armstrong
20. Etappe	Samstag 22. Juli	**254,5 km**	Belfort – Troyes	E. Zabel (GER)	L. Armstrong
21. Etappe	Sonntag 23. Juli	**138 km**	Paris – Paris Champs-Élysées	S. Zanini (ITA)	L. Armstrong

Nachdem er erneut von Lance Armstrong geschlagen wurde, erkennt Jan Ullrich die Überlegenheit seines Rivalen an. Der Realist und faire Gegner akzeptiert seine Niederlage und bedauert lediglich, den Erwartungen seiner Fans nicht gerecht geworden zu sein.

„Armstrong war besser als ich“

MULHOUSE. Er war dem Amerikaner einfach unterlegen und wurde mit 25 Sekunden Rückstand Zweiter beim letzten Wettlauf gegen die Uhr. Aber Ullrich schien mit sich im Reinen: Er hatte alles versucht, um Armstrong in die Knie zu zwingen. „Was das Zeitfahren angeht, habe ich mir nichts vorzuwerfen“, erklärte er, „ich bin so gut gefahren, wie ich konnte. Ich hatte keine Vergleichszeit zu Armstrong, wollte mich damit aber auch nicht belasten. Jedes Mal wenn ich unter den Tafeln mit den Zwischenzeiten durchfuhr, sah ich wohl, dass ich Erster war, aber das Gelbe Trikot war ja noch hinter mir. Ich wusste jedenfalls, was ich zu tun hatte...“

Realist Jan Ullrich wollte vor allem kein Trübsal blasen. Er war lediglich ein bisschen traurig, weil er ausgerechnet in seiner Heimatstadt nicht glänzen konnte. „Das war eines meiner letzten Ziele bei dieser Tour de France. Schade, dass ich die Landsleute zu Hause nicht mit einem Sieg erfreuen konnte.“ Von Enttäuschung wollte aber auch sein Sportlicher Leiter Walter Godefroot nicht sprechen. „Wenn wir enttäuscht wären - was sollten dann die anderen sagen?“, lachte er. „Im Ernst - wir können nicht den Kopf hängen lassen. Ich habe es schon hundertmal wiederholt: Diesen Tag sollte man als Duell zwischen Jan und Armstrong zusammenfassen. Pro Kilometer waren die beiden nur Zehntelsekunden auseinander: Armstrong war eben einen Tick schneller als Jan. Die beiden sind ebenbürtig, heute waren sie wirklich nicht viel auseinander.“ Später wird der Belgier zugeben, dass er lange davon überzeugt war, sein Schützling könne dieses Zeitfahren gewinnen, „weil Jan bei dieser prestigeträchtigen Etappe außerordentlich motiviert war.“ Im deutschen Lager fragten sich manche, was angesichts der zunehmend guten Form von Jan Ullrich in diesen letzten Tagen wohl passiert wäre, wenn die Tour noch ein bisschen länger gedauert hätte. Ullrich schlug solche Spekulationen jedoch gelassen in den Wind: „Die Tour de France dauert drei Wochen“, sagte er, „und man muss am entscheidenden Tag X eben auf der Höhe sein. Das hat Lance heute mit seiner Superleistung bewiesen, und daher gibt es wirklich keinen Grund zu lamentieren.“

Auch Rudy Pevenage, der andere sportliche Leiter vom Team Telekom, konnte Armstrongs Überlegenheit nur anerkennen: „25 Sekunden ist nicht viel, aber sonst gibt es dazu wirklich nichts zu sagen. Natürlich hatte Lance einen kleinen Vorteil dadurch, dass er nach Jan starten konnte. So war er über dessen Zeiten immer im Bilde. Aber das kann keinesfalls eine Entschuldigung sein.“

1

2

1 Der vielversprechende junge Schotte und Prolog-Sieger David Millar liest im Tour-Dorf über den EM-Erfolg der französischen Fußball-Nationalmannschaft.

2 Once hat das Mannschaftszeitfahren gewonnen, daher geht das Gelbe Trikot an Laurent Jalabert.

3 Drei Jahre nach seinem Erfolg in Courchevel wirft Etappensieger Richard Virenque auf der Ziellinie in Morzine seinen Fans einen Siegesgruß zu. Die Revanche ist geglückt.

4 Wie schon so oft hat der Anstieg zum Ventoux große Champions gekürt: hier Armstrong und Pantani. Die Legende lebt weiter.

5 und 6 Kurz vor der Bergankunft in Hautacam hat Armstrong die illustre Spitzengruppe um Virenque, Escartin und Jimenez (v.l.n.r.) eingeholt. Dann hängt er sie mit einem schnellen Antritt ab.

7 Beeindruckend, Lance Armstrong! Zum zweiten Mal gewinnt er die Tour de France, genauso unangefochten wie im Vorjahr. Besonders in Hautacam hat er seine Gegner in die Schranken gewiesen - in der Wetterhölle der Pyrenäen.

3

4

5

6

7

2001

Lance ARMSTRONG

Armstrongs Monopol

Luz-Ardiden: Der Baske Laiseka gewinnt die Etappe. Dahinter wird Jan Ullrich von Lance Armstrong in Schach gehalten. Spätestens jetzt weiß Ullrich, dass er die Tour de France verloren hat. Resigniert, aber anerkennend reicht er Armstrong die Hand. (Foto rechte Seite)

Respektvoll drückt Lance Armstrong seinem Herausforderer Jan Ullrich in Luz-Ardiden die Hand. Seit seinem Sieg 1997 war Ullrich nicht mehr so stark wie jetzt. Und doch scheint die Tour mal wieder gelaufen. Wie üblich vernichtet Armstrong bereits mit der ersten Bergetappe jegliche Hoffnung auf ein spannendes Rennen. Dass er am Col de Glandon deutlich zu leiden scheint - alles nur Bluff! Als es nach L'Alpe-d'Huez hinaufgeht, zieht der Amerikaner plötzlich davon, nicht ohne sich noch einmal umzuschauen und seinem Rivalen Ullrich einen bedeutungsvollen Blick zuzuwerfen - was von einem Teil der Zuschauer als Anflug von Arroganz gewertet wird. Seine Gegner sind jedoch einfach eine Klasse schwächer: Jan Ullrich kommt 1'59'' und der Spanier Joseba Beloki mehr als zwei Minuten später an! In der gleichen Reihenfolge fahren sie auch am nächsten Tag beim Bergzeitfahren von Chamrousse und später in Saint-Lary-Soulan ins Ziel. Armstrong muss sich jedoch noch etwas gedulden, bevor er sich „seines" Trikots endlich bemächtigen darf. An einem verregneten Sonntag auf dem Weg nach Pontarlier nämlich, unweit der Alpen, hat sich ein unglaubliches Szenario abgespielt: Mit mehr als einer halben Stunde Vorsprung kommt eine 14-köpfige Ausreißergruppe ins Ziel, während die Favoriten im Feld wie begossene Pudel klein beigeben müssen! Nur eine Sonderklausel im Reglement verhindert, dass sie wegen Überschreitung des Zeitlimits ausscheiden. Zunächst fährt Stuart O'Grady in Gelb, aber große Nutznießer dieser sensationellen Flucht sind François Simon, der das Maillot Jaune von den Alpen bis zum Fuße der Pyrenäen trägt, sowie der Kasache Andrej Kivilev, der sich als überraschend starker Kletterer entpuppt und bei dem man sich fragt, ob er der Walkowiak von heute wird. Aber Armstrong gibt seine Monopolstellung nicht auf (drei von fünf Bergetappen und das große Zeitfahren) und gewinnt seine dritte Tour de France in Folge mit unangefochtener Autorität. Das heiße Duell der Sprinter Erik Zabel und Stuart O'Grady entscheidet der Berliner hauchdünn für sich und holt sich sein sechstes Grünes Trikot - Rekord! Der eigentliche Star dieser Tour ist jedoch Laurent Jalabert, dieses Jahr in Höchstform: Er siegt beim Sprint in Verdun, begeistert am 14. Juli mit einem wunderschönen Etappensieg in Colmar und verdient sich den Titel des besten Kletterers spätestens mit seinem Husarenritt durch die Pyrenäen. Ganz Frankreich steht Kopf!

Das Gepunktete Trikot, das der gesperrte Richard Virenque sicherlich gerne für sich beansprucht hätte, steht „Jaja" gut zu Gesicht!

GESAMTKLASSEMENT

1. **Lance ARMSTRONG** (USA, US Postal), 86 Std. 17'28''
2. **Jan ULLRICH** (GER, Deutsche Telekom), 6'44''
3. **Joseba BELOKI** (ESP, Once-Eroski), 9'5''
4. Andrej KIVILEV (KAZ, Cofidis), 9'53''
5. Igor ALVARO GONZALEZ DE GALDEANO (ESP, Once-Eroski), 13'28''
6. François SIMON (FRA, Bonjour), 17'22''
7. Oscar SEVILLA (ESP, Kelme-Costa Blanca), 18'30''
8. Santiago BOTERO (COL, Kelme-Costa Blanca), 20'55''
9. Marcos SERRANO (ESP, Once-Eroski), 21'45''
10. Michael BOOGERD (HOL, Rabobank), 22'38''
11. Didier ROUS (FRA, Bonjour), 24'22''
12. Inigo CHAURREAU (ESP, Euskatel), 28'9''
13. Francisco MANCEBO (ESP, ibanesto.com), 28'33''
14. Stefano GARZELLI (ITA, Mapei), 29'
15. Roberto HERAS (ESP, US Postal), 30'44''
16. Alexandre VINOKOUROV (KAZ, Deutsche Telekom), 33'55''
17. Alexandre BOTCHAROV (RUS, AG2R Prévoyance), 41'15''
18. Bobby JULICH (USA, Crédit Agricole), 48'4''
19. Laurent JALABERT (FRA, CSC-Tiscali), 50'6''
20. Carlos SASTRE (ESP, Once-Eroski), 50'20''

88. TOUR DE FRANCE: 20 ETAPPEN – 3.453 KILOMETER

			Etappen	Etappensieger	Gelbes Trikot
Prolog	Samstag 7. Juli	**8,2 km**	Dünkirchen – Dünkirchen (EZF)	C. Moreau (FRA)	C. Moreau
1. Etappe	Sonntag 8. Juli	**194,5 km**	Saint-Omer – Boulogne-sur-Mer	E. Zabel (GER)	C. Moreau
2. Etappe	Montag 9. Juli	**218,5 km**	Calais – Antwerpen (BEL)	M. Wauters (BEL)	M. Wauters
3. Etappe	Dienstag 10. Juli	**198,5 km**	Antwerpen – Seraing	E. Zabel (GER)	S. O'Grady
4. Etappe	Mittwoch 11. Juli	**215 km**	Huy (BEL) – Verdun	L. Jalabert (FRA)	S. O'Grady
5. Etappe	Donnerstag 12. Juli	**67 km**	Verdun – Bar-le-Duc (MZF)	Crédit Agricole	S. O'Grady
6. Etappe	Freitag 13. Juli	**211,5 km**	Commercy – Straßburg	J. Kirsipuu (EST)	S. O'Grady
7. Etappe	Samstag 14. Juli	**162,5 km**	Straßburg – Colmar	L. Jalabert (FRA)	J. Voigt
8. Etappe	Sonntag 15. Juli	**222,5 km**	Colmar – Pontarlier	E. Dekker (HOL)	S. O'Grady
9. Etappe	Montag 16. Juli	**185 km**	Pontarlier – Aix-les-Bains	S. Ivanov (RUS)	S. O'Grady
10. Etappe	Dienstag 17. Juli	**209 km**	Aix-les-Bains – L'Alpe-d'Huez	L. Armstrong (USA)	F. Simon
11. Etappe	Mittwoch 18. Juli	**32 km**	Grenoble – Chamrousse (EZF)	L. Armstrong (USA)	F. Simon
12. Etappe	Freitag 20. Juli	**166,5 km**	Perpignan – Ax-les-Thermes	F. Cardenas (COL)	F. Simon
13. Etappe	Samstag 21. Juli	**194 km**	Foix – Saint-Lary-Soulan	L. Armstrong (USA)	L. Armstrong
14. Etappe	Sonntag 22. Juli	**141,5 km**	Tarbes – Luz-Ardiden	R. Laiseka (ESP)	L. Armstrong
15. Etappe	Dienstag 24. Juli	**232,5 km**	Pau – Lavaur	R. Verbrugghe (BEL)	L. Armstrong
16. Etappe	Mittwoch 25. Juli	**229,5 km**	Castelsarrasin – Sarran	J. Voigt (GER)	L. Armstrong
17. Etappe	Donnerstag 26. Juli	**194 km**	Brive-la-Gaillarde – Montluçon	S. Baguet (BEL)	L. Armstrong
18. Etappe	Freitag 27. Juli	**61 km**	Montluçon – Saint-Amand-Montrond (EZF)	L. Armstrong (USA)	L. Armstrong
19. Etappe	Samstag 28. Juli	**149,5 km**	Orléans – Évry	E. Zabel (GER)	L. Armstrong
20. Etappe	Sonntag 29. Juli	**160,5 km**	Corbeil-Essonnes – Paris Champs-Élysées	J. Svorada (RTC)	L. Armstrong

IAT
DE
FRAN

Mit 29 Jahren zählt der Texaner wie sein Landsmann Greg LeMond zu den dreifachen Toursiegern. Dominant wie nie zuvor, nahm er dem Rennen jede Spannung. Während dieser drei Wochen hat er sich jedoch bemüht, seinem Ruf als kaltes Monster des Pelotons entgegenzuwirken. Ein Gespräch mit dem Sieger.

Armstrong: „Ich habe meinen Zenit erreicht“

DIES **ist Ihr dritter Sieg bei der Tour de France. Fühlen Sie das Gleiche wie die ersten beiden Male?**

Die Gefühle sind vergleichbar, aber sie bedeuten etwas ganz anderes. Der erste Toursieg hatte den Geschmack des Neuen und der Überraschung. Als ich am Tag darauf in meinem Hotel in Paris wach wurde, glaubte ich es immer noch nicht. Die zweite Tour, die ich gewann, war die Tour meiner Bestätigung, wie diese hier übrigens auch, allerdings enthielt sie für mich eine andere Botschaft. Wir haben noch nie so hart gearbeitet wie dieses Jahr, um ans Ziel zu kommen, noch nie musste ich so lange auf das Gelbe Trikot warten, und noch nie hat mir die Tour so viel Spaß gemacht. Jede einzelne Tour de France ist aber ein Geschenk, wenn man bedenkt, dass ich vor fünf Jahren noch nicht einmal wusste, ob ich überhaupt überleben würde. Jede Tour de France hat einen festen Platz tief in meinem Herzen, sie bedeuten mir alle gleich viel.

Stimmen Sie zu, wenn man Ihnen sagt, Sie seien dieses Jahr zum ersten Mal unstreitig der Perfektion nahe gekommen?

Es ist nicht mein Part, dies zu beurteilen. Ich versuche nur, meine Fehler auszumerzen, wie etwa am Soulor 1999 oder auf dem Joux-Plane letztes Jahr, und natürlich Stürze, Verletzungen und Krankheit zu vermeiden. Die letzten beiden Male hatte ich mich gegen Ende in den Bergen verwundbar gefühlt. Ich war physisch erschöpft und psychisch auf dem absteigenden Ast. Dieses Jahr wollte ich all das wirklich vermeiden. Also haben wir hart trainiert, sehr hart, wir haben die Etappen quasi auswendig gelernt, und die Mannschaft ist stärker geworden. Wenn Sie wüssten, wie beruhigend das ist, zwei Teamkollegen an seiner Seite zu wissen, wenn es an den letzten Anstieg geht...

Aber Sie sind in diesen drei Wochen zu keinem Zeitpunkt ernsthaft in Bedrängnis gebracht worden. War diese Tour ein Kinderspiel?

Ich würde niemals behaupten, es sei leicht, die Tour de France zu gewinnen. Niemals. Da geht so viel Arbeit voraus, so viele Stunden müssen geopfert werden. Es ist jedoch wahr, dass ich bei meinen ersten beiden Toursiegen stellenweise am Limit war. Letztes Jahr zum Beispiel auf dem Col de la Madeleine war ich nicht in großer Form; als es auf Courchevel zuging, auch nicht viel besser, dasselbe auf dem Izoard. Zwar nicht so schlimm, dass man mich abgehängt hätte, aber immerhin so, dass ich mich nicht sicher fühlte.

Trotzdem hat man den Eindruck, dass der Schwierigkeitsgrad dieses Jahr nicht so hoch war und dass außer Jan Ullrich keiner eine echte Chance auf den Toursieg zu haben schien.

Finden Sie das denn nicht ausreichend? Das war das zweite Mal, dass ich Ullrich als Konkurrenten hatte, und kein Zweifel: Er war dieses Jahr stärker als je zuvor, sehr viel stärker als ich gedacht hätte, und ich kann Ihnen sagen, seine Bedrohung saß mir ständig im Nacken. Er ist der einzige Fahrer, der mir wirklich Angst macht, der Einzige, dem ich nicht folgen könnte, wenn er einen großen Tag hat. Ansonsten hat mein Team, das Höhen und Tiefen durchgemacht hat, perfekt mitgespielt und das Peloton kontrolliert. Das Einzige, was ich eigentlich wirklich bedaure, ist, dass Marco Pantani nicht dabei war. Seine starke Persönlichkeit hat mir bei diesem Rennen gefehlt. Seine Präsenz stimuliert mich, noch besser zu sein.

Es gibt zwei Lance Armstrongs: den vor dem Krebs und den Tour de France-Sieger. Welcher Teil des alten Armstrong existiert heute noch?

Ich sage immer, man kann die Seele eines Menschen nicht ändern. Es gibt Eigenschaften, die ich immer noch habe: Hartnäckigkeit, Aggressivität, Arbeitseifer. Aber seit ich krank war, hat alles für mich einen anderen Stellenwert, weil ich eine zweite Chance bekommen habe. Deshalb arbeite ich auch so hart, deshalb entwickle ich eine solche Begeisterung. Das ist es, was ich durch die Krankheit gelernt habe: Man muss jeden Augenblick nutzen und alles tun, damit er so wertvoll wie möglich für einen wird.

Letztes Jahr haben Sie erklärt, es käme für Sie nicht in Frage zu versuchen, die Rekordmarke der fünf Toursiege, gehalten von Anquetil, Merckx, Hinault und Indurain, anzugreifen. Aber Sie sind noch nicht einmal 30. Weshalb aufhören, wenn es gerade so schön läuft?

Momentan liebe ich, was ich tue, und ich denke noch nicht an meinen Rückzug. Ich bin keiner, der langfristig plant. Aber wenn ich eines Tages beschließe, bei der Tour de France nicht mehr anzutreten, dann sicher deshalb, weil ich mich entschieden habe, meine Karriere zu beenden. So lange ich Rennen fahre, ist das mein einziges Ziel. Also werde ich auch nächstes Jahr noch da sein, das ist gewiss. Vielleicht ist es aber das letzte Mal. Was den Rekord angeht, daran denke ich nie. Ich bin keiner von der Größe eines Coppi, Anquetil oder Merckx.

1

2

3

1 Nach einem äußerst lebhaften Renntag gewinnt Laurent Jalabert am französischen Nationalfeiertag die Etappe in Colmar. „Jaja" ist dieses Jahr in Höchstform!

2 Drei Tage lang ist François Simon der Held, bevor das Gelbe Trikot in Saint-Lary-Soulan unwiderruflich an Armstrong wandert.

3 In den Pyrenäen feiern die Basken ihren Star Roberto Laiseka, der kurz darauf in Luz-Ardiden die Etappe gewinnt. Vor Lance Armstrong in Gelb verneigen sie sich respektvoll.

4 Am Fuß des Anstiegs nach L'Alpe-d'Huez ist Armstrong davongezogen. Erst distanziert er Ullrich und Kivilev, dann Laurent Roux, der vorne allein gefahren ist. Er gewinnt die Etappe mit knapp zwei Minuten auf Ullrich.

5 Zum sechsten Mal streift Erik Zabel das Grüne Trikot über, absoluter Rekord! Sein Duell mit Stuart O'Grady war atemberaubend bis zum Schluss.

6 Zum dritten Mal in Folge biegt er in Gelb in die Champs-Élysées ein. Konzentriert bereitet sich Lance Armstrong auf den Genuss seines Sieges vor.

4

5

6

Lance ARMSTRONG

Vierter Sieg für Armstrong!

Seit seinem Etappensieg in La Mongie fährt Lance Armstrong in Gelb. Am Tag darauf wirft er Beloki auf dem Plateau de Beille um eine Minute zurück und baut seinen Vorsprung weiter aus. (Foto rechte Seite)

Beim Start in Luxemburg hat Lance Armstrong keinen richtigen Herausforderer, denn Jan Ullrich, sein einziger ernstzunehmender Gegner, tritt wegen Knieproblemen nicht an. Mit dem Sieg beim Prolog markiert der Amerikaner gleich sein Revier. Dann tritt er das Gelbe Trikot gnädigerweise an den jungen Schweizer Rubens Bertogliati ab, und anschließend, nach einem Tag in Gelb für Zabel, gibt sich der Spanier Igor Gonzalez de Galdeano die Ehre - immerhin für sieben Tage. Im weiteren Verlauf bestätigt sich jedoch nur, dass für Armstrong weit und breit kein würdiger Gegner in Sicht ist. Dennoch zeigt auch Armstrong offenbar Schwächen, er „scheitert" beim Zeitfahren in Lorient, wo der Kolumbianer Santiago Botero ihn mit unbändiger Kraft um elf Sekunden distanziert. Seine erste Niederlage bei einem langen Zeitfahren, seit er die Tour in fester Hand hat! In den Pyrenäen schlägt Armstrong jedoch wie gehabt gleich bei der ersten Bergankunft gnadenlos zu, diesmal in La Mongie. Auf dem Plateau de Beille zeigt er eine überirdische Leistung und ebnet sich damit endgültig den Weg. Auf beiden Etappen überholt Lance Armstrong den ausgerissenen Laurent Jalabert, den erklärten Liebling der Franzosen, jeweils am letzten Anstieg. Der bald 34-jährige französische Champion hat gerade seinen Rückzug vom Radsport am Ende der Saison angekündigt und fährt seine Ehrentour. In den Pyrenäen zeigt er mal wieder eine großartige Leistung: An drei aufeinander folgenden Tagen fährt er 429 km an der Spitze und erobert so das Gepunktete Trikot. „Jaja" ist der absolute Held dieser Etappen - eine schönere Abschiedstour hätte er den Zuschauern und sich selbst gar nicht bereiten können!

Derweil brennt Armstrong schon auf den Mont Ventoux, wo er wieder eine Meisterleistung zum Besten geben will. Richard Virenque, der letzte Überlebende einer 200-Kilometer-Flucht, kommt ihm jedoch zuvor. Das war's dann aber auch: In den Alpen dominiert die stärkste US Postal-Mannschaft, die Lance Armstrong jemals hinter sich hatte. Beim letzten Zeitfahren allerdings brilliert der Leader noch einmal allein. Im Gesamtklassement hat der Zweitplatzierte Joseba Beloki danach 7'17" Rückstand; Lance Armstrong war also zu keinem Zeitpunkt ernsthaft in Gefahr. Da er die Dreifachsieger Thys, Bobet und LeMond jetzt überholt hat, bleiben für den absoluten Rekord „nur" noch zwei weitere Toursiege zu erringen...

Wird der 30-Jährige sich im Jubiläumsjahr der Tour de France zu den ganz Großen zählen können - zu Jacques Anquetil, Eddy Merckx, Bernard Hinault und Miguel Indurain? Bis jetzt scheint noch kein echter Herausforderer in Sicht.

GESAMTKLASSEMENT

1. **Lance ARMSTRONG** (USA, US Postal), 82 Std. 5'12"
2. **Joseba BELOKI** (ESP, Once), 7'17"
3. **Raimondas RUMSAS** (LTU, Lampre), 8'17"
4. Santiago BOTERO (COL, Kelme), 13'10"
5. Igor GONZALEZ DE GALDEANO (ESP, Once), 13'54"
6. José AZEVEDO (POR, Once), 15'44"
7. Francisco MANCEBO (ESP, ibanesto.com), 16'5"
8. Levi LEIPHEIMER (USA, Rabobank), 17'11"
9. Roberto HERAS (ESP, US Postal), 17'12"
10. Carlos SASTRE (ESP, CSC-Tiscali), 19'5"
11. Ivan BASSO (ITA, Fassa Bortolo), 19'18"
12. Michael BOOGERD (HOL, Rabobank), 20'33"
13. David MONCOUTIÉ (FRA, Cofidis), 21'8"
14. Massimiliano LELLI (ITA, Cofidis), 27'51"
15. Tyler HAMILTON (USA, CSC-Tiscali), 28'38"
16. Richard VIRENQUE (FRA, Domo-Farm Frites), 28'42"
17. Stéphane GOUBERT (FRA, Jean Delatour), 29'51"
18. Unaï OSA (ESP, ibanesto.com), 30'17"
19. Nicolas VOGONDY (FRA, FDJeux.com), 32'44"
20. Nicki SÖRENSEN (DEN, CSC-Tiscali), 32' 56"

89. TOUR DE FRANCE: 20 ETAPPEN – 3.276 KILOMETER

			Etappen	Etappensieger	Gelbes Trikot
Prolog	Samstag 6. Juli	**7 km**	Luxemburg – Luxemburg (EZF)	L. Armstrong (USA)	L. Armstrong
1. Etappe	Sonntag 7. Juli	**192,5 km**	Luxemburg – Luxemburg	R. Bertogliati (SUI)	R. Bertogliati
2. Etappe	Montag 8. Juli	**181 km**	Luxemburg – Saarbrücken	O. Freire (ESP)	R. Bertogliati
3. Etappe	Dienstag 9. Juli	**174,5 km**	Metz – Reims	R. McEwen (AUS)	E. Zabel
4. Etappe	Mittwoch 10. Juli	**67,5 km**	Épernay – Château-Thierry (MZF)	Once	I. Gonzalez de Galde
5. Etappe	Donnerstag 11. Juli	**195 km**	Soissons – Rouen	J. Kirsipuu (EST)	I. Gonzalez de Galde
6. Etappe	Freitag 12. Juli	**198 km**	Forges-les-Eaux – Alençon	E. Zabel (GER)	I. Gonzalez de Galde
7. Etappe	Samstag 13. Juli	**176 km**	Bagnoles-de-l'Orne – Avranches	McGee (AUS)	I. Gonzalez de Galde
8. Etappe	Sonntag 14. Juli	**217,5 km**	Saint-Martin-de-Landelles – Plouay	Kroon (HOL)	I. Gonzalez de Galde
9. Etappe	Montag 15. Juli	**52 km**	Lanester – Lorient (EZF)	S. Botero (COL)	I. Gonzalez de Galde
10. Etappe	Mittwoch 17. Juli	**147 km**	Bazas – Pau	P. Halgand (FRA)	I. Gonzalez de Galde
11. Etappe	Donnerstag 18. Juli	**158 km**	Pau – La Mongie	L. Armstrong (USA)	L. Armstrong
12. Etappe	Freitag 19. Juli	**199,5 km**	Lannemezan – Plateau de Beille	L. Armstrong (USA)	L. Armstrong
13. Etappe	Samstag 20. Juli	**171 km**	Lavelanet – Béziers	D. Millar (GBR)	L. Armstrong
14. Etappe	Sonntag 21. Juli	**221 km**	Lodève – Mont Ventoux	R. Virenque (FRA)	L. Armstrong
15. Etappe	Dienstag 23. Juli	**226,5 km**	Vaison-la-Romaine – Les Deux-Alpes	S. Botero (COL)	L. Armstrong
16. Etappe	Mittwoch 24. Juli	**179,5 km**	Les Deux-Alpes – La Plagne	M. Boogerd (HOL)	L. Armstrong
17. Etappe	Donnerstag 25. Juli	**142 km**	Aime – Cluses	D. Frigo (ITA)	L. Armstrong
18. Etappe	Freitag 26. Juli	**176,5 km**	Cluses – Bourg-en-Bresse	T. Hushovd (NOR)	L. Armstrong
19. Etappe	Samstag 27. Juli	**50 km**	Régnié-Durette – Mâcon (EZF)	L. Armstrong (USA)	L. Armstrong
20. Etappe	Sonntag 28. Juli	**144 km**	Melun – Paris Champs-Élysées	R. McEwen (AUS)	L. Armstrong

Lance Armstrong hat zum vierten Mal in Folge die Tour de France gewonnen, ohne auch nur einmal ernsthaft gefährdet gewesen zu sein. Mit 31 Jahren wird er im nächsten Jahr sicher nicht zu alt sein, um die Aufnahme in den erlesenen Kreis der fünffachen Toursieger anzustreben.

Fortsetzung folgt...?

Es gab wenig Neues in diesen letzten drei Wochen. Nichts ist passiert, was die internationale Radsportszene erwähnenswert verändert oder die etablierte Hierarchie auf den Kopf gestellt hätte. Bereits beim Start in Luxemburg zeigte sich Lance Armstrong als stärkerer Thronverteidiger denn je, und tatsächlich gelang ihm der vierte Toursieg in Folge. Wahrscheinlich war das sogar sein leichtester von allen, sicherlich aber sein überlegenster. Man hatte ihm einfach keinen gekürten Herausforderer vor die Nase gesetzt, und er hat auch unterwegs keinen angetroffen. Seine Gegner hatten geschworen, ihn nach Strich und Faden anzugreifen. Und hielten Wort. Joseba Beloki, am Ende Zweiter, und das Team Once, die sich hinterher nichts vorwerfen wollten, haben ihre Schuldigkeit getan - zumindest so gut sie konnten. Der Vorsprung von fast 100 Metern, den die beiden Iberer Azevedo und Beloki mit vereinten Kräften am Ventoux und dann auf den letzten Metern in Les Deux-Alpes erzielten, war das höchste der Gefühle. Um Lance Armstrong dingfest zu machen, hätte es wirklich mehr gebraucht.

Unter den 153 Ankömmlingen in Paris (Rekord seit 1991!) suchte man zwei vergeblich: Christophe Moreau und Oscar Sevilla. Der Franzose hatte Pech und musste schließlich erschöpft und demoralisiert aufgeben. Dabei war er nach seiner starken Leistung bei der Dauphiné Libéré eigentlich die große Hoffnung der Franzosen. Enttäuschung auch bei Andrej Kivilev; der Kasache, im Vorjahr Gesamtvierter, wurde nur 21. Das alles wiegt um so schwerer, als sich noch nicht einmal eine grandiose Neuentdeckung am Horizont zeigte. Lediglich ein vielversprechender Debütant machte von sich reden: der Litauer Raimondas Rumsas, der bis zum Schluss bravourös kämpfte. Er kann mit seinem dritten Platz wirklich zufrieden sein, auch wenn er mit 30 Jahren nicht mehr der Jüngste ist.

Armstrong wusste natürlich allzu gut, dass die anderen auf ein Zeichen des Niedergangs geradezu lauerten. Aber selbst von seiner ersten Niederlage bei einem langen Zeitfahren in Lorient konnte man nicht auf einen schleichenden Verfall seiner Herrschaft schließen. Im Beaujolais rückte er das Bild wieder gerade, so dass auch seine Gegner des nächsten Jahres - man gestatte uns die Spekulation - sich mit kleinen Brötchen werden zufrieden geben müssen. Man sagt, Armstrong trainiere ausschließlich für die Tour, und das stimmt auch, aber trotzdem hat er (wie Merckx 1971 und Indurain 1995) die Midi Libre und die Dauphiné im selben Jahr gewonnen, von seinen Leistungen bei verschiedenen Klassikern ganz zu schweigen. Vielleicht kommt er ja wieder auf den Geschmack...

Fünf? Sechs?

War Lance Armstrong dieses Jahr noch stärker, oder war er auf seinem Höhepunkt stehen geblieben? In den Bergen ist und bleibt er einfach unschlagbar. Zwar hat er auf seine direkten Kletterrivalen niemals exorbitante Abstände herausgefahren (zu Beloki 1'4" auf dem Plateau de Beille und 1'45" auf dem Ventoux), weil er stets nur bei einem Anstieg so richtig attackierte, aber just bei diesen beiden Gelegenheiten deutete er bescheiden an, dass er jederzeit wieder zu einem seiner berüchtigten Husarenritte wie 1999 nach Sestrières, 2000 nach Hautacam oder letztes Jahr nach L'Alpe-d'Huez fähig ist. Seinen Kronprinzen Joseba Beloki verwies er am Ende auf eine „anständige" Distanz (7'17"), vergleichbar mit dem Vorsprung, den er bereits in den letzten Jahren auf Ullrich und Zülle hatte. Auch die Machtverteilung im Rennverlauf war nicht wesentlich anders. Mit dem Prolog in Luxemburg markierte er sein Revier. Anschließend überließ er das Gelbe Trikot „leihweise" dem jungen Schweizer Bertogliati, dann gnädigerweise sieben Tage lang dem Spanier Igor Gonzalez de Galdeano. Aber wie gewohnt war mit dieser Milde bei der ersten Bergetappe Schluss, mit der er für die restlichen neun Tage das Führungstrikot in Besitz nahm. Insgesamt fuhr er also zehn Tage in Gelb, womit er im Vergleich zu den letzten Jahren im Schnitt liegt. Zudem hat er sich seine üblichen vier Etappensiege geholt. Das war nur 2000 anders, als er sich mit dem Etappensieg beim letzten Zeitfahren begnügt und den Ventoux Pantani geschenkt hatte. Mit dem diesjährigen Prolog, dem Doppelsieg in den Pyrenäen und dem Zeitfahren in Mâcon bringt er es auf insgesamt 15 Etappensiege, ein Rekord, dem zurzeit niemand etwas entgegen halten kann.

Der Aufstieg unseres texanischen Freundes scheint unaufhaltsam, er rückt dem engen Kreis der fünffachen Toursieger immer näher. Die dritte Etage, in der Thys, Bobet und LeMond residieren, hat er bereits unter sich gelassen. Und wenn man es recht bedenkt: Im vierten Stock hat bislang noch nie jemand den Aufzug gestoppt. Bis zur sechsten Etage ist allerdings noch keiner vorgedrungen, weder Anquetil (gab 1966 auf) noch Merckx (von Thévenet 1975 geschlagen) noch Hinault (1980 Knieprobleme, 1984 von Fignon und 1986 von LeMond bezwungen) noch Indurain (scheiterte 1996 gegen Riis). Könnte Lance Armstrong der erste sechsfache Toursieger werden? Zugegeben - die Frage ist etwas verfrüht. Aber sie drängt sich uns förmlich auf, je länger man vergeblich nach einem angemessenen Gegner sucht. Wer könnte ihn nur schlagen und später einmal sein Nachfolger werden? Stand dieser Jemand vielleicht schon neben ihm auf dem

Die letzten Pyrenäenetappen seiner Tour de France-Karriere kostet Laurent Jalabert noch einmal voll aus. Er greift sogar bei den Abfahrten an.

Einigkeit macht Stark! Überlegen gewinnen die Männer von Once das Mannschaftszeitfahren nach Château-Thierry.

Siegerpodium? Beloki etwa oder Rumsas? Oder einer aus dem Feld, vielleicht der Elftplatzierte Basso im Trikot des besten Jungprofis, der schon weiter ist als seine Vorgänger Mancebo und Sevilla? Oder der bislang nur sporadisch in Erscheinung getretene Millar? Der pausierende Ullrich oder einer der Gesperrten Garzelli, Simoni? Das Greenhorn Evans? Klare Hinweise gibt es keine. Aber in zwei Jahren fließt noch viel Wasser die Seine hinab...

Ein großes Vakuum

Vorne hat sich relativ wenig bewegt, auch wenn unter den ersten zehn die vier neuen Gesichter von Rumsas, Azevedo, Leipheimer und Sastre strahlen. Mancebo und Heras haben sich im Vergleich zum Vorjahr verbessert. Den einzigen echten Epochenwechsel gab es bei den Sprintern: Zabels Rekordserie des sechsfachen Grünen Trikots ist abgerissen. Seinen Etappensieg für Ego und Ehre hat sich Erik aber nicht nehmen lassen, so dass der sympathische Berliner aus dem verlorenen Duell mit Robbie McEwen auf den Champs-Élysées erhobenen Hauptes hervorgehen konnte. Der Australier war einfach zu schnell und konnte nun bereits ein zweites Mal das Finale auf dem Nobelboulevard in Paris im Sprint für sich entscheiden; nach Reims sein zweiter Etappensieg bei dieser Tour. Laurent Jalabert hat sich die schönste Abschiedstour gegönnt, die man als Fahrer und Kletterer haben kann, und sich „sein" Gepunktetes Trikot noch für den Ruhestand gesichert, nachdem er in den Pyrenäen eine sagenhafte dreitägige „Dauerflucht" von 429 km hingelegt hatte. Jalabert ist neben Merckx und Hinault übrigens der einzige Bergpreissieger, der - 1992 und 1995 - auch das Grüne Trikot errungen hat! „Jaja" wird eine große Lücke hinterlassen, das ist so sicher wie das Amen in der Kirche.

Richard Virenque dagegen wird uns noch eine gewisse Zeit erhalten bleiben. Der Meister im Stricken von Widersprüchen ist zwar eine eher unspektakuläre Tour gefahren und wurde nur 16., aber er hat auf dem Ventoux eine der größten Glanzleistungen seiner Karriere abgeliefert! David Moncoutié gebührt immerhin die Ehre, mit Rang 13 bestplatzierter Franzose zu sein, was er sicherlich seiner Kontinuität zu verdanken hat (viermal zwischen dem 12. und dem 14. Platz in den Bergen!), und er könnte mit Fug und Recht nach Höherem streben. Alles in allem kann der französische Radsport zufrieden sein: zwei Etappensiege durch Halgand und Virenque, nur eine von sechs Mannschaften stand am Ende mit leeren Händen da. Dennoch muss man bedauernd zur Kenntnis nehmen, dass seit 17 Jahren kein Franzose mehr in Gelb auf dem Podium stand.

Nicht, dass er es nicht versucht hätte: Auf den Rampen des Ventoux hat der Spanier Joseba Beloki das Gelbe Trikot standesgemäß herausgefordert.

Nach seinem Sieg beim Einzelzeitfahren in Lorient holt sich der Kolumbianer Santiago Botero auch die Bergetappe nach Les Deux-Alpes. Ein Gewaltakt!

Zabel noch einmal Chef der Sprinter (v.l.n.r.: McEwen, Ivanov, Cooke und Freire). Nach seinem Etappensieg in Alençon heißt es für ihn jedoch Abschied nehmen vom Grünen Trikot.

2003

Die Jahrhundert-Tour

Der Verlauf der Jahrhundert-Tour vom 5. bis 27. Juli 2003 kombiniert die Strecke der Pionier-Tour von 1903 (Paris-Lyon-Marseille-Toulouse-Bordeaux-Nantes) mit den legendären Bergankünften in den Alpen und den Pyrenäen. Mit einem Sieg in diesem Jubiläumsjahr könnte sich Lance Armstrong zu den fünffachen Toursiegern Anquetil, Merckx, Hinault und Indurain zählen.

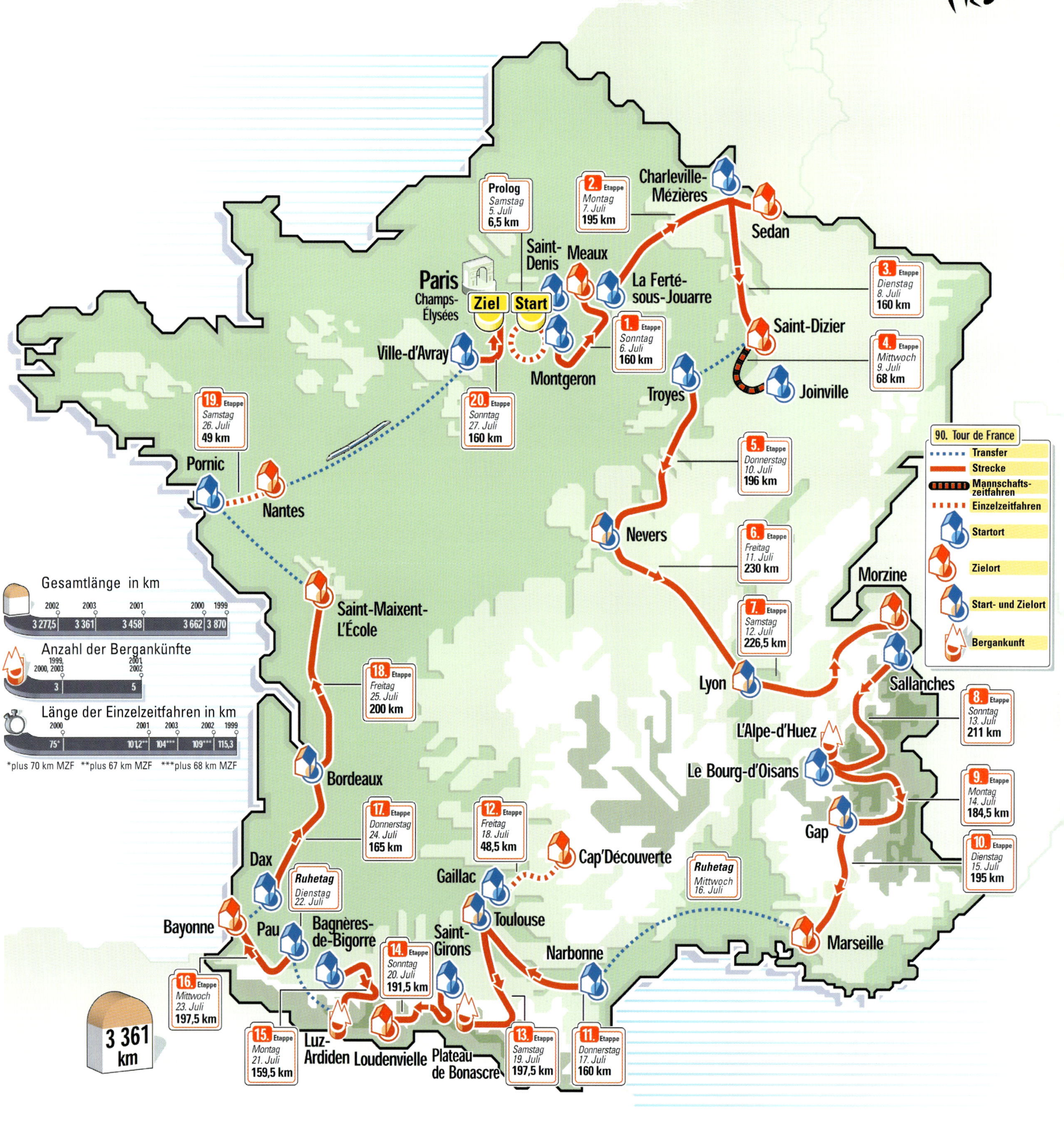

Das Gelbe Trikot

PODIUM

JAHR		NAME	LAND
1903	**1**	**Maurice Garin**	**FRA**
	2	Lucien Pothier	FRA
	3	Fernand Augereau	FRA
1904	**1**	**Henri Cornet**	**FRA**
	2	Jean-Baptiste Dortignacq	FRA
	3	Aloïs Catteau	BEL
1905	**1**	**Louis Trousselier**	**FRA**
	2	Hippolyte Aucouturier	FRA
	3	Jean-Baptiste Dortignacq	FRA
1906	**1**	**René Pottier**	**FRA**
	2	Georges Passerieu	FRA
	3	Louis Trousselier	FRA
1907	**1**	**Lucien Petit-Breton**	**FRA**
	2	Gustave Garrigou	FRA
	3	Émile Georget	FRA
1908	**1**	**Lucien Petit-Breton**	**FRA**
	2	François Faber	LUX
	3	Georges Passerieu	FRA
1909	**1**	**François Faber**	**LUX**
	2	Gustave Garrigou	FRA
	3	Jean Alavoine	FRA
1910	**1**	**Octave Lapize**	**FRA**
	2	François Faber	LUX
	3	Gustave Garrigou	FRA
1911	**1**	**Gustave Garrigou**	**FRA**
	2	Paul Duboc	FRA
	3	Émile Georget	FRA
1912	**1**	**Odile Defraye**	**BEL**
	2	Eugène Christophe	FRA
	3	Gustave Garrigou	FRA
1913	**1**	**Philippe Thys**	**BEL**
	2	Gustave Garrigou	FRA
	3	Marcel Buysse	BEL
1914	**1**	**Philippe Thys**	**BEL**
	2	Henri Pélissier	FRA
	3	Jean Alavoine	FRA
1919	**1**	**Firmin Lambot**	**BEL**
	2	Jean Alavoine	FRA
	3	Eugène Christophe	FRA
1920	**1**	**Philippe Thys**	**BEL**
	2	Hector Heusghem	BEL
	3	Firmin Lambot	BEL
1921	**1**	**Léon Scieur**	**BEL**
	2	Hector Heusghem	BEL
	3	Honoré Barthélemy	FRA
1922	**1**	**Firmin Lambot**	**BEL**
	2	Jean Alavoine	FRA
	3	Félix Sellier	BEL
1923	**1**	**Henri Pélissier**	**FRA**
	2	Ottavio Bottecchia	ITA
	3	Romain Bellenger	FRA
1924	**1**	**Ottavio Bottecchia**	**ITA**
	2	Nicolas Frantz	LUX
	3	Lucien Buysse	BEL
1925	**1**	**Ottavio Bottecchia**	**ITA**
	2	Lucien Buysse	BEL
	3	Bartolomeo Aimo	ITA
1926	**1**	**Lucien Buysse**	**BEL**
	2	Nicolas Frantz	LUX
	3	Bartolomeo Aimo	ITA
1927	**1**	**Nicolas Frantz**	**LUX**
	2	Maurice Dewaele	BEL
	3	Julien Vervaecke	BEL
1928	**1**	**Nicolas Frantz**	**LUX**
	2	André Leducq	FRA
	3	Maurice Dewaele	BEL
1929	**1**	**Maurice Dewaele**	**BEL**
	2	Giuseppe Pancera	ITA
	3	Joseph Demuysère	BEL
1930	**1**	**André Leducq**	**FRA**
	2	Learco Guerra	ITA
	3	Antonin Magne	FRA
1931	**1**	**Antonin Magne**	**FRA**
	2	Joseph Demuysère	BEL
	3	Antonio Pesenti	ITA
1932	**1**	**André Leducq**	**FRA**
	2	Kurt Stöpel	GER
	3	Francesco Camusso	ITA
1933	**1**	**Georges Speicher**	**FRA**
	2	Learco Guerra	ITA
	3	Giuseppe Martano	ITA
1934	**1**	**Antonin Magne**	**FRA**
	2	Giuseppe Martano	ITA
	3	Roger Lapébie	FRA
1935	**1**	**Romain Maes**	**BEL**
	2	Ambrogio Morelli	ITA
	3	Félicien Vervaecke	BEL
1936	**1**	**Sylvère Maes**	**BEL**
	2	Antonin Magne	FRA
	3	Félicien Vervaecke	BEL
1937	**1**	**Roger Lapébie**	**FRA**
	2	Mario Vicini	ITA
	3	Léo Amberg	SUI
1938	**1**	**Gino Bartali**	**ITA**
	2	Félicien Vervaecke	BEL
	3	Victor Cosson	FRA
1939	**1**	**Sylvère Maes**	**BEL**
	2	René Vietto	FRA
	3	Lucien Vlaemynck	BEL
1947	**1**	**Jean Robic**	**FRA**
	2	Edouard Fachleitner	FRA
	3	Pierre Brambilla	ITA
1948	**1**	**Gino Bartali**	**ITA**
	2	Albéric „Brik" Schotte	BEL
	3	Guy Lapébie	FRA
1949	**1**	**Fausto Coppi**	**ITA**
	2	Gino Bartali	ITA
	3	Jacques Marinelli	FRA
1950	**1**	**Ferdi Kübler**	**SUI**
	2	Constant „Stan" Ockers	BEL
	3	Louison Bobet	FRA
1951	**1**	**Hugo Koblet**	**SUI**
	2	Raphaël Géminiani	FRA
	3	Lucien Lazaridès	FRA
1952	**1**	**Fausto Coppi**	**ITA**
	2	Constant „Stan" Ockers	BEL
	3	Bernardo Ruiz	ESP
1953	**1**	**Louison Bobet**	**FRA**
	2	Jean Malléjac	FRA
	3	Giancarlo Astrua	ITA
1954	**1**	**Louison Bobet**	**FRA**
	2	Ferdi Kübler	SUI
	3	Fritz Schaer	SUI
1955	**1**	**Louison Bobet**	**FRA**
	2	Jean Brankart	BEL
	3	Charly Gaul	LUX
1956	**1**	**Roger Walkowiak**	**FRA**
	2	Gilbert Bauvin	FRA
	3	Jan Adriaensens	BEL
1957	**1**	**Jacques Anquetil**	**FRA**
	2	Marcel Janssens	BEL
	3	Adolf Christian	AUT
1958	**1**	**Charly Gaul**	**LUX**
	2	Vito Favero	ITA
	3	Raphaël Géminiani	FRA
1959	**1**	**Federico Bahamontes**	**ESP**
	2	Henry Anglade	FRA
	3	Jacques Anquetil	FRA
1960	**1**	**Gastone Nencini**	**ITA**
	2	Graziano Battistini	ITA
	3	Jan Adriaenssens	BEL
1961	**1**	**Jacques Anquetil**	**FRA**
	2	Guido Carlesi	ITA
	3	Charly Gaul	LUX
1962	**1**	**Jacques Anquetil**	**FRA**
	2	Joseph Planckaert	BEL
	3	Raymond Poulidor	FRA
1963	**1**	**Jacques Anquetil**	**FRA**
	2	Federico Bahamontes	ESP
	3	José Perez Frances	ESP
1964	**1**	**Jacques Anquetil**	**FRA**
	2	Raymond Poulidor	FRA
	3	Federico Bahamontes	ESP
1965	**1**	**Felice Gimondi**	**ITA**
	2	Raymond Poulidor	FRA
	3	Gianni Motta	ITA
1966	**1**	**Lucien Aimar**	**FRA**
	2	Jan Janssen	HOL
	3	Raymond Poulidor	FRA
1967	**1**	**Roger Pingeon**	**FRA**
	2	Julio Jimenez	ESP
	3	Franco Balmanion	ITA
1968	**1**	**Jan Janssen**	**HOL**
	2	Herman Van Springel	BEL
	3	Ferdinand Bracke	BEL
1969	**1**	**Eddy Merckx**	**BEL**
	2	Roger Pingeon	FRA
	3	Raymond Poulidor	FRA
1970	**1**	**Eddy Merckx**	**BEL**
	2	Joop Zoetemelk	HOL
	3	Gösta Pettersson	SWE
1971	**1**	**Eddy Merckx**	**BEL**
	2	Joop Zoetemelk	HOL
	3	Lucien Van Impe	BEL
1972	**1**	**Eddy Merckx**	**BEL**
	2	Felice Gimondi	ITA
	3	Raymond Poulidor	FRA
1973	**1**	**Luis Ocaña**	**ESP**
	2	Bernard Thévenet	FRA
	3	José Manuel Fuente	ESP
1974	**1**	**Eddy Merckx**	**BEL**
	2	Raymond Poulidor	FRA
	3	Vicente Lopez Carril	ESP
1975	**1**	**Bernard Thévenet**	**FRA**
	2	Eddy Merckx	BEL
	3	Lucien Van Impe	BEL
1976	**1**	**Lucien Van Impe**	**BEL**
	2	Joop Zoetemelk	HOL
	3	Raymond Poulidor	FRA
1977	**1**	**Bernard Thévenet**	**FRA**
	2	Hennie Kuiper	HOL
	3	Lucien Van Impe	BEL
1978	**1**	**Bernard Hinault**	**FRA**
	2	Joop Zoetemelk	HOL
	3	Joaquim Agostinho	POR
1979	**1**	**Bernard Hinault**	**FRA**
	2	Joop Zoetemelk	HOL
	3	Joaquim Agostinho	POR
1980	**1**	**Joop Zoetemelk**	**HOL**
	2	Hennie Kuiper	HOL
	3	Raymond Martin	FRA
1981	**1**	**Bernard Hinault**	**FRA**
	2	Lucien Van Impe	BEL
	3	Robert Alban	FRA

Das Gelbe Trikot

PODIUM (FORTSETZUNG)

JAHR		NAME	LAND
1982	**1**	**Bernard Hinault**	**FRA**
	2	Joop Zoetemelk	HOL
	3	Johan Van Der Velde	HOL
1983	**1**	**Laurent Fignon**	**FRA**
	2	Angel Arroyo	ESP
	3	Peter Winnen	HOL
1984	**1**	**Laurent Fignon**	**FRA**
	2	Bernard Hinault	FRA
	3	Greg LeMond	USA
1985	**1**	**Bernard Hinault**	**FRA**
	2	Greg LeMond	USA
	3	Stephen Roche	IRL
1986	**1**	**Greg LeMond**	**USA**
	2	Bernard Hinault	FRA
	3	Urs Zimmermann	SUI
1987	**1**	**Stephen Roche**	**IRL**
	2	Pedro Delgado	ESP
	3	Jean-François Bernard	FRA
1988	**1**	**Pedro Delgado**	**ESP**
	2	Steven Rooks	HOL
	3	Fabio Parra	COL
1989	**1**	**Greg LeMond**	**USA**
	2	Laurent Fignon	FRA
	3	Pedro Delgado	ESP
1990	**1**	**Greg LeMond**	**USA**
	2	Claudio Chiappucci	ITA
	3	Erik Breukink	HOL
1991	**1**	**Miguel Indurain**	**ESP**
	2	Gianni Bugno	ITA
	3	Claudio Chiappucci	ITA
1992	**1**	**Miguel Indurain**	**ESP**
	2	Claudio Chiappucci	ITA
	3	Gianni Bugno	ITA
1993	**1**	**Miguel Indurain**	**ESP**
	2	Tony Rominger	SUI
	3	Zenon Jaskula	POL
1994	**1**	**Miguel Indurain**	**ESP**
	2	Piotr Ugrumov	LET
	3	Marco Pantani	ITA
1995	**1**	**Miguel Indurain**	**ESP**
	2	Alex Zülle	SUI
	3	Bjarne Riis	DEN
1996	**1**	**Bjarne Riis**	**DEN**
	2	Jan Ullrich	GER
	3	Richard Virenque	FRA
1997	**1**	**Jan Ullrich**	**GER**
	2	Richard Virenque	FRA
	3	Marco Pantani	ITA
1998	**1**	**Marco Pantani**	**ITA**
	2	Jan Ullrich	GER
	3	Bobby Julich	USA
1999	**1**	**Lance Armstrong**	**USA**
	2	Alex Zülle	SUI
	3	Fernando Escartin	ESP
2000	**1**	**Lance Armstrong**	**USA**
	2	Jan Ullrich	GER
	3	Joseba Beloki	ESP
2001	**1**	**Lance Armstrong**	**USA**
	2	Jan Ullrich	GER
	3	Joseba Beloki	ESP
2002	**1**	**Lance Armstrong**	**USA**
	2	Joseba Beloki	ESP
	3	Raimondas Rumsas	LTU

Eddy Merckx, Bernard Hinault, Jacques Anquetil

Roger Walkowiak

SIEGE NACH FAHRERN

4 Fahrer mit 5 Siegen	**Jacques Anquetil**	1957,1961,1962,1963,1964
	Eddy Merckx	1969,1970,1971,1972,1974
	Bernard Hinault	1978,1979,1981,1982,1985
	Miguel Indurain	1991,1992,1993,1994,1995
1 Fahrer mit 4 Siegen	**Lance Armstrong**	1999,2000,2001,2002
3 Fahrer mit 3 Siegen	**Philippe Thys**	1913,1914,1920
	Louison Bobet	1953,1954,1955
	Greg LeMond	1986,1989,1990
11 Fahrer mit 2 Siegen	**Lucien Petit-Breton**	1907,1908
	Firmin Lambot	1919,1922
	Ottavio Bottecchia	1924,1925
	Nicolas Frantz	1927,1928
	André Leducq	1930,1932
	Antonin Magne	1931,1934
	Sylvère Maes	1936,1939
	Gino Bartali	1938,1948
	Fausto Coppi	1949,1952
	Bernard Thévenet	1975,1977
	Laurent Fignon	1983,1984
34 Fahrer mit 1 Sieg	**Maurice Garin**	1903
	Henri Cornet	1904
	Louis Trousselier	1905
	René Pottier	1906
	François Faber	1909
	Octave Lapize	1910
	Gustave Garrigou	1911
	Odile Defraye	1912
	Léon Scieur	1921
	Henri Pélissier	1923
	Lucien Buysse	1926
	Maurice Dewaele	1929
	Georges Speicher	1933
	Romain Maes	1935
	Roger Lapébie	1937
	Jean Robic	1947
	Ferdi Kübler	1950
	Hugo Kobet	1951
	Roger Walkowiak	1956
	Charly Gaul	1958
	Federico Bahamontes	1959
	Gastone Nencini	1960
	Felice Gimondi	1965
	Lucien Aimar	1966
	Roger Pingeon	1967
	Jan Janssen	1968
	Luis Ocaña	1973
	Lucien Van Impe	1976
	Joop Zoetemelk	1980
	Stephen Roche	1987
	Pedro Delgado	1988
	Bjarne Riis	1996
	Jan Ullrich	1997
	Marco Pantani	1998

SIEGE NACH LÄNDERN

1	Frankreich	36 Siege	
2	Belgien	18 Siege	
3	Italien	9 Siege	
4	Spanien	8 Siege	Federico Bahamontes, Luis Ocaña, Pedro Delgado, Miguel Indurain (5)
5	USA	7 Siege	Greg LeMond (3), Lance Armstrong (4)
6	Luxemburg	4 Siege	François Faber, Nicolas Frantz (2), Charly Gaul
7	Schweiz	2 Siege	Hugo Koblet, Ferdi Kübler
	Niederlande	2 Siege	Jan Janssen, Joop Zoetemelk
9	Irland	1 Siege	Stephen Roche
	Dänemark	1 Siege	Bjarne Riis
	Deutschland	1 Siege	Jan Ullrich

Das Gelbe Trikot

VERTEILUNG NACH LÄNDERN

LAND	FAHRER	JAHR	1. GELBES TRIKOT
Frankreich	78	1919	Eugène Christophe
Belgien	52	1919	Firmin Lambot
Italien	24	1923	Ottavio Bottecchia
Niederlande	17	1951	Wim Van Est
Deutschland	11	1932	Kurt Stöpel
Schweiz	8	1936	Paul Egli
Spanien	8	1955	Miguel Poblet
Luxemburg	6	1927	Nicolas Frantz
Dänemark	5	1983	Kim Andersen
Großbritannien	4	1962	Tom Simpson
Irland	3	1963	Seamus Elliott
Kanada	2	1986	Alex Stedia
Australien	2	1981	Phil Anderson
USA	2	1986	Greg LeMond
Polen	1	1987	Lech Piasecki
Portugal	1	1989	Acacio Da Silva
Russland	1	1996	Evgueni Berzin
Österreich	1	1931	Max Bulla
Estland	1	1999	Jaan Kirsipuu

Das Gelbe Trikot wurde zum ersten Mal im Jahr 1919 bei der 11. Etappe von Grenoble nach Genf getragen.

DIE GERINGSTEN ZEITABSTÄNDE ZWISCHEN DEM SIEGER UND DEM ZWEITPLATZIERTEN

1989	**8"**	zwischen **Greg LeMond** und **Laurent Fignon**
1968	**38"**	zwischen **Jan Janssen** und **Herman Van Springel**
1987	**40"**	zwischen **Stephen Roche** und **Pedro Delgado**
1977	**48"**	zwischen **Bernard Thévenet** und **Hennie Kuiper**
1964	**55"**	zwischen **Jacques Anquetil** und **Raymond Poulidor**
1966	**1'07"**	zwischen **Lucien Aimar** und **Jan Janssen**
1956	**1'25"**	zwischen **Roger Walkowiak** und **Gilbert Bauvin**
1996	**1'41"**	zwischen **Bjarne Riis** und **Jan Ullrich**
1985	**1'42"**	zwischen **Bernard Hinault** und **Greg LeMond**
1914	**1'50"**	zwischen **Philippe Thys** und **Henri Pélissier**

DIE GRÖSSTEN ZEITABSTÄNDE ZWISCHEN DEM SIEGER UND DEM ZWEITPLATZIERTEN NACH 1947

1952	**28'17"**	zwischen **Fausto Coppi** und **Stan Ockers**
1948	**26'16"**	zwischen **Gino Bartali** und **Brik Schotte**
1951	**22'00"**	zwischen **Hugo Koblet** und **Raphaël Géminiani**
1969	**17'54"**	zwischen **Eddy Merckx** und **Roger Pingeon**
1973	**15'51"**	zwischen **Luis Ocaña** und **Bernard Thévenet**
1954	**15'49"**	zwischen **Louison Bobet** und **Ferdi Kübler**

DIE GRÖSSTEN ZEITABSTÄNDE ZISCHEN DEM SIEGER UND DEM ZWEITPLATZIERTEN VOR 1947

1903	**2h59'21"**	zwischen **Maurice Garin** und **Lucien Pothier**
1904	**2h16'14"**	zwischen **Henri Cornet** und **Jean-Baptiste Dortignacq**
1927	**1h48'21"**	zwischen **Nicolas Frantz** und **Maurice Dewaele**
1919	**1h42'54"**	zwischen **Firmin Lambot** und **Jean Alavoine**
1926	**1h22'25"**	zwischen **Lucien Buysse** und **Nicolas Frantz**

Deutsche Erfolge

DEUTSCHE FAHRER IM GELBEN TRIKOT

18 Tage:	Jan Ullrich (1997,1998)
18 Tage:	Rudi Altig (1962-1969)
15 Tage:	Dietrich Thurau (1977)
4 Tage:	Karl-Heinz Kunde (1966)
3 Tage:	Erich Bautz (1937)
2 Tage:	Rolf Wolfshohl (1968), Klaus-Peter Thaler (1978), Erik Zabel (1998,2002)
1 Tag:	Kurt Stöpel (1932), Willy Oberbeck (1938), Jens Voigt (2001)

DEUTSCHE ETAPPENSIEGE

12:	Erik Zabel	1995 – 2002
8:	Rudi Altig	1962 – 1969
6:	Jan Ullrich	1996 – 1998
6:	Dietrich Thurau	1977 – 1979
3:	Olaf Ludwig	1990 – 1993
2:	Erich Bautz	1937
2:	Rolf Wolfshohl	1967, 1970
2:	Klaus-Peter Thaler	1977, 1978
2:	Rolf Gölz	1987, 1988
2:	Otto Weckerling	1937, 1938
1:	Kurt Stöpel	1932
1:	Heinz Wengler	1937
1:	Willy Oberbeck	1938
1:	Jens Voigt	2001
1:	Jens Heppner	1998
1:	Marcel Wüst	2000

DEUTSCHE GEWINNER DES GRÜNEN TRIKOTS

6:	Erik Zabel	1996 – 2001
1:	Rudi Altig	1962
1:	Olaf Ludwig	1990

DEUTSCHE IM GRÜNEN TRIKOT

Erik Zabel	1996-2002
Rudi Altig	1962
Olaf Ludwig	1990
Marcel Wüst	2000

DEUTSCHE IM BERGTRIKOT

Jens Voigt	1998, 1 Etappe
Marcel Wüst	2000, 5 Etappen

Staatspräsident Jacques Chirac gratuliert Jan Ullrich zum Toursieg 1997

TAGE IM GELBEN TRIKOT

111	Eddy Merckx
79	Bernard Hinault
60	Miguel Indurain
52	Jacques Anquetil
46	Lance Armstrong
41	Sylvère Maes
39	Antonin Magne
37	Nicolas Frantz
36	Louison Bobet
34	André Leducq

DIE MEISTEN GELBEN TRIKOTS WURDEN VERGEBEN

8 Trikots	1958, 1987
7 Trikots	1949, 1951, 1962, 1968, 1978, 1986, 1988, 1998
6 Trikots	1929, 1931, 1937, 1949, 1953, 1959, 1967, 1983, 1984

DIE WENIGSTEN GELBEN TRIKOTS WURDEN VERGEBEN

1 Trikot	1924, 1928, 1935
2 Trikots	1921, 1925, 1934, 1961, 1970, 1972, 1977, 1999

Das Grüne Trikot

KLASSEMENT NACH PUNKTEN

JAHR			LAND	MANNSCHAFT	PUNKTE
1953	**1**	**Fritz Schaer**	**SUI**	**SCHWEIZ**	**271**
	2	Fiorenzo Magni	ITA	ITALIEN	307
	3	Raphaël Géminiani	FRA	FRANKREICH	406
1954	**1**	**Ferdi Kübler**	**SUI**	**SCHWEIZ**	**215**
	2	Constant „Stan" Ockers	BEL	BELGIEN	284
	3	Fritz Schaer	SUI	SCHWEIZ	286
1955	**1**	**Constant „Stan" Ockers**	**BEL**	**BELGIEN**	**322**
	2	Wout Wagtmans	HOL	HOLLAND	399
	3	Miguel Poblet Orriols	ESP	SPANIEN	409
1956	**1**	**Constant „Stan" Ockers**	**BEL**	**BELGIEN**	**280**
	2	Fernand Picot	FRA	OUEST	464
	3	Gerrit Voorting	HOL	HOLLAND	465
1957	**1**	**Jean Forestier**	**FRA**	**FRANKREICH**	**301**
	2	Wim Van Est	HOL	HOLLAND	317
	3	Adolf Christian	AUT	SCHWEIZ	366
1958	**1**	**Jean Graczyk**	**FRA**	**CENTRE-MIDI**	**347**
	2	Joseph Planckaert	BEL	BELGIEN	406
	3	André Darrigade	FRA	FRANKREICH	553
1959	**1**	**André Darrigade**	**FRA**	**FRANKREICH**	**613**
	2	Gérard Saint	FRA	OUEST-SUD-OUEST	524
	3	Jacques Anquetil	FRA	FRANKREICH	503
1960	**1**	**Jean Graczyk**	**FRA**	**FRANKREICH**	**74**
	2	Graziano Battistini	ITA	ITALIEN	40
	3	Gastone Nencini	ITA	ITALIEN	35
1961	**1**	**André Darrigade**	**FRA**	**FRANKREICH**	**174**
	2	Jean Gainche	FRA	OUEST-SUD-OUEST	169
	3	Guido Carlesi	ITA	ITALIEN	148
1962	**1**	**Rudi Altig**	**GER**	**ST-RAPHAËL-HELYETT**	**173**
	2	Emile Daems	BEL	PHILCO	144
	3	Jean Graczyk	FRA	ST-RAPHAËL-HELYETT	140
1963	**1**	**Rik Van Looy**	**BEL**	**G.B.C. LIBERTAS**	**275**
	2	Jacques Anquetil	FRA	ST-RAPHAËL-GITANE	138
	3	Federico Bahamontès	ESP	MARGNAT PALOMA	123
1964	**1**	**Jan Janssen**	**HOL**	**PELFORTH SAUVAGE LEJEUNE**	**208**
	2	Edward Sels	BEL	SOLO SUPERIA	199
	3	Rudi Altig	GER	ST-RAPHAËL-GITANE	165
1965	**1**	**Jan Janssen**	**HOL**	**PELFORTH SAUVAGE LEJEUNE**	**144**
	2	Guido Reybroeuck	BEL	FLANDRIA ROMEO	130
	3	Felice Gimondi	ITA	SALVARANI	124
1966	**1**	**Willy Planckaert**	**BEL**	**SMITH'S**	**211**
	2	Gerben Karstens	HOL	TELEVIZIER	189
	3	Edward Sels	BEL	SOLO SUPERIA	178
1967	**1**	**Jan Janssen**	**HOL**	**HOLLAND**	**154**
	2	Guido Reybrouck	BEL	DIABLES ROUGES	119
	3	Georges Vandenberghe	BEL	BELGIEN	111
1968	**1**	**Franco Bitossi**	**ITA**	**ITALIEN**	**241**
	2	Walter Godefroot	BEL	BELGIEN	219
	3	Jan Janssen	HOL	HOLLAND	200
1969	**1**	**Eddy Merckx**	**BEL**	**FAEMA**	**244**
	2	Jan Janssen	HOL	BIC	149
	3	Marinus Wagtmans	HOL	WILLEM II GAZELLE	136
1970	**1**	**Walter Godefroot**	**BEL**	**SALVARANI**	**212**
	2	Eddy Merckx	BEL	FAEMINO	207
	3	Marino Basso	ITA	MOLTENI	161
1971	**1**	**Eddy Merckx**	**BEL**	**MOLTENI**	**202**
	2	Cyrille Guimard	FRA	FAGOR-MERCIER	186
	3	Gerben Karstens	HOL	GOUDSMIT HOFF	107
1972	**1**	**Eddy Merckx**	**BEL**	**MOLTENI**	**196**
	2	Rik Van Linden	BEL	MAGNIFLEX DE GRIBALDY	135
	3	Joop Zoetemelk	HOL	BEAULIEU-FLANDRIA	132
1973	**1**	**Herman Van Springel**	**BEL**	**ROKADO**	**187**
	2	Joop Zoetemelk	HOL	GITANE-FRIGÉCRÈME	168
	3	Luis Ocaña	ESP	BIC	145
1974	**1**	**Patrick Sercu**	**BEL**	**BROOKLYN**	**283**
	2	Eddy Merckx	BEL	MOLTENI	270
	3	Barry Hoban	GBR	GAN-MERCIER	170
1975	**1**	**Rik Van Linden**	**BEL**	**BIANCHI**	**342**
	2	Eddy Merckx	BEL	MOLTENI	240
	3	Francesco Moser	ITA	FILOTEX	199
1976	**1**	**Freddy Maertens**	**BEL**	**VELDA FLANDRIA**	**293**
	2	Pierino Gavazzi	ITA	JOLLYCERAMICA	140
	3	Jacques Esclassan	FRA	PEUGEOT-ESSO	128
1977	**1**	**Jacques Esclassan**	**FRA**	**PEUGEOT-ESSO**	**236**
	2	Giacinto Santambrogio	ITA	BIANCHI	140
	3	Dietrich Thurau	GER	TI-RALEIGH	137
1978	**1**	**Freddy Maertens**	**BEL**	**VELDA FLANDRIA**	**242**
	2	Jacques Esclassan	FRA	PEUGEOT-ESSO	189
	3	Bernard Hinault	FRA	RENAULT-GITANE	123
1979	**1**	**Bernard Hinault**	**FRA**	**RENAULT-GITANE**	**253**
	2	Dietrich Thurau	GER	IJSBOERKE	157
	3	Joop Zoetemelk	HOL	MIKO-MERCIER	137
1980	**1**	**Rudy Pevenage**	**BEL**	**DAF**	**194**
	2	Sean Kelly	IRL	SPLENDOR	153
	3	Ludo Peeters	BEL	IJSBOERKE	148
1981	**1**	**Freddy Maertens**	**BEL**	**SUNAIR**	**428**
	2	William Tackaert	BEL	DAF	222
	3	Bernard Hinault	FRA	RENAULT-ELF	184
1982	**1**	**Sean Kelly**	**IRL**	**SEM**	**429**
	2	Bernard Hinault	FRA	RENAULT-ELF	152
	3	Phil Anderson	AUS	PEUGEOT-SHELL	149
1983	**1**	**Sean Kelly**	**IRL**	**SEM**	**360**
	2	Frits Pirard	HOL	METAUROMOBILI	144
	3	Laurent Fignon	FRA	RENAULT-ELF	126
1984	**1**	**Frank Hoste**	**BEL**	**EUROP DECOR**	**322**
	2	Sean Kelly	IRL	SKIL	318
	3	Eric Vanderaerden	BEL	PANASONIC	247
1985	**1**	**Sean Kelly**	**IRL**	**SKIL**	**434**
	2	Greg LeMond	USA	LA VIE CLAIRE	332
	3	Stephen Roche	IRL	LA REDOUTE	279
1986	**1**	**Eric Vanderaerden**	**BEL**	**PANASONIC**	**277**
	2	Jozef Lieckens	BEL	JOKER	232
	3	Bernard Hinault	FRA	LA VIE CLAIRE	210
1987	**1**	**Jean-Paul Van Poppel**	**HOL**	**SUPERCONFEX**	**263**
	2	Stephen Roche	IRL	CARRERA	247
	3	Pedro Delgado	ESP	PDM	228
1988	**1**	**Eddy Planckaert**	**BEL**	**A.D.R.**	**278**
	2	Davis Phinney	USA	7 ELEVEN	193
	3	Sean Kelly	IRL	KAS	183
1989	**1**	**Sean Kelly**	**IRL**	**PDM**	**277**
	2	Étienne De Wilde	BEL	HISTOR SIGMA	194
	3	Steven Rooks	HOL	PDM	163
1990	**1**	**Olaf Ludwig**	**GER**	**PANASONIC**	**256**
	2	Johan Museeuw	BEL	LOTTO	221
	3	Erik Breukink	HOL	PDM	118
1991	**1**	**Djamolidine Abduschaparov**	**UZB**	**CARRERA**	**316**
	2	Laurent Jalabert	FRA	TOSHIBA	263
	3	Olaf Ludwig	GER	PANASONIC	175
1992	**1**	**Laurent Jalabert**	**FRA**	**ONCE**	**293**
	2	Johan Museeuw	BEL	LOTTO	262
	3	Claudio Chiappucci	ITA	CARRERA	202
1993	**1**	**Djamolidine Abduschaparov**	**UZB**	**LAMPRE POLTI**	**298**
	2	Johan Museeuw	BEL	GB MG-TECHNOGYM	157
	3	Maximilian Sciandri	GBR	MOTOROLA	153
1994	**1**	**Djamolidine Abduschaparov**	**UZB**	**TEAM POLTI**	**322**
	2	Silvio Martinello	ITA	MERCATONE UNO-SAECO	273
	3	Jan Svorada	RTC	LAMPRE PANARIA	230
1995	**1**	**Laurent Jalabert**	**FRA**	**ONCE**	**333**
	2	Djamolidine Abduschaparov	UZB	NOVELL	271
	3	Miguel Indurain	ESP	BANESTO	180
1996	**1**	**Erik Zabel**	**GER**	**DEUTSCHE TELEKOM**	**335**
	2	Frédéric Moncassin	FRA	GAN	284
	3	Fabio Baldato	ITA	MG-TECHNOGYM	255
1997	**1**	**Erik Zabel**	**GER**	**DEUTSCHE TELEKOM**	**350**
	2	Frédéric Moncassin	FRA	GAN	223

Das Grüne Trikot

KLASSEMENT NACH PUNKTEN (FORTSETZUNG)

JAHR			LAND	MANNSCHAFT	PUNKTE
	3	Mario Traversoni	ITA	MERCATONE UNO	198
1998	**1**	**Erik Zabel**	**GER**	**DEUTSCHE TELEKOM**	**327**
	2	Stuart O'Grady	AUS	GAN	230
	3	Tom Steels	BEL	MAPEI	221
1999	**1**	**Erik Zabel**	**GER**	**DEUTSCHE TELEKOM**	**323**
	2	Stuart O'Grady	AUS	CRÉDIT AGRICOLE	275
	3	Christophe Capelle	FRA	BIG.MAT AUBER 93	196
2000	**1**	**Erik Zabel**	**GER**	**DEUTSCHE TELEKOM**	**321**
	2	Robbie McEwen	AUS	FARM FRITES	203
	3	Romans Vainsteins	LET	VINI CALDIROLA	184
2001	**1**	**Erik Zabel**	**GER**	**DEUTSCHE TELEKOM**	**252**
	2	Stuart O'Grady	AUS	CRÉDIT AGRICOLE	244
	3	Damien Nazon	FRA	BONJOUR	169
2002	**1**	**Robbie McEwen**	**AUS**	**LOTTO**	**280**
	2	Erik Zabel	GER	DEUTSCHE TELEKOM	261
	3	Stuart O'Grady	AUS	CRÉDIT AGRICOLE	208

EINZEL-ETAPPENSIEGE NACH LÄNDERN

LAND	SIEGE		1. SIEG
Frankreich	647	1903	Maurice Garin
Belgien	447	1909	Cyrille Van Hauwaert
Italien	237	1910	Ernesto Azzini
Niederlande	150	1936	Théo Middelkamp
Spanien	92	1929	Salvador Cardona
Luxemburg	63	1908	François Faber
Deutschland	51	1932	Kurt Stöpel
Schweiz	50	1903	Charles Laeser
USA	24	1985	Greg LeMond
Großbritannien	22	1958	Brian Robinson
Dänemark	12	1970	Mogens Frey
Kolumbien	12	1984	Luis Herrera
Irland	10	1963	Saemus Elliott
Usbekistan	9	1991	Djamolidine Abduschaparov (9)
Portugal	8	1969	Joaquim Agostinho
Australien	8	1982	Phil Anderson
Russland	7	1990	Dimitri Konyshev
Tschech. Republik	3	1994	Jan Svorada (3)
Österreich	3	1931	Max Bulla (3)
Estland	3	1999	Jaan Kirsipuu (3)
Mexiko	2	1989	Raul Alcala (2)
Lettland	2	1994	Pjotr Ugrumov (2)
Norwegen	2	1987	Dag-Otto Lauritzen
Brasilien	1	1991	Mauro Ribeiro
Kanada	1	1988	Steve Bauer
Polen	1	1993	Zenon Jaskula
Schweden	1	1998	Magnus Backstedt
Ukraine	1	1995	Sergej Outschakov

DIE ETAPPENSIEGER

1	**34**	Eddy Merckx	BEL	T (1)
1	**28**	Bernard Hinault	FRA	T
1	**25**	André Leducq	FRA	T
1	**22**	André Darrigade	FRA	
1	**20**	Nicolas Frantz	LUX	T
1	**19**	François Faber	LUX	T
1	**17**	Jean Alavoine	FRA	
3	**16**	Charles Pélissier	FRA	
	16	Jacques Anquetil	FRA	T
	16	René Le Greves	FRA	
2	**15**	Freddy Maertens	BEL	
	15	Lance Armstrong	USA	T
2	**13**	Louis Trousselier	FRA	T
	13	Philippe Thys	BEL	T
5	**12**	Gino Bartali	ITA	T
	12	Jean Aerts	BEL	
	12	Mario Cipollini	ITA	
	12	Miguel Indurain	ESP	T
	12	Erik Zabel	GER	
2	**11**	Louison Bobet	FRA	T
	11	Raffaele Di Paco	ITA	
7	**10**	Charly Gaul	LUX	T
	10	Gerrie Knetemann	HOL	
	10	Henri Pélissier	FRA	T
	10	Jan Raas	HOL	
	10	Joop Zoetemelk	HOL	T
	10	Maurice Archambaud	FRA	
	10	Walter Godefroot	BEL	
14	**9**	Antonin Magne	FRA	T
	9	Bernard Thévenet	FRA	T
	9	Djamolidine Abduschaparov	UZB	
	9	Emile Georget	FRA	
	9	Fausto Coppi	ITA	T
	9	Georges Speicher	FRA	T
	9	Jean-Paul Van Poppel	HOL	
	9	Laurent Fignon	FRA	T
	9	Lucien Van Impe	BEL	T
	9	Luis Ocaña	ESP	T
	9	Ottavio Bottecchia	ITA	T
	9	Roger Lapébie	FRA	T
	9	Sylvère Maes	BEL	T
	9	Tom Steels	BEL	
9	**8**	Barry Hoban	GBR	
	8	Ferdi Kübler	SUI	T
	8	Gustave Garrigou	FRA	T
	8	Learco Guerra	ITA	
	8	Louis Mottiat	BEL	
	8	Marco Pantani	ITA	T
	8	René Vietto	FRA	
	8	Roger Hassenforder	FRA	
	8	Rudi Altig	GER	
16	**7**	Cyrille Guimard	FRA	
	7	Eloi Meulenberg	BEL	
	7	Edward Sels	BEL	
	7	Federico Bahamontes	ESP	T
	7	Felice Gimondi	ITA	T
	7	Félix Goethals	FRA	
	7	Fiorenzo Magni	ITA	
	7	Georges Passerieu	FRA	
	7	Jan Janssen	HOL	T
	7	Jean-Baptiste Dortignacq	FRA	
	7	Jean-Pierre Danguillaume	FRA	
	7	Lucien Petit-Breton	FRA	T
	7	Nino Defilippis	ITA	
	7	Raphaël Géminiani	FRA	
	7	Raymond Poulidor	FRA	
	7	Rik Van Looy	BEL	
18	**6**	Alfred De Bruyne	BEL	
	6	Dietrich Thurau	GER	
	6	Felicien Vervaecke	BEL	
	6	Firmin Lambot	BEL	
	6	Gerben Karstens	HOL	
	6	Guido Bontempi	ITA	
	6	Guido Reybrouck	BEL	
	6	Jan Ullrich	GER	T
	6	Jean Robic	FRA	T
	6	Jelle Nijdam	HOL	
	6	Marcel Buysse	BEL	
	6	Marcel Kint	BEL	
	6	Marino Basso	ITA	
	6	Martin Van Geneugden	BEL	
	6	Octave Lapize	FRA	T
	6	Patrick Sercu	BEL	
	6	Romain Bellenger	FRA	
	6	Thierry Marie	FRA	
22	**5**	Eric Leman	BEL	
	5	Eric Vanderaerden	BEL	
	5	Frank Hoste	BEL	
	5	Greg LeMond	USA	T
	5	Hector Martin	BEL	
	5	Herman Van Springel	BEL	
	5	Hippolyte Aucouturier	FRA	
	5	Honoré Barthelemy	FRA	
	5	Hugo Koblet	SUI	T
	5	Jacques Esclassan	FRA	
	5	Jean Graczyk	FRA	
	5	Jean Rossius	BEL	
	5	Jean Stablinski	FRA	
	5	Julio Jimenez	ESP	
	5	Lucien Buysse	BEL	T
	5	Maurice Dewaele	BEL	T
	5	Paul Duboc	FRA	
	5	Pierino Baffi	ITA	
	5	René Pottier	FRA	T
	5	Roger Riviere	FRA	
	5	Sean Kelly	IRL	
	5	Richard Virenque	FRA	

(1) T bezeichnet die Toursieger

Erik Zabel

DIE REKORDHALTER

Erik Zabel	**6 Mal**	1996, 97, 98, 99, 2000, 2001	**12**	**Etappen**
Sean Kelly	**4 Mal**	1982, 1983, 1985, 1989	**5**	**Etappen**
Jan Janssen	**3 Mal**	1964, 1965, 1967	**7**	**Etappen**
Eddy Merckx	**3 Mal**	1969, 1971, 1972	**34**	**Etappen**
Freddy Maertens	**3 Mal**	1976, 1978, 1981	**15**	**Etappen**
Djamolidine Abduschaparov	**3 Mal**	1991, 1993, 1994	**9**	**Etappen**

Belgische Fahrer haben 18 Mal das Punkteklassement gewonnen.

Das Gepunktete Trikot

KLASSEMENT DES BERGPREISES

JAHR			LAND	MANNSCHAFT	PUNKTE
1933	**1**	**Vicente Trueba**	ESP	Touren-Fernfahrer	**126**
	2	Antonin Magne	FRA	FRANKREICH	78
	3	Giuseppe Martano	ITA	Touren-Fernfahrer	75
1934	**1**	**René Vietto**	FRA	FRANKREICH	**111**
	2	Vicente Trueba	ESP	SCHWEIZ-SPANIEN	93
	3	Giuseppe Martano	ITA	ITALIEN	78
1935	**1**	**Félicien Vervaecke**	BEL	BELGIEN	**118**
	2	Sylvère Maes	BEL	Einzelstarter	92
	3	Gabriel Ruozzi	FRA	Touren-Fernfahrer	70
1936	**1**	**Julian Berrendero**	ESP	SPANIEN-LUXEMBURG	**132**
	2	Sylvère Maes	BEL	BELGIEN	112
	3	Federico Ezquerra	ESP	SPANIEN-LUXEMBURG	99
1937	**1**	**Felicien Vervaecke**	BEL	BELGIEN	**114**
	2	Mario Vicini	ITA	Einzelstarter	96
	3	Sylvère Maes	BEL	BELGIEN	90
1938	**1**	**Gino Bartali**	**ITA**	**ITALIEN**	**108**
	2	Felicien Vervaecke	BEL	BELGIEN	78
	3	Edward Vissers	BEL	BELGIEN	76
1939	**1**	**Sylvère Maes**	**BEL**	**BELGIEN**	**85**
	2	Edward Vissers	BEL	BELGIEN	84
	3	Albert Ritserveldt	BEL	BELGIEN B	71
1947	**1**	**Pierre Brambilla**	**ITA**	**ITALIEN**	**98**
	2	J-Apôtre Lazaridès	FRA	SUD-EST	88
	3	Jean Robic	FRA	OUEST	70
1948	**1**	**Gino Bartali**	**ITA**	**ITALIEN**	**62**
	2	J-Apôtre Lazaridès	FRA	FRANKREICH	43
	3	Jean Robic	FRA	FRANKREICH	38
1949	**1**	**Fausto Coppi**	**ITA**	**ITALIEN**	**81**
	2	Gino Bartali	ITA	ITALIEN	68
	3	Jean Robic	FRA	OUEST-NORD	62
1950	**1**	**Louison Bobet**	**FRA**	**FRANKREICH**	**58**
	2	Constant Ockers	BEL	BELGIEN	44
	3	Jean Robic	FRA	OUEST	41
1951	**1**	**Raphaël Géminiani**	**FRA**	**FRANKREICH**	**66**
	2	Gino Bartali	ITA	ITALIEN	59
	3	Fausto Coppi	ITA	ITALIEN	41
	3	Hugo Koblet	SUI	SCHWEIZ	41
	3	Bernardo Ruiz	ESP	SPANIEN	41
1952	**1**	**Fausto Coppi**	**ITA**	**ITALIEN**	**92**
	2	Antonio Gelabert	ESP	SPANIEN	69
	3	Jean Robic	FRA	FRANKREICH	60
1953	**1**	**Jésus Lorono**	**ESP**	**SPANIEN**	**54**
	2	Louison Bobet	FRA	FRANKREICH	36
	3	Joseph Mirando	FRA	SUD-EST	30
1954	**1**	**Federico Bahamontes**	**ESP**	**SPANIEN**	**95**
	2	Louison Bobet	FRA	FRANKREICH	53
	3	Richard V. Genechten	BEL	BELGIEN	45
1955	**1**	**Charly Gaul**	**LUX**	**LUXEMBURG MIXTE**	**84**
	2	Louison Bobet	FRA	FRANKREICH	70
	3	Jean Brankart	BEL	BELGIEN	44
1956	**1**	**Charly Gaul**	**LUX**	**LUXEMBURG MIXTE**	**71**
	2	Federico Bahamontes	ESP	SPANIEN	67
	3	Valentin Huot	FRA	SUD-OUEST	65
1957	**1**	**Gastone Nencini**	**ITA**	**ITALIEN**	**44**
	2	Louis Bergaud	FRA	FRANKREICH	43
	3	Marcel Janssens	BEL	BELGIEN	32
1958	**1**	**Federico Bahamontes**	**ESP**	**SPANIEN**	**79**
	2	Charly Gaul	LUX	HOLLAND-LUXEMBURG	64
	3	Jean-Baptiste Dotto	FRA	CENTRE-MIDI	34
1959	**1**	**Federico Bahamontes**	**ESP**	**SPANIEN**	**73**
	2	Charly Gaul	LUX	HOLLAND-LUXEMBURG	68
	3	Gérard Saint	FRA	OUEST-SUD-OUEST	65
1960	**1**	**Imerio Massignan**	**ITA**	**ITALIEN**	**56**
	2	Marcel Rohrbach	FRA	CENTRE-MIDI	52
	3	Graziano Battistini	ITA	ITALIEN	44
1961	**1**	**Imerio Massignan**	**ITA**	**ITALIEN**	**95**
	2	Charly Gaul	LUX	SCHWEIZ-LUXEMBURG	61
	3	Hans Junkermann	GER	DEUTSCHLAND	48
1962	**1**	**Federico Bahamontes**	**ESP**	**MARGNAT-PALOMA**	**137**
	2	Imerio Massignan	ITA	LEGNANO-PIRELLI	77
	3	Raymond Poulidor	FRA	MERCIER-BP	70
1963	**1**	**Federico Bahamontes**	**ESP**	**MARGNAT-PALOMA**	**147**
	2	Raymond Poulidor	FRA	MERCIER-BP	70
	3	Guy Ignolin	FRA	ST-RAPHAEL-GITANE	68
1964	**1**	**Federico Bahamontes**	ESP	MARGNAT-PALOMA	**173**
	2	Julio Jimenez	ESP	KAS	167
	3	Raymond Poulidor	FRA	MERCIER-BP	86
1965	**1**	**Julio Jimenez**	**ESP**	**KAS**	**133**
	2	Frans Brands	BEL	FLANDRIA-ROMEO	74
	3	Joaquin Galera	ESP	KAS	68
1966	**1**	**Julio Jimenez**	**ESP**	**FORD-FRANCE**	**123**
	2	Joaquin Galera	ESP	KAS	98
	3	Aurelio Gonzales	ESP	KAS	51
1967	**1**	**Julio Jimenez**	**ESP**	**SPANIEN**	**122**
	2	Franco Balmanion	ITA	PRIMAVERA	68
	3	Raymond Poulidor	FRA	FRANKREICH	53
1968	**1**	**Aurelio Gonzales**	**ESP**	**SPANIEN**	**96**
	2	Franco Bitossi	ITA	ITALIEN	84
	3	Julio Jimenez	ESP	SPANIEN	72
1969	**1**	**Eddy Merckx**	**BEL**	**FAEMA**	**155**
	2	Roger Pingeon	FRA	PEUGEOT-BP	94
	3	Manuel Galera	ESP	FAGOR	80
1970	**1**	**Eddy Merckx**	**BEL**	**FAEMINO**	**128**
	2	Andres Gandarias	ESP	KAS	94
	3	M. V. den Bossche	BEL	EL MOLTENI	85
1971	**1**	**Lucien Van Impe**	**BEL**	**SONOLOR-LEJEUNE**	**228**
	2	Joop Zoetemelk	HOL	MARS-FLANDRIA	179
	3	Eddy Merckx	BEL	MOLTENI	136
1972	**1**	**Lucien Van Impe**	**BEL**	**SONOLOR**	**229**
	2	Eddy Merckx	BEL	MOLTENI	211
	3	Joaquim Agostinho	POR	MAGNIFLEX-DE GRIBALDY	163
1973	**1**	**Pedro Torres**	**ESP**	**LA CASERA BAHAMONTES**	**225**
	2	José Manuel Fuente	ESP	KAS	216
	3	Luis Ocaña	ESP	BIC	192
1974	**1**	**Domingo Perurena**	**ESP**	**KAS**	**161**
	2	Eddy Merckx	BEL	MOLTENI	118
	3	J.-A. Abileira	ESP	LA CASERA BAHAMONTES	109
1975	**1**	**Lucien Van Impe**	**BEL**	**GITANE-CAMPAGNOLO**	**285**
	2	Eddy Merckx	BEL	MOLTENI	206
	3	Joop Zoetemelk	HOL	GAN-MERCIER	171
1976	**1**	**Giancarlo Bellini**	**ITA**	**BROOKLYN**	**170**
	2	Lucien Van Impe	BEL	GITANE-CAMPAGNOLO	169
	3	Joop Zoetemelk	HOL	GAN-MERCIER	119
1977	**1**	**Lucien Van Impe**	**BEL**	**LEJEUNE-BP**	**244**
	2	Hennie Kuiper	HOL	TI-RALEIGH	174
	3	Pedro Torres	ESP	TEKA	143
1978	**1**	**Mariano Martinez**	**FRA**	**JOBO-SUPERIA**	**187**
	2	Bernard Hinault	FRA	RENAULT-GITANE	176
	3	Joop Zoetemelk	HOL	MIKO-MERCIER	155
1979	**1**	**Giovanni Battaglin**	**ITA**	**INOXPRAN**	**239**
	2	Bernard Hinault	FRA	RENAULT-GITANE	196
	3	Mariano Martinez	FRA	LA REDOUTE	158
1980	**1**	**Raymond Martin**	**FRA**	**MIKO-MERCIER**	**223**
	2	Ludo Loos	BEL	MARC I.W.C.	162
	3	Ludo Peeters	BEL	IJSBOERKE	147
1981	**1**	**Lucien Van Impe**	**BEL**	**BOSTON-MAVIC**	**284**
	2	Bernard Hinault	FRA	RENAULT-ELF	222
	3	J. R. Bernaudeau	FRA	PEUGEOT-ESSO	168
1982	**1**	**Bernard Vallet**	**FRA**	**LA REDOUTE**	**278**
	2	J.R. Bernaudeau	FRA	PEUGEOT-SHELL	237
	3	Beat Breu	SUI	CILO-AUFINA	205
1983	**1**	**Lucien Van Impe**	**BEL**	**METAUROMOBILI**	**272**
	2	Patrocinio Jimenez	COL	COLOMBIA-VARTA	195
	3	Robert Millar	GBR	PEUGEOT-SHELL	157

Das Gepunktete Trikot

KLASSEMENT DES BERGPREISES (FORTSETZUNG)

JAHR			LAND	MANNSCHAFT	PUNKTE
1984	**1**	**Robert Millar**	**GBR**	**PEUGEOT-SHELL**	**284**
	2	Laurent Fignon	FRA	RENAULT-ELF	212
	3	Angel Arroyo	ESP	REYNOLDS	140
1985	**1**	**Luis Herrera**	**COL**	**CAFE DE COLOMBIA**	**440**
	2	Pedro Delgado	ESP	SEAT-ORBEA	274
	3	Robert Millar	GBR	PEUGEOT-SHELL	270
1986	**1**	**Bernard Hinault**	**FRA**	**LA VIE CLAIRE**	**351**
	2	Luis Herrera	COL	CAFE DE COLOMBIA	270
	3	Greg LeMond	USA	LA VIE CLAIRE	265
1987	**1**	**Luis Herrera**	**COL**	**CAFE DE COLOMBIA**	**452**
	2	A. F. Abelenda	ESP	BH	314
	3	Raul Alcala	MEX	7 ELEVEN	277
1988	**1**	**Steven Rooks**	**HOL**	**PDM**	**326**
	2	Gert-Jan Theunisse	HOL	PDM	248
	3	Pedro Delgado	ESP	REYNOLDS	223
1989	**1**	**Gert-Jan Theunisse**	**HOL**	**PDM**	**441**
	2	Pedro Delgado	ESP	REYNOLDS	311
	3	Steven Rooks	HOL	PDM	257
1990	**1**	**Thierry Claveyrolat**	**FRA**	**RMO**	**321**
	2	Claudio Chiappucci	ITA	CARRERA	179
	3	Roberto Conti	ITA	ARIOSTEA	160
1991	**1**	**Claudio Chiappucci**	**ITA**	**CARRERA**	**312**
	2	Thierry Claveyrolat	FRA	RMO	277
	3	Luc Leblanc	FRA	CASTORAMA	164
1992	**1**	**Claudio Chiappucci**	**ITA**	**CARRERA**	**410**
	2	Richard Virenque	FRA	RMO	245
	3	Franco Chioccioli	ITA	GB MG-TECHNOGYM	209
1993	**1**	**Tony Rominger**	**SUI**	**CLAS-CAJASTUR**	**449**
	2	Claudio Chiappucci	ITA	CARRERA	301
	3	O. Rincon Quintana	COL	AMAYA	286
1994	**1**	**Richard Virenque**	**FRA**	**FESTINA**	**392**
	2	Marco Pantani	ITA	CARRERA	243
	3	Piotr Ugrumov	LET	GEWISS	219
1995	**1**	**Richard Virenque**	**FRA**	**FESTINA**	**438**
	2	Claudio Chiappucci	ITA	CARRERA	214
	3	Alex Zülle	SUI	ONCE	205
1996	**1**	**Richard Virenque**	**FRA**	**FESTINA**	**383**
	2	Bjarne Riis	DEN	TELEKOM	374
	3	Laurent Dufaux	SUI	FESTINA	176
1997	**1**	**Richard Virenque**	**FRA**	**FESTINA**	**579**
	2	Jan Ullrich	GER	TELEKOM	328
	3	F. Casagrande	ITA	SAECO	309
1998	**1**	**Christophe Rinero**	**FRA**	**COFIDIS**	**200**
	2	Marco Pantani	ITA	MERCATONE UNO	175
	3	Alberto Elli	ITA	CASINO	165
1999	**1**	**Richard Virenque**	**FRA**	**POLTI**	**279**
	2	Alberto Elli	ITA	TELEKOM	226
	3	Mariano Piccoli	ITA	LAMPRE DAIKIN	205
2000	**1**	**Santiago Botero**	**COL**	**KELME**	**347**
	2	Javier O. Palacios	ESP	KELME	283
	3	Richard Virenque	FRA	POLTI	267
2001	**1**	**Laurent Jalabert**	**FRA**	**CSC-TISCALI**	**258**
	2	Jan Ullrich	GER	TELEKOM	211
	3	Laurent Roux	FRA	JEAN DELATOUR	200
2002	**1**	**Laurent Jalabert**	**FRA**	**CSC-TISCALI**	**262**
	2	Mario Aerts	BEL	LOTTO	178
	3	Santiago Botero	COL	KELME	162

Verschiedenes

MANNSCHAFTSWERTUNG (GELBE MÜTZEN)

1930	FRANKREICH	**1960**	FRANKREICH	**1982**	COOP-MERCIER
1931	BELGIEN	**1961**	FRANKREICH	**1983**	TI-RALEIGH
1932	ITALIEN	**1962**	ST-RAPHAËL-HELYETT	**1984**	RENAULT-ELF
1933	FRANKREICH	**1963**	ST-RAPHAËL-GITANE	**1985**	LA VIE CLAIRE
1934	FRANKREICH	**1964**	PELFORTH SAUVAGE-LEJEUNE	**1986**	LA VIE CLAIRE
1935	BELGIEN			**1987**	SYSTEME U
1936	BELGIEN	**1965**	KAS	**1988**	PDM
1937	FRANKREICH	**1966**	KAS	**1989**	PDM
1938	BELGIEN	**1967**	FRANKREICH	**1990**	Z
1939	BELGIEN	**1968**	SPANIEN	**1991**	BANESTO
1947	ITALIEN	**1969**	FAEMA	**1992**	CARRERA
1948	BELGIEN	**1970**	SALVARANI	**1993**	CARRERA
1949	ITALIEN	**1971**	BIC	**1994**	FESTINA
1950	BELGIEN	**1972**	GAN-MERCIER	**1995**	ONCE
1951	FRANKREICH	**1973**	BIC	**1996**	FESTINA
1952	ITALIEN	**1974**	KAS	**1997**	TELEKOM
1953	HOLLAND	**1975**	GAN-MERCIER	**1998**	COFIDIS
1954	SCHWEIZ	**1976**	KAS	**1999**	BANESTO
1955	FRANKREICH	**1977**	TI-RALEIGH	**2000**	KELME
1956	BELGIEN	**1978**	MIKO-MERCIER	**2001**	KELME
1957	FRANKREICH	**1979**	RENAULT-GITANE	**2002**	ONCE
1958	BELGIEN	**1980**	MIKO-MERCIER		
1959	BELGIEN	**1981**	PEUGEOT-ESSO		

DIE REKORDTEILNEHMER DER TOUR DE FRANCE

16 Teilnahmen **Joop Zoetemelk** keine Aufgabe, 6 Mal Zweiter, 1 Mal Erster

15 Teilnahmen **Lucien Van Impe** keine Aufgabe, 1 Mal Erster
Guy Nulens zwei Aufgaben

14 Teilnahmen **André Darrigade** eine Aufgabe
Raymond Poulidor zwei Aufgaben, 8 Mal Podium
Sean Kelly zwei Aufgaben

DAS WEISSE TRIKOT (KLASSEMENT DES BESTEN JUNGPROFIS)

JAHR		LAND	MANNSCHAFT	PLATZ
1975	Francesco Moser	ITA	Filotex	7
1976	Enrique Martinez Heredia	ESP	Kas	23
1977	Dietrich Thurau	GER	Ti-Raleigh	5
1978	Henk Lubberding	HOL	Ti-Raleigh	8
1979	Jean-René Bernaudeau	FRA	Renault-Gitane	5
1980	Johan Van Der Velde	HOL	Ti-Raleigh	12
1981	Peter Winnen	HOL	Capri Sonne	5
1982	Phil Anderson	AUS	Peugeot-Shell	5
1983	Laurent Fignon	FRA	Renault-Elf	1
1984	Greg LeMond	USA	Renault-Elf	3
1985	Fabio Parra	COL	Café De Colombia	8
1986	Andrew Hampsten	USA	La Vie Claire	4
1987	Raul Alcala	MEX	7 Eleven	9
1988	Erik Breukink	HOL	Panasonic	12
1989	Fabrice Philippot	FRA	Toshiba	24
1990	Gilles Delion	FRA	Helvetia	15
1991	Alvaro Mejia Castrillona	COL	Ryalcao Postobon	19
1992	Eddy Bouwmans	HOL	Panasonic	14
1993	Antonio Martin Velasco	ESP	Amaya	12
1994	Marco Pantani	ITA	Carrera	3
1995	Marco Pantani	ITA	Carrera	13
1996	Jan Ullrich	GER	Telekom	2
1997	Jan Ullrich	GER	Telekom	1
1998	Jan Ullrich	GER	Telekom	2
1999	Benoît Salmon	FRA	Casino	16
	Mario Aerts	BEL	Lotto	
	Francisco Tomas Garcia	ESP	Vitalicio	
2000	Francisco Mancebo	ESP	Banesto	9
	Guido Trentin	ITA	Vini Caldirola	
	Grischa Niermann	GER	Rabobank	
2001	Oscar Sevilla	ESP	Kelme	7
	Francisco Mancebo	ESP	iBanesto.com	
	Jörg Jaksche	GER	Once	
2002	Ivan Basso	ITA	Fassa Bortolo	11
	Nicolas Vogondy	FRA	Fdjeux.com	
	Christophe Brandt	BEL	Lotto	

Dieses Buch basiert auf der Arbeit der Journalisten und Korrespondenten von L'Auto und L'Équipe: Pierre About, Fernand Albaret, Jean Amadou, Guiseppe Ambrosini, Tony Arbona, Jacques Augendre, Pierre Ballester, Roger Bastide, Jean-Pierre Bidet, Antoine Blondin, Jean Bobet, Pierre-Michel Bonnot, Pierre Bourillon, Philippe Bouvet, Thierry Bretagne, Philippe Brunel, Jérôme Bureau, Victor Breyer, Pierre Chany, Patrick Chêne, Fernand Choisel, Michel Clare, Robert Colombani, Gilles Comte, NoÎl Couédel, André Costes, Henri Decoin, Henry Desgrange, Robert Desmarets, Robert Dieudonné, Claude Droussent, Raoul Dufourcq, Gérard Ejnès, Albert Elleboudt, Gérard Ernault, Charles Faroux, Roger Frankeur, Frédérique Galametz, Jean-Luc Gatellier, Guido Giardini, Jacques Grello, Marcel Hansenne, Jacques Goddet, Oscar Von Godstenhoven, Paul Guitard, Françoise Inizan, Carles Jolly, Bernard Kroutchen, Serge Laget, Jean-Marie Leblanc, Philippe Le Gars, Géo Lefèvre, Patrick Lemoine, Jean Leulliot, Jean-Pierre Licois, Jacques Marchand, Thierry Marchand, Olivier Margot, Manuel Martinez, François Mercier, Christian Montaignac, Raymond Meyer, Michel Naït-Challal, Jacques Perret, Robert Perrier, Charles Ravaud, Vico Rigassi, Guy Roger, Jean-Michel Rouet, Gérard Schaller, Michel Seassau, Jean-Jacques Simmler, Victor Sinet, Paul Souchon, Alphonse Steinès, Michel Thierry, Claude Tillet, Henri Troyat, Albert de Wetter, Christophe Wyrzykovski.

Die französische Originalfassung wurde realisiert unter der Leitung von Gérard Ejnès mit Philippe Bouvet, Philipe Brunel, Raoul Dufourcq, Serge Laget und Gérard Schaller.
Künstlerische Leitung: Jacques Hennaux.
Internationales Layout: Jeanne Pothier. Assistenz: Paul-Raymond Cohen.
Grafiken: L'Équipe. Bilder: Philippe Le Men und Christian Naïtslimane.
Statistiken: Jean-Pierre Licois.

Bildservice von L'Équipe: Jacques Deydier, Michel Deschamps und Pascal Rondeau, Jean-Christian Biville, Patrick Boutroux, Denys Clément, Bruno Fablet, Jean-Louis Fel, Didier Fèvre, Pierre Lablatinière, Alain Landrain, Nicolas Luttiau, Alain de Martignac, Richard Martin, Bernard Papon, Jean-Claude Pichon, Jean-Marc Pochat, Jérôme Prévost, André Lecocq, Robert Legros, Christian Rochard.

Die Fotos in diesem Buch sind Werke der Fotografen von L'Équipe und ihrer Agentur Presse-Sports, ausgenommen: Sammlung Lionel Laget: Seiten 3 (o.), 13 (o.), 13 (u.), 19 (u.), 21 (2), 24-27, 29, 33-35, 37, 39, 41, 45, 75 (u.), 83 (u.), 85 (u. l.), 89, 95 (u.). AFP: Seiten 91, 92, 93 (o.), 93 (u. r.), 96-97, 100, 101 (l.), 103, 104, 105 (5), 107, 108 (u.), 109 (M.) 113 (2), 115, 116 (2), 161. D.P.P.I.: Seite 326 (o.). Reuters: Seite 326 (u.). Bibliothèque Nationale: Seiten 16-18.
Jean-Pierre Licois: Seiten 42-43. Familie Ordner: Seite 56.
C. Christophe: Seiten 62-63. France Soir: Seite 269.

Deutsche Ausgabe

Redaktion und Koordination: Saarländischer Rundfunk – Rolf-Dieter Ganz, Hedwig Kröner, Andreas Ganz. Mit Texten von Hagen Boßdorf, Jürgen Emig, Herbert Watterott und Werner Zimmer.

Aus dem Französischen: Uwe Adams, Heike Cieslak, Heiko Hegewisch, Ingrid Kalbhen für Bender & Partner Sprachendienst, Saarbrücken.

Schutzumschlag: Satz + Weiss, Saarbrücken / repa druck, Saarbrücken
Gesamtherstellung: repa druck, Saarbrücken
Vertrieb: Delius Klasing Verlag, Bielefeld
Printed in Germany 2003

Wir danken den Journalisten, Korrespondenten und Fotografen von L'Auto und L'Équipe für ihre mitreißende Berichterstattung, sowie Klaus Altmeyer, Reiner Buhl, Marlies Ganz, Bernd Radeck und Dr. Alfred Schmitz für ihre Unterstützung.

Bibliografische Information der Deutschen Bibliothek
Die Deutsche Bibliothek verzeichnet diese Publikation in der Deutschen Nationalbibliografie; detaillierte bibliografische Daten sind im Internet über www.dnb.ddb.de abrufbar.

1. Auflage
ISBN 3-89595-189-7